우리가 배운 백제는 가짜다

우리가 배운 백제는 가짜다

부여사로 읽는 한일고대사

| 김운회 지음 |

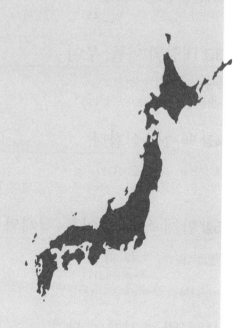

역사의아침

차례

일러두기_____

● 이 책은『새로 쓰는 한일 고대사』(동아일보사, 2010)를 다시 간행한 것으로, 표기 등을 수정하고
편집을 다시 했다

글을 시작하며

독자 여러분 안녕하십니까? 김운회입니다. 저는 한일고대사를 다시
씀으로써 한국과 일본 간의 뿌리 깊은 역사전쟁을 종식시키고 동북
공정에 대해 효과적으로 대응할 수 있는 토대를 만들고자 합니다. 그
뿐만 아니라 이를 통하여 끊임없이 제기되는 독도문제에 대한 해법
도 찾을 수 있으리라 생각합니다.

먼저, 2006년에 출간한 『대쥬신을 찾아서』에 대한 여러분의 깊은
관심과 뜨거운 성원에 감사드립니다. 『대쥬신을 찾아서』에서는 한일
고대사의 큰 벼리만을 다루었습니다. 그러므로 『대쥬신을 찾아서』에
서 못 다한 이야기들을 중심으로 좀 더 구체적인 사실을 다루어야 한
다고 생각했습니다.

'쥬신'이란 알타이를 기점으로 하여 몽골과 만주, 한반도, 일본 등
지에 이르는 알타이족들의 보편적인 명칭입니다. 『대쥬신을 찾아서』
에서 저는 한국과 만주·몽골·일본이 형제의 나라임을 강조했습니다.
이 가운데서 가장 불편한 관계가 한국과 일본입니다. 양국은 서로 맞
지 않은 논리를 내세우며 기나긴 세월 동안 끝없는 역사전쟁을 벌이

고 있습니다. 이제 이런 소모적인 논쟁은 종식해야 합니다.

『우리가 배운 백제는 가짜다』에서는 부여의 발전과정을 간략히 살펴보고 백제가 실존하지 않았음을 설명하며 원부여-반도부여(백제)-열도부여(일본)의 전개과정을 보여드릴 것입니다. 그런 후에 한·일 역사의 쟁점들, 예를 들면 ①광개토대왕비에 나타난 왜 문제, ②임나일본부 문제, ③진구 황후의 실체 문제, ④근초고왕이 야마토 왕조를 일으킨 문제, ⑤베일에 싸인 곤지왕(개로왕 아들) 문제, ⑥곤지왕과 현대 일본 천황가의 개조인 게이타이 천황 문제, ⑦백제 성왕이 일본 천황가의 조상신이 되는 문제, ⑧왜 5왕에 대한 문제, ⑨부여계 일본의 전개과정, ⑩한일동족론과 일선동조론 등 그동안 쟁점이었던 대부분의 문제들을 다룰 것입니다.

제가 한일고대사를 새로 쓰는 것은 한·일의 역사전쟁이 심각하여 일단 한일고대사의 핵심쟁점들을 중심으로 정리를 할 필요가 있음을 느꼈기 때문입니다.

이 책을 통해 한·일 간의 해묵은 논쟁들이 종식되기를 기원합니다.

이 책을 읽기 전에 알아두어야 할 사항들

이 책에서 한국은 반도쥬신, 몽골은 몽골쥬신, 만주는 만주쥬신, 일본은 열도쥬신으로 부릅니다. 이 호칭들에 대해 『대쥬신을 찾아서』에서 자세하게 다루었는데, 그 핵심적인 부분만을 요약·정리하였습니다.

한민족의 기원과 대쥬신 1: 우리도 오랑캐

한국에서는 한족漢族을 빼고는 모두 오랑캐라고 가르친다. 숙신·동호도 오랑캐고 우리 자신도 예맥이라는 오랑캐다. 그러면서도 숙신과 동호를 한국인과는 전혀 다른 종족으로 가르친다. 예맥(만주 중부-한반도)은 한국의 직계조상으로 이들이 세운 대표적인 나라가 고조선과 고구려. 숙신(동만주)은 후일 물길·말갈·여진 등으로 불리며 금·청을 건국한 민족이며, 동호(요서)는 후일 해·실위·거란·몽골 등으로 불리며 북위·요·원 등을 건국했다.

그런데 이상하게도 우리가 흔히 배우는 고조선의 유물과 유적지

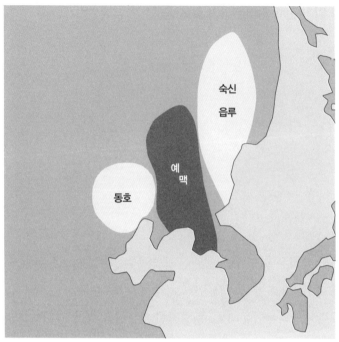

도 1 | 동북아시아 민족 분포도

는 동호 지역에 집중적으로 분포되어 있다. 그리고 『요사遼史』에는 "요나라는 조선의 옛 땅에서 유래했으며, 고조선과 같이 팔조범금八條犯禁 관습과 전통을 보존하고 있다"고 전해진다. 즉 샤머니즘적 단군왕검식 제정일치의 전통이 가장 오래 보존된 지역이 바로 동호 지역이었다.

　『진서晉書』는 동호 계열의 선비족인 모용황慕容皝(297~348년)이 조선공(조선왕)에 봉해졌으며 북연北燕의 모용운慕容雲(?~409년)도 고구려 출신이라고 기록하고 있다. 한국인들의 대표적인 주거시설인 온돌의 기원도 동호 지역이라고 한다. 북위(386~534년)의 역사서인 『위서魏書』에는 오환(동호)이 요동·만주 지역에 있던 사람들의 총칭이라고 전한다. 결국 동호와 한국인이 관계가 없다면 고조선의 역사도 우리의 역사가 아니라는 것을 스스로 인정하는 셈이 된다.

『삼국지三國志』「관구검전」에는 정시(240~248년) 때 위나라가 고구려를 침공하자 고구려왕 궁은 매구루買溝로 달아났고 "관구검은 현도 태수 왕기王頎를 파견하여 추격하게 했는데 옥저를 1,000여 리나 지나 숙신씨의 남쪽 경계에까지 이르렀다"고 기록되어 있다. 그런데 이 매구루는 현재의 원산에 가까운 지역(문천)이다. 즉 한반도 중부 지역을 숙신의 영역으로 묘사하고 있다. 『고려사高麗史』나 『아방강역고我邦疆域考』에서도 고려 태조의 아버지인 왕융이 궁예를 설득하면서 "대왕이 조선에서 왕 노릇을 하시려 한다면 숙신·변한의 땅인 송악松岳을 차지하는 것이 좋습니다"라고 말하는 내용이 나온다. 즉 현재의 개성을 숙신의 땅이라고 하고 있다. 청나라 때 편찬된 『흠정만주원류고欽定滿洲源流考』에는 숙신에 대해 "한나라 때는 삼한三韓이라고 했다"는 기록도 있다.

숙신은 후에 물길·말갈 등으로 불리며 우리와는 아무 상관없는 민족이라고 배워왔다. 그런데 『삼국사기三國史記』「백제본기」에는 말갈이 출몰이 출몰했다는 기록이 자주 나오는데 이들의 출몰 지역은 현재의 수도권과 경기·충북·강원 등지로 광범위하다.

한국 사학계는 이들이 오랑캐로, 군사적 필요에 따라 북방에서 동원한 민족이라고 보고 있다. 그러면서도 만주 지역의 말갈과는 다르다고 한다. 한반도 중부에서 나타나는 말갈이 많다보니 '영서말갈'과 '영동말갈'로 나누고, 영서말갈을 다시 '남한강말갈'과 '북한강말갈'로 나누는 지경에 이르렀다. 결국 이들이 한국인이 아니라면 지금 우리도 한국인이 아닌 것이다.

『고려사』에는 정종(923~949년) 때 고려가 화살을 조공하자, 요나라 황제가 동이의 풍속을 되살렸다고 감격하는 장면이 나온다.『사기史記』에서는 연나라의 장수 진개秦開가 동호를 1,000리 밖으로 격퇴했다고 하는데,『위략魏略』에서는 동호 대신에 조선이라는 말을 사용하고 있다.『몽골비사蒙古秘史』에는 동호의 후예인 몽골 고유의 시조신화로 코릴라르타이 메르겐의 이동 설화가 있는데 이를 한역하면 고주몽高朱蒙과 같은 의미가 된다.

동호라는 말이 일반적으로 쓰이기 전 중국의 사서에서 요동·만주 지역에 있던 사람들의 총칭으로 사용된 예맥이라는 말은 한나라를 기점으로 하여 사라진다. 예맥은『삼국지』에서는 드물게 보이다가 진나라(265~419년)의 역사를 기록한『진서晉書』에는 나타나지 않는다. 그렇다고 예맥 사람 모두가 갑자기 하늘로 솟았거나 땅으로 꺼지고 그 자리를 선비나 오환이 채운 것은 아닐 것이다. 단지 요동과 만주, 한반도 지역 사람들을 부르는 명칭에 다소 변화가 있었을 뿐이다. '동호'에서 사용되는 '호胡'라는 말이『한서漢書』에서는 예맥을 지칭하는 고구려나 고조선을 나타내는 말에도 혼용된바, 조선호朝鮮胡라는 말이 보인다.

중국의 여러 사서에는 고구려 지배층의 몰락 이후 고구려의 옛 땅 모두가 말갈의 땅으로 바뀌어 고高씨 왕들이 사라지게 되었다고 전한다. 예를 들면 송나라 때 4대 사서의 하나인『태평환우기太平寰宇記』에서는 "고구려가 멸망하자 고구려의 옛 땅은 모두 말갈의 땅으로 변했다"고 전하고 있다. 이 말은 말갈은 고구려인임을 웅변하는 것이고 다만 그 지배층이 '고씨'임을 의미한다. 조선 왕권을 대표한 전주 이씨가 몰락했다고 해서 바로 조선 백성들이 소멸하는 것은 아니다. 이 같은 시각은 왕조를 중심으로 보는 사관으로 신라의 경우에도 지방민을 읍륵邑勒으로 부르고 있다. 그 뜻은 '읍루(아이누) 같은 촌놈'으로 추정된다.

『사기』의 사료인 『국어國語』나 『춘추좌전春秋左傳』의 기록에는 숙신이 현재의 산시山西나 허베이河北에서 나타난다. 앞에서 본 대로 『삼국지』 시대에는 한반도 중부를 숙신으로 보고 있고, 숙신의 후예인 물길勿吉은 막힐부鄭頡部를 중심으로 나타났다고 하는데 그 위치가 현재 랴오닝성 창투현昌圖縣으로 추정된다. 이 지역은 고구려에 이어 발해가 계승한 곳으로 과거 고조선의 영역이자 동호의 영역이었다. 허베이-요동·만주-한반도 등의 영역은 예맥의 이동 및 그 영역과 큰 차이가 없다. 현대 중국의 관영 사이트에도 말갈의 발음은 '모허'로 "말갈은 맥족(예맥)의 동음어이다"라고 되어 있다. 예맥은 '허모' 또는 '휘모' 등으로 읽히는데 이 말은 말갈의 발음인 모허를 거꾸로 쓴 말로 보인다. 이와 같이 한문 그 자체로 보면 전혀 달리 보이지만 그 발음으로 대조해 보면 쉽게 공통점을 파악할 수 있는 용어들이 많다.

결국 예맥·말갈·동호를 구별할 수 있는 근거가 없으며, 시기적으로 변해온 한국인들의 다른 이름일 뿐이라 하겠다. 초기에는 조선과 숙신이라는 말이 나오다가 다음에는 예맥이 등장하고 그 다음에는 동호가 등장하더니 다시 해·실위, 숙신·물길·말갈이 나타나고 있다. 따라서 이들이 건국한 금·청 왕조, 북위·요·몽골은 당연히 범한국인의 역사에 편입되어야 한다.

한민족의 기원과 대쥬신 2: 당신은 쥬신

한국인을 가리키는 명칭으로 가장 오래된 말이 조선과 고려다. 조선이라는 명칭은 고려(고구려)보나는 포괄적이다. 『구당서舊唐書』나 『진서晉書』, 고자高慈(665~697년)의 묘비명 등에서 고구려인이나 동호인을 조선인으로 표기한 경우를 볼 수 있다.

사서를 통해 보면, 수천 년에 걸쳐 현재의 허베이-요동·만주-한반도 등에 사는 민족을 한역漢譯하여 조선이나 숙신으로 불렀고, 숙신은 다시 식신息愼, 직신稷愼, 제신諸申, 여진女眞, 주신珠申 등으로 불렀다. 다만 여러 선각들은 숙신에서 조선이 파생된 것으로 보지만 조선이 숙신 이전부터 있었고, 조선·직신·숙신 등이 혼용되었으며 조선이라는 말이 숙신이라는 말보다는 훨씬 범위가 크고 조선과 숙신이 같이 나오는 기록이 없어 숙신은 조선의 다른 표현이거나 서로 대신하는 말로 사용되었을 것으로 추정한다. 그러므로 오히려 조선에서 숙신이 나왔을 것으로 보인다.

근세에 이르기까지 조선·제신·주신 등의 말이 있었는데 이 발음들에 조금씩 차이가 있고, 쥬신Jüsin이나 쨔오선朝鮮, 쑤션肅愼, 쥬션珠申, 주히신, 지선稷愼, 쥐신 등에 가까운 말이지만 그동안 관습적으로 쥬신으로 사용해왔기 때문에 쥬신으로 부르는 것이 무난하다. 즉 쥬신은 조선과 숙신과 관련된 여러 말들을 대표할 수 있는 발음이라는 것이다.

참고로 선조 때 간행된 『맹자언해孟子諺解』에서는 주珠를 '쥬'로 표기하고 있고 『만주실록』에는 주선구룬Jušen Gurun이라는 말이 있는데 '쥬신의 나라'라는 의미다. 쥬신이란 용어를 가장 오래 쓴 사람들은 만주족과 한국인으로, 이들은 이것을 국호로 삼았다. 한반도의 조선과, 칭기즈칸의 천명을 받은 청 태종이 제위에 올라 이룩한 청나라의 초기 공식 국명이 '대쥬신제국Yeke Jüsin Ulus'이었다. 이 말을 한역하면 대조선제국, 대숙신제국, 대주신제국大珠申帝國 또는 대제신제국大諸申帝國이 된다.

조선이라는 말의 근원은『삼국유사』에 나타나는 '아사달'을 기점으로, 이 말이 현재까지 견고히 살아 있는 일본어와 고구려어의 남은 자취들을 토대로 아사달과 관련된 많은 원原 알타이어나 만주 퉁구스어들을 조사함으로써 실질적인 추적이 가능하다.『삼국사기』에 보면 '달達=악岳(큰산)'으로, 이병도는 '아사달=조산朝山'으로 보았다.『관자管子』와『이아爾雅』의 기록을 보면 조선 대신에 '척산斥山'이 사용되었고『사기』,『대대례기大戴禮記』를 보면 '숙신=식신息愼=직신'이라고 하였다.

원 알타이어나 만주 퉁구스어, 일본어 등을 살펴보면 알탄시라, 알탄테가, 아사달, 아스탈라, 아사다께, 아사타라, 아시밝, 아이신, 붉달 등이 '아사달'과 유사한 의미를 지닌 것으로 보인다. 이 말들이 당시의 국제어인 한자어로 기록되면서 조선·숙신·식신 등으로 기록되었고, 이 말은 다시 직신, 제신諸申, 여진女眞, 주신珠申 등으로 사용되거나 물길, 말갈, 왜, 옥저, 일본, 야마토(日本) 등으로 확장된 것으로 추정되며, 이들의 대표 발음이 쥬신이다. 따라서 몽골-만주-한국-일본 등의 주류 민족은 아사달, 아시밝, 아사타라, 알타이, 밝달(배달) 등과 관련하여 부르는 것이 바람직하지만 쥬신이라는 말이 긴 세월 동안 정착되었기 때문에 쥬신으로 부르는 것이 합리적이다.

그동안 대부분 역사가들은『사기집해史記集解』,『색은索隱』,『국조보감國朝寶鑑』 등을 토대로 조선을 지명地名에서 유래된 말로 보았지만, 이 견해로는 조선과 관련된 수많은 말들을 해명하지 못한다. 신채호는 조선이 만주어 주신珠申(쥬신)과 동일한 말에서 유래했으며 그 뜻은 '주신족' 또는 '주신족이 사는 터전'이라고 했다. 신채호는 고대 문헌에서 발숙신發肅愼이라는 말이 발조선發朝鮮이라는 말 대신 사용되었기 때문에 '조선=숙신'으로 보았고, 『만주원류고』에서 건륭제乾隆帝가 숙신의 본음을 주신으로 인정했으므로 조선의 음도 결국은 주신이 된다고 했다. 신채호의 견해는 일부를 제외하고는 매우 합리적이고 타당하다.

주선 또는 주신이라는 말의 원음은 쥬신에 가까우며 그 뜻은 '태양의 나라', '황금의 산', '알타이산金山'을 의미하는 것으로 추정된다. 조선, 즉 쥬신은 궁극적으로 알타이산을 의미하는 것으로 아사달과 의미상으로 다르지 않다. 아사달을 표현하는 말로는 조산朝山(뜻), 적산赤山(뜻), 척산斥山(적산을 음차한 것으로 추정), 홍산紅山(뜻), 보르항산(붉은산), 기린산 또는 긴힌산長白山, 오환산烏丸山(붉은산이라는 뜻) 등이 있으며, 그 뜻은 (태양이 비치는) '붉은산'이다. 쥬신을 의미하는 발發이나 밝달(붉달)도 밝(밝게 비치는)+달(산)로 아사달과 같은 의미이며 '배달' 또는 '바타르'라는 말과 관련이 있을 것이다.

산에 대한 깊은 신앙은 쥬신족의 본질적 요소 가운데 하나이다. 『구당서』나 『신당서新唐書』에서는 신라인들이 산신에게 제사하기를 좋아한다고 했고, 『후한서後漢書』와 『삼국지』에서는 예족濊族은 산천을 중시하여 함부로 들어가지 않는다고 했다. 또한 『수서隋書』에서는 말갈은 도태산徙太山을 매우 숭상하고 두려워한다고 했으며, 『북사北史』에서는 "물길은 종태산從太山이 있는데, 태황太皇이라는 뜻이며 그 풍속에 그 산을 매우 공경하고 무서워하여 사람들이 산 위에서 대소변을 보지 못하고, 그 산을 지나는 사람은 (각종 오물들을) 물건에다 담아

18

가지고 간다"고 기록하고 있다.

산신신앙은 한국인이 가장 강할 것이다. 언어학자 정호완은 윗사람을 '모신다[崇拜]'는 말도 '뫼[山]신다'에서 나온 말로 보고 있다. 성산聖山으로서 가장 강한 숭배 대상은 범한국인의 제2 발상지인 백두산으로 예맥·숙신·동호가 모두 숭배하는데 이를 통해 쥬신의 공통된 정체성을 확인할 수 있다. 즉 숙신계인 금나라는 백두산을 '흥왕의 땅[興王之地]'으로 높여 왕으로 봉하여 사당을 세웠고(『금사金史』), 동호계인 요나라는 백두산을 황실皇室의 수호신으로 삼았다.

그러므로 우리 민족을 의미하는 고유어들이 당시 국제어인 한자어로 기록되면서 조선 또는 숙신 등으로 기록되었으며, 이 말은 다시 여러 형태로 확장되었지만 그 대표 발음이 쥬신이다. 따라서 쥬신에는 몽골쥬신, 만주쥬신, 반도쥬신(한국), 열도쥬신(일본)이 있고 이들을 합해 범쥬신 또는 대쥬신으로 부를 수 있다.

1장 다시 보는 일선동조론

들어가는 글 **불함문화론**

우리 역사에서 이완용만큼이나 많은 논란의 대상이 된 사람은 이광수와

최남선입니다. 두 사람 모두 민족의 선각자로 큰 족적을 남겼으나 친일

행각으로 인하여 반도쥬신(한국인)을 실망시켰습니다. 사람은 누구나 역

사적 평가에서는 공과가 있기 마련입니다. 그 허물은 이미 많이 드러난

상태이므로 이제는 우리 민족의 기원과 관련하여 최남선의 생각을 들어

봅시다.

　최남선은 1920년대 일본의 일방적인 일선동조론日朝鮮同祖論에 맞서

고 다른 한편으로는 유교문화 속에서 형해화形骸化된 단군신앙을 부활

시키려고 애썼습니다. 식민지 지식인으로서 많은 고뇌와 번민이 있었으

며, 한편으로는 제국주의 일본에 협력했지만, 단 한 가지 포기하지 않았

던 것이 불함문화론不咸文化論입니다. 최남선은 일본의 신도神道와 조선의

고신도古神道가 같은 것이라고 주장했습니다. 여기서 한발 나아가 일본과

20

조선뿐 아니라 몽골과 만주, 중앙아시아, 터키에 이르는 넓은 지역의 사람들이 태양을 신성시하고 일본의 신도와 대동소이한 신앙형태를 가지고 있다고 보았습니다. 이것이 바로 불함문화권 이론입니다.

최남선은 알타이산맥, 사얀산맥, 싱안링산맥, 조선 류큐 등의 광대한 지역은 붉(Pârk=태양) 중심의 신앙과 사회조직을 숭배하는 민족들이 분포되어 있다고 했습니다. 그러면서도 그 종족적인 상호관계는 알 수 없으나 문화적으로는 확실히 하나의 연계성을 가지고 있으며, 단군이라는 것은 하늘을 대표하는 통치권자의 호칭이라고 보았습니다.[1]

최남선에 따르면, 단군이란 '붉은'이라고 불리던 집단이 대륙에서 동으로 이동하여 신산神山을 정하고 그 주위에 '불' 또는 '나라'라는 이름의 취락을 만들었던 시대의 최고 지도자라고 합니다. 그리고 조선은 초기에는 쑹화강, 요하 유역에 있다가 남하해 대동강 유역까지 왔고 도읍을 평양으로 정했다는 것입니다.[2]

일선동조론과 관계된 부분만 다시 검토하면, 최남선은 조선 고유신앙과 일본의 신도가 내용적으로 일치한다고 주장했는데 이 점을 주목할 필요가 있습니다. 즉 조선의 '붉은'이라 불리던 집단은 태양을 신으로 하고 군장君長을 신의 혈통으로 하는 신앙체계를 세우고 모든 생활은 이에

---

1 崔南善, 「不咸文化論」, 『朝鮮及朝鮮民族』(朝鮮思想通信社: 1927), 56쪽, 30쪽.
2 崔南善, 『古事通』(三中堂: 1943), 6쪽.

따르며, 각 부족들은 1년에 한 번 '국중대회'를 열어 하늘에 제사하고 큰 일들을 합의해 처리했다고 합니다. 부여夫餘의 영고迎鼓, 예濊의 무천舞天, 한韓의 불구내弗矩內 등이 그것입니다.[3] 결국 이 같은 내용이 일본의 신도와 거의 일치한다는 것입니다. 최남선은 불교와 유교에 의해 조선의 고유신앙이 큰 타격을 받아서 조선 본래의 모습이 사라지게 되었다고 합니다.

최남선의 논리는 당시 일본 제국주의자들을 다른 식으로 크게 압박하는 이론이었습니다. 왜냐하면 한국의 고대신앙이 일본의 신도와 동일한데 이것이 일본에서 건너온 것이 아니라고 했기 때문입니다. 그렇다면 결국 한국의 신도가 일본으로 건너간 것이라는 논리인데 이것은 만세일계로 대변되는 일본 군부의 제국주의 논리와 정면으로 위배됩니다. 그러나 최남선의 이론과 논리는 극단으로 치닫고 있던 일본 제국주의자들의 논리와 일맥상통하는 부분이 있어 정치적으로 악용되기도 합니다.

모순적이지만 불함문화적 전통을 가장 오래 지속한 나라는 일본이었습니다. 일본의 제국주의적인 행태가 많은 피해와 범죄적 행위를 낳았지만 1930년대 후반 일본은 만주국을 건국하면서 신정일체神政一體의 불함문화적 전통을 부활시킵니다.

1940년 7월 15일 만주국에서는 건국신묘를 창건하는 조서詔書가 발

---

[3] 崔南善, 앞의 책, 8~9쪽.

표됩니다. 새로이 건국된 만주국의 황제 부의溥儀는 건국신묘 진좌제鎭坐祭를 집행했습니다. 당시 이 행사에서 제사부祭祀府를 설치해 천조대신天照大神, 즉 아마테라스를 모시는 국가제사를 주관하게 합니다.[4] 특이한 일이지요. 근대국가를 건설하는 마당에 '국가 제사부'를 만들다니 말입니다. 이것은 열도쥬신(일본)이 반도쥬신처럼 유교를 국가적 민족적 이데올로기로 받아들이지 않았다는 말이기도 합니다.

오늘날의 관점에서 최남선이 주장하는 불함문화권은 『대쥬신을 찾아서』와 관점상 유사한 부분이 많습니다. 다만 저는 그 이후의 많은 연구성과들과 이를 비교하고 좀 더 친연성이 강한 특성에 주목하여 그 범위를 몽골-만주-반도-열도 등으로 한정했습니다. 이에 비해 최남선은 인디아의 브라마Brahma, 셈족의 바알Baal, 바빌로니아의 벨Bel, 로마의 불칸Vulcan, 북구의 프리가Frigga, 과테말라의 후라칸Hurakhan 등까지도 불함문화권과 관련이 있다고 합니다. 그러나 저는 이 범위가 지나치게 넓고 구체적이지 않기 때문에, 좀 더 차별성을 찾아서 접근할 필요가 있다고 봅니다.[5]

---

4 滿洲國民生部厚生司教化科, 『國本奠定詔書謹話集』(滿洲國政府: 1940), 8~9쪽.

5 崔南善, 『朝鮮及朝鮮民族』(朝鮮思想通信社: 1927), 35~37쪽.

일본 군국주의자들의 일선동조론

일선동조론이란 일본 제국주의 시대에 본격적으로 등장한 이론으로 일본과 조선(한국)의 조상이 같다는 것입니다. 이 말만 보면 제 생각과 같습니다. 그런데 결론부터 말하면 일선동조론과 제 생각은 많은 차이가 있습니다. 가장 큰 차이는 일선동조론은 정치적인 목적으로 정교하게 설계된 데 반해 제가 주장하는 한일동족론韓日同族論은 과학적이고 사실에 기반을 둔 분석이라는 점입니다.

좀 더 구체적으로 볼까요? 일선동조론은 군국주의자들이 정치적인 목적으로 일본과 조선인들이 같은 민족이라고 주장한 것입니다. 즉 일본과 한국은 태고 이래로 피로 맺어진 근친성을 가진 동문동종同文同種으로 불가분의 관계라고 하는데, 주 내용은 일본은 본가本家이고 조선은 분가分家라는 것입니다. 본가인 일본은 형편이 넉넉하고 문화국가가 되었으나, 분가인 조선은 아직도 야만의 상태이고 가난하니, 본가가 분가를 흡수하는 것은 당연한 이치라고 주장했습니다.

한국과 일본이 동족이라는 말이 본격화된 것은 19세기 말부터로 볼 수 있습니다. 한국의 『독립신문』을 보면 일본에 주재하는 영국 공사 사토의 견해를 소개하는 내용이 있습니다. 사토는 일본인들은 외국에서 들어온 인종으로 열도 원주민과는 다르며, 남쪽으로 들어와서 점차적으로 원주민을 북쪽으로 몰아냈고, 일본말과 조선말의 문법이 동일하고 양쪽의 사고방식이나 풍속도 같은 것이 많으니, 이를 유추하면 결국 한국인과 일본인은 같은 종족이라고 합니다.

그런데 일본 제국주의 시대 당시 일선동조론은 과학적 사실에 입각해서라기보다는 정치적인 도구에 불과했고, 일정한 원칙이 있어 이를 따르지 않으면 호된 고초를 당했습니다. 역사의 흐름이 한반도에서 일본으로 가는 방향은 성립되지 않는다고 보았으며 일본 천황의 신성성을 부정하는 어떤 연구도 허용하지 않았습니다.

예를 들면 구메 구니타케久米邦武 교수는 일본의 신도는 일본에서 전수되는 특유의 종교가 아니라 동아시아의 공통된 풍속인 하늘을 모시는 것의 하나라고 주장했다가[6] 제국대학에서 쫓겨났습니다. 일선동조론이 얼마나 정치적이었는가를 보여주는 사례입니다. 구메 구니타케 교수의 논리는 천황이 하늘의 최고신이 아니라 많은 천손족 무리들 가운데 하나의 제후諸侯에 불과하다는 의미로 해석된다고 하여 당시 신도가神道家(신도학자)들의 극렬한 비판을 받았습니다. 정치성을 띤 예가 아닌 비과학적인 경우로는 이노우에 데쓰타로井上哲太郎의 견해를 들 수 있습니다. 이노우에 데쓰타로는, 일본은 혼성민족인데 북방 몽골 계통인 이즈모出雲를 남방민족인 천손족이 정복했다고 주장했습니다.[7] 하지만 이를 입증하는 근거가 제대로 없으니 사실과는 거리가 먼 것이지요.

두 개 나라의 민족이 같다는 근거로 들 수 있는 것은 주로 생물학적인 일치성과 언어·문화의 일치성이라고 할 수 있습니다. 그런데 생물학적인 일치성을 밝히려면 생물학이나 생명공학의 상당한 발전이 있어야 합니다. 그렇지만 언어는 비교하기가 쉽기 때문에 많은 연구가 진행되었습니다.

일선동조론 초기의 대표적인 언어 관련 연구자로는 시라토리 구라키치白鳥庫吉와 가나자와 쇼사부로金澤庄三郎가 있습니다. 시라토리

---

6 久米邦武, 「神道は祭天の古俗」, 『史學會雜誌 第23號』(1891).

7 井上哲太郎, 「日本民族の起原に關する考證」, 『史學會雜誌 第21編 第10號』(1910) 47쪽.

구라키치는 한국어와 일본어를 비교하여 두 언어는 서로 통하는 말로 모두 우랄알타이어라고 확신했습니다.[8] 그러나 시라토리 구라키치는 한국과 일본의 언어저·혈통적 공동점을 인정했으나 국민은 그밖의 환경, 즉 외부 세계에 대한 적응의 결과에 따라 다르게 나타날 수 있다는 점을 강조했습니다. 따라서 후에 시라토리 구라키치는 오히려 일선동조론을 거부합니다.[9] 즉 외부 환경에 우수하게 적응한 일본 민족과 무지몽매한 한국인들을 하나의 민족이라고 볼 수 없다는 것입니다.

가니자와 쇼사부로는 일본어와 동양의 여러 언어를 비교 연구하여 『한일 양국어 동계론韓日兩國語同系論』을 발표했고, 사전 『광사림廣辭林』을 편찬한 언어학자로, 조선의 언어는 일본어의 하나의 분파에 불과하다고 주장했습니다.[10]

다음으로 인종과 같은 생물학적인 문제를 살펴봅시다. 이 분야의 선두주자는 요시다 도고吉田東伍입니다. 요시다 도고는 한국 인종을 한반도 북부에 정착한 대륙계[陸種] 인종과 남부에 정착한 해안계[島種] 인종으로 유형화하고, 이 해안계 인종이 일본과 동일한 인종이라고 주장합니다.[11] 일본 정부는 1910년대에 이르러 한국을 강점하는 논리로, 한국과 일본은 완전히 같은 인종으로 볼 수는 없어도 그 신체적 특성이 유사하고 조선인 대다수는 일본인과 깊은 관련이 있다는

8 白鳥庫吉, 「日本書紀に見えたる韓語の解釋」, 『史學雜誌 第8編 4·6·7號』(1891).

9 白鳥庫吉의 견해에 관해서는 미쓰이 다카시(三ッ井崇), 「일선동조론(日鮮同祖論)의 학문적 기반에 관한 시론」, 『韓國文化 33 (2004)』 참고.

10 金澤庄三郎, 『韓日兩國語同系論』(三省堂書庫: 1901).

11 Peter Duus, The Abacus and the Sword(University of California Press: 1995), 414쪽.

식으로 기존의 논리를 슬쩍 바꿉니다.[12]

1910년대 일선동조론 논리의 주된 개발자는 도리이 류조烏居龍藏와 야기 쇼사부로八木奘三郎입니다. 도리이 류조는 주로 인종적인 분석으로, 야기 쇼사부로는 주로 유물과 유적을 통해 일선동조론을 설명합니다. 도리이 류조는 한국인들의 신체를 조사해 북부아시아형과 남부 인종으로 나누고, 이 남부 인종의 근거지가 바로 일본이라고 주장합니다.[13] 야기 쇼사부로는 토기 손잡이로 한국 남부와 규슈의 유사성을 찾고 일본의 남양민족南洋民族 기원설을 주장합니다.[14] 이러한 사실을 종합해 보면, 이때까지 열도쥬신(일본인)들은 스스로를 북방쥬신 계열로 보지 않고 남방계로 본 것입니다.

이들이 일관되게 한반도 남부인과 일본 열도의 동질성을 강조한 것은 임나일본부任那日本府와 무관하지 않습니다. 이들의 논리는 대체로 유사하지만 분명한 것은 열도(일본)의 우위성을 강조하는 데 초점이 맞추어져 있다는 것입니다. 그리하여 아키야마 데쓰타로秋山鐵太郎는 일본과 조선은 인종이 같고 고대부터 깊은 관계를 맺었으며, 피가 섞여 있고 문자도 대부분 통용되며, 언어도 같은 계열에 속하고 풍속과 관습도 유사해 조선과 일본은 하나로 융합할 소지를 갖추고 있다고 주장했습니다.[15]

1920년대 일선동조론의 대표 이론가인 기타 사다키치喜田貞吉는 민족학이나 언어학의 연구 성과들을 기반으로 진구神功 황후 이전부터

12 小熊英二, 『單一民族神話の起源』(新曜社: 1995), 73~79쪽.

13 鳥居龍藏, 「朝鮮民族에 取하야」, 『每日新報』(1915. 9. 5.).

14 八木奘三郎, 「朝鮮의 先史民族」(13), 『每日新報』(1916. 1. 8.)

15 秋山鐵太郎, 「朝鮮人より見たる日鮮同化觀を讀みて」, 『朝鮮及滿洲』(1913. 2.).

일본과 한국은 '근본이 동종同種'이라고 주장했습니다. 진구 황후는 한국을 정벌한 일본의 황후로 알려져 있습니다. 그러니까 원래 하나의 민족이었다가 잠시 흩어진 것을 영명한 진구 황후가 나시 정벌해 하나로 만들었듯이 일본이 한국을 병합한 것은 당연하다는 논리입니다.

기타 사다키치는 한국인들의 생활양식과 일본의 헤이안 시대平安時代(794~1185년) 생활양식이 비슷하다고 지적하고 역사상 차이가 있지만 한국과 일본은 같은 계열이라는 점을 주장합니다. 따라서 민족구성이 동일하니 '조선인=일본인'이며 오랜 기간 떨어져 살다가 본래대로 결합하는 것뿐인데 어찌 조선이 일본으로부터 독립해야 하는가, 라는 논리를 폅니다. 물론 기타 사다키치의 견해는 조선과 일본이 평등하고 확고한 정체성을 가진 동종이라는 의미는 아닙니다. 일선동조론자의 주장들은 그 근저에 본가本家와 분가分家, 순수와 잡종雜種의 개념이 들어 있기 때문에 정치적이면서 비학문적입니다.

당시 열도쥬신(일본)은, 자신들은 문명국, 반도쥬신(조선)은 비문명국으로 간주하고, 일본의 식민지배는 비문명 지역을 문명화하는 것이라고 했습니다. 일선동조론은 이와 같이 문명화론과 결부하여 형제국인 한국이 미개한 상태이기 때문에 문명화시켜서 하나의 가족으로 다시 태어나게 해야 한다는 것입니다. 동문동종同文同種의 형제가 떨어져 살다가 다시 하나의 집안을 만드는 것이라고 보았습니다.

그리하여 시마 사부로다島三郞田는 한국과 일본의 차이는 단지 지리적 위치로 인해 별개의 사회를 형성한 것에 불과하다고 주장했습니다.[16] 이 같은 인식은 일제하의 한국에서도 널리 퍼졌습니다. 예컨

---

[16] 島三郎田,「日鮮同種同根論」,『新朝鮮』(朝鮮研究會編: 1916), 154쪽.

대 매일신보사每日新報社가 1917년 일선동화론이라는 주제로 신년문예를 개최했는데 당시의 기사에는 한국인들 가운데 시마 사부로다와 거의 같은 견해를 펴는 한국인들도 있었습니다.[17]

그러나 신채호는 이러한 일선동조론을 거부합니다. 신채호는 아시아 인종을 선비족, 부여족, 여진족, 말갈족, 지나족支那族(한족), 토족土族 등으로 나누고 일본인들의 근원으로 추정되는 몽골이나 인디아 등을 제외합니다.[18] 무엇보다도 신채호는 일선동조론이 한인의 동화를 목적으로 하는 것이기 때문에 거부했습니다. 물론 신채호의 견해도 사실에 입각했다기보다 독립운동을 위한 정치적 목적을 띤 것이었습니다.

차라리 한국이 일본의 식민지가 되지 않았더라면 한국과 일본은 비슷한 나라, 나아가 한국인과 일본인은 같은 뿌리라는 생각이 더욱 견고해졌을 것입니다. 그런데 한국이 일본의 식민지가 되다보니 적개심이 커져서 차이가 더욱 부각된 것입니다.

"여기서 한국이 보이니까 좋네"

일선동조론에 대해 다시 한 번 가볍게 살펴보고 부여사의 기나긴 여정을 출발합시다. 여기서 살펴볼 내용들은 지나치게 황당한 견해들은 제외한 것입니다. 예를 들면 아베 다쓰노스케阿部辰之助와 같이 '스사노오素戔嗚尊(스사노오 노미고토)'가 단군이라든가 조선의 시조라든가 하는 내

---

17 『每日新報』(1917. 1. 28.).
18 신채호, 『讀史新論』1. 人種『丹齋申采浩全集』上, 474~75쪽.

용들을 말합니다.[19] 이 같은 내용들은 이미 쓰다 소기치津田左右吉나 이마니시 류今西龍 등에 의해 비판되었습니다. 특히 이마니시 류는 일선동조론을 반대하고 오히려 조선정체론朝鮮停滯論을 주장했습니다.

앞에서도 언급한 바 있듯, 일선동조론 초기의 대표적인 언어 관련 연구자로는 시라토리 구라키치와 가니자와 쇼사부로가 있습니다. 특히 가니자와 쇼사부로는 조선의 언어가 일본어의 한 분파에 불과하다고 주장했습니다.

그러나 현대 일본의 연구는 오히려 반대입니다. 최근에는 한국어와 일본어는 같은 기원을 가지고 있다는 구체적인 연구가 나왔습니다. 대부분의 일본어는 한국어를 어근으로 한다는 것이지요. 지금까지 발견된 것만도 5,000여 개가 넘는다고 합니다. 그 주인공은 비교언어학의 권위자인 일본의 시미즈 기요시清水紀佳 교수와 한국의 박명미 교수입니다.

시미즈 교수팀은 주로 일상생활에서 사용하는 언어들을 비교하여 5,000여 개의 유사한 단어를 찾았습니다. 시미즈 기요시 교수는 한국과 일본의 고유어가 동일하다는 생각에서 연구를 시작했으며, 결론적으로 일본어의 뿌리는 고대 한국어라고 주장합니다. 시미즈 기요시 교수는 만주에서 한반도, 일본 열도에 이르는 언어지도를 그리고 이를 한어의 영역이라 합니다.

대륙한어가 시베리아에서 출발하여 반도한어-열도한어가 된다는 것입니다. 사실 일본어만큼 한국어와 닮은 언어는 없습니다. 다만 어휘 면에서 볼 때 일본어에는 만주-시베리아 지역의 언어가 더욱 생

---

19 阿部辰之助, 『新撰日鮮太古史』(大陸調査會: 1928).

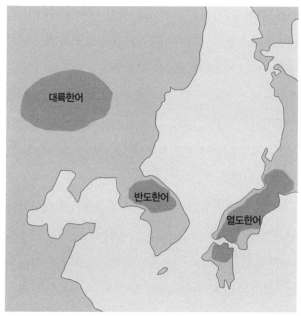

도 2 | 한어의 영역

생히 살아 있다는 특징이 있습니다.[20]

　물론 한국어가 일본어가 된 것은 아닙니다. 대륙의 한어가 남하해 한국어도 되고, 일본어도 된 것입니다. 이 점은 대단히 중요합니다. 한국인들은 한국이 일본을 만들었다고 하고 일본은 이에 대해 펄쩍 뛰며 반박합니다. 그러나 양쪽 주장 모두 틀렸습니다. 반도 중심의 시각이나 열도 중심의 시각은 모두 틀렸습니다. 이는 한국인의 실체를 모르기 때문에 생긴 일입니다.

　언어 다음으로 일선동조론과 관련해 가장 중요한 근거가 되는 것은 '일본이 태곳적부터 신라, 즉 한국을 지배했다'는 『일본서기日本書

20　시미즈 기요시·박명미, 『아나타(あなた)는 한국인』(정신세계사: 2004).

紀』의 기록입니다. 『일본서기』에는 일본의 시조신 가운데 하나인 스사노오가 신라 땅을 다스렸고, 진구 황후는 신라와 고구려를 정벌해 열도에서 한반도에 이르는 대통일제국을 건설했다고 기록되어 있습니다. 따라서 한일합병은 침략이 아니라 지금까지 내려온 숙원사업을 해결한 것일 뿐이라는 논리입니다. 즉 불합리하게 형제가 떨어져 살았으며, 가난한 형제를 일본에 편입한 것은 오히려 조선인들의 고뇌를 해결해준다는 논리입니다.

물론 형제가 함께하면서 복잡한 세계사의 격전장에서 이겨나간다는 것은 좋은 일일 수도 있습니다. 그러나 그 동족同族이라는 근거가 사실이 아닌 신화라면 많은 문제를 일으킵니다. 일선동조론은 일본의 침략전쟁과 각종 해악들을 제외하더라도 두 가지 측면에서 문제가 있습니다. 하나는 형제애가 정치적 의도로 사용되었다는 점입니다. 진정으로 형제애를 가졌다면 차별 없이 대하고 그 형제가 불편하지 않도록 해야 하는데 현실은 딴판이었습니다. 또 다른 하나는 일본=종가, 조선=분가라는 논리가 사실과 다르다는 점입니다. 일본에서 한국으로 이주해왔다는 일선동조론의 논리는 전혀 앞뒤가 맞지 않습니다.

결국 1919년 3·1만세운동이 터졌고 일선동조론자들은 경악할 수밖에 없었습니다. 3·1운동 당시 독립선언서에 서명한 최린崔麟은 심문조서에서 "일본의 정치는 선정善政을 표방하며 입으로는 동화주의同化主義를 제창하고 있으나 실제로는 그것과 다르고" 결국은 일본을 높이고 조선을 천대하는 주의라고 토로합니다.[21]

우선, 이 장에서는 일선동조론의 핵심 인물인 스사노오와 진구 황

---

21 「崔麟訊問調書」, 『韓國民族獨立運動史 資料集 11』(국사편찬위: 1990), 19~20쪽.

후 가운데 스사노오만을 분석하여 그 사실성을 밝힐 것입니다. 진구 황후는 근초고왕 편에서 상세히 분석할 것입니다.

일선동조론은 메이지 유신 이후 본격적으로 대두했는데, 구메 구니타케와 호시노 히사시星野恒 등의 제국대학 교수들에 의해 시작됩니다. 구메 구니타케는 『일본서기』, 『고사기古事記』, 『신찬성씨록新撰姓氏錄』 등의 기록에서 일본국가의 일체성을, 호시노 히사시는 인종과 언어적인 특성을 주로 분석했습니다.

이들이 주로 강조한 것은 '스사노오'가 '가리쿠니' 즉 한국을 통치했다는 것입니다. 『일본서기』에는 신들의 탄생에 대한 다음과 같은 이야기가 있습니다.

혼돈 속에서 하늘과 땅이 생기고 그 가운데 갈대싹[葦牙]같은 것이 신神이 되고 이 신으로부터 세 신이 생긴 후 다시 여덟 신이 생겼는데 그 마지막이 이자나기伊弉諾尊(イザナキ)와 이자나미伊弉冉尊(イザナミ)였고 이들은 혼인한다. 이자나기와 이자나미는 다카마노하라高天原에 살면서 아마테라스 오미카미天照大神(아마테라스로 약칭)와 스사노오 노미고토(스사노오)를 낳았다.[22]

태양신인 아마테라스와 그의 동생인 스사노오도 다카마노하라에서 살았는데, 스사노오의 행실이 좋지 못해서 여러 신들이 그를 벌하여 쫓아내니, 스사노오는 아들들인 50여 명의 날래고 용감한 신[猛神]들을 데리고 신라국新羅國으로 가서 소시모리曾尸茂梨에 있다가 진흙으로 만든 배를 타고 이즈모노쿠니出雲國(현재의 시마네현)의 파천簸川 상류에

---

22 『日本書紀』「神代」上.

있는 조상봉鳥上峯으로 가서 사람을 잡아먹는 뱀을 죽였다.[23]

　그런데 이 부분을 일본인들은 좀 다르게 해석합니다. 즉 일본 최고의 신인 아마테라스가 말썽만 피는 동생 스사노오를 쫓아내니 스사노오는 신라국으로 가서 그 나라를 다스렸다는 것입니다. 하지만 세월이 흘러 신라국를 다스리던 스사노오는 다시 일본이 그리워 이즈모노쿠니로 돌아가서 나라를 세웠다는 것입니다.

　이상이 열도쥬신(일본인)의 마음 깊이 새겨져 있는 내용입니다. 그런데 『일본서기』에는 스사노오가 '신라국에 내려서 소시모리라는 곳에 있었다'라고만 되어 있지 배를 타고 신라에 갔다거나 신라를 통치했다는 말은 어디에도 없습니다. 『일본서기』에는 오히려 여러 신들에게 내몰려 갈 곳이 없는 스사노오를 신라에서 받아준 것으로 추정되는 내용이 있습니다. 그뿐만이 아니라 스사노오는 신라에 대해 "이 땅도 내가 살고 싶지 않다[此地吾不欲居]"라고 합니다. 즉 신라에서도 상당히 괄시를 받았다는 의미로 추정됩니다.

　이제 아마테라스와 스사노오의 고향 다카마노하라에 대해 알아봅시다. 일본에서는 그들의 조상신이 다카마노하라에서 다카치호미네高千穗峰로 내려왔다고 믿고 있습니다. 즉 스사노오가 다시 일본으로 돌아온 뒤, 아마테라스의 후예들이 하늘에서 다카치호미네로 내려오는, 이른바 천손강림天孫降臨이 시작되었다는 것입니다. 일본인들은 다카치호미네의 위치를 미야자키현宮崎縣과 가고시마현鹿兒島縣의 경계 지역인 기리시마산霧島山으로 추정하고 있습니다. 규슈 최남단을

---

23 『日本書紀』「神代」上

34

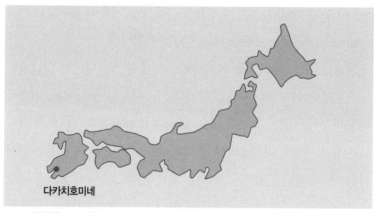

도 3 | 다카치호미네 위치

말하고 있는 것이지요.[24]

물론 다카마노하라는 하늘나라겠지요? 그러나 만약 하늘이 아니면 어떻게 될까요? 민족이 이동할 때 이전에 머물던 곳을 하늘이라고 표현했다고 하면 규슈九州 남단 이전의 나라는 어디가 될까요? 야마토 지역은 앞으로 진출할 방향이므로 '이전에 머물던 곳'은 한반도 남단밖에는 없습니다. 왜냐하면 다카치호미네에 가장 가까이 근접한 나라는 한반도 남부 지역이기 때문입니다. 그러니까 다카마노하라는 한반도 남부의 어느 곳일 수밖에 없습니다.

『일본서기』의 「신대神代」편에서는 '하늘로 오르다', '내리다'라는 말들이 자주 나타납니다. 이 부분을 주변 글의 내용과 관련지어 분석해보면, '하늘로 오르다'는 아마테라스의 나라 즉 신국神國들 사이의 맹주국으로 가는 것으로 보이고 '내려가다'는 말은 그 주변 지역으로 가는 표현으로 보입니다. 왜냐하면 스사노오가 '내려간 곳'에도 역시

---

24 關裕二, 『古代史(일본의 뿌리는 한국)』(관정교육재단: 2008), 118쪽.

신들이 있기 때문입니다. 마치 요즘 사람들이 '서울에 올라간다', '시골에 내려간다'라는 표현을 하는 것과 비슷합니다.

참고로 『고사기』에서는 아마테라스의 후손인 니니기가 내려오면서, "이 땅은 가라쿠니(한국)로 향하고 가사사노미마에笠沙之御前로 바로 통하는 곳이어서 참으로 좋은 땅"이라고 탄성을 지릅니다.[25] 그러니까 어떤 지역에 내려오더니 "한국이 보이니까 좋네"라고 신이 나서 이야기한 것입니다. 더욱 재미있는 것은 한반도와 면한 곳들의 지명에 대체로 천天이라는 글자가 붙어 있다는 것입니다. 대마도對馬島나 이끼섬—岐島도 예외가 아닙니다.

그런데 이에 대한 일본의 시각은 상당히 다릅니다. 일단 스사노오가 다카마노하라에서 아마테라스와 심한 갈등을 겪은 후 신라로 가서 신라를 다스리다가 못내 일본이 그리워 최종적으로 돌아온 곳이 이즈모노쿠니라는 것입니다. 여기서 다카마노하라는 학자들마다 견해도 다르고 복잡하지만 대체로 간사이關西 지방에서 규슈에 이르는 지역으로 보고 있습니다.

이즈모노쿠니는 현재의 시마네현일 수도 있고 일본 일부에서 주장하듯이 기리시마야마일 수도 있습니다. 만약 이즈모노쿠니가 현재의 규슈 남단인 기리시마야마라면 스사노오의 행적은 이해하기 어렵습니다. 왜냐하면 신들이 하늘에서 규슈나 간사이 지역에 내려와 다시 한참을 올라가 바다를 건너 수십 개의 소국을 거쳐 신라로 가 그곳을 다스린 것이 되기 때문입니다. 신라로 가는 도중에 수십 개의 소국들을 거쳤을 터인데 왜 하필 신라일까요? 왜 신라를 다스려야 했을까

---

25 『古事記』「神代」卷下(岩波書店), 238쪽.

요? 그리고 왜 또다시 규슈나 간사이로 돌아올까요?

『일본서기』에는 스사노오가 배를 타고 신라로 갔다는 말은 보이지 않습니다. 그러니까 다카마노하라는 신라에 가까운 지역에 있었다는 것이지요. 만약 다카마노하라가 일본의 간사이 또는 규슈라면 신라는 일본 땅에 있었다는 말이 됩니다. 『일본서기』에는 스사노오가 다카마노하라에서 신라에 '내려온' 것으로 서술되어 있습니다. 그러다가 '진흙으로 배를 만들어 타고' 일본의 시마네현으로 갑니다.

다카마노하라라는 정체불명의 A지역에서 출발하여 도착하는 B지역은 분명합니다. 도착지가 혼슈의 시마네든 규슈 남단의 미야자키든 그곳은 분명히 현재의 일본입니다. 그러면 하늘에서 왔다고 하는 이들의 출발지는 어디일까요? 만주나 중국 또는 한반도일 것입니다. 그게 어디든 일본으로 가려면 90퍼센트 이상은 일단 한반도를 거쳐야 합니다. 남지나해나 태평양을 건널 수는 없기 때문이지요. 그러니까 다카마노하라는 일본 이외의 지역으로 한반도나 만주의 어느 곳입니다. 그러면 이제 다카마노하라의 기원을 추적해봅시다.

일본에서는 다카마노하라를 가공의 장소로 보는 견해도 있고 나라현의 삼륜산三輪山, 금강산 고천대金剛山高天台 등 야마토 지역, 미야자키나 가고시마 등의 규슈九州 지역, 호쿠리쿠北陸, 후지산富士山 등으로 보는 견해도 있습니다.[26] 주로 규슈 지역이나 혼슈의 간사이 지역 산악지대로 추측하고 있습니다. 군국주의 시대의 일본에서는 다카마노하라를 하늘[天上]로 생각했습니다. 당시에는 다카마노하라가 하늘이

---

26 鎌田東二,「高天原とは何か‐聖なる他界の形成」,『よみがえる神道の謎』(歴史讀本臨時増刊, 新人物往來社: 1989).

아닌 지상에 있다고 생각하는 것은 용서할 수 없는 불경스러운 일이었습니다.

그런데 다카마노하라를 일본 지역으로 보는 것은 잘못된 것입니다. 왜냐하면 스사노오가 다카마노하라에서 신라로 갈 때는 배를 타고 간 흔적이 없기 때문입니다. 그러나 신라에서 이즈모로 갈 때는 "배를 타고" 갑니다. 그뿐 아니라 다카마노하라가 일본이라면 신들은 일본의 자생신自生神이므로 천신天神이 될 수가 없습니다.

또한 『일본서기』에는 이자나기와 이자나미가 다카마노하라에 앉아서 "아래에 어찌 나라가 없겠는가?", "우리의 나라를 얻자", "마땅한 나라가 있을까?"라고 말하고 하늘의 창으로 큰 바다를 이리저리 그어 나라를 만드는 장면이 나옵니다. 『일본서기』「신대神代」4에는 이자나기와 이자나미가 다카마노하라에서 일본을 찾거나 만드는 장면들이 나옵니다. 그러므로 다카마노하라가 일본에 위치한다는 생각 자체가 잘못된 것입니다. 일본에 앉아서 일본을 만들 수 있을까요? 이들은 하늘의 창으로 아무것도 없는 바다를 휘저어 일본을 만듭니다. 이것은 해로海路를 개척하는 것으로 볼 수 있습니다. 그러면 이제 다카마노하라는 한반도 남부의 어느 고원지대라고 추정할 수 있습니다.

『일본서기』를 보면, 다카마노하라의 위치를 추적할 수 있는 말들이 나옵니다. 이를 토대로 보면, 다카마노하라는 현재의 거창-고령-합천 등지로 추정됩니다. 특히 경상남도 거창군 가조면加祚面(加召面)이 가장 유력한 곳으로 보입니다. 왜냐하면 고천원高天原이라는 이 특이한 지명이 아직도 이 지역(거창)에서 쓰이고 있고, 가조의 옛 이름이 굿벌인데 이 말은 일본의 건국신화에 자주 등장하는 가시하라橿原 또는 가시벌과 같은 의미이기 때문입니다. 이후 나타나는 소시모리 등을 보면 더욱 분명해집니다. 『대쥬신을 찾아서』에서 이 부분을 상세히 고증했으므로 여기서는 생략하겠습니다.

다음은 스사노오가 만약 일본에서 한반도로 왔다면, 규슈(미야자키 또는 가고시마) 또는 혼슈(시마네)-신라(한반도)-이즈모(시마네) 등에 이르는 길이 과연 가능한가입니다. 만약 스사노오를 민족 개념으로 본다면 스사노오계는 두 번씩이나 바다를 건너갑니다. 그리고 도착한 곳이 이즈모인데, 이곳은 매우 고립된 지역으로 신라를 잘 다스리던 사람이 갈 이유가 없는 지역입니다.

다음으로 스사노오가 신라국의 소시모리에 있다고 말하는 부분에 대해 봅시다. 스사노오는 흔히 '우두천왕牛頭天王(소머리천왕)'이라고 불립니다. 그런데 소시모리는 소시무리曾尸茂梨와 유사합니다. 그렇다면 소머리산, 즉 우두산牛頭山이 있는 곳이 바로 경남 거창군 가조면으로 한국의 영남 땅에서 우두산이라고 불리는 곳은 가야산伽倻山밖에 없습니다. 가야산은 예로부터 소의 머리와 모습이 비슷하다 하여 우두산이라 불렸고 주봉을 우두봉牛頭峯 또는 상왕봉象王峯이라고 합니다.

『대쥬신을 찾아서』에서 거창에 있던 스사노오가 현재의 경주 방면으로 이동한 것에 대해서는 가야계들 사이의 이해관계의 대립과 투쟁이라는 측면에서 살펴보았습니다. 즉 아마테라스는 당시 가야연맹의 맹주인 금관가야金官伽倻 세력이고, 이 세력이 2~3세기에 거창 지역으로 확장되면서 거창 지역의 가조가야인(스사노오)들이 아마테라스 세력에 패배하여(『일본서기』에는 스사노오의 행실이 나빠서 추방된 것으로 표현되어 있다.) 부산(김해)으로 경주로 이리저리 몰려다니다가 결국은 신라에 투항했고, 영일현(포항) 쪽에서 일본(이즈모)으로 이주한 것으로 정리했습니다.

이외에도 『동국여지승람東國與地勝覽』에서는 대가야, 즉 고령高靈의 또 다른 이름을 미오야마彌烏邪馬라고 하고 그 왕의 이름을 이진아기伊珍阿鼓라고 합니다.[27] 즉 아마테라스가 이룩한 나라나 일본 최초의 여왕으로 기록된 히미코卑弥呼의 야마대국邪馬臺國의 이름과 아마테라스의 조상이 바로 여기에서 나왔음을 알 수 있습니다. 『일본서기』의 이자나기伊奘諾尊는 이진아기의 음을 빌려 쓴 말로 추정되므로 같은 말로 봐도 무리가 없을 것입니다. 이런 면에서 본다면 아마테라스는 오히려 대가야 쪽의 맹주라고 볼 수도 있겠습니다. 앞으로 연구가 더 필요한 부분입니다.

그뿐만이 아닙니다. 대마도 향토사학자이자 일본 고고학협회와 민속학회 회원으로 대마도를 대표하는 지성인 나가토메 히사에永留久惠는 자신의 저서인 『고내일본과 대마古代日本と對馬』에서 다카마노하라에 나타난 신들의 사당들이 대부분 대마도에 있다고 했습니다.[28] 아마테라스의 원래 모습인 해신海神 아마데루 신사阿麻氏留神社나 아마테라스의 손자로 일본에 강림했던 천손족 니니기를 도운 황조신 다가미무스비 신과 그의 세 명의 신장神將들의 사당들도 대마도에 있다는 것입니다. 특히 아마데루 신사는 일본의 다른 지역에서는 발견되지 않는다고 합니다.

그러니까 이 사당들은 한국인들이 한반도에서부터 대마도를 거쳐 일본으로 갔다는 것을 보여주는 살아 있는 증거입니다. (그리고 일부는 해

---

27 『東國與地勝覽』, 「高靈縣」.

28 永留久惠, 『古代日本と對馬』(大和書房: 1985), 226쪽.

류를 타고 포항에서 시마네 쪽으로 간 것입니다.) 그러니 이제 다카마노하라 논쟁은 그만해도 될 듯합니다.

현재 시네마현 이즈모시 해안에는 히노미사키日御崎 신사神社가 있고, 신사의 산 정상에는 등대가 있습니다. 그 등대 옆에 작은 신사가 있는데 이곳이 바로 스사노오의 무덤이라고 합니다. 스사노오는 이 지역의 사다 마을에서 세상을 떠났다고 하는데 이 마을 사람들은 지금부터 3,000년 전에 스사노오가 한산韓山(한국의 어느 산간지대)에서 왔다고 합니다. 이 마을 사람들은 스사노오를 신라의 신이라고 믿는데 사실은 가야伽倻의 신이겠지요.

그러므로 스사노오가 일선동조론의 가장 큰 이론적인 무기가 된 것은 일본 군국주의자들이 『일본서기』의 내용을 깊이 분석하지 못한 소치입니다. 오히려 스사노오의 일대기는 반도쥬신들의 열도 개척과 관련이 있으며 일선동조론과는 상관이 없습니다. 차라리 제국주의 시대의 일본 군부가 『삼국사기』의 내용을 적당히 짜깁기했다면 더 나았을 것입니다.

『삼국사기』에 호공瓠公(조롱박)이 등장하는데 호공은 본래 왜인으로 조롱박을 허리에 메고 왔기 때문에 호공이라고 불렸다고 합니다. 호공은 신라 박혁거세 시대의 재상으로 알려진 인물입니다.

신라의 탈해왕 역시 왜국의 동북 1,000리에 있는 다바라국多婆那國에서 온 사람입니다, 그런데 왜국에서 동북쪽으로 1,000리는, 왜가 현재의 일본 열도를 가리키면 존재할 수가 없고 대체로 한반도 남부, 즉 가야에서 1,000리 정도로 보면 현재의 울릉도 또는 일본의 시마네현 등의 지역이 됩니다. 이 지역은 포항이나 울산 지역에서 갈 수 있는 항로가 있었던 것으로 추정됩니다. 왜가 한국인들의 이름이며 주로 가야인들을 의미한다는 것은 뒤에서 상세히 분석하겠습니다.

앞의 내용을 종합해보면 규슈 또는 혼슈→신라(한반도)로 이르는 민족이동보다는 그 반대의 경로가 많다는 것을 알 수 있습니다. 즉 한반도→규슈·혼슈 등으로 이르는 방향의 기록이 많습니다. 대표적인 예로, 『고사기』나 『일본서기』에는 신라 왕자인 아메노히보코天日槍, 天之日矛가 일본에 귀화했다는 이야기가 나옵니다. 그런데 당시의 일본에 왕자가 귀화할 정도의 체제를 갖춘 국가가 있었다는 기록이 없으니 왕자가 무리들을 몰고 가서 나라를 세운 것이라고 보아야 합니다. 재야 문명사학자인 요시다 도고吉田東伍에 따르면, 신라 왕자 한 사람이 일본에 와서 각처에 자손을 두었고 그 자손 가운데 쓰쿠시築紫(현재 규슈의 후쿠오카)에 정착한 후손들이 이도국伊都國을 세웠다고 합니다.[29]

지금까지 일선동조론의 허점에 대해 살펴보았습니다. 이제부터는 아무런 편견 없이 제가 주장하는 한일동족론韓日同族論에 대해 들어보시기 바랍니다.

---

29 吉田東伍, 『日韓古史斷』(富山房: 1893), 39~40쪽.

2장 도래인의 나라, 일본

들어가는 글 **연오랑 ·세오녀**

『삼국유사三國遺事』에 연오랑·세오녀延烏郎細烏女 이야기가 있습니다. 그 내용을 요약하면 다음과 같습니다.

> 동해 연안에 연오랑·세오녀 부부가 살았는데 연오랑이 바위를 타고 일본으로 건너가니 일본 사람들이 그를 왕으로 모셨다. 세오녀는 남편을 기다리다 또 그 바위에 올라타 역시 일본으로 갔다. 세오녀를 본 일본 사람들이 놀라 왕에게 바치니 부부가 상봉하여 세오녀는 왕비가 되었다.

또한 일본의 옛 이야기에 신라 왕자 아메노히보코天日槍 이야기가 나옵니다. 아메노히보코는 아내가 일본에 건너가자 자신도 일본으로 갔다는 내용입니다. 그 구체적인 내용은 다음과 같습니다.

해의 정기를 받은 처녀가 알을 낳았는데 아메노히보코가 이 알을 빼앗자, 알(태양의 정기)이 처녀로 변했다. 아메노히보코는 알에서 나온 처녀와 함께 살았는데 아메노히보코가 그녀를 함부로 대하니 그녀는 일본으로 가버렸다. 그러자 아메노 히보코도 따라서 일본으로 건너갔다.

아메노히보코는 '하늘[天]의 자손으로 태양신[日]을 믿는 창槍을 든 사람'이란 뜻으로, 일본에 철기를 전해준 신라 왕자라고 추측할 수 있습니다. 이제 다시 『일본서기日本書紀』를 봅시다.

"태양신인 여성신 아마테라스와 그의 동생인 남신男神 스사노오가 다카마노하라高天原에서 살았다. 그런데 스사노오의 행실이 좋지 못해서 여러 신들이 그를 벌하여 쫓아내니, 스사노오는 신라국新羅國으로 가서 소시모리曾尸茂梨에 있다가 진흙으로 만든 배를 타고 이즈모노쿠니出雲國에 정착했다. 그 후 아마테라스의 후손들은 일본으로 가서 천손의 나라를 만들었다."

아메노히보코 이야기는 연오랑·세오녀 이야기와 비슷한 내용인데, 부부 사이가 좋지 못한 점이 다릅니다. 한반도에 사람이 많아지니 서로 갈등이 일어났고 그래서 일부의 사람들이 이주하여 자리를 잡았고 다시 더 많은 사람들이 옮겨갔다는 내용으로 이해할 수 있겠습니다.

아마테라스와 스사노오의 사이도 좋지 않았습니다. 둘은 원래 남매지만 사이가 나빠서 스사노오가 추방당하여 일본으로 갑니다. 그리고 난 뒤 한참 있다가 다시 아마테라스가 일본으로 가서 왕권을 장악합니다. 이 과정은 스사노오를 대신하여 연오랑을 집어넣고 아마테라스 대신에 세오녀를 집어넣으면 거의 일치하는 내용이 됩니다. 마찬가지로 아마테라스 대신에 아메노히보코를 집어넣어도 같은 내용이 됩니다.

열도를 뒤덮은 한국 이름

"사촌이 논을 사면 배가 아프다"는 한국(반도쥬신) 속담이 있습니다. 기나긴 쥬신의 역사를 돌이켜보면 이 말은 맞는 듯합니다. 가까이 있는 형제들 간에는 대체로 사이가 별로 좋지 못합니다.

쥬신의 역사에서 한국과 일본만큼 가까운 사이도 없지만 또 이들만큼 사이가 나쁜 경우도 없습니다. 그런데 돌이켜보면, 남몽골(거란)과 북몽골(몽골) 사이도 이에 못지않았습니다. 그뿐만이 아니라 만주쥬신과 반도쥬신도 사이가 나빴습니다. 그런데 반도쥬신과 몽골쥬신은 사이가 좋았습니다. 마찬가지로 열도쥬신과 만주쥬신도 사이가 좋았습니다. 그러니까 가까이 있을수록 이해가 충돌하다보니 사이가 나빠진 것으로 추론할 수 있습니다.

일본의 역사를 보면 온통 도래인渡來人의 이야기입니다. 여기서 말하는 도래인이라는 것은 한반도에서 일본으로 간 사람들입니다. 그런데도 이상하리만큼 열도쥬신(일본인)들은 이들과 한국을 연관시키는 것을 매우 싫어합니다. 대표적 식민사관 사가이자 경성제국대학(현 서울대학교) 교수였던 스에마쓰 야스카즈末松保和는 자신의 대표적 저서 『임나흥망사任那興亡史』에서 "일본에 온 귀화인들은 대부분 중국인이며 한국인이 아니다"라고 강변합니다.[1]

이 부분에 대해서는 그동안 많은 연구가 진행되었으므로 스에마쓰 야스카즈 식의 논리에 대해 일일이 반박할 필요는 없습니다. 특히 현대에는 생명공학이 광범위하게 활용되기 때문에 이 같은 논리는 쉽게 무너집니다.

---

1 末松保和, 『任那興亡史』(吉川弘文館: 1956), 269쪽.

그동안 이 문제에 관해서 가장 심도 있게 논의한 사람은 최재석 교수입니다. 역사 연구에 생명공학이 광범위하게 도입되기 전인 1980~1990년대에 최재석 교수는 일본의 여러 가지 관련 연구들을 종합하고 일본 고대 씨족 일람서인『신찬성씨록新撰姓氏錄』과『일본서기』등을 면밀히 분석하여 "700년 현재 일본 열도에 거주하는 주민의 인구 구성을 보면, 한국에서 이주한 사람과 그 자손이 전체 인구의 80~90퍼센트를 차지하고 있음에 비하여 일본 원주민들의 그것은 10~20퍼센트에 불과하다"고 했습니다.[2]

일선동조론이 기승을 부리던 때에도 요시다 도고吉田東伍는 신라 왕자 한 사람이 일본에 와서 각처에 자손을 두었고 그 자손 가운데 쓰쿠시筑紫(현재 규슈의 후쿠오카)에 정착한 후손들이 이도국伊都國을 세웠다고 주장했습니다. 이 내용이 우리가 앞서본 일선동조론의 논리보다는 훨씬 합리적입니다.[3]

이를 뒷받침할 만한 사료로는 사가嵯峨 천황(809~823년) 시대에 편찬된『신찬성씨록』(815년)이 있습니다. 여기에는 당시에 확인 가능했던 1,182개의 성씨들이 나오는데, 이 가운데 31.6퍼센트에 해당하는 373개의 성씨가 한반도에서 온 도래인渡來人이라고 합니다. 구체적으로 보면『신찬성씨록』에는 전체 1,059씨족의 계보가 실려 있는데, 그 가운데 제번諸藩을 칭하는 씨족이 324씨로 대략 30퍼센트를 차지하고 있으며, 이 비율은 과거로부터 여러 사서에 나타나는 2,385씨족 가운데 710씨족이 대륙에서 건너간 씨족이라는 구리타 히로시栗田寬

---

[2] 최재석,「고대 일본에 건너간 한민족과 일본 원주민의 수의 추정」,『東方學志』61호(1989).

[3] 吉田東伍,『日韓古史斷』(富山房: 1893), 39~40쪽.

의 연구 결과와 거의 일치합니다.[4] 더 자세히 살펴볼까요?

기원전 3세기에서 기원후 7세기 초까지 한반도의 정치적 격변기에 많은 사람들이 일본으로 건너갔습니다. 특히 고구려의 침공으로 국가적 위기가 상존했던 부여계의 이동이 가장 두드러지게 나타납니다. 도쿄대학의 하니하라 가즈로埴原和郎 교수는 이 시기에 한반도에서 일본 열도로 건너간 인구를 대략 150여 만 명으로 추정합니다. 7세기 기준으로 보면 당시의 도래인은 선주민의 8.6배에 달했다고 합니다.[5]

마쓰모토 세이초松本清張(1909~1992년)는 천황가의 조상이 남조선으로부터 일본으로 건너왔으며, 일본과 조선은 같은 민족으로, 일본은 조선에서 갈라져 나온 국가라고 주장했습니다.[6] 마쓰모토 세이초는 "조선에서 동란(삼국 시대의 전쟁)이 일어나고 있을 때 일본은 독립하여 보다 일본적으로 되어갔다. 이것은 미국이 영국으로부터 독립한 것과 마찬가지다"라고 주장합니다.[7] 이 견해가 제 생각과 가장 유사합니다.

문헌적으로 한일동족론을 주장한 사람은 14세기 일본 남조의 유력한 정치지도자인 기타바타케 지카후사北畠親房(1293~1354년), 18세기 에도 시대의 저명한 고증학자인 도데이 칸藤貞幹(1732~1797년), 일제강점 직전 도쿄대학 사학과의 구메 구니다케久米邦武(1839~1931년) 교수 등이 있습니다.

---

4 栗田寬, 『氏族考』; 김현구, 『백제는 일본의 기원인가』(창비: 2007), 39쪽.

5 埴原和郎, 『日本人の成り立ち』(人文書院: 1995).

6 松本清張, 『日本史謎と鍵』(平凡社: 1976).

7 『東京新聞』(1972. 4. 1.).

14세기의 기타바타케 지카후사는 자신의 저서인 『신황정통기新皇
正統記』에서 "옛날 일본은 삼한三韓과 같은 종족이라고 전해져왔다. 그
런데 그와 관련된 책들이 간무桓武 천황(재위 781~806년) 때 모두 불태워
졌다"라고 합니다. 18세기 에도 시대의 저명한 고증학자인 도데이 칸
은 일본인들의 대부분은 백제인에 의해 조직되었다고 단정합니다.[8]
가나자와 쇼사부로金澤庄三郞(1872~1967년) 교수는 고대 한국이 일본에
선진 문물을 전달해주었음을 강조하고 간무 천황의 어머니인 야마토
노 니가사和新笠 황태후가 백제 무령왕의 후손이라는 사실과 백제 성
왕의 히라노 신사 및 한국어와 일본어의 비교연구 등을 상세히 다루
었습니다.

그 후 1948년 에가미 나미오江上波夫 교수의 이른바 '기마민족국가
騎馬民族國家' 이론이 등장합니다. 에가미 나미오 교수는 4세기 초에 기
마민족인 고구려 또는 부여계의 일파가 한반도로 남하하여 현재의 충
청·전라 지역과 가야 지방을 정복하는 동시에 일본에 침입하여 야마
토(현재의 나라奈郞) 지역을 중심으로 통합하였으며 4세기 말 또는 5세기
초에 강력한 왕권을 확립했다고 주장합니다. 이 과정에서 한반도 남
부 일대에서 진왕辰王이라는 세력으로 존재하다가 4세기 초에 일본으
로 이동하여 5세기까지 현재의 오사카 일대로의 이동을 마치고 통일
왕조를 수립한 것이 야마토 정권이라는 것입니다. 즉 천황가는 조선
으로부터 온 이주자들이고, 4세기 초에 한반도에 있던 기마민족이 일
본 규슈 지방을 먼저 침입해 이미 그 이전부터 정착하여 살아온 수많
은 한반도 사람들을 조직화하여 일본 열도를 정벌해갔다는 것입니다.

---

8 藤貞幹, 『衝口發』.

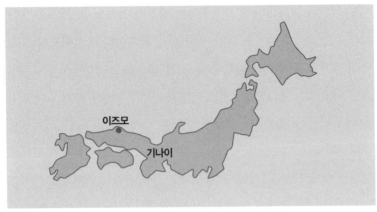

도 3 | 이즈모(이즈모노쿠니)와 기나이 지방

에가미 나미오 교수의 이론을 더 구체적으로 보면, 4세기 초에 기마민족이 한반도로부터 일본의 북규슈北九州 지방으로 들어와 야마토 왕국을 세웠는데, 이것이 제10대 천황 스진崇神(기원전 148~기원전 29년) 때라는 것입니다. 에가미 나미오 교수는 『고사기』와 『일본서기』의 제1대~9대 천황을 가공인물로 보았고, '진구 황후 신라 정벌설'이나 '임나일본부설'도 인정하지 않았습니다. 에가미 나미오 교수는 제15대 오진應神 천황의 시기에 동부 지역을 정벌하여 기나이畿內 지방으로 이동했다고 주장합니다. 한반도의 가야→북규슈→기나이 지방으로 연결되는 마구馬具 출토품들이 같은 유형이라는 것이 증거로 제시되었습니다.

나아가 에가미 나미오 교수는 '왜한 연합왕국설倭韓聯合王國說'을 제기합니다. 그 요지는 한반도 진왕辰王의 후예라는 의식을 가진 스진 천황이 4세기 초 북규슈를 거점으로 하여 한반도 가야加羅 지방과 북규슈를 아우르는 왜한 연합왕국을 설립했으며, 이 세력이 점차 강력해져 4세기 말~5세기 초 한반도에서 고구려의 남하를 막는 주도세

50

력이 되었다는 것입니다. 그 증거가 영락대제비(광개토대왕비)에 나타나는 왜 기사라고 합니다. 에가미 나미오 교수의 분석 가운데 문제가 되는 부분은 왜한 연합왕국의 실체에 관한 것입니다. 당시의 사서에는 가야 지역과 규슈 지역에 걸친 왕국에 대한 기록이 나타나지 않았습니다. 실상은 범부여 연합국가United States of Buyou인데 에가미 나미오 교수가 이것을 일본 중심으로 본 것입니다. 이 부분은 다시 상세히 다루겠습니다.

시쿠마 에이佐久間英 박사는 현재 백제의 고유 혈통을 순수하게 간직해온 사람들이 일본의 동부 지역에서만 4,000여 명에 이른다고 합니다. 예를 들면 일본의 동부 지역에는 백제인 왕진이王辰爾의 직계후손인 백제왕 경복百濟王敬福(698~766년)에 의해 번창했고 이들의 직계후손은 오늘날 미마쓰三松 가문으로 이어지고 있다고 합니다. 오사카부의 히라카타시에는 백제왕 신사가 있는데 이 신사에는 백제대왕과 우두천왕牛頭天王을 나란히 모시고 있습니다. 여기서 말하는 우두천왕은 바로 스사노오로 추정됩니다. 시쿠마 에이 박사의 연구에 따르면 일본의 20대 성씨 가운데 태반이 한국계 성씨라고 합니다.[9]

세키네 마타카關根眞隆 교수는 "나라 시대 사람들은 한복을 입고 숟가락을 사용하고"[10], "또 나라 시대 사람들은 김치를 먹었다"고 합니다. 나아가 세키네 마타카 교수는 "한국 국명을 본뜬 지명이 일본 열도를 뒤덮고 있다"[11]고 합니다.

주로 고구려의 경우에는 고려高麗, 거마巨麻, 박狛, 호마胡麻, 구駒 등

---

9 佐久間英, 『日本人の姓』(六芸書房: 1972).

10 關根眞隆, 『奈良朝服飾の研究』(1973).

11 關根眞隆, 『奈良朝食生活の研究』(吉川弘文館: 1989).

일본 지역 이름			관련 한국 고대국가			
고대명	고대 발음(히라가나)	현재명	가야	백제	고구려	신라
攝津	셋쓰せっつ	大阪(오사카)	○	○	○	
河内	가와치がわち	大阪(오사카)	○	○	○	○
和泉	이즈미いずみ	大阪(오사카)	○	∩		
大和	야마노やまと	奈良(나라)	○	○		
近江	오우미おうみ	滋賀(시가)	○	○		
肥後	히고ひご	熊本(구마모토)	○	○		○
上野	고주케こうずけ	郡馬(군마)	○			
武藏	무사시むさし	東京(도쿄)	○		○	○
播磨	하리마はりま	兵庫(효고)	○			○
丹後	단고たんご	京都(교토)	○			○
陸奧	무쓰むつ	靑森(아오모리)	○			○
越前	에치젠えちぜん	福井(후쿠이)				○
越中	엣츄えちちゅう	富山(도야마)				○
能登	노토のと	石川(이시카와)				○
加賀	가가かが	石川(이시카와)				○
備前	비젠びぜん	岡山(오카야마)				○
陸前	리쿠젠りくぜん	宮城(미야기)				○
安藝	아키あき	廣島(히로시마)				○
筑後	지쿠고ちくご	福岡(후쿠오카)				○
伊勢	이세いせ	三重(미에)	○			○
山城	야마시로やましろ	京都(교토)	○		○	○
丹波	단바たんば	京都(교토)	○		○	
相模	사가미さがみ	新奈川(가나가와)	○		○	
甲斐	가이かい	山梨(야마나시)			○	
伯耆	호우키ほうき	鳥取(돗토리)	○		○	
筑前	지쿠젠ちくぜん	福岡(후쿠오카)	○		○	
石見	이와미いわみ	島根(시마네)	○			
遠江	도오도미とおうみ	靜岡(시즈오카)	○			
信濃	시나노しなの	長野(나가노)	○			
下總	시모우사しもうさ	千葉(지바)	○			
豊前	부젠ぶぜん	福岡(후쿠오카)	○			
肥前	히젠ひぜん	佐賀(사가)	○			
對馬	쓰시마つしま	長崎(나가사키)	○			
日向	휴가ひゅうが	宮崎(미야자키)	○			
薩摩	사쓰마さつま	鹿兒島(가고시마)	○			
大隅	오스미おおすみ	鹿兒島(가고시마)	○			
肥後	히고ひご	廣島(히로시마)	○			
備中	빗츄びっちゅう	岡山(오카야마)	○			
讚岐	사누키さぬき	島根(시마네)	○			
但馬	다지마たじま	兵庫(효고)	○			
美濃	미노みの	岐阜(기후)	○			
尾張	오와리おわり	愛知(아이치)	○			
上總	가주사かずさ	千葉(지바)	○			
岩代	이와시로いわしろ	福島(후쿠시마)	○			
陸中	리쿠츄りくちゅう	岩手(이와테)	○			
下野	시무쓰케しもつけ	木(도치기)	○			
若狹	와카사わかさ	福井(후쿠이)	○			

한국 지명과 관련이 있는 일본의 지역(최재석, 「백제의 대화왜와 일본화 과정」 130쪽 재구성)

의 한자를 사용한 말을 사용하고 있고, 신라의 경우에는 신라新羅(시라기), 지목志木(시라기), 신좌新坐(시라기), 백목白木(시라기), 지락志樂(시라쿠), 설락設樂(시라쿠), 백자白子(시라코), 사락四樂(시라코), 백성百城(시라기), 백귀白鬼(시라기), 백빈白濱(시라하마), 진랑眞良(신라), 신라信羅(신라), 신랑新良(신라) 등을 사용하고 있습니다. 백제의 경우에는 '구다라'라고 읽으면서 이에 해당하는 한자말로는 백제百濟(구다라), 구태랑久太良(구다라), 구다랑久多良(구다라) 등을 사용했습니다.[12]

그러나 가장 많이 남아 있는 것은 가야伽倻와 관련된 말입니다. 가야와 관련된 말은 일본 전역에 나타나고 있습니다.

백제 관련 지명은 주로 고대 일본 야마토의 중심지인 기나이畿內 지방에 주로 나타나고 있는 반면, 가야와 관련된 말은 홋카이도北海島를 제외한 일본 전역에서 나타납니다. 그러니까 일본에 가장 먼저 정착한 사람들은 가야인이라는 것입니다. 그 이후 열도는 부여인들에 의해 야마토를 중심으로 형성됩니다. 이것을 『구당서舊唐書』에서는 "일본이 왜국을 병합했다"고 묘사하고 있습니다. 이 부분은 앞으로 상세히 분석하겠습니다.

가야와 관련된 말은 가야可也, 가열可悅, 하양河陽, 문옥蚊屋, 녹곡鹿谷, 하사賀舍, 하야賀野, 모茅, 하야賀夜, 하양賀陽, 가야加夜, 고양高陽, 반返 등으로 쓰고 '가야'로 읽었습니다.

앞의 표를 보면, 이 같은 사정을 소상하게 알 수 있습니다. 가야와 관련된 많은 지명들이 쓰시마섬對馬島을 비롯하여, 규슈九州 일대, 기나이畿內 지방, 주고쿠中國 지방, 간토關東 지방 등에 광범위하게 분포되

---

12 최재석, 『백제의 대화왜와 일본화 과정』(일지사: 1990), 125~131쪽.

어 있었음을 확인할 수 있습니다. 이로써 한일동족론韓日同族論이 관념적인 이야기만은 아니라는 것을 알 수 있습니다. 이제부터는 다른 각도에서 한일동족론을 살펴보도록 합시다.

한일동족론

이미 『대쥬신을 찾아서』에서 한일동족설의 여러 가지 증거를 들었으므로 여기서는 간략히 설명하겠습니다.

조용진 교수는 한국인의 특징을 매우 재미있게 묘사합니다. 그 가운데 하나가 '조선무다리' 쉽게 말하면 짧고 굵은 다리입니다. 조선무다리는 북방의 추위에 잘 적응하기 위한 전형적인 쥬신의 체형으로 보입니다.

그뿐만이 아니라 쥬신은 북방의 매서운 추위를 견디기 위해 작아진 눈을 가지고 있습니다. 바로 이 작은 눈이 원거리를 쉽게 응시할 수 있어 세계 양궁을 석권한 것이 아닌가 생각합니다.

체질 면으로 볼 때도 몽골·만주·한반도·일본 등지의 사람들이 같은 체질을 가지고 있어 민족의 이동경로 추정이 가능합니다.

귀지 형태를 통해 유사성을 추적한 일본 학자의 연구도 있습니다. 귀지는 젖은 귀지(습형)와 마른 귀지(건형)가 있는데 그 비율이 한국과 만주, 일본, 몽골 등이 유사하며, 간염의 항원도 마찬가지라고 합니다.

다음으로 머리 길이와 둘레 치수 등을 보면 한국과 일본의 혼슈 지역, 즉 일본 역사의 시발점이 되는 지역에 사는 사람들이 매우 근접해 있다는 것을 알 수 있습니다. 그래서 오랫동안 한국과 일본은 그 조상이 같다는 말이 끊임없이 나오고 있는 것입니다.

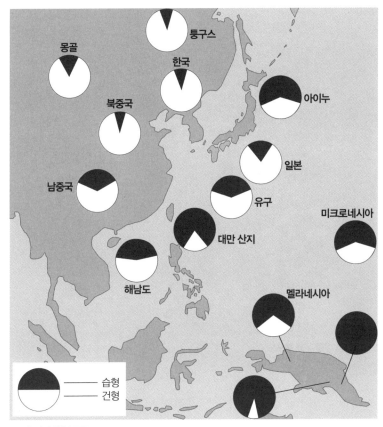

도 4 | 귀지의 분포도

　더욱 재미있는 일은 야마토 왕조를 건설한 고분 시대 사람들의 무덤에서 나온 치아나 골격을 비교해보면, 현대 일본인들보다도 현대 한국인에 가깝다는 것입니다. 고대인들의 인류학적인 차이는 현대에도 그대로 남아 있습니다. 치아의 형태도 우리의 골격 가운데서 외부의 영향을 거의 받지 않는 것으로 알려져 있습니다. 그래서 민족 간의 상관관계를 측정하는 중요 자료가 될 수 있습니다. 도쿄인류학연구소의 마쓰무라松村 박사는 클라스트 분석법을 통해 치아의 길이·폭·

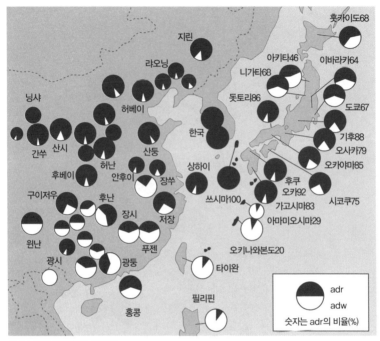

도 5 | 간염 항원 유형 분포도

형태 등을 연구해본 결과 이 같은 결론에 도달했다는 것이지요.[13]

　도쿄대학의 하니하라 가즈로埴原和郎 교수는 이른바 '백만인도래
설'을 주장했습니다. 하니하라 교수는 조몬 말기 일본 열도의 인구
를 7만 6,000명으로 가정하고 이것이 나라 시대에는 540만 명이 되
었다고 보았습니다. 야요이 시대의 시작을 기원전 4세기라고 하면,
1,000년 동안 인구증가율이 연 0.4퍼센트가 넘는다는 것입니다. 이
0.4퍼센트는 지나치게 높은 수치이기 때문에 외부요인이 아니고서

13　2004 KBS 〈몽골리안 루트〉 6부 황금가지 또는 http://daegu.kbs.co.kr/tv/tv_02_03.html
　　한민족의 기원 참고.

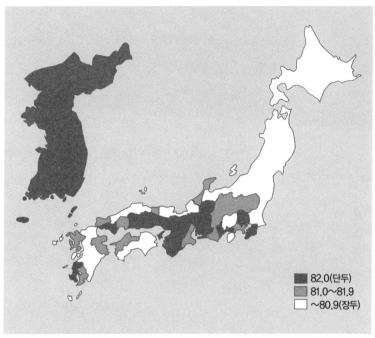

82.0(단두)
81.0~81.9
~80.9(장두)

도 6 | 머리 길이와 둘레 치수(요시노 마코토, 2004년)

는 설명할 수가 없다는 것입니다. 예를 들어 인구증가율이 0.2퍼센트라고만 해도 조몬 말기 이후 토착민들은 1,000년간 56만 명 정도 늘었으며 나머지 380만 명은 도래인들이라는 것입니다. 그러니까 이 기간 동안 100만 명 이상의 사람들이 열도로 이주해왔다는 것입니다. 어떤 시뮬레이션에 따르면, 현대 일본인들의 전국 평균 유전자는 조몬계 30퍼센트, 도래계 70퍼센트의 비율로 나타난다고 합니다.[14] 그러니까 전체 인구의 70퍼센트가 한반도에서 이주해왔다는 말입니다.

---

[14] 요시노 마코토, 『동아시아 속의 한일천년사』(책과함께: 2005), 29쪽.

요시노 마코토吉野誠 교수는 일본 열도에는 토착민인 조몬인繩文人이 있었고, 이후 야요이인彌生人들이 들어와서 이들을 압도하여 조몬인들을 동북으로 밀어붙였다고 주장합니다.[15] 이러한 인구사회학적 환경 속에서 다시 부여계가 남하하여 일본을 건설하게 되는 것입니다.

이상의 주장을 통해 보면 한일동족론을 부정할 근거가 없습니다. 이제 이런 현대과학적인 접근법뿐만 아니라 고대 사료 분석들을 통해서 반도와 열도가 모두 쥬신이라는 점을 보다 구체적으로 증명하겠습니다.

---

[15] 요시노 마코토, 앞의 책, 30쪽.

3장 태양의 아들, 부여

들어가는 글 **프리기아와 부여**

『삼국지』 위서 「동이전」 한韓 조에, 마한에는 각각 장수가 있는데 그중에 큰 자들은 스스로를 신지臣智라고 불렀으며, 그 다음은 읍차邑借라고 했다는 기록이 있습니다. 그런데 이 신지의 지위에 있는 자에게는 간혹 '우호신운견지보안사축지분신리아불례구야진지렴優呼臣雲遣支報安邪踧支濆臣離兒不例拘耶秦支廉'이라는 칭호를 붙이기도 했다고 합니다. 이 용어의 정확한 의미는 알 수 없지만 '불례구야不例拘耶'에 대하여 '프리기아'의 음을 따서 표기한 것이라는 견해가 있습니다.

'프리기아' 하면 잘 몰라도 아마 '미다스 왕'은 잘 아실 겁니다. 무엇이든 손으로 만지기만 하면 금으로 변하게 하는 왕이지요. 이 미다스 왕은 '임금님 귀는 당나귀 귀'의 주인공입니다. 그래서 이를 감추기 위해 거대한 고깔왕관을 만들어 썼다고 합니다. 그런데 이 고깔모자는 페르시아의 다리우스 왕의 유적에서도 나타날 뿐 아니라 부여·고구려·신라에서 고려까지 계승되어왔다고 합니다. 이런 근거로 한국인들의 선조가 프리기아인이라고 주장한 사람이 재야 사학자 정형진 선생입니다.

정형진 선생에 따르면, 부드러운 선의 고깔모자는 한민족의 대표적인 복식이며, 일본의 고대신화가 그리스신화와 비슷하다거나 미다스 왕의 당나귀 귀 이야기가 『삼국유사』의 경문왕 이야기에 그대로 실려 있는 것은 다 이 때문이라고 합니다.

정형진 선생이 『고깔모자를 쓴 단군』(2003년)을 통해 지적하는 것 가운데 가장 눈에 띄는 것은 바로 부여에 대한 이야기입니다. 그는 부여의 연원을 프리기아로 보고 있습니다. 프리기아Φpuria는 아나톨리아의 중서부에 있었던 왕국으로 초기에는 브루게스(브리게스)라는 이름으로 마케도니아 지방에 있었습니다. 그 후 트로이 연맹으로 아나톨리아로 이동했고 다시 철의 제국으로 유명한 히타이트에 소속되어 현재 터키의 앙카라가 있는 할리스강 유역에 있었으며, 기원전 8세기에는 고르디움을 수도로 하여 부상합니다. 이 나라는 여러 세력들, 특히 키메르의 침입 등으로 수난을 당하면서 이리저리 이동합니다. 그러나 프리기아의 말은 거의 기원후 6세기까지 남아 있을 만큼 끈질긴 생명력을 보여줍니다.

프리기아를 부여의 연원으로 보는 문제는 현재로서는 고증하기 어렵습니다. 이것을 증명할 만한 직접적인 사료를 찾기 어렵기 때문입니다. 앞으로 연구의 진행과정을 더 살펴보아야겠습니다. 그리고 '불례구야'가

기록된 『삼국지』에는 부여夫餘 조가 따로 있으므로 이러한 추측은 문제
가 있을 수 있습니다.

여명기의 부여

여명기 쥬신의 역사에서 가장 주요한 나라는 고조선과 부여입니다. 어떤 의미에서 보면 부여는 고조선보다 더욱 뚜렷한 실체를 가진 나라입니다. 그런데도 부여는 그동안 크게 주목을 받지 못했습니다.

부여는 일반적으로 기원전 5세기부터 기원후 5세기경까지 북만주 일대-한반도 남부-일본 열도 등에 이르기까지 거대한 부여족 공동체를 구성한 나라로 쥬신의 역사에서도 매우 중요한 국가입니다. 부여는 망하면 다시 일어서면서 거의 1,000여 년을 존재했습니다.

부여의 가장 큰 적은 같은 부여계의 일파인 고구려였습니다. 부여는 고구려를 막기 위해 한족漢族과 연합했는데 이 때문에 오히려 철저히 파괴되었습니다. 지금까지 만주 지역의 부여에 대해서는 많은 연구가 이루어졌습니다. 저는 그 부여가 반도와 열도에 계속 존재했다는 점을 설명하고자 합니다.

부여의 비극적인 역사는 어쩌면 오늘날 쥬신 역사의 축소판일지도 모릅니다. 고구려의 천 년의 적인 부여는 346년 전연前燕의 침입으로 사실상 와해되었고, 410년 고구려에 조공을 하지 않자 영락대제(광개토대왕)는 부여를 대대적으로 정벌합니다. 결국 이름만 남아 있던 부여는 494년 고구려에 의해 패망합니다. 6세기 이후 더 이상 공식적으로 부여(원부여)는 존재하지 않습니다. 그러나 만주에서 부여가 사라지자 다시 반도에서 부여(남부여)가 등장합니다. 이 부분은 다음에 다시 설명하겠습니다.

이제 여명기의 부여에 대해 알아봅시다. 부여는 『사기史記』에는 부여夫餘로 나타나지만, 『산해경山海經』에는 불여不與, 『일주서逸週書』에는 부루符婁, 『논어주소論語注疏』에는 부유鳧臾 등으로 나타납니다. 조금씩 차이가 있지만, 이 말들에는 공통점이 있습니다. 공통점은 바로 불Fire입니다. 불은 태양의 또 다른 모습이므로 태양 또는 하늘의 자손(천손족天孫族)이라는 의미입니다.

그런데 이 불은 빛light과 벌field, plain이라는 말로 갈라졌다고 합니다. 『삼국사기』「지리지」에는 땅이름이 바뀌는 과정이 나옵니다. 가령 현재의 대구大邱를 달구벌이라고 했는데, 이는 달구불(달구화達句火)에서 달구벌達句伐로 된 것이며, 밀양은 밀불(추화推火)에서 밀벌密伐로 되었다가 나중에 밀양密陽이 되었다고 합니다. 조선 시대의 『석보상절釋譜詳節』에는 '블'로 되어 있으니 위의 말들도 과거에는 '블', '브르'에 가까웠다고 볼 수 있습니다.

그런데 이 '블', '불fire'에서 붉다red라는 말이 파생된 것으로 보아 붉다는 말이 태양과 직결되어 있음을 알 수 있습니다. 사료 상에 나타나는 동호의 오환(오랑)을 표기한 오환산烏桓山(오랑캐의 산)이나 부르항산 등은 모두 태양에 붉게 빛나는 산을 의미합니다. 그러니 한국인들은 태양, 쇠, 붉은 산, 해를 품은 산 또는 태양이 밝게 빛나는 산(아사달)의 민족이라는 것을 알 수 있습니다. 아사달은 배달, 즉 붉 또는 밝(태양 또는 밝게 빛나는)+달(산)으로도 표현할 수 있습니다. 참고로 현재의 몽골의 수도인 울란(올란)바토르도 '붉은 사나이(영웅)'라는 의미로, 이 붉다는 말이 수도의 이름으로도 쓰였음을 알 수 있습니다. 물론 이 말은 사회주의를 의미하는 것으로 인식되지만 그 깊은 의미는 오히려 태양과 관련이 있을 것입니다.

한국인을 의미하는 예맥濊貊(쉬모 또는 휘모로 발음)이라는 말도 예濊는 한자로 쓰면 욕설이지만 그 발음이 의미하는 것은 '쇠', 즉 태양 또는 철鐵이며, 맥貊이라는 말은 묽(맑) 또는 붉(밝)으로 표현되었는데 '태양

같이 밝게 빛나는'이라는 뜻이며, 한자로는 발發, 맥貊, 박亳, 백白, 불不 등으로 표현되는 말입니다.

'밝다'의 방언 분포를 보면, 고어가 많이 살아 있는 영남 지역(경남북 지역)에서 '발따' 또는 '박다'로 주로 나타납니다. 그렇지만 경남 하동, 합천 등의 지역에서는 '북따'로 나타납니다. 그러니까 쥬신에게 태양 sun, 밝음bright, 붉음red, 철iron, 동쪽east 등은 하나의 범주로 파악되는데 이것을 한족들이 다양하게 묘사하면서 쥬신족의 분류가 혼란스럽게 된 것입니다.

불fire과 관련해서 보면, 만주 지역의 언어와 한반도 지역, 열도 지역의 언어가 거의 같다는 것을 알 수 있습니다. 이것은 스타로스틴 데이터베이스Starostin DB를 통해 확인해볼 수 있습니다. 이 데이터베이스는 지금까지 추진되어온 비교언어 및 어원 연구 중 가장 규모가 큰 것으로 세계직 금융자본가인 소로스가 지원한 것으로 알려져 있습니다. 흔히 바벨탑Tower of Babel:ToB 프로젝트라고 합니다.[1]

예를 들면 한국말의 '불fire', 새벽을 의미하는 고대어 '배', '태우다 burn', 뿌리root(전문가들에 따르면, 한국어의 '뿌리'도 불과 관련된 말이라고 함.), 빨갛다, 별 또는 빛light, 별star, 벼리(그물의 중심) 등은 대부분 원알타이어 Proto–Altaic와 일치합니다. 특히 한국에서 넓은 평원field, plain을 의미하는 '벌'은 원알타이어인 pàlà(팔라), 만주어의 pāla-n(팔란), 일본어의 pàra(파라) 등과 대체로 일치합니다.

이와 같이 여명기 쥬신의 역사에서 많이 등장하는 말로 조선·쥬

---

1 세르게이 스타로스틴 박사의 연구는 http://starling.rinet.ru/ 에 들어가면 열람이 가능하고, DB는 http://starling.rinet.ru/cgi-bin/main.cgi?root=config&morpho 로 들어가면 된다.

신·숙신 등이 있지만 그에 못지않게 맥貊, 박毫, 발發, 백白, 불不 등의 말들이 자주 나옵니다. 물론 이 말들은 '불[火]'을 의미하거나 '밝다', 홍익인간弘益人間 등의 의미로 태양 또는 하늘의 위대함과 신성함을 표현하는 말이고, 이것이 민족의 이름으로 정착되어간 것입니다. 부여라는 말도 이 말들에서 파생된 것으로 보이는데 조선朝鮮의 의미와도 다르지 않다는 점을 알 수 있습니다. 이미 『대쥬신을 찾아서』에서 위의 내용을 상세히 고증하고 정리했으므로 이 장에서는 보충적이고 부가적인 부분에 대해서 논의할 것입니다.

다시 부여로 돌아갑시다. 부여는 고조선보다도 사료의 기록이 더 많이 나타나는 쥬신의 대표적인 국가입니다. 조선에 대한 기록이 비교적 검토할 만한 정도로 나타난 것이 사마천의 『사기史記』인데, 이상한 것은 이 『사기』의 기록에 조선의 연원이나 발전과정에 대한 내용은 없고 바로 이미 하나의 국가로 기록되어 한漢나라와 일전一戰을 벌이고 있다는 것입니다. 즉 조선이 어디서 비롯되었는지에 대한 구체적 내용도 없이 바로 한나라와의 갈등관계가 주로 묘사되어 있기 때문에 많은 기록들이 누락되었을 가능성이 높습니다. 이 때문에 조선-동호東胡, 조선-흉노匈奴 등의 관계도 모호해진 듯합니다. 그뿐만이 아니라 조선의 중심지와 그 역사에 대해서도 수많은 논란이 있었습니다. 『사기』는 다른 정사의 기록과는 달리 신뢰하기 어려운 부분들이 많다는 점도 감안해야 합니다. 이에 비해 부여는 『삼국지』에 비교적 소상히 기록되어 있습니다. 이 이후의 정사들에 나타난 부여의 기록들은 대체로 일관성이 있습니다.

부여를 바탕으로 고구려, 남부여(반도부여), 열도부여가 건국되었습니다. 그럼에도 불구하고 부여만큼 연구가 제대로 되지 않은 나라도 없습니다. 반도쥬신(한국)의 사학계는 부여를 연구하는 것이 아니라 실체도 없는 백제를 연구하는 데 정력을 낭비하고 있습니다.

신뢰하기는 어려운 (때로는 황당무계한) 책이지만 『산해경』에 "백민白民의 나라는 용어龍魚의 북쪽에 있는데, 사람들의 몸이 희고, 머리카락이 몸을 덮는다"[2]라는 말이 있습니다. 여기서 말하는 백민이 정확히 누구를 지칭하는지는 알 수 없지만 박亳이라는 말과 음이 거의 같고 밝發이라는 말과는 뜻이 거의 같다는 것을 알 수 있습니다. 백白의 고대 음이 박bak이고, 박亳의 고대 음도 박bak이라는 점이[3] 이를 입증하는 것으로 볼 수 있습니다. 발發의 음은 퍝piwat 또는 퍝pwat으로 거의 유사한 말입니다. 그래서 일반적으로 백민을 『춘추좌전』에 나오는 박亳이나 『관자』에 나오는 발發과 같은 민족으로 보고 있습니다.

그런데 『산해경』은 이 백민의 나라가 바로 숙신肅愼의 남쪽에 있다는 것입니다.[4] 즉 숙신과 남북으로 연하여 있다는 것인데 고대의 숙신은 현재의 허난성河南省 부근으로 추정되므로 허난성 남부 지역, 즉 산둥반도 지역을 백민의 나라로 추정할 수 있습니다. 『사기』의 원자료였던 『국어國語』에 "공자가 진나라(현재의 허난성 카이펑開封 부근)에 머물러 있을 때 싸리나무 화살이 꽂힌 매 한 마리가 떨어져 죽자, 공자가 '이 화살은 숙신의 것'이라고 했다"[5]라는 기록이 있는 것을 보면,

---

[2] "白民之國 在龍魚北 白身被髮"(『山海經』第7「海外西經」).

[3] 郭錫良, 『漢字古音手冊』(1986), 24쪽.

[4] "숙신의 나라는 백민의 북쪽에 있는데, 그곳에는 나무가 있어 웅상이라고 한다[肅愼之國 在白民北 有樹名曰雄常]"(『山海經』第7「海外西經」).

[5] 이 기록은 『사기(史記)』(卷47「孔子世家」)를 포함하여 전한(前漢) 때 유향(劉向)이 지은 『설원(說苑)』(卷18「辨物篇」), 『전한서(前漢書)』(卷27「五行志」) 등에도 전한다.

숙신은 현재의 산시山西지방이나 허베이河北로 추정이 되는데, 백민은 그 남부이므로 현재의 산둥반도나 양쯔강 유역이라고 볼 수 있습니다. 그러나 만약 숙신이 현재의 랴오허강遼河으로 이동했을 경우라면 이 백민의 나라는 현재의 베이징 인근에 있었던 것으로 볼 수 있습니다.

『사기』에서는 동방의 이족夷族과 함께 북방의 식신息愼을 들고 있는데,[6] 후한後漢의 정현鄭玄은 이에 대하여 "식신息愼은 숙신肅愼이라고도 하는데 이들은 동북방에 거주하는 오랑캐이다"라고 주석을 달았고, 『일주서逸周書』에서는 "직신稷愼은 숙신肅愼이다"[7]라고 합니다. 즉 '숙신=직신=식신'이라는 것을 알 수 있습니다. 그런데 이 나라의 남쪽에 연하여 있는 나라가 백민이라는 것입니다. 또 『사기』에 "북으로 산융·발·식신이 있고 동으로는 장이·조이가 있다"[8]라는 기록이 있는 것으로 보아 대체로 발發은 산둥반도 또는 산둥반도 북부라고 보는 편이 타당할 것입니다.

여기서 숙신은 조선朝鮮의 전음轉音으로 '밝은 산', '태양을 품은 산', '태양이 밝게 빛나는 성스러운 산의 사람들', '새로운 역사를 개척하는 민족' 등의 의미로 사용된 말입니다.[9] 『춘추좌씨전春秋左氏傳』에는 "(주나라 경왕景王이 말하기를) 우리 주나라는, 하나라 때에는 후직이 계시어 위魏, 태駘, 예芮, 기岐, 필畢 등이 우리의 서쪽 땅이 되었다. 그리고 주나라 무왕께서 은나라를 이긴 뒤로는 포고蒲姑, 상商, 엄奄 등이 우리의

---

[6] 『史記』 卷1 「五帝本紀」 舜.

[7] 『逸周書』 王會解篇.

[8] "北山戎發息愼 東長鳥夷"(『史記』 卷1 「五帝本紀」).

[9] 김운회, 『대쥬신을 찾아서 1』(해냄: 2006), 198쪽.

동쪽 땅이 되었으며, 파巴, 복濮, 초楚, 등鄧의 땅은 우리의 남쪽 땅이 되고, 숙신, 연燕, 박毫 등은 우리의 북쪽 땅이 되었다. 그러니 어찌 우리가 가까운 곳에 책봉할 땅이 있겠는가?"[10]라는 기록이 있습니다. 주나라 무왕의 시기에 이미 숙신과 연과 박이 주나라의 북쪽에 있었던 것으로 묘사한 이 기록을 통해 산둥반도에서부터 그 북쪽이 쥬신의 영역임을 확인할 수 있습니다.

『산해경』에 "동북 바다 밖의 큰 황야 가운데, 황하와의 사이에 부우附禹의 산이 있다. …… 오랑캐가 있어 불여不與의 나라라고 하며, 성은 열씨烈氏이고 기장을 먹는다"[11]라는 기록이 있습니다. 여기서 말하는 불여가 바로 우리가 알고 있는 부여라는 점은 일찍감치 지적되어 왔습니다.[12]

추정된 불여의 고대음(piwə-yia)이나,[13] 부여의 고대음(piwa-yia)[14]은 기의 유사하므로 불여나 부여는 쥬신의 고유음을 한자어로 표기한 것으로 볼 수 있습니다. 경우에 따라서 불여나 부여는 불[火]과 무리[黎]를 합한 말로 분석되고 있습니다. 열烈(래[lie])은 고대음을 정확히 알기는 어렵지만 태양을 의미하는 해와 관련이 있을 것으로 추정됩니다. 부여의 대표적인 성씨가 해씨이기 때문입니다. 그리고 부여가 대황지중大荒之中에 있었다고 하는 것으로 보아, 오늘날 북만주(또는 만

---

10 "我自夏以后稷 魏駘芮岐畢 吾西土也 及武王商 蒲姑商奄 吾東土也 巴濮楚鄧 吾南土也. 肅愼燕毫 吾北土也 吾何邇封之有"(『春秋左氏傳』 「昭公」 9年).

11 "東北海之外 大荒之中 河水之間 附禹之山 …… 有胡不與之國 烈姓黍食"(『山海經』 第17 「大荒北經」).

12 예를 들면 한치윤의 『해동역사(海東歷史)』.

13 郭錫良, 앞의 책, 105쪽, 111쪽.

14 郭錫良, 앞의 책, 108쪽, 111쪽.

주) 지역에 있었다고 볼 수 있습니다.

또 『산해경』에 "백민의 나라가 있어서, 제준이 제홍을 낳고, 제홍이 백민을 낳았다고 합니다. 백민은 성은 초씨銷氏이고, 기장을 먹는다"[15]라는 기록이 있어 부여와의 어떤 연관성을 추정하게 합니다. 즉 부여와 백민, 박, 발(밝), 숙신 등이 연관이 있다는 것입니다. 흥미로운 것은 'piagV(백)'이라는 말은 원알타이어로도 태양이나 날[日]을 의미하는 말이라는 것입니다.

지금까지의 내용으로 보아 부여는 태양의 상징이기도 한 불fire에서 나온 말이라는 것을 알 수 있습니다. 즉 부여는 태양족 또는 천손족이라는 의미입니다. 나아가 이 말은 조선이라는 말의 의미와도 일치합니다. 그리고 대체로 이들은 산둥반도 이북에서 북만주 일대에 이르기까지 광대한 영역을 무대로 활동해온 것을 알 수 있습니다.

부여의 아들, 고구려와 백제

쥬신의 여명기에 부여는 구체적이고 개별적인 하나의 나라라기보다 부여족을 의미한다고 보아야 합니다. 시간이 지남에 따라 일정한 형태의 국가의 모습을 갖추었을 것입니다.

이 부여로부터 쥬신사의 주요 근간의 하나인 고구려와 남부여(백제), 열도부여(일본)가 성립되었습니다. 부여의 거시적인 변화과정(원부여, 동부여, 요동부여, 반도부여, 열도부여 등)에 대해서는 『대쥬신을 찾아서』에서 검토했기 때문에 여기서는 생략합니다.

---

15 "有白民之國 帝俊生帝鴻 帝鴻生白民 白民銷姓黍食"(『山海經』卷14「大荒東經」).

부여는 까우리(코리), 쥬신(주선, 조선)과 더불어 한국인들의 역사에서 매우 중요한 호수 같은 존재입니다. 부여나 고구려의 건국신화에 따르면, 부여는 북방의 고리櫜離(까우리 또는 까오리)라는 나라에서 왔습니다. 즉 고리국 왕의 시녀가 하늘의 아들을 낳았는데 그 이름이 동명東明이었습니다. 그로부터 부여가 시작됩니다. 물론 이 동명이라는 말은 구체적인 실존인물이라기보다는 쥬신의 건국의 표상과 같은 존재라고 보아야 할 것입니다.

고리의 현대 발음은 까오리인데 13세기 마르코 폴로의 『동방견문록』에서 고려를 '까우리Cauli'로 불렀던 것으로 보아 이 말은 아마도 까우리(또는 까오리)에 가까운 발음이었을 것으로 추정됩니다. 지금도 태국에서는 한국을 '까우리'라고 합니다. 몽골에서는 나라나 마을(고을)을 뜻하는 말로 'ㅋ홀리'라고 불렀고 일본에서도 '고오리郡'라고 하면 나라니 마을을 의미합니다. 결국 현대 한국을 의미하는 'Korea'는 이 말에서 나온 것이지요. 그런데 고리국을 탈출한 동명이 건국한 부여가 현재의 아무르강 지류인 쑹화강, 즉 하얼빈 지역이므로 고리국은 내몽골 또는 바이칼 지역으로 추정할 수 있습니다.

『대쥬신을 찾아서』에서 이미 상세히 설명했듯이 까오리는 고구려, 고려, 코리아, 고려족, 고려인 등으로 끝없이 재생되고 부활하여 오늘에 이르고 있습니다. 이 까오리에서 바로 부여국이 나온 것입니다. 부여는 까오리(코리)의 일부가 남하하여 형성되었고, 부여로부터 고구려(까오리)가 성립되고 다시 백제(반도부여)가 성립되었으며, 이것이 궁극적으로는 일본 열도로 이동하여 열도부여를 건설합니다.

이 같이 부여-고구려-백제(반도부여)의 친연성을 고증하는 많은 기록들이 있습니다. 백제 전문가인 한국전통문화대학교 이도학 교수는

고구려와 백제의 기원에 대한 기록을 다음과 같이 정리합니다.[16]

1) 3세기 후반: "고구려는 부여의 별종이다[夫餘別種]"(『삼국지三國志』).

2) 5세기 초(414년): "옛적에 시조 추모왕의 터전을 마련했다. 추모왕께
   서는 북부여에서 오셨다[惟昔始祖鄒牟王之創基也 出自北夫餘]"(광개토왕릉
   비문).

3) 5세기 전반: "추모성왕께서는 원래 북부여에서 오셨다[鄒牟聖王 元出
   北夫餘]"(모두루묘지).

4) 5세기 후반: "고구려는 부여의 별종이다[夫餘別種]"(『후한서後漢書』).

5) 6세기 중엽: "고구려는 부여에서 나왔으며 스스로 말하기를 선조는
   주몽이라고 한다[出於夫餘 自言先祖朱蒙]"(『위서』).

6) 7세기 중엽(630년대): "고구려는 본래 그 선조가 동명으로부터 비롯
   되었고 동명은 본래 북방오랑캐인 고리국의 왕자였다[其先出自東明
   東明本北夷藁離王之子]"(『양서梁書』).

7) 618~628년: 고구려는 그 선조가 부여에서 왔고 스스로 말하기를
   시조는 주몽이라고 한다[其先出於夫餘 自言始祖曰朱蒙]"(『주서周書』).

8) 627~659년: "고구려는 선조가 부여에서 나왔다[其先出夫餘]"(『북사北史』).

9) 629~636년: "고구려는 부여에서 나왔다[出自夫餘]"(『수서隋書』).

10) 10세기 중엽(945년): "고구려는 부여의 별종에서 나왔다[出自扶餘之
    別種也]"(『구당서舊唐書』).

11) 11세기 중엽(1044년): "고구려는 본래 부여의 별종이다[本扶餘別種
    也]"(『신당서新唐書』).

---

16 이도학, 『고구려와 백제의 출계 인식검토』(고구려 연구재단 게재논문).

이상으로 보아 고구려가 부여에서 나온 것은 분명합니다. 다음은 남부여(백제)의 기원에 대한 기록입니다.[17]

1) 5세기 후반(472년): "(개로왕이 북위에 보낸 국서에서) 저희는 근원이 고구려와 함께 부여에서 나왔습니다"(『위서』 卷100「백제전百濟傳」).

2) 6세기 중엽: "백제는 그 선조가 부여에서 나왔다[其先出自夫餘]"(『위서』).

3) 7세기 중엽(630년대): "백제는 그 선조가 동이족이며 삼한국에 있었다[其先東夷有三韓國]"(『양서梁書』).

4) 618~628년: "백제는 그 선대가 대개 마한의 속국으로 부여의 별종이다. 구이라는 사람이 있어 처음 대방의 옛땅에 나라를 세웠다[其先蓋馬韓之屬國 夫餘之別種……]"(『주서周書』).

5) 627~649년: "백제는 그 선조가 동이족이며 삼한국에 있었다[其先東夷有三韓國]"(『남서南史』).

6) 627~659년: "백제는 그 선대가 대개 마한의 속국으로 고리국에서 나왔다[蓋馬韓之屬國 出自索離國]"(『북사北史』).

7) 629~636년: "백제의 선조들은 고구려로부터 나왔다[百濟之先 出自高麗國]"(『수서』).

8) 10세기 중엽(945년): "백제는 부여의 별종이다[夫餘之別種]"(『구당서』).

9) 11세기 중엽(1044년): "백제는 부여의 별종이다[夫餘別種]"(『신당서』).

이상의 기록에서 백제(남부여)도 부여의 별종임을 알 수 있습니다. 다만 고구려와는 주체세력이 다를 수가 있습니다. 즉 백제왕의 성인

17 이도학, 앞의 논문.

부여씨는 그 내력을 "그(백제) 세계世系는 고구려와 함께 부여에서 나온 까닭에 부여로써 그 씨氏를 삼았다"고 합니다.[18] 이것은 왕의 성이 국호에서 비롯되었음을 말하고 있습니다. 마찬가지로 고구려 왕실도 고高를 성씨로 삼았다고 합니다.

이상의 기록들을 통하여 우리는 두 가지를 알 수 있습니다. 하나는 남부여(백제 또는 반도부여)는 부여의 후예들이며 4세기 중후반 백제왕의 성이 부여씨扶餘氏였다는 것이고, 다른 하나는 고구려의 건국에는 고씨가 중심이 되었다는 것입니다. 즉 같은 부여족이라고 할지라도 부여와 고구려는 중심세력이 다르고 고구려 건국의 중심세력인 고씨가 부여의 주된 세력은 아니었음을 알 수 있습니다.

참고로 기록들 가운데는 남부여왕(백제왕)인 위덕왕(재위 554~598년)이 대적 중이던 고구려 장수와 통성명하는 가운데 "서로 성이 같다"라고 하는 대목도 있습니다.[19] 그 말은 결국 고구려나 부여의 지배계층이 서로 비슷했음을 의미합니다, 물론 중심세력들은 차이가 있겠지만 말입니다.

고구려나 남부여(백제 또는 반도부여)는 모두 동명묘東明廟에서 제사를 지내고 있습니다.[20] 고구려와 백제(남부여 또는 반도부여)는 그 나라를 실제로 세운 시조 대신 동명왕을 시조로 간주하고 있습니다. 즉 고구려

---

18 부여씨는 줄여서 여씨로 주로 기록되어 있다(其世系與高句麗同出扶餘 故以扶餘爲氏).『三國史記』卷23,「溫祚王」卽位年.

19 "今欲早知與吾可 以禮問答者姓名年位 餘昌對曰 姓是同姓 位是杆率 年二十九矣"(『日本書紀』卷19, 欽明天皇 14年).

20 『삼국사기』에 따르면, 고구려는 대무신왕 3년, 신대왕 3년, 고국천왕 2년, 동천왕 2년, 중천왕 13년, 고국원왕 2년, 안장왕 3년, 평원왕 2년, 영류왕 2년 등에 시조묘(始祖廟)에서 제사를 지내고 있다. 백제의 경우에도 온조왕 원년, 다루왕 2년, 분서왕 2년, 아신왕 2년, 전지왕 2년 등에 동명묘에서 제사를 지내고 있다.

와 남부여(백제) 모두 부여의 시조인 동명왕의 사당인 동명묘를 세웠으며, 두 나라의 왕들은 이곳을 정기적으로 참배했습니다. 고구려의 경우 대무신왕 3년 동명왕 묘를 건립한 기록이 있는 반면 시조묘를 건립한 기록은 없는데 시조묘에 가서 참배한 기록이 지속적으로 나타납니다. 따라서 역대 고구려왕들이 참배한 곳은 바로 동명묘라고 간주해도 좋을 것입니다.[21]

신뢰하기는 어려운 부분이기도 하지만, 『삼국사기』 「백제본기」의 온조왕 편을 보면, 도읍을 정할 때 신하들이 동서남북 사방의 입지조건을 들어서 왕을 설득합니다. 즉 지배영역을 사방사지四方四至로 표현하는데 이 같은 사분관적四分觀的 의식은 부여인들의 공통된 특성이라고 합니다. 오바야시 다로大林太郎 교수는 이 같은 사분관이 부여국의 독특한 우주론적 신성왕권의 구조를 암시한다고 합니다.[22] 이 부분에 대해서는 부여나 고구려 모두 이동성이 강한 사회에서 나타나는 5부 조직 체제로 보는 관점도 강합니다. 즉 중앙과 4방을 합하여 5부로 족제조직이나 행정조직을 편성한다는 것입니다.

만약 이와 같이 고구려와 남부여가 공통의 근원에서 나왔다면 필히 나타날 수밖에 없는 문제는 바로 정통성 시비일 것입니다. 이것은 지속적으로 양국 간의 집안싸움으로 발전할 수 있고 실제로도 이들은 천년의 숙적이 됩니다.

백제 관련 기록에서 매우 중요한 점 가운데 하나는 "백제는 그 선대가 대개 마한의 속국으로 고리국에서 나왔다[蓋馬韓之屬國 出自索離國]"는

---

21 이도학, 앞의 논문.

22 大林太郎, 『邪馬臺國』(中央公論社: 1977), 143~145쪽.

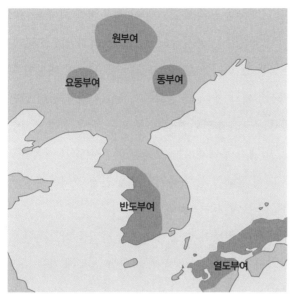

도 7 | 부여의 개략적 위치

『주서周書』나 『북사北史』의 기록들입니다. 이 기록은 백제와 거의 동시
대의 기록들이기 때문에 어떤 기록보다도 믿을 만한 것입니다.

　여기에는 두 가지의 중요한 의미가 있습니다. 하나는 백제가 부여
계라는 것이고 다른 하나는 마한의 속국이라는 점입니다. 마한은 이
론의 여지가 없는 것은 아니지만, 한반도 중남부 일대를 지칭합니다.
그런데 부여는 쑹화강 유역의 북만주 일대에서 터전을 잡은 국가입
니다. 따라서 부여계의 극히 일부가 한강 유역에서 자리를 잡으면서
마한의 영역에 들어갔다고 보아야 합니다. 이것은 『삼국지』의 기록
으로 분명히 알 수 있습니다.

　즉 3세기 후반에 쓰인 『삼국지』에는 백제에 대한 언급이 없습니
다. 3세기 후반까지 백제는 '사실상 없는 나라'이거나 고려할 만한 국
가 수준이 안 되는 나라인 것입니다. 『삼국지』는 마한에는 여러 소국

이 있다고 하면서 54개국들을 나열했는데 이 가운데 백제국伯濟國이 있습니다. 당시 마한의 맹주는 목지국目支國으로 알려져 있으므로 한반도에 소재한 소국들 중 하나에 불과한 백제국은 고려의 대상이 되지 못합니다. 따라서 3세기 이전, 더 정확하게는 고이왕 이전에 한반도에 존재했던 백제는 고려할 만한 수준이 못 되는 소국小國에 불과했습니다. 문제는 이 백제가 부여계라는 것을 여러 사서들이 지적하고 있다는 점입니다. 다시 말해서 한강 유역의 마한연맹 지배하에 소국 백제가 있는데 이들이 부여계라는 것입니다.

참고로 부여계의 극히 일부가 한강 유역에서 자리를 잡으면서 마한의 영역에 들어가고 이로부터 성장하여 마한을 정복해 가는 과정이 『삼국사기』에 매우 상세히 기록되어 있습니다. 물론 이 시기 온조왕의 기록들은 시기적으로 볼 때, 신뢰하기 어렵습니다. 왜냐하면 『삼국사기』에서 말하는 온조왕의 시대는 기원전 1세기 후반인데, 마한이 크게 타격을 받은 것은 245년경이고, 이때 위나라의 군현이 마한 지역을 군사적으로 크게 압도했다는 기록이 있기 때문입니다.[23] 시기적으로 무려 260년도 더 지난 일이 됩니다.

결국 소국 백제는 부여계 가운데 극히 일부가 한강 유역에서 정착해서 만든 나라입니다. 만약 『삼국사기』 기록의 일부를 인정한다면, 이들은 온조계나 비류계였을 가능성이 있습니다. 그러나 『삼국사기』를 제외하면, 온조나 비류에 대해 알 수 있는 정사의 기록은 어디에도 없습니다. 이제 백제라는 나라의 실체를 다시 한 번 살펴봅시다.

---

23 『三國志』魏書「東夷傳」韓.

4장 백제는 신화다

들어가는 글 역사가 된 신화

2000년에 출간된 『예수는 신화다*The Jesus Mysteries*』(우리나라에서는 2002년 동아일보사에서 번역 출간)는 그동안 우리가 알고 있는 그리스도교의 근간을 흔드는 저작이었습니다. 이 책은 예수는 실존인물이 아니라 그 이전에 살았던 성인급 인물들의 '거룩하고 고상한 행적'들을 짜깁기해 만들어낸 이야기라고 하면서 그 증거를 일일이 들고 있습니다.

당시 로마인들은 유럽세계의 지배자였고 자신들의 모든 활동에 대해서 꼼꼼하게 기록을 남겼는데 인간 예수에 대한 기록은 로마 문헌 어디에도 없다고 합니다. 그뿐만이 아니라 예수라는 이름은 당시에 매우 흔한 이름이었으며 유대인 역사가들의 저술 속에도 역사적 인물로서의 예수에 대한 증거가 없다고 합니다.[1]

---

1 티모시 프리크, 『예수는 신화다(*The Jesus Mysteries*)』(동아일보사: 2002), 236~246쪽. 단 한

쉽게 말해서 예수Jesus Christ의 이야기는 역사적으로 실존했던 메시아 Messiah의 전기傳記가 아니라 이교도Pagan의 유서 깊은 이야기들을 토대로 한 하나의 만들어진 '신화'라는 것입니다.[2]

예를 들어, 오시리스-디오니소스는 12월 25일 동정녀에서 태어났으며 결혼식 때 물을 포도주로 바꾸었고, 병든 자를 고치고 죽은 자를 살려냈으며, 영성체 의식으로 자신의 몸과 피를 나누어주었고, 십자가에 못박혀 죽었으며 죽은 후 사흘 만에 부활했다고 합니다. 예수의 일생과 똑같이 닮았습니다. 다시 말해 예수는 이교도들의 미스터리아Mysteria가 유대인들에게 수용될 수 있도록 유대인 메시아로 변상한 오시리스-디오니소스라는 것입니다.[3]

철학자인 켈수스Publius Juventius Celsus(67?~130?년)는 예수의 이야기가 실제로는 이교도 신화의 저급한 모방일 뿐이라고 하며 그리스도교인들이 그것을 새로운 계시인 양 유포시키고 있다고 비난했습니다. 켈수스는 "그리스도교의 수많은 아이디어는 고대 그리스인들에 의해 더 잘 그리고 더 오래전부터 표현되어왔다. 그러한 표현들의 이면에는 과거부터 이

사람의 저서(요세푸스)에 예수에 대한 언급이 있는데 이것조차도 당대의 기록이 아니라고 한다. 그동안의 연구에 따르면 이 기록은 후대에 추가된 것이라고 한다.

[2] 티모시 프리크, 앞의 책, 21쪽. 그리고 이교도(Pagan)란 원래 시골의 거주자를 경멸해서 부르는 말이었다. 그리스도교인들이 이 말을 사용한 것은 고대인들의 영적 신앙이 원시적인 시골의 미신에 지나지 않는다고 비아냥거리기 위해서였다고 한다(같은 책, 43쪽).

[3] 티모시 프리크, 앞의 책, 12쪽. 357쪽.

미 존재해온 고대의 교리가 똬리를 틀고 있다"라고 말합니다. 초기 그리스도교인들이 자신들의 신앙을 나타내기 위해 사용한 물고기의 상징은 피타고라스Pythagoras학파의 상징이었던 바로 그 물고기라고 합니다. 그리고 예수가 죽은 지 나흘이 된 나자로Lazarus를 살려낸 것처럼, 엠페도클레스는 죽은 지 30일이 된 여자를 살려냈다고 합니다.[4]

고대 그리스에서 이런 신인神人을 믿기 시작한 것은 기원전 6세기부터였다고 하는데, 이런 신앙을 그리스어로 미스터리아라고 했습니다. 이런 류의 이야기들, 즉 미스터리아는 헤로도토스나 플라톤의 저술 도처에 나옵니다. 조지프 캠벨(1904~1987년) 등이 미스터리아에 대한 심도 깊은 연구를 했습니다.[5]

미스터리아의 핵심에는 죽어서 부활한 신인神人이 있고, 이 신인은 고대 이집트 시대에는 오시리스(우시르), 고대 그리스 시대에는 디오니소스, 소아시아에서는 아티스, 시리아에서는 아도니스, 이탈리아에서는 바쿠

---

[4] 티모시 프리크, 앞의 책, 81쪽, 83쪽, 119쪽. 피타고라스는 희고 헐렁한 의상을 걸친 '방랑의 현자(賢者)'였으며 사제이자 과학자였다. 피타고라스는 고대 이집트 신전에서 22년을 보내고 고대 이집트 미스터리아의 입문자가 되었다. 피타고라스는 그리스로 돌아와 자신이 배운 지혜를 가르쳤고 기적을 행하여 죽은 자를 일으켜 세우기도 했다(같은 책, 55쪽). 그뿐만이 아니라 피타고라스의 전기를 쓴 이암블리코스(250~325년)에 따르면, 피타고라스는 '사도들이 쉽게 건너갈 수 있도록 강과 바다의 물결을 잔잔하게 한 기적도 많이 행했다고 한다(같은 책, 80쪽). 예수의 12사도 또한 이스라엘의 12부족을 상징하는 것으로 알려져 있으나 실제로는 황도(태양이 지나는 길)의 상징적인 언급이며 피타고라스 학파와 깊은 관련이 있는 것이라고 한다(같은 책, 85쪽).

[5] 티모스 프리크, 앞의 책, 62쪽.

스, 페르시아에서는 미트라스라고 불렀습니다. 그리스도교에 따르면, 예수는 3월 23일에 죽고, 25일에 부활하는데 아티스가 죽고 부활한 날도 같은 날입니다. 또 예수는 사흘 만에 부활하는데 플루타르코스에 따르면, 오시리스도 역시 사흘 만에 부활합니다.[6]

그러면 누가 왜, 이 같은 일을 했을까요? 그것은 바로 아우구스투스의 제국과 같은 로마를 꿈꾸었던 콘스탄티누스 황제(재위 306~337년)라고 합니다. 그는 자신의 강력한 통치를 위해 그리고 자신의 제국이 영원무궁할 수 있도록 하기 위해 그리스도교를 이용한 것이라고 합니다.

또『성서Bible』는 콘스탄티누스 황제에 의해 철저히 국가적으로 기획되고 만들어진 국가 이데올로기 홍보용 책자라고 합니다. 마치 소비에트러시아의 '스탈린주의Stalinism'나 북조선 인민공화국의 '주체사상'처럼 말입니다. 콘스탄티누스는 자신의 주장인 하나의 제국, 하나의 황제를 확고히 하기 위해 하나의 신과 하나의 종교가 필요했다는 것입니다. 로마제국의 재건자로 성인처럼 알려져 있는 콘스탄티누스는 니케아에서 고향으로 돌아온 후 아내를 목졸라 죽였고 아들을 살해했습니다. 그는 임종할 때까지 일부러 세례를 받지 않았습니다. 잔혹한 행위를 계속하다가 최후의 순간에 세례를 받음으로써 천국의 자리를 보장받겠다는 생각에서 그렇게 했다고 합니다.

---

6 티모스 프리크, 앞의 책, 24쪽. 107쪽.

『예수는 신화다』에 따르면, 이 일을 주도한 사람은 이른바 교회 박사인 에우세비우스(263~339년)였고, 그는 이후 『성서』에 대해 조금이라도 어긋나거나 다른 주장을 펴는 사람들을 제거했습니다. 따라서 오늘날의 기독교나 불교, 이슬람교 등과 같은 종교와도 다르지 않는 그리스의 신앙체계를 거의 연예인 가십거리로 전락시켜버렸다는 것입니다. 사실, 올림포스의 남신男神과 여신女神들이 변덕스럽고 파벌적이며 온갖 엽색행각을 벌이는 것에 우리는 너무 익숙해져 있습니다. 에우세비우스로 인해 예수의 기적은 신성함의 표시인 반면, 이교도의 기적은 악마의 활동이 되고 말았습니다. 켈수스는 다음과 같이 말합니다. "하나님 맙소사, 똑같은 활동을 했는데도 어떤 사람은 신이고 그의 라이벌은 그저 '마법사'일 뿐이라니, 이 얼마나 어리석은 논법인가?"[7]

마태·마가·누가 등의 복음서도 원래부터 특정한 저자가 있었던 것이 아니며, 문제가 되는 내용들을 끊임없이 수정·보완하여 오늘에 이르렀다고 합니다. 예를 들면 무작위로 마가복음 10~11장을 뽑아 비교해보니 48군데나 서로 달랐다고 합니다. 요한복음 역시 후대에 쓰인 것으로, 요한복음에 나타난 예수의 유창한 그리스어의 축어적인 장문의 설교는 유대인 목수의 아들이 구사할 수 있는 것이 아니라고 합니다.[8]

---

[7] 티모스 프리크, 앞의 책, 84~85쪽.
[8] 티모스 프리크, 앞의 책, 257~259쪽.

『예수는 신화다』는 초기 기독교의 최고 권위자 가운데 한 사람의 말을 의미심장하게 인용하고 있습니다.

"역사를 쓰는 자는 승리자들이다. 그들은 제멋대로 쓴다. 그러니 기독교의 기원에 대한 전통적 설명에서 자신들은 정통이고 적들은 '이단'이라고 정의했다고 해서 놀랄 것은 없다. 나아가 그들은 자신들의 승리가 역사적으로 불가피했다고 (종교적 용어로 말해서 '성령의 인도'를 받은 것이었다고) 선전했다. 그들은 자기만족을 위해서라도 그렇게 하지 않을 수 없었을 것이다."[9]

---

[9] 티모스 프리크, 앞의 책, 37쪽.

백제의 신화

반도쥬신(한국)의 사학계에서는 백제를 실체로 보고 있습니다. 반도 사학계에 따르면, 백제는 기원전 18년경 한강 유역에 건국하여 스스로 성장하다가 3세기 중엽 고이왕대에 이르러 연방제의 성격을 지닌 초기 고대국가를 성립시키고, 4세기 후반 근초고왕 때 중앙집권화에 성공하여 고대국가로 발전했다고 합니다.

그러나 저는『대쥬신을 찾아서』에서 반도 사학계가 말하는 백제는 역사적 근거가 없는 신화에 불과하다고 주장했습니다. 저는 만주 지역에서 세력이 궤멸된 부여계가 남으로 이동하여 이전에 이미 한강 유역에 정착해 있던 부여계 소국을 정벌하여 정착했고, 이를 기반으로 부여계의 회복을 추구하다가 강력한 고구려의 남하로 인해 열도부여의 개척에 눈을 돌렸다고 설명했습니다. 이 점을 제대로 해명하기 위해 지속적으로 반도와 열도 간의 관계사에 대해서 거론할 예정입니다.

구체적으로 보면, 475년 개로왕의 피살로 백제는 사실상 멸망한 후 곤지왕자(곤지왕: 개로왕의 아들)를 중심으로 한편으로는 반도부여의 재건에, 다른 한편으로는 열도부여의 건설에 매진해온 것이 부여계의 역사였습니다. 이 점들을 앞으로 여러 장에 걸쳐 계속 밝혀갈 것입니다. 먼저 백제에 대한 국내 사학계의 입장을 살펴봅시다.[10] 2005년 현재 한국의 고등학교용 국사책에는 다음과 같은 내용이 나옵니다.

백제는 한강 유역의 토착세력과 고구려 계통의 유이민 세력의 결합으

---

[10] 이 내용은 김운회,『대쥬신을 찾아서 2』(해냄: 2006) 48~85쪽 참고.

로 성립되었는데(기원전 18년), 우수한 철기문화를 보유한 유이민 집단이 지배층을 형성하였다. 백제는 한강 유역으로 세력을 확장하려던 한의 군현을 막아내면서 성장하였다. 3세기 중엽 고이왕 때 한강 유역을 완전히 장악하고, 중국의 선진문물을 받아들여 정치체제를 정비하였다. 이 무렵 백제는 관등제를 정비하고 관복제를 도입하는 등 지배체제를 정비하여 중앙집권 국가의 토대를 형성하였다.[11]

위의 내용은『삼국사기三國史記』에 바탕을 두고 쓴 기록인데 현대 반도쥬신 사학계의 입장을 서술한 것입니다. 또한 이 국사책에 의하면 초기에는 고구려 계통의 유이민이 내려와 건국한 소국 백제가 이후에는 큰 외부세력의 유입 없이 스스로 성장하여 대국 백제가 되었다는 것입니다. 쉽게 말해서 각종 세력들이 복잡하게 교차되는 한반도의 중앙부에 위치하면서 급변하는 국제정세의 변화 속에서도 굳건하게 자력갱생하여 중견국가로 성장한다는 것입니다. 이와 마찬가지로 대학교용 국사 교재에는 다음과 같은 내용이 나옵니다.

마한의 한 군장국가인 백제국百濟國으로부터 발전하여 기원 전후에 초기국가를 형성한 백제는 3세기 중엽에 이르러 고대국가를 이룩하였다. …… 3세기 중엽 고이왕古爾王(재위 234~286년)대에 이르면 대외적으로 정복사업을 활발히 하고 대내적으로 국가체제를 정비하여 고대국가로 발전하였다. …… 이에 백제는 고이왕 때에 이르러 광대한 정복국가를 이루고 고대국가 체제를 완비하였던 것이다.『주서周書』나『수

---

11 국사편찬위원회,『국사』(교육인적 자원부: 2005).

서隋書』에서 백제의 시조를 구이仇台라고 하는데 이 구이는 바로 이 고이古爾에 해당하는 것으로 고이왕대에 백제의 시조적인 발전이 있었음을 나타내는 것이다.[12]

이제 백제의 건국과정에 대한 국내 사학계의 논의들을 좀 더 살펴봅시다.

한국 사학계는 "후한의 환제·영제(147~189년) 말년에 한韓과 예濊가 강성하여 한나라의 군현이 이를 능히 제압하지 못하자 많은 백성들이 한국韓國으로 흘러들어갔다"는 『삼국지』의 기록을 근거로 하여, 한강 하류 지역의 백제를 중심으로 소국 간의 연맹이 이루어지고 이에 따라 국호도 십제十濟에서 백제百濟로 바뀌면서 한강 이북에서 한강 이남으로 중심지의 이동이 있었을 것으로 추정합니다. 즉 이 시기는 백제의 초고왕 시기인데 당시 낙랑군 관할 하의 많은 백성들이 마한의 북부 지역으로 유입됨으로써 심각한 정세의 변동이 있었고, 이를 계기로 백제가 성장하게 되었다는 논리입니다.[13]

그러나 『삼국사기』의 초고왕대의 기록은 신뢰할 수 없고 단순히 많은 백성들이 한국으로 이동했다는 사실이 바로 백제의 성장을 가져왔다는 논리도 납득하기 어렵습니다. 나아가 반도 사학계는 『삼국사기』를 근거로, 백제는 한강 유역을 매개로 하여 미추홀의 비류집단과 지역연맹체를 형성하고 맹주국의 지위를 차지하여 세력을 키웠고, 이를 바탕으로 하여 점차 마한연맹체의 맹주권에 도전하려 했다고

---

12 변태섭, 『한국사통론』(삼영사: 2001), 79쪽.

13 백제문화사대계 연구총서 1 , 『백제사 총론』(충남역사문화연구원: 2007), 16쪽.

합니다. 그 기회가 된 것이 245년 한韓세력과 중국 군현의 싸움이라고 합니다. 즉 위나라의 군현이 진한 8국의 교섭창구를 대방군에서 낙랑 군으로 바꾸려 한 것이 빌미가 되었다는 것입니다. 이 싸움에서 마한 은 대방군의 기리영崎離營을 공격했고 대방태수인 궁준弓遵을 전사시 키는 등 승리를 거두었지만 결국은 마한의 패배로 끝이 나서 이 전쟁 을 주도한 목지국의 위상이 약화되었고, 그 틈을 이용하여 백제가 목 지국을 멸망시키고 새로운 맹주국으로 등장했다고 합니다. 이 시기를 고이왕대로 추정합니다.[14] 그러면서도 "백제는 비록 마한연맹체의 맹 주국이 되었지만『진서』「마한전」에서 보듯이 서진西晉과 교섭할 때는 마한이라는 명칭을 사용했다. 이는 3세기 말까지 백제가 아직 연맹체 적인 형태를 벗어나지 못했음을 보여준다"고 합니다.[15]

여러분은 이해가 되십니까? 마한의 패배로 인하여 백제가 성장했 다는 기록은 당대의 사서 어디에도 없습니다. 특히 백제의 위치는 대 방군 공격의 최전선에 있기 때문에 전쟁의 피해를 가장 크게 입을 수 밖에 없습니다. 오히려 마한의 맹주국은 최전선의 소국 백제를 자기 의 안위를 위해 이용했을 가능성도 있습니다. (마치 장제스蔣介石가 장시에 량張學良을 이용했듯이 말입니다.) 또한 백제국이 한의 맹주가 되었다는 것도 사서에는 없는 기록으로 사실이 아닙니다.

한국 사학계는 "초기의 백제 역사는 실제로 마한사의 일부에 지나 지 않는다. 확실히 마한과 백제는 동일체에서 점진적인 성장과정을 보여주고 있으나 다만 어떤 선에서 분명하게 끊을 수 있는가는 역사

---

14 백제문화사대계 연구총서 1 , 앞의 책, 62쪽.

15 백제문화사대계 연구총서 1 , 앞의 책, 64쪽.

학계의 오랜 숙제로 남아 있다. 천관우는 어디까지가 죽순(마한)이고 어디부터가 대나무(백제)인가 하는 것처럼 매우 풀기 어려운 문제라고 비유한 바 있다"고 결론내리고 있습니다.[16]

우리가 대국으로 인식하고 있는 백제의 역사를 마한사의 일부로 보고 있다는 그 자체가 신화입니다. 백제사는 부여사의 흐름 속에서만 파악될 수 있습니다. 그리고 국내 사학계는 온조의 백제가 한강변에서 자생하여 반도의 서남단을 지배하는 거대세력이 되었다는 식으로 해석하는데 그것이 역사 패러다임의 가장 큰 오류 가운데 하나입니다.

한국 사학계가 이른바 백제百濟의 전신을 『삼국지』에 나타나는 미미한 소국 백제국伯濟國으로 보는 것은[17] 『양서梁書』부터였습니다. 이 백제伯濟가 한강 하류에 있으면서 중국 남북조南北朝 시대의 등장으로 위기를 느끼는 한편, 자발적으로 합종연횡合縱連橫하기도 하고 주변 소국들을 통합하여 4세기 전반부터 중엽에 걸쳐 마한 전역을 대표하는 국가로 성장하고 국호도 백제百濟로 고쳤다고 합니다. 그러나 그 증거가 될 만한 사료는 『삼국사기』를 제외하면 어디에도 없습니다. 아무리 고대라 해도 "일단, 무조건 쓰고 보자"는 식이 되면 곤란합니다. 이 같은 서술방식은 『삼국사기』나 『일본서기』나 다를 바 없습니다.

이런 서술방식이 백제의 역사, 나아가 부여의 역사를 암흑으로 몰고 간 계기가 된 것입니다. 반도 사학계의 이 같은 연구 태도는 백제의 역사를 제대로 파악하지 못한 것으로, 부여계의 흐름을 종합적으

---

16 백제문화사대계 연구총서 1 , 앞의 책, 34쪽.
17 『三國志』「東夷傳」韓傳.

로 파악하지 못한 소치입니다. 문제는 이것을 고증할 만한 어떤 증거도 없는데 이것을 하나의 사실로 받아들이고 있다는 것입니다. 다른 부분에 대해서는 철저히 증거 중심의 고증을 강조하는 반도 사학계가 정작 민족사의 가장 중요한 고리 중의 하나에 대해 침묵하는 까닭을 알 길이 없습니다.

소국들 간의 합종연횡은 쉽게 이루어질 사안이 아닙니다. 동서고금을 막론하고 자발적인 합종연횡이 나타난 경우는 거의 없습니다. 가야의 경우에는 매우 강압적이고 위험한 주변환경에도 불구하고 통일된 왕국을 구성하지 못하고 각개 격파되어 역사에서 사라졌습니다. 국제정치란 과거나 지금이나 냉엄한 것입니다. 대개는 외부의 압도적이고 강력한 힘에 의해 영역이 결정되고 있습니다. 중국의 경우에도 춘추전국 시대 당시 국가가 서로 합쳐진 예는 없습니다. 특히 전국 시대 당시 강력한 진秦나라의 공격이 바로 코앞에 있어도 국가가 서로 연합해서 거대 세력화된 예는 없습니다.

가장 큰 문제는 '백제'가 3세기까지 정사에 등장하지 않는다는 점입니다. 대표적인 식민사학자인 스에마쓰 야스카즈末松保和는 "백제의 이름이 중국 쪽에서 처음 보이는 것은 동진東晉의 영화永和 2년(346년)경이므로 백제국의 성립은 4세기 전반이었다. 그런데『삼국사기』에서는 백제의 시조 온조왕의 즉위 원년이 전한前漢의 성제成帝 홍가鴻嘉 3년(기원전 18년)으로 되어 있다. 이 개국 기년은 백제의 독자적인 기년으로 전해내려오는 것이 아니라 고구려의 기년에서 만들어진, 책상 위에서의 조작이다"라고 하고[18] "13대 근초고왕, 14대 근구수왕의

18 末松保和,『日本書紀上朝鮮史關係』(岩波書店: 1967).

'근近'자는 5대 초고왕, 6대 구수왕과 구별하기 위하여 관冠한 것이고 초고왕과 구수왕은 역사상 실재한 왕이 아니다"라고 주장합니다.[19] 이 말을 제대로 반박할 만한 반도 사학자는 아마도 없을 것입니다.

이제 스에마쓰의 주장을 하나씩 살펴보면서 베일에 싸인 백제 건국의 비밀을 풀어봅시다. 북위의 사서인『위서』이전의 중국의 역사서, 예를 들면『한서漢書』,『후한서後漢書』,『진서晋書』,『삼국지』등의「동이전東夷傳」에 보면 백제는 나오지 않고 부여夫餘만 나옵니다. 다시 말해서 중국의 여러 역사서들 가운데 백제와 동시대에 가까운 기록들에 백제百濟라는 말이 없습니다. 반도 사학계에서 주장하는 대로라면 건국한 지 이미 200년이나 지난 나라를 기록하고 있지 않은 것입니다.

백제가 처음으로 제대로 등장하는 사서는 바로 남북조 시대『송서宋書』입니다. 송나라(420~478년)는 사마씨의 동진東晋을 이은 한족의 왕조로『송서』의 머리글[自序]을 보면, 제齊의 영명永明 5년(487년)에 칙명을 받아 편찬에 착수하여 이듬해에 본기와 열전이 완성되었고 후에 지志가 추가되어 간행되었다고 합니다. 일반적으로『송서』는 송나라가 멸망한 이후 바로 편찬되었기 때문에 이 책에 대한 신뢰도가 높은 편입니다.

그리고 이『송서』를 포함하여『남제서南齊書』,『위서』등에 백제가 등장합니다. 물론『송서』이전에 백제가 등장하는 경우가 있지만 국체를 가진 나라로 열전列傳에 등장하지는 않습니다.

이처럼『송서』와 같이 열전의 항목이 아니라 '백제'라는 말 자체가 처음 등장한 것은 4세기 중반 이후입니다. 즉 백제가 건국한 지 무려

---

19 末松保和,『任那興亡史』(吉川弘文館: 1956) 58쪽.

도 8 | 송나라의 영역과 남조 존속 연대

360년 이상이 되어서야 기록에 등장한 것입니다. 구체적으로 보면,
『진서晉書』에 "342년 구려와 백제와 선비의 우문부, 단부 등의 사람들
이 모두 병력들을 옮겨서"라든가[20] "372년 춘정월 백제와 임읍왕林邑
王이 각각 사신을 보내 공물을 바쳤다"라는 기록이 보입니다.[21] 백제
라는 항목이 없이 극히 단편적인 사실만 기록되어 있는데 그것도 대
개는 4세기 중후반의 일을 기록한 것입니다.[22]

---

[20] "句麗, 百濟及宇文, 段部之人, 皆兵勢所徙, 非如中國慕義而至, 咸有思歸之心. 今戶垂十
萬, 狹湊都城, 恐方將爲國家深害, 宜分其兄弟宗屬, 徙于西境諸城, 撫之以恩, 檢之以法,
使不得散在居人, 知國之虛實"(『晉書』 卷109 「慕容皝載記」).

[21] "二年春正月辛丑, 百濟, 林邑王各遣使貢方物"(『晉書』 卷9 帝紀第9).

[22] 『진서』는 646년 방현령(房玄齡) 등이 당 태종의 칙령을 받들어 편찬한 정사로 진나라를
기점으로 보면 300여 년이 지나긴 했으나 당시에 남아 있던 많은 『진서』들을 총 정리한
결과물이다.

『송서』에 비로소 백제라는 이름의 국체國體가 제대로 나타나는 것으로 보아 적어도 5세기 중엽까지도 백제보다는 부여로 인식된 것으로 보입니다. 그렇지 않다면 백제가 현실적으로 있는지도 모를 정도로 미미한 소국이었다는 말이 됩니다. 그리고 6세기에는 바로 남부여로 바뀝니다(538년: 성왕 16년).

일부에서는 중국 측 사관의 나태함이나 편견에서 비롯되었다거나 변방민의 역사이니 대수롭지 않게 묘사했기 때문이라고 하는데 이는 잘못입니다. 이 시기에 이미 역사학이나 사관의 기록체제가 많이 발달해 있는 상태인데도(『삼국사기』에 의거하면), 기원전 18년에 건국하여 무려 300~400년간 건재한 나라에 대하여 일언반구도 없다는 것은 납득하기 어렵습니다. 특히 『후한서』는 남북조 시대에 편찬되었고 『진서』는 당나라 때 편찬되었으니 백제의 건국 기점으로 본다면 무려 800년이 지나서 편찬된 책입니다. 결국 백제를 건국했다는 말보다는 부여의 분국이 끊임없이 만들어져서 원래의 부여가 멸망해도 그 부여의 불씨는 꺼지지 않았다고 보는 것이 맞습니다.

여러 사서들은 백제의 건국 지역으로 대방帶方 지역, 즉 울구태의 남부여(요동부여)를 지목하고 있습니다. 『북사北史』에서는 "백제는 처음으로 그 나라를 대방의 옛 땅에 세웠다"[23]고 하고 『수서』에도 이 기록이 그대로 나옵니다.[24] 여기서 말하는 대방은 황해도 지역을 말하는 것이 아니라 요동·만주 지역을 의미합니다. 이 점을 구체적으로 살펴봅시다.

정약용丁若鏞 선생은 『아방강역고我邦疆域考』에서 사서에 나타나는

---

23 "始立國于帶方故地"(『北史』 「百濟傳」).
24 "始立其國帶方故地"(『隋書』 「百濟傳」).

대방은 ①평양 남쪽, ②요동, ③나주羅州, ④남원군南原部 등 모두 네 가지의 경우라고 합니다.[25] 그런데 "부여가 고구려와 선비 등의 두 적 사이에 위치한다"[26]라거나 "태조 94년(146년) 왕이 한나라 요동부의 서안평西安平현을 습격하여 대방현령을 죽이고"[27]라는 기록이나 "한나라의 질제質帝와 환제桓帝 사이에 다시 요동의 서안평을 침입하여 대방현령을 죽였다"[28]라는 기록, "건안 연간(후한 헌제 때) 공손강公孫康이 남쪽 지방의 거친 땅을 대방군帶方郡이라고 하였다"[29]라는 기록, "부여는 본래 현도玄菟에 속하였는데 헌제獻帝(189~220년) 때 부여왕이 요동에 속하기를 청하였다"[30]라는 등 수많은 기록들이 대방의 위치가 요동 지역임을 말하고 있습니다.

여기서 백제의 시조에 대해 알아봅시다. 당나라 초기(태종~고종)에는 우리가 일반적으로 25사라고 부르는 중국의 정사들이 대거 편찬되는데, 이때 나온 책들이 『양서』, 『주서周書』, 『수서』, 『남사南史』, 『북사』 등입니다. 이들 가운데 백제의 건국과 관련된 장소를 기록한 것은 『수서』와 『북사』입니다. 『북사』의 기록은 비교적 그 시대에 가깝고 여러 사서의 내용을 상세하게 결집하고 있어 초기 백제의 실상을 파악하는 데 도움이 될 것입니다. 『북사』는 백제의 건국에 대해 아래와 같은 기록하고 있습니다.

---

25 丁若鏞, 『我邦彊域考』 帶方考.

26 『三國志』 「夫餘傳」.

27 『三國史記』 「高句麗本紀」.

28 "質桓之間復犯遼東西安平殺帶方令"(『後漢書』 卷85).

29 "建安中公孫康分屯有縣以南荒地爲帶方郡"(『三國志』, 卷30).

30 『後漢書』 「夫餘傳」.

색리素離라는 나라의 왕이 지방에 나간 사이에 궁중에 남겨진 시녀가 임신을 했다. 왕이 돌아와서 그 시녀를 죽이려 하자, 시녀가 '왕께서 아니 계시는 동안 달걀만한 양기陽氣가 내려와 제 입으로 들어와 애를 가지게 되었습니다'라고 말했다. 왕은 수상하게 생각되었지만 그래도 시녀를 살려두기로 했다. 후에 시녀가 아이를 낳자 아기를 돼지우리에 버렸지만 돼지가 입김을 불어 얼어 죽지 않았고 다시 말 우리에 버리니 말도 입김을 불어 죽지 않았다. 왕은 이 아기를 신이 보낸 것으로 여겨 주워 기르고 그 이름을 동명東明이라고 했다. 동명은 자라서 활쏘기의 명수가 되었다. 왕은 동명을 두려워하여 다시 죽이려 하자 동명은 남쪽으로 몸을 피하고 도중에 엄체수淹滯水라는 강에 이르러 활로 강물을 때리니 물속에서 고기 떼, 자라 떼가 떠올라서 다리를 만들었다. 동명은 그 다리를 건너 부여에 이르러 왕이 되었다.[31]

이상의 기록은 부여·고구려와 대동소이합니다. 다만 고리국槀離國을 색리국素離國으로 잘못 표기한 점이 다릅니다. 즉 백제의 건국신화가 부여·고구려·몽골 등과 일치합니다. 그런데 그 다음 내용이 좀 다릅니다.

동명의 후손에 구태仇台라는 사람이 있었는데 그는 어질고 신의가 깊어 따르는 사람들이 많아 대방 땅에 나라를 세우고 공손도公孫度의 딸을 아내로 얻어 동이東夷들 가운데 큰 세력을 떨치게 되었다. 처음에 백[百] 집의 사람을 거느리고 강을 건넌[濟] 까닭에 백제百濟라고 했다.

---

[31] 『北史』 卷94 「百濟」.

동쪽에는 신라와 고구려가 있고 서쪽에는 바다가 있다.[32]

『수서』를 보면 "구태는 부여의 시조인 동명의 후손으로 어질고 신 망이 두터워 처음으로 대방 땅에 나라를 세운 사람"이라고 합니다.[33] 『북사』의 내용과 일치합니다. 이들 기록에서는 백제가 구태에 의해 건국된 것으로 나타납니다. 그런데 이 시기는 2세기 말~3세기 초기 입니다.『삼국사기』에서는 백제의 건국시기를 기원전 18년이라고 하 니 건국시기가 200년 이상 차이가 납니다.

그리고 위의 내용에서 특이한 인물이 나타납니다. 공손도公孫度 (?~204년)는 『나관중 삼국지』에 나오는 공손강公孫康의 아버지요 공손 연公孫淵(?~238년)의 할아버지입니다. 공손도의 아버지는 공손연公孫延 이므로 공손도의 입장에서 보면 아버지(공손연)와 손자의 이름(공손유안) 이 많이 유사합니다. 진수陳壽의 『삼국지』에 따르면, 공손도의 가계는 다음과 같습니다.

① 공손연公孫延(공순안) …… ② 공손도公孫度 …… ③ 공손강公孫康 ……

공손공公孫恭 …… ④ 공손연公孫淵(공순유안)

기록대로라면 구태는 공손강과는 처남-매부 사이입니다. 공손강 은 당시 중국의 중앙정부로부터 요동반도를 사실상 분리하여 독립적 으로 지배한 사람이며, 이 나라가 바로 연나라입니다.

---

[32] 『北史』 卷94 「百濟」.

[33] 『隋書』 「百濟」.

그런데 문제가 있습니다. 『삼국사기』와 『후한서』에는 납득하기 어려운 기록이 있습니다. 먼저 『삼국사기』를 봅시다.

(태조대왕 69년: 121년) 왕이 마한과 예맥의 군사를 거느리고 현도성玄免城을 포위하자 부여왕의 아들 위구태尉仇台가 군사 2만을 이끌고 한나라 군대와 연합하여 고구려가 대패했다.[34]

다시 『후한서』의 기록을 봅시다.

(118년) 고구려왕이 마한과 예맥 등의 기병을 이끌고 현도성을 포위하자 부여왕은 왕자 위구태를 보내어 후한 주군의 군사들과 함께 고구려 군을 격퇴했다.[35]

이때 위구태라는 사람이 공손도의 딸과 결혼한 사람처럼 보이기도 하지요? 그렇다면 공손도가 구태의 장인이라는 것은 문제가 있습니다. 왜냐하면 구태가 활약한 시기(120~130년 전후)를 고려하면 공손도의 사망연도(204년)와는 맞지 않습니다. 구태의 장인은 공손도가 아니라 공손도의 아버지나 할아버지여야 합니다. 그렇지만 『삼국지』에서 공손도의 아버지는 공손연公孫延인데 그는 세력가와는 거리가 먼 사람이었습니다. 공손연公孫延은 어떤 일로 연루되어 도망자의 신세였습니다.

---

[34] 『三國史記』 「高句麗本紀」 大祖大王.
[35] 『後漢書』 卷115.

공손도라는 기록은 분명히 잘못되었고 구태왕의 장인은 공손역公孫琙이라고 봐야 합니다. 그런데 문제는 이 위구태에게 공손역이 딸을 주었다는 기록이 없습니다. 그러나 고구려가 현도성을 포위하자 당시의 현도태수였던 공손역은 위기상황에서 부여에게 도움을 청했고 당시에 강성했던 부여가 원군을 보냈으니 얼마나 고마웠겠습니까? 어쨌든 부여와 공손씨의 관계는 상당히 돈독했을 것입니다. 이 시기 이후 부여의 구태세력(구태부여 또는 요동부여 또는 남부여)이 요동 지방에 자리잡은 것으로 보입니다.

공손연公孫淵의 가계가 요동을 어떻게 장악했을까요? 해답은 공손역과 공손연公孫淵이 종씨宗氏라는 데 있습니다. 공손역의 아들 이름은 공손표公孫豹로 어린 나이에 요절했는데 공손도의 어릴 때 이름이 공손표公孫豹였다고 합니다. 그래서 공손역은 공손도를 자기 아들처럼 사랑합니다(『삼국사』「공손도전」). 즉 공손도는 공손역의 양아들인 셈이죠. 공손도는 공손역의 후광으로 높은 벼슬에 오르고 후일에 요동태수가 됩니다.

그런데 공손도가 요동태수가 되는 시기는 동탁董卓(?~192년)의 집권기, 즉 190년 전후입니다. 이후 공손도는 요동반도를 장악합니다. 『삼국지』의 영웅인 위무제 조조曹操는 그를 무위장군武威將軍에 임명합니다. 그런데 요동반도는 중국과 너무 떨어져 있기 때문에 사실상 독립정부에 가까운 상태였습니다.

공손도는 구태와 함께 요동에서 큰 위세를 떨치게 됩니다.『삼국지』에 따르면 "공손도는 동으로는 고구려를 치고 서로는 오환을 공격하여 그 위세가 밖으로 뻗치게 되었다"고 합니다. 그리고 『북사』에서는 당시 구태의 위세를 "동이들 가운데 큰 세력을 떨쳤다"라고 합니다. 그래서 190년경에 이르러 공손도는 "중원의 한나라의 운명이 끝나려 하므로 나는 여러분들과 함께 왕업을 취하기로 결정했소"라고 합니다.[36] 즉 중원을 정벌하여 새로운 왕조를 세우겠다는 결심을 한 것이지요. 이때가 동탁의 집권기입니다.

이제 구태 집안과 그 후손들, 즉 남부여 또는 요동부여는 단순히 부여의 분국 수준을 넘어 공손도와 함께 중원 땅을 정벌할 꿈을 꾸게 됩니다. 『삼국지』에 따르면 당시 구태의 후손 가운데 권력자는 위구태蔚仇台라고 합니다. 부여왕의 계보가 매우 혼란스럽고 실체를 알기 어렵지만 『삼국지』(부여전)나 『후한서』(부여전), 『삼국사기』(고구려본기)를 토대로 살펴보면 부여왕은 위구태-부태夫台-울구태蔚仇台 등의 순서로 왕위를 승계한 것으로 보입니다.

『후한서』(부여전)에는 후한 헌제(190~219년) 때 부여왕이 요동에 속하기를 요구했다고 합니다. 그런데 이 기록은 그대로 『삼국지』(부여전)에도 나타납니다.

> 부여왕 울구태는 다시 요동군에 복속되었고, 당시 구려(고구려)와 선비가 강성했는데 공손도는 부여가 두 적敵 가운데 위치하므로 종실의 딸을 울구태에게 시집보냈다.[37]

결국 백제의 시조는 바로 부여왕 울구태라는 것을 알 수 있습니다. 여기서 백제의 시조가 부여의 왕이라는 말은 백제가 부여의 분국이

---

36 『三國志』「公孫度傳」.

37 『三國志』「東夷傳」.

나 임시내각 또는 '그림자 내각Shadow Cabinet '이라고 보는 것이 타당할 듯합니다.

그러면 왜 부여는 이렇게 여러 개의 분국이 필요했을까요? 그것은 고구려나 선비鮮卑 등이 강성해지자 부여는 스스로를 보호하기 위해 남부여(요동부여), 동부여(285년) 등을 만들었던 것으로 판단됩니다. 부여의 역사는 어떤 의미에서 분국을 만들어가는 역사라고 할 수 있습니다.

『북사』에서 "동명의 후손에 구태라는 사람이 있었는데"라는 말은 울구태를 의미하지만 "대방 땅에 나라를 세우고"라는 부분은 위구태와 울구태의 합작품이며 "공손도의 딸을 아내로 얻어 동이들 가운데 큰 세력을 떨치게 되었다"에 해당하는 사람은 '울구태'임을 알 수 있습니다.

그리고 이 대방帶方 땅에 세운 나라를 남부여南扶餘라고 합니다. 물론 남부여라는 말이 이 시기에 있었던 것은 아니지만 후일 백제가 남부여라고 하는 것으로 보아 부여인들이 요동 지역의 부여를 남부여라고 했을 것으로 보입니다.

이상으로 백제의 시조가 부여왕 울구태임을 알 수 있습니다. 즉 백제의 시조가 요동·만주 땅의 부여왕 울구태라는 것은 백제의 건국이 한반도에서 시작된 것이 아니라는 말입니다. 또한 그동안 한반도에서 온조·비류가 백제를 건국하여 남북조의 위기상황에서 서로 합종연횡하여 강력한 백제로 거듭났다는 반도 사학계의 논리는 철저히 사실을 무시하고 신화적인 요소만으로 역사를 왜곡했다는 것을 입증합니다. 물론 이 왜곡의 주체는 『삼국사기』의 저자인 김부식金富軾입니다. 그러나 이 왜곡은 그 이전의 백제 왕조가 1차적으로 서술한 사료에 의한 것일 가능성이 큽니다.

다시 말해 고주몽의 아들들이 내려와 한강 유역에 백제를 건국하여 대국 백제를 건설했다는 것은 확실히 신화라는 것입니다. 사실이 아니라는 얘기지요. 요동·만주 지역에서 부여왕 울구태가 백제를 건국했다는 것은 부여왕이 요동·만주지역에서 보다 강력한 새로운 국가를 준비했다가 국가적 위기를 맞아 한강으로 이동해왔음을 보여주는 주요한 단서가 됩니다.

결국 만주의 부여계가 망국적 상황을 피해 한반도로 이주해온 것입니다. 여기서 망국적 상황을 좀 더 구체적으로 봅시다. 공손도가 중원을 정벌하기 위해 새 나라를 건국하려 했다는 것은 당시로 보면 상당히 심각한 문제를 야기하게 됩니다. 당시로서는 대역무도한 일로 용서받을 수 없는 일이지요. 그렇지만 그 당시 황건농민봉기(황건적의 난)로 인하여 한나라 조정은 급격히 약화되었고 전국이 심하게 분열되고 있는 상황에서 요동 지역을 견고히 장악하고 있었으니 이 같은 생각이 반드시 무리라고 할 수만은 없지요.

그러나 분명한 것은 이제 부여왕(蔚仇台)은 공손도-공손강-공손연에 이르는 연나라 세력과는 떼려야 뗄 수 없는 혈맹관계가 된 것이지요. 만약 공손연公孫淵이 대역무도한 죄로 몰락하게 되면 울구태蔚仇台의 세력도 성하지 못하게 되는 것이지요. 적어도 요동 지역으로 확장된 부여세력(요동부여 또는 남부여)은 '바람 앞의 등불'이 되고 만 셈이지요.

결국 역사적 사실로 보면, 백제의 건국주체는 바로 부여왕이라는 것을 알 수 있습니다. 그러니 애초에 우리가 알던 그 백제는 없었던 셈이지요. 부여왕 울구태는 공손도의 딸과 결혼함으로써 요동 지방에서 큰 세력이 되고 이 세력을 바탕으로 백제도 건국했다는 말이 됩

도 9 | 위나라의 요동 정벌 당시 연나라

니다.

『삼국지』에 따르면, 조조曹操의 군대에 대패한 원소袁紹의 아들 원희袁熙와 원상袁尙이 공손강에게로 피신하여 도움을 청하자 공손강은 오히려 그들의 목을 베어 조조에게 보냅니다. 그리고 후일 세승인인 공손연公孫淵은 위나라의 명장 사마의司馬懿(179~251년)의 공격을 받아서 멸망하고 참수당합니다. 당시 위나라는 고구려의 위협보다는 공손연公孫淵의 연나라를 더 성가시게 생각한 듯합니다. 그러니 일단 연나라를 정벌하고 다음으로 고구려를 노린 것이지요.

공손연이 조조의 군대에 궤멸당하고 그의 가계가 모두 주살당했다면, 부여왕 울구태가 영도하는 요동세력(남부여)도 무사하지는 않았을 것입니다. 즉 요동 지역의 부여세력은 치명적인 타격을 받았을 것입니다. 그래서 아마 일부는 북부여(부여본국: 원부여, 구부여)로 쫓겨갔을 것이고 또 일부는 다른 곳으로 이동했겠지요.

그런데 이들이 북부여 쪽으로 가기는 상대적으로 어려웠을 수도 있습니다. 당시 위나라 군대의 기세로 보아 북부여 방면으로 갔을 경우에는 계속 공격받았을 수도 있기 때문이지요. 그래서 요동의 위기가 고조되는 210년경부터(원상과 원희의 죽음이 207년)는 이들 요동부여(남부여) 세력이 지속적으로 한반도 쪽으로 이동해 갔을 가능성이 높습니다.

바로 이런 점들이 부여계가 바닷길이나 육로를 통해 한반도 방향으로 지속적으로 이동하는 배경이 된 것입니다. 그리고 당시만 해도 고구려가 압록강 하구까지 제대로 진출하지 못했기 때문에 남하하는 데 큰 지장은 없었던 것으로 보입니다.

만주 부여계는 한반도로 진출하여 한강 유역을 점령하고 국가를 구성하기 위해 노력한 것으로 보입니다. 이것이 이른바 '백제'입니다. 따라서 백제의 시조에 대해서도 울구태라고 새롭게 볼 필요도 없이 동명東明이라고 보는 것이 타당합니다. 왜냐하면 백제는 존재하지 않았고 부여계인데다 울구태는 부여왕이므로 '부여의 시조=백제의 시조'이기 때문입니다.

『삼국사기』「백제본기」에서도 일관되게 나타나는 것은 백제의 모든 왕들이 하나같이 시조 동명왕 사당에 제사를 지내고 있다는 것입니다. (설령 중시조가 있다고 해도, 그 중시조는 시조에 제사를 지낼 것이 아닙니까? 중시조에 대한 제사는 세월이 한참 흐른 후에 그 후손들이 지내는 제사지요.) 즉 부여의 시조와 백제의 시조는 같습니다. 다만 그 중시조는 울구태이며, 온조와 비류는 반도에 일찍 남하했던 무리로서 이들이 후일 요동과 만주 지역의 부여세력과 연합하여 부여계의 국가로 다시 태어나는데 그 이름이 백제입니다. 아마도 만주나 요동 지역으로부터 이주하는 사람들과 토착민 사이의 관계를 원활히 하고 덕업(왕업王業)을 일신한다는 의미에서 백제伯濟라고 했고, 이를 좀 변경해서 백제百濟라고 한 것으로 보입니다.

그러나 이 국호도 6세기에 들어서 남부여(538년)로 다시 바뀌어 원래대로 돌아갑니다. 결국 백제라는 용어가 국제적으로 사용되었다면 그것은 아마 5세기 중엽에서 6세기 중엽까지로 길어야 1세기 남짓입니다. 참고로 만주 지역의 부여가 완전히 역사의 무대에서 사라진 것은 494년입니다. 이제 공식적으로 부여의 정통은 반도로 이전됩니다.

부여계가 백제라는 가면을 벗어버리고 민족의 원래 이름으로 돌아가야 한다는 성왕聖王의 부여 중흥 논리는 결국 민족적 정체성을 강화하는 이데올로기적 신념에 의한 것입니다. 성왕은 백제를 버리고 부여를 선택했으며, 그 부여를 강화하기 위해 불교를 결합시킵니다. 이로써 쥬신의 역사상 쥬신의 뿌리를 유지하면서 가장 세련된 국가 이데올로기로 무장된 문화국가化가 탄생하고 이것은 곧 열도列島로 연장됩니다. 따라서 백제라는 말을 사용할 필요도 없고 반도부여(백제)라고 부르는 것이 합리적입니다.

요동·만주의 부여계가 한강으로 이주하여 한강 유역에 이미 정착했던 약소한 온조계를 정복하는 것은 평화적인 방식은 아니었을 것입니다. 한 사람의 몸에서 빼낸 혈액도 후일 수혈을 받게 되면 몸이 이를 거부하는 현상이 생기듯이 '권력과 생존'이라는 문제는 형제라고 예외일 수만은 없습니다. 다만 강력하고 압도적인 무력을 지닌 채 남하했기 때문에 이 과정이 매우 신속하게 이루어진 것으로 보입니다. 특히 요동의 부여계는 세련되고 체계적인 한족의 행정원리나 사회구성의 운영원리를 터득한 사람들이기 때문에 한강 유역의 소수 부여계를 제압하고 그 지역을 중심으로 하여 주변을 신속하고 효과

적으로 지배했을 것입니다. 『삼국지』「공손도전」에 따르면 공손씨와
부여계는 서로 연합하여 중원 정벌을 도모할 정도로 포부가 큰 사람
들이었습니다.

일본日本, 왜倭를 정벌하다

그러면 당시 중원에서는 쥬신과 부여를 어떤 방식으로 계통화하고
있는지 살펴봅시다. 즉 쥬신-부여-까오리 등이 사서에서 항목별로
어떤 식으로 묘사되고 있는지 살펴봅시다. 일반적인 사서의 신뢰도
를 볼 때는 『한서漢書』를 기점으로 하지만, 일단 사마천의 『사기史記』
부터 한국인들과 관련된 부분이 어떤 식으로 구성되었는지에 대해
부여를 중심으로 살펴보면 다음과 같습니다.

  1) 『사기』「조선열전朝鮮列傳」
  2) 『한서』「조선전朝鮮傳」
  3) 『후한서』「동이열전」: 부여·읍루·고구려·동옥저·예·한·왜인

먼저 한나라(전한前漢) 때까지는 요동·만주·한반도 일대를 조선(쥬
신)을 중심으로 서술했고 후한서에 이르러서야 구체적으로 분류했습
니다. 다시 말하면, 대체로 만주와 요동 지역의 민족을 조선과 결부시
켜서 이해하다가 점차적으로 세밀하게 분류하게 되었다는 의미입니
다. 그러니까 동이東夷라는 말은 후한대부터 널리 쓰이게 되었음을 알
수 있습니다.

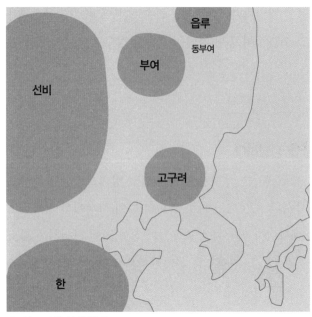

도 10 | 1~3세기 동아시아

4) 『삼국지』 「동이전」: 부여·고구려·동옥저·읍루·예·한·왜인

5) 『진서晉書』(265~420년) 「동이열전」: 부여·마한·진한·숙신·왜인

　『위서』(386~534년) 「동이열전」: 고구려·백제·물길

　진나라 때는 숙신肅愼이 새로이 추가되고 고구려·동옥저·읍루·예 등이 사라집니다. 그 대신 『진서』에는 요동·만주·몽골 지역의 사람들을 동호[오환(오랑, 오환), 선비]라고 부릅니다. 주의할 점은 이들 예맥이 갑자기 이 지역에서 사라지고 한반도로 다 내려간 것이 아니라 원래 요동·만주·몽골 지역에 살던 사람들을 부르는 이름이 바뀐 것뿐이라는 사실입니다. 다만 고구려는 국체가 분명한 나라이므로 동이에서 빠진 것이지, 사멸해서 동이에서 제외된 것은 아니지요.

특히 주의할 점은 3세기 말에서 5세기 초의 역사를 기록한 『진서』에는 부여국이 상세히 정리되어 있는 반면, 백제가 존재하지 않는다는 사실입니다. 또, 특이한 점은 『진서』에는 북적北狄은 흉노로 압축되고, 동이는 부여·마한·진한·숙신·왜인 등으로 서술되어 있습니다. 또한 태강太康 6년, 즉 296년에 모용외慕容廆의 침입을 받고 그 왕 의려依慮가 자살했고 그 자제들이 옥저로 달아났다고 기록되어 있습니다.[38] 이제 부여는 존립하기 힘든 상황에 처한 것입니다. 설령 부여가 존립한다 해도 거의 명목뿐일 정도의 국가로 전락했습니다.

6) 『송서宋書』(420~479년) 「이만열전夷蠻列傳」: 고구려·백제·왜국
7) 『남제서南齊書』(479~502년) 「동남이열전」: 고구려·백제·가라·왜국
  『위서』(386~534년) 「동이열전」: 고구려·백제·물길

『송서』에 이르러 비로소 백제가 등장하고 있습니다. 이제 부여는 역사상에 사라졌음을 알 수 있고 숙신은 국가명이라기보다는 종족의 명칭으로 명맥을 유지하게 됩니다. 그리고 가야(가라)가 새로이 등장하고 있습니다. 가야는 한반도 남단의 소국들입니다. 그럼에도 불구하고 사서에 기록이 될 정도로 당시의 사서들은 신뢰할 만한 수준입니다. 그런데 분명한 것은 이들 사서의 기록자들이 그동안 백제를 기록하지 않았다는 것은 우리가 아는 대국 백제가 존재하지 않았기 때문이라고 볼 수 있지요. 참고로 이 시대에 이르기까지 신라新羅는 등

---

[38] "武帝時, 頻來朝貢, 至太康六年, 爲慕容廆所襲破, 其王依慮自殺, 子弟走保沃沮"(『晋書』 東夷列傳 夫餘).

도 11 | 5~6세기 동아시아

장하지 않습니다.

이 시기부터는 부여가 없어진 자리에 백제가 이를 대신하고, 그 지역적인 위치도 만주와 요동에서부터 한반도 남부로 이전됩니다. 이 시기의 왜倭는 이른바 왜 5왕倭五王의 시기로 왜왕들은 끊임없이 남조 정부에 정치적인 작호를 요구하고 있습니다. 즉 421년(영초 2년), 443년, 451년, 462년 등에 걸쳐 한반도 남부의 지배권을 의미하는 작호를 요구하고 있습니다. 이 부분은 다른 장에서 상세히 살펴볼 것입니다.

8) 『양서梁書』(502~557년) 「동이열전」: 고구려·백제·신라·왜국

　『위서』(386~534년) 「동이열전」: 고구려·백제·물길

이 시기에 물길勿吉(와지)이 나타납니다. 그리고 신라가 처음으로 『양서』에 나타나는 것으로 보아 적어도 5세기 말까지 신라는 고대국가의 형태를 제대로 갖추지 못한 상태였다는 추정이 가능합니다. 그

러니까 기원전 57년에 건국했다는 『삼국사기』의 신라는 신화에 불과
한 것입니다. 내물왕(356~402년) 이전의 경우는 『삼국사기』를 제외하
고는 역사적 사실로 간주할 만한 다른 증거들이 없는 상태입니다.

> 9) 『주서周書』(557~581년) 「이역열전異域列傳」: 고구려·백제
>
> 『남사南史』(420~589년) 「동이열전」: 고구려·백제·신라·왜국
>
> 『북사北史』(386~618년) 「열전」: 고구려·백제·신라·물길·왜국[39]

『남사』는 송宋(420~479년), 제齊(479~502년), 양梁(502~557년), 진陳(557~
589년) 등 네 나라의 역사를 기록한 책입니다. 남조사南朝史를 대표하
는 책으로 동이가 고구려·백제·신라로 나타나고 있습니다. 『북사』는
북조北朝, 즉 위魏·북제北齊·주周·수隋 4왕조 242년간의 역사를 기록한
책인데, 백제와 관련해서는 고구려·신라·물길·왜국 등이 함께 나타
나고 있습니다.

> 10) 『수서隋書』(589~618년) 「동이열전」: 고구려·백제·신라·말갈·왜국
>
> 11) 『구당서舊唐書』(618~907년) 「동이열전」: 고구려·백제·신라·왜국·일본
>
> 　　　　　　　　　　「북적열전北狄列傳」: 말갈·발해말갈
>
> 『신당서新唐書』(618~907년) 「동이열전」: 고구려·백제·신라·일본
>
> 　　　　　　　　　　「북적열전」: 흑수말갈·발해

---

39 『북사』(386~618년) 관련 부분은 列傳第八十一 僭僞附庸(序言 夏赫連氏 燕慕容氏
後秦姚氏 北燕馮氏 西秦乞伏氏 北涼沮渠氏 後梁蕭氏) 卷九十四 列傳第八十二 卷九十三(序言 高麗 百濟
耽牟羅國 新羅 勿吉 奚 契丹 室韋 豆莫婁 地豆幹 烏洛侯 流求 倭) 등이다.

이제 처음으로 일본日本이 열전에 등장하고 있습니다. 그런데『구당서』에 나타나는 기록은 우리의 상식과 완전히 벗어납니다. 즉『구당서』에는 일본도 나오고 왜국도 나오고 있는 것입니다. 이 부분은 앞으로 상세히 거론할 과제이기도 합니다. 초기에는 왜倭와 일본이 동시에 등장하다가 점차적으로 일본만 나타나는 것으로 보아 일본(부여계)이 왜(가야계)를 통합한 것으로 파악됩니다.

일본이 등장하는 것은『구당서』,『신당서』이후로 7세기경 또는 8세기경입니다.『수서』에는 607년에 왜왕이 사신을 보냈는데, 그 국서에 "해 뜨는 곳의 천자(東天皇)가 해지는 곳의 천자(西皇帝)에게 글을 보내는데 그동안 별일이 없는가?(無恙)"라는 표현[40]이 있고, 그 표현에 대해 수나라의 양제가 분노하여 이러한 서신을 다시는 보내지 말라고 했다는 기록이 있습니다.[41] 그런데 재미있는 것은 이 표현이 바로 한나라 문제文帝(기원전 180~157년) 때 흉노의 텡그리고두(天子 : 흔히 말하는 선우)가 한나라 황제에 보낸 편지 글과 매우 유사하다는 것입니다. 그 내용은 아래와 같습니다.

하늘과 땅이 생기는 이곳, 해와 달이 있는 곳인 흉노(先쥬신: Pre-Jushin)의 천자(대단군?), 한의 황제에게 묻노니 그동안 별일이 없었는가?[無恙]

이 편지는 마치 황제가 어느 식민지의 총독에게 보내는 편지 같습

---

41 참고로 이 기록은『일본서기』스이코(推古) 천황 16년(608년)에 나온다. 문헌상으로 천황이라는 용어가 사용된 최고의 것이라고 한다. 그러나『수서』에서는 '天子'라는 말로 나온다. 일반적으로 천황이라는 용어가 등장한 것은 7세기 말경으로 보고 있다.

42 "日出處, 天子致書, 日沒處, 天子無恙云云. 帝覽之不悅, 謂鴻卿曰, 蠻書有無禮者, 勿復以聞"(『隋書』「倭國傳」).

니다. 그뿐만이 아니라 이 편지는 목간木簡(종이 대신 사용, 당시에는 종이가 없었음)도 한나라 황제가 쓰던 목간보다 큰 것을 사용하고 봉인도 더 넓고 길게 하여 한漢나라 황제를 하대하며 위엄을 보였습니다. 사마천의 『사기』에서는 이런 언사를 망언이라고 기록했습니다.

일본에서 보낸 국서가 흉노의 것을 참고한 것인지는 분명하지 않습니다만 어쨌든 중원과 대등하다는 국가적 이데올로기를 가졌던 것으로 판단됩니다. 『삼국사기』의 기록에는 신라 문무왕 10년(670년)에 왜가 해 뜨는 곳 가까이 있기 때문에 일본日本이라고 했다는 기록이 있습니다.

다시 『구당서』로 돌아갑시다. 『구당서』에는 "일본이 왜국을 병합했다"고 기록되어 있습니다. 반도 사학계의 시각으로만 보면 '왜＝일본'인데 어떻게 이런 논리가 성립할까요? 분명한 것은 왜가 반드시 일본을 의미하지는 않는다는 것입니다. 앞으로 설명하겠지만 왜는 산둥-요동-한반도-일본 규슈 등지에 광범위하게 거주하는 한국인들로, 연안 또는 도서 지역에 주로 거주하는 사람들을 가리킵니다. 『구당서』에 의하면 왜국은 옛날에 왜로국倭奴國이었는데, 신라의 동남쪽 큰 바다 가운데 있으며, 성곽이 없고 풀로 집을 짓고 사면이 작은 섬으로 50여 개의 나라가 있었다고 합니다.[42]

그러면 이 왜국을 병합한 일본은 누구인가? 저는 이를 부여계라고 봅니다. 먼저 일본이라는 명칭 자체가 한반도 거주민을 의미할 수밖에 없습니다. 즉 일본은 '해 뜨는 곳'이라는 의미인데, 일본 열도 내

---

[42] 倭國者, 古倭奴國也. 去京師一萬四千裏, 在新羅東南大海中. 依山島而居, 東西五月行, 南北三月行. 世與中國通. 其國, 居無城郭, 以木爲柵, 以草爲屋. 四面小島五十餘國(『舊唐書』「東夷列傳」倭國).

에서 일본이라고 부르기는 어렵습니다. 일본 열도에서 '해 뜨는 곳'은
태평양 바다 한가운데일 것이고 한반도에서 보아야 열도가 '해 뜨는
곳[日本]'이 될 수 있습니다. 또 이 말은 불fire, 즉 부여의 또 다른 표현
으로 볼 수도 있습니다.

그리고 『구당서』에는 "일본은 왜국의 하나로 나라가 태양이 뜨는
곳에 있다 하여 일본이라 했다. 또, 왜국 스스로가 그 이름이 우아하
지 못하므로 일본으로 고쳐 불렀다고 한다. '일본은 원래 소국이었는
데 왜국을 병합했다'라는 기록도 있다. 그 나라의 경계는 동서남북으
로 각 수천 리였으며 서남쪽으로 바다에 이르며 동북으로는 큰 산들
이 경계를 이루고 있고, 동북의 산 밖으로는 털이 많은 사람들이 살고
있다"고 기록되어 있습니다.[43]

다시 거론하겠지만, 『구당서』에 나타나는 이 일본을 부여계의 열
도 진출로 추정할 수 있습니다. 그리고 일본의 위치에 대하여 "서남
쪽으로 바다에 이른다"라고 하는데 이러한 표현은 현재의 교토京都나
오사카大阪 지역이 아니면 할 수 없는 표현입니다. 또한 현재의 히다飛
산맥, 아카이시赤石산맥 등을 넘으면, 모인毛人, 즉 아이누가 살고 있기
때문에 현재의 간사이關西 지역에서 서남쪽이 바다라고 할 수 있는 지
역은 교토京都, 나라奈良 등 과거 야마토를 건설한 부여계의 중심지들
뿐입니다. 따라서 위의 기록은 부여계의 열도 근거지를 중심으로 서
술된 것임을 알 수 있습니다.

---

[43] 日本國者, 倭國之別種也. 以其國在日邊, 故以日本爲名. 或曰: 倭國自惡其名不雅, 改爲日
本. 或雲: 日本舊小國, 倂倭國之地. 其人入朝者, 多自矜大, 不以實對, 故中國疑焉. 又雲:
其國界東西南北各數千裏, 西界·南界鹹至大海, 東界·北界有大山爲限, 山外卽毛人之國
(『舊唐書』「東夷列傳」倭國).

110

이상으로 정사正史의 열전 항목들을 중심으로 부여·백제·왜·일본의 기록을 살펴보았습니다. 이를 통해 일본이 왜와는 다른 존재라는 것을 분명히 인식하게 되었을 것입니다. 이제는 안개 속에 있는 백제라는 나라이름을 살펴봅시다.

5장 안개 속의 그 이름, 백제와 '구다라'

들어가는 글 **왕비의 꽃밭**

제가 에레휜Erehwon을 여행할 때 이야기입니다.[1] 바람이 휘몰아치는 황량한 벌판에서 여러 명의 병정들이 줄을 맞추어 걷고 있는 것을 보았습니다. 아무것도 없는 이곳에 무엇을 지키려고 저러는 것일까? 몹시 궁금해서 한 병정에게 물었습니다.

"군인 양반, 당신들은 왜 이 벌판을 왔다갔다하는 건가요?"

그 병정이 대답했습니다.

"글쎄요, 저희는 잘 모르죠. 오래된 일이에요. 아무리 못 되어도 500년 이상 이렇게 하고 있지만 …… 우리는 그저 우리 소대장님의 명령을 따를 뿐이죠. 높은 사람들에게 물어보세요."

---

[1] 이 글은 김운회, 『역사변동에 대한 일반이론』(신학문총서: 1990)의 서문을 재구성하여 인용함.

112

의문을 뒤로 한 채, 저는 그 황량한 벌판을 떠났습니다. 그 후에도 그 벌판과 그 병사들에 대한 기억이 제 머리 속에서 지워지지 않았습니다. 몇 년의 세월이 또 흘렀습니다. 저는 엘리너 파전Eleanor Farjeon[2]의 낡은 서재에서 다음과 같은 내용의 편지를 읽게 되었습니다.

그렇다네, 옛날 그곳에 어느 아름다운 왕비가 있었지. 어느 날 그 왕비는 왕궁을 잠깐 벗어나 산책을 하고 있었고 아름다운 장미꽃밭을 발견했지. 왕궁으로 돌아온 왕비는 왕에게 그 꽃밭을 지키게 해달라고 부탁하여 병정들이 그 꽃밭을 지키게 되었다네. 세월이 흘러 왕과 왕비 모두 죽었고 그 왕궁도 비좁아져서 다른 곳으로 옮겼지. 그러나 왕의 그 '명령'만은 계속 내려오게 되었다네. 사람들은 왕비의 그 소망이 무엇인지도 잊어버렸고 그 꽃밭도 이미 없어진 지 오래지만 오늘도 그 병정들은 그곳에서 왔다갔다하는 거라네.

---

2 『보리와 임금님』의 저자. 이 책의 원래의 제목은 『작은 책방』.

고도Godot를 기다리며

『일본서기日本書紀』유라쿠 천황 20년(475년) 조를 보면, "고구려왕이 크게 군사를 일으켜 백제를 쳐서 멸망시켰다"라는 기록이 있습니다. 열도(일본)에서는 이 해를 백제의 멸망 시점으로 보고 있습니다. 그런데 이를 부연하여 설명하는 주석이 달려 있습니다. 이 주석은 지금은 없어진 『백제기百濟紀』에 나타난 기록을 그대로 인용하고 있습니다.

> 개로왕 을묘년(475년) 겨울에 오랑캐(고구려)의 대군이 큰 성을 7일 밤낮을 공격하여 왕성이 함락되고 드디어 위례국慰禮國을 잃고 말았다.[3]

이상하지 않습니까? 우리는 백제를 온조왕 이후 의자왕까지 700여 년 간 굳건히 유지된 국호라고 알고 있는데,『백세기』에는 국가가 멸망하는 중대 시기의 기록에 백제라는 말은 없고 위례국이라는 말만 나옵니다. 즉 백제가 멸망한 것이 아니라 위례국이 멸망한 것입니다. 이 기록을 토대로 본다면, 개로왕 당시까지도 백제라는 말과 위례국이라는 말이 같이 사용되었거나 아니면 백제라는 말이 제대로 사용되지 않았을 수도 있다는 생각이 듭니다. 박은용 교수는 260~370년 사이, 즉 3세기 후반에서 4세기에 '백제百濟'라는 말이 성립되었다고 주장한 바 있습니다.[4]

---

3 "百濟記云. 盖鹵王乙卯年冬. 狛大軍來. 攻大城七日七夜. 王城降陷. 遂失尉禮國. 王及大后王子等皆沒敵手"(『日本書紀』雄略天皇 20年). 즉 유라쿠 천황 20년의 사건을 구체적으로 설명하기 위해 인용하고 있는 『百濟紀』에 나오는 내용이다.

4 박은용,「百濟建國說話의 吏讀的 考察-百濟=온조=廣/寬」,『常山李在秀博士還曆紀念論

특히 여기에서 인용된 『백제기』는 『일본서기』의 원자료가 되는 것이기 때문에 우리의 고민이 깊어집니다. 『일본서기』에는 이른바 '백제삼서百濟三書'라고 불리는 『백제기』, 『백제본기百濟本記』, 『백제신찬百濟新撰』 등이 많이 인용되고 있습니다. 현재 이 책들은 전해지지 않습니다. 그러나 일본의 황실 도서관에는 필사본이 분명히 있지 않을까 생각합니다. 언젠가 한국과 일본 간의 역사적 앙금이 풀리고 고대사의 비밀이 모두 드러나면 이 책들도 해금이 될 것입니다.

위례慰禮로 가는 길

위례성은 반도 사학계가 백제의 시조라고 말하는 비류·온조집단 등이 처음으로 도읍을 정한 곳입니다. 그런데 그동안의 연구에 따르면, 위례라는 말이 나라 이름인지 도읍 이름인지 불분명하다고 합니다. 그러나 『삼국사기』나 『백제기』의 기록으로 미루어본다면 위례는 도읍의 이름이자 나라 이름이 분명합니다.

그러면 이 위례성은 어디일까요? 『삼국유사』에는 "위례성은 사천이라고도 하는데 지금의 직산이다"라고 기록되어 있습니다.[5] 이는 위례성에 관한 가장 오래된 기록입니다. 그래서 세종 11년(1429년)에는 직산에 백제 온조왕 묘가 세워지기도 했습니다. 직산은 현재 충청도에 있으며, 서울Seoul과는 다소 거리가 멉니다.

그러나 조선 후기에 들어서면서부터 위례성은 한강 유역, 즉 현재

文集』(1972), 219~238쪽.
[5] 『三國遺事』 「王曆」1 百濟 온조왕.

의 서울 지역의 한강 이북 지역이라는 설이 대세로 자리를 잡았습니다. 이것은 정약용丁若鏞(1762~1836년), 김정호金正浩(?~1864년) 등에 의해 충분히 고증되어 오늘에 이르고 있습니다. 그 후 다시 위례성의 위치는 현재의 경기도 광주廣州라는 견해가 유력한 설로 받아들여지고 있습니다. 왜냐하면 문헌 기록과 그 지리적 형세가 일치하는 요소가 많고 유적과 유물도 고증되고 있기 때문입니다. 역시 서울에 가까운 곳입니다.

그러면 이 위례慰禮라는 말은 어디서 온 말일까요? 그동안 이 말의 기원은 ①백제의 왕성과 왕호王號를 중심으로 파악하려는 시도, ②우리cage에서 나왔을 것이라는 조선 후기 학자들의 견해를 중심으로 보는 견해, ③한강의 옛 이름인 아리수에서 파생되었을 것이라는 견해 등 세 가지 방향에서 연구되어왔습니다. 현재는 아리수에서 나왔다는 것이 정설로 굳어지고 있습니다. 저도 이 견해를 지지합니다.

구체적으로 본다면 ①의 견해는 "백제의 왕성은 부여씨이고 왕을 '어라하'라고 부르고 사람들은 '건길지'라고 했다"라는 『주서周書』 등에 나타나는 기록을 중심으로 추적한 것입니다. 그러니까 '어라하'와 위례의 관련성을 검토하는 것이지요. ②의 견해는 『훈몽자회訓蒙字會』 등에 나타나는 "울히<우리[笠]"라는 말에서 기원을 추적하여 위례와의 관계를 보는 것입니다. 즉 사방이 어떤 조형물로 둘러싸인 것을 '위리圍籬'라고 하는데, '위례'는 이 '위리'라는 말에서 나왔다는 것입니다.

그러나 이상의 두 가지 견해는 문제점이 있습니다. 먼저 임금의 호칭을 나라 이름으로 삼는 것은 고구려나 신라에서는 나타나지 않는다는 점입니다. 예를 들어 마립간국이나 이사금국이라는 표현은 없기 때문에 어라하국, 건길지국도 적절한 표현이 될 수 없습니다. 참고로 유리왕(『삼국유사』)에서 보는 바와 같이 유리琉璃·유류儒留·누리累利·유리이사금 등 고구려나 신라는 왕의 이름을 정하는 것도 주로 태양(햇빛)과 누리(세상)를 표현하는 말을 사용합니다.[6] 한자로 말하면 세종世宗 또는 세조世祖라는 식입니다.

그런데 백제의 경우에는 이런 표현들이 나타나지 않습니다. 오히려 루婁라는 돌림자를 많이 사용하고 있지요. 이 말의 정확한 의미를 알기는 어렵지만 아마도 누리nuri, 즉 세상과 관련된 말로 추정됩니다. 만약 그러하다면 고구려나 신라와 크게 다르지 않습니다.

다음으로 위례가 '우리cage'에서 나왔다는 견해도 수용하기 어렵습니다. 여기에는 두 가지의 이유가 있습니다. 하나는 이 '우리'라는 말을 나라 이름으로 삼기에는 부적절하기 때문입니다. 다른 하나는 이 '우리'라는 말이 위례의 상고음上古音으로 추정되는 말과는 다소 거리가 있어 보이기 때문입니다. 즉 위례의 현대 발음은 웨이리[wèilǐ]이고 상고음은 대체로 '이워리'로 추정되는데[7] 우리의 고대어인 '울(울ㅎ)'과는 거리가 있습니다.

그러면 이제 한강의 옛 이름인 '아리수'를 중심으로 간략히 살펴봅시다. 그동안 전문가들의 연구에 따르면, '아리수'를 중심으로 연구하는 것이 가장 타당할 것이라고 합니다. 이병도 박사는 아리수阿利水와 욱리하郁里河는 한강의 옛 이름이라고 했습니다.[8]

백제어 전문가인 도수희 교수는 아리수에서 '아리'의 상고음이 '아

---

6 도수희, 『백제어 어휘연구』(제이엔시: 2004), 83쪽.

7 도수희, 앞의 책, 19쪽.

8 이병도, 『譯註 三國史記』(을유문화사: 1980), 393쪽.

리이'에 가까울 것이라고 합니다.[9] 그래서 대체로 이 말이 위례(이위
리)와 비교적 일치한다고 합니다. 참고로 도수희 교수는 광개토대왕
비에 나타나는 엄리대수奄利大水와 압록강의 모양이 비슷한 점과 헤
이룽강黑龍江, 즉 아무르강이 만주어의 암바무리大河에서 아무르가 되
었을 가능성을 제기합니다. 즉 아무르강이나 압록강이나 한강이나
모두 아리수라는 것이지요.[10] 구체적으로 본다면, 흑룡黑龍에서 거믈
미리<검미리kəmiri에서 'ㄱ'이 탈락하여 '아(어)미리'<아무르 등으로
되었을 것이라고 추정합니다. 대체로 위례도 아리수에서 유래했을
것으로 보고 있습니다. 아리수란 넓고 크고 깨끗한 강을 의미하고 한
강漢江이라는 말도 '큰강(대하大河)'라는 의미입니다.

백제의 근거지, 요서 지역

이제 베일에 싸여 있는 '백제'라는 명칭에 대해서 간략히 살펴봅시다.
먼저 『삼국사기』에서는 "온조는 하남 위례성에 도읍을 정하고 열 명
의 신하로 보좌를 받았기 때문에 나라이름을 십제十濟라고 했다. ……
후에 백제百濟라고 고쳤다"라고 합니다. 이병도 박사는 그 위치를 현
재의 경기도 광주와 남한산성 일대라고 합니다.[11] 즉 백제를 처음에
는 십제로 부르다가 성장하면서 백제로 부르게 되었다는 것입니다.

당나라 태종 당시(636년) 편찬된 『수서隋書』에는 "백제는 처음 백가
百家가 모여 바다를 건넜다. 그로 인해 백제百濟라고 했다"라는 기록이

---

9 도수희, 앞의 책, 24쪽.

10 구체적인 내용은 김운회 『대쥬신을 찾아서 1』(해냄: 2006), 140~155쪽 참고.

11 이병도, 『譯註 三國史記 下』(을유문화사: 1980), 10쪽.

있습니다.[12] 그러니까 백가제해百家濟海를 줄여서 백제라고 불렀다는 것입니다. 백제가 멸망(660년)하기 전이니만큼 아마 백제 사신들의 입을 통해서 전해들은 말을 기록했을 수도 있습니다.

이 기록에 대해서 이병도 박사는 후대 백제인들에 의해 조작된 것으로 단정했습니다.[13] 즉 이병도 박사는 흔히 십제에서 백제로 변모해갔다는 일부 사서의 기록은 후대 백제인들의 조작이라고 주장합니다. 이병도 박사는 백제 초기의 나라 이름이 '위례'였을 것이라고 추정했습니다.[14] 여기에는 국어학계에서 말하는 것처럼 십十이나 백百이나 우리 고유의 고대음은 모두 '온'이라는 점도 고려할 필요가 있습니다. 즉 십이나 백이나 모두 같은 말('온')인데 사서史書에서처럼 마치 십제가 백제로 진화한 듯이 말하는 것은 잘못이라는 것이지요.

백제의 국호는 신라나 고구려와는 달리 백제伯濟, 백제百濟, 위례국慰禮(忽)國, 남부여南夫餘, 응준鷹準, 라투羅鬪 등으로 변하는데 이 국호들은 일관성이 없고 어떤 계통성을 찾기가 어렵습니다. 백제는 그 시조가 누구인지도 제대로 밝혀져 있지 않은데다 국호도 여러 번 바뀐 것이 특이합니다. 그렇지만 한 가지 분명한 것은 이들 백제인들이 틈만 나면, 자신들은 부여계임을 분명히 밝히고 있다는 사실입니다. 그래서 저는 성왕 이후 나타나는 남부여라는 국호에 큰 의미를 두는 것입니다.

고구려나 가야, 신라는 모두 그 탄생설화를 남기면서 그 이름의 유

---

12 "初以百家濟海. 因號百濟"(『隋書』「東夷傳」百濟).

13 이병도, 앞의 책, 11쪽.

14 이병도, 앞의 책, 353쪽.

래도 밝혀졌지만 백제의 경우 온조[15], 비류, 구이(구태) 등으로 시조가 복잡한데다, 부여의 시조와 겹치기도 하는 등 혼란합니다. 그뿐만이 아니라 백제 시조의 휘諱(임금님의 이름)에 대한 유래가 없습니다. 특히 다른 고대 시조들과는 달리 온조나 비류의 성姓이 없다는 것도 온조가 과연 역사적인 실체로서의 개인인가를 의심스럽게 합니다. 오히려 부족일 가능성이 큽니다. 저는『대쥬신을 찾아서』에서 우리가 흔히 말하는 백제, 즉 반도부여의 시조는 부여왕 울구태임을 고증했습니다.

이와 같이 백제의 국호가 여러모로 혼란한 것에 비하여 신라나 고구려는 시대에 따라 표기하는 방법이 조금씩 달랐지만 그 근본적인 의미는 크게 변하지 않았습니다.

예를 들면 신라新羅는 斯盧國(사로국)-徐羅伐(서라벌)-新羅(신라)-始林(시림)-鷄林(새벌)-尸羅(시라) 등으로 바뀌었지만 서울Seoul, 즉 새로운 벌(도읍)이라는 큰 의미는 그대로 간직했습니다. 이 말은 일본의 도쿄東京와 완전히 같은 의미입니다. 고구려(까오리)의 경우도 고리국藁離國, 고려高麗, 고례古禮, 구리句麗 등으로 혼용되었지만 근본적인 의미나 발음은 바뀌지 않았습니다. 여기에 사용된 '려麗'는 나라이름으로 읽을 때는 '리[li]'로 읽히는 말입니다.

여기서 한 가지 기억해야 할 것은 실제로 '고구려Goguryo'라는 말 자체는 없었다는 것입니다. 이것은 우리 민족의 원류인 '까오리'를 '高句麗' 또는 '高麗'로 표기한 것으로 현대 한국어의 한자읽기로 읽

---

15 온조는 만주어로는 寬·大·宏·廣 즉 '큰', '광대한'이라는 의미이다. 그리고 慰禮·阿利水·郁里 등을 승계한 지명들이 漢水, 廣州, 廣津 등인 점도 이와 관련이 있을 수 있다(도수희, 앞의 책, 34~40쪽).

다보니 Goguryo(고구려) 또는 Goryo(고려)가 된 것입니다. 高句麗는 그저 '까오리' 또는 '코리(하홀리 또는 ㅋ홀리)'라고 보시면 됩니다. 어쨌든 포괄적으로 '까오리'를 계승하고 있는 것이지요. 636년 완성된 『양서梁書』에서는 고구려·구려·고려를 혼용하고 있습니다.[16]

이병도 박사는 구리句麗가 고구려어에서 도읍(국읍國邑)을 의미하는 구루溝漊, 홀忽과 같은 말로 만주어의 '구루니國'에 해당한다고 보았습니다. 매우 타당한 분석입니다. 그리고 '고高'는 '최고 또는 신성(上·高·頂·神)' 등을 의미하는 말로 '수리'·'술'·'솟' 등을 한자로 표기한 말로 보았습니다. 그러니까 까오리는 결국 도읍지를 의미하는 말이 됩니다.[17]

다시 백제로 돌아갑시다. 3세기 말 4세기 초에 편찬된 『삼국지』에는 백제百濟는 없고 아주 작은 나라인 백제伯濟가 있습니다. 이 백제伯濟와 후에 나타난 대국 백제百濟가 어떤 관계인지를 밝혀내기란 매우 어렵습니다. 앞서 말씀드렸듯이 그동안 반도 사학계는 이 작은 나라 백제伯濟가 국제정세를 교묘히 타면서 대국 백제百濟로 성장했다고 주장했습니다.

특히 이 견해는 언어학자들의 상당한 지지를 받고 있습니다. 즉 다른 나라의 이름이나 고유명사를 한자로 옮길 때에는 현지의 발음을 존중할 것이고, 무엇보다도 작은 나라 백제伯濟와 큰나라 백제百濟는 글자가 유사할 뿐 아니라 그 발음도 거의 동일하다고 합니다. 즉 한국 고대어 전문가인 도수희 교수는 이 두 말을 중고음中古音으로 미루

---

[16] 특히 句麗라는 명칭이 많은데 모두 아홉 번을 사용하고 있다.

[17] 이병도, 앞의 책, 217~219쪽.

어 읽으면 '밝지에paktsiei'로 거의 동일한 발음이 된다고 추정합니다. 통상적으로 나라 이름을 나타내는 두 개의 글자가 있으면 앞의 것은 음으로 읽고 뒤의 것은 훈으로 읽는다고 합니다.[18] 그러니까 백제百濟의 백百은 밝shining, 제濟는 잣(성을 의미)으로 읽는다는 것이지요. 이것을 가장 먼저 지적한 사람은 바로 양주동 선생입니다. 양주동 선생은 백제를 밝잣(光明城)으로 풀이했습니다.[19]

이병도 박사도 백제가 『삼국지』에 나타난 백제伯濟에서 유래했다는 것은 의심의 여지가 없다고 했습니다. 제가 4장에서 말씀드린 대로 이것을 구체적으로 서술한 사서가 바로 『양서』입니다. 『양서』에서는 백제는 마한의 54개국 가운데 하나로 점차 강성해져서 작은 나라들을 정벌했다고 합니다.[20] 이 기록만을 본다면 반도 사학계의 주장이 맞을 수도 있습니다. 그러나 같은 책에 연이어 "백제는 본래 고구려와 더불어 요동의 동쪽에 있다가 진晉나라 때 고구려가 요동 지역을 점거하자 백제도 역시 요서 지역에 근거를 마련했다"고 합니다.[21] 진나라 시대는 극도로 혼란했던 시기였습니다. 그래서 쥬신의 움직임이 매우 활발했던 시기이기도 합니다.

분명한 것은 한강 유역에 있던 작은 나라가 요서(요하의 서쪽) 지역을 경략할 수 없다는 점입니다. 고구려가 요동을 점령한 상태에서 작은

---

[18] 도수희, 앞의 책, 31쪽.

[19] 양주동, 「國史 語彙 借字原義考」, 『명지대 논문집 1집』(명지대: 1968), 64~65쪽.

[20] "百濟者, 其先東夷有三韓國, 一曰馬韓, 二曰辰韓, 三曰弁韓. 弁韓, 辰韓各十二國, 馬韓有五十四國. 大國萬餘家, 小國數千家, 總十餘萬戶, 百濟即其一也. 後漸強大, 兼諸小國"(『梁書』卷54「列傳」第48 東夷).

[21] "其國本與句驪在遼東之東, 晉世句驪旣略有遼東, 百濟亦據有遼西, 晉平二郡地矣, 自置百濟郡"(『梁書』卷54「列傳」第48 東夷).

● 노룡, 창려, 산해관
● 대릉하
● 북진
● 적봉

압록강
요하
청천강
대동강
란하
베이징
갈석산

도 12 | 요하 유역 주요 지명

나라가 고구려의 영역을 넘어서 현재의 요하 서쪽 지역을 경략할 수
는 없는 일입니다.

『대쥬신을 찾아서』에서 저는 백제의 건국주체를 만주 지역에서
왕성한 활동을 했던 부여왕 울구태蔚仇台로 추정하고, 이 사람이 공손
씨公孫氏와 연합하여 만주 지역에서 강대한 세력을 형성했다고 했습
니다. 『북사北史』와 『수서隋書』는 한목소리로 "동명의 후손 가운데 구
태仇台라는 사람이 있어 공손도의 사위가 되어 동이의 강국이 되었다"
고 말하고 있습니다. 그러다가 공손도의 세력이 위나라의 명장 사마
의司馬懿에 의해 궤멸되자 이들이 남하해간 곳이 이전 부여계가 정착
했던 한강 유역입니다. 그리하여 당시 이미 한강 유역에 자리잡고 있
던 부여계를 정벌 또는 연합하여 새로운 큰 나라 백제로 다시 태어난

것입니다.

　그러나 앞서 보았듯이 이 백제라는 말이 사서에 나타나는 것은 4세기 중반이었습니다. 그러니까 실제로 백세라는 말이 얼마나 사용되었을지도 알 수 없는 일입니다. 특히 이 지역은 여러 세력들의 각축이 극심했던 지역으로 추정됩니다. 이런 가운데 백제의 성왕(523~554년)은 수도를 웅진(공주)에서 사비(부여)로 옮기면서 국호를 남부여로 바꿉니다. 그러니까 성왕은 부여계의 정체성을 확립하여 강국으로 발전해 가는 것을 중요한 국가 이데올로기로 설정한 것입니다. 여기에 불교를 도입하여 문화강국으로 거듭 태어나려 했습니다. 그래서 종합적으로 판단할 때, 백제라는 말보다는 반도부여가 더욱 적당한 표현이라고 보는 것입니다.

　백제의 국호와 관련하여 또 하나 특이한 점은, 백제의 다른 이름으로 응준鷹準이나 라투羅鬪도 있다는 것입니다. 응준이라는 말은 고려 시대의 『제왕운기帝王韻紀』에 나오는 말로 "백제는 후대에 이르러 국호를 남부여라고 하거나 응준 혹은 나투라고 칭하기도 했다"고 기록되어 있습니다. 정확한 의미를 알 수는 없으나 여기서 말하는 응준이나 라투는 '매'를 지칭하는 말이라고 합니다. 유목민들에게 매사냥은 매우 중요한 것이므로 그와 관련된 이름일 것으로 추측됩니다.

　일부 언어학자들은 응준의 발음이 온조(온조왕)와 유사하다는 지적을 하기도 합니다만 지나친 주장으로 보입니다. 다만 응준과 라투는 정식 국호라기보다는 다른 나라에서 백제를 지칭할 때 사용한 일종의 별명인 듯합니다. 『삼국유사』에는 신라 선덕왕善德王 14년(645년)에 건립한 황룡사 9층탑에 신라가 경계해야 할 적대국으로 응유鷹遊를 적어놓았다는 기록이 있습니다.

즉 『삼국유사』에는 "신라 27대에 여자가 임금이 되니 비록 도는 있으나 위엄이 없어 구한이 침략했다. 대궐 남쪽에 있는 황룡사에 9층탑을 세우면 이웃나라가 침략하는 재앙을 억누를 수가 있을 것이다. 1층은 일본日本, 2층은 중화中華, 3층은 오월吳越, 4층은 탁라托羅, 5층은 응유鷹遊, 6층은 말갈靺鞨, 7층은 단국丹國, 8층은 여적女狄, 9층은 예맥穢貊을 억누른다"라고 되어 있습니다.[22]

이 기록에서 눈여겨보아야 할 것은 응유·말갈·예맥입니다. 현실적으로 신라의 가장 큰 적은 일본·백제·고구려 등입니다. 그런데 일본을 제외하고 고구려나 백제에 대한 말이 없습니다. 그러니까 말갈·예맥은 고구려를 지칭하고 응유는 백제를 의미하는 것으로 볼 수 있습니다. 특히 이 시대에는 예맥이라는 말이 사서에서는 이미 사라지고 없는데도 이 말을 계속 사용하고 있는 점도 눈여겨볼 대목입니다. 『삼국사기』에 고구려의 지방민들을 '말갈'로 지칭하고 있다는 점을 감안하면,[23] 예맥은 고구려 주변의 여러 부족들을 의미한다고 볼 수도 있습니다.

말갈·예맥은 비칭卑稱, 즉 욕설로 사용하는 말인 점을 생각해 본다면 응유, 즉 응준이라는 것도 아마 백제에 대한 비칭이었을 것으로 보입니다.

---

22 "又海東名賢安弘撰東都成立記云: 新*〈羅,羅〉第二十七代, 女王爲主, 雖有道無威, 九韓侵勞, 若龍宮南*皇(黃)龍寺, 建九層塔, 則隣國之災可鎭. 第一層日本, 第二層中華, 第三層吳越, 第四層*托羅, 第五層鷹遊, 第六層靺鞨, 第七層丹國, 第八層女*狄(眞), 第九層穢貊"(『三國遺事』 3卷 「皇龍寺九層塔」 03).

23 구체적인 내용은 김운회, 「한민족의 기원과 대쥬신」, 『2007상고사토론회』(국사편찬위원회: 2007), 91~163쪽 참고.

'구다라_{クダラ}', 곰나루인가 스마트빌딩인가

쥬신은 예로부터 태양과 관련이 깊은 민족입니다. 태양을 의미하는 고유어는 '해'인데 전문가들은 중세의 자료를 보면 '새'·'쇄'·'세'·'시 (씨)' 등으로 쓰인다고 합니다. 그러니까 해sun, 쇠iron, 동쪽bright, 새bird 등을 동류의 말로 추정할 수 있습니다. 쥬신에게 새bird는 태양이 있는 하늘과 사람이 사는 땅 사이를 자유롭게 날면서 하늘과 땅의 메신저 역할을 한 것을 알 수 있습니다.

정호완 교수에 따르면, 우리 고유어로 태양을 가리키는 말은 '새 (해)'와 '니(낮-날)' 등의 두 가지 유형이 있다고 합니다. 새(해)는 철기문화 곧 쇠그릇문화를 가리키고, '니(날-낮)'는 돌그릇문화, 곧 고인돌과 같은 거석문화를 드러낸 것이라고 합니다. 그리고 곰熊(고마)의 머리소리(ㄱ)가 약해져 탈락하면서 '곰(굼)→홈(훔)→옴(움)'이 되어 '어머니(어머니, 임니, 어무이, 엄마, 어머이, 어메, 오마니, 옴마, 오매)'라는 말로 정착했을 것으로 봅니다.

만주 지방의 에벤키 말에도 곰을 호모뜨리, 조상신을 호모꼬르 homokkor, 영혼을 호모겐homogen이라 해서 우리와 거의 비슷한 소리 모습을 보여준다고 합니다.[24] 즉 쥬신의 뿌리 깊은 곰숭배신앙을 보여주는 것이기도 합니다. 만주 지역의 대부분 종족들은 그들의 조상을 곰 또는 곰과 교혼하여 낳은 아이라고 보고 있습니다.

그런데 재미있는 것은 이 '곰(고마)'이 후대에 오면서 땅이름 등에서 거북으로 바뀌어 쓰이는 경우가 나타난다는 것입니다.[25] 이에 대

---

[24] 정호완, 『우리말의 상상력 2』(정신세계사: 1996).

[25] "熊神 龜山"(『世宗實錄』), "人君以玄武爲神"(『漢書』), "前朱鳥後玄武"(『禮記』).

해 정호완 교수는 한반도에는 곰보다 거북[龜]이 많이 살고 있고, 추운 북방에서 유목생활을 하다가 이주하여 따뜻한 남쪽에서 농경생활에 적응하면서 농업생산에 필요한 물과 땅신에 대한 믿음 곧 지모신地母神 믿음으로 바뀐 것으로 추정합니다. 박지홍 교수의 연구에 따르면, 거북도 곰과 같은 음절구조를 보이는 '검(감)'에서 나온 것이라고 합니다.[26]

상고 시대에는 쥬신을 오랫동안 허모 또는 쉬모(예맥濊貊) 또는 모(맥貊)라고 불렀습니다. 모허(말갈靺鞨)라는 말은 이 말을 거꾸로 부른 말로 추정됩니다. 그런데 이 모貊라는 말은 일본어로는 '바카쿠'라고 합니다. 어떻게 들으면, 백제를 의미하는 '밝지에paktsiei'와 비슷하게 들리기도 합니다. 일부 언어학자들은 이 두 말이 동류라고 주장합니다.

일본에서는 백제를 '구다라クダラ'로 부릅니다. 일본 제국주의 시대에 백제 관련 많은 유적들이 그 이름을 바꾸거나 감추었지만 아직도 '구다라'라는 말은 많이 남아 있습니다. 오늘날까지도 일본에는 백제사百濟寺라는 이름의 사찰이 다섯 곳이나 남아 있습니다.[27]

일본 학자들은 '구다라'가 백제의 고어로 '큰나라'를 의미한다고 합니다. 그러나 제 생각은 다릅니다. 그보다는 오히려 '곰나루', '곰나라' 또는 '구들'과 관련이 있을 가능성이 큽니다. (물론 곰나라는 큰나라라는 의미로도 사용할 수 있습니다.) 지금도 한국의 부여에서는 낙화암과 백제의 왕성이었던 지역을 구드리(구드래)라고 부릅니다.

백제, 즉 '구다라'라는 말은 『일본서기』 진구神功 황후 49년 조에 처

---

26 정호완, 앞의 책.
27 「홍윤기의 역사기행」 18 백제인 숨결이 깃든 구다라 관음(『세계일보』 2006).

음 나타납니다. 일본에서는 백제를 '구다라'라고 부르면서 이에 해당하는 한자말로는 백제百濟·구태량久太良·구다량久多良 등으로 표기했습니다.[28] 오사카大阪 일대를 고대 일본에서는 '구다라 고올리', 즉 백제군百濟郡으로 불렀습니다. 이 일대는 5세기 초 가와치河內 왕조를 시작한 닌도쿠 천황의 본거지였습니다.

그러면 '구다라'라는 말은 어떻게 추적할 수 있을까요? 아직도 이 말의 의미를 속 시원하게 분석한 연구는 없습니다. 저는 '구다라'가 곰나루熊津에서 나왔거나 구들, 즉 온돌에서 나왔을 것으로 보고 있습니다.

첫째, '구다라'가 곰나루, 즉 웅진熊津(현재의 충청남도 공주)에서 나왔을 가능성이 있습니다. '구다라'를 형태소로 나누면, '구+다라'가 되는데 여기서 '구'는 곰[熊]을 의미하고 '다라'는 나루[津]의 다른 표현이라고 합니다. 이것은 국어학자 정호완 교수의 주장입니다. 정호완 교수에 따르면, 곰, 즉 웅熊은 중국말로는 '큐―쿠―다이―나이'라고도 하는데 다르게는 '우優' 또는 '구久'로도 기록되고 있다고 합니다. 그리고 '구다라'의 '다라'는 터키(돌궐) 말에서 강 혹은 나루의 뜻으로도 사용되었기 때문에 구다라―웅진熊津이라는 말이 나올 수 있다는 것입니다. 곰은 한자로 웅熊 또는 맥貊으로 기록되는데, 이 '맥'이라는 글자에서 돼지 시豕를 빼면 백百이 남습니다. 그러면 결국 백제는 맥족의 땅이라는 말이 성립된다고 합니다. 고구려, 즉 고려高麗를 지금도 일본에서는 '고마'로 읽습니다. 이와 같이 정호완 교수는 '구다라'가 곰신앙을 드러낸 소리 상징으로 보고 있습니다.[29]

---

28 최재석, 『백제의 대화왜와 일본화 과정』(일지사: 1990), 125~131쪽.
29 정호완, 앞의 책.

둘째, '구다라'의 기원이 고대 쥬신의 대표적인 건축 기반시설인 '구들', 즉 '온돌'에서 나왔을 가능성이 있습니다. 저는 그동안 이 구다라라는 말이 구들, 즉 온돌과 관련이 있다고 추정해왔습니다. 쥬신의 대표적 주거문화는 구들, 즉 온돌溫突입니다. 학자들은 구들이 고조선이나 부여, 고구려(손진태 선생, 최남선 선생의 견해)에서 나왔을 것으로 추정하고 있습니다. 온돌의 기원에 관해서는 ①중국 서북부 산시성山西省, ②동호東胡, ③만주 등에서 왔다는 견해가 있습니다.

구들(온돌)은 한반도 전역에 분포하고 있으며 과거 고조선古朝鮮이나 고구려의 중심 영역이었던 선양瀋陽 일대에도 분포되어 있습니다. 가장 오래된 것은 랴오닝성遼寧省 푸순시撫順市 연화보 유적인데 이것은 고조선 시대의 유적으로 알려져 있습니다.

『구당서』에는 일반적으로 가난한 고구려 사람들이 "겨울에는 긴 구덩이[長坑]를 만들어 그 구덩이 아래에 불을 때서 방을 덥힌다"[30]라고 기록되어 있습니다. 송나라 때 서몽화의 『삼조북맹회편三朝北盟會編』을 보면, 여진 사람(만주쥬신)들의 주거에 대해 기술하고 있는데 "기와가 없고 집둘레에는 목상이 둘려 있으며 그 아래서 불을 때는데 구덩이[坑]를 통해 방을 덥힌다. 그리고 그 덥힌 방에서 잠도 자고 식사도 하고 생활도 한다"라고 합니다. 같은 내용이 만주쥬신의 금나라의 기록인 『대금국지大金國志』, 청나라 초기 저작물인 고염무의 『일지록』등에도 광범위하게 나옵니다.[31] 이를 보면 구들은 쥬신의 대표적인 주거 기반시설이라는 점을 확인할 수 있습니다.

---

30 "冬月皆作長坑下然溫火亂取暖"(『舊唐書』「高麗」).

31 온돌에 관한 상세한 내용은 김운회, 『대쥬신을 찾아서 2』(해냄: 2006), 116~119쪽 참고.

지금도 부여의 왕성이 있었던 낙화암 가까운 곳에 '구드래(구드리)'라는 곳이 있습니다. 예로부터 이 지역에 있는 선착장을 '구드래 나루'라고 하면서 한자로는 구암진龜岩津이라고 불러왔습니다.[32] 따라서 구드래라는 것은 돌[石]을 지칭한다는 것을 알 수 있습니다.

그리고 『삼국유사』에는 "사비하泗沘河(부여를 흐르는 강)의 절벽에 바위가 하나 있었는데, 열 명이 앉을 정도는 되었다. 백제왕이 왕흥사에 예불하려면 먼저 이 바위에서 부처를 바라보며 절을 했는데 이때 그 바위가 저절로 따뜻해져서 이름을 구들(火+突 또는 온돌석)이라고 했다"라는 기록이 나옵니다. 여기에 나타난 돌이 구들(온돌)이라는 것은 그동안의 일반적인 견해입니다.[33]

결국 '구드래'라는 말은 '구들(온돌)'을 의미하는 말이라는 것을 알수 있습니다. 대체로 큰 왕성이나 집을 지을 때는 넓은 바위를 이용하는데 이 넓은 바위가 거북 모양으로 보일 수 있습니다. 또한 앞서 '곰(고마)'이 뒤로 오면 땅이름 등에서 거북으로 바뀌어 쓰이는 경우 있다고 말씀드렸습니다. 사료의 내용으로 보아 이 넓은 바위를 백마강(사비하)을 건너는 선착장으로 이용한 듯합니다.

지금까지의 분석을 통하여 세 가지 가능성이 나타납니다. 첫째는 곰나루, 즉 웅진을 '구다라'로 불렀을 가능성, 둘째는 거북바위 또는 곰바위가 있는 나루를 의미 있게 받아들여서 '구다라'로 지칭을 했을 가능성, 셋째는 당시로서는 최첨단 시설인 구들을 보면서 '구다라'로 지칭했을 가능성 등이 있습니다. 물론 이 세 가지가 모두 복합적으로

32 도수희, 앞의 책, 88쪽.

33 김원중, 『삼국유사』(을유문화사: 2002) 211쪽; 노도양, 「百濟 王興寺址考」, 『明代論文集 4』 67쪽; 홍사준, 『백제의 전설』(1959) 20쪽 등 참고.

작용했을 가능성도 있습니다.

구들, 즉 온돌의 가능성에 대해 다시 살펴봅시다. 당시 온돌이라는 난방구조는 최고 수준의 시설이었습니다. 오늘날로 친다면 아마도 스마트 빌딩Smart Building과 같은 첨단시설일 것입니다. 스마트 빌딩이란 1984년 미국에서 처음 사용된 말로 건물을 지을 때부터 건축·통신·사무 자동화 및 빌딩 자동화 등의 네 가지 시스템을 유기적으로 통합하여 건물 관리 인력을 줄이고 첨단 서비스 기능을 제공함으로써 경제성과 효율성, 안전성을 추구하는 건물을 말합니다. 스마트 빌딩은 일본에서는 '인텔리전트 빌딩intelligent building'(1986년), 한국에서는 '첨단정보빌딩'(1991년)이라는 말로 사용되고 있습니다. 스마트 빌딩에서는 냉·난방은 물론, 전기 시스템의 자동화와 자동 화재 감지 및 보안장치 등에 사무 자동화와 홈 네트워크 기능 등이 통합된 고기능 첨단 건물입니다. 그러니까 만약 '구다라'라는 말이 구들에서 나온 말이라고 하면, 비유하건대, 현대 한국을 '스마트 빌딩, Korea'라고 하는 것과도 다르지 않습니다.

지금까지 우리는 백제라는 나라 이름의 기원에 대해서 다각적으로 분석해 보았습니다. 물론 아직까지도 많은 연구가 더 필요하지만, 대체로 백제라는 말이 어떤 경로를 통해서 사용되었고, 그 의미는 무엇이었는지, 또 이 말이 어떤 식으로 변용·정착되어갔는지를 새롭게 이해할 수 있었을 것입니다. 이제부터는 본격적으로 부여계의 역사적 갈등과 그 전개과정에 대해 살펴봅시다.

6장 끝없는 전쟁의 시작

들어가는 글 닮은 그대, 주몽과 김누루하치

저는 『대쥬신을 찾아서』에서 주몽은 쥬신의 '건국 아버지의 표상The Symbol of Founding Father'이지, 왕건이나 이성계 같은 실존인물로 볼 수는 없다고 강조했습니다.

주몽과 관련하여 가장 큰 문제는 12세기에 편찬된 『삼국사기』에 나타나는 기록들이 기원 전후의 사료에서는 실제 인물로 확인되지 않고, 설령 기록이 있다고 하더라도 신화나 설화 수준에 머물러 있다는 것입니다.

먼저 주몽에 관한 이야기(고구려 건국신화)가 실린 책들 중 한국 측 자료로는 『삼국사기』, 『삼국유사』, 『동명왕편東明王篇』 등이 있고, 중국 측 자료로는 『위서』, 『양서梁書』, 『주서周書』, 『수서隨書』, 『북사北史』 등이 있습니다. 오늘날까지 전하는 동명왕신화의 기록들은 거의 대부분 고구려에 관한 것이며, 부여에 대한 기록은 거의 없습니다. 일반적으로 부여의 경우, 북부여의 신화는 해모수신화이고, 동부여의 신화는 해부루·금와에 관한 신화라는 정도만 남아 있습니다. 『삼국사기』의 주몽신화는 이규보의 『동명왕편』에 인용되어 있는 『구삼국사舊三國史』의 주몽신화를 요약한 것인데 『위서』의 내용과 거의 같습니다. 다만 주몽이 남으로 내려올 때 『위서』에는 두 사람(오인·오위)이 함께였고 『삼국사기』에는 세 사람(오이·마리·협보)이 함께였다는 차이가 있습니다.

그러나 구체적인 내용으로 들어가면 중국 측 사서와 한국 측 자료에 약간의 차이가 있습니다. 구체적으로 『삼국사기』에는 『위서』에 없는 내용인 해모수신화解慕漱神話와 해부루신화解扶婁神話가 있습니다. 즉 『삼국사기』에는 부여왕 해부루가 자식이 없어 고민하다가 곤연鯤淵에서 금와金蛙를 얻은 후 동부여를 건국하는 해부루신화와, 유화부인이 천제天帝의 아들 해모수와 관계하여 주몽을 잉태하는 해모수신화가 나옵니다. 그러나 중국 측 사서에는 이런 기록이 없습니다.

한국 사학계에서는 『삼국사기』의 초기 고구려사 기록에 대해서는 기본적으로 불신하고 있습니다. 최근 들어서 전면적으로 믿어야 한다거나(전면적 긍정론) 일부 받아들여야 한다는 견해(수정론)가 대두하고 있습니다. 그동안의 연구를 보면 「고구려 본기」에 전하는 왕들 가운데 고구려 자체의 전승에 입각한 왕으로서 그 실재가 확인된 최초의 왕은 제10대 산상왕山上王(197~227년)이라고 합니다.[1] 무엇보다도 『삼국사기』는 당대의 역사서가 아

---

[1] 노태돈, 『고구려사 연구』(사계절: 1999), 12쪽.

니고 1,000년이 지난 후에 편찬되었기 때문에 구체적인 문헌 비판은 주변 국 사서와의 대비를 통해서 보다 객관적으로 검정될 수 있습니다.

예를 들어,『삼국사기』에는 태조왕 69년 12월에 부여왕이 아들 위구 태를 보내 한병漢兵과 협력하여 고구려군을 공격하여 고구려군이 대패 했다는 기록이 있습니다. 이 가운데 다른 사서로 확인되는 사실은 위구 태의 경우입니다. 당시 사서의 기록을 보면, 위구태가 한군漢軍과 연합하 여 고구려를 공격했는데 이것은 120년경에 일어난 일입니다. 문제는 이 사건이 일어난 것이 태조왕 69년이라는 점과 태조왕의 재위연수가 무려 93년이 된다는 점입니다. 즉 이 사건은 분명히 있었겠지만, 그것이 태조 왕 당시의 일로 기록된 것은 신뢰하기 어렵습니다. 아마도 구전으로 내 려오던 왕가의 기록들이 공식적인 역사서로 편찬되면서 정치적 목적으 로 작성되거나 때로는 과장·축소되기도 했을 것이며, 때로는 자의적으 로 기록되었을 수도 있습니다. 따라서 여러 가지 사서들과의 대조를 통 하여 엄격한 기준에 따라서 판별할 필요가 있습니다. 이 점에 있어서『삼 국사기』나『일본서기』나 다르지 않습니다.

여기서 태조왕의 재위기간(53~146년)이 무려 94년이라는 문제를 다시 봅시다. 이것은 아마도 이리저리 흩어져 있는 여러 왕들의 기록들을 한 사람의 업적으로 통일시킨 것으로 추정되기도 합니다. 이 같은 경우는 『일본서기』에도 많이 나타납니다. 예를 들어, 진구 황후는 100세, 오진 천황도 110세에 서거한 것으로 나타납니다. 태조왕을 이은 차대왕은 76

세에 즉위하여 95세에 서거했으며, 신대왕은 77세에 즉위하여 91세에 서거했다고 합니다. 여기에 반도 사학계가 지적하는 것처럼, 태조왕에서 차대왕(146~165년), 신대왕(165~179년)에 이르기까지의 왕호가 다른 왕들의 왕호와 다소 다르다는 점도 이 시기를 전후하여 무엇인가 역사적 왜곡이 있었을 것이라는 추정을 가능하게 합니다.

부여의 동명신화나 고구려의 주몽신화는 사실상 동일하고, 주몽 또는 추모라는 말이 '활을 잘 쏘는 사람'이라는 보통명사라는 측면에서만 보아도 주몽으로 알려져 있는 고구려의 시조가 왕건王建과 같은 실존인물이라고 보기는 어렵습니다. 동명이나 주몽은 쥬신이라는 종족의 '건국의 아버지의 표상'이라고 보아야 합니다.『삼국사기』「잡지」제사 조를 보면, 백제의 경우 대개 동명제를 왕의 즉위 시 처음으로 맞는 새해 정월에 지내는데 이것은 태양신(조국신)에 대한 제사를 의미하며 실질적 시조에 대한 제사인 구태제는 1년에 4회를 지내고 있습니다. 즉 강현모 교수의 지적과 같이 동명은 특정 인물이 아니라 범한국인들 공동의 신(태양신·천신)을 의미한다고 볼 수 있습니다.[2] 이 부분에 대해서는『대쥬신을 찾아서』(1권 11장. 주몽, 영원한 쥬신의 아버지)에서 충분히 거론했기 때문에 생략합니다.

고구려 전문가인 노태돈 교수는『삼국사기』의 건국신화는 4세기 말 소수림왕(371~384년) 때 연나라와 남부여(백제)의 침입으로 인한 엄청난

---

[2] 강현모,『한국설화의 전승양상과 소설적 변용』(연락: 2004), 20~22쪽.

국가적 위기를 극복하고 부여계(남부여계 또는 백제계)에 대한 우월성을 강조하기 위해 확립된 것으로 봅니다. 이때 고구려 초기 왕계도 함께 정립되었을 것이라고 합니다. 소수림왕은 고구려를 구성하는 여러 집단과 귀족들을 결속시켜 왕실 중심으로 국가적 단결을 도모하기 위해 시조에 대한 신성화 작업을 강행했다는 것입니다.[3] 이 견해는 매우 합리적이고 타당합니다.

그렇지만 고구려를 건국하는 과정에서 중요한 역할을 한 사람이 있을 수 있습니다. 생전에는 나라의 건국을 보지 못하고 후일 후손들에 의해 신화로 만들어졌을 수도 있지요. 장구한 고구려의 역사에서 그런 사람이 없을까요? 기원전 1세기를 기준으로 할 때 주몽과 가장 근접한 인물로는 『한서』에 나타나는 고구려후高句麗侯 추騶라는 사람이 있습니다. 그 기록을 봅시다.

왕망王莽이 고구려를 징발하여 오랑캐들을 정벌하려고 했는데 고구려인들이 이에 따르지 않았다. 이에 따라 고구려인들을 강박하자 그들은 오히려 요새 밖으로 달아났다. 나라의 법을 범하고 도적질을 일삼자 요서遼西의 대윤大尹 전담田譚이 이를 추격하다가 오히려 피살되었다. 주군州郡에서는 이 모든 책임이 고구려후인 추에 있다고 했다. 엄우嚴尤가

---

[3] 노태돈, 앞의 책, 50~53쪽, 92~93쪽.

아뢰어 말하기를 '맥인貊人이 난동을 피우는 것은 역심이 있어서이니 이를 평정하는 것이 마땅합니다. 부여의 무리들은 유순하지만 흉노는 아직도 정벌하지 못했고 부여·예맥이 다시 활동하면 큰 우환거리가 됩니다'라고 했다. 그러나 왕망은 이를 따르지 않았고 예맥이 큰 반란을 일으키자 엄우에게 명하여 이들을 정벌하게 했다. 엄우는 고(구)려후 추를 유인하여 오게 한 후, 추의 머리를 베어 장안에 전했다.[4]

이 기록은 기원후 12년경의 것으로 추정됩니다. 이 추라는 사람이 고구려의 건국과 직접적인 관련이 있을 것입니다. 이 점들을 구체적으로 봅시다.

첫째, 위의 기록은 일반적인 고구려 건국시기와 대체로 일치합니다. 둘째, 추騶라는 말은 음을 빌려 쓴 말로 '말먹이꾼'이라는 비칭으로 묘사되어 있지만 주몽, 추모鄒牟, 추무 등의 발음과 거의 동일합니다. 셋째, 당시 고구려를 대표하는 지위를 나타내는 말인 고구려후를 사용하고 있는 점도 주목할 필요가 있습니다. 넷째, 현도군이 압록강 중류 지방에서 쫓겨난 시기가 기원전 75년경이기 때문에 이 과정에서 한나라와 이 지역의 새로운 세력으로 부상하고 있는 고구려후 추의 세력과의 갈등이 깊었을 가능성이 있습니다.

고구려후 추라는 사람이 우리가 말하는 주몽일 가능성이 가장 큽니

---

4 『漢書』卷99「王莽傳」始國四年.

다. 이 분야의 전문가에 따르면, 몽이라는 말은 말갈족의 당나라 조공사절의 이름에 빈번히 나타나는 말로 인명을 나타내는 파생접미사로 많이 사용되기 때문에 생략될 수 있는 말이라고 합니다. 그러면 결국 주몽 또는 추무는 추와 다를 바가 없지요.[5] 결국 고구려왕 추는 한나라(사실은 신나라) 대군을 맞이하여 장렬하게 전사하고 그 목은 장안으로 옮겨져 효수되었을 것으로 추정됩니다.

그러면 왜 이 사람이 전혀 다른 형태로 신화화되었을까요? 아마도 추는 고구려 건국의 가장 큰 촉매제가 되었을 것입니다. 추의 죽음으로 고구려인들은 각성하고 추의 혈족들을 중심으로 단결하게 되었을 것입니다. 그 후손들은 더욱 은밀하게 그러나 더욱 강력하게 실질적으로 고구려 건국을 추진했을 것입니다. 이렇게 해서 나라를 건국하게 되면, 조선조의 『용비어천가龍飛御天歌』에서 보는 것처럼 그 선조들에 대해 추존하게 됩니다. 『양서梁書』에서는 "광무제 건무 8년에 고구려왕이 사신을 파견하고 조공했으며 이때 비로소 고구려왕을 칭했다"라고 합니다.[6] 즉 32년(대무신왕 12년)경에 왕을 칭했다는 말입니다. 그러니까 그 이전에는 왕으로 부르지도 않았다는 말이지요. 다시 말해서 고구려후 추의 서거 이후 고구려가 서서히 고대국가에 가까운 나라의 형태를 갖추게 되었다는 말이 됩니다.

---

[5] 노태돈, 앞의 책, 59~60쪽.

[6] "光武八年高句驪王遣使朝貢始稱王至殤安之間其王名宮"(『梁書』「高句麗傳」).

연이어 『삼국사기』에서는 태조대왕을 국조왕, 즉 건국시조라고 하는데 이 사람은 유리왕의 손자이고 그 어머니는 부여인으로 나타나 있습니다. 여기서 국조왕 태조는 일반적으로 건국시조의 시호이므로 그 이전의 고구려가 있었기는 했지만 태조 이후에 나라의 틀이 잡혀 고대국가의 면모를 갖추었기 때문에 나타난 현상이라고 볼 수 있습니다.

정리하면 ①주몽이라는 쥬신(범한국인)의 건국시조의 표상이 존재하고, ②고구려후 추의 가문을 중심으로 고구려인들이 자치력을 확대하면서, ③자치력의 확대로 인한 한족漢族과의 대립, ④고구려후 추의 피살 후, ⑤대무신왕 때 왕을 처음으로 칭하고, ⑥한나라 상제·안제 연간에 고구려왕 이름이 궁(태조대왕에 해당)이 되고 이 사람이 고대국가의 틀을 구성한 후, ⑦산상왕 때 최초로 왕의 실재와 기록이 일치하는 과정을 밟고 있습니다.

그런데 이상하게도 고구려후 추의 일대기는 칭기즈칸, 청태조(아이신자오루 누루하치: 경주김공 누루하치)의 가족사와도 너무나 흡사합니다.

청태조 경주김공慶州金公 누루하치(아이신자오루 누루하치)의 경우에는[7] 부족장이었던 할아버지(아이신자오루 쟈오창아愛新覺羅覺昌安)와 아버지(아이신자오루 타크시愛新覺羅塔克世)가 명나라의 음모로 참살당합니다. 이들은 명나

---

[7] 청태조를 김누루하치로 호칭하는 문제는 김운회, 『대쥬신을 찾아서 2』(2006), 242~325쪽 참조. 아이신자오루는 경주김공(慶州金公)으로 해석하는 것이 가장 합리적이고 타당하다. 만주쥬신(만주족)들의 성씨에 대해서는 열도쥬신의 성씨와 관련한 다른 장에서 다시 상세히 검토할 것이다.

도 13 | 청나라 건국 모태인 건주여진 위치

라에 대해 충성을 다한 사람들입니다. 명나라는 만주쥬신(만주족)을 통제하기 위해 이들 유력자들에게 벼슬을 주고 그들을 이용하여 통제하다가 세력이 커지자 함정을 만들어 암살한 것입니다.

김누루하치는 이에 대한 분노를 참으면서 한편으로는 은밀히 그러나 보다 더 실질적으로 힘을 기릅니다. 와신상담臥薪嘗膽이라는 표현은 이럴 때 써야 할 말 같군요. 물론 한족의 명나라는 김누루하치의 움직임을 지속적으로 감시합니다. 그뿐만이 아니라 명나라는 만주와 몽골을 심하게 이간질하여 이들을 떼어놓으려고 합니다. 결국 한족과 만주쥬신의 지속적인 갈등은 저 유명한 '싸얼후薩爾滸, Sarhū 대전'을 촉발합니다.

'싸얼후 대전'(1619년)은 동아시아 역사상 3대 전쟁으로 쥬신의 역사에

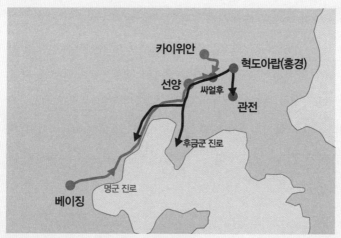

도 14 | 싸얼후 대전 때 후금군(청군)과 명군 진출로

서 가장 위대한 전쟁이라고 할 수 있습니다. '싸얼후Sarhū'란 만주어로 울창한 숲이라는 의미라고 하는데 현재는 푸순撫順 인근의 오지奧地입니다. 싸얼후 대전은 한족漢族과 쥬신 사이에 벌어진 역사상 최대 전쟁의 하나로 청태조 김누루하치는 싸얼후에서 2만의 정예 병력으로 명나라의 27만 대군을 격파했습니다.[8] 싸얼후 대전에서 승리를 거둔 김누루하치는 본격적으로 중국 정벌에 나서게 됩니다.

앞서 말씀드렸듯이 초기에 김누루하치의 선대는 명나라와 긴밀한 관계를 유지합니다. 그러나 이들 세력의 확대를 우려한 명나라 정부는 이

8 『滿文老檔』「太祖」; 『滿洲實錄』 5.

들에게 엉뚱한 누명을 씌워 살해하게 되는데 이 과정이 고구려후 추의 죽음과 매우 흡사합니다. 그뿐만이 아니라 선조가 처참하게 살해된 뒤 그 후손들이 각성하여 조용히 그러나 철저히 힘을 기르고 부족을 재통합하고 대제국의 기틀을 다져가는 모습도 거의 고구려의 건국과정과 일치합니다. 김누루하치의 아버지와 할아버지를 고주몽에 비유한다면, 태조대왕(재위 53~146년) 등 고구려의 기틀을 실질적으로 세운 사람들이 바로 김누루하치에 비견될 수 있습니다.

쥬신류어와 까오리류어

고대에서 현대에 이르기까지 전체 한국인, 즉 쥬신을 부르는 명칭 가운데 가장 견고하게 살아남은 것은 쥬신(조선·숙신 등)과 까오리(고려·고구려·코리 등)입니다. 이제 이 용어들을 좀 더 구체적으로 정리하여 한국인들의 정체성을 확립할 필요가 있습니다. 쥬신사 연구의 가장 어려운 부분이기도 합니다.

『삼국지』에 나타난 부여에 관한 기록에는 "옛날 북방에 고리高離라는 나라가 있었다"라고 합니다. 여기서 말하는 고리는 발음이 까오리로 추정됩니다. (이 말은 현대 중국어 발음도 까오리gaoli이고 '高麗'의 발음도 동일합니다.) 『위략魏略』에는 고리稟離로 되어 있는데 이렇게 한자어가 조금씩 다른 것은 이 말이 음을 표현하기 위해서 빌린 말이라는 것을 알 수 있습니다. 이 점은『북사北史』에서 충실히 고증하고 있습니다.[9]

고리高離 또는 고리稟離라는 말에서 바로 현재의 반도쥬신을 지칭하는 코리어Korea라는 말이 나온 것입니다. 어려운 개념이긴 하지만, 여기서 코리어에 대한 여러 용어들을 정리하고 넘어갑시다.

한국인들의 역사를 제대로 이해하기 위해서는 다음의 두 가지 개념을 이해해야 합니다. 한국인들을 지칭하는 두 개의 큰 흐름이 있는데, 그 하나는 쥬신류어(조선류어)이고 다른 하나는 까오리류어(고려류어)입니다.

쥬신류어는 현대 한국어 한자발음으로 조선朝鮮(Cháoxiān), 숙신肅

---

[9] 『북사』의 이 부분 주석에는 "出自索離國　梁書卷五四高句麗傳「索離」作「稟離」, 三國志卷三〇夫餘傳註引魏略作「高離」(殿本作「槁離」), 隋書卷八一百濟作「高麗」. 按「稟」音「高」,「索」當是「稟」之訛.「稟離」即「高麗」也"와 같은 말이 있어 索離·稟離·高離·槁離·高麗 등이 모두 같은 말이라는 것을 알 수 있다.

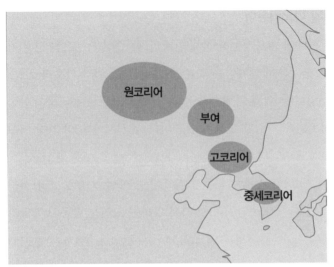

도 15 | 코리어Korea의 영역 변천

愼(Sùshèn), 직신稷愼(Jìshèn), 제신諸申(Zhūshēn), 식신息愼(Xīshèn), 직신稷愼(Xīshēn), 여진女眞(Nǚzhēn), 쥬신珠申(Zhushen) 등이고, 까오리류어高麗類語는 콜리忽里(Khori), 고려高麗, 고리槁離, 고리橐離, 고리高離, 고리국橐離國, 탁리橐離, 삭리索離, 고려高麗, 구려句麗, 고구려高句麗 등입니다. 쥬신류어에 대해서는 이미 여러 차례 분석했으므로 이번에는 까오리류어들을 정리합시다.

　코리어(까우리: Korea)에 대한 많은 말들, 즉 고리槁離, 고리橐離(『魏略』), 고리高離(『三國志』), 고리국橐離國, 탁리橐離, 삭리索離[10]등은 코리, 홀리Khori 또는 까오리에 가까운 발음으로 추정되는데, 이것은 '원코리어Proto-Korea(?~기원전 3세기?)'로 정의할 수 있습니다. 다음으로 나타난 용어들로 현대 한국어 한자발음으로 고구려高句麗로 발음하는 고구려高句麗,

---

10 『북사』의 내용, 즉 앞의 주를 참조.

고려高麗, 구려句麗 등은 고코리어Old-Korea(기원전 1세기?~668년)로, 대조영이 건국한 발해渤海는 대코리어Great-Korea(698~926년), 왕건王建이 건국한 중세의 고려高麗는 중세 코리어Medieval-Korea(918~1392년) 등으로 구분할 수 있습니다. 그리고 여기에 등장한 용어들은 모두 국제어인 영어로 'Korea' 또는 'Corea'로 표기가 가능합니다. 이러한 용어들을 까오리류어라고 정의합니다.

대부분 한국 학자들의 논문에서는 高句麗 또는 高麗를 현대 한국어 발음으로 그대로 받아들여 '고구려Goguryeo/Koguryo' 또는 '고려Goryeo/Koryo'라는 용어로 통일하여 광범위하게 사용하고 있는데 이것은 한국 고대사 연구의 심각한 장애가 되고 있습니다. 왜냐하면 '高句麗'라는 용어 자체의 발음이 원래와는 다르게 단순히 '고구려'로 번역되면서 이전에 한국인과 관련된 수많은 까오리류어(槀離·橐離·高離·藁離國·櫜離·索離)와 무관하게 인식되는 계기가 되었기 때문입니다. 즉 원래 쥬신을 의미하는 고유어가 있고 그것을 한족漢族들이 음차音借하여 사용한 용어인 高句麗를 다시 한어漢語와는 성격이 완전히 다른 한국어로 음독音讀함으로써 그 원형을 찾기가 매우 어려워진 것입니다. 그러다 보니 한국 사람들조차도 '고려'와 '고구려'를 다른 용어로 생각하게 되었습니다. 실제로 많은 사서에서는 고구려 대신 고려를 사용합니다.

우리가 高句麗를 '고구려'라고 읽는 것은 현대 한국어의 한자발음대로 읽기 때문입니다. 사실로 말하면 고구려Goguryo라는 나라는 원래부터 없는 것이지요. 왜냐하면 우리 민족 고유의 국가를 까오리에 가깝게 불렀는데 이것을 한자로 표기한 것이 '高句麗' 또는 '高麗'입니다. 당시에는 이렇게 쓰면서도 까오리로 불렀을 것입니다. 그것을 알 수 있게 하는 기록이 있습니다. 바로 마르코 폴로의 『동방견문록』입니다. 이 책에서 고려를 까오리Cauli로 부르고 있습니다. 그리고 고려에서 사용된 려麗라는 글자는 그 발음이 '리[li]'로 난다는 점을 분명히 알아두어야 합니다. 『사기』[11]나 『당서唐書』(940년)[12], 『당운唐韻』 또는 명나라 때의 『정자통正字通』(1671년)에서 '麗'의 발음을 리[li]로 나타내고 있다는 점을 기억합시다.

현대에도 중국인들은 한국인들을 비하하여 '까오리 빵즈'라고 합니다. 이와 같이 까오리는 고대에서부터 현재까지 지속적으로 사용되고 있는 말입니다. 한국식 한자발음을 지고한 가치로 생각하다보니 원래의 이름을 방기하고 나라 이름을 학문적으로 국제적인 미아迷兒로 만든 것입니다. (아마도 명나라의 멸망 이후 조선이 중화가 되었다는 논리, 즉 '소중화小中華의식'이 나라 전체의 정신을 병들게 만들었을 것으로 보입니다.) 차라리 高句麗를 앞으로 '코리어'라고 하는 것이 바람직합니다.

앞으로 영어로 한국 고대사 관련 논문을 써야 할 경우 이 부분에 대한 많은 고려가 필요합니다. 특히 영어 논문이나 해외의 무료 백과사전 포털사이트(http://en.wikipedia.org) 등에 고구려를 Goguryeo/Koguryo로, 모허(말갈靺鞨)를 Malgal(말갈)로, 쉬(허)모(예맥濊貊)를 Yemack(예맥)으로 표기하는 웃지 못할 사례들이 많이 나타납니다. 고유명사들은 그 해당되는 사람들의 고유어로 표기해야 합니다. 만약 그것이 어렵다면 최대한 그 발음에 가깝게 기록해야 합니다. 생각해 보세요. 만약 서울Seoul을 한성漢城(Hancheng)이라고 하면 잘못된 표현

---

11 "麗音離"(『史記』 券六).

12 『唐書』 唐書釋音券一 本紀第一.

이지요. 김운회는 어디를 가든지 김운회입니다. 김운회를 '긴운까이(일본발음)'라든가 '진원후이(중국발음)'라고 하면 되겠습니까? 이런 오류들은 반도 사학계가 만든 해외 홍보용 고급 국사책에도 마찬가지로 나타납니다. 이런 식의 작업들은 한국사를 해외에 알리기는커녕 더욱 모호하게 몰고 갑니다.

　이러다 보니 같은 분야를 연구하는 학자들 간에도 말이 서로 통하지 않는 경우가 나타납니다. 즉 모허Mohe라고 하면 어느 나라의 역사가라도 이 분야의 전문가라면 모두 이 말이 한국인들과 연관되어 있다는 것을 쉽게 인식하게 되는데, 전혀 엉뚱하게 '말갈Malgal'이라고 하니, 한국인을 제외하면 아는 사람이 없게 되는 것이지요. 그뿐만이 아니라 다른 말들과 연결이 되지 않습니다.

　조선Cháoxiān, 숙신Sùshèn, 직신Jìshèn, 제신Zhūshēn, 여진Nüzhēn, 쥬신Zhushēn 등도 쥬신Jushin으로 쉽게 읽을 수 있는데, 이것을 굳이 현대 한국어의 한자발음에 집착을 하니 서로 다르게 들려 민족 원류 전체가 모호하게 된 것입니다.

　이런 면에서 한국 사학계는 세계화가 가장 안 되었거나 가장 세계화에 무관심한 사람들의 모임이라고 할 수 있습니다. 코리·까오리·콜리忽里(Khori)도 마찬가지입니다. 오히려 더 심각합니다.

쥬신 분열의 시작, 씨앗 싸움

쥬신의 역사에서 가장 비극적인 측면은 고구려와 부여의 갈등입니다. 고구려와 부여의 싸움은 수백 년에 걸쳐 진행된 것으로 갈수록 악화되더니 서로 상대국의 왕을 죽이는 사태로까지 발전합니다. 그것은 고구려의 태동부터 시작됩니다.

고구려 신화를 보면, 부여 왕자들은 주몽을 끊임없이 죽이려 합니다. 결국 주몽은 이들을 피해 다른 곳으로 가서 새로운 나라를 세웁니다. 객관적으로 보면 주몽의 집단은 분명 부여와 동일 계열이지만 이 둘 사이에는 끊임없이 갈등이 나타나고 있습니다. 그러면 이 극심한 갈등의 원인은 무엇일까요?

극심한 종교전쟁이나 이념대립의 내부를 들여다보면, 대부분은 경제적 갈등이나 정치적·종교적 이데올로기의 강요 등과 같은 문제들이 있습니다. 현대 반도쥬신(한국)의 내적인 분열도 그 내부를 들여다보면 극심한 이데올로기적 편향성의 문제, 경제적인 양극화·차별화 등이 있습니다.

반도쥬신은 국제정치의 냉엄한 현실을 직시하지 못하고 감정적으로 접근하는 경우가 많습니다. 중국(한족)의 실체를 바로 보지 못하는 것도 반도쥬신의 큰 병 가운데 하나입니다. 중국 공산당 정부가 동아시아 전체의 역사를 한족漢族의 역사로 둔갑시키려는 동북공정이 표면화된 이후 2000년대 초반 반도(한국)에서는 많은 종류의 고구려 드라마나 소설들이 등장합니다. 이 소설이나 드라마들은 부여족 내부의 갈등을 매우 설득력 있게 제시하고 있습니다. 즉 한족들이 요동 방면으로 공격해오자 수많은 쥬신(범한국인: 요동·몽골·만주 지역의 유목민)의 공동체가 파괴되었고 그 유민들이 요동과 만주, 즉 부여 방면으로 이동해옴으로써 부여로서는 매우 성가신 상태가 되었다는 것입니다. 척박한 만주 땅의 생산력은 한계가 있는데 많은 인구가 유입됨으로써 동족들 간의 갈등은 불가피했을 것입니다.

그러자 한족漢族들은 오히려 이 갈등을 부추겨서 한족의 안전을 도모하고자 합니다. 한족 태수太守의 일이라는 것이 이이제이以夷制夷, 즉 쥬신을 분열시켜 한족의 안전한 통치를 가능하게 하는 것, 다시 말해 분할통치Divide & Rule가 주 업무였습니다. 한족들은 그것만이 자신들의 안전을 보장한다고 믿었습니다.

고구려나 부여의 신화를 보면, 단순히 왕실의 정치적 갈등처럼 보이지만, 최근 나타난 역사 드라마에서는 이 단계를 벗어나 좀 더 사실적으로 접근하려는 경향이 강합니다. 즉 최근 한국의 역사 드라마나 소설에서는 한족漢族의 침략→유민의 발생→유민 수용과정에서 대립과 분열 발생→한족의 개입→분열의 가속→한족의 지배력 강화 등의 형태로 나타나고 있습니다. 상당히 타당성이 있는 분석입니다.

이 분석들이 얼마나 설득력이 있는지 좀 더 사실적인 문제에 접근해보도록 합시다. 통시적으로 보면, 주몽과 부여의 갈등, 즉 고구려와 부여의 갈등은 이후 남부여의 성왕(백제 성왕) 대에 이르러 신라-남부여·열도부여(일본)의 갈등으로 바뀌고 이후 고려·조선-일본, 한국-일본의 갈등의 씨앗이 됩니다. 주몽과 부여의 갈등은 이후 지금까지 쥬신 내부의 갈등으로 지속적으로 나타나고 있기 때문에 그 갈등의 최초 원인인 고구려와 부여의 갈등을 살펴보는 것은 범한국인(쥬신)의 역사를 이해하는 데 매우 중요합니다. 다만 이 부분은 『대쥬신을 찾아서』에서 충분히 설명했으므로 이번에는 그 내용을 바탕으로 보다 새로운 측면을 살펴보기로 합시다.

사서에 나타난 기록으로 보면, 주몽은 부여에 의해 끊임없이 생명의 위협을 받습니다. 북위의 역사를 기록한 『위서』에는 "부여 사람들은 주몽이 사람이 낳은 존재가 아니므로 반역할 마음을 품을 수도 있을 것이라고 보고 그를 죽이자고 청했다. 그러나 왕은 그 말을 듣지 않고 주몽에게 말을 기르도록 했다. …… 그래도 부여의 신하들이 주몽을 죽이려하자 주몽의 어머니는 '이 나라 사람들이 너를 죽이려 하는구나. 너는 지혜와 재주가 있으니 멀리 다른 곳으로 가서 업을 도모하도록 해라'라고 했다"는 대목이 나옵니다.[13] 만약 주몽을 신흥세력(또는 유이민 집단)으로 본다면 이 세력이 부여로부터 상당한 핍박을 받았다는 의미로 해석할 수 있을 것입니다.

『삼국지』에 나타난 부여에 관한 기록에는, "옛날 북방에 고리高離라는 나라가 있었다"라고 되어 있습니다. 부여의 시조인 동명東明은 바로 이 고리국 왕의 시녀의 아들이었는데 여러 가지 생명의 위협 속에서 고리국(원코리어Proto-Korea)을 탈출하여 부여를 건국했습니다.

그런데 부여가 대체로 현재의 하얼빈에서 눙안農安·지린吉林 인근으로 알려져 있기 때문에 이곳보다 더 북방 지역인 고리국(즉 까오리국)은 다이싱안링大興安嶺산맥을 지나 현재의 동몽골 케룰렌강Kerulen river이나 오논강Onon rive 유역 또는 바이칼Baika 호수 인근 지역에 있었을 것으로 추정할 수 있습니다. 참고로 『삼국지』에 따르면 "부여는 장성長城의 북쪽에 있고 현도玄兔에서 1,000리 정도 떨어져 있다. 남으로는 고구려와 접해 있고 동으로는 읍루挹婁, 서로는 선비鮮卑와 접해 있다. 북으로는 약수弱水가 있고 지방은 2,000리가 되며 호수戶數는 8만이다."[14]라고 합니다.

여기서 나오는 이 고리국, 즉 까오리국 또는 코리국(동몽골 또는 바이칼 지역으로 추정)은 고조선(베이징-요하 지역)과 더불어 쥬신(한민족)의 원형

---

13 『魏書』 「高句麗傳」.

14 『三國志』 「東夷傳」.

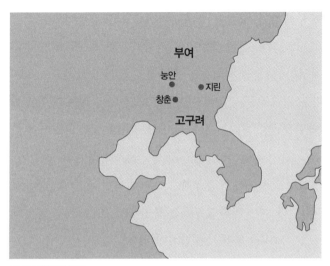

도 16 | 옛 부여 위치

에 가장 가까운 나라라고 볼 수 있습니다. 왜냐하면 코리국Proto-Korea
에서 부여가 나왔고 고구려(Old-Korea)에 의해 다시 부흥했으며, 백제
와 일본이 또 부여를 기반으로 나타났기 때문입니다. 참고로 요하遼河
지역은 까오리국과 고조선의 문화영역이 중첩되는 곳으로 추정됩니
다. 이 지역이 바로 오늘날 큰 관심의 대상이 되고 있는 홍산문화권紅
山文化圈입니다.

　부여와 고구려의 갈등은 기본적으로는 부여계 내부의 분열에 따
른 정치적 갈등이라고 할 수 있습니다. 그러나 좀 더 깊이 들여다보
면, 고구려 내부의 경제사정(식량사정)과도 관련이 있을 것으로 추정됩
니다. 쉽게 말해서 고구려의 열악한 경제조건이 부여, 나아가서는 중
국 대륙 정부와의 갈등을 초래했다는 것입니다. 이 점은 기마민족 국
가들의 공통된 특성 가운데 하나라고 할 수 있습니다.

　진수의 『삼국지』에서는 고구려에 대해 "좋은 밭이 없어 농사를 지어도 식량이 부족하며, 성질이 사납고 약탈과 침략을 좋아한다"[15]고 했습니다. 즉 고구려의 식량사정이 매우 열악함을 말하고 있습니다. 『남사南史』에서는 "고구려 사람들은 흉폭하고 성질이 급하고 노략질을 좋아하며 그 풍속은 음란하여 형이 죽으면 형수를 취한다"[16]고 했습니다. 노략질을 좋아한다는 것은 그만큼 경제환경이 나쁘다는 말이 됩니다. (형이 죽으면 형수를 취하는 것도 경제적 원인으로 보아야 합니다.)

결국 고구려는 만성적인 식량 부족으로 인한 약탈과 침략전쟁이 불가피했을 것입니다. 이에 비하면 부여는 북만주에 위치하지만 넓은 평원 지역으로 농업과 목축을 동시에 할 수 있었습니다.

고구려는 산악지대여서 식량문제가 심각하여 자주 굶는 것으로 기록되어 있습니다. 따라서 고구려는 일찍이 전쟁을 통한 식량의 확보라는 국가정책 방향을 선택할 수밖에 없었을 것입니다. 이는 고구려가 동북아의 패권국가霸權國家로 성장할 수 있는 배경이 되었겠지만, 인근한 부여로 봐서는 고구려로 인하여 국가위기가 상존하는 상황이 됩니다. 결국 부여는 친한정책親漢政策의 카드를 집어들었고 고구려는 독자노선을 걸었는데 이것은 결국 코리족(쥬신족)의 분열과 적대를 초래한 것입니다.

이상의 논의로 보면, 고구려와 부여의 대립은 실제로 경제사정과 밀접한 관련이 있었을 것입니다. 이제는 그 갈등이 구체적으로 어떻게 나타났는지를 살펴봅시다.

---

15 『三國志』「東夷傳」.

16 "人性凶急喜寇 其俗好淫 兄死妻嫂"(『南史』「列傳 東夷 高句麗」).

고구려와 부여, 끝없는 전쟁의 시작

같은 계열의 민족이 이룩한 국가라도 각자가 처한 이해관계에 따라서 서로 적대적인 경우가 많습니다. 쥬신도 예외는 아닙니다. 가장 대표적인 경우가 고구려와 부여, 한국(고구려·신라계: 반도쥬신)과 일본(부여계: 열도쥬신), 요나라(거란)와 몽골 등입니다(요나라와 몽골은 모두 몽골쥬신으로 분류됩니다).

『후한서』에 "부여왕은 아들을 보내어 조공을 바쳤다. 소당燒當과 강족羌族이 반란을 일으켰다. 건광 원년 춘정월에 유주자사 풍환이 두 군의 태수를 거느리고 고구려와 예맥을 토벌하려했지만 이기지 못했다"[17]라는 기록이 있습니다. 이 기록은 매우 아이러니한 측면이 있습니다. 부여·고구려는 모두 예맥의 국가인데 부여는 한족과 친밀한 관계를 유지하고 있고, 고구려와 일정한 국체를 가지지 않은 예맥은 한족과 적대관계에 있습니다. 유독 부여는 한족과 돈독한 관계를 오래 지속했습니다. 이것은 고구려의 세력 확장으로 인한 불가피한 선택이었다고 추정됩니다.

또 『후한서』의 "겨울 12월, 고구려·마한·예맥 등이 현토성을 포위했다. 부여왕이 아들을 보내어 주군과 힘을 합쳐 이를 물리쳤다"[18]는 기록도 부여의 외교 및 국방전략이 광범위한 예맥의 국가나 부족국가 등과 다르다는 것을 보여줍니다. 무엇보다도 부여로부터 파생된 고구려 세력, 즉 부여의 신진세력(고구려계)과 보수세력(부여계) 간의 갈등(또는 원주민과 이주민의 갈등)이 얼마나 심각했는지를 보여주는 한 단

---

[17] "是歲, 郡國二十三地震. 夫餘王遣子詣闕貢獻. 燒當羌叛. 建光元年春正月, 幽州刺史馮煥率二郡太守討高句驪, 穢貊, 不克"(『後漢書』 卷5 「孝安帝紀」).

[18] "冬十二月, 高句驪, 馬韓, 穢貊圍玄菟城, 夫餘王遣子與州郡并力討破之"(『後漢書』 卷5 「孝安帝紀」).

면일 것입니다.

이와 같이 쥬신의 역사에서 가장 심각한 문제 가운데 하나는 이 고구려와 부여의 갈등이 1,000년 이상 계속되는 동족상잔의 뿌리라는 것입니다. 그것을 단적으로 증명해주는 것이 부여왕들과 반도부여, 그러니까 백제왕들의 전사戰死 기록입니다. 이 부분은 『대쥬신을 찾아서』에서 상세히 검토된 것이지만, 여기서 잠시 반도부여(백제) 부분만 간단히 보고 넘어갑시다.

대체로 전쟁이 일어나도 국왕이 전사한 경우는 많지 않습니다. 묵시적으로 왕을 죽이는 것은 서로 피하는 측면이 있기 때문입니다. 그렇지만 고구려나 백제의 역사적 갈등 속에서는 전쟁 중에 국왕이 피살당하는 경우가 종종 나타나고 있습니다. 예를 들면 반도부여(백제)의 책계왕責稽王(재위 286~298년)은 고구려가 대방군을 공격했을 때 군사를 보내 대방을 도운 까닭에 피살당하고, 분서왕汾西王(재위 298~304년)도 낙랑태수의 자객에 의해 살해됩니다.[19]

이에 맞서 반도부여(백제)의 복수전도 치열하게 전개되는데 반도부여(백제)의 근초고왕近肖古王이 고구려의 고국원왕故國原王을 죽이자 후일 장수왕이 도성을 함락하여 개로왕蓋鹵王(재위 455~475년)을 살해하는 등 끝없는 복수전이 펼쳐집니다. 대체로 부여가 고구려에 밀리는 형국입니다. 부여는 고구려에 비하여 상대적으로 전투력이 약했다는 것을 알 수 있습니다.

세대를 이어 끝없이 이어지는 적대감 속에서 고구려는 부여적인 특성을 버리고 다시 코리(까오리)로 회귀합니다. 부여는 물론 고리국

---

19 『三國史記』 「百濟本紀」.

154

Proto-Korea과 사이가 좋지 않으니 그곳에서 뛰쳐나와 새 나라를 건설했을 것이고 그 이름도 코리어Proto-Korea를 거부하고 새로이 부여 Buyou라고 했을 것입니다. 그런데 이 부여의 일파 또는 신흥세력(또는 부여계 유이민)인 고구려도 부여와는 사이가 좋지 않아서 부여에서 나와 새 나라(Old-Korea)를 건설했을 것입니다. 그런데 그 이름을 고구려(고려)라고 한 것은 자신들이 고리국의 정통성을 가졌다고 주장하는 것이 오히려 부여를 제압하는 데 명분이 되기 때문입니다.

부여와 고구려, 이 두 나라는 치열한 경쟁관계를 형성하면서 끝없이 투쟁했으며 그 결과 부여는 쑹화강(북부여: 원부여)→장백산(동부여)→요동부여(위구태, 울구태의 부여)→반도부여(남부여, 백제)→열도부여(일본) 등으로 확장 또는 남하해 갑니다. 이 부분은 『대쥬신을 찾아서』에서 상세히 검토했기 때문에 생략하도록 하겠습니다.

참고로 1970년대 김철준 교수는 한국의 상고사를 독자적 단위세력집단으로서 존재한 부여족의 분열과 이동이라는 측면에서 파악한 예가 있습니다. 즉 북부여北扶餘는 쑹화강 유역의 부여扶餘로, 동부여東扶餘는 동예東濊로, 남부여南扶餘는 백제百濟로 파악한 것이지요.[20]

여기서 한 가지를 더 지적하고 넘어갑시다. 한자로 쓰면 부여나 고구려는 전혀 다른 말 같지만 실제로는 크게 다른 말이 아닙니다. 부여는 불fire 또는 태양, 하늘에서 나온 말이고 까오리는 골(나라)에서 나온 말이지만 일부 학자들은 고高가 바로 하늘 또는 태양을 의미한다고 주장하고 있습니다. 즉 하늘이나 태양을 의미하는 불fire 또는 고高라

---

20 金哲埈, 「韓國古代政治의 性格과 中世政治思想의 成立過程」, 『東方學志』 10(1969); 金哲埈, 「百濟社會와 그 文化」, 『武寧王陵發掘調査報告書』(1973).

는 말에다 무리를 의미하는 여黎 또는 여與가 조합되어 고려나 부여가 나왔다는 것입니다(불+여=불여>부여, 골[고]+여=고려: 박시인 선생, 양주동 선생 등의 견해). 물론 현재까지의 연구를 보면 까오리는 고을Village, 굴Cave, 나라 Country 등을 의미하는 말로 추정됩니다만, 오랜 세월 동안 한자를 상용하면서 이 같은 조합들이 나온 것으로 볼 수도 있습니다. 결국 부여나 고구려나 태양을 숭배하는 천손족의 나라라는 것은 변함이 없습니다.

부여계 토착화의 진통

부여계는 장기간 토착화되어 고대국가를 만들어간 신라와는 달리 여기저기로 이동했기 때문에 토착민들과 원만한 관계를 유지하기 어려웠던 것으로 판단됩니다. 이러한 점들에 대해 기록이 많이 남아 있는 반도부여를 중심으로 살펴보겠습니다.

첫째, 반도부여의 정치제도는 토착적인 성격이 약한 대신 중국식의 세련된 제도에 기반하고 있습니다. 즉 토착적인 고구려나 신라의 제도와는 달리, 반도부여(백제)의 관제나 군제는 중국 고전인『주례周禮』를 바탕으로 한식漢式의 우아함을 기조로 하고 있습니다.[21] 이것은 다른 한편으로는 토착세력과 부여계 사이에 위화감을 조성했을 가능성이 큽니다.

둘째, 부여계는 반도부여 지역의 지역세력들이나 호족들을 흡수·통합하는 데 적극 대처하지 못한 것으로 보입니다. 반도부여의 조정은 각 지역 세력의 수장층首長層을 통해 성과 읍을 통제하는 간접지배

---

21 백제문화사대계 연구총서 1,『백제사총론』(충청남도 역사문화연구원: 2007), 15쪽.

방식에 만족했습니다. 후에 전국에 22개의 담로를 설치하여 왕족을 보내 다스리다가 538년 사비(부여)로 천도한 뒤 비로소 전국을 5방으로 나누어 방方-군郡-성城 체제를 확립합니다. 이 분야의 연구가들은 백제의 체제가 대체로 "군사적 성격이 현저하게 강한" 군정軍政에 가까웠을 것으로 진단합니다.[22] 따라서 지방의 호족들이나 토착민들과의 관계가 원만했다고 보기 어려운 점이 있습니다.

셋째, 반도부여는 대륙에서의 역사적 경험과 전통을 바탕으로 국제정치의 역학관계나 외교에 많은 노력을 기울인 반면, 내정에는 다소 소홀했던 것으로 추정됩니다. 즉 부여계는 한편으로는 중국 외교에 많은 공을 들이고, 다른 한편으로는 반도나 열도를 개척해 잃어버린 만주대륙을 대신하는 거대한 제국을 꿈꾸었기 때문에 지역적인 개발이나 토착화에는 소홀할 수밖에 없었을 것입니다.

이런 까닭에 반도부여의 제왕들은 시해되는 경우가 많았습니다. 한성 시대에도 여러 왕들이 천수를 다하지 못하고 고구려군이나 첩자들에 의해 시해되었으며, 토착민들과도 상당한 갈등이 있었던 것으로 추정되는 설화들이 있습니다.

그리고 웅진 시대에는 다섯 명의 국왕 가운데 무령왕이 천수를 누린 거의 유일한 왕이었습니다. 문주왕과 동성왕은 각각 권신들에 의해 시해되었고, 문주왕의 어린 아들인 삼근왕(재위 477~479년)도 의문사를 당합니다.

결국 부여는 고구려와의 대립과정에서 한족漢族과의 통교를 통하여 쥬신의 고유문화에 보다 발전된 문화를 흡수하는 한족화漢族化 정

---

22 백제문화사대계 연구총서 1, 앞의 책, 50쪽.

책을 시행한 반면, 고구려는 까오리의 전통을 중시하여 반한족적反漢族的 정책을 시행합니다. 그러므로 이 두 나라는 결코 화해할 수 없는 길로 갔습니다. 끝없는 동족상잔의 비극노 태동하고 있는 것입니다.

반도쥬신(한국)의 사학계에서는 백제가 3세기 중엽 고이왕 때에 연방제의 성격을 지닌 초기 고대국가를 성립시키고 4세기 후반 근초고왕 때에는 중앙집권화에 성공하여 성숙한 고대국가로 발전했다고 보고 있습니다.[23] 그러나 이 같은 논리의 문제점은 고이왕과 근초고왕을 전후로 한 역사적인 단절을 무시했다는 데 있습니다. 백제라는 나라가 자체적인 권력을 바탕으로 강대국으로 성장해갔다는 것인데, 앞서 보았듯이, 이 점은 역사적 사실로 보기 어렵습니다.

근초고왕이 활약하던 4세기 한반도와 열도의 상황을 보면, 한반도 남부는 반도부여(백제), 신라, 가야(가라) 등으로 분열되어 있었고, 일본 열도 특히 기나이畿內 지역에는 강력한 정치권력이 형성되지 못했습니다. 이 틈을 비집고 들어간 것이 바로 근초고왕 계열로 추정됩니다. 당시 근초고왕계는 가야계와의 연합을 통하여 일본 열도로 진출했던 것으로 보입니다. 이것이 『일본서기』에 나타난 진구神功 황후의 실체이자 에가미 나미오江上波夫 교수가 말하는 '기마민족'의 실체입니다. 그리고 이 점은 앞으로 지속적으로 상세히 분석하고 검토할 것입니다.

이제 부여에 대해서 진지하게 생각해봅시다. 우리가 '주몽'을 소재로 한 소설이나 드라마에서 주몽이 부여 왕자들에게 일방적으로 당

---

23 김태식, 「4세기의 한일관계사」, 『한일역사 공동연구보고서 1』(한일역사공동연구위원회: 2005), 50쪽.

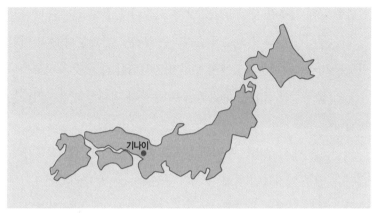

도 17 | 기나이 지역

하고 쫓기는 장면을 보면서 분노한 것에 대하여 냉정하게 다시 생각해 볼 필요가 있습니다.

부여의 입장에서 보면 고구려의 건국은 용납하기 힘든 일입니다. 그리고 부여는 긴 시간을 한족과의 연합을 통하여 국가의 생존전략을 모색했는데 이것은 부여로서는 불가피한 선택이었습니다. 부여는 한족과의 연합을 통하여 국체를 유지하기 위해 안간힘을 썼습니다. 그렇다고 한족으로 동화하려고 했던 것은 분명히 아닙니다. 이후 반도부여가 중국대륙의 한족 정권과 끊임없는 교류를 통하여 이루고자 했던 목표는 바로 고구려의 남하를 저지하는 것이었습니다. 그렇게 부여의 정체성을 사수하는 것, 그것이 바로 국가의 목표였던 것입니다. 이 점은 앞으로 지속적으로 분석할 것입니다. 부여는 어떤 의미에서 쥬신의 하이테크(귀금속 및 청동 제련술) 문화를 기반으로 한족의 고급 농경문화를 가장 효과적으로 받아들여서 한국인들 가운데 가장 찬란한 문화를 이룩한 국가로 평가할 수 있습니다. 이들이 한족의 국가나 문화를 맹목적으로 추종하려 하지 않았다는 것은 결국 당나라와의 연합을 끝내 거부한 사실에서도 알 수 있습니다. 물론 신라와 당나라의 친연성이나 신라의 외교적 승리라는 부분을 간과할 수는 없지만 반도부여(백제)의 멸망과정에서 우리가 인식해야 하는 것은 반도부여(백제)의 궁극적인 목표는 찬란한 부여 문화와 정체성의 유지였다는 것입니다.

이런 의미에서 우리는 부여의 문화를 좀 더 깊이 인식할 필요가 있습니다. 일부 학자들에 의해, 부여가 쥬신(범한국인)의 나라였던 은殷나라의 문화를 그대로 계승했다는 연구 결과가 책으로 발표되기도 했습니다. 부여의 문화는 찬란한 한국인의 금속문화와 고도의 한족 농경문화의 결합체임을 새롭게 인식하는 계기로 삼아야 할 것입니다.

지금까지 범부여사, 즉 한일고대사 이해를 위한 가장 기본적인 내용들을 간략하게 정리했습니다. 이 글 전체의 서론은 끝이 난 셈이지요. 이제부터 부여계가 어떤 식으로 한반도와 일본 열도에 정착해 갔는지를 살펴볼 것입니다. 먼저 부여계의 정착과정을 통시적으로 살펴보고 난 뒤, 구체적인 사항들을 하나씩 면밀히 분석할 것입니다.

7장 압록강을 건너 한강으로

들어가는 글 **어디로 가는가 구름들이여**

푸른 염소를 부르네–歌

수만 나비의 강물, 붉은
하늘 너울거리며 날아가는
이름받지 못한 말들
들리지 않는 노래 저
뭉글거리는 구름의 시간들

오, 아무에게도 말 걸지 못한 하루
유리로 만든 빌딩 아래
나 푸른 염소를 부르네
돌아갈 처소도 없이 환유의 거리

아무도 나에게 말 걸지 않는
길 위에서 나 노래하네

이팝나무 흰 가로수 아래
나 뭉글거리며 푸른 염소를 부르네
내 사랑했다고 믿었던 그 모두는
수만 나비의 시간이었으니
어디로 가는가 구름들이여
어디로 가는가 구름들이여.

* 출전: 노태맹 시집 『푸른 염소를 부르다』(2008)

부여의 세 차례 남하

부여는 세 차례에 걸쳐 한반도로 남하합니다. 제1차 남하는 고구려 건국기를 즈음한 것으로 부여 일부의 소수 세력이 남하한 것으로 보입니다. 이 세력이 한강 유역에 정착한 소국 백제伯濟로 추정됩니다.

제2차 남하는 고이왕 계열에 의해 일어납니다. 즉 3세기 초·중엽에 요동 지역의 부여는 극심한 국가적 위기에 봉착하자 주요 세력들이 남하하여 반도부여의 기초를 세운 것입니다. 이때의 주체세력이 부여왕 울구태로 고이왕으로 추정되며, 그가 바로 백제의 건국자로 등장합니다.[1]

제3차 남하는 4세기 초로 이때는 동호계의 선비가 강성해지면서 부여가 만주에서 큰 핍박을 받게 되자 근초고왕(재위: 346~375년) 계열이 한반도로 대거 남하한 것으로 보입니다. 그래서 근초고왕 시기에는 만주에서 백제의 활동이 사라지고,[2] 백제는 한반도(전라도·낙동강·황해도)에서 왕성한 정복활동을 전개합니다.

더욱 주목할 만한 일은 이 시기(4세기)부터 7세기 초까지 일본에서 이전과는 달리 대규모의 고분古墳들이 출현한다는 것입니다. 일본의 사학자들은 근초고왕 24년(369년)에 일본의 야마토 정부가 신라와 가야를 정복하고 미마나任那라는 식민지를 경영하기 시작했다고 주장합니다. 그런데 이 시기의 야마토 정부는 실체가 없어 결국 가야를 정벌한 주체도 근초고왕임을 알 수 있습니다. 이 부분은 다음 장에서 상세히 해설하겠습니다.

---

1 김운회, 『대쥬신을 찾아서 2』(해냄: 2006), 48~90쪽.
2 이도학, 『새로 쓰는 백제사』(푸른역사: 1997), 102쪽.

이 시기에 야마토 정부가 한반도의 남부 지역을 경략했다는 내용은 『일본서기』 진구 황후 49년 조에만 나옵니다. 그 내용은 진구 황후가 근초고왕에게 명하여 한반도 남부 지역을 공략하는 것인데 진구 황후가 실존인물이 아니고 이 시기의 야마토 왕조도 실체가 없는 상태이기 때문에 결국 이 시기에 한반도 남부 및 열도를 경략한 사람은 바로 '근초고왕-근구수왕'이라고 보아야 합니다.

한 가지 분명한 사실은 3세기 후반(266년)부터 5세기 초(413년)까지 신뢰할 만한 사서에는 일본 열도에 대한 역사적 기록이 전혀 없다는 것입니다.[3] 그래서 일본 역사에서 4세기는 '수수께끼의 세기'이며, 흔히 '수수께끼의 4세기'라고도 합니다. 3세기의 일본에 대해서는 『삼국지』 등에 의해, 또 5세기의 일본에 대해서는 『송서宋書』 「이만전夷蠻傳」 등에 보이는 '왜倭의 5왕' 기사 등에 의해 어느 정도 그 실상을 짐작할 수가 있지만 4세기의 일본에 대해서는 문헌 기록을 찾을 수 없습니다.[4]

한편 4세기 일본의 역사를 나타내는 것으로서, 일본 국내에서 이

---

[3] 고대사에 관한 한 유력한 사서들인 중국의 25사에서 266년부터 413년까지의 약 150년 간은 왜에 관한 기사가 전혀 보이지 않는다. 다만 앞서본 대로 광개토대왕비에서 4세기 말부터 5세기 초에 걸쳐 왜에 관한 기록들이 보이고 열도쥬신(일본)의 가장 유서 깊은 신사인 이소노카미 신궁(石上神宮)의 칠지도(七支刀)에 4세기 후반의 백제왕과 '왜왕'의 교류가 기록되어 있다. 이런 점들을 감안한다고 하더라도 260년대부터 360년대까지 거의 1세기 동안 문자로 기록된 사료에 왜에 관한 기사가 보이지 않는다. 山尾幸久,「日本古代王權の形成と日朝關係」,『古代の日朝關係』(塙書房: 1989).

[4] 참고로 『삼국사기』를 제외하면 3세기 후반의 반도부여, 야마토, 신라에 대한 기록이 잘 나타나지 않는다. 예를 들면, 왜(倭)의 경우는 266년을 마지막으로 이후의 기록이 없고 신라의 건국과 밀접한 관계가 있는 것으로 보이는 진한(辰韓)에 관한 최후의 기사는 286년에 서진 왕조에 사신을 보내어 조공했다는 것이다("遣使朝貢"『晉書』「辰韓傳」). 그리고 마한의 경우는 290년에 서진의 동위교위(東夷校尉)에 이르러 헌상했다고 하는 것이다(『晉書』「馬韓傳」).

루어진 고분의 발생과 그 발전에 관한 고고학상의 연구들이 있습니다. 4세기의 일본은 바로 전기고분前期古墳이 축조되던 시대로서, 야마토를 중심으로 규슈九州 북부에서부터 간토關東 지방에 이르기까지 거의 전국으로 확대되었음을 확인할 수 있습니다. 물론 4세기에 축조되었다고 생각되는 고분의 수는 그리 많지 않습니다. 그러나 그 형태나 부장품의 공통점으로 보아, 이러한 고분 축조의 확대는 이 수수께끼의 세기에 야마토를 중심으로 하는 어떤 광역적 질서가 착실하게 진행되고 있었음을 말해줍니다.[5]

야마오 유키히사山尾幸久 교수는 일본의 4세기 역사 연구가 까다로운데, 그 이유는 무엇보다 이 시대에는 고분의 출현과 전파라는 독립된 현상이 있어서 고고학 자료와 부합되어야 하고 3세기 중반과 5세기의 중국 측 사료와 모순되어서는 안 되기 때문이라고 토로합니다.[6] 매우 타당한 말입니다.

260~360년에 이르는 시기를 4세기로 본다면, 이상하게도 이 시기에 주요 사서에 일본에 관한 기록이 전혀 없다는 사실은 무엇을 말하는 것일까요? 사에키 아리키요佐伯有淸가 '신비의 4세기'라고 한 이 시기는 두 가지 가능성이 있습니다. 하나는 반도부여·열도부여가 구분할 수 없는 하나의 국체를 가지고 있었거나 다른 하나는 열도부여(일본)가 극도로 혼란한 정벌전의 상태, 혹은 호족들 간의 각축 상태(또는 호족들 사이의 권력적 균형 상태)에 있었기 때문에 제대로 된 조공이나 국제관계 또는 국제협력을 맺을 수 없었다는 것입니다.

---

5 西嶋定生,「四-六世紀の東アジアと倭國」,『日本歷史の國際環境』(東京大學出版部: 1985).

6 山尾幸久, 앞의 논문.

일본에서는 이 신비의 4세기에 대한 연구가 불가능하니 고분 연구에 매달릴 수밖에 없다고 하는데 그것은 잘못입니다. 고분 연구는 단지 이 같은 상황을 증명해주는 도구에 불과합니다. 부여계가 열도에서 세력 확대를 위한 정벌전을 지속적으로 단행하고 있었고, 이 시기가 어느 정도 완료되고 국체가 다소 안정되면서 다시 기록들이 정비된 것입니다. 역사적 기록이 없다는 것은 그 역사를 담당하는 일정한 정도의 틀을 갖춘 고대국가가 없었다는 말입니다. 그러나 이 시기 후반, 즉 4세기경에 규슈부터 세토나이카이瀬戸內海, 기나이畿內 등에 걸쳐 전방후원분前方後圓墳이라는 묘제가 출현하고 있습니다. 그래서 이 부분을 꼭 짚고 넘어가야 합니다.

일본에서는 4세기에서 7세기까지를 '고분 시대'라고 합니다. 이 시대는 기록이 없으므로 고분으로 역사를 추적하는 방식으로 연구를 해야 합니다. 일본의 고분 시대는 크게 전기와 중기, 후기로 나눠지는데 전기는 3세기 후반~5세기 전반으로 소국연맹체, 5세기 후반~7세기 말까지는 초기 고대국가로 보고 있습니다.[7] 다만 여기서 말하는 소국들 가운데는 부여계와 같이 이미 고대국가의 틀을 완성한 민족의 이동도 있었습니다. 부여계가 여러 종류의 호족들과 연합·대립·항쟁하면서 열도에 뿌리를 내려가는 과정이 야마토 왕조의 역사라고 할 수 있습니다.[8] 4세기 후반 가야 지역의 유적과 유물 가운데 김해

---

[7] 노중국,「5세기의 한일관계사」,『한일역사 공동연구보고서 1』(한일역사공동연구위원회: 2005), 234쪽.

[8] 일본의 고분 시대(古墳時代)는 전기(300년경~375년)·중기(375~475년)·후기(475~650년)로 나눠지는데 이 시기는 그대로 반도부여의 왕조 변화와 맥을 같이 한다. 즉 전기(300년경~375년)는 근초고왕(346~375년)대까지의 대대적인 정복사업기와 일치하고, 중기(375~475년)는 근구수왕에서 개로왕에 이르는 시기(375~475년)와 일치하는데, 이 시기를

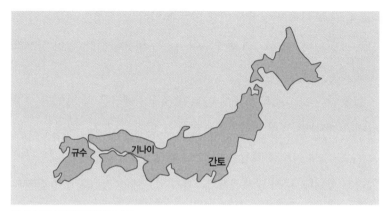

도 18 | 기나이 지역과 간토 지역

대성동 13호분과 2호분의 것은 상대적으로 그 규모가 크고 수준이 가장 높으며 여기에서 출토된 왜계倭系 유물들은 왜와의 교류를 보여 주는 증거이기도 합니다.[9]

일본 고고학계에서는 3세기 후반 또는 늦어도 4세기 초에 일본 열도에서 전방후원분을 공유하는 연합정권이 성립되었다고 보는데, 이를 전방후원분체제前方後圓墳體制라고 하기도 합니다. 전방후원분의 분포 상황이나 규모를 볼 때, 오사카大阪평야나 나라奈良분지가 중심이고 그 주변 지대에는 규모가 비교적 작은 전방후원분이 있습니다.[10]

그러나 『송서』에 나타난 왜왕의 상표문을 토대로 보면, 왜는 대체로 5세기, 즉 430여 년경부터 460여 년경에 야마토 왕조에 의해 간사

반도쥬신의 사가들은 '한성백제 시대'로 부르고 있다. 후기(475~650년)는 반도부여의 문주왕에서 의자왕에 이르는 시기(475~660년)로 반도쥬신 사가들은 '백제의 웅진·사비 시대'로 부르고 있다.

9 김태식, 『미완의 문명 7백년 가야사 1』(푸른 역사: 2002), 137~144쪽.

10 김태식, 「4세기의 한일관계사」, 『한일역사 공동연구보고서 1』(한일역사공동연구위원회: 2005), 27쪽.

이關西-규슈 지역의 정치적 연맹 또는 통일이 어느 정도 이루어진 것으로 보입니다. 이 시기의 반도부여(백제)는 비류왕-개로왕이 다스리고 있었습니다.

그동안 열도(일본)의 연구에 따르면, 5세기 왜국은 각 지역의 수장들에 의해 공립共立된 연합정권으로서 그 범위는 규슈 중부로부터 간토關東 지역에 이르며 왜왕은 바로 이 연합정권을 대표하는 대수장이었다고 합니다. 다시 말해서 5세기까지 열도에는 강력한 중앙집권체제가 구성된 것이 아니라 여러 소국들이 있는 가운데 야마토 정권이 비교적 우위에 있는 형태였다는 말입니다.

그러다가 5세기 중엽 이후에 이르면 기나이를 중심으로 한 야마토 정권이 점차 일정 한계 내에서 초월적 지위를 가지게 됩니다. 바로 이 시기에 반도부여의 개로왕이 피살되고 반도부여(백제)는 멸망(475년)합니다. 그런데 반도부여가 열도의 지원으로 국가를 재건을 하는 것으로 보아, 열도에도 상당한 부여계가 뿌리를 내리고 있었음을 알 수 있습니다. 이 시기에 매우 중요한 인물이 등장합니다. 바로 의문의 인물, 개로왕의 아들인 곤지 왕자입니다. 곤지 왕자는 가장 많은 의문과 비밀을 가진 인물로, 이 곤지 왕자를 잘 분석하면 부여 역사의 절반을 푼 것이나 다름이 없습니다.

저는 『대쥬신을 찾아서』에서 홍윤기 선생의 견해를 인용하여 곤지왕의 손자들이 반도부여(무령왕)와 열도부여의 왕(게이타이)으로 등극한다고 주장했습니다. 그런데 제 연구의 결과는 이와는 달리 곤지왕의 아들들이 반도부여와 열도부여의 나라님(임금)으로 등극하는 것으로 나타났습니다. 이 부분은 앞으로 충분히 고증하겠습니다.

참고로 열도에서는 게이타이繼體 천황(제26대)을 현재 일본 천황가의 시조로 보고 있습니다. 즉 미즈노 유水野祐 교수는 일본의 황실은 만세일계가 아니라 세 번째 왕조이며, 현재의 천황가는 게이타이 천황에서부터 시작되었다는 '3왕조 교체설'三王朝交替說'을 주장했습니다. 미즈노 유 교수는 스진崇神 천황(제10대)-닌도쿠仁德 천황(제16대)-게이타이 천황으로 세 번의 왕조가 교체되었다고 주장합니다. 이 부분은 곤지왕 편에서 상세히 다루겠습니다.

이 시기 왜왕들의 행적을 비교적 소상하게 알려주는 사서는『송서』입니다.『송서』에는 왜왕이 송나라 황제에 보낸 상표문이 실려 있는데, 여기에서 왜왕들이 "동으로 정벌하고(東征), 서쪽 지역을 복속시켰으며(西服), 바다 건너 북쪽까지 평정(渡平海北)했다"고 표현하고 있는 것으로 보아, 야마토 왕조가 규슈 중부로부터 간토에 이르는 지역의 연합정권을 대표하는 대수장의 지위에서 명실공히 왜왕의 지위를 구축해간 시기라고 할 수 있습니다. 당시 왜왕의 휘(왕의 이름)는 진珍과 제濟로 나타나고 있습니다. 여기서 말하는 왜왕은 일본 고대사 연구의 주요 쟁점 가운데 하나인데 앞으로 충분히 검토하고 분석할 것입니다.

위에서 말하는 바다 건너 북쪽, 즉 해북海北이라는 표현을 두고 일본 측에서는 한반도로 보고 있고, 한국 측에서는 규슈 지역으로 보고 있습니다. 이 부분도 왜 5왕 편에서 상세히 다룰 것입니다.

다시 4세기 초로 돌아가서 부여계의 제3차 남하 부분을 살펴봅시다. 이 시기는 부여가 연나라의 침공을 받아 부여왕 현玄이 잡히고 부락민 5만여 명이 볼모로 잡혀간 시기입니다.[11] 즉 북만주 지역의 부여

---

11 『資治通鑑』卷97「東晉」永和 2年.

는 거의 붕괴 직전의 상황이었습니다. 그래서 부여의 주세력이 한반도로 이주했을 것입니다. 이 부분을 좀 더 구체적으로 보아야 합니다. 즉 부여계의 3차에 걸친 이동을 이해하기에 앞서 당시 동북아시아의 국제적인 정세를 살펴볼 필요가 있습니다. 특히 당시의 국제정세가 어떤 방식으로 부여에 영향을 미쳤는지를 알아야 합니다. 먼저 부여계의 이동에 직접적인 관련이 있는 모용부(일반적으로 선비족)에 대해 살펴본 뒤 모용부와 고구려의 관계를 포괄적으로 검토하고 부여의 입장을 살펴보아야 합니다.

험난한 부여의 여정

『후한서』에는 전연前燕을 건국한 모용부, 즉 모용씨를 선비족이라고 하는데 이것은 민족명이 아니라 다만 선비산鮮卑山에 살고 있어서 선비족이라고 했다는 기록이 나옵니다. 물론 이것은 정상적인 민족명이 아니지요. 선비란 한족의 사가들이 임의로 부른 말인데 계보적으로 본다면, 몽골쥬신으로 보는 것이 타당하고 반도 사학계의 용어로는 동호東胡에 해당합니다. 또는 후에 이들이 스스로 '쉬', '쉬웨이'라고 한 것으로 봐서 예濊에 가까운 이름으로 스스로를 불렀을 수도 있습니다. 쉽게 말해서 고조선계라고 보면 됩니다.

동호계는 선비·오환(오랑) 이후 주로 해奚(현재의 내몽골 지역), 습霫, 실위室韋(현재의 몽골 지역) 등이 있는데[12], 이 한자漢字 말들은 서로 다르게 보여도 발음은 모두 '쉬' 또는 '쇠iron, sun, bird, east'에 가깝게 납니다.

---

[12] 『新五代史』卷74「契丹」;『北史』卷94「奚」.

즉 해奚는 쉬xī, 습飆은 쉬xí, 실위室韋는 쉬웨이shìwéi 등으로 소리가 나므로 범한국인을 의미하는 예濊(쉬) 또는 예맥濊貊(쉬모)과도 별로 다르지 않습니다.

물론 이 발음들이 그 당시에 어떻게 불리었는지에 대해 알기는 매우 어렵습니다. 고대의 운서韻書를 보더라도 그것을 해설한 발음을 알 수 없기 때문입니다. 다만 이 민족을 지칭하는 말들이 하나의 공통된 발음으로 수렴되고 있으므로 그 수렴의 정도를 토대로 이 민족을 부르는 말들을 추정하는 것이지요. 여러분들이 오랑캐로 알고 있는 말갈鞨鞨도 실제 발음은 '모쉬' 또는 '모허'로 나타나 예맥을 거꾸로 부른 말로 추정됩니다. 즉 말갈도 맥예貊濊(허모)의 다른 표현이라는 말입니다. 『신오대사新五代史』는 "해奚는 본래 흉노匈奴의 별종"이라고 하고, 『북사(北史)』는 "해奚는 그 선조가 동호東胡의 우문宇文의 별종"이라고 합니다.

선비족은 2세기경 영걸 텡스퀘이檀石槐에 의해 강력한 세력을 형성했다가 단부段部, 우문부宇文部, 모용부慕容部, 탁발부拓拔部 등의 4개 부족으로 재편되었는데, 이 가운데 모용부와 우문부가 주도권 쟁탈전을 벌였습니다.

참고로 우리가 일반적으로 말하는 거란은 이 선비족 가운데 우문부의 후예들입니다. 우문부는 모용부에 의해 궤멸되었는데 그 후 남은 사람들이 후에 거란으로 불렸습니다. 『위서』에는 "거란국은 고막해庫莫奚의 동쪽에 있는데 고막해와는 동류이다. 고막해의 선조는 동부 우문의 별종이고 처음 모용원진慕容元眞에게 격파되어 송막지간松漠之間으로 달아나 숨었다"고 기록되어 있습니다. 여기서 말하는 송막지간은 시라무렌 이남과 조양朝陽 이북 사이로 현재의 내몽골 지역입니다.

3세기 중반(245년) 위나라 관구검이 고구려를 침공할 때 모용부가 동원되어 고구려와 일전을 벌였고, 이후 3세기 후반(293년경)에는 모용부가 독자적으로 군대를 몰아 고구려를 침입합니다.[13] 이에 고구려는 우문부와 단부 등 나머지 선비족들과 연합하여 모용부를 견제합니다.

4세기 초 서진西晉 말기에 쥬신천하(이른바 5호16국 시대)가 개막되어 만주 지역의 쥬신들이 대거 남하하자 고구려는 이를 틈타 요동·만주 지역에 영향력을 확대했습니다.

341년 모용부의 모용황은 동진으로부터 연왕燕王으로 책봉받고 이 나라를 전연前燕이라고 했습니다. 342년 전연이 고구려를 침입하였는데 이 전쟁에서 고국원왕이 대패했고, 전연은 고국원왕의 어머니를 사로잡아 돌아갑니다. 성공적으로 고구려를 정벌하여 후환을 없앤 전연은 여세를 몰아 중원으로 남하하기 시작합니다. 드디어 352년 전연의 모용준慕容儁은 스스로 황제에 올라 업鄴(현재의 베이징 서남)을 수도로 해 제국을 선포합니다.

그런데 3세기 후반 모용부(전연)의 성장은 부여에게는 치명적인 결과를 초래합니다. 부여는 천 년의 숙적 고구려의 압박과 모용부의 공격으로 국체를 유지하기 힘든 상황이 됩니다. 초기에 위나라-공손연의 갈등이 부여계의 2차 남하를 촉진했다면 고구려-모용부의 압박은 부여계의 3차 남하의 원인이 됩니다. 285년 모용부는 부여를 침략하여 수도를 함락하고 1만여 명을 포로로 잡아갔습니다. 그 뒤 부여는 고구려의 침입을 받아 근거지를 서쪽으로 옮겼지만, 346년(근초

---

13 『三國史記』 봉상왕 2년, 5년.

고왕 재위 1년) 전연의 모용황 군대가 침입하여 부여왕을 비롯한 5만여 명을 포로로 잡아가면서 사실상 궤멸되었습니다. 그 후 부여는 고구려의 보호국이 되었다가 494년 고구려에 완전히 흡수됩니다.

이처럼 3세기 말에서 4세기 중엽까지 부여에게 최악의 상황이 계속되었습니다. 이 무렵 고구려도 모용부 세력에 밀리는 형국이었기 때문에 부여계의 남하를 저지할 수 있는 형편이 아니었습니다. 이 과정에서 부여계의 세력들이 지속적으로 남하했을 것으로 추정됩니다. 이것이 부여계의 3차 남하의 주요 내용입니다.

여기서 생기는 의문은, 남으로 쫓겨 내려온 근초고왕 계열이 어떻게 한반도 중남부는 물론 고구려까지 정벌할 정도의 세력을 가졌는가 하는 점입니다.

이것은 동호계 선비의 움직임과 깊은 관련이 있습니다. 4세기에는 동호계 선비가 강성해지면서 만주에서 고구려와 부여 모두 큰 압박을 받았습니다. 이때 근초고왕 계열이 남하한 것이지요. 만주에서 쫓겨 온 근초고왕계가 신속하게 정벌전을 수행할 수 있었던 것은 고구려의 약화라는 배경이 있습니다. 고구려는 요동 지역에서 세력을 확대하는 과정에서 선비족 전연과의 충돌이 불가피했습니다. 결국 고구려는 320년 선비의 단부段部, 우문부宇文部 등과 연합하여 전연을 공격했으나 실패했고, 화북의 후조後趙와 화친하여 전연을 견제하다가 모용황慕容皝의 공격(342년)을 받아 환도성이 함락되고 왕의 어머니와 수만의 남녀가 포로로 잡혀갔습니다. 이에 고국원왕은 평양성으로 피신(343년)하여 한반도 중북부 일대에서 체제정비를 도모하게 됩니다.

그 과정에서 고구려는 만주를 떠나 한강 유역에 자리잡은 부여계와의 충돌이 불가피했습니다. 고국원왕은 군사 2만으로 남부여계(백제)를 정벌(369년)하려다가 오히려 황해도 치양雉壤에서 패퇴하여 평양 성에서 전사합니다. 이 같이 근초고왕 당시의 고구려는 극심한 외환에 시달려 국력이 많이 약해져 있었기 때문에 근초고왕-근구수왕계는 그 틈새를 이용하여 국력을 키울 수 있었던 것입니다. 고구려는 만주에서 이동한 부여계와 한강 유역 부여계의 연합세력을 과소평가했던 것입니다. 참고로 백제 전문가 이도학 교수에 따르면, 백제의 왕실 교체가 근초고왕 때에 이루어졌다고 합니다. 근초고왕 전후로 백제에 급격한 변화들이 나타났다는 것이지요.

예를 들어, 4세기 후반에 만주 지역의 무덤양식이 한반도 중부에서 느닷없이 나타났고, 근초고왕 이후 고이왕 계열(부여계의 2차 남하 세력)은 백제의 역사에서 완전히 사라집니다. 그리고 백제왕의 성씨가 부여씨夫餘氏로 확실해집니다. 그동안 백제왕의 성씨를 파악하기 어려웠는데 근초고왕 때부터 부여씨라는 것이 확실해졌습니다. 참고로 『진서晉書』에 따르면, 근초고왕의 휘(임금의 이름)는 부여영夫餘暎입니다.

반도부여는 근초고왕대부터 강력한 정복국가의 특성이 나타납니다. 근초고왕은 고구려와의 전쟁에서 승리한 뒤, 동진에 사신을 파견(372년)하여 진동장군령鎭東將軍領 낙랑태수樂浪太守를 책봉받고, 이 시기를 전후로 하여 박사 고흥高興에게 국사인 『서기書記』를 편찬하게 합니다. 이 책은 『일본서기日本書記』에 직접적인 영향을 준 책으로 추정됩니다. 이 같은 일련의 과정들은 이후 나타나는 왜왕들의 행태와 대단히 유사합니다. 마치 할아버지의 모범들을 후손들이 그대로 따르는 듯이 보이기도 합니다.

부여의 남하에 대한 여러 연구

부여계가 한반도로 이주했다는 사실에 대하여 한국의 사학계는 부정하지만, 열도(일본)에서는 부여계의 남하에 대한 연구가 상당히 진행되었고 거의 통설로 받아들여지고 있습니다. 일본 학계에서는 대체로 『삼국사기』의 기록 중 신라의 경우 내물왕(재위 356~402년), 백제의 경우 근초고왕(재위 346~375년), 고구려의 경우 태조왕(재위 53~146년) 이전은 전설 시대라고 하여 인정하지 않습니다. 구체적으로 보면, 신라는 김씨金氏가 왕위를 독점하게 되는 내물왕 이전[14], 반도부여(백제)의 경우 근초고왕 이전 시대를 전설 또는 신화의 시대로 보고 있습니다.[15] 기년조정 문제 등 『삼국사기』의 여러 가지 문제를 감안한다면, 신라에 대한 이러한 견해는 타당할 수도 있지만[16] 부여의 경우에는 분명히 잘못되었습니다.

열도(일본) 학계의 큰 흐름은 만주 지역에서 모용씨慕容氏에게 격파된 부여계가 옥저 쪽으로 피난갔다가 대방으로 진출하여 백제를 건국했거나 한반도의 한족韓族과 연합하여 고대국가 백제를 건설했다는 논리인데 일본에서는 거의 정설이 되어 있습니다.

그러면 이제 이들의 견해와 제 견해가 어떤 점에서 다른지, 이들의 분석의 문제점은 무엇인지를 상세히 살펴봅시다.

부여계의 한반도 남하에 대해서는 일찍이 이나바 이와키치稻葉岩吉가 지적했습니다. 이나바 이와키치에 따르면, 285년경 선비족 모용

---

[14] 신라 제17대 왕. '마립간'이라는 왕의 칭호를 처음 사용했고 이때부터 신라에서 한자를 사용하기 시작했으며 김씨에 의해 왕위가 세습되었다고 한다.

[15] 山尾幸久, 「日本古代王權の形成と日朝關係」, 『古代の日朝關係』(塙書房: 1989).

[16] 이 부분은 『대쥬신을 찾아서 2』, 53~60쪽 참고.

씨의 공격을 받은 부여의 잔여 세력들이 동옥저로 피난하여 정착했다가 4세기 초에 대방 땅으로 들어가서 백제를 건국한 것이라고 추정합니다. 이나바 이와키치는 그 근거 가운데 하나로 위례성慰禮城을 들면서 위례라는 말이 만주어의 우라江城에서 나온 말이 아닌가 추정했습니다.[17]

그런데 이 분석에는 두 가지 문제가 있습니다. 하나는 고이왕, 즉 부여왕 울구태에 대한 연구가 부족하다는 점이고 다른 하나는 대방을 무조건 황해도라고 생각했다는 점입니다. 즉 이 당시는 고이왕(재위 234~286년) 말년에 해당하는데 고이왕은 대방 땅으로 들어가서 백제를 건국한 것이 아니라, 이전에 대방 땅에서 요동부여(또는 남부여)를 건설했다가 공손씨의 몰락과 함께 한반도 쪽으로 남하해갔다고 보는 것이 더 타당합니다. 설령 이때 요동부여가 건설된 대방이 황해도라고 해도 그 원인은 모용씨의 공격을 받아서라기보다는 이전에 위나라 명제明帝의 명을 받은 사마의와 관구검에 의한 공손씨 토벌이 그 이유라는 것입니다. 이 점은『대쥬신을 찾아서』를 참고하기 바랍니다.

부여계 역사에 대한 가장 주목할 만한 견해는 열도 사학계에서 만주사의 토대를 구축했던 시라토리 구라키치白鳥庫吉의 주장입니다. 시라토리 구라키치는 대표적인 식민사학자 가운데 한 사람입니다. 그는 4세기 초 동북아시아에서 고구려가 낙랑과 대방에서 한족漢族을 몰아냈고 전연을 건설한 모용씨가 크게 성장하여 주변을 압박한 사실에 주목합니다. 이 과정에서 부여계가 대이동을 했으며, 이 대이동으로 인해 한반도에서도 씨족제도clan system에 기반했던 백제伯濟가

---

17 稻葉岩吉,『朝鮮滿洲史』(平凡社 世界歷史大系 11: 1935), 52쪽.

고대국가 백제百濟로 발전하게 되었다는 것입니다. 즉 4세기 초까지만 해도 한반도의 백제를 포함한 삼한은 씨족제도 수준에 불과했는데 부여계의 대이동에 의해 고대국가로 탈바꿈했다는 말입니다.

이 주장을 구체적으로 살펴봅시다. 시라토리 구라키치의 주장에 의하면, 285년 모용씨에 의해 큰 타격을 받은 부여 왕가의 일족이 옥저(현재의 함흥 지역)로 피난갔다가, 313년 대방군이 축출되자 주변의 예맥과 함께 서진하여 대방을 점령하기 위해 국제전쟁에 참가했는데 이때 한반도에서 북상한 강력한 세력인 백제 걸사乞師의 요청을 받고 이들을 구원하고 연합하여 통일국가 백제를 형성했다고 합니다.

부여족이 새로운 국가의 지배층을 형성했고 삼한의 한족韓族들은 피지배층이 되었다는 것입니다. 평화적인 정권교체였음은 백제라는 나라이름을 그대로 유지한 것에서 알 수 있다고 합니다.[18]

전체적으로 타당해 보입니다. 그러나 가장 큰 문제는 당시 한강 유역의 백제伯濟를 과대평가했다는 것과 부여계의 이동을 대방군의 점령이라는 사건과 연계한 것입니다. 시라토리 구라키치는 당시 삼한 지역에서 절대강자였던 백제가 부여족과 연합했다고 하는데 이것은 잘못된 견해입니다.

왜냐하면 당시에는 백제의 존재가 드러나지 않았으며 설령 백제가 있었다 해도 수많은 소국 가운데 하나일 뿐이었고, 그 이름 또한 백제伯濟로 기록되어 있기 때문입니다.[19] 그러니까 한반도의 미약한 소국들 가운데 절대강자는 만주에서 이동한 부여계였습니다. 그들은

---

18 白鳥庫吉, 「百濟の 起源について」『白鳥庫吉全集 3』(1970) 485~499쪽.

19 『三國志』 「東夷傳」.

한때 공손연과 더불어 중원을 도모했던 사람들이고『후한서』와『삼국사기』에 따르면 이들 요동 지역의 부여계는 당시로서는 고대국가로서도 대규모인 2만여 명 이상의 군대를 동원할 수 있었던 사람들입니다.『삼국사기』(태조대왕 69년)는 "부여왕의 아들 위구태가 군사 2만을 이끌고 한나라 군대와 연합하여 (고구려를 공격하니) 고구려가 대패했다"라고 기록하고 있습니다.

또 시라토리 구라키치의 분석에서 대륙의 급변하는 국제정세에 한반도 남부의 정치세력들이 지나치게 민감한 반응을 보인다는 것도 문제입니다. 그뿐만이 아니라 고이왕 계열의 부여계의 남하는 공손연의 몰락과 관계된 것이지 모용씨와 관계있다고 보기는 어렵습니다. 더구나 대방군의 점령(245년)과 연계시키는 것은 잘못입니다. 시기적으로 너무 늦게 일어난 일이라 맞지 않습니다. (4장 백제는 신화다를 참고하시기 바랍니다.)

모용씨의 타격으로 부여계가 궤멸한 것은 285년으로 고이왕이 서거한 시기와 겹칩니다. 그런데『북사』등에서는 구태(고이왕)를 백제의 건국시조라고 합니다. 그러면 도대체 언제 백제를 건국하여 발전시켰을까요? 고이왕이 한반도로 내려오기 전에 백제는 존재하지 않았습니다. 한반도에는 수십 개의 소국들이 난립한 가운데 이름 없는 백제伯濟만이 있었을 뿐입니다.

여기서 우리가 주목해야 할 부분은 바로 246년(고이왕 12년에 해당) 위나라와 고구려의 요동전쟁입니다. 이 전쟁으로 고구려는 엄청난 타격을 받습니다. 그러나 전쟁의 후반부에서 고구려는 유격전술과 탁월한 전투의지로 위나라군을 몰아냅니다. 이 전쟁은 승자도 패자도 없이 종결되어 압록강에서 요하 지역까지 상당한 힘의 공백상태가

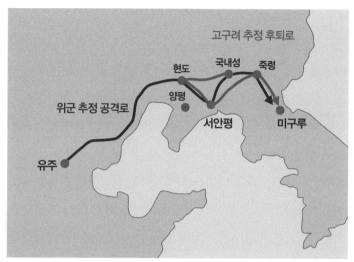

도 19 | 3세기 고구려와 위의 요동전쟁(245년)

나타납니다. 바로 이 때문에 한반도 남부로 내려간 부여계는 상당한 시간적 여유를 벌 수 있었습니다.

　이 시기 부여계의 적은 위나라와 고구려였습니다. 고이왕의 부여계는 이들의 힘이 상대적으로 약화된 틈을 최대한 활용했습니다. 또 다른 수혜자는 선비계의 모용씨입니다. 즉 위-고구려 전쟁으로 양국이 모두 타격을 받은 사이에 모용씨는 강력한 세력을 형성하고 부여계는 국가체제를 정비합니다.

　부여계의 이동에 대한 또 다른 견해를 봅시다. 임나일본부설을 제창하여 한반도가 일본의 식민지였다는 것을 주장한 스에마쓰 야스카즈末松保和는 대체로 제 견해와 흡사합니다. 즉 스에마쓰 야스카즈는 만주에서 대규모 침공을 받고 고립된 부여계가 옥저 지역(현재의 함경도 지역)을 거쳐 마한馬韓의 여러 나라 가운데 하나인 백제伯濟 지역으로 남하하여 머무르다가 마한을 통일했고 이 과정에서 350년경 백제를

건국하게 되었다고 보고 있습니다.[20]

그러나 이 견해의 문제점은 부여계의 이동이 3차에 걸쳐서 일어난 점을 간과하고 있으며 『북사』, 『주서周書』, 『수서隋書』 등에 명백히 구태仇台가 백제를 건설했다는 기록이 있는데 이를 무시한 것입니다.

이상과 같이 백제 건국에 대한 일본의 인식은, 주로 만주에서 모용씨의 세력이 강성해지자 부여계가 이에 쫓겨서 옥저 지역(함경도)으로 피신했다가 한강 유역으로 남하하여 백제국을 건설했다고 보는 것입니다. 이것이 열도(일본) 사학계의 정설로 받아들여지고 있습니다. 또 백제의 건국시기는 모용씨가 제국을 선포한 시기(352년)와 백제가 중국에 조공을 시작한 시기(372년) 사이로 보고 있습니다.[21]

그래서 미즈노 유水野祐 교수는 "백제의 건국 연대는 4세기 전기 근초고왕이 즉위한 346년경이며, 신라의 건국도 356년경"이라고 주장합니다.[22] 열도 사학계는 고구려가 강성해지고 그 세력이 남하하면서 생긴 위기감이나 압박이 백제와 신라의 건국을 촉진했다는 식으로 분석하는 경우가 많습니다.

예를 들어, 이노우에 미쓰사다井上光貞 교수는 "고구려의 남하에 자극되어 늦어도 4세기 중엽에 백제·신라 등의 국가가 형성되었다"라고 했고,[23] 우에다 마사아키上田正昭 교수는 "4세기 초 고구려의 강대화는 조선 남부의 정치세력에도 변동을 주어 제 한국의 지역통합을 자

---

[20] 末松保和, 「新羅建國考」, 『新羅史の諸問題』(1954) 135쪽.

[21] Gari K. Ledyard, "Galloping Along with the Horseriders: Looking for the Founding of Japan," *Journal of Japanese Studies*, Vol.1, No.2(1975), 234~235쪽.

[22] 水野祐, 『日本古代の國家形成』(講談社: 1967), 175쪽.

[23] 井上光貞, 『日本古代國家の研究』(1965), 571쪽.

극했는데, 마한의 통일에 의한 백제 왕국의 출현, 사로국을 중심으로 한 신라 왕국의 건설 등이 그 구체화된 현상"이라고 했습니다.[24]

야마오 유키히사山尾幸久 교수는 고구려의 움직임에 따라 백제·신라·왜에 잇따라 왕권이 성립하는데 백제의 경우 근초고왕 이전까지는 전설의 시대였고, 근초고왕의 치세는 획기적인 것으로 364년에 먼저 가야伽倻의 여러 나라와 교섭을 했고, 366년에는 신라와 국교를 열었으며, 이 해에 가야인과 함께 가야에 있던 왜인이 백제로 갔을 가능성이 있다고 보고 있습니다.[25] 그리하여 사카모토 요시타네坂元義種 교수는 "370년에 마한에 백제가, 진한에 신라가 대두했다"고 합니다.[26]

그러나 이상과 같은 열도 사학계의 분석은 반도 사학계와 마찬가지로 관념 속의 탁상에서 나온 것입니다. 고구려의 남하는 백제의 건국과정과 실제로 아무런 상관이 없습니다. 고구려의 남하는 오히려 열도부여(야마토의 일본)의 건설을 촉진했습니다. 반도부여는 부여계의 이동에 의해 생긴 세력이지 고구려의 남하에 자극을 받아서 생긴 제국이 아니기 때문입니다. 그뿐만이 아니라 이들의 논리대로라면 근초고왕이 백제의 시조인데 시조 때부터 동북아 전체를 변동시킬 만한 세력이 형성되었다는 것은 타당하지 않습니다. 마치 갓 태어난 아기가 큰 칼을 들고 오랑캐 정벌에 나서서 수많은 전공을 세웠다는 식입니다. 백제, 즉 반도부여는 그 이전의 고이왕 때부터 지속적으로 변화·발전해 왔다는 점을 간과한 것입니다. 다만 이 시기를 전후로 왕

24 上田正昭, 『日本古代國家研究』(1968), 119쪽.

25 山尾幸久, 「日本古代王權の形成と日朝關係」, 『古代の日朝關係』(塙書房: 1989).

26 坂元義種, 『古代東亞細亞の日本と朝鮮』(1978), 333쪽.

계에 변동이 있었습니다.

종합하면, 열도(일본) 사학계 논리의 문제점은 ①백제의 시작을 근초고왕을 기점으로 한다는 점, ②부여가 한반도와의 연계를 가진 시기를 근초고왕 이후로 보고 있다는 점, ③모용씨 이전의 변화에 대해 주목하지 않으며 고이왕계가 한반도 방면으로 남하해 온 점을 무시하고 있다는 점, ④일본의 건국과 관련하여 백제의 범위를 지나치게 축소하고 있다는 점 등을 지적할 수 있습니다.

여기서 일본 사학계의 연구태도에서 나타나는 이상한 점을 지적할 필요가 있습니다. 즉 일본 사학계에서는 백제의 기점을 고이왕으로 보면 안 된다는 절박함이 있습니다. 부여계의 남하가 열도부여의 야마토 왕조를 건국한 사실을 인정하면서도 백제의 시작을 굳이 근초고왕으로 본다는 것은 열도부여가 반도부여(백제)를 거점으로 하여 성립되었다는 점을 부정하기 위한 방편으로 생각됩니다. 다시 말해, 설령 야마토 왕조가 근초고왕 또는 개로왕의 후손들에 의해 시작되었다는 점이 궁극적으로 알려진다고 해도, 이들이 열도에 도달한 시기를 근초고왕대로 잡게 되면, 한반도는 부여계가 단지 지나쳐가는 장소에 불과하다는 논리를 펼 수 있습니다. 부여계는 만주에서 열도로 이동하여 일본을 건설했는데, 한반도 지역의 반도부여의 거점이나 지원은 불필요했다는 말입니다. 오히려 열도를 장악한 부여계가 군대를 돌려 한반도를 식민지화할 수 있었다는 논리를 만들어가는 작업이지요.

제대로 된 증거도 없이 백제가 한강에서 자생하여 거대 제국을 만들었다는 반도쥬신(한국)의 사학계만큼이나 한심한 것이 열도쥬신(일본)의 사학계입니다. 이들은 서로를 식민지화하려고 안달이 난 사람들 같습니다. 반도쥬신은 열도를 무조건 백제의 식민지라고 합니다. 반대로 열도쥬신은 반도가 열도의 오랜 식민지였다고 합니다. 오늘 날 우리가 이러한 학문적 과오를 극복하고 쥬신의 정체성을 세우지 않으면 안 되는 절박감이 여기에 있는 것입니다.

일본의 연구 가운데 고이왕에 주목한 경우도 있기는 합니다. 예컨 대 오카다 히데히로岡田英弘는 『주서』와 『수서』의 기록(구태라는 자가 있어 대방의 고지에 백제를 세웠다)을 근거로 백제의 건국을 다음과 같이 설명합 니다.

> 사마염의 서진西晉이 무너지고 모용씨가 중국의 군현을 압박함으로써 요서 지역에 힘의 공백 상태가 초래되었는데 고구려의 미천왕(300~331 년)은 이런 정세를 이용하여 낙랑과 대방을 합병한다. 이후 미천왕은 구태仇台라는 인물을 대방의 고지에 파견하여 군사령관으로 삼았는 데, 구태는 주로 중국인 주민들을 관리하는 직책이었다고 한다. 그 후 342년 전연(모용씨)의 공격을 받아 고구려가 큰 타격을 입었을 때 구태 는 자립하여 백제를 건국했다.[27]

그러나 오카다 히데히로의 견해는 구태에 대한 분석에 오류가 있 었습니다. 즉 오카다 히데히로의 견해는 ①구태를 미천왕 당시의 인 물로 추정한 점(사실은 부여왕 울구태), ②구태가 새로운 점령지의 군사령 관으로 파견되었다는 근거가 미약하다는 점, ③모용씨의 성장으로

---

[27] 岡田英弘, 「倭國の時代-現代史としての日本古代史」(1976), 259~260쪽; 岡田英弘, 『倭 國』(中公新書: 1977), 120~121쪽.

요동·요서 지역이 사실상 전쟁터가 되었는데 그 와중에 백제를 건국했다는 점 등의 문제점들을 가지고 있습니다. 백제의 건국에 있어서 구태의 역할을 강조했지만 전체적으로 억측에 가까운 견해가 되고 말았습니다.

부여계의 남하에 대한 열도의 여러 연구들은 1990년대에 들어오면서 '부여족 남하설'과 '기마민족 신라 정복설' 등으로 더욱 체계화됩니다. 부여족 남하설의 내용은 부여족이 김해 지역을 점령하고 금관가야를 건국했다는 것입니다. 그 근거로 대성동 고분군과 동래의 복천동 고분군 가운데 3세기 말에서 5세기 초에 조성된 것으로 보이는 구릉 정상부의 목곽묘를 들고 있습니다. 이곳은 구야국과 독로국의 중심 지역인데[28] 3세기 말부터 도질 토기의 출현과 함께 북방의 유목민족 특유의 유물과 습속들이 나타났다는 것입니다.

특히 대성동 유적과 양동리 유적에서 출토된 오로도스형 동복(양쪽에 끈을 매달 수 있는 이동식 솥)은 부여의 중심지였던 지린성 북부 지역의 출토품과 유사하다고 합니다. 물론 그 근거는 285년 모용선비의 공격으로 부여가 사실상 와해되고[29] 그 일파가 장백산맥을 넘어 북옥저(현재의 두만강 하류 지역)로 이동했다가 다시 동해안 해로를 통해 김해 지역에 정착했다는 것입니다.

'기마민족 신라 정복설'의 주된 내용은 3세기 말부터 4세기 초 사이 동아시아 기마민족의 대이동 중에 그 일부가 신라 쪽으로 내려왔다는 것입니다. 이 이론은 신라의 적석목곽분(금관총·천마총 등)이 유독

---

28 『三國志』魏書「東夷傳」弁辰條.
29 『通典』「夫餘傳」太康 6年.

경주 분지에서만 나타난다는 점에 주목한 것입니다. 적석목곽분은 주로 중앙아시아에 널리 분포되어 있는 것으로 유목민족들의 대표적인 무덤양식입니다. 그런데 이 적석목곽분이 4세기 초에서부터 6세기 초까지 느닷없이 경주를 중심으로 조성되었고, 그 주인공은 왕족과 귀족들이었으며, 이 고분에서 출토되는 부장품이 대부분 북방계의 유물이라는 점 등을 근거로 들고 있습니다.

신라 지역에 나타나는 이러한 현상에 대해서는 『대쥬신을 찾아서』(흉노의 나라, 신라)에서 상세히 검토한 사항이므로 생략하겠습니다.

이상으로 열도쥬신(일본) 사학계의 부여계 대이동에 대한 여러 가지 견해들을 살펴보고 그 문제점들도 파악해보았습니다. 결론적으로 이들의 분석들이 객관적 사실에 의거하지 않고 어떤 정치적 목적이나 편견에 사로잡혀 있음을 알 수 있었습니다.

8장 근초고왕, 야마토 왕조를 열다

들어가는 글 진구 황후의 두 얼굴

다음의 글은 『일본서기』에 나타난 일본의 한반도 정벌 이야기입니다.

황후는 와니노쓰和珥津를 출발했다. 바람의 신이 바람을 일으키고 해신이 파도를 일으켜 범선은 파도를 따라 신라로 갔다. 신라왕은 두려워서 싸울 마음이 사라지게 되었다. 그러다 이내 마음을 수습하여 '내가 듣기로 동쪽에 신국神國이 있는데 일본日本이라고 하고 성스러운 임금이 있어 천황이라고 한다. 필시 그 나라의 신병神兵일 것이다. 어찌 내가 감히 군대를 일으켜 그에 대항할 수 있겠나?'라고 하더니 스스로 항복했다. 그러면서 황후 앞에 머리를 조아리며 '경주의 아리수가 역류하고 냇가의 자갈이 하늘의 별이 되지 않는 한 춘추로 조공을 거르지 않을 것입니다'라고 했다. 고구려·백제 두 나라 왕은 신라가 지도와 호적을 거두어 일본국에 항복했다는 말을 듣고 가만히 군세를 엿보더니 도저히 이길 수 없음을 깨닫고 스스로 황후 앞에 와서 머리를 조아리며 '오늘 이후부터 우리 스스로 제후국으로 생각하고 조공을 바치겠나이다'라고 했다. 그래서 일본의 직할지인 미야게內官家屯倉를 설치했는데 이것이 바로 삼한三韓이다.

위에서 말하는 황후는 바로 진구 황후神功皇后입니다. 진구 황후는『일본서기』에 나타나는 많은 인물들 가운데 일본인들이 가장 자랑스럽게 생각하는 신비의 인물이자 수수께끼의 인물입니다.『일본서기』에 나타난 한반도 정벌 설화는 일본 군국주의자들이 한반도를 침략하는 중요한 근거를 제공한 것이기도 합니다. 일본 제국주의 시대 초중고 교과서에도 널리 실려 있어 대부분의 열도쥬신(일본인)들이 거의 사실처럼 받아들이고 있는 주요한 내용입니다.

진구 황후가 일본에서 얼마나 중요한 인물인지를 보여주는 지폐가 있습니다. 이것은 1881년 일본정부가 발행한 것으로, 일본 최초로 인물이 들어간 지폐라고 합니다. 바로 이 사람이 진구 황후입니다. 그 만큼 중요 인물이라는 뜻입니다. 일본에서는 개국시조인 여신에 해당하는 인물입니다. 비유하자면『몽골비사』의 알랑고아나 고주몽의 어머니인 민족 시조모 유화 부인에 해당합니다.

진구 황후는 제14대 주아이仲哀 천황의 비妃이고 제15대 오진應神 천황의 어머니입니다.『일본서기』를 보면, 진구 황후는 천황이 아니면서도 이상하게 천황과 동일한 대접을 받고 있습니다. 진구 황후는 해산달에 아이를 밴 여자의 몸으로 돌을 집어 허리에 차고 아이가 나오지 않도록 하면서 한반도를 정벌하기도 했습니다. 그런데 이 사람이 바로 근초고왕 (346~375년)이라면 어떻겠습니까?

진구 황후, 고구려와 신라를 정벌하다

열도(일본) 역사의 가장 큰 미스터리는 진구 황후와 오진 천황(진구 황후의 아들)에 관한 것입니다. 두 사람은 열도 역사의 여명기에 가장 중요한 인물이자 가장 큰 비밀을 가지고 있는 인물입니다. 결론부터 말하면 진구 황후의 업적은 근초고왕의 업적과 일치한다는 것입니다. 그리고 진구 황후는 실존인물로 볼 수 없는 가공의 인물이며, 다른 사람의 업적으로 열도에서 창조된 인물입니다. 결국 근초고왕이 진구 황후의 탈을 썼을 가능성이 가장 큽니다.

천관우 교수는 이와 관련하여 가야사를 검토하면서, 특히 왜가 한반도 남부를 지배한 근거가 되는 내용들은 하나같이 백제의 역사가 일본 야마토 왕조의 역사로 개변된 것이라고 주장했습니다.[1]

일본 최초의 통일국가는 4세기경의 야마토 왕국이라는 견해가 일반적으로 인정되고 있습니다. 문제는 이에 대한 기록이 없다는 것입니다. 그 기록은 오직 『일본서기』뿐인데 이 기록들이 참으로 애매합니다. 반도쥬신의 사학계에서 말하듯이 완전한 허구라고 말하기엔 매우 정교할 뿐 아니라 구체적 사건·사고들이 너무 많다는 것입니다. 그러니까 원래 있는 사건들을 당시 일본의 사정과 정치적 목적으로 왜곡 서술했을 가능성이 큰 것이지요.

4세기에 대두한 야마토 왕조의 시조는 호무다品陀, 즉 오진 천황으로 알려져 있습니다. 이노우에 미쓰사다井上光貞 교수는 "오진 천황은 4세기 중엽 이후 일본의 정복자로 보는 것이 합리적이다"라고 합니

---

1 천관우, 『復元 伽耶史 上中下』(문학과 지성: 1977~1978).

다.[2] 그런데 오진 천황의 어머니가 앞에서 본, 한반도 중남부 지역을 정벌한 진구 황후입니다. 이제 이 부분들을 하나씩 살펴보도록 합시다.

『일본서기』 진구 황후 9년 조에는 신라가 항복했고 고구려와 백제 왕도 와서 진구 황후 앞에 머리를 조아리며, "지금부터는 영원히 서변西蕃을 칭하여 조공을 끊이지 않도록 하겠다"라는 기록이 있습니다.

진구 황후 49년에 진구 황후가 백제 명장 모쿠라곤시木羅斤資와 일본에서 온 장군 아라다와케荒田別 등을 보내 탁순국卓淳國(대구로 추정)에 모여 신라를 격파했고 남가라南加羅(김해), 비자현比自炫(창녕), 녹국喙國(경산), 안라安羅(함안), 다라多羅(합천), 탁순卓淳(대구로 추정), 가라加羅 등의 7개 국을 평정하고 군사를 돌려 서쪽으로 고해진古奚津(강진으로 추정)과 제주도를 정벌하여 백제의 근구수왕을 도왔다고 합니다. 비리比利(완산), 벽중辟中(김제) 등의 네 읍도 이에 항복했다고 합니다. 그리고 이 땅들을 백제왕에게 주었다고 합니다. 그런데 진구 황후 9년에 이미 정복하여 복속한 신라를 49년에 왜 또 정벌했을까요? 이처럼 『일본서기』의 기록은 앞뒤가 맞지 않습니다.

4세기경 진구 황후가 일본의 장수들을 보내어 한반도 중남부를 정벌하여 당시 백제왕인 근초고왕에게 주자 백제왕은 "영원무궁토록 일본에 조공할 것"이라고 맹세했다는 기록을 다시 봅시다. 무엇보다도 기록에도 없는 열도의 나라에서 그 많은 군대를 보내어 신라와 가야를 정벌하는 것도 이상하고 어렵게 이긴 전쟁의 결과물을 고스란히 남의 나라(백제)에 조건 없이 넘겨주는 것도 이상합니다. 해산달에

2 井上光貞, 『日本國家の起源』(岩波書店: 1967).

아이를 밴 여자의 몸으로 아이가 나오지 않게 돌을 집어 허리에 차기까지 하면서 정벌군을 이끌었다는 이야기만큼이나 납득하기 어려운 내용입니다.

이 당시 이미 역사 기록체제가 매우 발달해 있었습니다. 3세기 후반에 저술된 『삼국지』에도 한반도의 시시콜콜한 나라들이 수십 개나 기록되어 있습니다. 그런데 그 많은 군대를 보낸 나라에 대한 기록이 다른 사서에는 없습니다. 역사적 기록으로 보면 왜왕倭王으로 기록된 히미코卑彌呼가 가장 유사합니다. 아니나 다를까 진구 황후 편에는 히미코가 등장합니다. 『일본서기』의 편찬자들은 읽는 사람들을 현혹하기 위해 역사상 실존인물인 히미코를 '진구 황후 편'에 끌어다 놓았습니다. 그러면 진구 황후가 히미코라는 말이 되지요.

『일본서기』에는 진구 황후 40년에 "『위지魏志』에는 정시正始 원년(240년) 조서詔書와 인수印綬를 가지고 왜국에 가게 했다"고 하고 진구 황후 43년에 "정시 4년(243년) 왜왕이 다시 사자 8인을 보내어 헌상했다"라고 기록되어 있습니다. 그런데 『삼국지』 「제왕기齊帝紀」에는 "정시 4년(243년) 겨울 왜왕 히미코가 사자를 보내 공물을 바쳤다"고 기록되어 있고, 이 내용이 다시 『삼국지』 「동이전」 왜국 부분에서 상세히 설명되고 있습니다. 그렇다면 진구 황후는 마땅히 히미코가 되어야 할 것입니다. 이 시기의 반도부여는 고이왕대에 해당합니다.

분명한 것은 『일본서기』의 편찬자들이 진구 황후를 창조하면서 그 글을 읽는 사람들을 혼란스럽게 하기 위해 히미코의 모습을 투영했다는 것입니다. 이번 기회에 히미코에 대해 확실히 알아봅시다.

무엇보다도 먼저 히미코는 진구 황후와는 달리 정복군주와는 거리가 먼 사람입니다. 『후한서後漢書』를 보면, "한나라 환제와 영제 연간(132~189년)에 왜국에 대란이 일어나 다시 서로 싸워서 주인도 없게 되었다. 히미코라는 한 여자가 있었는데 나이가 들어도 결혼을 하지 않았고 귀신도鬼神道를 숭상하고 요술로 능히 대중을 현혹할 수 있었다. 그래서 히미코는 왕이 되었는데 시비는 1,000명이요. 음식을 시중드는 남자가 한 명 있었다"라고 합니다. 그리고 "히미코 여왕의 나라로부터 동쪽으로 1,000여 리를 가면 구로국拘奴國에 이르는데 이들은 모두 왜인들이다. 그런데 이들은 히미코 여왕에 속한 것이 아니다"라고 합니다. 일반적으로 히미코 여왕은 일종의 샤먼이었을 것으로 추정됩니다.

열도(일본)에는 히미코가 태양신 아마테라스와 깊은 관련이 있다는 생각들이 널리 퍼져 있습니다. 아마테라스는 열도(일본)의 신들 가운데 가장 존경받는 신이자 다카마노하라高天原의 지배자로 유명한 이세신궁伊勢神宮에 모셔져 있습니다. 아마테라스는 열도에서 처음에 오히루메노무치大日靈貴라는 이름으로 등장하는데, 이 靈이라는 글자를 분해하면 무녀巫女가 됩니다. 결국 오히루메노무치가 오히미코大日巫女가 됩니다. 즉 아마테라스는 태양신이고 히미코는 그 태양신에게 제사지내는 무녀입니다. 태양신의 메신저 역할을 하는 존재가 히미코지요. 그래서 이 히미코를 야마타이국의 히미코와 동일인으로 보고 있으며, 이 같은 생각은 일본에 널리 퍼져 있습니다.[3] 그렇다면 '아마테라스=히미코=진구 황후'의 공식이 성립됩니다.

아마테라스는 앞에서 설명한 대로 가야의 신이었습니다. 그런데 왜 『일본서기』의 편찬자들이 이런 식으로 조작했을까요? 그것은 아

---

3 關裕二, 『古代史(일본의 뿌리는 한국)』(관정교육재단: 2008), 119쪽.

마 히미코나 아마테라스가 사실과는 상관없이 국모國母의 이미지로 열도에서 이미 자리를 잡았기 때문에 이에 덧칠을 한 것으로 생각됩니다.

한·일 고대어 연구에 따르면, 히미코는 '히(해의 한국 고대어)+미코(님 또는 무녀)=해님이(해의 무녀)'로 분석되고, 야마토는 '야마(한국 고대어로 '하늘', '산', 또는 '신성한 마을')+토(터 또는 밑)'가 되어 '해뜨는 하늘 밑 마을'이라는 의미가 된다고 합니다. 특히 야마토(日本)라는 말은 고령 지역의 우가야上伽倻의 다른 이름인 미오야마彌烏邪馬(신성한 하늘 마을이라는 의미)와 밀접한 관련이 있다고 합니다. 그리고 현재 일본의 가고시마鹿兒島에 가면 가야 김수로金首露왕의 일곱 왕자가 일본으로 와서 나라를 다스렸다는 이야기가 전해집니다. 이 김수로왕의 일곱 왕자를 일본에서는 니니기노미코토('일곱 임금님의 것'이라는 의미)라고 합니다.[4] 초기 일본 건국이 가야계伽倻系와 깊은 연관이 있음이 분명해 보이지요?

여기서 짚고 넘어갈 것은 열도(일본)의 남북조 시대에 기타바타케 지카후사北畠親房(1293~1354년)가 히미코의 야마타이국을 야마토大和로 보고 있다는 것입니다. 그렇지만 에도 시대의 국학자인 모토오리 노리나가本居宣長(1730~1801년)는 규슈의 여자 추장이 위나라에 조공하면서 "우리가 왜국을 대표하는 야마토"라고 참칭僭稱(거짓으로 칭함)했다고 보고 있습니다. 이것이 에도 시대의 전반적인 분위기였던 것 같습니다.[5]

이 부분을 좀 더 살펴봅시다. 모토오리 노리나가의 견해는 전체적

---

[4] 부지영, 『일본, 또 하나의 한국』(한송: 1997), 73쪽, 105~110쪽.

[5] 關裕二, 앞의 책, 79~80쪽.

으로 옳은 지적이지만 그 실상은 다릅니다. 히미코가 일본 열도 전체를 대표할 수 없으면서도 마치 대표자인 양했다는 지적인데 히미코는 단지 열도 내에서 비교적 체제를 갖추고 있던 자신의 나라를 대표했을 뿐이고 당시에는 우리가 현재 알고 있는 (천황의) 대국 야마토 왕조는 없었기 때문에 거짓으로 칭했다고 보기는 어렵습니다. 단지 후일 부여계가 선주민들(즉 먼저 정착한 사람들)이 사용했던 명칭들을 그대로 이어간 것으로 보아야 합니다. 쉽게 말하면 야마토 왕조의 주체는 가야계에서 부여계로 바뀌어갔는데 그 나라 이름은 그대로 야마토를 사용했다는 말입니다. 다만 초기의 야마토라는 말과 후기에 나타나는 야마토라는 말은 의미상으로는 차이가 있습니다. 후기로 올수록 야마토는 일본日本이라는 의미와 동일하게 쓰이게 됩니다.

이 과정은 부여계가 남하하여 한강 유역의 소국 백제伯濟의 이름을 그대로 준용하여 백제百濟를 칭한 과정과 대단히 유사합니다. 즉 가야계의 야마토 또는 야마타이 등 이전에 있었던 나라이름을 부여계(가야계의 주요 세력들로부터 지원을 받음)가 이 지역을 점령·지배하면서 그대로 사용하게 된 것으로 추정됩니다.

히미코의 야마타이국 위치는 『삼국지』에 매우 소상히 기록되어 있지만 말들이 애매해서 오늘날의 위치나 지역을 확인하는 것은 거의 불가능합니다. 현재는 야마타이국이 규슈에 있다는 설(도쿄대학)과 기나이에 있다는 설(교토대학)이 대립하고 있습니다.

이상의 논의에서 보았듯이 그 어디에도 히미코가 한반도 남부를 정벌했다는 기록은 없습니다. 그렇다면 진구 황후와 히미코를 동일 인물이라고 볼 수 없습니다. 나아가 진구 황후를 실존인물이라고 볼 근거도 없습니다. 더욱이 『일본서기』에는 진구 황후가 31세에서 100

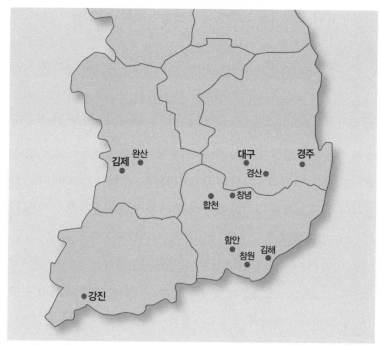

도 20 | 근초고왕 정벌 지역

세까지 섭정한 것으로 나타납니다. 즉 진구 황후의 시기에는 천황을
세우지도 않고 여자의 몸으로 무려 70여 년을 섭정한 것이지요. 그러
다 보니 엉뚱하게 황태자(오진 천황)가 고희의 나이(69세)에 이르러서 즉
위하는 볼썽사나운 일이 벌어집니다.

　『일본서기』 진구 황후 부분에서 실존인물임을 확인할 수 있는 분
명한 사람은 백제의 초고왕肖古王, 즉 근초고왕입니다. 그런데 근초고
왕은 재위기간이 346~375년입니다. 따라서 진구 황후는 4세기 중반
이후의 인물임에 틀림없습니다. 『일본서기』는 진구 황후가 마치 히
미코의 시기와 일치하는 듯 묘사합니다만, 진구 황후는 히미코가 아
니며 히미코의 시대(240년대)와 근초고왕의 시대는 거의 100년 이상의

차이가 납니다. 아마도 그래서 진구 황후의 나이가 100세가 된 것 같습니다.

이제 다시 원점으로 돌아갑시다. 진구 황후는 4세기 중반의 사람이고 그녀는 고구려·신라·가야를 정벌합니다. 그러면 이 진구 황후의 실체를 알기 위해서는 4세기 중반 이후 고구려·신라·가야를 정벌한 인물을 찾으면 됩니다. 역사 기록상 4세기에 한반도 남부를 경략하고 고구려·신라·가야를 정벌한 인물은 근초고왕과 근구수왕뿐입니다. 근초고왕의 업적이 진구 황후의 업적으로 둔갑해 있음을 쉽게 알 수 있습니다.

즉 앞에서 제시한 한반도 남부 지역의 정벌과정은 우리가 일반적으로 알고 있는 근초고왕의 업적과 거의 일치하는데다 이 시기에 백제(남부여) 세력이 현재의 경상도 지방까지 아울렀고, 이들의 집결지가 낙동강 상류로 알려신 탁순(대구로 추정)이라는 점노 이것을 확인시켜 줍니다. 일부에서는 탁순이 과연 현재의 대구인가 하는 의문을 제기하기도 합니다. 스에마쓰 야스카즈末松保和는 탁순을 대구Daegu로 보았고 이마니시 류今西龍는 창원(경상남도)으로 보았습니다.

제가 보기엔 대구가 맞습니다. 왜냐하면 이 시기에 일본에는 야마토 왕조와 같은 강력한 중앙집권세력이 존재하지 않았으며, 따라서 대군大軍을 이끌고 바다를 건너 한반도를 정벌하는 것 자체가 불가능했습니다. 바다를 건너는 항해술도 문제지만 대규모의 군대를 동원하려면 행정체계가 그 만큼 견고히 수립되어야 하고, 그러면 당연히 정벌에 대한 기록이 남아야 합니다. 그런데 어떤 사서에도 관련 기록이 없습니다.

당시 일본 열도는 가야계를 비롯하여 한반도에서 건너간 수많은 복잡한 세력들이 공존하는 상태인데 누가 군대를 한반도로 보내어 정벌할 수 있었을까요? 그러니까 진구 황후 부분의 기록은 현재의 한강-충청도 지역을 거점으로 하여 반도부여(백제)의 군대가 경주 지역을 공략한 것으로 보아야 합니다. 그러면 당연히 창원에서 경주를 공격하기보다는 대구에서 경주를 공격했을 가능성이 훨씬 큽니다. 즉 대구는 반도부여(백제)가 신라를 평정하는 집결지가 될 수 있지만, 열도의 왜군이 신라를 정벌하는 집결지가 되기에는 지리적으로 지나치게 멀리 떨어져 있습니다.

다시 말해서 아라다 와케荒田別 등이 이끈 신라 정벌군의 진군로를 보면, 이들이 만약 일본 열도에서 왔다면 신라 정벌을 하기 전에 먼저 가야 지역을 정벌하는 것이 순서입니다. 신라 지역은 북서쪽으로는 백제 및 여러 소국들로, 남으로는 가야 및 여러 소국들로 둘러싸여 있는 상태인데 비행기를 타고 오듯이 바로 경주 지역으로 공격해 들어간다는 것은 이치에 맞지 않습니다.

『일본서기』를 통해 보면 두 가지 분명한 사실이 드러납니다. 하나는 현재의 제주도 지역을 가리켜 남만南蠻이라고 부르고 있고, 또 하나는 "군대를 돌려 서쪽으로 강진과 제주도를 공략했다"는 기록입니다. 즉 『일본서기』에는 "남만인 침미다례忱彌多禮(제주도)"라는 표현이 나타난 것으로 보아 공격이 한반도의 중남부에서 시작되었다는 것을 알 수 있습니다. 야마토 지역에서 제주도를 남만으로 부를 수는 없기 때문입니다. 그리고 가야 정벌을 마친 군대가 남해안을 따라 서진하여 강진으로 진격했다는 것인데 창원을 중심으로 경산까지 올라갔다가 다시 창원으로 내려와 강진 쪽으로 갔다는 것이 비효율적이기 때문입니다.

따라서 『일본서기』에 나타난 공격로를 보면 대구→경산→창녕→합천→함안→김해 지역을 경략한 후, 남해안을 따라서 전남의 강진 쪽으로 침공해 들어간 것으로 보는 것이 합리적입니다.

실제적인 군사전략 측면에서 보아도 일본 열도의 중부 지역에서 신라를 공략하는 것은 어려운 일입니다. 그리고 현재의 대구-경주 등에 이르는 지역을 경략하는 거점을 대구 인근 지역으로 할 수 있는 주체세력은 남부여계, 즉 백제가 아니면 안 됩니다. 또 다른 문제는 이 같이 조직적으로 한반도 남부를 경략했다면, 당시 실체도 없는 야마토 왕조의 누가 이 일을 주도했는가 하는 문제입니다. 남부여계의 역사적 종적과 근초고왕에 대한 기록은 분명히 나타나고 있는데 반하여 야마토 왕조는 이때까지 실체도 없고 기록도 없어서 확인할 수 없습니다.

기록상으로 본다면, 4세기에 고구려와 신라, 가야를 모두 경략한 왕은 근초고왕 이외에는 없습니다. 『통전通典』에서는 "(백제는) 진나라 이후 여러 국가를 병합하여 마한의 옛땅을 차지했다"고 합니다.[6] 여기서 진나라(265~420년) 이후라는 부분은 근초고왕으로 볼 수밖에 없게 합니다. 『삼국사기』에서는 근초고왕 24년 11월 한강 남쪽에서 대규모 열병閱兵을 하면서 모든 깃발을 황색으로 했는데, 일부에서는 이를 전마한을 평정하고 고구려를 격파함으로써 전마한의 황제가 된 것을 선포한 것으로 해석하기도 합니다.[7]

---

6 "自晉以後 吞倂諸國 據有馬韓故地"(『通典』 卷185 邊防門 1 東夷傳 上 百濟).

7 이기동, 『백제의 역사』(주류성: 2006), 92쪽.

야마토 왕조의 시조, 근초고왕

『일본서기』는 연대를 조작하여 시기를 정확히 판별하기가 대단히 어렵습니다. 그러나 몇 가지 중요한 역사적 사실들은 다른 사서와 비교할 수 있기 때문에 실제 사건들을 파악해낼 수도 있습니다. 대표적인 부분이 바로 진구 황후 부분이기도 합니다.

진구 황후가 바로 근초고왕이라는 부분을 좀 더 살펴봅시다.『일본서기』진구 황후 40년의 기록에 정시正始 원년元年, 위나라에서 조서와 인수를 가지고 왜국으로 사신을 보냈다는 내용이 있습니다. 여기서 정시 원년이면 위나라 제왕 때의 일로 240년인데 이로부터 15년 뒤인 진구 황후 55년, 즉 255년에 근초고왕이 서거한 것으로 되어 있습니다.[8] 그런데 근초고왕은 375년 서거했기 때문에 120년을 앞당긴 것으로 추정됩니다. 쉽게 말해서 근초고왕의 업적을 진구 황후의 업적처럼 만들기 위해 120년 정도를 당겨놓은 것입니다. 여기에다 히미코가 마치 진구 황후인 것처럼 은근슬쩍 만들어두었습니다. 그러니까『일본서기』의 진구 황후는 '히미코+근초고왕'임을 알 수 있습니다.

여기서 잠깐『일본서기』의 기년紀年 문제를 살펴보고 넘어갑시다. 진구 황후 46년 봄 3월 조에 보면, 시마노 스쿠네斯摩宿禰를 탁순국에 보내자 탁순국 왕이 이르기를 '갑자년 7월 백제인인 구테이久氐, 미스루彌州流, 마쿠고莫古 세 사람이 말하기를 백제왕이 동방에 일본이라는

---

8 『日本書紀』神功皇后 55년의 기록으로 이 기록에는 '초고왕'으로 기록되어 있지만, 초고왕-구수왕을 가공의 인물로 보는 것이 대체로 정설이고, 초고왕(166~214년)의 재위연대와도 달라서『日本書紀』神功皇后 편에 기록된 초고왕은 근초고왕으로 보는 것이 한국과 일본 학계의 일관된 견해다.

귀한 나라가 있다는 말을 듣고 신하들을 보내어 가게 했다'라고 하는 부분이 있습니다. 이 기록을 『일본서기』에서는 마치 244년(갑자년)인 듯 묘사하고 있지만, 여기에 120년을 더하면 364년으로 근초고왕(재위 346~376)대와 정확히 일치합니다.

예를 더 들어보면, 열도의 권위 있는 『일본서기』해설서에도 진구 황후 47년 4월 조(백제왕이 구테이 등을 보내어 조공함), 49년 3월 조(아라다 와케 등을 장군으로 삼아 군사를 정돈하여 탁순국으로 가서 신라를 정벌하려 함), 52년 9·10월 조(구테이 등이 치쿠마 마가히코千熊長彦를 따라와 칠지도 등을 바침), 55년 조(백제의 초고왕이 서거함) 등의 기사들이 각각 간지이운干支二運, 즉 120년을 내리면 대체로 사실이라고 보고 있습니다.[9] 그러니까 위의 사건들이 일어난 시기를 각각 367년, 369년, 372년, 375년으로 하면, 『삼국사기』의 기록과 일치합니다.

그래서 스에마쓰 야스카즈조차도 "『일본서기』의 진구 황후 46~51년의 백제 관계 기사는 일본적인 윤색 내지 개조가 있다"고 인정하고, "『삼국사기』의 백제 기년을 표준으로 하여 『일본서기』의 대對한국 관련 기사 부분을 실제의 연대로 정리·연구하는 것이 가능했다"라고 밝히고 있습니다.[10]

『일본서기』의 실제 연대에 대해서는 에도 시대 이후 많은 연구가 진행되었는데, 열도(일본) 학계의 통설은 나카 미치요那珂通世의 견해와 같습니다. 즉 나카 미치요는 "진구·오진 2대의 『일본서기』 기년은 120년 연장되었고, 유라쿠 이후의 역사는 조선의 역사와 일치하므로

---

9 岩波書店, 『日本書紀』(上) (1967).

10 末松保和, 『任那興亡史』(吉川弘文館: 1956), 17쪽, 58쪽.

기년의 연장은 인교允恭 천황 이전에 그친다"라고 주장했습니다.[11]

이와 같이 『일본서기』가 제시하는 연대보다는 사건을 중심으로 파악하고 이를 다른 사서들의 기록들과 비교 검토함으로써 사실 규명이 가능합니다. 『일본서기』에는 백제왕이 서거(薨)한 기록과 즉위한 기록들이 나옵니다. 진구 황후 55년에서 긴메이 천황 18년까지 14회에 걸쳐 이러한 기록들이 나타납니다. 이 기록들은 『일본서기』에 나타난 사건들의 시기를 판정하는 중요한 기준이 됩니다. 그런데 이상한 것은 위덕왕 이후부터는 이와 같이 기사가 없어졌다는 것입니다. 성왕을 기점으로 역사의 기록에 무언가 큰 변화가 나타났다는 것인데 아직까지 이에 대한 분석은 없습니다. 앞으로 연구가 필요한 부분입니다.

참고로 기토 기요아키鬼頭淸明 교수는 "『일본서기』는 가공의 인물인 진무神武 천황으로부터 시작하여 7세기에 이르기까지 하나의 계통으로 이어진 것처럼 기술하고 있는데, 그것은 의심스럽다. 확인할 수 있는 최초의 천황은 긴메이欽明 천황이다"라고 합니다.[12]

지금까지의 설명을 정리해 봅시다.

제가 '진구 황후=근초고왕'이라고 주장하는 가장 근본적인 이유는 4세기 한반도 중남부를 경략한 유일한 역사적 실존인물이 근초고왕일 뿐 아니라, 근초고왕의 업적으로 추정되는 일을 진구 황후가 했다는 근거도, 진구 황후가 실존인물이라는 증거도 없기 때문입니다. 일본 측의 문헌 외에 진구 황후에 대한 이야기는 어느 곳에도 나오지

---

11 岩波書店, 앞의 책, 580~581쪽.

12 鬼頭淸明, 『日本古代國家の形成と東アジア』(校倉書房: 1976), 276~277쪽.

않습니다. 앞서 보았듯이 가장 가까운 인물이 3세기 왜 여왕 히미코인데, 히미코 여왕의 업적과 진구 황후의 업적의 실질적인 공통성은 하나도 없습니다. 히미코 여왕은 정복군주와는 거리가 멀고 갈등이 심한 각 부족들 간의 화합과 조화를 이끌어낸 영명한 군주였을 뿐입니다.

그런데 엉뚱하게도 『일본서기』의 진구 황후 39년, 40년, 43년의 기사는 히미코의 기사로 대체되어 있습니다. 이때의 연호가 정시正始인데 이 시기는 반도부여(백제)의 경우에는 고이왕 시기에 해당합니다. 즉 부여계의 제2차 남하 시기입니다. 그렇다면 히미코를 진구 황후라고 보는 것이 타당할 터인데 정작 히미코는 진구 황후와는 공통성이 없어 이 기록들은 조작되었거나 아니면 다른 왕의 업적을 끌어다놓은 것입니다.

여기서 우리는 또 한 사람에 주목합니다. 바로 7세기 후반의 사이메이齊明 천황입니다. 사이메이 천황은 반도부여(백제)가 멸망할 당시, 반도부여(백제)의 구원을 위한 국가적 사업을 하다가 중도에 서거한 여자 천황입니다. 열도인(일본인)들은 이를 두고두고 아쉬워합니다. 사이메이 천황은 반도부여의 멸망 이후 열도부여를 이끌어가는 두 명의 영웅, 즉 '덴지 천황'과 '덴무 천황'의 어머니로 역사의 정점에 서 있는 여걸女傑입니다.

『일본서기』에 따르면, 사이메이 천황 6년 열도에서는 660년 3월 당군唐軍의 대대적인 반도부여(백제) 침공 소식과 더불어 그해 5월에 인왕반야회仁王般若會를 개최하는데, 이 법회는 외적 침입의 위기와 때를 같이하여 100여 위의 불상과 보살상을 안치하고 100인의 승려를 청하여 경전을 읽힘으로써 부처님으로 하여 국토를 수호한다는 의미를 지닌 것이라고 합니다.

예순을 넘긴 사이메이 천황은 구원 요청을 받은 지 두 달 만에 출병을 결정하고 친히 오사카, 북규슈까지 가서 백제 지원을 진두지휘합니다. 661년 오사카항을 출발하여 모병募兵을 독려하고 그해 3월 쓰쿠시筑紫에 도착했고, 같은 해 7월 급서急逝합니다. 이후 황태자인 나카노 오에中大兄 황자(후일 덴지 천황)는 9월에 5,000의 군사를 선발대로 꾸려 백제 왕자 풍장에게 딸려 보내고 국상을 치른 후 11월부터 다시 출병 준비를 본격화합니다. 사이메이 천황과 나카노 오에 황자는 원정 해군을 지휘했으며 다섯 명의 장군과 2만 7,000여 명의 군대를 파견합니다.

사이메이 천황 조를 읽어보면 진구 황후의 이야기와 흡사하다는 생각이 듭니다. 사람들은 사이메이 천황의 갑작스런 죽음에 대해 많이 아쉬워했습니다. 그래서 사이메이 천황을 진구 황후로 부활시킨 것은 아닐까요? 저명한 고대사가인 미즈노 유水野祐 교수도 "진구 황후의 삼한 정벌은 가공의 이야기로 그런 출병은 없었다. 663년에 있었던 백촌강白村江에서 크게 패한 사건을 주제로 작성된 글"이라고 단언합니다.[13] 일본 내의 고대사 연구자들도 대체로 이 부분을 인정하고 있습니다.

따라서 『일본서기』의 진구 황후는 히미코(3세기)+근초고왕·근구수왕(4세기)+사이메이 천황(7세기)의 모습을 하나로 형상화한 것으로 추정됩니다. 마치 반도에서 선덕여왕(7세기)+강감찬 장군(12세기)+인수대비(15세기) 등을 합쳐서 인공 황후人工皇后라는 가공의 인물을 만드는 식

---

[13] 水野祐, 『日本古代の國家形成』(講談社 現代新書: 1967).

이지요.

그렇다고 해서 전적으로 진구 황후의 설화들을 허구라고 볼 수는 없습니다. 가장 중요한 핵심은 야마토 왕조의 시조급인 오진 천황의 어머니라는 점과 일본의 고분 시대, 즉 야마토 왕조의 성립시기인 4세기를 기점으로 보아야 한다는 것입니다. 그러므로 진구 황후는 근초고왕·근구수왕(4세기) 등의 반도부여(백제) 왕들의 업적을 한데 모아 여성화시켜 창조해낸 인물입니다. 백제 전문가 이도학 교수는 『일본서기』에 나오는, 근초고왕 당시 전라도 지역에서의 왜倭 군대의 활동은 사실 근초고왕이 주도한 것이라고 주장합니다.

결국 야마토 왕조가 고분 시대인 4세기에 건설된 것으로 볼 때, 야마토 왕조의 시조로 평가 되는 오진·닌도쿠는 바로 근초고왕·근구수왕 계열이라는 것입니다. 오진은 바로 근초고왕의 아들이나 손자가 될 것입니다. 한일고대사 전문가인 연민수 교수는 "『신찬성씨록』에 근초고왕을 선조로 하는 씨족이 압도적으로 많은 것도 일본 지배층들이 근초고왕을 백제의 시조적인 인물로 인식했기 때문"이라고 합니다.[14]

『구당서舊唐書』에서는 "백제국은 동북쪽으로는 신라와 접하고 있고, 서쪽은 바다를 건너 월주越州에 이르고 있고, 남쪽으로는 바다를 건너 왜국까지 이르고 있습니다"[15]라고 하여 부여 세력이 한반도를 거쳐 일본까지 진출했음을 보여주고 있습니다.

그동안 열도(일본) 학계에서는 『삼국사기』「백제본기」를 허구로 보

---

14 연민수, 『고대한일교류사』(혜안: 2003), 140쪽.
15 『舊唐書』卷199 上「列傳」第149 東夷.

고, 백제의 건국은 최초의 정복왕이자 실체가 확인되는 근초고왕에 의해 비롯되었으며 근초고왕 이전의 역사는 사실로 인정하기 어렵다고 보았습니다.

물론 『삼국사기』 「백제본기」는 상당한 문제가 있습니다. 예를 들어, 고이왕이 개루왕蓋婁王(재위 128~166년)의 둘째 아들이라 하는데 개루왕이 서거한 해(166년)에 출생했다 해도 고이왕의 서거 당시 나이가 120세가 되며, 초고왕肖古王의 즉위년(166년)은 공교롭게도 근초고왕의 즉위년(346년)과 간지干支의 3운運, 즉 180년 전으로 일치합니다.[16] 그뿐만이 아니라 4대 개루왕은 제21대 개로왕蓋鹵婁(재위 455~475년)의 이름에서 따온 듯한 인상을 줍니다. 마치 『일본서기』의 왜곡과정을 보는 듯합니다. 이 같은 많은 예들은 『대쥬신을 찾아서』에서 이미 여러 차례 지적되었습니다.

반도 사학계에서는 진구 황후 49년 조의 기사를 왜의 가야 정벌이 아니라 근초고왕의 한반도 남부 경략으로 파악하고 있으며,[17] 진구 황후가 정벌했던 비자발比自㶱 등을 평정한 주체가 백제라고 결론을 내리고 있습니다.[18] 김태식 교수는 이때의 실제 상황은 『일본서기』에 나타나는 "(백제 성왕이) 옛날에 우리 선조이신 속고왕速古王, 귀수왕貴首王 때에 안라·가라·탁순·한기 등이 처음으로 사신을 보내 서로 통하여 친교를 두터이 맺었다"라는 기록이라고 합니다. 또 그 나라들은 3~4세기 당시의 나라이름이라기보다는 5세기 이후 후기 가야 시대의 나

---

16 太田亮, 『日本古代史新硏究』(1928), 430~441쪽.

17 이병주, 『한국고대사 연구』(박영사: 1976), 511~514쪽.

18 천관우, 『가야사 연구』(일조각: 1991), 160~162쪽; 김현구, 「神功紀加羅 7國 平定記事에 관한 일고찰」, 『史叢 39』(1993).

라 이름을 반영하고 있다고 보았습니다.[19] 김태식 교수의 견해는 이노우에 히데오井上秀雄 교수의 게이타이 천황(6세기 전반)과 긴메이 천황(재위 539~571년)의 역사를 과거에 투영시킨 것이라는 견해에 기반을 두고 있습니다.[20]

저는 근초고왕이 부여계의 3차 남하의 주체세력이자 일본 야마토 왕조의 시조라고 보고 있습니다. 가장 미스터리한 일은 『삼국사기』 「백제본기」에서는 근초고왕의 업적이 2년 기록 뒤에 바로 21년 기록이 나와서 거의 20여 년이 사라지고 없는데, 이 근초고왕이 『일본서기』에는 진구 황후의 명을 받아 백제왕으로 한반도 남부 전역을 공략한다고 되어 있다는 점입니다.[21] 마치 하나의 역사적 사건들을 『일본서기』와 『삼국사기』의 「백제본기」가 나눠가진 것처럼 보입니다.

그리하여 근초고왕의 업적이 『일본서기』를 통해서 우리에게 소개된 것입니다. 반도부여왕(백제왕)의 업적이 『일본서기』에 기록돼 있고, 이를 토대로 반도부여(백제)의 실체가 밝혀지고 있다는 것은 아이러니하기도 합니다.

그러나 진구 황후는 가공의 인물입니다. 재미있는 것은 『삼국사기』에서는 근초고왕의 행적이 사라졌는데, 『일본서기』에는 진구 황후 섭정 46년(366년)부터 56년(376년)까지 오로지 근초고왕 등 백제와 관련된 기록만 나온다는 것입니다. 이것은 한 사람의 업적을 두 곳에 사용하기가 힘들었음을 보여주는 살아 있는 증거입니다.

---

19 김태식, 「4세기의 한일관계사」, 『한일역사 공동연구보고서 1』(한일역사공동연구위원회: 2005), 27쪽.

20 井上秀雄, 『任那日本府と倭』(東出版: 1973), 42쪽.

21 『日本書紀』神功皇后.

나아가 『일본서기』에 따르면, 근초고왕은 진구 황후 46년(366년), 47년(367년), 49년(369년)에 마한을 공략합니다. 그런데 이상하게도 『삼국사기』 「백제본기」 온조 24년(기원후 6년), 25년, 26년, 27년 등에 나타난 마한 정벌 기사보다 정확히 360년 앞서 있습니다. 이것은 온조가 가공의 인물이거나 온조의 업적이 근초고왕의 업적을 토대로 조작됐다는 것을 의미합니다. 나아가 진구 황후가 가공의 인물인데 그 업적이 근초고왕의 업적을 복사한 것이므로 『일본서기』에 나타난 진구 황후·오진 천황의 계보는 결국 근초고왕·근구수왕의 계보가 됩니다. 간단히 말해서 근초고왕은 남부여(반도부여) 중흥의 군주이자 일본 야마토 왕조를 창시한 부여왕이라는 것입니다.

『일본서기』 진구 황후 51년 조를 보면, 진구 황후는 다음과 같이 말합니다.

> 내가 친교하는 백제국百濟國은 하늘이 주신 것이다. 사람 때문에 그런 것이 아니다. 옥을 비롯한 수많은 진기한 물건 등은 이전에는 없던 것이다. 해마다 이 진기한 물건들을 부치니 나는 너무 기분이 좋다. 내가 살아 있을 때와 같이 후하게 은혜를 베풀도록 하라.

위의 말은 대단히 중요합니다. 왜냐하면 『일본서기』에서는 진구 황후 이전에는 백제라는 말이 나오지 않기 때문입니다. 그런데 진구 황후는 앞서 본 대로 실존하는 인물이 아니고 근초고왕이나 근구수왕이 여성의 탈을 쓴 것을 의미합니다. 그러니까 이 말을 근초고왕이 한 말이라면 백제 땅(한강 유역에 기반한 백제 세력을 바탕으로 근초고왕이 한반도 중남부 지역에 새로이 정벌한 영역)은 부여인들에게는 하늘의 선물이라는 말입니다.

　그뿐만이 아닙니다. 『일본서기』 진구 황후 52년 조를 보면, 백제 근초고왕이 칠지도七支刀와 칠자경七子鏡을 황후에게 바쳤다고 하는데 진구 황후가 허구이므로 결국은 근초고왕이 자신의 의지에 따라 열도를 다스릴 사람에게 칠지도를 하사했다는 것을 쉽게 알 수 있습니다.

　지금까지 진구 황후가 근초고왕이라는 것을 점을 여러 각도에서 살펴보았습니다. 이제 부여의 역사가 서서히 눈에 들어오리라 생각이 됩니다. 지금부터는 부여의 나라인 일본에 대해 집중적으로 분석해봅시다.

9장 부여의 나라, 일본

들어가는 글 부여와 곰고을의 사람들

진秦나라 때 박사를 지냈던 복생伏生의 『상서대전』에는 다음과 같은 기록이 나옵니다.[1]

　　해동에 있던 모든 오랑캐들은 모두 부여의 족속들이다[海東諸夷 夫餘之屬].

---

1 『상서(尙書)』는 동양 정치사상의 원류라 할 고전인 『서경(書經)』을 말한다. 한대(漢代) 이
　전까지는 '서(書)'라고 불렀다가 한나라 때부터 『상서』라 했고 송대(宋代)에 와서 『서경』
　이라고 부르게 되었다. 오늘날에는 『상서』나 『서경』 모두를 사용한다. 주로 하(夏), 상(商),
　주(周) 시대의 역사적 내용들이 기록되어 있지만 오늘날 전하는 것은 위작(僞作)으로 위
　진남북조 시대에 나온 책이기 때문에 원본의 내용은 알 수가 없다. 한(漢)나라 문제(文帝)
　때 진(秦)나라 때 박사를 지낸 복생(伏生)이 상서에 정통하다는 말을 듣고 조착(晁錯)을 보
　내 배워 오게 하여 편찬한 것이 『금문상서(今文尙書)』 29편이고 후일 공자의 옛 집에서 상
　서의 고본(古本)이 발견되어 이를 『고문상서(古文尙書)』라고 한다고 한다. 그런데 이 『고
　문상서』는 소실되어 동진(東晋)의 매색이 자신이 쓴 글을 덧붙여 58편을 만들어 바쳤는
　데, 이 매색의 가짜 '고문상서'는 지금까지 전해지고 있다. 이 책은 후일 청나라 때 염약거
　(1636~1704)가 『고문상서소증(古文尙書疏證)』을 통하여 가짜임을 확실히 고증했다. 본문
　에서 말하는 『상서대전(尙書大傳)』은 『금문상서』를 말하는 것이다.

위의 내용은 주로 진한秦漢 시대를 기준으로 그 이전의 이야기를 기록한 것이라는 데 의미가 있습니다. 즉 역사적으로 고증할 수 있는 시대를 넘어선 기록이기는 하지만 기원전 2세기 이전의 한족漢族들의 일반적인 인식을 알 수 있는 기록입니다. 물론 이 책은 『한서漢書』와 같이 신뢰할 수 있는 사서는 아닙니다. 역사서는 한漢나라를 기점으로 크게 발달하기 때문에 그 이전의 기록들을 전적으로 신뢰하는 것은 무리입니다. 다만 우리는 그 시대 사람들의 보편적인 인식을 참고할 뿐입니다.

　11세기 송나라 때 증공량曾公亮과 정도丁度 등이 편찬한 『무경총요武經總要』(1044년)라는 책이 있습니다. 이 책은 방대한 군사상의 기술서技術書로 무려 40권에 달합니다. 그런데 이 책에서 "발해가 부여의 별종으로 본래 예맥의 땅이었다"라고 합니다. 이 책은 사서史書가 아니라 병서兵書이기 때문에 내용도 전적으로 신뢰하기는 어렵습니다. 그러나 다른 한편으로 보면, 병서이기 때문에 오히려 주변 민족에 대한 연구가 필수적이어서 신뢰할 수 있는 대목이기도 합니다.

　부여는 일반적으로 고조선과 동시대에 있었던 나라이고 고조선이 멸망(기원전 108년)한 이후 예맥권을 지탱한 핵심 세력으로 파악되고 있습니다. 부여는 기원전 2세기경부터 기록에 나타나기 시작하여 494년까지 700~1,000여 년을 존속한 대표적인 쥬신 국가입니다.

　역사서에서 부여가 처음으로 등장한 것은 사마천의 『사기』입니다. 먼저 『사기』의 기록을 봅시다.

무릇 연나라는 발해勃海와 갈석碣石 사이에 있는 나라로 …… 북으로는
오환烏桓과 부여에 인근하고 동으로는 예맥·조선·진번 등과 이해가
서로 통한다.[2]

여기서 나타난 말들 가운데 오환·예맥·조선·진번 등은 두루두루 중
국인들이 말하는 동이東夷, 즉 쥬신을 지칭하는 말입니다. 그렇다면 우리
가 『상서대전』의 견해를 따르게 되면, 이 동이들의 원류가 모두 부여라
는 말이 됩니다. 앞서 설명했듯이 부여에 비하면 오히려 고조선에 대한
기록이 일관성이 없고 단편적으로 흩어져 있습니다.

이와 같이 부여는 『사기』에는 부여夫餘로 나타나지만, 『산해경山海經』에
는 "오랑캐의 나라인 불여의 나라가 있어[有胡不與之國]"라는 말이 있어 불
여不與로, 『일주서逸週書』에서는 부루符婁, 『논어주소論語注疏』에서는 부유鳧
臾 등으로 나타나고 있습니다. 말들이 조금씩 차이가 있지만, 공통적으로
불fire을 나타내는 것으로 보입니다. 불은 태양sun의 또 다른 모습이므로
부여라는 것은 태양 또는 하늘의 자손(천손족天孫族)이라는 의미입니다.

앞서 부여의 어원을 설명했는데, 그동안 반도 사학계에서 부여라는
명칭에 대해 제기된 여러 가지 견해를 소개하겠습니다.

첫째 부여는 '밝(神明)'에서 유래하여 평야를 의미하는 벌伐(夫里)로 변

---

2 "北鄰烏桓, 夫餘, 東縮穢貉 朝鮮 真番之利"(『史記』卷129「貨殖列傳」第69).

했다는 견해가 있는데 제가 위에서 분석한 것과 대동소이한 것으로 파악됩니다.

둘째, 부여를 사슴과 연관시키는 견해가 있습니다. 즉 사마광의 『자치통감資治通鑑』에 "처음에 부여는 녹산鹿山에 자리를 잡았다[初夫餘居于鹿山]"라는 기록[3]을 근거로 하여 녹산의 녹鹿, 즉 사슴을 만주어로는 뿌우Puhu, 몽골어로는 뽑고Pobgo라고 한다는 식으로 부여를 사슴의 의미로 파악하는 것입니다. 관계가 없지는 않겠지만 다소 지나친 감이 있습니다.

셋째, 예맥濊貊에서 예(濊 또는 穢)의 한자음인 '후이(쉬이)'에서 부여의 명칭이 생겼다는 견해가 있습니다. 어느 정도는 타당한 견해로 볼 수 있습니다.

이상의 견해들은 조금씩 관계가 있지만, 앞에서 보았듯이 부여란 결국 태양(해)-불-부리-벌(평야) 등에서 비롯되었다는 것이 가장 타당한 설명이 될 것입니다. 참고로 녹산鹿山은 현재의 눙안農安·창춘長春 또는 지린吉林 가운데 하나라고 보고 있습니다.

여러 기록에서 보더라도 부여는 만주·시베리아의 중심 지역에 위치하고 있음을 알 수 있습니다. 그런데 만주·시베리아 일대에 사는 사람들을 일반적으로 통구스족Tungus이라고 부릅니다. 그렇다면 이 통구스는 부여족을 말하는 것일까요? 이 통구스족과 한국인들은 어떤 관계가 있

3 『資治通鑑』 卷97 「東晉」 永和 2年.

도 21 | 녹산의 추정 위치

을까요? 결론부터 말하자면, 이 퉁구스라는 용어는 잘못된 말입니다. 동
북아시아의 민족 연구에 광범위하게 사용되고 있는 퉁구스라는 용어는
이 지역 민족 분석을 안개 속으로 몰고 간 대표적인 용어입니다. 만주쥬
신이라고 부르는 것이 맞습니다.

　예를 들어, 일부에서는 한국과 일본을 퉁구스라고 하고 또 일부에서
는 이를 부정하는 등 퉁구스의 실체가 무엇인지 기준을 정하기가 어렵
습니다. 심지어 퉁구스라고 불리는 사람들조차도 자신이 퉁구스인지도
모릅니다. 좁은 의미로 본다면 퉁구스는 유럽인들이 시베리아에서 접촉
한 동북아시아인(특히 에벤키족) 정도로 보아야 합니다.

　논란의 여지가 있으나, 퉁구스는 동호東胡라는 말에서 나왔을 가능성이 가장 큽니다. 이 지역의 사람들을 부를 때 동호, 즉 '퉁후'라고 한 것을 유럽인들이 퉁후스 등으로 표기했을 가능성이 크다는 말입니다. 그러나 이 퉁구스라는 말은, 수천 년을 이어온 동북아시아 민족에 대한 한 줌의 지식도 없는 유럽인들, 특히 시베리아에 진출한 러시아인들에 의해서 자의적으로 급조된 용어에 불과합니다. 따라서 퉁구스라는 용어는 동북아 민족 연구의 심각한 걸림돌일 수밖에 없으며 앞으로 사용하지 말아야 할 용어입니다.

흔히 퉁구스족이라고 불리는 만주쥬신들은 곰에 대하여 특별한 숭배 의식을 가지고 있고 상당수가 스스로를 곰의 후손으로 생각하고 있습니다. 예를 들어, 에벤키족이나 오로촌족은 곰숭배신앙이 강하여 스스로를 곰의 후손이라고 생각합니다. 오로촌족은 곰을 보고 곰이라고 부르지 않고 '타인텐'이나 '야아'라고 하는데 이것은 할아버지라는 의미라고 합니다. 오로촌 사람들은 암곰이 사냥꾼과 잠자리를 같이하여 낳은 아이가 오로촌의 조상이라고 믿고 있습니다. 참고로 일본어에서 어머니에 해당하는 말은 '하하はは'이고 아버지는 '치치ちち'입니다.

에벤키족은 남자와 암곰이 교혼하여 살다가 남자가 도망가자 암곰은 자식을 두 쪽으로 찢는데 하나는 곰이 되고 하나는 에벤키족의 시조가 된다는 신화를 가지고 있습니다.[4] 이것은 웅진(공주) 곰나루 설화와 거의

---

4 조현설,『우리신화의 수수께끼』(한겨레출판: 2006), 14쪽.

같습니다. 단군신화의 웅녀 이야기는 마치 에벤키족 웅녀설화의 속편처럼 보입니다. 그런데 이 웅녀설화가 단군신화에 이르면 사람이 되고 싶어 하는 암곰으로 나오고 결국 여인으로 변화하여 환웅桓雄과의 사이에 단군檀君을 낳고 이로써 한민족이 시작되는 형태로 발전합니다. 웅녀설화의 주인공 웅녀는 단군신화에 이르러서는 환웅의 역할을 지원하는 조연으로 나타나고 있습니다. 이것은 보다 정치적인 의미로 환웅족에 의해 웅녀족(곰토템족)이 복속되는 과정을 나타내는 것으로 보입니다.

고대 쥬신의 경우 곰과 호랑이(범)를 자신들의 토템으로 숭배했다는 역사적 기록들이 매우 많습니다. 『삼국지』에 "호랑이를 신으로 제사지냈다"[5]라거나 영락대제비(광개토대왕비)에서 보이는 '대금大金'이라는 말은 큰곰big bear의 의미로 대칸(큰 임금)을 뜻하는 말이라고 합니다. 이 말은 『용비어천가龍飛御天歌』에서도 확인됩니다. 『용비어천가』에서 광개토대왕비를 대금비大金碑라고 하고 있습니다. 일부 학자들은 이 '곰'이 반도쥬신어로 왕이나 황제를 의미하는 '임금'의 금과 같은 어원을 가진 말로 생각하는 경우도 있는데 이 견해도 타당한 것으로 보입니다. 즉 쥬신의 언어로서 최고의 존칭으로 사용된 말 가운데 '님곰', '왕검王儉', '니사금尼師今', '니지금尼叱今', '대금', '한곰', '임금' 등이 있습니다.[6]

---

5 "祭虎以爲神"(『三國志』魏書「東夷傳」濊).

6 리상호, 「단군고」, 이지린·김석형, 『고조선에 관한 토론 논문집』(평양, 과학원출판사: 1963), 244쪽.

단군신화에서 보이는 궁홀산弓忽山에서 궁홀이 바로 곰골을 한자로 표기한 것이며, 『양서梁書』에 나타나는 백제 수도의 옛말인 고마성固瘝城[7], 『삼국사기』「고구려 본기」에 나타나는 '개모성蓋牟城'과 마한 55국 가운데 하나인 건마국乾馬國도 곰을 한자식으로 표기한 말이라고 합니다.

반도쥬신이 곰과 매우 인연이 깊다는 예로 만주와 한반도 곳곳에 산재한 곰과 관련된 지명을 들 수 있습니다. 예를 들어, 만주 지역에는 곳곳에 웅악熊岳 또는 개마산蓋馬山, 개모산蓋牟山 등의 이름이 널리 퍼져 있는데 이는 바로 '곰뫼'를 한자로 표기한 것입니다. 한반도에는 곰나루(熊津: 충남 공주)를 비롯하여 곰실(熊谷: 경북 선산), 곰내(熊川: 금강), 곰개(熊浦: 경남), 곰뫼(熊山: 경남), 곰섬(熊島: 함남 영흥), 곰재(熊嶺: 전북 진안), 금마저金馬渚(전북 익산), 곰고개(熊峴: 충북 보은), 곰바위(熊岩: 충북 음성), 곰골(熊州: 충남 공주) 등의 이름이 널리 분포되어 있습니다. 이것은 만주와 한반도가 하나의 민족적 정체성을 가지고 있다는 수많은 증거들 가운데 하나입니다.

단군신화에 나타나는 웅녀熊女라는 말은 '곰골에서 온 여자'라는 의미라고 합니다. 즉 오늘날까지도 반도쥬신들은 여자의 이름을 평양댁(평양에서 온 여자), 부산댁(부산에서 온 여자), 서울댁(서울에서 온 여자) 등으로 부르고 있는데 이 말의 표현방식이나 웅녀의 표현방식이 같은 형태라는 것입니다.[8]

---

7 『梁書』「諸夷傳」.
8 리상호, 「단군고」, 이지린·김석형, 앞의 책, 251~252쪽.

고마와 담로

양나라(502~556년)의 역사를 기록한 『양서梁書』의 기록에 다음과 같은
내용이 나와 있습니다.

> 백제는 도성을 고마固麻라 하고 읍을 담로簷魯라고 하는데, 이는 중국
> 의 군현과 같은 말이다. 그 나라에는 22개의 담로가 있는데, 모두 왕의
> 자제와 종족宗族으로 나누어 다스리게 했다.[9]

위의 기록에서 무엇보다도 먼저 도성을 고마, 즉 곰의 성[熊城]이
라고 하고 있는 점을 유의할 필요가 있습니다. 이것은 앞서 본 쥬신
의 일반적 토템인 곰을 주요한 정신적 토대로 하고 있음을 의미합니
다.[10]

다음으로 담로簷魯는 중국의 군현郡縣과 같은 지방 통치조직을 의
미합니다. 반도 사학계에서는 일반적으로 담로가 백제 말의 음차로
읍성邑城을 의미하는데, 중국의 군현郡縣과 같이 지방 지배의 거점으
로서 성城을 뜻하는 동시에 그것을 중심으로 하는 일정한 통치영역을
나타내는 것이라고 합니다. 담로는 일종의 봉건제로 인식되고 있을
뿐 아니라 해외 식민지 개척의 거점이라고 보기도 합니다.

---

[9] "號所治城曰固麻, 謂邑曰簷魯, 如中國之言郡縣也. 其國有二十二簷魯, 皆以子弟宗族分據
之. 其人形長, 衣服淨潔. 其國近倭, 頗有文身者. 今言語服章略與高驪同, 行不張拱, 拜不
申足則異"(『梁書』 卷54 列傳 第48 「諸夷」 海南 東夷 西北諸夷).

[10] 참고로 웅천 또는 공주에 대한 『일본서기』의 기록은 다음과 같다. "三月廿一年春三月. 天皇
聞百濟爲高麗所破. 以久麻那利賜汶洲王. 救興其國. 時人皆云. 百濟國雖屬旣亡聚夏倉下.
實賴於天皇. 更造其國. 汶洲王盖鹵王母弟也. 日本舊記云, 以久麻那利賜末多王. 盖是誤
也. 久麻那利者任那國下□呼□縣之別邑也"(『日本書紀』 雄略天皇 21年).

이 점은 대단히 중요한 측면이 있습니다. 왜냐하면 부여의 역사를 보면 나라가 잘 망하지 않습니다. 끊임없이 재생하고 또 재생하는 부여만의 특성이 나타납니다. 다른 나라의 경우, 외세의 침공으로 멸망했으면 대개는 그것으로 모든 것이 끝나서 소생하기 어려운데 부여는 망한 듯하면서 거듭거듭 또 생겨납니다. 이것은 아마 담로제도가 큰 역할을 한 것이 아닌가 생각됩니다. 즉 담로제도라는 것은 특정 지역을 강력한 군사력으로 정벌하고 왕족을 파견하여 다스리는 형태이기 때문에 비교적 쉽게 특정 지역을 장악하게 됩니다.

그래서 원부여가 멸망하더라도 담로제도를 바탕으로 새로운 거점이 형성되어 새로운 부여를 만들 수가 있겠지요. 그러면 원부여가 멸망하더라도 이들은 왕족들이기 때문에 정통성을 가지고 있어서 스스로를 부여라고 부를 수가 있는 것이지요. 대체로 보면 원부여가 완전히 멸망(494년)했을 때 백제는 남부여로 칭하게 되고(538년), 백제가 완전히 사라지자(660년) 일본이라는 명칭이 새로이 등장(670~698년)하고 있습니다. 이 부분은 앞으로 자세히 설명하겠습니다.

그러니까 담로제도가 제도적으로 확실히 정착한 것이라면, 부여는 어느 곳에서든 쉽게 건국될 수 있으며, 이것이 여러 지역에 부여계가 정착할 수 있는 배경이 됩니다. 우리가 역사에서 확인할 수 있는 여러 지역의 부여는 바로 이 담로제도의 결과물일 수 있습니다. 부여계가 반도를 거점으로 하여 열도에 비교적 쉽게 진출할 수 있었던 배경에도 담로제도가 있었을 가능성이 큽니다. 간단히 말해서 부여의 끊임없는 재생과정의 엔진engine은 바로 담로라는 것입니다.

예를 들면, 475년 반도부여(백제)는 개로왕의 죽음과 도성의 함락으로 사실상 패망합니다. 그런데 얼마 지나지 않아 웅진 지역(공주)을 중심으로 다시 재건됩니다. 이때의 반도부여는 열도 부여(일본) 세력의 지원으로 재건된 것으로 보입니다.

담로제도는 백제가 웅진으로 천도한 이후 생겨난 것으로 보기도 하고, 근초고왕이 지방 지배조직을 정비하고 지방관을 파견하기 시작한 때 생겨난 것으로 보는 견해도 있지만, 반도 사학계에서는 대체로 한성에서 웅진(공주)으로 천도한 이후 이 제도가 보다 충실하게 운영된 것으로 보고 있습니다.[11] 『양서』의 기록에는 22개의 담로가 나오지만 이것도 부여계의 확장에 따라서는 그 이상이 될 수도 있고 그 이하가 될 수도 있다고 보고 있습니다.

그러나 저는 이와 유사한 행태가 만주 지역의 원부여 시대부터 있었을 것으로 추정합니다. 그 대표적인 예가 동부여(285년)입니다. 동부여(285년)는 모용선비의 침입이라는 국가적 위기를 맞아서 두만강 쪽으로 피난하여 생긴 부여입니다. 즉 동부여는 일종의 섀도캐비닛 shadow cabinet으로 일부 왕족들이 그 지역에 머물러 있습니다. 국외자 局外者들이 보면 마치 두 개의 부여, 즉 동부여와 북부여가 존재하는 듯이 느껴지지만 사실상 하나의 나라지요. 쉽게 말하면 만성적인 국가적 위기상황에서 일종의 섀도캐비닛을 유지했다는 말이 됩니다. 물론 이 피난정부와 본국정부와의 사이가 항상 좋을 수만은 없을 것입니다. 어차피 정치이니까요. 만약 원부여가 멸망하게 되면, 동부여를 중심으로 다시 부여의 건국을 시도할 것입니다.

대부분의 연구자들은 동부여가 별개의 국가가 아니라 그저 부여의 동부 지방쯤으로 보고 있습니다. 즉 쓰다 소기치津田左右吉가 1924

---

11 백제문화사대계 연구총서 1, 『백제사 총론』(충남역사문화연구원: 2007), 49쪽.

년에 이 같은 견해를 제창한 이후 이케우치 히로시池內宏는 이를 분석하여 동부여(285년)는 부여왕 의려의 동생과 아들이 북옥저(간도 지방)에 세운 별국別國(분국)이며 125년 후인 410년 광개토대왕에 의해 고구려 영토에 편입되었다고 합니다.[12] 이것이 대체로 정설로 받아들여지고 있습니다. 저는 별국이라는 말보다는 연방 또는 연합국가라는 말을 사용하고 있습니다. 이 부분을 유심히 보면 반도부여가 열도부여를 건국해가는 과정과 매우 흡사합니다.

부여의 이 같은 행태는 다른 나라들의 행태와는 매우 다른 특징을 보입니다. 즉 대부분의 나라들은 중앙을 거점으로 하여 주변을 공략하여 확대되는 것이 일반적인 행태이나, 부여는 주변 지역으로 확장되는 것이 아니라 어느 곳이든지 안전한 환경으로 이동하여 거점을 건설했다는 점에서 그렇습니다. 이것은 아마도 부여가 워낙 주변 세력(강력한 유목민들)들에 비하여 힘이 약해서 생긴 일로 판단됩니다. 부여계가 산둥山東반도에서 만주, 한반도, 열도 등지에서 출몰한 점들도 이를 설명해 줍니다.

그동안 담로擔魯에 대해서는 많은 의혹과 논쟁이 있었습니다. 왜냐하면 이 담로라는 말이 『삼국사기』「백제본기」 어디에도 나타나지 않고 엉뚱하게도 중국의 사서에만 나타나고 있는 것도 하나의 원인일 수도 있습니다. 그뿐만이 아니라 담로의 어원에 대한 여러 가지 탐구가 있었는데 주로 다물多勿과 관련된 말이라는 견해가 많습니다. 특이한 경우로는 (인디아의) 드라비다어로 사람들을 의미한다는 견해도 있습니다.

---

12 池內宏,「扶餘考」,『滿鮮史硏究』(1951).

『삼국사기』에 "송양왕이 나라를 들어 항복하므로 왕은 그 땅을 다물도多勿都라고 하는데, 고구려 말에 복구한 땅을 다물多勿이라 말하는 까닭으로 이와 같이 부른 것이다"라는 기록이 있습니다.[13] 김성호는 담로의 어원을 고구려의 다물이라고 보는데 고구려에서는 빼앗은 땅, 점령지를 '다모리'라 했으며 백제인들의 정착지도 '다모리'라고 했다고 합니다. 이 다모리가 다물, 담라, 담로로 변천했다는 것입니다. '담'은 담장 또는 경계를 뜻하고 '로'는 나라를 뜻하므로 '담로'는 백제의 행정구역을 지칭하는 말이라는 것입니다. 전남 해안이나 도서 지방에는 밭두렁에 돌담을 쌓아놓는데 이것을 '돌다모리'라고 한다고 합니다. 그런데 한반도에는 담로를 뜻하는 여러 지명들이 제주도까지 걸쳐 남아 있다는 주장도 있습니다.

강길운 교수에 따르면, 담로는 드라비다어인 tombe(회중, 군중), tumpai(군중, 집결), dombe(군중, 폭도), tombara(무리), tamil(지역 이름) 가운데 어느 하나이거나 일본어의 다미tami(民), 다무레tamure(屯營), 다무로tamuro(屯) 등의 말 가운데 하나일 것으로 추정합니다.[14] 드라비다어는 그렇다 치고 일본어에는 담로와 거의 일치하는 말이 보입니다. 즉 백성들을 의미하는 '다미'와 둔영屯營을 의미하는 '다무로'는 항상 국가 비상사태에 가까운 상태였던 부여의 행정조직을 보여주는 듯합니다.

이도학 교수에 따르면, 담로는 지방의 거점이며 관도를 따라 축성된 관성으로 이를 통해 수리권을 장악하고 지방세력을 통제했다고 합니다. 이도학 교수는 후대에 지배하게 된 금강 이남 지방의 정치

---

13 『三國史記』「高句麗 本紀」東明聖王 2年.

14 강길운, 『고대사의 비교언어학적 연구』(새문사: 1990).

적·문화적 이질성을 어느 정도 인정하고 자치권을 부여하는 의미에서 중앙통치 지역과 달리 왕의 자제나 종친을 파견하여 분봉한 것이 담로제라고 추정했습니다.[15] 즉 백제의 영역이 확대되면서 새로운 영토를 통치할 때 그 지역적인 특수성을 인정하는 효율적 통치제도라는 말입니다. 그래서 이도학 교수는 금강 이북의 기존 영토는 5부제를, 금강 이남의 신 영토에 대해서는 담로제를 실시한 것을 보여주는 것이 『양서』「백제전」의 기록이라고 합니다.[16] 만약 그렇다면 열도 부여의 경우도 이 같은 방식에 준하여 건설되었다고 보는 것이 합리적입니다.

한 가지 분명한 것은 담로제도가 다소 느슨하지만 범부여권을 연결하는 봉건제도적인 요소가 강하게 있다는 것입니다. 그런데 이 담로제도는 매우 허약한 요소를 내포하고 있습니다. 지역의 토착세력에 기반을 두지 않고 본국과의 긴밀성의 요소로만 묶여져 있기 때문에 이 긴밀성을 상실하게 되면, 쉽게 두 개, 세 개의 나라로 분리됩니다. 그래서 이 긴밀성의 유지는 부여계의 역사에서는 절대적인 요소로 나타납니다.

즉 담로 또는 이와 유사한 느슨한 봉건적 제도를 유지하기 위해서는 부여의 정체성을 견고히 유지하기 위한 활발한 교류가 전제되어야 합니다. 우리가 반도와 열도의 역사를 면밀히 보면, 왕족의 교류가 다른 어떤 나라에서도 찾아볼 수 없을 정도로 활발했다는 것을 알 수 있습니다. 실제로 상당수의 백제왕이 일본에서 유년기와 청년기를

---

15 이도학, 『새로 쓰는 백제사』(푸른역사: 1997).

16 이도학, 앞의 책.

보내고 다시 반도로 돌아와 등극합니다. 만약 이 같은 과정이 없다면 이 담로제는 매우 허약한 제도로 쉽게 붕괴될 소지가 있습니다.

저는 『대쥬신을 찾아서』에서, 반도부여와 열도부여는 수세기 동안 역사상 가장 모범적인 우의友誼관계를 유지해왔으며, 이것은 세계 그 어느 나라의 역사에서도 찾아볼 수 없는 것임을 밝혔습니다. 그래서 저는 부여계의 국가를 연방 또는 연합국가라고 합니다.

특히 담로제도가 근초고왕대에서 본격적으로 진행된 제도라고 한다면 이것은 당시 위기에 처했던 범부여계의 자가분열自家分裂에 매우 효과적이었을 것이라는 점입니다. 이것은 열도부여의 건설에 매우 효율적인 제도임에 틀림없습니다.

『구당서』에서는 "백제는 본시 부여족 가운데 하나[別種]이다. 일찍이 마한의 옛땅이었고 …… 동북쪽은 신라이고 서쪽은 바다를 건너서 월주越州에 이르며 남쪽은 바다를 건너서 왜국에 이르고, 북쪽은 고구려이다. 그 왕은 동서의 양 도읍에 머물렀다"라고 합니다.[17] 이 기록은 백제의 영역이 광대함과 동시에 동쪽과 서쪽에 도읍이 두 개가 있음을 말하고 있습니다. 만약 범부여계의 맹주가 있었다면 그는 양 도읍을 오고가면서 범부여의 영역을 통치했을 것입니다. 그런 까닭에 『일본서기』의 기록들에서 일본의 천황과 백제의 왕이 동일인으로 추정되는 경우들이 나타나고 있습니다. 이제 '일본=부여'라는 점에 대하여 본격적으로 알아봅시다.

---

17 "百濟國, 本亦扶餘之別種, 嘗爲馬韓故地, 在京師東六千二百裏, 處大海之北, 小海之南. 東北至新羅, 西渡海至越州, 南渡海至倭國, 北渡海至高麗. 其王所居有東西兩城"(『舊唐書』 卷199上 「列傳」 第149上 「東夷」 百濟).

범부여 연합국가의 성립

한반도 남부로 남하한 부여세력은 반도부여를 기반으로 담로 또는 이와 유사한 제도를 토대로 열도부여의 건설에 박차를 가했을 것으로 보입니다. 담로제도가 가진 봉건적 요소는 범부여 연합체를 장기적으로 유지하는 원천이 되었을 것입니다.

동북아시아의 역사상 부여계만큼 긴 세월 동안 자기의 정체성을 유지한 세력은 없었습니다. 쓰러지면 일어서고 타격을 받으면 장소를 바꾸어 또 다시 일어서는 끈질긴 생명력을 부여계는 가지고 있었습니다. 끝없는 생명력의 유지는 부여사의 위대한 특징들 가운데 하나입니다. 만주에서 궤멸되어 정체성의 유지가 어려웠던 부여계는 반도로 이주합니다. 그러나 고구려가 강성해지면서 남하를 시작하자 반도부여는 열도의 개척에 박차를 가하게 됩니다. 그러면 열도부여가 부여계에 의해 통일된 세력을 구축한 시기는 언제쯤일까요? 먼저 열도(일본) 사학계의 분석들을 살펴봅시다.

대체로 보면 4세기 말, 늦어도 5세기 말까지 열도의 통일을 완료

연구자	열도의 통일시기	관련저서
미즈노 유	362년 혼슈·규슈·시코쿠 통일	水野祐, 『日本古代の國家形成』(1967) 180쪽
	391년까지 일본 열도	水野祐, 『日本古代の國家形成』(1967) 178쪽
우에다 마사아키	4세기 중·말기 지배권은 조선까지 확대	上田正昭, 『日本古代國家研究』(1968) 39쪽
사카모토 요시타네	4세기 전반 통일국가 출현	坂元太郎, 『日本古代史の基礎研究(上)』(1964) 29쪽
	266~366년 통일국가 성립	坂元太郎, 『日本古代史の基礎研究(上)』(1964) 29쪽
이노우에 미쓰사다	4세기부터 5세기 초 통일	井上光貞, 『日本國家の起源』(1985) 190쪽
	3세기 중 통일국가 성립	井上光貞, 『日本國家の起源』(1985) 37쪽
야마오 유키하사	5세기 초 통일국가 성립	山尾幸久, 『日本國家の形成』(1977) 머리말
히라노 구니오	5세기 말	平野邦雄, 『大化前代政治過程の研究』(1980) 43쪽

일본 열도의 통일시기(최재석, 『백제의 대화왜와 일본화 과정』, 231쪽 재구성)

하는 것으로 보고 있습니다. 앞의 표에서 재미있는 것은 연구가 진행될수록 그 통일시기가 늦추어지고 있다는 점입니다.

제가 보기에는 5세기 말부터 7세기로 좀 더 광범위하게 보는 것이 타당합니다. 왜냐하면 5세기 초에 반도부여로부터 대규모의 집단이 주가 있었고 5세기 말경에 강력한 통치권력이 형성되기 때문입니다. 이것은 『송서』에 나타난 왜왕의 국서를 보면 충분히 추정할 수 있는 내용입니다. 이 부분은 앞으로 상세히 분석할 것입니다.

이노우에 미쓰사다井上光貞 교수는 5세기를 야마토 조정의 구성기로 보고 있습니다. 히라노구니오平野邦雄 교수는 대화(야마토) 왜의 일본 열도 통일은 5세기 후반이며, 왕권이 강화되고 발전된 것도 5세기 말, 즉 왜왕 무武 다시 말해서 유라쿠 천황 시대라고 주장했습니다. 히라노 구니오 교수는 "야마토 왜가 상당한 정도의 통일국가로 성장한 것은 5세기 후반 이후이며, 그 이전에 남부 조선 지역에로의 병력을 파견한다는 것은 불가능하다"라고 합니다.[18] 이것은 앞으로 곤지왕과 유라쿠 천황 부분을 분석하면 명확해질 것이라고 생각됩니다.

열도는 5세기 말까지 대체로 홋카이도北海島나 간토 동쪽 지방을 제외하고, 상당한 지역이 부여계에 의해 통일된 것으로 생각됩니다. 이렇게 야마토 왕조가 건설되는 과정에서 반도에서는 고구려의 남하가 본격화됩니다. 이와 같이 고구려의 남하와 열도부여의 강화는 중요한 함수관계가 있는 것입니다. 이렇게 국가 건설의 기초가 완성되면서 많은 사람들이 열도로 이주하게 됩니다. 그래서 야마오 유키하

---

18 平野邦雄,『大化前代政治過程の研究』日本史學研究叢書(吉川弘文館: 1980), 43쪽.

사山尾幸久 교수는 "6, 7세기 일본의 국가 형성의 역사는 조선으로부터의 이주민을 제외하고는 상상할 수 없다"라고 말합니다.[19]

이와 같이 열도의 연구는 시간이 지날수록 통일이나 고대국가의 형성이 늦게 된 것으로 나타나고 있습니다. 즉 미즈노 유 교수는 오진應神 시대에 이미 열도에서 고대국가가 성립된 것으로 본 반면, 이후의 학자들은 다이카 개신大化改新을 기점으로 하는 경우가 많습니다. 예를 들어, 이시모타 쇼石母田正 교수는 일본 고대국가의 성립시기를 7~8세기로 보고 있고,[20] 기토 기요아키鬼頭清明 교수는 고대국가로서의 야마토 정권은 긴메이欽明 천황부터라고 합니다.[21] 제가 보기엔 이시모타 쇼 교수나 기토 기요아키 교수의 견해가 타당한 것으로 생각됩니다. 이 부분들은 앞으로도 지속적으로 분석할 것입니다.

열도의 통일이라는 것은 부여계의 야마토 왕조의 건설과정에서 나타난 정치적 현상입니다. 부여계가 열도로 진출함에 따라서 이제 부여계는 만주–한반도–열도에 이르는 거대한 영역의 제국이 됩니다. 물론 이 왕조는 안정적이지는 않습니다. 외압이 상존하는 위태로운 상황이지요. 어떤 의미에서 끊임없는 외환에 시달린 부여계에게 열도(일본)는 더 없이 안정된 환경이었을 것입니다. 그래서 오진 천황이 열도를 정벌하면서 와키카무 언덕에 올라 "아, 얼마나 아름다운 나라를 우리가 얻었는가?"라고 감탄했다고 합니다.

열도(일본)는 부여의 나라입니다. 그리고 백제(반도부여)와 일본(열도부여)은 사실상 하나의 나라나 다름이 없는 일종의 국가연합, 즉 범부여

---

19 山尾幸久, 『日本國家の形成』(岩波書店: 1980), 39쪽.

20 石母田正, 『日本の古代國家』(岩波書店: 1971), 15쪽.

21 鬼頭清明, 앞의 책, 277쪽.

연합국가USB: United States of Buyou로 보아야 합니다. 다시 말해서 열도부여(일본)와 반도부여(백제)는 하나의 역사공동체이자 운명공동체라는 것입니다.

이제 이러한 요소들을 좀 더 구체적으로 살펴봅시다. 이 부분은 제가 『대쥬신을 찾아서』에서 특별히 강조한 부분이기도 합니다. 그러나 장구한 부여의 역사를 살펴보는 데 반드시 짚고 넘어가야 할 부분이므로 다시 한 번 심층적으로 요약하겠습니다.[22]

상호교환적 정치관계

반도부여(백제)와 열도부여(일본)의 정치적 교환관계가 단순히 본국本國-지방정권地方政權의 수준이 아니라 하나의 국가와 같은 정도의 혈맹적인 특성을 그대로 보여줍니다. 일본(열도부여)과 백제(반도부여)는 별개의 국가가 아니라 담로 등과 같은 독특한 봉건제도로 얽혀 있는 범부여 연합국가 또는 범부여 국가연합입니다.

반도쥬신(한국인)들은 마치 백제에서 일본으로 왕을 봉하는 것처럼 알고 있는데 실제로는 그 반대의 경우도 많이 나타납니다. 따라서 어느 한 쪽이 일방적으로 다른 한 쪽을 지배했다는 식으로 보기는 곤란합니다. 물론 초기에는 반도가, 후기로 갈수록 열도가 헤게모니hegemony를 장악한 것은 분명해 보입니다. 왜냐하면 반도부여는 외부의 침략으로 인하여 국력이 많이 소진되었기 때문입니다.

반도부여(백제)와 열도부여(일본), 두 나라는 국가원수의 교체에 있어서도 서로 직접적으로 관여하는 등 거의 한나라 수준의 국가가 아

니면 불가능한 정치적인 일체성을 가지고 있습니다. 대표적인 경우가 백제의 진사왕(재위 385~392년)의 교체라고 할 수 있습니다. 또한 백제-가야-일본 등이 하나의 공동운명체共同運命體였다는 실제 기록들이 『일본서기』에는 매우 많이 나타나고 있습니다. 예를 들어 『일본서기』 긴메이欽明 천황 2년 조의 기록에, 백제의 성명왕(성왕: 재위 523~554년)이 가야에서 온 여러 사람들에게 "과거, 우리의 선조 근초고왕, 근구수왕께서 가야에 계신 여러분들과 처음으로 서로 사신을 보내고 이후 많은 답례들이 오고가 관계가 친밀해져서 마치 부자나 형제와 같은 관계를 맺었습니다"라고 말합니다. 그런데 성명왕은 일본의 긴메이欽命 천황과 동일인이라는 여러 증거들이 나타납니다. 이 부분은 앞으로 상세히 다루겠습니다.

참고로 유물·유적과 관련한 최근의 연구(2004년)에 따르면, 백제 지역(한반도)과 열노(일본)의 교류는 시기별로 양상을 달리합니다. 즉 5세기 전반까지는 일방적으로 한반도에서 열도 지역으로 이동한 것이라면, 5세기 후반에서 6세기 후반까지는 한반도에서 열도 방향으로의 이동뿐 아니라 열도에서 한반도 방향으로도 많은 교류가 나타납니다.[23]

일국 외교체제

열도와 반도가 하나의 연합국가였다는 증거들 가운데 하나가 왜국은 478년부터 600년에 이르는 120여 년 간 오로지 백제(반도부여)와의 일

---

23 서현주, 「유물을 통해 본 백제지역과 일본열도와의 관계: 4~6세기를 중심으로」, 『백제시대의 대외관계』(제9회 호서고고학회 학술대회: 2004).

국 외교체제를 유지했다는 점입니다. 다시 말해서 중국과 한반도의 대외적인 환경이 급변하는 상황에서 대부분의 나라들이 다국 외교 전략으로 대응했으나 열도는 오로지 백제만을 외교적 대상으로 삼아서 선진문물의 유입과 외교적인 문제를 오직 백제만을 통하여 추진했다는 것입니다. 열도는 거의 120여 년 간을 중국의 남조 제나라와의 통교도 단절한 채 백제만을 통로로 하여 일국 외교를 추진했습니다.[24] 이것은 열도부여와 반도부여가 범부여 국가연합과 같은 특수한 관계가 아니면 해석이 안 되는 것입니다. 물론 범부여 국가연합이라는 말이 기록되어 있는 것은 아닙니다. 그런 형태였다고 보는 것이지요.

반도부여와 열도부여의 이 같은 외교 행태에는 두 가지 가능성이 있습니다. 하나는 열도와 반도부여가 하나의 국가연맹 또는 형제국가이거나 다른 하나는 외교권 전체를 백제가 장악했을 경우입니다. 만약 이 두 나라가 서로 유기적인 상관관계가 없었다면 다른 국가들처럼 다양한 외교로 생존을 도모했어야 합니다. 그만큼 당시 동북아의 긴장이 고조되어 있었기 때문입니다. 생존이 다급한 상황에서 영원한 동지가 어디 있습니까? 더구나 백제의 세력이 극도로 약화되어 있었습니다. 그럼에도 불구하고 열도(일본)는 반도부여(백제)를 마치 영원한 동지나 형제처럼 대합니다. 반대로 열도의 왜왕권은 고구려와 신라에 대해서는 극도의 적대감과 증오를 표출합니다. 그동안의 열도(일본)나 반도(한국) 사학계의 이론대로라면 열도가 거의 제대로

---

24 연민수,「7세기 동아시아 정세와 倭國의 對韓政策」,『신라문화 24집』(신라문화연구소: 2004).

된 접촉도 하지 않았을 고구려에 대해서 엄청난 적대감을 보이는 것은 이해할 수 없는 일이지요.

다만 특이한 일은 570년을 기점으로 하여 비다쓰 천황 2~3년(573~574년)에는 고구려 사신을 매우 환대하고 있는데, 이때는 신라가 한강 유역을 점령하고 관산성전투에서 백제군을 궤멸시켜서 백제의 적이 신라로 바뀐 이후라는 점입니다. 이처럼 열도의 왜왕권과 반도부여는 다른 국체를 지닌 듯이 보이면서도 하나의 생각으로 움직이고 있었음을 알 수 있습니다.

그러나 610년경 이후부터는 반도부여가 약화되면서 왜국은 다변화 외교전략을 모색하기 시작합니다. 이 시기를 전후하여 일시적으로 신라-백제 사이에 긴장이 완화된 것과도 관련이 있을 수 있고, 다른 한편으로는 열도가 현실적인 다변화 외교의 필요성을 인식했다는 의미도 됩니다. 당나라 건국 전에는 남북조의 대립 등으로 국제질서가 복잡한 상황이었지만, 수나라나 당나라라는 초강대국이 성립되면서 열도는 크게 당황합니다. 즉 수백 년 만에 중국을 통일한 강력한 왕조의 등장은 열도를 긴장시키기에 충분했을 것이고, 상대적으로 반도부여의 위기감은 고조되었을 것입니다. 열도에서도 무조건적으로 반도부여의 외교노선만을 따르는 것이 부담스러웠을 것입니다. 그뿐만이 아니라 이 시기에는 열도부여의 세력이 반도부여보다도 훨씬 더 강력해진 상태입니다. 마치 미국이 영국에서 벗어나듯이 헤게모니가 이미 열도 쪽으로 기울어진 상황이었습니다.

당나라가 고구려를 침공한 시기를 즈음하여 열도 내부에서도 정치적인 소용돌이가 나타납니다. 즉 645년을 전후한 시기에 중앙권력을 장악해온 소가씨蘇我氏의 본종가本宗家가 타도되는 잇시의 변(잇

시노헨乙巳の變, 을사정변)이 일어납니다. 이 정치적 사건에 대하여 친백제에서 친신라 외교노선의 대두[25], 친당파와 친백제파의 대립[26], 백제와 신라 두 나라 사이에서 균형적인 조공관계 유지[27] 등의 설이 있습니다. 김현구 교수는 당시 소가씨를 타도하고 들어선 다이카 개신 정권의 핵심 인물들이 모두 신라와 깊은 관계였다고 주장합니다.[28] 이 부분은 앞으로 상세히 다룰 것입니다.

그럼에도 불구하고 실제로 왜국(일본)의 대당 외교노선은 백제와 궤를 같이합니다. 당나라는 왜국으로 하여금 친신라 군사지원을 명했지만 왜국은 이를 받아들이지 않았습니다. 당나라 고종은 654년을 전후하여 새서璽書를 보내어 신라가 고구려·백제의 공격을 받으면 출병하여 신라를 구원하라고 명령했지만, 왜왕은 신라를 위해서는 단 한건의 군사적 지원도 한 적이 없었습니다. 당시의 사정으로 본다면 당나라는 주변의 나라들이 감당하기 어려운 초강대국이었는데, 당 고종의 새서를 거역하면서까지 지켜야 할 무엇이 반도부여(백제)와 열도(일본) 사이에 존재했던 것입니다. 이것은 동맹국 수준을 넘어선 유기적 연관성이 있었음을 의미하는 것이지요. 잠시 열도가 신라를 통한 대당 외교노선을 시도한 것은 반도부여를 무시한 것이라기보다는 부여계의 온존을 위한 현실적인 외교전략의 수용으로 보입니다.

동아시아의 급변하는 대외정세 속에서 열도를 안정적으로 유지하려는 열망이 있었지만, 백제의 멸망이라는 시련이 닥치자 열도는 형

---

25 石母田正,「國家成立における國際的契機」,『日本の古代國家』(岩波書店: 1971).

26 八木充,「難波遷都と海外情勢」,『日本古代政治組織の研究』(塙書房: 1986).

27 鬼頭清明,「7世紀後半の東アジアと日本」, 앞의 책.

28 김현구,『백제는 일본의 기원인가』(창비: 2007) 117쪽.

제국인 백제 구원에 총력을 기울이게 됩니다. 결국 열도에 있어서 외교정책 또는 국가정책의 가장 중요한 핵심은 바로 반도부여의 수호였음이 자명한 사실로 나타나고 있습니다.

인적·물적 자원의 교류

일본(열도부여)과 백제(반도부여)를 하나의 연합국가의 범주로 볼 수 있는 또 다른 강력한 증거는 인적·물적 자원의 이동입니다. 4세기에서 7세기 반도부여(백제)의 멸망 때까지 반도부여(백제)와 열도부여(일본)는 연맹국가 또는 그 이상 수준의 생산요소production factors나 국가자원national resources의 이동이 이루어집니다.

라우스Rouse 교수는 일본의 조몬인은 홋카이도의 아이누족과 관련이 있으며 현재의 일본인들은 야요이 시대와 고분 시대를 거친 사람들과 연결된다고 합니다.[29] 지나 반즈Gina Barnes 교수는 조몬인과 야요이인이 서로 다른 사람들이라고 주장하면서 한국에서 규슈九州로 여러 차례에 걸쳐 민족이동이 있었고, 5세기경 기나이畿內 지역에는 직접적으로 한반도의 사람들이 이동했다고 주장합니다.[30] 일본의 인류학자인 하나하라 가즈로埴原和郎는 "일본인의 골상과 얼굴, 모

---

[29] I. Rouse, *Migration in Prehistory*(Yale University Press: 1986). 일본 열도는 시기적으로 조몬 시대-야요이 시대-고분 시대 등으로 일반적으로 구분한다. 열도는 기나긴 조몬 시대를 거쳐 기원전 3세기에서 기원후 3세기까지는 야요이(彌生) 시대를 맞이한다. 야요이 시대에 벼농사와 금속기 및 그 기술들을 가진 한반도의 가야계 사람들이 대거 열도로 이주해간 것으로 추정된다.

[30] 지나 반즈 교수에 따르면, 야요이 문화는 규슈 북부의 조몬과 한반도 청동기의 시대 요소의 결합이고 조몬에서 야요이 시대로 변한 것은 단순히 생활패턴이 바뀐 것이 아니라 완전히 물질경제가 재구성되었다는 것이다. Gina L. Barnes, *China Korea and Japan - The Rise of Civilization in East Asia*(Thames and Hudson: 1993).

습 등을 토대로 당시 도래인渡來人의 수를 컴퓨터로 계산한 결과 규슈 지방의 대부분 사람들이 도래인(한반도에서 건너간 사람)이다. 야요이 시대부터 나라奈良 시대에 이르는 약 1,000년 동안 대륙(한반도)으로부터 일본으로 건너온 사람이 약 100만 명"이라고 주장했습니다.[31] 당시 교통수단이나 인구의 수준을 감안해보면 이는 국가적인 이동에 해당합니다.

5세기의 경우만 보더라도 반도부여(백제)는 대장장이, 토목공사 전문가, 양조업자, 의복재단사 등 전문직 사람들을 대거 보냈습니다. 당시로 보면 이들은 국가경제에 없어서는 안 될 중요한 국가자산이므로 이들을 보내는 나라나 받는 나라나 아무런 관계 없이 주고 받을 수 있는 상황이 아닙니다. 구체적으로 보면, 403년에는 궁월군弓月君(하타씨족의 시조)이 무려 120개 현의 사람들을 이끌고 백제로부터 야마토에 도착했고, 409년 아지사주阿知使主(아야족의 시조)가 17개 현의 사람들을 이끌고 일본으로 왔으며, 463년(유라쿠 7년)에 대규모의 기능공들이 백제에서 야마토 지역으로 이주하는 등 반도부여의 정치적인 상황에 따라 많은 사람들이 열도로 이주합니다.

특히 궁월군의 후손인 하타씨秦氏는 5세기 후반에 92부 1만 8,670명이었고, 6세기 전반에는 7,053호라고 하는데 이 숫자는 8세기 전반에 파악된 일본 전체 인구의 28분의 1에 해당한다고 합니다.[32] 하타씨는 현재의 교토 지역에 정착하여 직기織機를 통한 양잠 생산으로 부와 세력을 확고히 했고, 이를 바탕으로 국가재정에 기여한 사람들

---

31 東京大學人類學雜誌 1987年 英文版「古代日本 移住者 數 推定」.

32 김현구, 앞의 책, 39쪽.

이라고 합니다.[33]

그뿐만이 아니라 반도부여(백제)에서 열도부여(일본)로 이주한 사람들에 대한 예우가 반도부여의 수준에 준하여 이루어졌다는 점 또한 반도부여와 열도부여가 국가적 동일체였음을 보여줍니다. 즉 당시의 사정을 감안한다면 엄청난 인원이 일본으로 갔는데 이들에게 백제에서 가졌던 지위에 따라 일정한 직위가 부여되었다는 것입니다. 백강 전투에서 패배(663년)한 후 구원군과 함께 백제의 지배층이 대거 일본으로 건너갔으며, 그 가운데 일본에서 배치받은 기록이 남아 있는 사람만 3,000여 명이 넘는다고 합니다. 665년 2월에는 백제인 400여명을 오오미국近江國 가무카사군神前郡(현재의 시가현)에, 666년에는 좌평 여자신餘自信과 귀실집사鬼室集斯 등 남녀 700여 명을 오오미국 가모오군蒲生郡으로 이주시켰다는 기록이 있습니다.[34]

의자왕의 아들 신광善光[35]은 백제왕百濟王이란 호를 받았고 그의 아들들은 모두 일본 조정의 고위관리였습니다(『속일본기續日本記』). 귀족들의 경우도 일일이 열거하기 힘들 만큼 많은 사람들이 일본 조정에서 활약했습니다. 대략 60여 명 정도의 백제 유민이 일본의 조정에 참여했으며, 일본의 『고사기古事記』(712년)나 『일본서기日本書紀』(681~620년)의

---

33 이들 가운데 대표적인 사람들은 5세기 후반 재무장관이 된 하타노 사케노기미(秦酒君), 긴메이 천황 당시 하타노 오쓰치(秦大津父), 7세기 초 재무분야에서 크게 활약한 하타노 규마(秦久麻), 쇼토쿠 태자의 재정적 후원자로 일본의 국보 1호인 '미륵반가사유상'을 제작한 하타노 가와가쓰(秦河勝) 등이다. 김현구, 앞의 책, 45쪽.

34 김현구, 앞의 책, 49쪽.

35 선광의 이름을 딴 나가노시의 젠코사(善光寺)는 과거 백제의 성왕이 일본에 보낸 석가금 동불을 본존으로 모신 절이다. 이 본존불은 4월 1일에서 5월 말까지 2개월만 공개하기 때문에 이 시기에는 수백만의 인파가 몰리고 있다.

편찬에도 깊이 개입합니다.[36]

운명공동체

일본(열도부여)과 백제(반도부여)를 하나의 범주에 둘 수 있는 보다 더 결정적인 이유는 백제가 멸망할 당시 백제를 방어하고 지키려는 일본의 강력한 의지가 있었다는 점입니다. 백제가 멸망할 당시에 일본은 국운을 걸고 군대를 파견하여 백제를 지키려고 합니다. 이에 대해서는 반도 사학계(한국) 측에서는 '조국부흥전쟁설', 즉 백제가 일본의 조국이므로 조국을 부흥시켜야 한다는 논리가 나타나고, 열도사학계(일본)에서는 백제가 일본의 속국이었으므로 속국을 구원하기 위해서 출병했다는 식으로 분석하고 있습니다.[37]

『일본서기』에 따르면, 사이메이齊明 천황 6년, 열도에서는 660년 3월 당군의 대대적인 침공 소식이 전해지자 그해 5월에 인왕반야회仁王般若會를 개최하는데, 이 법회는 외적 침입의 위기와 때를 같이하여 백여 위의 불상과 보살상을 안치하고 백인의 승려를 청하여 경전을 읽힘으로써 부처님으로 하여 국토를 수호한다는 의미를 지닌 것이라고 합니다. 다시 말해서 반도부여(백제)에 닥친 위기를 열도에 닥친 위기와 동일시하고 있는 것이지요. 이것은 동맹국 또는 자국의 이익을

---

36 참고로『고사기』는 전체 3권으로 구성되어 있는데, 일본 건국의 유래와 제1대 진무 천황으로부터 제33대 스이코 천황까지의 내용을 기록한 현존하는 일본 최고의 고전이다.『일본서기』는 일본 최고의 칙찬(勅撰) 역사서로『속일본기』양로(養老) 4년(720년) 5월 조에 따르면 도네리 친왕(舍人親王)이 칙령을 받들어 수찬(修撰)했다고 전하고 있다.『고사기』는 천황가에 전해지던 이야기를 기록한 천황가의 사적인 성격이 강한 반면,『일본서기』는 여러 가지 사실들과 이야기들을 조정의 공식 역사로 만들기 위해 편찬된 것이다.

37 김현구, 앞의 책, 128~130쪽.

수호하려는 이유 이상의 의미를 지닙니다.

이어 사이메이 천황은 원정해군을 지휘했으며, 나카노 오에 황자가 다섯 명의 장군을 파견하여 백제를 원조하고, 반도부여의 풍 왕자는 5,000명이 넘는 군대의 호위를 받으며 반도로 돌아갑니다. 그리고 여섯 명의 장군이 2만 7,000여 명의 군대를 이끌고 신라로 갔으며 당시 백제부흥운동을 위해 파견된 백제의 좌평 복신福信에게는 화살 10만 척, 실 500근, 솜 1,000근, 피륙 1,000단, 다룬 가죽 1,000장, 종자 벼 3,000석이 주어졌고 다시 피륙 300단을 백제왕(풍)에 주었습니다.[38] 이러한 일본의 지원에도 불구하고 백제·일본 연합군은 나당연합군羅唐聯合軍에 패배하여 일본의 400척의 군함이 백강白江 하구에서 불태워졌는데 그 연기와 불꽃으로 하늘과 바다가 모두 붉게 물들었다고 『삼국사기』는 전하고 있습니다.[39]

이는 이전의 군사적 지원과는 비교할 수 없는 수준입니다. 전 국력을 동원한 수준이라고 할 수 있습니다. 도대체 열도와 반도부여는 어떤 관계였을까요? 기존의 연구는 이에 대해 열도의 위기론[40], 백제로부터의 조 수취론, 백제에 대한 종주국론(백제가 일본의 조공국이라는 것)[41] 등이 제기되고 있지만 모두 적절한 해석이 될 수 없습니다. 반도쥬신(한국)은 백제가 종주국이었다고 하고 있고 열도쥬신(일본)은 일본이 종주국이었다고 강변하지만 둘 다 틀렸습니다.

---

38 『日本書紀』天智天皇.

39 『三國史記』「百濟本紀」.

40 井上光貞,「大化改新と東アジア」,『岩波書店 日本歴史』(岩波書店: 1975).

41 여기에는 동이(東夷)의 소제국론(小帝國論)으로 石母田正,『日本の古代國家』(岩波書店: 1971)과 백제왕 책립론으로 八木充,「7世紀中葉における政權抗爭」,『日本書紀研究 4』(1975) 등을 들 수 있다.

이것은 반도부여와 열도부여의 범부여 국가연합의 차원에서만 이해가 가능한 부분입니다. 왜냐하면 단순히 조공국에 불과한 나라에 대하여 '감당하기 힘들 정도'의 국력을 총동원하여 무리한 해외 원정을 단행한 경우는 역사상 유래가 없기 때문이다. 그리고 당나라의 13만 대군이 침공할 것이라는 정보는 660년경 고구려 사신을 통해서 이미 들었을 것인데 이것은 열도 일본이 감당할 만한 수준의 전쟁이 아니었습니다. 결국 이 일로 말미암아 열도에서는 사이메이 천황이 의문의 죽음을 맞이하게 됩니다.

예순을 넘긴 사이메이 천황이 구원 요청을 받은 지 두 달 만에 출병을 결정하고 친히 오사카, 북규슈까지 가서 백제 지원을 진두지휘한 것을 보면, 백제-부여 관계를 단순히 가까운 나라라고 보면 이해할 수 없는 일입니다. 사이메이 천황은 661년 오사카항을 출발하여 모병募兵을 독려하고 그해 3월 쓰쿠시筑紫에 도착하여 본격적인 출병 준비를 하다가 그 해 7월 급서急逝합니다. 이후 황태자인 나카노 오에中大兄 황자(후일의 덴지天智 천황)는 9월에 5,000명의 군사를 선발대로 왕자 풍장豊璋에게 딸려 보내고 국상을 치른 후 11월부터 다시 출병 준비를 본격화하고 있습니다. 나카노 오에 황자는 '백강전투를 위해 태어난 사람'이라고 불리기도 합니다. (이 부분은 21~22장에서 상세히 분석합니다.)

백제가 멸망하자 『일본서기』에서는 "백제가 다하여 내게로 돌아왔네. 본국本國, 本邦이 망하여 없어지게 되었으니 이제는 더 이상 의지할 곳도 호소할 곳도 없게 되었네"[42]라고 합니다.

그러나 백제(반도부여)를 지원한 뒤, 열도의 후유증은 매우 심각했

---

42 "百濟國 窮來歸我 以本邦喪亂 靡依靡告"(『日本書紀』齊明天皇).

습니다. 일본 내에서도 일방적인 반도부여의 지원에 대한 회의가 일어납니다. 왜냐하면 열도의 안정을 크게 저해하는 것이기 때문입니다. 그래서 덴지 천황이 서거하자마자 그의 아우인 덴무 천황이 '진신壬申의 난'을 일으켜 정권을 장악합니다. (이 진신의 난은 앞으로 상세히 분석할 것입니다.)

이러한 부여계의 시련 속에서 절치부심한 사람이 있습니다. 바로 시라카베白壁 왕자입니다. 시라카베 왕자는 후일 환갑이 넘어서 등극한 제49대 고닌光仁 천황(재위 770~781년)입니다. 그런데 수십 년 간 일본 황실의 족보를 연구해온 홍윤기 교수는 시라카베 왕자가 백제계(반도부여계)라고 합니다. 그리고 이 내용이 일본의 고대문헌인 『대초자袋草子』(1157년)에 실려 있다고 합니다. 『대초자』는 일본 왕실의 조신朝臣으로 일본 황실의 비사에 대하여 누구보다 정통했을 것으로 보이는 후지와라노 기요스케藤原淸輔(1104~1177년)가 쓴 책이므로 사실일 가능성이 큽니다. 고닌 천황이 중요한 이유는 바로 그 자신이 덴지 천황(나카노 오에 황자)의 손자이며, 그의 아내가 야마토노 니카사和新笠(?~789년)였고, 그 아들이 간무桓武 천황(재위 781~806년)이기 때문입니다.

야마토노 니카사는 간무 천황의 어머니일 뿐 아니라 백제계(반도부여계) 씨족 출신입니다. 이어 등극한 간무 천황은 조정과 주변을 대부분 반도부여계(백제)로 채웁니다. 간무 천황은 엄청난 시련과 권력투쟁 속에서 매우 어렵게 부여계의 황실을 제대로 회복했습니다. 물론 이전에도 부여계가 주류가 아닌 것은 아니지만 간무 천황은 '노골적으로' 반도부여계를 중심으로 조정을 운영합니다. 그래서 『속일본기續日本記』에서는 "왕실 요직은 모두 백제인 출신 인물들이었다"라고 합니다. 이 부분은 23장에서 다시 상세히 분석합니다.

이상의 논의들을 토대로 본다면, 일본은 반도부여를 이은 부여 그 자체입니다. 백제와 일본은 서로 다른 두 개의 나라로 보이지만 결국은 하나이며 그것은 바로 부여라는 보다 큰 차원의 정치적 이데올로기에 의해서만 해석될 수 있습니다. 이제부터 구체적으로 천황가의 관계들을 추적해봅시다.

10장 한 줄기, 두 연꽃

새롭게 열리는 일본의 역사

『일본서기日本書紀』에는 백제와 일본과의 관계를 암시하는 많은 말들이 있습니다. 진구 황후 51년 조에는 "내가 친교하는 백제국百濟國은 하늘이 주신 것이다. 사람 때문에 그런 것이 아니다. 옥玉을 비롯한 수많은 진기한 물건 등은 이전에는 없던 것이다. 해마다 이 진귀한 물건들을 부치니 나는 너무 기분이 좋다. 내가 살아 있을 때와 같이 후하게 은혜를 베풀도록 하라"라는 말이 있습니다. 이 말은 『일본서기』에 나타나는 백제에 대한 최초의 평가입니다. 사실상 근초고왕의 말이지요. 백제를 하늘이 주신 땅으로 보고 있습니다.

그런데 이 부분은 좀 이상합니다. '옥을 비롯한 수많은 진기한 물건'이라는 표현이 한반도보다는 일본을 가리키는 말로 들립니다. 즉 위의 기록에서 진구 황후가 근초고왕이고, 백제국을 일본으로 고치면 딱 들어맞는 말이 됩니다. 상식적으로 옥의 대표적 산지는 일본인데 '이전에 없는 옥'이라는 말을 일본의 진구 황후가 했다는 것 자체가 상식적이지 않습니다. 조몬 시대의 유물들에도 옥은 풍부히 발견되고 있기 때문입니다.

한국 최고의 옥 전문가인 노진환 교수와 이민부 교수에 따르면, 옥에는 경옥과 연옥이 있는데, 한반도에서 나는 것은 연옥이며, 경옥硬玉(비취)은 한국에서는 나지 않는 것이라고 합니다. 그런데 한반도 유물로 출토되는 옥 장식물들은 경옥으로 아마도 남방에서 유래한 것으로 추측하고 있습니다.[1]

고대 쥬신은 옥을 매우 귀하게 여기는 전통이 있습니다. 이것은 아마도 쥬신의 시원지에서 가까운 곳이나 쥬신의 이동로 중간에 옥 생산지가 있었거나, 원래 중개무역과 금속가공이 주요 직업인 쥬신이 옥 생산자들과 많은 접촉을 했을 가능성이 있지요.

최근 요하遼河 지역이나 내몽골 지역, 이른바 홍산문화 지역에서 발굴되는 대표적인 유물이 바로 옥입니다. 그런데 재미있는 것은 한반도의 유물 가운데 옥이 가장 많은 비율을 차지하고 있다는 점입니다. 예를 들어, 경주의 천마총에서 출토된 유물 가운데 68퍼센트가 옥 종류의 구슬

---

1 실제로 한국에서 옥광맥이 발견된 것은 일제강점기 때부터이며, 현재 한반도 남부에서 유일하게 옥이 생산되고 있는 곳은 춘천시 동면 월곡리이고, 1980년대부터 본격적으로 개발되었다고 한다. 『한겨레』(1994. 5. 27.).

이라고 합니다.[2] 그럼에도 불구하고 고대 쥬신들이 애용하고 소장했던 경옥이 한반도에서 생산되었다는 기록은 아직 발견되지 않고 있습니다. 중앙아시아(호탄)와[3] 미얀마와 티베트가 세계적으로 유명한 경옥의 산지이며 일본에서도 경옥이 납니다.

따라서 "수많은 진기한 물건"이라든가 "이전에는 없던 것"이라는 표현은 한반도를 가리키는 말이 아니라 일본을 가리키는 말로 보는 것이 더 타당합니다. 여기에는 또 다른 이유도 있습니다. 지금까지 분석해온 대로 진구 황후는 실존인물이 아니고 당시에는 야마토 왕조의 실체가 없는 상태이기 때문에, 이 진귀한 물건들을 조공받을 사람이 없었고, 만약 있다면 기록상으로는 근초고왕이 유일하기 때문입니다.

닌도쿠仁德 천황 41년 조에는 "기노쓰노노스쿠네紀角宿禰를 백제로 보내 처음으로 나라와 군의 경계를 나누어 상세하게 각 지역의 생산물들을 기록했다"라고 합니다. 일본에서 백제의 생산물을 상세히 조사하고 군국郡國의 경계를 나눴다니 이상하지요? 이 말은 거꾸로 반도부여인과 열도부여인이 다르지 않다는 말을 표현한 것으로 보아야 합니다. 왜냐하면 이 시기는 야마토 왕조 자체도 여명기에 속하고 그 존재마저 희미한 상태이기 때문입니다.

---

[2] 『한겨레』(1994. 5. 27.).

[3] 호탄(和田, 和闐)은 현재 신장자치구인 호탄주의 주도로 중국인에게 유티안(于寘)으로 알려져 있었다.

일본 사학계에서조차 '닌도쿠 천황 시대에 왕권이 서서히 형성되기 시작했으며 그 이전은 전설의 세계로 보고 있습니다. 최근에는 6세기 후반 긴메이 천황 조만 기록상으로 확인할 수 있다는 견해가 대두되기도 합니다. 그러니까 위의 기록은 반도부여왕(백제왕)이 일본에 머물러 있으면서 두 지역을 통솔하는 상황을 묘사한 것일 수도 있습니다. 조메이舒明 천황 7년 조에는 다음과 같은 말이 있습니다.

백제에서 온 손님들을 조정에서 대접했다.
상서로운 연꽃이 검지劍池에서 피어났다.
한 개의 줄기에 피어 있는 두 송이의 연꽃.

이 기록은 조메이 천황 당시에 백제의 사신들이 일본을 방문했을 때 그들을 접대하는 과정에서 상서로운 연꽃이 피어오르는 것을 보면서 기록한 것입니다. 백제와 일본을 하나의 줄기로 보고 있다는 암시라고도 할 수 있겠습니다.
그리고 덴지天智 천황 10년 조에 다음과 같은 노래가 나옵니다.

귤은 저마다 가지가지에 달려 있지만
구슬을 꿴다면 하나의 끈으로 묶을 수 있지.

이 동요는 반도부여(백제)의 지배계층과 열도부여(일본)의 지배계층이 서로 다르지 않다는 의미라고 합니다. 왜냐하면 이 노래는 수많은 반도부여인(백제인)들이 일본으로 오자 그들에게 관직을 주었다는 말 다음에 바로 나오는 노래이기 때문입니다. 이것은 열도부여(일본)의 지배층과 반도부여(백제)의 지배층의 관계가 하나의 범주에 들어간다는 것을 단적으로 보여줍니다.

열도로, 열도로

일본 열도는 시기적으로 조몬繩文 시대-야요이彌生 시대(가야계)-고분 古墳 시대(부여계) 등으로 구분됩니다. 열도는 기나긴 조몬 시대를 거쳐 기원전 3세기에서 기원후 3세기까지는 야요이 시대를 맞이합니다. 현재의 도쿄대학 자리인 야요이 마을에서 이전과는 다른 토기들이 발견되어 이를 야요이 시대라고 부릅니다.

야요이 시대는 벼농사와 금속기 및 그 기술들을 가진 한반도의 가야계 사람들이 대거 열도로 이주해간 것으로 추정됩니다. 여기에는 몇 가지의 이유가 있습니다.

첫째, 야요이인들의 키가 조몬인에 비하여 평균적으로 3센티미터 가량 크다는 것인데, 이 같은 변화는 단기간에 이루어질 수가 없기 때문입니다. 즉 이전에 정착했던 사람들보다 더 키가 큰 사람들이 이주한 결과라는 것입니다.

둘째, 일본의 주신인 아마테라스에게서 일본의 통치자라는 증거로 받아온 것이 거울[鏡], 칼[劍], 옥[玉] 등의 이른바 삼종신기三種神器라는 것인데, 이 같은 유물들이 가야 지역의 무덤에서도 발견되고 있기 때문입니다.

셋째, 조몬 시대까지의 일본인들은 현재의 일본인들과는 매우 다르다는 점입니다. 즉 조몬 시대인은 형질인류학상으로나 형태학상으로 현대 일본인들과 많은 차이를 보이고 있습니다. 다시 말해서 조몬 시대인들은 야요이인들이나 고분 시대인들에 의해 압도당했기 때문에 그 이후의 역사적 지속성을 상실한 것으로 보입니다.

야요이 시대와 관련하여 한 가지 지적할 점은 만주와 한반도 지역에 광범위하게 발견되고 있는 세형동검이 북규슈 지역에서 많이 발

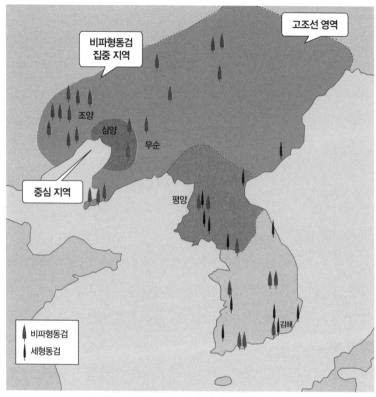

도 22 | 동검 분포 지역과 일반적으로 알려진 고조선의 세력 범위

견된다는 것입니다. 이 세형동검은 비파형동검과 더불어 한국인들의 이동을 보여주는 주요한 바로미터 가운데 하나입니다. 이것은 석기 시대의 무기와는 달리 실전에 사용할 수 있는 무기였습니다.

고조선의 영역임을 알 수 있게 하는 것 가운데 하나가 비파형(요녕식)동검과 세형동검의 출토지라고 합니다. 비파형동검은 한반도의 청동기문화 형성에 결정적인 영향을 주었고, 이것은 한족漢族들이 만든 청동검과는 달리, 칼의 날과 자루가 각기 따로 주조되었다고 합니다. 이 분야의 전문가인 미국 덴버대학의 여성 인류학자 사라 넬슨Sarah

M. Nelson 교수는 "비파형동검은 한반도뿐만 아니라 요동반도와 발해만 연안에서 풍부하게 발견되지만, 만리장성 이남의 중국 본토에서는 발견되지 않는다"고 말합니다.[4] 세형동검은 청동기 시대 후기 또는 철기 시대 전기의 유물로 한반도의 청천강 이남에서 발견됩니다. 이와 같은 세형동검들이 많이 발견되었다는 것은 이것을 소지한 민족의 이동이 광범위하게 있었다는 것을 의미합니다. 이 유물들이 일본 북 규슈 지역에 널리 분포되어 있습니다.

그런데 4세기가 되면 이전과는 전혀 다른 현상이 나타납니다. 즉 이 시기에는 기나이畿內 지역과 세토나이카이瀨戶內海 내의 여러 지역에서 고분이 출현하고 이것이 전국적인 현상으로 나타납니다. 초기에는 대부분의 고분이 전방후원분前方後圓墳의 형태로 조성되었고, 시간이 갈수록 그 규모가 점차 거대해집니다.

고대국가에서 거대한 고분은 곧 권력을 상징합니다. 에가미 나미오江上波夫 교수는 열도(일본)의 역사에 '단절과 비약'이 존재한다고 주장합니다. 다시 말해서 한반도 남부에서 많은 사람들이 유입되고 난 뒤(야요이 시대) 또 다시 북방에서 많은 사람들이 이주하고 있다는 것을 보여주는 것이 바로 이 거대 고분들이라는 것이지요(고분 시대).

이와 같은 사회적 현상의 직접적인 원인은 지금까지 본 대로 바로 부여계의 남하입니다. 즉 3세기에 접어들면서 대륙부여에서 반도부여로 부여계가 대거 이동을 했고, 이것이 우리가 알고 있는 백제의 건국으로 이어집니다. 이것은 공손씨公孫氏, 즉 연왕燕王의 몰락과 직접적인 관련이 있었다는 것도 살펴보았습니다. 선비계와 고구려계가

---

4 Sarah M. Nelson, *The Archaeology of Korea*(1993), 133쪽.

강성해짐에 따라서 부여계는 한편으로는 끝없는 이동과 또 다른 한편으로는 새로운 대륙의 개척이라는 이중고에 시달려야 했습니다. 부여계의 왕권이 강하지 못했던 것도 바로 이 이유 때문입니다. 오히려 오진-닌도쿠 천황릉과 같이 초기 야마토 정부의 권력이 우리가 생각했던 것보다 컸을 것으로 추정되는 것은 그만큼 외부의 '치명적인' 환경변화나 침략이 없는 비교적 안정적 환경이었기 때문으로 추정됩니다.

이 시기 국제정세의 변화와 부여계의 이동을 정리해 봅시다. 3세기에 위魏나라에 의해 대륙계 부여가 몰락하자[5] 잔존 부여계가 한반도로 이동합니다. 4세기에는 선비계가 잔존 부여계를 궤멸시키자 부여계는 다시 대규모로 한반도로 이동합니다. 당시 고구려의 일시적 약화로 4세기에 부여계는 한반도를 중심으로 세력을 크게 키울 수가 있었습니다. 이때의 주체세력이 바로 근초고왕계입니다. 이들은 열도의 개척을 본격화했을 것이고 이 과정에서도 많은 부여인들이 열도로 이동했을 것입니다.

5세기에 이르러 백제가 멸망(475년)하게 되자, 많은 부여계 사람들이 다시 열도로 이주합니다. 이 5세기 말기는 부여계에 있어서는 가장 참담했던 시기 가운데 하나입니다. 이 5세기는 고구려의 한반도 지배 강화로 인하여 부여인들에게 '천년의 숙적'에 대한 공포도 가장 극심했던 시기이기 때문입니다.

---

[5] 대륙부여계 몰락의 가장 큰 이유는 부여계가 공손씨와 결혼을 통한 동맹을 맺었기 때문이다. 이들은 힘을 합쳐 중원을 도모하려 하기도 했는데 이 때문에 위나라는 사마의·관구검으로 하여금 공손씨를 정벌하게 했고, 공손씨가 사마의에 의해 궤멸된 후 부여계도 요동 지역에 근거지를 잃게 되었고, 이때부터 본격적인 남하가 시작된 것으로 추정된다. 상세한 내용은 『대쥬신을 찾아서 2』 16. '백제는 없었다' 참고.

반도부여(백제)는 4세기 말 이후 고구려와의 전쟁에서 여러 차례 패했습니다. 아신왕(재위 392~405년)이 고구려에 항복함(396년)으로써 왕제와 대신 10여 명이 인질로 잡혀갑니다. 이 시기에 대고구려 전쟁을 수행했던 사람들은 당시의 집권세력인 진씨眞氏 세력이었습니다. 진씨 세력이 연이은 고구려와의 전쟁에서 패하자 패전 책임을 두고 반도부여 내에서는 많은 문제가 발생했을 것입니다. 이 과정에서 진씨와 해씨解氏 세력 간의 갈등이 깊어졌고 결국 왕위계승전으로 격화됩니다.

진씨는 왕의 아우인 혈례碟禮(또는 설례)를 옹립하고 해씨 세력은 일본에 있던 전지腆支를 옹립했는데 결국 해씨가 승리하여 전지가 왕위에 오릅니다. 이 과정이 『삼국사기』 전지왕(재위 405~420년) 3년 조에 "이복동생인 여신餘信을 내신좌평으로 삼고, 해수解須를 내법좌평, 해구解丘를 병관좌평으로 삼으니 이들은 모두 왕의 친척이었다"라고 기록되어 있습니다. 즉 해씨 세력이 진씨 세력을 물리치고 집권하게 된 것입니다.

부여계의 일본 열도로의 대대적인 이동은 4세기 이후 지속적으로 이어진 것으로 추정됩니다. 4세기에는 근초고왕 계열이 한반도 남부의 왜(가야) 세력과 연합하여 열도로 이동하여 야마토 왕조의 터를 잡은 것으로 추정되며 5세기에는 백제의 멸망으로 열도(일본)에서는 강력한 부여계의 왕국 건설이라는 시대적 사명이 있었을 것입니다. 특히 『고사기古事記』나 『일본서기日本書紀』에는 오진 천황 시기에 많은 부여계의 이주민이 있었음을 집중적으로 묘사하고 있습니다.

5세기 백제·일본사의 주요한 특징은 한반도에서 많은 사람들이 이주한 것이라고 할 수 있습니다. 그래서 5세기를 흔히 '이주민의 세기'라고 합니다.[6] 이것은 광개토대왕(재위 391~413년)·장수왕(재위 413~491년)의 한반도 압박과 수도 이전 등과 깊은 관련이 있습니다. 열도(일본)에서는 475년 백제의 일시적 패망 이후 백세 왕권의 부흥에 야마토 왕권이 적극적으로 개입하여 지원한 것으로 인식하고 있습니다.[7] 이 인식이 전적으로 잘못된 것은 아니지만 백제 왕실과 야마토 왕실의 관계를 별개로 취급하고 있는 점이 사실과 다른 것입니다. 이 당시 백제-야마토 왕조의 관계는 분리해서 생각하기가 곤란하기 때문입니다.

5세기 이주민의 특징은 한반도 남부의 가야인들이나 부여계를 주축으로 구성된 것으로 추정됩니다. 이 과정에서 고급 기능인들이 대거 이주하여 일본 열도에 생산력의 발전이 크게 일어났을 것입니다. 아쉽게도 이에 대한 기록이 없기 때문에 고고학적 연구에 의존할 수밖에 없는 한계도 있습니다. 그 가운데서도 제철과 견직, 농업의 발전은 가장 괄목할 만한 것으로 이에 대한 많은 연구가 진행되었습니다.[8]

중국의 문헌 사료에서는 266년경부터 413년까지 약 150년간 왜에 관한 기사가 보이지 않습니다. 다만 고구려 광개토왕비에 왜倭라는 말이 나올 뿐입니다. 이것은 부여계가 제대로 일본 땅에 정착하지 못했음을 의미하는 것입니다. 그것은 근초고왕(재위 346~375년)·근구수왕(재위 375~384년) 등이 한반도 남부를 경략하고 열도 개척에 심혈을

---

[6] 山尾幸久, 「日本古代王權の形成と日朝關係」, 『古代の日朝關係』(塙書房: 1989).

[7] 山尾幸久, 앞의 책.

[8] 小林昌二, 「日本古代鐵生産集團に關する一試論」, 『社會科學研究 9』; 太田英藏, 「月の古墳の絹帛」, 『太田英藏染織史著作集 上』(文化出版局: 1986), 231쪽; 角山幸洋, 「古代の染織」, 『講座 日本技術の社會史』(日本評論社: 1983).

기울인 시기와 일치합니다. 이 두 임금의 기록이 오히려 『일본서기』 에는 충실하게 기록되어 있습니다.

특히 진구 황후의 시기에 『일본서기』의 기록은 이 두 임금의 행적을 기록한 것이 대부분이고 이 이외의 나머지 기록들은 사실 확인이 어려운 기록들입니다. 이 두 임금으로부터 직계후손인 왕들, 예컨대 4세기 후반에서 5세기 전반의 침류왕에서 전지왕 등 여러 왕들의 행적이 '실체가 의심스러운' 오진·닌도쿠 시대의 기록 속에 숨겨져 있을 가능성이 큽니다. 왜냐하면 오진·닌도쿠 천황의 행적이 『일본서기』의 기록대로 그 정도 막강한 권력을 가졌다면 중국의 문헌에 나타나지 않을 까닭이 없기 때문입니다.

야마오 유키하사山尾幸久 교수는 닌도쿠 천황 이전을 '신화神話의 시대'라고 하면서 왕권은 닌도쿠 천황 시대에 시작되었고, 유라쿠 천황 시대에 확립되었다고 보고 있습니다.[9] 그런데 야마오 유키하사 교수가 지적하는 것처럼 372년 칠지도七枝刀(현재 이소노카미 신궁石上神宮 소재)나 칠자경七子鏡을 헌상받은 사람이 닌도쿠 천황이라는 것은 상식적이지 않습니다. 시기적으로 존재가 불확실한 왜왕이 초고왕(근초고왕을 말함)으로부터 조공을 받을 정도의 강한 국가권력을 지녔다는 기록이 『일본서기』 외에는 어느 사서에도 나타나지 않기 때문입니다. 이 당시의 일본의 천황은 소규모 지역을 지배하는 호족 수준에 불과했습니다. 천황이라는 개념은 7세기 말에 정립되는 개념입니다. 그러니까 칠지도는 앞서 말한 대로 근초고왕이나 근구수왕이 일본 지역의 자신의 후계자들에게 하사한 것으로 보는 것이 타당할 것입니다.

---

9 山尾幸久, 앞의 책.

무령왕과 닌도쿠 천황

『일본서기』조메이舒明 천황 7년 조에는 다음과 같은 말이 있습니다.

> 백제에서 온 손님들을 조정에서 대접했다.
> 상서로운 연꽃이 검지劍池에서 피어났다.
> 한 개의 줄기에 피어 있는 두 송이의 연꽃[瑞蓮生於劍池一莖二花].

이 기록은 조메이 천황 당시에 백제의 사신들이 일본을 방문했을 때 그들을 접대하는 과정에 상서로운 연꽃이 피어오르는 것을 보면서 기록한 것입니다. 백제와 일본을 하나의 줄기로 보고 있다는 암시라고 볼 수도 있습니다.

오사카大阪 일대를 고대 일본에서는 '구다라고올리', 즉 백제군百濟郡으로 불렀습니다. 이 일대는 5세기 초 가와치河內 왕조를 시작한 닌도쿠 천황의 본거지로 그는 왕위에 오른 후 나라奈郎에서 오사카 땅인 나나와쓰難波津로 천도했습니다.

이노우에 미쓰사다井上光貞(1917~1983년) 교수는 백제 사신으로부터 칠지도를 전해받은 왜왕 오진이 백제 왕족이며 천황 가문 자체가 조선으로부터 건너온 이주자였다고 주장했습니다.[10] 미즈노 유水野祐 (1918~2000년) 교수는 "오진應神 천황과 그의 아들인 닌도쿠仁德 천황(오진 천황의 넷째 왕자)이 백제국의 왕가로부터 일본으로 건너와 정복왕조를 이루었다. 즉 이들 오진·닌도쿠 천황은 외래민족 세력으로 일본에 침입한 정복왕조다. 그래서 이들은 대륙적 성격을 띠고 있었고 대륙

---

[10] 井上光貞, 『日本國家の起源』(岩波書店: 1967).

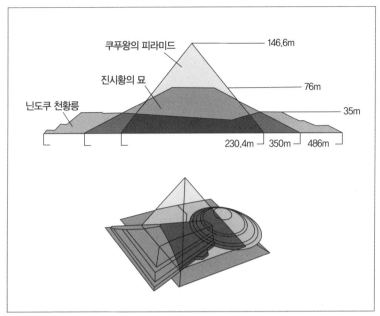

도 23 | 닌도쿠 천황릉(전방후원분)(오사카시 안내자료 재구성)

의 사정에도 정통했다. 그 지배층이 백제국 왕가와 동일한 계통이었기 때문에 밀접한 관계를 유지했을 것"이라고 주장했습니다.[11] 닌도쿠 천황은 『송서宋書』 「왜국전倭國傳」에 기록된 '문제의 왜 5왕' 가운데 찬讚 또는 진珍으로 추정된다고 합니다. 이 부분은 앞으로 상세히 다룰 것입니다.

닌도쿠 천황은 열도(일본) 고대사에서 여러모로 중요합니다. 그러나 무엇보다도 눈길을 끄는 것은 그의 능입니다. 닌도쿠 천황릉은 그 규모가 세계 최대입니다. 닌도쿠 천황릉은 오사카에 위치하며, 길이만 486미터로 세계 최대 규모의 고분입니다. 하루에 2,000여 명의 노

---

11 水野祐, 『日本古代國家の形成』(講談社: 1978).

동자를 동원하여도 15년 8개월이 걸리는 규모라고 합니다.

닌도쿠 천황릉과 관련하여 의문이 없는 것은 아닙니다. 왜냐하면 초기의 야마토 왕권이 강대했을 것이리고 보기 힘는데도 불구하고 어떻게 이 같은 엄청난 규모의 고분이 조성되었겠는가 하는 것 때문입니다. 제가 볼 때는 이들이 후일 야마토 왕조처럼 광대한 지역을 다스린 것은 아니라 할지라도 이들의 군사적 지배력을 초기 토착세력들이 감당하기 힘든 상황에서 특정 지역의 인원들이 집중적으로 동원되었을 가능성이 있습니다. 이 부분은 앞으로 연구되어야 할 부분입니다.

닌도쿠 천황릉은 1872년 산사태로 무너져내려 일부 유물들이 노출되었습니다. 이후 어떤 연유인지, 이 유물의 일부가 미국 보스턴 박물관에 소장되었습니다. 즉 현재 미국 보스턴 박물관에는 닌도쿠 천황릉에서 출토된 수대경手帶鏡(손거울)과 환두병環頭柄(칼자루)이 전시되어 있습니다. 이 유물들은 20세기 초 메이지明治 시대에 미국으로 유출된 것으로 추정됩니다.

흥미로운 사실은 이 닌도쿠 천황릉에서 나온 동경銅鏡이 반도 지역의 무령왕릉에서 출토된 동경과 그 크기가 일치할 뿐만 아니라 디자인도 마치 복사판처럼 보인다는 것입니다. 중앙의 반구체半球体는 물론이고 주변의 아홉 개의 돌기도 완전히 같은 모양입니다. 이들 동경에는 왕을 사방에서 보호하려는 의지를 표현한 것으로 보이는 사신신앙四神信仰의 그림들이 나타난 것으로 보아 북방에서 전해진 것으로 추정할 수 있습니다. 이 분야의 전문가들에 따르면, 이 같은 거울은 중국에서는 출토되지 않는 종류라고 합니다. 우아하고 특이하게 생긴 구리거울이 반도와 열도에서 동시에 발견된다는 것은 어떤 의미

도 24 | 무령왕릉에서 출토된 동경

일까요?

닌도쿠 천황릉의 유물과 무령왕릉의 유물을 비교해보면 많은 유사점이 발견되는데, 이 유물은 여러 면에서 미묘합니다. 왜냐하면 이 동경이 한반도에서 일본으로 건너간 것인지, 일본에서 한반도 방향으로 건너온 것인지의 문제가 논란을 불러일으킬 수 있기 때문입니다. 그러나 그런 논란 자체가 무의미합니다. 왜냐하면 열도부여와 반도부여는 서로 분리하여 생각할 수 있는 사람들이 아니기 때문입니다.

무령왕릉은 1971년에 발굴되었습니다. 시기적으로 보면 닌도쿠 천황이 무령왕(재위 501~523년)보다는 훨씬 이전의 사람입니다. 그러나 닌도쿠 천왕릉에서 출토된 동경은 태양의 중심에 산다는 삼족오가 분명하게 조각되어 있고 그 주위에는 북방민족의 수호신들인 청룡·백호·주작·현무 등이 호위하고 있어 고대 북방 한국인들의 특성을 그대로 반영하고 있습니다. 이것은 이 동경이 북방–한반도에서 일본으로 유입된 것을 의미합니다. 만약 이 동경이 열도에서 제작되어 한반도로 유입되었다면 일본 고유의 문화적 특성이 나타나야 하겠지만, 오히려 북방의 특성이 나타나고 있기 때문입니다.

무령왕릉에서 발굴된 금제 뒤꽂이에도 삼족오三足烏가 들어 있고 금동제 신발, 환두대도環頭大刀에도 삼족오 문양이 들어 있습니다. 마찬가지로 닌도쿠 천왕릉에서도 동일한 종류의 칼이 출토뇌었습니다. 전문가들에 따르면, 이런 종류의 유물들은 중국에는 없는 양식이라고 합니다. 그러니까 무령왕릉의 유물들과 닌도쿠 천왕릉의 유물들이 마치 형제의 것처럼 닮아 있습니다. 이것은 열도부여나 반도부여의 지배세력들이 서로 다르지 않다는 것을 정확히 보여줍니다.

시기적으로 보면 분명히 닌도쿠 천황이 앞서 있습니다. 그러나 지금까지 살펴본 대로 반도(백제)와 열도(일본)는 서로 다른 국체國体라고 하기 어렵습니다. 그동안의 철 가공기술의 이전 등에 관한 연구들을 종합해보면 한반도에서 일본으로 전해진 것이 확실해 보입니다.

그러면 여기서 무령왕에 대하여 더 알아보고 넘어갑시다. 무령왕은 한국·일본 고대사의 비밀의 한가운데 서 있는 존재로 거의 40대가 되어서 즉위합니다. 하지만 무령왕의 40대 이전의 행적에 대한 기록은 어디에도 없습니다.

무령왕은 곤지왕(또는 곤지 왕자로 개로왕의 아들)의 자손임이 이미 밝혀진 것으로 보아 상당한 기간을 일본에 체류했을 것으로 추정됩니다. 즉 무령왕의 휘(임금님의 이름)는 사마이며, 한성백제의 멸망기에 곤지왕이 일본으로 가는 도중에 태어나 이후 곤지왕과 함께 일본에 체류했을 것입니다. (이 부분은 앞으로 충분히 분석할 것입니다). 따라서 무령왕은 장년까지 일본에서 보내게 됩니다. 이에 대한 열쇠를 쥔 사람이 바로 곤지왕이겠군요.

참고로 일본 황가를 수십 년 동안 연구한 홍윤기 교수는 「일본고대사 문제점의 새로운 규명」(2005년)이라는 논문에서 화씨和氏인 무령왕의 왕자가 성왕이며 성왕의 첫째 아들이 위덕왕(재위 554~598년), 둘째 아들이 비다쓰 천황(재위 572~585년)이고, 비다쓰 천황은 이후 요메이 천황-쇼토쿠 태자 등으로 이어진다고 주장합니다. 이들의 성씨가 바로 화씨, 즉 '야마토'라는 것이지요. 야마토 시대(4~7세기)에는 나라奈良 일대를 야마토라고 부르기도 했습니다. 무령왕의 후손에 관한 문제들은 앞으로 다시 상세히 설명하겠습니다.

오진 천황이 곤지왕?

닌도쿠 천황릉 옆에는 『일본서기』에 백제인으로 분명히 기록된 주군총酒君塚이 있고 오늘날에도 남백제 소학교, 백제역, 백제대교가 있습니다. 그뿐만이 아니라 성씨 자체가 구다라百濟인 사람들도 많이 남아 있습니다. 주군총 옆으로는 닌도쿠 천황의 아버지로 알려진 오진 천황릉이 있습니다. 그 주변의 구릉지대에 아스카베 천총이 있어 과거에는 많은 수의 고분이 있었지만, 현재는 11기만 남아 있습니다. 그런데 이상한 것은 오진 천황릉 가까이에 곤지왕의 신사가 있다는 점입니다.

자세히 보면, 오진 천왕릉이 있는 오사카부大阪府 하비키노羽曳野시 지역에 곤지왕 신사가 있는데, 이 신사는 아스카베飛鳥戸 신사라고도 불리지만 제신은 곤지왕입니다.

일본의 고대 문헌인 『고전문서古田文書』에 따르면, 곤지왕은 인교允恭 천황 시기인 5세기 초에 일본으로 건너왔으며 아스카베야스코飛鳥戸造의 조상으로 이 지역을 본거지로 삼았다고 합니다. (실제 사료에서는 5세기 중엽으로 나타납니다.) 이 일대에는 백제인 고분이 수천 기 이상 있다고 하는데 그동안의 발굴 내용을 보면 백제의 유물에서 발굴된 것과 유사한 유물들이 많다고 합니다. 대표적인 것으로는 니이자와 천총新澤千塚으로 니이자와 126호 고분에서 나온 방제형금관方製形金冠은 부령왕릉에서도 발견되었습니다. 니이자와 천총에 들어서면 바로 눈에 띄는 것이 센카宣化 천황(재위 536~539년)의 황릉皇陵인데 센카 천황은 게이타이 천황의 차남으로 무령왕에게는 친조카가 되고 곤지왕의 증손자가 된다고 합니다. (이 부분은 앞으로 상세히 다룰 것입니다.)

닌도쿠 천황의 아버지인 오진 천황은 백제에서 왕인王仁 박사를 초청하여 태자의 스승으로 삼아 논어와 천자문을 가르친 것으로 알려져 있습니다. 당시 백제왕은 아화왕阿花王(아신왕)으로 기록되어 있습니다. 닌도쿠 천황을 알기 위해서는 그의 아버지 오진 천황에 대한 이해가 필요합니다.

최근 이시와타라 신이치로石渡信一郎는 오사카부 하비키노시에 있는 오진 천왕릉에 대해 그 피장자被葬者가 5세기 후반에 건너온 백제의 곤지昆支 왕자(곤지왕)이고 그는 5세기 말에 백제계 왕조를 수립했다고 단정했습니다. 앞서본 대로 오진 천황릉과 곤지 신사昆支神社의 거리가 직선거리로 4킬로미터에 불과합니다. 그러니까 오진 천황릉과 매우 가까운 거리에 곤지왕의 사당이 있다는 말입니다. 신사와 릉의 관계로 보면 오진 천황과 곤지왕은 한 사람이라고 추측할 수 있습니다.

그리고 이 능과 신사 주변에는 이치수카 고분군(5세기 말~7세기 초)이 있는데 모두 백제식의 횡혈식 석실고분입니다. 이 고분은 일본의 고도 성장기에 주택개발사업을 하는 과정에서 발굴된 것으로 유물도 많이 출토되었습니다. 이 이치수카 고분의 등장으로 일본에서는 백제에 대한 관심이 크게 고조되기도 했습니다.

'오진 천황=곤지왕'이라는 문제를 다시 검토해봅시다. 만약 이 두 인물이 일치한다면 부여사의 큰 비밀이 밝혀지게 됩니다.

이노우에 미쓰사다井上光貞 교수는 오진 천황이 4세기 말에서 5세기 초 사이에 한반도에서 건너온 일본의 정복자로 보는 것이 합리적이라고 주장했습니다.[12] 오진 천황은 실질적으로 일본 황실을 열었던 인물로 추정됩니다. 그러니까 앞서본 대로 오진 천황의 어머니가 진구 황후인데 진구 황후가 근초고왕이라고 한다면 오진 천황은 근구수왕이나 또는 근초고왕의 다른 아들이 될 것입니다. 경우에 따라서는 가까운 혈족이나 왕비족들 가운데 한 사람일 수도 있을 것입니다.

나오키 고지로直木孝次郎 교수는 『일본서기』에 나타나는 제1대 진무神武 천황부터 제9대 가이카開化 천황까지는 조작된 가공의 인물들이라고 단정합니다.[13] 이 점은 일찍이 쓰다 소기치津田左右吉(1873~1961년)에 의해 주장된 것이기도 합니다.[14] 나아가 제10대 스진崇神 천황에서 제14대 주아이仲哀 천황까지도 전설의 천황이라고 보는 경우가 많습니다. 그렇다면 실질적으로는 오진 천황이 현재 일본이 자랑하는

---

[12] 井上光貞, 앞의 책.

[13] 直木孝次郎, 『日本神話古代國家』(1993).

[14] 1900년대 중반 쓰다 소기치(津田左右吉) 교수는 오진 천황(호무다) 이전의 천황에 대한 기록이라는 것은, 야마토 왕족을 태초로부터 내려오는 지배자로 만들기 위해 모두 조작한 것이라고 주장하여 황실 권위 모독죄로 유죄판결을 받았다. 즉 쓰다 소기치 교수는 『일본서기』에 나타나는 초대 천황인 진무(神武) 천황부터 주아이(仲哀) 천황까지의 14인의 천황들은 단지 사후에 부여되는 시호로만 언급되어 있을 뿐이지만 오진(應神)부터 게이타이(繼體, 오진의 5세손)까지의 천황들은 왕자 때부터 사용한 실제의 이름들이 적혀 있기 때문에 오진을 야마토 황족의 시초로 간주했다. 津田左右吉, 『古事記及日本書紀の研究』(1924); Ledyard, Gari, "Galloping Along with the Horseriders: Looking for the Founders of Japan," *Journal of Japanese Studies*, Vol.1, No2(1975).

만세일계萬世一系의 야마토 왕조의 시작이 됩니다. 물론 스진 천황이 신라 또는 가야계의 인물일 가능성도 부정하기 어렵지만, 근초고왕 이후에는 대부분이 부여계로 전환되었기 때문에 일본 고대사에서 오진 천황의 행적에 관한 연구가 가장 결정적인 열쇠가 될 수밖에 없습니다.

오진 천황의 전신초상화를 보면, 머리에 남바위를 쓰고 있는데 이 것은 가죽을 댄 긴 모자로 한국인들이 겨울철에 즐겨 착용했던 방한 용 모자입니다. 문제는 오진 천황이 누구인가 하는 것인데 이것을 추적할 만한 단서를 찾기가 어렵습니다. 분명한 것은 근초고왕의 직계 후손이라는 것입니다. 『삼국사기』에는 침류왕이 서거한 후 태자(아신 왕)의 나이가 어려서 숙부인 진사왕이 즉위했다고 합니다. 그러나 『일 본서기』에는 숙부인 진사辰斯가 왕위를 찬탈한 것으로 되어 있고, 이어 오진 천황 3년 조에서는 진사왕이 천황에 무례를 범해 그것을 책망하자 기노쓰노노스쿠네紀角宿禰 등이 진사왕을 죽이고 아신왕을 왕으로 세웠다고 기록되어 있습니다.

『삼국사기』에서도 진사왕이 피살되었다는 암시가 매우 강하게 나타납니다. 즉 진사왕은 구원狗原에 사냥을 나갔는데 10여 일이 되어도 돌아오지 않았고 그 지역의 행궁에서 서거한 것으로 되어 있습니다. 다시 말해서 침류왕의 동생이 권력을 찬탈했을 때 이 왕위를 다시 찾아줄 수 있는 힘과 혈연을 가진 사람이 오진 천황이라는 점을 알 수 있습니다.

그런데 이미 앞서본 대로 오진 천황은 110세로 서거한 것으로 되어 있어 여러 왕들의 업적이 조합된 것으로 보입니다. 따라서 침류왕 (재위 384~385년)에서 곤지왕(?~477년) 사이에는 시간적으로 간격이 너무 큽니다. 따라서 오진 천황을 곤지왕으로 추정하는 것은 현실적으로 불가능합니다. 그러면 모든 문제가 다시 원점으로 돌아갑니다.

다시 안개 속으로

우리가 오진 천황의 실체를 파악하기 힘든 것은 여러 가지 이유가 있 겠지만 제가 보기엔 『일본서기』에 기록된 오진 천황의 행적이 여러 사람의 업적을 한데 모아두었기 때문이 아닌가 생각됩니다. 그러나 오진의 행적에 나타난 행위들을 보면, 오진 천황은 반도부여의 근초 고왕 직계후손이라는 점과 반도부여의 왕과 같은 권력을 가진 존재 라는 것을 알 수 있습니다.

8세기에서 10세기경에 편찬된 것으로 보이는 『풍토기風土記』에는 오진 천황의 아들인 닌도쿠 천황이 "모국인 백제로부터 백제신百濟神 의 신주를 왕실로 모셔왔다"라는 기록이 있습니다. 이것은 닌도쿠 천 황이 백제인(반도부여계)임을 의미하는 것입니다. 같은 책에는 "미시마 에 계신 신의 높으신 이름은 오야마쓰 미노카大山積神다. 또 다른 이름 으로는 와다시노 오카미和多志大神다. 이 신께서는 나니와의 다카쓰노 미야高津宮에 닌도쿠 천황의 시대에 나타나셨다. 이 신께서는 구다라百 濟에서 건너오셔서 나니와쓰의 미시마에 계시게 되었다"라고 기록되 어 있습니다.[15] 이 기록을 토대로 본다면, 닌도쿠 천황이 모시고 온 신 의 이름이 와다시和多志로 이 화씨가 바로 천황가 조상의 성씨임을 알

---

15 "御嶋 坐神御名 大山積神 一名和多志大神也 是神者 所顯難波高津宮 御宇天皇御世 此神 者 百濟國渡來坐 而津國 御嶋坐"(『風土記』).

수 있습니다.

근초고왕-근구수왕 또는 근초고왕-오진 등의 계보로 본다면 근초고왕의 성씨가 부여씨夫餘氏이므로 이 부여씨는 화씨, 즉 야마토로도 불렸다는 것을 알 수 있습니다.

『일본서기』에는 닌도쿠 천황 41년에 기노쓰노노스쿠네紀角宿禰를 백제에 보내어 행정구획을 정리하는 사업을 관여하는 동시에 각 지역의 산물을 조사하게 하는 장면이 나옵니다. 이때 백제의 왕족인 사케노기미酒君가 무례하게 행동하므로 기노쓰네노노스네가 백제왕을 질책하자 백제왕이 쇠사슬로 사케노기미를 묶어 일본으로 보냈다는 기록이 보입니다.**16** 그 후 2년이 지나 『일본서기』에 다시 사케노기미가 나타납니다. 즉 닌도쿠 천황이 사케노기미를 불러 자신의 직할 농경지에서 잡힌 이상한 새를 보고 무엇이냐고 묻자, 사케노기미가 "이 새는 백제 땅에는 흔한 것으로 백제말로는 구지俱知라고 합니다"라고 대답합니다.**17** 여기서 말하는 구지는 매를 가리키는 말입니다.

위의 『일본서기』의 기록을 반도 사학계에서는 허위 사실로 보기도 하지만, 만약 사실이라면 백제왕과 일본 왕과의 관계가 매우 친밀한 혈연적 관계임을 증명하는 것이 될 수 있습니다. 즉 닌도쿠 천황이 백제왕보다도 항렬이 높을 경우에 충분히 나타날 수 있는 현상이고 경우에 따라서 일본과 백제의 통치자가 하나일 수도 있다는 점을 보여주는 대목이기도 합니다. 이것은 다른 의미에서 반도부여와 열도부여가 '범부여 연합국가'임을 보여주는 증거일 수도 있습니다.

---

16 『日本書紀』仁德天皇 41年.

17 『日本書紀』仁德天皇 43年.

오진·닌도쿠 천황의 무대는 주로 리틀구다라little gudara, 즉 '작은 백제' 지역입니다. 이곳은 아스카 지역으로 일본인들의 마음의 고향입니다. 아스카는 오사카만-닌도쿠 천황릉-후루아치 고분군-오진 천황릉-곤지왕 신사-아스카 천총 등으로 연이어진 곳입니다. 아스카에는 588기나 되는 많은 고분이 있는데 아직도 대부분 미발굴 상태입니다. 그러나 그 가운데 니이자와 천총 126호 고분은 백제 귀부인의 고분인데 여기에서 출토된 방제형금관과 청동다리미 등은 무령왕릉의 왕비 유물과 흡사하며, 173호 고분에서 출토된 동경은 무령왕의 의자손 수대경과 일치한다고 합니다. 『속일본기』에는 이 지역 주민들의 90퍼센트 이상이 이주민이라고 적혀 있습니다.

이상의 논의를 통하여 열도와 반도의 부여계의 관련성을 깊이 이해할 수 있게 되었습니다. 그러나 다른 한편으로는 점점 더 의문의 고리가 커져갑니다. 도대체 오진 천황으로 잘못 분석되고 있는 곤지왕은 어떤 인물일까 하는 점입니다. 이제 곤지왕에 대해 본격적으로 알아봅시다.

11장 의문의 고리, 곤지왕

들어가는 글 **왕의 부인과 결혼한 곤지 왕자**

한일고대사의 가장 큰 미스터리 가운데 하나인 곤지왕에 대해 알아봅시다. 곤지 왕자(한국 호칭) 또는 곤지왕(일본 호칭)은 반도(한국)와 열도(일본)에 걸쳐서 큰 족적을 남겼습니다. 곤지왕의 행적을 제대로 알면 한일고대사 문제의 절반을 해결한 것이나 다름없습니다. 곤지왕과 관련해서 『일본서기』를 보면 다소 이해하기 어려운 이야기가 나옵니다.

> 백제의 가수리왕加須利君(개로왕)은 동생인 곤지에게 '너는 일본으로 가서 천황을 섬겨라'라고 말했다. 곤지가 대답하여 '임금님의 명을 받들겠습니다. 원컨대 임금님의 부인을 내려주시고 난 후 저를 보내주십시오'라고 했다. 가수리왕은 임신한 부인을 곤지와 결혼을 시킨 다음 '지금 나의 아내는 이미 아기를 낳을 때가 가까워졌다. 만일 일본으로 가는 도중에 아기를 낳게 되면 부디 같은 배에 태워 속히 돌려보내라'라

264

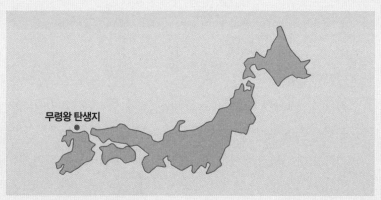

도 25 | 무령왕의 탄생지인 가카라시마

고 했다. 곤지는 일본으로 출발했고 임신한 부인은 쓰쿠시筑紫의 가카
라시마各羅島(加唐島)에서 아기를 낳았다. 그래서 그 아기의 이름을 시
마키시島君(섬의 임금님)라고 했다. 곤지는 배 한 척을 마련하여 이 모자를
백제로 돌려보냈다.[1]

이때 태어난 아기가 백제의 성군으로 잘 알려진 무령왕입니다. 그런
데 이 시기의 가족관계에 대한 기록들이 극히 혼란합니다.『일본서기』에
따르면 곤지는 개로왕의 동생으로 나타나고『삼국사기』에서는 개로왕
의 아들로 나옵니다.『삼국사기』에 무령왕은 동성왕의 아들로 나오기 때
문에 결국 무령왕은 곤지왕의 손자가 될 터인데,『일본서기』에는 곤지왕

---

1 『日本書紀』雄略天皇 5年.

의 아들(비록 형의 아이이긴 하나 이미 결혼했으므로)로 나오고 있습니다. 상당히 혼란스러운 부분입니다. 이렇게 혼란한 원인은 기록이 서로 모순되기 때문에 나타난 현상입니다.

곤지왕과 개로왕의 가족관계도 불확실한데다 왕이 임신한 자신의 아내를 동생(또는 아들)에게 하사하는 부분도 의문투성이입니다.

그러나 고대 한일관계 전문가인 김현구 교수에 따르면 이 같은 일들이 일본 고대사에서는 흔히 일어날 수 있었다고 합니다. 김현구 교수는 일본 최고의 명문 가문의 하나인 후지와라藤原씨의 조상인 나카토미노 가마타리中臣鎌足의 큰아들 데이定惠는 당시의 교토쿠 천황이 임신한 부인을 총신寵臣인 나카토미노 가마타리에게 하사하여 낳은 아들이고, 나카토미노 가마타리의 또 다른 아들인 후이토不比等도 덴지天智 천황이 임신한 부인을 나카토미노 가마타리에게 하사하여 낳은 아들이라는 설이 파다하다고 합니다.[2]

그러면 왜 이 같은 일이 나타날까요? 먼저 생각해볼 수 있는 가능성은 왕통과 국체를 보호하기 위한 방편이라는 것입니다. 왕이나 왕의 직계혈족들은 항상 암살의 위험 속에서 살게 됩니다. 그러니까 이 같은 왕실의 행태는 만약 왕통이 끊어질 경우에 대비하여 왕의 혈족들을 보다 안전한 환경 하의 여러 지역에서 키움으로써 왕가를 보호하기 위한 하나의

---

2 김현구, 앞의 책, 17쪽.

수단일 것이라는 말이지요. 즉 이것은 왕의 혈족들을 분산시켜 믿을 만한 심복들에게 양육하게 하여 왕족을 보호함으로써 국체를 보중한다는 것입니다. 특히 부여 왕계는 항상 위태로운 상태였기 때문에 이 같은 관습이 필요했을 것으로 생각됩니다. 개로왕대를 전후로 천수를 누린 왕이 거의 없다는 점을 기억해둡시다.

그러나 한편으로 이해하기 힘든 점은 야마토에 도착하지 못하고 무령왕이 출생하자 이를 다시 백제로 보낸 것입니다. 이것은 왕족의 보호라는 위의 논리로는 설명이 되지 않습니다.

고대에는 오늘날의 사고방식으로만 재단하기는 어려운 일들이 많이 있습니다. 예를 들어 고대의 근친혼intermarriage은 왕족들이 자신의 혈통을 보호하기 위한 가장 기본적인 혼인제도였습니다. 이러한 습속과 관련된 다른 예들을 한번 살펴봅시다.

고대에는 여성의 지위가 매우 낮았습니다. 고대의 습속에 여자를 아랫사람에게 하사하는 경우가 많이 나타납니다. 특히 전쟁의 노획물로서 여자를 배분하기도 했습니다. 『삼국지三國志』에서 인용한 촉기蜀記에 "(유비가 조조 군에 합류하여 여포를 궤멸시킨 후) 관우가 조조에게 여포의 부하 중 하나인 진의록秦宜祿을 구해달라고 하고 진의록의 처를 자신에게 달라고 조르자 조조가 이를 허락했다"는 말이 있습니다.[3] 고대에는 여성들이 전

---

[3] "布使秦宜祿行求救, 乞娶其妻, 公許之"(『三國志』「蜀書」關羽傳).

리품 취급을 받았다는 것을 보여주는 대목입니다. 엄연히 살아 있는 진의록을 두고서도 관우關羽는 진의록의 아내를 전리품으로 취하고 있습니다. 이 행위에 대하여 오늘날의 도덕적 잣대로 판단할 수는 없습니다. 또 비록 전리품이라고는 해도 다른 이의 아내를 상당히 존중한 사례들도 많이 나타납니다.

유목민(특히 쥬신: 흉노, 부여, 고구려, 선비 등) 사회에서는 여자의 지위가 한편으로는 낮은 듯이 보이지만 다른 한편으로는 높게 나타나기도 합니다. 일반적으로 유목민들은 여자가 귀하기 때문에 약탈혼marriage by capture 이 성행하여 여자가 어쩔 수 없는 상태에서 결혼을 강요당히는 경우가 많습니다. 하지만 여자가 주요한 전략적 참모로서의 역할을 하는 경우도 많이 나타납니다.

흉노의 경우, 아버지가 죽은 뒤 그 아들이 자기를 낳아준 생모를 제외한 아버지의 재산과 첩들을 모두 소유했습니다. 대표적인 경우가 바로 모두루(또는 모돈冒頓) 텡그리고두(대단군의 의미: 선우 또는 천자)입니다.[4] 모두루 텡그리고두는 자기를 제거하려는 아버지 투만Tumen, 頭曼(주몽 또는 샤먼과 유사한 의미)을 죽이고 대단군에 올라 대정복 국가를 세워 한漢나라로부터 조공을 받습니다.

---

4 텡그리고두를 한족들은 선우(單于)라는 말로 번역하여 사용하는데 이 말은 단군 또는 단간(單干)을 오독(誤讀)했기 때문으로 추정된다.

그리고 당唐나라 현종은 며느리를 아내로 삼았습니다. 그녀가 바로 유명한 양귀비입니다. 당나라도 흉노(선비족)의 피가 흐르는 나라이기 때문에 나타날 수 있는 현상일지도 모릅니다. 이 같은 행태가 좋은 것이든 나쁜 것이든 유목민의 쥬신적인 특성 중 하나였습니다.

우연히 일본의 무사들의 무용담들을 그린 야사집野史集을 본 적이 있습니다. 그 책들을 보면서 두 가지 점에 매우 놀랐습니다. 하나는 성행위가 너무 자세히 묘사되어 있는 것이고 또 다른 하나는 그들의 자유로운 성관계입니다. 예를 들어, 남편이 전쟁에 나간 사이 시아버지가 추근대어 괴로움을 당하다면서도 정조를 지킨 여인이 돌아온 남편에게 이 같은 사정을 이야기하자 그 남편이 자신의 아버지를 죽이는 내용도 있습니다.

또 유목민들은 멀리서 손님이 오면 아내와 동침시켰다고 합니다. 이는 여자가 귀한 유목민들에게 생물학적으로 근친상간近親相姦의 문제가 많이 발생할 수가 있기 때문에 먼 곳에서 이방인이 오면 새로운 건강한 종種을 얻기 위한 시도였다고 합니다.

여기서 쥬신사의 문제들 가운데 하나인 형사취수혼兄死娶嫂婚에 대해서 살펴봅시다. 『삼국지』「여포전」을 보면, 여포呂布가 유비劉備를 자기 아내의 침대에 앉힌 다음 아내로 하여금 유비에게 술잔을 따르게 하고 동생으로 삼는 장면이 나옵니다. 이는 유목민들로서는 최대의 대접이지만 한족漢族의 시각에서는 야만적인 행위 중의 하나입니다. 대개 침실이라는 것은 성적性的인 공간을 의미하며 술잔을 따르는 것은 다른 형태의 성적性的 교합交合을 의미하기 때문입니다. 따라서 여포가 하는 행동은 형이 죽으면 그 형수를 같이 데리고 사는 형사취수혼의 한 단면을 보여줍니다. 『삼국사기』에서도 고국천왕의 비였던 우씨于氏가 고국천왕故國川王 서거 후, 그 동생인 산상왕山上王과 결혼합니다.

그러나 한족漢族이 가장 큰 악행과 패륜의 하나로 지목하고 있는 것이 바로 이 형사취수혼입니다. 그렇기 때문에 한족 사가들은 사서에서 고구려를 야만족으로 묘사합니다. 형사취수혼은 농경민과 같은 정주민의 시각에서는 용납하기 어려운 일입니다. 매일 마주치는 사람들에게 형수와 같이 산다는 것은 도덕적으로도 받아들이기 힘들 것입니다.

하지만 혈족 이외에 낯선 사람을 구경하기도 어려운 유목민들의 경우 형수와 같이 산다고 해서 문제가 될 게 없습니다. 더구나 '없는 살림'에 형이 죽어 형수가 형의 재산을 가지고 다른 지역으로 가버리면 어떻게 되겠습니까? 유목민이 가진 재산은 주로 가축인데 이것을 따로 나눠 가지는 것은 가는 사람이나 남아 있는 사람 모두에게 어려운 상황이 오게 됩니다. 형사취수혼과 같은 습속은 경제적인 의미를 가지고 있습니다. 즉 형이 죽어 그 형수와 가족들이 분가해 가버린다면 노동력의 손실은 물론이거니와 재산도 분할되어 양쪽 모두 생존이 어려운 상태가 될 수 있습니다. 또 따로 방목지를 구하는 것도 쉬운 일이 아닙니다. 농경민이 보기에는 넓은 초원이 무한대로 펼쳐진 것으로 보이지만, 유목민들에게 초원은 무한의 대지가 아닙니다. 나름대로 경계가 있습니다. 한 가구당 일정한 유목지를 갖고 일정한 간격으로 무리를 지어 살아가는 것이 유목민들의 생활입니다.

도덕이라는 것도 절대적인 것이 아닙니다. 수치심이나 도덕성도 문화와 환경의 산물입니다. 날씨가 더운 적도 지방에서 지나치게 의복에 대한 예절을 따지면 어떻게 되겠습니까? 마찬가지입니다. 유목민들은 각자 서로 떨어져 살고 있으니 형수와 같이 산다고 해도 손가락질할 사람도 없습니다. 하지만 이 같은 습속들은 농경사회로 전환되어도 남아 있는 경우가 많습니다. 오늘날에도 반도쥬신(한국인)들은 형이 죽으면 그 형의 가족을 동생이 돌보는 경우가 흔히 있으며, 형의 아이를 자기의 아이로 입양해서 키우는 경우도 많습니다.

신라 시대에는 화랑들이나 임금과 신하들 사이에 마복자摩腹子 풍습이 성행했습니다. 마복자란, 글자 그대로는 '배를 문지른 아이'인데, 지위가 낮은 남자가 임신한 자신의 아내를 상관에게 바쳐서 낳은 아들을 말합니다. 이 내용은 최근에 발견되어 화제가 된 필사본 『화랑세기』에 나오는 내용입니다. 신라에는 자신의 부하나 후배의 임신한 아내들과 성관계를 즐긴 풍속이 있었음을 알 수 있습니다. 이미 자신의 아이를 임신했으므로 씨앗은 바뀔 리가 없으니 자신의 상관에게 아내를 상납한 것이라는 이야기입니다. 그래서 태어난 아기는 아버지가 여러 명이 될 수도 있습니다. 아기의 어머니와 성관계를 했던 사람들이 그 아이를 자기 자식처럼 생각했을 가능성이 높습니다. 어떤 의미에서는 자신의 지위를 높이기 위해 충성심을 보이려고 아내와 자식을 이용한 경우로 볼 수도 있습니다. 과거 유럽의 군주들도 흔히 신하의 아내들을 자신의 애인으로 삼았습니다.

제가 보기엔, 이 마복자 습속은 여자가 귀한 유목민들의 습속입니다. 여자가 흔하면 이 같은 습속이 생길 리가 없지요. 유목민들은 농경민처럼 안정적이지 못한 채 살아갑니다. 잦은 전쟁으로 언제 죽을지도 모르는 상황이고 여자가 귀합니다.

제2차 세계대전 당시 일본에서는 죽은 상관의 부탁으로 전쟁터에서 살아 돌아간 병사가 그 상관의 아내와 결혼한 이야기가 종종 나옵니다. 이러한 행위는 사랑하는 아내가 행복해질 수 있도록 최선의 배려를 하는 것일 수도 있습니다. 또 자신의 씨[種]가 가장 안전하게 보호될 수 있는 최선의 방법이기도 합니다. 그러니까 자신이 가장 믿을 수 있는 사람에게 아내와 아이를 맡기는 것입니다. 과거에는 일반적으로 자신의 동생에게 맡겼으니 그것이 형사취수혼이었던 것이지요. 어쨌든 이 같은 행태가 오랫동안 전승되어왔고, 특히 일본에 쥬신의 고대 습속이 더 많이 남아 있음을 알게 됩니다.

하지만 개로왕-곤지왕의 관계는 이런 식의 논리로는 해명이 잘 안 됩니다. 다시 여러 가지 사료를 이용하여 분석해봅시다.

곤지왕과 개로왕의 관계

곤지昆支 왕자는 5세기 백제 개로왕의 아들로 동성왕·무령왕의 아버지입니다.[5] 곤지 왕자는 458년 개로왕의 주선으로 송나라로부터 정로장군征虜將軍 좌현왕左賢王에 봉해집니다. 일본 측 사료에서는 곤지 왕자를 휘諱만 부르는 일은 없고 반드시 뒤에 '군君'이나 '왕王'자를 붙여 부릅니다. 즉 『일본서기』와 『백제신찬』에서는 곤지군昆支君, 『신찬성씨록』에서는 곤지왕琨伎王이라고 높여 부르고 있습니다. 이것은 그가 야마토에서는 매우 중요한 인물이었음을 보여줍니다. 당시 천황이라는 말이 없었다는 점을 감안해본다면 그는 왜왕倭王이었을 가능성이 매우 큽니다.

오히려 반도부여에서는 곤지를 장군이나 내신좌평으로 부르고 있습니다. 그리고 좌현왕이라는 말도 주로 쥬신계의 호칭입니다. 즉 쥬신의 제왕에 이은 제2인자가 받는 호칭이었습니다. 이것은 반도부여가 쥬신의 전통을 고수했다는 의미이기도 합니다.

『일본서기』에서는 곤지왕이 개로왕의 동생으로 나옵니다. 그러나 『송서』, 『양서』 등 다른 사서의 기록으로 보면 개로왕의 아들일 가능성이 더 큽니다. 곤지왕이 개로왕의 아들인지 동생인지는 매우 중요한 문제입니다. 왜냐하면 이 부분이 왜왕, 즉 일본 천황의 계보와 직결되어 있기 때문입니다. 이것은 어쩌면 영원한 미스터리로 남을 수도 있습니다. 이 부분은 다음 장에서 다시 심층적으로 살펴봅시다.

앞서본 대로 『일본서기』에 나타난 개로왕과 곤지왕의 이야기는

---

5 『삼국사기』에 따르면, "동성왕은 문주왕의 아우인 곤지의 아들이다"라고 한다(『삼국사기』 「백제본기」 동성왕). 그런데 문주왕이 개로왕의 아들이므로 곤지는 개로왕의 아들이 된다.

황당합니다. 즉 개로왕은 임신한 아내를 곤지왕에게 주어 함께 일본으로 보냈다는 것입니다. 그러나 예로부터 군왕무치君王無恥라는 말이 있습니다. 즉 옛말에 이르기를, 영웅은 천하를 얻기 위해서는 간흉함과 계략이나 때로는 독기를 품어야 하고(奸凶計毒), 군대를 이끌고 전쟁을 할 때는 피아彼我를 막론하고 속이는 것도 마다하지 않으며(兵不厭詐) "임금이 된 자에게는 세상에 부끄러워할 일이 없다"고 했습니다. 오늘날 이 논리는 매우 위험할 수도 있지만, 종묘사직宗廟社稷, 즉 국체國體를 보중하기 위해서는 그 어떤 행위도 용납이 가능하다는 말로 해석됩니다.

망국亡國보다 더 무서운 상황이 있을까요? 왜 유대인들이 집단적으로 학살당하는 사태가 벌어졌을까요? 모두 나라가 없었기 때문이지요. 카이사르Caesar와 결혼하여 아이까지 낳더니 다시 안토니우스Antonius를 자신의 침실로 유혹하여 로마의 내전內戰을 유도한 클레오파트라Cleopatra를 욕하는 이집트 국민은 아마 없을 것입니다. 두 남자의 인생을 망친 그녀가 다시 옥타비아누스Gaius Octavius Thurinus(아우구스투스)를 유혹하려 했던 시도를 음탕한 행위로 비난할 사람도 없을 것입니다.

만약 곤지왕이 개로왕의 동생이라면, 개로왕의 행위는 형사취수혼과 관련이 있습니다. 그러나 곤지왕이 개로왕의 아들이라면 상황이 달라집니다. 물론 모두루 텡그리고두와 같이 친어머니를 제외한 아버지의 후궁들을 모두 취할 수 있었던 유목민들의 유제遺制, hereditary system일 수도 있지만, 곤지왕의 경우는 앞서본 담로제도와 부여계의 왕통 유지라는 측면이 더욱 강할 것으로 생각됩니다. 다시 말해서 개로왕이 자신의 아이를 임신한 아내를 곤지왕에게 주어 함께 일본으로 보낸 것은 왕조의 영속성과 정통성을 유지하기 위한 가장 강력하고 안전한 조치 가운데 하나라는 말입니다.

왕이나 왕의 직계혈족들은 항상 암살의 위험 속에서 살게 됩니다. 그러니까 개로왕의 행위는 만약 왕통이 끊어질 경우에 대비하여 왕의 혈족들을 보다 안전한 환경의 여러 지역에서 키워 왕가를 보호하려는 하나의 수단이라는 것입니다. 만약 본국의 왕이 서거할 경우, 보다 안전한 지역에서 살아남은 왕족을 중심으로 다시 국가를 부흥시킬 수 있는 강력한 정통성의 징표가 바로 왕족의 분산양육입니다. 특히 부여왕계는 왕권도 상대적으로 강하지 못했고, 만주에서부터 열도에 이르기까지 항상 위태로운 상태였습니다. 개로왕대는 그 위험이 절정에 이르렀습니다.

개로왕이 즉위한 해인 455년에 고구려의 침공이 시작되었는데, 연민수 교수는 이것이 백제 왕위 교체기의 허점을 노린 기습공격이었다고 합니다.[6] 이후 고구려의 공격이 집요하게 전개되면서 461년에 개로왕이 곤지왕을 일본에 보낸 것으로 생각됩니다. 반도부여(백제)는 472년에 북위에 국서를 보내 고구려에 대한 응징을 호소하지만[7] 성공하지 못합니다.

『일본서기』에 인용된 「백제기」에는 "개로왕 을묘년 겨울 박(狛)의 대군이 와서 큰 성을 공략한 지 7일 만에 왕성이 함락되어 드디어 위례를 잃었다. 국왕 및 태후, 왕자 등이 다 적의 손에 죽었다"[8]라고 기

---

6 연민수, 「五世紀後半 百濟와 倭國-昆支의 행적과 東城王의 즉위사정을 중심으로-」, 『고대한일관계사』(혜안: 1998), 414쪽.

7 『三國史記』 「百濟本紀」 蓋鹵王 18年, 『魏書』 「百濟傳」.

8 『日本書紀』 雄略天皇 20年 冬에 인용이 된 『百濟記』.

록되어 있습니다. 당시의 상황이 얼마나 처절했는지 짐작이 가는 내용입니다. 이 시기에 문주왕을 도와 남으로 내려갔던 모쿠마치木滿致(또는 木刕滿致)가 일본으로 건너갔습니다.[9]

그러니까 부여의 중흥을 절실히 꿈꾸었던 개로왕의 이 같은 조치(곤지 왕자 파견)는 부여의 왕통과 정체성, 또는 정통성을 보호·유지하는 가장 강력한 조치라고 할 수 있습니다.

앞서본 대로 아내를 하사하는 대상은 절대적으로 신임하거나 총애하는 대상이 아니면 안 되지요. 경우에 따라서 이렇게 하사된 아내와 실제적인 성관계를 했다고 보기는 어려울 수도 있습니다. 또 야마토 지역에 이미 뿌리를 내리고 있는 부여계에서 확고한 지위를 구축하기 위해서는 반도부여왕의 신임이 절대적으로 필요했을 것입니다. 그래서 개로왕은 견고한 열도부여의 건설을 위해 자신의 아들(임신 중)과 자신의 동생(또는 아들)인 곤지왕을 보낸 것으로 보입니다. 어떤 의미에서 곤지왕은 반도부여왕으로부터 야마토 지역에 대한 지배권을 위임받아 간 것으로 볼 수 있습니다.

곤지왕은 형수(또는 계모)와 함께 배를 타고 일본으로 향하던 중, 가카라시마에서 형수(또는 계모)가 몸을 풀고 아들이 태어나는데 그가 바로 백제 무령왕입니다. 그 증거가 바로 무령왕의 휘인 사마, 즉 '섬에서 난 아기'라는 것인데 이것은 이후 무령왕릉의 발굴로 입증되었습

---

9 여기서 말하는 박(狛)이란 고구려를 말하는 것으로 한자로 보면 늑대이지만 쥬신의 말로 보면, 태양을 의미하는 밝, 맑 등을 의미하는 말이다. 이 말은 한자로는 발(發), 맥(貊), 백(白) 등으로 표현되어 왔다. 그리고 『일본서기』 오진 천황 25년에서 인용하고 있는 『백제기(百濟記)』에 따르면, 모쿠마치는 모쿠라곤시가 신라를 정벌할 때 얻은 부인에게서 난 자식으로 모쿠라곤시의 공으로 인하여 그 아들인 모쿠마치가 임나 일을 전체적으로 관장했다고 한다.

니다.[10] 사정이 어떠하든 무령왕은 곤지왕의 아들로 성장했습니다.

그러나 일부에서는 무령왕이 개로왕의 직계자손이 아니라고 합니다. 무령왕의 출생에 관해서 이기동 교수는 "무령왕은 개로왕의 동생인 곤지의 장남으로 출생한 것이 확실하며, 개로왕의 아들이라는 것은 뒤에 정치적인 목적에 의해 꾸며진 한낱 계보적인 의제擬制에 불과하다"고 말하고 있습니다.[11] 즉 무령왕은 개로왕의 직계가 아니라 조카인데 후일 왕의 권위를 세우기 위해 개로왕의 자손으로 위장한 것이라는 말입니다. 이 분석도 일부 타당합니다.

그동안 제가 연구한 바로는 곤지왕은 개로왕의 아들이지만 장자는 아니고 열도부여 건설에 큰 역할을 한 인물입니다. (앞으로 계속 분석할 것입니다.) 곤지왕은 반도부여의 멸망(475년) 당시 열도부여의 건설과 반도부여의 재건이라는 두 가지 무거운 임무를 맡은 상태여서 아들인 무령왕을 반도로 보낼 때 개로왕 직계손임을 강조할 필요가 절실했을 것입니다. (반도 사학계에서는 개로왕을 평가절하하여 난봉꾼, 폭군의 대명사로 취급하고 있지만, 실제는 조금 다릅니다. 이 부분은 '13장 개로왕을 위한 만사'에서 다시 다룰 것입니다. 이후 일본 천황가가 개로왕의 계보에서 비롯되었다는 점을 감안하면, 개로왕에 대한 역사적 평가는 다시 이루어져야 합니다. 제가 분석한 바로는 개로왕의 죽음은 부여계의 각성을 초래한 중요한 사건이었습니다.)

---

10 반도의 사학계에서는 무령왕이 개로왕의 아들 혹은 동생인 곤지왕의 아들이라고 되어 있는 『일본서기』의 기록을 오랫동안 신뢰하지 않았다. 그런데 무령왕의 지석(誌石)에서 사마왕(斯麻王, 무령왕)이 523년 5월 7일 임진(壬辰)에 향년 62세로 붕어했다고 한다. 따라서 무령왕은 461년(또는 462년)에 출생한 것이고 이 시기에 곤지왕이 일본 열도로 건너간 것이 확실하다. 이 기록은 『일본서기』에서 인용하고 있는 『백제신찬』의 기록과 완전히 일치하고 있다.

11 이기동, 『백제의 역사』(주류성: 2006), 122쪽.

그래서 이 같은 이야기가 만들어졌을 가능성도 있습니다. 특히 『일본서기』는 정치적인 목적으로 편찬된 사서이므로 시조급의 인물들에 대해 중요한 역사적 왜곡이 있었습니다. 진구 황후의 경우가 대표적인 것이지만, 유라쿠 천황, 게이타이 천황, 긴메이 천황, 덴무 천황 등에 대한 기록들을 보면 납득하기 어려운 부분들이 많습니다.

그러나 야마토에 이르지 못하고 무령왕이 출생하자 이를 다시 백제로 보낸 문제를 생각해 보면, 개로왕은 자신의 자식을 야마토에서 출생시켜 야마토를 지배할 명분을 마련하려 했던 것으로 판단됩니다. 다시 말해서 당시의 정황이 야마토는 부여계의 직계왕손들이 지배해야 한다는 절박감을 갖게 한 것으로 보입니다. 그리고 부여계는 그저 이식된 것이 아니라 열도 내에서 토착화된 사람들에 의해 재건되어야 할 어떤 이유가 있었던 것으로 생각됩니다.

일부에서 당시 일본 천황들이 부여계가 아니라는 견해들을 강하게 제기합니다. 즉 한제이反正 천황(5세기 전반)은 고구려계이고 인교允恭 천황(5세기 중반)은 신라계라고 하는데[12] 이 견해는 일본 사학계 일부의 지지를 받고 있습니다. (당시 천황을 순서대로 열거하면, 한제이反正-인교允恭-안코安康-유라쿠雄略 등의 순서입니다.) 이 말은 부여계가 그때까지도 열도를 완전히 장악하지 못했고 토착화된 고구려계와 신라계 세력이 여전히 강력하다는 것을 의미합니다. 즉 신라계·가야계·고구려계·부여계·토착호족·아이누 세력 등이 각축하는 춘추전국의 시대라는 말입니다.

그러나 6세기 이후에는 부여계가 확고히 열도를 장악합니다. (이 부

---

12 文定昌, 『日本上古史』(柏文堂: 1970), 312~313쪽.

분은 앞으로 지속적으로 분석할 것입니다.) 이 시기는 부여계에 의한 열도 주요부의 통일 시기와도 대체로 일치합니다. 유라쿠 천황 이후의 일본은 확실히 부여계의 나라가 됩니다. 근초고왕 당시에 일본을 공략하여 조공을 받았다고 하지만 실효적 지배를 하지 못했고 유화정책으로 토착세력들과의 융합을 도모했던 것으로 추정됩니다. 그러나 고구려의 남하가 계속되자 열도를 보다 실질적으로 지배하지 않으면 안 되는 절박감이 부여계 지배자들에게 팽배했고, 이것이 개로왕이 아들을 직접 파견한 이유로 보입니다. 그러니까 토착화된 많은 반부여계 세력을 제거하기 위한 대대적인 전쟁과 숙청이 필요했고, 그 임무를 곤지에게 맡긴 것입니다

열도로 간 곤지왕

백제의 가수리왕(개로왕)이 곤지 왕자에게 명하여 자신의 임신한 아내와 결혼하게 한 뒤 일본으로 보냅니다. 이 일은 반도부여사(백제사) 전체를 통해 보더라도 다른 시기에는 나타나지 않는 황당한 사건입니다. 하지만 다른 측면에서 보면, 그 만큼 반도부여가 위태로웠음을 의미하는 일이기도 합니다.

그동안 곤지왕이 일본으로 간 이유에 대해서 반도 사학계에서는 몇 가지 분석이 있습니다.『일본서기』를 근거로 하여[13] 왜국에 고구려에 대항할 군대를 청하기 위해 파견한 청병사請兵使라는 견해가 오랫동안 제기되었습니다. 다음으로는 왜국에 정착한 백제 유민들을

---

13 『日本書紀』雄略天皇 5年 夏4月條.

관리하기 위하여 일본으로 갔다는 것입니다. 이 견해들을 구체적으로 살펴봅시다.

일찍부터 반도와 열도의 사학계는 곤지왕의 임무가 청병사라는 것을 지적했습니다.[14] 일본 학계의 일반적 견해는 곤지의 파견은 대고구려 전선에 왜병을 투입하기 위한 것이라고 합니다.[15] 그러나 이재석 선생은 곤지왕을 단순 청병사로 보기 힘든 이유로 청병사라면 곤지왕이 장기체류할 필요가 없으며, 곤지왕이 일본으로 간 후에도 왜의 군사적 도움이 전혀 나타나지 않았다는 점을 지적하고 있습니다. 정재윤 선생은 단순한 청병사설을 비판하고 백제 계통의 이주민 집단을 조직화하여 왜 정권에 협력하고 이들의 힘을 이용하여 백제를 구원하려는 임무를 수행한 것이라고 보았습니다. 그래서 장기체류를 했다고 지적합니다. 즉 곤지왕이 단순 청병사라면 장기체류가 불필요하다고 본 것입니다.[16]

곤지왕의 도일渡日 문제에 대해 연민수 선생은 개로왕이 왕권의 안정을 위해 세력이 강한 2인자인 곤지왕을 국내정치에서 제거하기 위해 일본에 보냈다는 견해를 제기했는데 이는 지나친 견해로 생각됩니다.[17] 당시 백제는 광개토대왕 이후 고구려의 침공을 지속적으로 받고 있는 절박한 상황이었으므로 집안싸움을 할 처지가 아니었기

---

14 이도학,「漢城末 熊津時代 百濟王位繼承과 王權의 性格」,『한국사 연구 50, 51』(1985); 양기석,「三國時代 人質의 性格에 대하여」,『史學志 15 』(1981), 55~56쪽 등.

15 鈴木靖民,「東アジア 諸民族の國家形成と大和王權」,『講座日本歷史 1』(東京大學出版會: 1984), 206쪽.

16 정재윤,「동성왕의 즉위와 정국 운영」,『한국고대사 연구 20(2000)』, 29~30쪽.

17 연민수,「5世紀後半 百濟와 倭國;昆支의 행적과 東城王의 卽位 事情을 중심으로」,『日本學 13(1994)』(東國大學校日本學研究所: 1994), 283~315쪽.

때문입니다. 그리고 이 견해는 곤지왕이 개로왕의 아들이라면 더 가능성이 없습니다. 개로왕이 보낸 국서에서 백제가 고구려로 인하여 "원망과 재난이 끊이지 않은 지가 어언 30여 년입니다"라고 하는 점을 염두에 둡시다.

이재석 선생은 여러 가지 정황을 종합하여 곤지왕이 양국의 우호 관계를 유지하고 그 결속의 과시 효과와 나제동맹을 유지하기 위한 목적[18], 나아가 왜국 조정의 동태 감시를 위해 일본으로 갔다고 합니다.[19]

이상의 견해들은 곤지왕이 일본으로 간 정확한 사정과 동기를 제대로 파악했다고 보기 어렵습니다. 특히 앞에서 일반적으로 거론되고 있는 '청병사'라는 것은 타당성이 별로 없습니다. 왜냐하면 이 당시 열도에서 고구려에 대항할 목적으로 군대를 보낸다는 것은 거의 불가능한 일이었기 때문입니다. 여기에는 세 가지 이유가 있습니다.

첫째, 당시 열도에서는 군대를 보낼 주체인 야마토 왕권이 열도 전체에 동원령을 내릴 수 있을 정도의 강력한 지배체제를 구축하지 못한 상태라는 점입니다. 앞서본 대로 이노우에 미쓰사다井上光貞 교수는 5세기를 야마토 조정의 구성기로 보고 있고, 히라노 구니오平野邦雄 교수는 야마토 왜의 일본 열도 통일은 5세기 후반이며, 왕권이 강화되고 발전된 것도 5세기 말, 즉 왜왕 무武 다시 말해서 유라쿠 천황 시대라고 주장했습니다. 그러니까 6세기 초반이나 되어야 야마토 왕

---

[18] 즉 고구려의 남하를 저지해야 하는 백제가 고구려로부터 독립하려고 하는 신라와 왜가 충돌하면 최대의 피해자가 백제이므로 이를 방지하기 위해 왜를 설득하러 갔다는 것이다. 정운용, 「나제동맹기 신라와 백제 관계」, 『백산학보 46(1996)』, 90~104쪽.

[19] 이재석, 「5세기 말 昆支의 渡倭 시점과 동기에 대한 재검토」, 『백제문화 제30집』(2001. 12) (公州大學校百濟文化研究所: 2001).

조가 겨우 숨을 돌릴 만한 상황이라는 것이지요. 따라서 열도에서 군대를 제대로 파견할 정도가 되려면 6세기 이후에나 (그것도 매우 어렵지만) 가능할 수 있다는 말입니다.

둘째, 당시의 항해술로는 야마토 지역에서 바로 한강 유역까지 고구려에 대항할 만한 군대를 파견한다는 것은 불가능한 일입니다. 고구려에 대항할 정도의 병력이라면 아무리 적어도 1만여 명을 동원해야 할 상황입니다. 반도부여의 2차 멸망기에 있었던 백강전투(663년)를 제외하고는 이 정도의 병력이 이동한 어떤 기록도 없습니다. 거리도 문제지만 수백 척(또는 1,000척 이상의)의 군선軍船을 동원해야 하는 문제도 해결하기 어려운 일입니다. 특히 야마토 지역에서 출발하여 시코쿠를 거쳐 북규슈를 지나 한반도 남해안을 따라 긴 거리를 이동하여 한강 유역에 이르는 항로는 고대에 많은 병력들이 일시적으로 이동하기에는 너무 먼 거리입니다.

셋째, 설령 열도(일본)의 군대가 야마토-시코쿠-규슈-한반도 남부를 거쳐 육로로 이동하여 한강 유역까지 도달한다고 해도 야마토의 군대는 수많은 산맥과 소국들을 거쳐 가야 하는 상황입니다. 이 경우에도 병참선兵站線이 너무 길어지기 때문에 고구려의 남하를 저지할 정도의 군대의 이동은 불가능합니다.

히라노 구니오 교수는 "야마토 왜가 상당한 정도의 통일국가로 성장한 것은 5세기 후반 이후이며, 그 이전에 남부 조선지역으로 병력을 파견하는 것은 불가능하다"라고 주장했는데[20] 매우 타당한 분석입니다. 따라서 반도 사학계에서 흔히 지적했던 청병사로 곤지왕을 보

---

[20] 平野邦雄, 『大化前代政治過程の研究』日本史學研究叢書 (吉川弘文館: 1980), 43쪽.

도 26 | 군대 이동 추정 경로

냈다는 것은 일본의 사정을 무시한 탁상공론입니다. 곤지왕이 청병사로서 실질적인 역할을 한 것으로 볼 만한 물증이 어디에도 없습니다.

　저는 곤지왕이 일본으로 간 이유는 고구려의 남하에 따른 국난의 위기 속에서 '부여'의 새로운 터전을 확고히 하기 위한 것으로 추정합니다. 즉 이 시대에는 천 년의 숙적 고구려에 대항하기 위해 반도부여를 기지화하고 열도부여를 건설해야 하는 책무가 있었습니다. 이것은 개로왕이 북위北魏에 보낸 국서와 왜왕이 중국 남조南朝에 보낸 국서들을 보면 알 수 있습니다. (다음 장에서 상세히 분석할 것입니다.)

　곤지왕은 461년 일본에 건너가 약 15년간 간사이關西 지방 가와치河內 등에 머물면서 부여계의 열도 기지 강화에 온힘을 기울인 것으로 보입니다. 곤지왕은 주로 군대를 지휘한 왕으로 묘사되어 있습니다. 곤지왕에 대해 정로장군 좌현왕(『송서』)이라든가[21] 군군軍君(『일본서기』)이

21 "義熙十二年, 以百濟王餘映爲使持節, 都督百濟諸軍事, 鎭東將軍, 百濟王. [一二]高祖踐

도 27 | 가와치 지역(현재의 오사카)

라고 지칭합니다.[22] 그러니까 곤지왕은 왕의 직계로서 군사권을 가지고 특정 지역을 지배한 일종의 군벌의 우두머리라고나 할까요? 앞서 본 담로의 우두머리가 아마 이 같은 형태였을 것으로 추정됩니다.

반도부여(백제)는 475년 개로왕이 고구려군의 공격을 받아 서거하고 '사실상 멸망'합니다. 문주왕이 웅진熊津으로 천도하여 이를 수습하려 하지만 여의치 않았습니다. 문주왕, 삼근왕이 각각 3년을 못 버

咋, 進號鎭東大將軍. (중략) 二年, 慶遣使上表曰：「臣國累葉, 偏受殊恩, 文武良輔, 世蒙朝爵. 行冠軍將軍右賢王餘紀等十一人, 忠勤宜在顯進, 伏願垂潛, 並聽賜除.」仍以行冠軍將軍右賢王餘紀爲冠軍將軍. 以行征虜將軍左賢王餘昆, 行征虜將軍餘暈並爲征虜將軍. 以行輔國將軍餘都, 餘乂並爲輔國將軍. 以行龍驤將軍沐衿, 餘爵並爲龍驤將軍. 以行寧朔將軍餘流, 麋貴並爲寧朔將軍. 以行建武將軍於西, 餘婁並爲建武將軍. 太宗泰始七年, 又遣使貢獻"(『宋書』 卷97 「列傳」 第57 夷蠻). 여기서 말하는 여곤(餘昆)을 일반적으로 곤지왕으로 보고 있다.

22 "夏四月百濟加須利君〈盖鹵王也〉飛聞池津媛之所燔殺〈適稽女郎也〉而籌議曰. 昔貢女人爲采女. 而旣無禮. 失我國名. 自今以後不合貢女. 乃告其弟軍君〈崑支君也〉曰. 汝宜往日本以事天皇. 軍君對曰. 上君之命不可奉違. 願賜君婦而後奉遺. 加須利君則以孕婦. 旣嫁與軍君曰. 我之孕婦旣當産月. 若於路産. 冀載一船. 隨至何處速令送國. 遂與辭訣奉遺於朝"(『日本書紀』 雄略天皇 5年).

284

티고 피살 혹은 변사하여 부여의 중흥이 매우 어려운 상황에서 곤지왕이 다급히 반도로 가서 477년 4월 내신좌평內臣左平에 취임하지만, 그해 7월에 암살된 것으로 보입니다. 그 후 곤지왕의 두 아들인 동성왕과 무령왕이 차례로 등극하여 이 난국들을 수습하고 있습니다.

천하의 곤지왕도 백제의 멸망기 혼란 속에서 죽음을 비껴가지는 못했습니다. 하지만 곤지왕의 죽음과 관련하여 『삼국사기』에서는 문주왕 3년(477년) 5월에 흑룡이 웅진에 날고, 7월에 곤지왕이 서거한다고 합니다. 어쨌든 이후 반도에서 부여계의 중흥을 이룩한 왕들은 개로왕·곤지왕의 후손들입니다. 즉 동성왕(곤지의 둘째 아들인 모대왕)과 무령왕이 일본에서 건너와 멸망한 부여를 중흥시킵니다. 이들은 모두 개로왕의 직계자손들이지요.

여기서 우리가 주의 깊게 보아야 할 부분은 반도부여(백제)의 멸망(475년)이라는 비보를 접한 열도부여인들의 반응입니다. 위기에 처한 반도부여에 대해 대규모 군사적 지원 등이 전혀 나타나지 않습니다. 이것은 당시 열도부여가 그만큼 안정적이거나 강력하지 못했다는 것을 의미합니다.

또 다른 각도에서 본다면 이 같은 침착성과 냉정함은 부여인들의 특성을 보여주는 것으로 생각됩니다. 여기에는 몇 가지 이유가 있을 것입니다. 열도부여와 반도부여의 관계가 하나의 국가라고 한다면 고구려 군사가 강력한 상태에서 이미 왕을 포함한 주요 인물들이 사망했기 때문에 서두를 문제가 아니었을 것입니다. 이미 예견된 상황일 수도 있고, 주로 공성전攻城戰을 기반으로 하는 고대 전쟁에서 전쟁이 끝난다고 해서 바로 그 지배권을 신속히 이양받기는 어렵기 때문입니다.

이 과정에서 웅진 천도를 거치면서 문주왕이 피살되고 삼근왕이 급서하는 등 백제 왕실이 극도로 불안정한 상태가 되자 일본에서 성장한 동성왕이 국내 정치를 평정할 목적으로 500명의 호위군사와 함께 옵니다.[23] 그런데 이때 호위군사 500인이라는 것은 중요한 의미가 있습니다. 기나긴 여정이 소요되는 해외에 500인의 호위군사를 파견하는 것은 쉬운 일이 아닙니다. 야마토 왕실과 백제 왕실이 어떤 하나의 가족관계가 아니고는 힘든 일이지요.

6세기에 들어서 백제와 고구려의 적대관계는 더욱 악화되었고 열도부여(야마토)에서는 마진성馬津城전투에 병력과 축성인부 파견(548년), 화살 30구具(550년), 병력과 병선 3척隻(551년) 및 보리종자 1,000석(551년), 좋은 말 2필, 병선 2척, 활 50장張, 화살 50구具 등을 보냅니다(553년).[24] 여기서 유의해야 할 점은 6세기 후반에 일본에서 백제에 보낸 병선이 겨우 2~3척이라는 사실입니다. 그러니 그 이전 곤지왕이 일본에 청병사로 갔다는 것은 말이 안 되는 것입니다.

그런데 곤지왕과 관련해서 특이한 점은 461년경 곤지왕이 일본으로 갈 무렵에 일본에서 큰 정치적 변화가 감지됩니다. 이 무렵 야마토 지역에서 많은 사람이 죽으면서 천황이 바뀌고 있습니다. 이때의 천황 유라쿠가 곤지왕이 아닐까 하는 추측이 가능합니다. 그런데 곤지왕이 일본으로 갔을 당시 유라쿠 천황이 등극한 지 이미 5년이 경과한 것으로 되어 있으므로 유라쿠 천황을 곤지왕으로 보기는 어려울 듯합니다.

---

[23] 『日本書紀』雄略天皇 23年 夏3月條, 同 是歲條.

[24] 『日本書紀』欽明天皇 9年, 11年, 12年, 14年條.

그러나 이상한 일은 『일본서기』에는 유라쿠 천황 초기 기록에 유라쿠 천황이 공식적으로 활동한 내용이 없다는 것입니다. 즉 유라쿠 천황 6년에야 비로소 정치적인 사건들이 기록되어 있습니다. 유라쿠 천황 6년 여름 4월 중국의 남조(오나라) 사신이 와서 공물을 바쳤다는 기록이 있는데 이 사건이 유라쿠 천황 최초의 공식적인 행사로 볼 수 있습니다. 이 부분을 더 상세히 살펴봅시다.

『일본서기』에 나타난 유라쿠 천황의 행적은 다음과 같습니다. 먼저 유라쿠 천황기에는 다른 부분과 달리 유라쿠 천황에 대한 구체적인 설명이 거의 없고 엉뚱하게 "3년 8월 안코 천황(아나호 덴노)"이라는 말로 시작합니다. 즉 누구의 3년 8월인지 알 수도 없이 안코 천황이 일곱 살 소년에게 살해를 당하니 유라쿠 천황이 범인을 잡아 죽이기 위해 천황의 형제들을 비롯하여 많은 사람들을 죽이는 장면으로 유라쿠 천황 조가 시작됩니다. 여기서 말하는 3년 8월은 안코 천황 3년을 말하는 것이기는 한데, 이 기록은 마땅히 안코 천황 조에 들어갈 기록인데 유라쿠 천황 조에 기록되어 있어 한 마디로 뒤죽박죽입니다. 그해 10월에 유라쿠 천황은 리추履中 천황(이자하와케 덴노)의 장자를 비롯하여 많은 사람들을 죽이고 11월에 즉위합니다.

유라쿠 천황 2년에는 사통한 백제 여인(공녀)을 불태워 죽이는데, 이때의 기록에 "기사년己巳年에 개로왕이 즉위했다"고 하는데 이 기사년은 429년으로 유라쿠 천황(재위 456~478년)의 시대와 맞지 않습니다. 그리고 개로왕의 즉위는 455년인데 유라쿠 천황 2년이라면 458년 경이므로 3년 정도 차이가 발생하고 있습니다. 같은 해 10월에는 자신의 말에 대신들이 대답을 하지 않았다며 유라쿠 천황이 마부를 죽이고 '왜倭에서 보내온 공녀'를 보고 그녀의 육체를 탐합니다. 이 부분도 이상합니다. 왜에서 온 공녀는 누구를 말하는 것일까요? 이 왜의 공녀는 원래 부여계가 아니거나 야마토 지역의 여자를 의미할 것입니다. 아니면 가야에서 온 채녀采女를 말하는 것으로 추정됩니다. 이 때 유라쿠 천황은 사람들을 너무 많이 죽여서 흉악한 천황[大惡天皇]이라는 말을 듣습니다. 유라쿠 천황 3년에도 황녀가 자살하는 등 흉사가 기록되어 있고, 4년과 5년에는 사냥 이야기가 간략히 기록되어 있습니다.

그런데 유라쿠 천황 5년 조에는 곤지왕이 일본으로 가는 과정과 무령왕의 탄생이 매우 소상하게 기록이 되어 있습니다. 그리고 난 뒤 유라쿠 천황 6년 4월에 중국의 남조에서 사신이 와서 공물을 바칩니다.

그러니까 곤지왕이 일본으로 가기 전까지 유라쿠 천황기의 내용은 합리적으로 이해하기가 힘듭니다. 기록의 일관성이 없음은 물론이고 그 내용이 역사적 기록이라기보다는 미스터리한 설화 내용처럼 보입니다. 그리고 내용도 살인과 방화, 사냥, 엽색 행각밖에 없습니다. 그렇지만 이 이후에는 매우 정치적인 기사들이 많이 나타나고 있을 뿐만 아니라 기록들이 어느 정도 정리되어 사서적史書的 요소들이 나타나고 있습니다. 물론 유라쿠 천황 7년에도 많은 사람들이 죽임을 당하고 있지만 죽은 인원이 정확한 수치로 기록되고 있습니다. 따라서 유라쿠 천황 시기에 무언가 엄청나고 심각한 사회적 소요나 세력다툼이 있었음을 의미하는 것입니다.

이상으로 보면, 곤지왕이 일본에 간 시점(461년) 이전의 유라쿠 천황 조의 기록들은 신빙성이 매우 떨어집니다. 아무리 고대라 하더라도 일곱 살 소년이 천황을 죽이는 환경이 있을 수 있겠습니까? 그리고 대신들에게 "육회肉膾를 우리 스스로 해보면 어떨까?"라고 물었는데 아무도 대답을 안 하니 천황이 마부를 찔러 죽이는 등 상식으로 이해가 안 되는 일들이 기록되어 있습니다. 그뿐만이 아니라 백제에서 공녀貢女로 바친 여인을 불태워 죽이는 것도 상식적으로 이해가 안 되지요.

물론 공녀는 강약에 관계없이 위에서 아래로 하사할 수도 있겠지만 불태워 죽이는 것은 문제가 있습니다. 오히려 이 시기까지의 헤게모니로만 본다면 백제가 일본보다 더 큰 세력을 가지고 있었기 때문입니다. 앞으로 상세히 보겠지만, 이것은 중국이 백제왕과 왜왕에 대한 외교적 책봉을 한 기록들을 비교해보면 쉽게 알 수 있는 일입니다. 그러니까 곤지왕이 일본에 가기 이전까지 유라쿠 천황기의 기록은 편집된 기록일 가능성이 높습니다. 쉽게 말하자면 유라쿠 천황 5년까지의 기록은 '곤지왕=유라쿠 천황'이라는 사실을 감추기 위해 다른 부분을 집어넣었을 가능성이 큰 기록이라는 말입니다.[25]

나아가 곤지왕의 서거에 즈음하여 당시 왜왕인 유라쿠 천황도 서거합니다. 즉 『일본서기』에 따르면, 유라쿠 천황 20년에 고구려왕이 군사를 크게 일으켜 백제가 멸망합니다. 그러면 이 해가 475년이고 유라쿠 천황의 재위기간은 456~478년(유라쿠 천황 서거)입니다. 당시 백제(반도부여)에서는 문주왕, 삼근왕이 각각 3년을 못 버티고 피살 혹은 변사하여 부여의 중흥이 매우 어려운 상황에서 곤지왕이 477년 4월 내신좌평內臣左平에 취임했으나, 그해 7월에 살해당합니다. 여기서 보

---

25 특히 『일본서기』를 다른 사서와 비교해 볼 때 5년 정도의 시간적 격차는 심각한 차이라고 보기도 어렵다. 『일본서기』에서는 천황의 즉위년, 사망년 등에서 다른 사서와 차이가 나타나는 경우가 많은데 이는 『일본서기』의 편찬자들이 의도한 것인 경우도 있고, 사료 자체가 부족하기 때문에 나타난 것일 수도 있다.

면 유라쿠 천황의 서거 연도가 곤지왕의 서거 연도와 거의 일치하는데, 이를 우연의 일치로 보기는 어렵지요.

그뿐만이 아니라 『일본서기』에 따르면, 유라쿠 천황은 개로왕의 아들(문주왕)을 백제왕으로 임명하고, 곤지왕의 아들(동성왕)을 반도부여(백제)의 왕으로 만들어 반도로 보내고 있습니다. 생각해보세요. 이 시기 열도는 열도의 정비와 야마토 왕조의 안정화에 정신이 없는데 어떻게 반도부여(백제)의 왕을 임명할 수가 있겠습니까?

그러나 만약 그것이 가능하려면, 이 두 왕가는 하나의 혈통일 수밖에 없지요. 당시 부여계에서 생존한 가장 큰 어른은 곤지왕입니다. 그러니까 곤지왕이 부여 왕가를 이끌 수밖에 없는데 『일본서기』에는 부여계의 어른으로 유라쿠 천황을 지목하고 있습니다. 만약 유라쿠 천황과 곤지왕이 일치하지 않는다면, 이 문제는 영원히 풀리지 않게 됩니다.

다시 말해서 『일본서기』에 나타난 천황에 의한 반도부여왕의 임명 등을 반도 사학계에서는 역사의 날조라고 일축하고 있지만, 그 내용을 좀 더 들여다보면 매우 구체적인 사실들이 열거되어 있어 날조로만 몰아붙이는 것은 문제가 있습니다. 제가 보기엔 날조라기보다는 일부가 왜곡된 것입니다. (물론 일부는 없는 사실을 만들어놓은 것도 있습니다.)

이제 이 두 왕가가 하나의 혈통으로, 두 지역을 담로와 같은 형태로 다스려나갔다고 가정하고 『일본서기』나 『삼국사기』 「백제편」을 읽어보십시오. 그러면 고도의 일치성을 발견할 수 있을 것입니다.

이시와타라 신이치로石渡信一郎에 따르면, 곤지왕이 일본으로 건너와 일본의 시조왕이 되었으며 5세기경부터 많은 백제인들이 열도로 이동하기 시작했다고 합니다. 곤지왕이 왜국 왕이 된 5세기 말에는 자신의 아들인 동성왕(재위 479~501년)이 백제의 왕이었기 때문에 백제인들의 열도에로의 이동이 원활히 이루어질 수 있었다고 합니다.[26] 동성왕(마다末多 왕자)은 유라쿠 천황의 총애를 받으며 왜 왕실에 살았으며 귀국 길에는 쓰키시築紫(규슈 지역) 병사 500명의 호송을 받았다고 합니다.[27] 곤지왕의 아들이 성질이 사납기로 유명한 유라쿠 천황의 총애를 받았다는 대목도 '이상하게' 눈길을 끄는 부분입니다.

다시 문제의 본질로 돌아갑니다. 이시와타라 신이치로는 곤지왕을 오진應神 천황으로 보았습니다. 그러나 지금까지 살펴본 대로 두 사람은 시기적으로 일치하지 않습니다. 곤지왕은 분명히 오진 천황이 아닌 것이지요. 그러면 일본에서 곤지왕의 정체는 과연 무엇이었을까요? '곤지왕=유라쿠 천황'이라는 가설이 입증될 수 있을까요? 이제부터 좀 다른 각도에서 곤지왕에 대해 알아봅시다.

26　石渡信一郎, 『百濟から渡來した應神天皇』(三一書房: 2001).

27　『日本書紀』雄略天皇 23年.

12장 곤지왕이 유라쿠 천황인 까닭

들어가는 글 **한눈으로 보는 백제사**

다음은 『북사北史』[1]의 「열진列傳」에 있는 백제百濟에 대한 기록입니다.
이 기록을 통해 전반적인 반도부여(백제)의 모습을 한번 그려보고 오늘날
의 반도쥬신(한국)의 모습과 비교해보기 바랍니다.

> 백제는 원래는 까오리국索離=高麗에서 나왔는데[2], 대체로 마한馬韓의
> 속국이라고 한다. 까오리국의 왕이 외출을 다녀왔는데, 그 시중을 드

---

1 당나라의 이연수(李延壽)가 편찬한 역사서로, 북위(北魏) 서위(西魏), 동위(東魏), 북주(北周), 북제(北齊), 수(隋) 등 남북조 시대(南北朝時代) 북조(北朝) 여섯 왕조의 역사를 기술한 것이다.

2 『북사』의 이 부분 주석에는 "出自索離國 梁書卷五四高句麗傳「索離」作「橐離」, 三國志卷三〇夫餘傳註引魏略作「高離」(殿本作「槁離」), 隋書卷八一百濟傳作「高麗」, 按「橐」音「高」. 「索」當是「橐」之訛. 「橐離」卽「高麗」也"과 같은 말이 있어 索離, 橐離, 高離, 槁離, 高麗 등이 모두 같은 말이라는 것을 알 수 있다.

는 아이가 임신을 했다. 왕이 돌아와 죽이려 하니, 그 아이가 말하길, "언젠가 하늘을 보았는데, 위에서 큰 계란같은 기운이 있었습니다. 그런데 그 기운이 제게 내려와 아이를 가지게 되었습니다"라고 했다. 이 일이 있은 후 왕은 그녀에 대해 완전히 잊고 있었는데 그녀가 사내아이를 낳았다. 왕이 그 사내아이를 돼지우리에 두었으나 돼지가 죽이기는커녕 입기운으로 아이를 보호하여 죽지 않았다. 그래서 왕은 사내아이를 다시 마구간에 버려두었으나 마찬가지였다. 왕이 이를 신비롭게 여겨 이 사내아이를 기르도록 명을 내리고 이 아이의 이름을 '동명'이라고 했다. 동명은 자라면서 활을 잘 쏘았다. 그래서 왕은 동명의 용맹함을 두려워하여 다시 그를 죽이려 했다. 이에 '동명'이 달아나 남쪽의 '아리수淹滯水'에 이르러 활로 물을 치니 물고기와 자라가 모두 다리를 만들어주었다. 동명은 이 다리를 타고 부여로 건너가 왕이 되었다.

동명의 후손 가운데 구태仇台라는 사람이 있었는데, 인정이 많고, 어질고 믿음이 있었다. 구태가 '대방'의 옛 땅에 나라를 세우고, 한나라 요동태수 '공손도'의 딸과 결혼하여 아내로 삼았고 이로 이 나라는 동이東夷 가운데서도 강국强國이 되었다. 처음 100가家의 집으로 나라를 시작하여 '백제'라고 했다 한다.

이 나라의 동쪽은 신라이고 북쪽은 고구려에 접하며 서남쪽은 큰 바다로 둘러싸여 있고 소해小海의 남쪽에 위치한다. 이 나라는 동서로 450

리이고 남북이 900여 리이다. 그 도읍을 거발성居拔城 또는 고마성固麻城이라고 한다. 지역에는 오방五方이 있는데, 중방을 고사성古沙城, 동방을 득안성得安城, 남방을 구지하성久知下城, 서방을 도선성刀先城, 북방을 웅진성熊津城이라 한다. 왕의 성은 여씨餘氏이고 어라하於羅瑕(유로사)라 부르고 백성들은 왕을 건길지鞬吉支(쟌지즈)라 부른다. 이 말은 하夏나라 말로 왕과 같은 것이다. 왕의 처는 어륙於陸(유류)이라 하는데, 하나라 말로는 왕비라는 것이다.

이 나라의 관직은 16품이 있다. 좌평左平이 5인으로 1품, 달솔達率이 13인으로 2품, 은솔恩率이 3품, 덕솔德率이 4품, 우솔杆率이 5품, 내솔奈率이 6품이다. 이상의 관리들은 관에 은과 꽃으로 장식을 한다.[3]

도읍에는 1만 가萬家가 있고, 이를 나누어 5부五部가 있는데, 상부·전부·중부·하부·후부이고, 부에는 5항五巷이 있어 선비들이 거처한다. 부에는 병사가 총 500명이다. 5방五方에는 각각 방령方領이 한 명씩 있는데 달솔이 방령을 맡고 방령을 보좌하는 사람이 두 명이다. 방에는 열 개

---

[3] "장덕(將德)이 7품으로 자주색 띠를 두르고, 시덕(施德)이 8품으로 검정색 띠를 두르고, 고덕(固德)은 9품으로 붉은띠, 계덕(季德)은 10품으로 청색띠, 대덕(對德)은 11품, 문독(文督)은 12품으로 모두 노랑띠, 무독(武督)은 13품, 좌군(佐軍)은 14품, 진무(振武)는 15품, 극우(剋虞)는 16품으로 모두 백색띠를 두른다. 은솔이하로는 관직이 수효가 없다. 각각 부사(部司)가 있어서 업무들을 분장하여 일을 맡는다. 내관(內官)에는 전내부·곡내부·내경부·외경부·마부·도부·공덕부·낙부·목부·법부·후궁부가 있다. 외관에는 사군부·사도부·사공부·사구부·점구부·객부·외사부·주부·일관부·시부가 있다. 근무는 길어도 3년에 한 번씩 교대한다"(같은 책).

의 군郡이 있고, 군에는 장수가 세 명이 있는데, 덕솔德率이 장수를 한다. 총 병사는 700~1,200명이다. 성의 안과 밖의 백성은 작은 성에 나누어 살게 했다.

이 나라의 백성들은 신라인·고구려인·왜인·중국인 등이 섞여 있었다. 그 음식과 의복은 고려(고구려)와 거의 비슷하고, 만일 제사지내거나 조알할 때는 그 관의 양쪽에 날개를 달았는데, 전쟁을 할 때는 이렇게 하지 않는다. 절을 하거나 위사람에게 아뢸 경우에는 양손을 땅에 대는 것으로 예를 삼는다. 부인은 화장을 하지 않고, 여자는 머리를 땋아 뒤로 드리우며, 결혼하면 곧 양쪽으로 드리우고, 판 같은 것을 머리에 얹기도 한다. 옷은 겉옷으로 입는 도포와 비슷해서 소매가 작으나 통이 넓다. 병기는 활과 화살 칼과 창이 있다.

이 나라의 풍속은 말타기와 활쏘기를 중히 여긴다. 그뿐만이 아니라 과거의 문장이나 역사도 즐겨 읽는다. 학식이 뛰어난 사람들은 글을 짓거나 글놀이를 즐길 수 있고 여러 가지의 일에 능하다. 또한 의약과 거북점[蓍龜]을 칠 줄 알고, 상술相術이나 음양오행법陰陽五行法을 안다. 이 나라에는 승려와 비구니가 있고, 절과 탑이 많지만 (도교의) 도사는 없다. 이 나라의 악기로는 고각·공후·쟁우·호적이 있고, 투호·저포·농주·악삭 등의 놀이가 있는데, 이 나라 사람들은 특히 바둑과 장기를 숭상한다.

달력은 송나라의 원가력元嘉曆를 쓰는데, 음력으로 정월(寅月)을 설(歲首)로 삼는다. 나라의 세금은 베·명주·실·마·쌀 등으로 받는데, 그해의 수확 사정에 따라서 차등을 두어 걷는다. 나라의 형벌에는 반역을 도모하는 자, 전쟁에 나가서 명령을 따르지 않고 후퇴하는 군사, 살인한 자는 사형에 처하고, 도둑질한 자는 훔친 물건의 두 배로 갚게 한 후 쫓아내고, 부인이 간음을 하면, 그 남편의 집의 노비로 삼는다. 혼인하는 예는 중국의 풍속과 같다. 부모나 남편이 죽으면, 3년상을 지내지만 그 나머지 친척들은 장례식이 끝나면 멈춘다. 이 나라의 밭은 물기가 많고 기후는 온난하여 사람들은 모두 산에 거처한다. 큰 밤이 생산되고 오곡·잡과·채소·술 등의 반찬거리가 중국과 같은 것이 많다. 그렇지만 낙타·노새·당나귀·양·거위와 오리 등은 없다.

이 나라에는 큰 성씨가 여덟 족이 있는데, 사씨沙氏, 연씨燕氏·사씨沙氏·해씨解氏·진씨眞氏 국씨國氏·목씨木氏·묘씨苗氏 등이다. 이 나라 왕은 사계절의 각각 가운데 달(음력 2월, 5월, 8월, 11월)에 하늘과 오제五帝의 신에게 제사 지낸다. 이 나라의 시조인 구태仇台의 사당을 나라의 성에 세우고 해마다 네 번 제사를 지낸다. 이 나라의 서남쪽에 사는 사람들은 대체로 15개의 섬에 거주하고 있고 그 섬에는 모두 성읍城邑이 있다.

북위 연흥 2년(473년) 이 나라 왕 여경餘慶(개로왕)이 처음으로 관군장군 부마도위 불사후弗斯侯, 장사 여례餘禮, 용양장군 대방태수 사마 장무張茂 등을 보내어 국서를 올리고 통교했다. 이 국서(북위 황제에 올리는 국서)에서 말하기를 다음과 같았다.

"신臣은 고려(고구려)와 함께 부여夫餘에서 나왔습니다. 오래 전에는 신의 나라와 고려는 돈독하고 우의가 깊었습니다. 그런데 고려의 조상인 '쇠釗(고국원왕)'가 쉽게 오판하여 좋은 이웃을 깨부수기 위해 신의 나라 경계로 넘어왔는데, 신의 할아버지 수須(근구수왕)가 번개같이 군사를 정돈하여 이끌고 가서 '쇠'의 머리를 베었습니다. 이로부터는 감히 신의 나라를 함부로 넘보지 못하고 북연北燕에게도 이리저리 시달려 도망다니기에 급급했습니다. 그런데 이 나쁜 무리들이 점차 힘을 길러 일어나더니, 끝내 신의 나라를 위협하고 있습니다. 신의 나라는 이로 인하여 원망과 재난이 끊이질 않은 지가 어언 30여 년입니다. 만일 천자께서 저희들을 불쌍히 여기신다면, 신의 나라가 너무 떨어져 '먼 땅'이라고 무시하지 마시고 빨리 장수 하나를 보내어, 신의 나라를 구해주시옵소서. 신이 어리석은 여자를 천자께 바치오니 후궁으로 삼으시고, 신의 자식과 동생을 함께 보내니 마구간 지기를 시키시든지 마음대로 하십시오. 경진년 후에 신의 나라 서해 바다에 10여 구의 시체를 보았는데, 옷과 그릇, 안장과 재갈이 함께 있었습니다. 고려의 물건이 아니었고 소문을 들으니, 천자의 사신들이 신의 나라에 내려오던 중 큰 뱀이 길을 막았다고 합니다. 그리고 바다는 또한 길이 험합니다. 이제 신이 당시 시신들과 함께 건져올린 말 안장을 증거로 올리겠습니다."

이 국서를 읽은 북위의 황제는 그 먼 곳에서 위험을 무릅쓰고 국서와 예물을 바치러 오니, 그 정성이 갸륵하다고 하여 사신 소안邵安을 보내어 그 사신과 함께 돌아가게 했다. 북위 황제의 조서에서는 다음과 같이 말했다.

"보낸 글월를 읽고 별고가 없음을 알게 되니 매우 기쁘다. 그대가 고려와 화목하지 않아, 침범을 당하는 일이 있었는데도, 순의順義와 인덕仁德으로 지키고자 하니 어찌 근심이 없겠는가. 이전에 짐이 사신을 보내었는데, 바다로 거친 외국 땅으로 갔다. 짐이 보낸 지가 몇 년이 지났는데도 가서 돌아오지 않으니 죽었다고 생각하고 있었다. 그래서 그대가 보낸 물건(안장)을 자세히 살피고, 옛날에 타던 것과 비교해보니 우리의 물건이 아니었다.[4] 그대가 고려를 이런 식으로 의심하면 안 된다. 이 사건도 그대가 지나쳐서 생긴 문제이다. 다스림에 분별력이 필요하니, 고려와 화목하지 않고 갈라서려는 것을 버려야 한다. …… 고려는 짐에게 먼저 조공했고, 오래 전부터 천하의 일에 이바지하고 있어, 고려가 옛날의 잘못이 있다 하더라도, 짐의 영을 거역하는 잘못을 하지 않았다. …… 이제 여러 물건을 나누어 하사한다. 또 고려왕 련璉(장수왕)에게 (짐의) 사신 소안邵安 등을 보호하며 (내려) 보내라는 말을 전하려고 고려에 이르렀는데, 련이 여경餘慶(개로왕)과 옛날에 원수진 일이 있어 동쪽으로

---

[4] 원문에는 중국(中國)이라고 표시되어 있다. 이때의 중국은 한족(漢族)의 중국을 말하는 것이 아니라 보통명사로서 세상의 중심이라는 의미로 사용한 중국이라는 말이다.

못 지나가게 했다. 사신 소안 등이 모두 돌아오자, 이를 책망했다."

이후 '진', '송', '제', '양'이 양쯔강 남쪽을 중심으로 일어났는데, 백제는 역시 사신을 보내어 "스스로 제후국[藩國]이라 칭하면서, 국교를 수립했고, 북위에 대해서도 끊임없이 조공했다."

이상의 『북사』의 기록을 보면 백제의 기원과 문화, 고구려와의 관계 등을 포괄적으로 알 수 있습니다. 위의 기록 가운데 "구태가 '대방'의 옛 땅에 나라를 세우고, 한나라 요동태수 '공손도'의 딸과 결혼하여 아내로 삼았고 이로 이 나라는 동이東夷 가운데서도 강국이 되었다"라는 말은 한강변의 백제를 말하는 것이 아니라 만주 요동 지역의 백제를 말하는 것을 알 수 있습니다. 한마디로 요동 부여(또는 남부여)지요. 다시 한 번 분명히 말씀드리지만 동이들 가운데서도 강국이라는 말은 한강변의 소국 상태를 말하는 것이 아니라는 것입니다. 구태-공손도 연합세력이 중원을 정벌할 정도의 세력을 형성했을 때를 의미합니다. 연왕燕王 공손도가 중원을 도모한 내용과 그 결말은 『삼국지』에 상세히 묘사되어 있습니다.

다음으로 "(백제는) 대체로 마한馬韓의 속국"이라는 표현은 부여계가 한강으로 이동하기 이전의 상황을 설명한 것입니다. 그리고 이 사서는 마한의 속국이었던 한강변의 소국 백제와 부여계의 대국 백제(대방에서 건국하여 공손씨의 몰락과 함께 남하하여 소국 백제를 병합한 부여계의 반도부여)를 하나의 범주에서 기록한 것입니다.

『북사』의 주석을 통해서 보면 색리索離, 고리櫜離, 고리高離, 고리槁離, 고려高麗 등이 모두 같은 나라, 즉 '까오리Kaoli, Cauli, Khori, Korea 또는 Proto-Korea'를 지칭하는 말임을 알 수 있습니다. 이 부분은 쥬신의 역사를 파악하는 데 매우 중요한 부분입니다. 이 같은 말을 일괄적으로 고려류어高麗類語라고 합니다.

쥬신(한국인)을 지칭할 때는 주로 고려류어와 조선류어朝鮮類語 또는 숙신류어肅愼類語가 사용되어 왔습니다. 고려류어는 『몽골비사』의 코리 (Khori: 忽里 또는 高麗: Proto-Korea), 『위략魏略』의 고리槁離, 고리櫜離, 『삼국지三國志』의 고리高離와 기타의 다른 사서에 자주 나타나는 고리국櫜離國, 탁리櫜離(藁離를 잘못 옮겨쓴 것), 색리索離(藁離를 잘못 옮겨쓴 것), 고려高麗, 구려句麗, 고구려高句麗(KaoKhori: Old Korea) 등이 있습니다. 이와 관련하여 조선朝鮮, 숙신肅愼(Sùshèn), 직신稷愼(Jìshèn), 제신諸申(Zhūshēn), 식신息愼(Xīshèn), 직신稷愼(Xīshēn), 여진女眞(Nüzhēn), 주신珠申(Zhushēn) 등을 조선류어朝鮮類語 또는 숙신류어肅愼類語라고 합니다. 다만 조선류어가 고려류어보다는 좀 더 포괄적으로 사용되었습니다.

또 『북사』에 나타난 백제의 지방제도는 아마도 성왕(재위 523~554년) 이후의 백제의 모습으로 보입니다. 왜냐하면 백제의 지방제도가 제대로 개편되고 중앙정부의 힘이 골고루 미친 때가 바로 성왕 때였기 때문입니다. 성왕은 538년 협소한 웅진熊津(충남 공주)으로부터 광활한 사비성泗沘城(충남 부여)으로 천도하고 국호를 남부여南扶餘로 고쳤습니다. 그리고 통치제도를 정비했는데 대체로 중앙의 22부部, 지방의 5부部·5방方 제도를 이 때 실시한 것으로 추측됩니다.

위에 나타난 개로왕의 국서를 보면, 북위와 고구려의 관계가 북위와 백제의 관계보다 훨씬 더 돈독하다는 것도 알 수 있습니다.[5] 나아가 북위가 북위의 사신을 고구려가 통과하지 못하게 한 조치에 대해서도 규제할 수 없는 상태인 점을 감안해보면, 고구려의 세력이 북위의 세력과 어깨를 견줄 수 있는 정도라는 점도 알 수가 있습니다. 그뿐만이 아니라 고구려의 장수왕이 백제의 개로왕에 대해 원수지간으로 간주하는 점을 봐서 양국의 갈등이 매우 심각함을 알 수가 있습니다.

---

[5] 왜왕 무(武)가 송나라에 표문을 올리기 6년 전, 백제는 북위(北魏)에 고구려 정벌을 위한 출병을 요청하고 있다. 즉 반도부여의 경우 472년 한성이 함락되기 3년 전, 북위에 표를 올려 고구려의 무도함을 호소하고, 원병을 요청했지만, 당시 북위 왕조는 고구려와 매우 친밀했기 때문에 그것은 도저히 실현 가능성이 없는 희망사항에 불과했다. 한반도 내에서 고구려와 반도부여(백제)의 대립은 그 정치적 역학관계로 본다면 남·북 두 왕조의 대립과 연관이 되어 전개가 되는 것은 당연한 일로 부여계는 남조와 고구려는 북조와 긴밀하게 연관이 되어 있었다. 鈴木英夫, 「倭の五王と高句麗-高句麗征土計劃の再檢討のために」, 『韓國文化』(1985~1986) 참고.

곤지왕과 왜 5왕

일본 고대사의 가장 큰 쟁점들 가운데 하나가 이른바 왜 5왕에 관한 것입니다. 즉 『송서』「왜국전」에는 중국 남조南朝의 송나라로 사신을 파견하고 관작官爵을 받은 다섯 명의 왜왕들 즉 찬讚, 진珍, 제濟, 흥興, 무武라는 휘(임금의 이름)를 가진 다섯 사람의 왜왕倭王이 순서대로 나오는데 이들이 누구인지를 밝혀내는 것이 일본 고대사를 밝히는 중요한 고리입니다.

열도(일본) 사학계에서는 5세기의 일본 역사라면, 무엇보다도 먼저 이 왜 5왕 문제를 제기하고 있습니다. 이 왜왕들이 『고사기』·『일본서기』의 어느 천황에 해당되는가 하는 것은 에도江戸 시대 이래 계속 검토되어온 문제입니다. 열도 초기의 주요 사학자들의 견해를 먼저 살펴봅시다.

즉 쓰다 소기치津田左右吉는 왜 5왕이 임나일본부의 지배자로 보고 있고, 스에마쓰 야스카즈末松保和나 오다 료太田亮는 왜 5왕이 야마토 왜의 지배자로 보고 있고, 이케우치 히로시池内宏는 임나의 지배자들이 천황을 사칭한 것으로 보고 있습니다. 그러나 현대에 와서는 대체로 이들을 야마토의 천황들이라고 보고 있습니다.

일본 학계에서는 왜의 5왕을 오진應神·닌도쿠仁德부터 유라쿠雄略

왜왕의 정체	쓰다 소기치	오다 료	이케우치 히로시	스에마쓰 야스카즈
임나일본부	○			
일본(야마토 왜)		○		○
천황을 사칭한 임나일본부			○	

왜 5왕의 정체(최재석, 『일본고대사연구비판』 182쪽 재구성)

302

에 이르는 천황으로 추정하는 것이 대세입니다. 이에 대해 몇 가지 의문점은 있으나 총괄적으로 보아 절대연대·혈연관계·왕명王名이라는 세 가지 면에서 왜의 5왕과 기記·기紀에 보이는 천황들이 대응하고 있다는 것입니다.[6]

그런데『송서』「왜국전」에는 왜 5왕 가운데 마지막 왕인 무武가 송나라에 보낸 국서國書가 있습니다. 상당한 명문으로 알려진 이 국서는 기록상 일본인이 쓴 가장 오래된 문장이라고 합니다. 이 국서에서 왜왕 무는 자신의 선조에 대한 회고로부터 시작하여 선조들이 수많은 정복활동을 통하여 일본을 정벌해 나갔다는 사실과 자신의 부형의 이야기, 즉 송나라와의 교섭을 방해하는 고구려에 대한 규탄과 자신의 부형이 고구려를 정벌하려 했음을 말하고 있습니다.

그 가운데서 "고구려가 무도하여 변예邊隸(백제로 추정)를 노략질하고 …… 신의 부왕께서 백만의 대군을 몰아 이들을 토벌하려 했으나 갑자기 부모님과 형님의 상을 당하여 긴 세월을 상중에 있게 되었습니다. 하지만 지금(478년)에 이르러 때가 되어 다시 병갑兵甲을 가다듬고 부형의 유지에 따라 적의 강토를 무찌르겠습니다"[7]라는 구절이 나옵니다.

이 기록은 이 글을 쓴 왜왕 무가 누구인지를 알아내는 단서가 됩니다. 왜냐하면 이 기록은 한성백제의 함락, 개로왕의 서거(475년)와 시

---

6 井上秀雄,『任那日本府と倭』(東出版: 1973). 여기서 말하는 기(記)·기(紀), 즉 '記紀'는『日本書紀』와『古事記』를 말한다.

7 "句驪無道, 圖欲見呑, 掠抄邊隸, 虔劉不已, 每致稽滯, 以失良風. 雖曰進路, 或通或不. 臣亡考濟實忿寇讎, 壅塞天路, 控弦百萬, 義聲感激, 方欲大擧, 奄喪父兄, 使垂成之功, 不獲一簣. 居在諒闇, 不動兵甲, 是以偃息未捷. 至今欲練甲治兵, 申父兄之志, 義士虎賁, 文武效功, 白刃交前, 亦所不顧. 若以帝德覆載, 摧此强敵, 克靖方難, 無替前功. 竊自假開府儀同三司, 其餘鹹各假授, [一四]以勸忠節." 詔除武使持節, 都督倭新羅任那加羅秦韓慕韓六國諸軍事, 安東大將軍, 倭王"(『宋書』「倭人傳」).

기적으로 거의 일치하기 때문입니다. 무엇보다도 바로 이 시기에 백제(반도부여)와 일본(열도부여)을 통틀어 왕족들이 대거 사망한 사건은 이 사건밖에 없기 때문입니다.[8]

그리고 더욱 이상한 것은 이 국서가 이전에 백제의 개로왕蓋鹵王(재위 455~475년)이 북위에 보낸 국서와 매우 유사한 형태를 띠고 있다는 점입니다. 그래서 우치다 기요시內田淸 교수는 이 상표문의 작성자가 백제인이었을 가능성을 제기합니다. 왜냐하면 이 두 개의 국서가 비슷한 용어들이 많을 뿐 아니라 공통적으로 사용된 어구가 많기 때문입니다. 그래서 우치다 기요시 교수는 한성백제의 함락(475년) 이후 개로왕 때 북위에 보낸 국서를 작성한 백제인이 왜왕 무에 기용되어 다시 478년 왜국의 국서를 작성했다는 것입니다.[9] 좀 더 구체적으로 봅시다.

이 두 국서, 즉 개로왕이 북위에 보낸 국서(상표문: 『위서』 「백제전百濟傳」)와 왜왕 무가 송나라에 보낸 국서(상표문: 『송서宋書』 「왜국전倭國傳」)는 첫째 중국의 고전古典을 다수 인용하고 있다는 점, 둘째 기본적인 구조가 동일하다는 점, 셋째 고구려에 대해 매우 적대적인 감정을 표출하고 있으며, 넷째 고구려를 정벌할 계획이니 군사적인 지원을 요청한다는 점, 다섯째 문서의 작성 시기가 매우 비슷하다는 점 등의 유사점을 지니고 있습니다.

---

[8] 『일본서기』에는 유라쿠 천황 시기(461년 전후)에 많은 왕족들이 죽는데 이것은 유라쿠 천황 자신이 이들을 죽인 것이고, 유라쿠 천황의 아버지로 기록되어 있는 인교 천황(允恭天皇)이 고구려를 토벌하려 했거나 토벌했다는 기록은 어디에도 없을 뿐 아니라 인교 천황은 천수를 다 누리고 서거했다. 따라서 이 사실은 분명히 『일본서기』에 기록된 왜국의 사정이 아니다. 더구나 이 사건들은 460년을 전후로 일어난 사건이라 시간적으로도 많은 거리가 있다.

[9] 內田淸, 「百濟·倭の上表文について」, 『東アジアの古代文化 86』(1996).

이 내용을 좀 더 자세히 살펴봅시다. 먼저 개로왕이 북위에 보낸 국서를 봅시다. 이 국서의 구조를 살펴보면, 선조들의 과거의 영광과 업적을 기리고, 다음으로는 현재의 상황이 매우 어려운데 그 원인은 고구려 때문이라는 점을 부각시키며, 더욱 충성스러운 신하로 남고 싶은데 고구려 때문에 그렇게 할 수가 없으니 군사적으로 도움을 고 대한다는 내용입니다.[10] 여기서 특기할 만한 사항으로는 근구수왕의 휘諱가 수須이며 그가 고구려의 고국원왕인 쇠釗를 참수했다는 내용이 있습니다. 그리고 이것이 고구려와 백제의 관계가 결정적으로 악화된 대목으로 보고 있지요.

그 후 고구려가 국력을 회복하여 광개토대왕 때 반도부여(백제)는 궤멸상태에 빠져 "사실상 멸망기"에 접어들었으며 많은 사람들이 일본으로 밀려갑니다. 장수왕이 평양천도(427년)를 단행하고 황해의 해상권을 장악하여 백제의 해상 교통로를 차단함으로써 백제는 중국으로 가는 길이 묶입니다. 여기에 고구려와 대치하던 북연北燕이 멸망(436년)하자 고구려는 더욱 강성하게 됩니다. 이 같은 고구려의 압박

---

10 원문은 다음과 같다. "臣與高句麗源出夫餘, 先世之時, 篤崇舊款. 其祖釗輕廢鄰好, 親率士眾, 陵踐臣境. 臣祖須整旅電邁, 應機馳擊, 矢石暫交, 梟斬釗首. 自爾已來, 莫敢南顧. 自馮氏數終, 餘燼奔竄, 醜類漸盛, 遂見陵逼, 構怨連禍, 三十餘載, 財殫力竭, 轉自孱跛. 若天慈曲矜, 遠及無外, 速遣一將, 來救臣國, 當奉送鄙女, 執掃後宮, 並遣子弟, 牧圉外廄. 尺壤匹夫不敢自有." 又雲: 「今璉有罪, 國自魚肉, 大臣強族, 戮殺無已, 罪盈惡積, 民庶崩離. 是滅亡之期, 假手之秋也. 且馮族士馬, 有鳥畜之戀; 樂浪諸郡, 懷首丘之心. 天威一舉, 有征無戰. 臣雖不敏, 志效畢力, 當率所統, 承風響應. 且高麗不義, 逆詐非一, 外慕隗囂藩卑之辭, 內懷兇禍豕突之行. 或南通劉氏, 或北約蠕蠕, 共相脣齒, 謀陵王略. 昔唐堯至聖, 致罰丹水; 孟常稱仁, 不捨塗詈. 涓流之水, 宜早壅塞, 今若不取, 將貽後悔. 去庚辰年後, 臣西界小石山北國海中見屍十餘, 並得衣器鞍勒, 視之非高麗之物, 後聞乃是王人來降臣國. 長蛇隔路, 以沉於海, 雖未委當, 深懷憤恚. 昔宋戮申舟, 楚莊徒跣; 鷂撮放鳩, 信陵不食. 克敵建名, 美隆無已. 夫以區區偏鄙, 猶慕萬代之信, 況陛下合氣天地, 勢傾山海, 豈令小豎, 跨塞天逵. 今上所得鞍一, 以為實驗."

에 대응하기엔 백제는 역부족이었고, 극심한 국력 소모현상이 나타나 개로왕(부여경扶餘慶)이 북위에 보낸 국서에는 "재물이 다하고 힘도 다하여 나라가 저절로 쇠약해지고 있다"라고 호소합니다. 결국 475년 장수왕은 3만 명의 군사를 이끌고 수도를 함락하고 개로왕을 죽이고 남녀 8,000명을 사로잡아 돌아갔습니다.

다음으로 왜왕 무의 국서를 살펴봅시다. 이 국서도 역시 선조의 업적을 기리는 것으로 시작됩니다. 그런데 고구려가 변예邊隸, 즉 백제를 노략질하여 중국으로 가는 길을 막으면서 그 아버지와 형님인 제濟와 흥興이 고구려를 공격하기 위해 준비를 하다가 갑작스럽게 죽음으로써 뜻을 이루지 못했다고 합니다. 그런데 단순히 고구려가 백제의 바닷길을 막으니 이에 대항하여 왜가 분노하고 군대를 동원하여 고구려를 정벌한다는 것 자체가 상식적이지 않습니다.

앞에서 이미 보았듯이 왜왕 무는 특히 고구려에 대한 적대감을 강하게 표출하면서, 왜왕 제의 시대에 고구려를 정벌하려는 계획을 가지고 있었는데 제가 서거함에 따라 좌절되었다고 합니다. 그리고 왜왕 무는 다시 군사를 일으킬 생각을 가지고 있었다는 내용입니다. 바로 이 부분이 왜왕이 반도부여계(남부여계)라는 의심을 가지게 하는 부분입니다.[11]

---

11 "順帝昇明二年, 遣使上表曰:「封國偏遠, 作藩於外, 自昔祖禰, 躬擐甲冑, 跋涉山川, 不遑寧處. 東征毛人五十五國, 西服衆夷六十六國, 渡平海北九十五國, 王道融泰, 廓土遐畿, 累葉朝宗, 不愆於歲. 臣雖下愚, 忝胤先緒, 驅率所統, 歸崇天極, 道遙百濟, [一三]裝治船舫, 而句驪無道, 圖欲見吞, 掠抄邊隸, 虔劉不已, 每致稽滯, 以失良風. 雖曰進路, 或通或不. 臣亡考濟實忿寇讎, 壅塞天路, 控弦百萬, 義聲感激, 方欲大擧, 奄喪父兄, 使垂成之功, 不獲一簣. 居在諒闇, 不動兵甲, 是以偃息未捷. 至今欲練甲治兵, 申父兄之志, 義士虎賁, 文武效功, 白刃交前, 亦所不顧. 若以帝德覆載, 摧此強敵, 克靖方難, 無替前功. 竊自假開府儀同三司, 其餘鹹各假授, [一四]以勸忠節.」詔除武使持節, 都督倭新羅任那加羅秦韓

다시 생각해봅시다. 왜가 왜 고구려와 적대적이어야 합니까? 그리고 왜 일본이 고구려를 정벌해야 합니까?

당시의 거리 개념으로 본다면, 고구려는 일본 열도에서 많이 떨어진 곳입니다. 특히 규슈지역도 아니고 야마토 지역은 더욱 멀리 떨어진 곳입니다. 그리고 고구려는 강한 나라입니다. 굳이 적대할 이유가 없지요. 지리적인 측면에서만 본다면, 고구려와 왜가 실질적인 적대관계가 될 수 없습니다.

반도부여(백제)가 멸망한 이후 부여계가 일본 열도에 고립된 상황에서 일본(열도부여, 열도쥬신)이 한반도의 정치세력과는 적대적이었지만, 과거 고구려 영역이었던 한반도 북부 또는 만주 지역의 왕조들과는 긴밀한 협조체제를 유지해왔다는 점도 고려해야 합니다. 즉 열도가 백제와 특별한 이해관계가 없으면 만주 지역이나 한반도 북부 지역과 사이가 나쁠 이유가 없다는 것입니다.

왜왕 무가 보낸 국서에 "고구려는 무도하여 노략질을 되풀이하고 있으며, 왜가 송나라에 조공하는 길을 가로막고 있다"는 점을 강조한 것은 송나라의 군사적 지원을 기대하는 전략이라고 해야겠지요. 국서에는 송 황제의 힘을 빌려 고구려를 정벌할 수 있도록 해달라는 말이 분명히 있기 때문입니다.

그럼에도 불구하고 왜국은 고구려 노략질의 실질적인 피해자가 될 수는 없으므로 굳이 고구려를 정벌할 이유가 없습니다. 조공을 위해서 고구려를 정벌해달라는 말은 결국 핑계지요. 왜국의 입장에서는 송나라나 북위나 어느 나라나 조공을 하면 될 일이고, 고구려와 화

慕韓六國諸軍事, 安東大將軍, 倭王"(『宋書』「倭國傳」).

도 28 | 왜 5왕 시기의 대륙

친을 하게 되면 당시 중국의 지배자였던 북위로의 조공의 길이 훨씬
쉽게 열릴 수도 있는데 굳이 고구려와 원수를 지면서까지 머나먼 송
나라에 조공을 하려 했다는 것은 이해하기 어렵습니다. 따라서 왜왕
무가 보낸 국서의 내용은 왜왕 무가 반도 부여왕(백제왕)이거나 반도부
여왕의 직계 가족이 아니면 할 수 없는 말입니다.

더구나 『송서』 「왜국전」에는 왜왕 무武가 고구려왕과 대등한 지위
인 '개부의동삼사開府儀同三司'를 자칭합니다. 이 부분도 도무지 이해
가 안 되지요. 왜냐하면 당시 고구려는 동아시아의 강국인데 마치 유
비劉備가 조조曹操에 맞서 황제를 칭하듯이 왜왕이 고구려왕과 대등한
지위를 자칭한다는 것은 고구려와 왜가 숙적의 관계가 아니면 할 수
없기 때문입니다.

특히 왜왕 제는 고구려에 대해 원수와 같이 분함을 참지 못하다
가 갑자기 서거했고 나아가 왜왕 무는 그 아버지의 뜻을 받들어 고구
려 정벌의지를 더욱 다지겠다고 맹약하고 있습니다. 그러니 송나라
의 군사력 지원이 필요하다는 점도 아울러 역설하고 있습니다. 그러

나 왜왕이 (백제와 관련이 없다면) 고구려에 대해 이 같은 분기憤氣를 가질 이유가 없습니다. 그뿐만이 아니라 왜왕이 대를 이어 고구려 정벌의 지를 다지고 있는데, 이것은 왜왕이 할 수 있는 말이나 태도로 보기는 어렵습니다. 따라서 왜왕 무는 부여의 왕, 즉 백제의 왕이 아니면 할 수 없는 말들을 하고 있습니다.

결국 이 두 국서(상표문)는 작성자가 동일하거나 아니면 동일한 입장에 있는 사람이거나 동일한 가족관계를 가진 사람이 아니면 안 됩니다. 특기할 만한 사항으로는 독자적으로 군대 수만을 모으기는 했지만 고구려를 단독으로 대적하기 어렵다는 입장을 분명히 하고 한쪽에서는 북쪽의 북위에, 한쪽에서는 남쪽의 송나라에 군사적 지원을 요청했다는 것입니다. 문맥의 차이는 있을지라도 그 내용은 동일한 것, 즉 고구려를 정벌하기 위한 군사적 지원을 요청하고 있는 것입니다.

북위(386~534년)가 건국된 이후 고구려는 중원 방향으로 진출을 포기하고 한반도 방향으로 반도부여(백제)를 줄기차게 압박합니다. 이에 위협을 크게 느낀 백제가 어떻게 해서든지 이를 막아보려 하지만, 국력 차이가 크게 나서 방어가 불가능한 상태가 바로 5세기 초중반까지의 반도부여의 상황입니다. 그래서 반도부여(백제) 조정은 강대국인 북위나 송나라의 군사적 지원이 절실했던 것입니다.

문제는 당시 남조인 송나라와 북조인 북위가 서로 적대관계라는 점입니다. 이 때문에 반도부여는 주관자를 달리해서 이 두 강대국에게 군사적 지원요청을 한 것으로 판단됩니다. 즉 서로 적대적인 두 강대국 A(북위), B(송)가 있을 때, 백제는 고구려의 정벌을 위해 A(북위)의 지원을 요청했으나 거절당하자 이름을 왜로 바꾸어 B(송)의 지원을 요청했다는 말이지요.

이 두 국서, 즉 개로왕의 북위 국서는 472년에 작성되었고, 왜왕 무의 상표문은 478년에 작성되어 시간상의 차이는 6년에 불과한데 이 중간에 백제가 멸망(475년)한 점과 당시의 교통 사정을 감안하면 거의 연이어 작성한 것으로도 추정할 수 있습니다. 두 국서가 오가는 사이에 백제는 엄청난 국난을 당하여 멸망하고 왕은 고구려군의 손에 죽었습니다. 한성의 함락 이후 개로왕과 그 왕자들, 대비 등이 참수되었습니다. 그렇다면 이 왜왕 무는 개로왕의 혈족인 것입니다. 정황적으로 이 왜왕 무가 바로 곤지왕일 가능성이 높습니다.

475~478년을 전후로 한 시기에 한반도와 열도에서 왕족들이 대거 사망한 사건은 반도부여(백제)의 멸망으로 개로왕의 혈족들이 몰살당한 사건밖에 없으며[12], 개로왕과 그 왕자의 서거에 대하여 부형의 서거라고 할 수 있는 유일한 역사적 인물은 바로 곤지왕이기 때문입니다.

이 곤지왕이 바로 왜왕 무라고 한다면 그 곤지왕의 아들인 무령왕은 역시 왜왕으로 등극하거나 아니면 한반도로 돌아가 백제를 부흥시켜야 할 의무를 가지게 됩니다. 그럴 경우 왜왕과 백제왕(반도부여의왕)을 겸할 수 있게 됩니다. 일부에서는 왜왕 무를 무령왕으로 보기도 하지만 왜왕 무는 무령왕이 결코 될 수 없지요. 개로왕 서거 시기에 무령왕은 겨우 15세의 청소년에 불과합니다. 그러나 그 당시에 왜왕 무는 왕으로서 여러 가지 일들을 처리하고 있는 상태입니다. 그러므

---

[12] 당시 일본에도 많은 사람이 죽지만 그것은 왜왕인 유라쿠 천황 자신이 많은 사람을 죽인 것이고 시기적으로도 460년을 전후로 한 것이어서 475년경이 아니다.

로 왜왕 무는 곤지왕이 아니면 안 된다는 것입니다.

　그런데 현재 일본에서는 왜왕 무가 제21대 유라쿠 천황이라는 것이 정설로 굳어지고 있습니다. 그렇다면 곤지왕이 바로 유라쿠 천황이 되는군요. 그러면 이제 한국과 일본의 역사는 어떻게 될까요?

왜왕 무=유라쿠 천황=곤지왕

현재 일본에서는 에도 시대 중기의 국학자 마쓰시다 겐린松下見林이 왜왕 무가 유라쿠 천황이라고 말한 이래 이설이 없습니다.[13] 그러면 결국 곤지왕이 유라쿠 천황이 되는데, 곤지왕이 개로왕의 동생이냐 아들이냐 하는 문제가 미해결로 남아 있습니다. 그러나 『송서』 「왜국전」에 나타난 국서의 내용에서 보듯 왜왕 무를 곤지왕으로 본다면, 곤지왕은 개로왕의 아들이 분명해 보입니다. 이제 일단 왜왕 무라고 인식되고 있는 유라쿠 천황에 대해 알아보아야겠군요.

　『일본서기』를 중심으로 유라쿠 천황을 다른 각도에서 살펴봅시다. 즉 일단 '곤지왕=유라쿠 천황'이라는 가정을 보류하고, 유라쿠의 일대기를 보면서 곤지왕과의 공통점을 찾아서 이중으로 검증을 하도록 합시다.

　첫째, 유라쿠 천황의 성격과 관련한 문제입니다. 유라쿠 천황은 매우 포악한 인물로 기록되어 있습니다. 『일본서기』에는 유라쿠 천황이 신하의 아내가 더 없이 아름답다는 말을 듣고 신하를 죽이고 그 아내를 후궁으로 삼았다는 기록이 있는데 이 사건은 마치 『삼국사

13　岩波書店, 『日本書紀』上(1967), 626쪽.

기』열전에 나타난 개루왕(또는 개로왕)의 '도미설화'를 보는 것 같기도 합니다.

앞서 말씀드린 대로『일본서기』유라쿠 천황 조를 보면, 유라쿠 천황이 등극한 후 6년에야 비로소 정치적인 사건들이 기록되고 있습니다. 그 이전에는 유라쿠 천황의 행적이 주로 사냥·엽색·전쟁 또는 살인 등으로만 묘사되어 있을 정도입니다.

유라쿠 천황이 난폭하다는 것은 다른 각도에서 보면 유라쿠 천황으로 인하여 많은 사람들이 피해를 본 것을 나타낸 말이기도 합니다. 유라쿠 천황은 엄청난 정치적 격변을 겪으면서 등극했기 때문에 매우 난폭한 인물로 묘사될 수밖에 없었을 것입니다.『일본서기』에 따르면, 유라쿠 천황은 자신의 형들을 포함하여 경쟁자들을 살해하고 즉위했습니다.

『일본서기』에 나타나는 이 엄청난 정치적 격변은 반대세력의 일시적 소탕의 의미로 해석할 수 있습니다. 그런데 이 시기에 야마토 지역에 머물렀던 사람이 바로 곤지왕입니다. 곤지왕은 주로 군사적인 업무를 담당한 군벌세력입니다. 그래서 그 이름도 군군軍君으로 묘사된 것 같습니다. 한족식漢族式으로 말하면 무제武帝와 같이 그 묘호廟號에 무武가 들어가는 식입니다.

어떤가요? 이제 왜왕 무라는 말이 눈에 들어오지 않습니까? 사정이 어떠하든 유라쿠 천황과 같이 강고한 인물이 곤지왕이 아니라면, 야마토 지역에 이 두 사람이 15년 이상 아무 탈 없이 공존하기는 어려웠을 것입니다.

둘째, 유라쿠 천황이 백제왕을 임명하여 반도로 보낸 문제입니다. 즉『일본서기』에 따르면, 유라쿠 천황은 곤지왕의 아들 가운데 둘째 아들인 마다末多를 백제에 보내 동성왕(재위 479~501년)이 되게 합니다. 이 부분을 생각해 봅시다. 반도 사학계에서는 이 부분을 완전히 부정하고 있습니다. 그러나 저는 이 부분을 사실로 보고 있습니다. 만약 유라쿠 천황이 반도부여(백제)와 아무런 상관이 없는 사람이라면 이 기록 자체가 엉터리입니다.

그러나 만약 유라쿠 천황이 부여계의 가장 큰 어른이었다면 이 기록은 한치의 오차도 없는 사실이 됩니다. 당시 백제는 멸망하고 개로왕도 잡혀서 죽고 문주왕-삼근왕이 4~5년 사이에 의문의 죽음을 당하는 상황에서 백제왕을 지명할 사람은 역사 기록상으로는 곤지왕이 유일할 것으로 추정됩니다.

그런데 엉뚱하게도 유라쿠 천황이 백제왕을 지명하고 있습니다. 이 두 인물은 동일인이지 않으면 불가능한 일입니다. 만약 이 두 인물이 동일인이 아니면, 야마토의 왕(당시로 판단하면 호족 수준)이 백제에 무슨 권한이 있어 왕을 지명합니까? 백제가 일본의 조공국이라고요? 천만의 말씀입니다. 사서의 기록에 따르면, 이 시기까지 중국으로부터 백제가 일본열도보다도 서열이 낮은 책봉을 받은 적이 없습니다. 따라서 곤지왕은 자기의 장성한 아들을 백제(반도부여)로 보내어 다스리게 한 것이지요.

『일본서기』에는 유라쿠 천황 21년 즉 476년에 "천황은 백제가 고구려에 의해 파멸되었다고 듣고 구마나리久麻那利(웅천熊川 또는 공주)를 문주왕에게 주고 그 나라를 다시 일으켰다"라는 기록이 있습니다. 이 기록은 다소 과장된 것일 수도 있긴 합니다. 즉 『삼국사기』에는 문주왕(재위 475~477년)이 곤지왕의 형님으로 나타나는데, 한성백제가 멸망한 상황이니 일본의 곤지왕 세력이 상대적으로 훨씬 더 강했음을 의미하는 표현이기도 합니다. 따라서 개로왕 사후 반도부여(백제)의 권력 변동(문주왕의 등극)을 왕위계승 서열 2인자인 곤지왕이 인정했다는 의미로 보아야 할 대목입니다. 그리고 문주왕이 477년경 서거합니다. 그런데 478년의 왜왕 무의 국서에서 "아버지와 형님의 죽음"이라는 표현이 나타나 있으니 모든 사건들이 한치의 오차도 없이 맞아 떨어지고 있는 것이지요.

당시의 정황이나 기록으로 보더라도 당시 반도부여(백제)를 부흥시킬 만한 실질적인 세력은 곤지왕밖에 없습니다. 따라서 곤지왕=유라쿠 천황이 되는 것입니다. 만약 유라쿠 천황과 곤지왕이 동일인이 아니면『일본서기』의 기록이나,『삼국사기』,『송서』,『위서』등의 기록이 모두 뒤틀려 오리무중에 빠지게 됩니다. 그러나 곤지왕이 유라쿠 천황이 되면 이 기록들은 고도의 정합성(일치성)을 가지게 됩니다.

유라쿠 천황은 열도쥬신의 역사에서 매우 중요한 인물입니다. 5세기 말에서 6세기 전반 일본의 역사에서 큰 변화가 일어납니다. 즉 유라쿠 천황 시대에 궁정조직이 크게 정비되었다는 것입니다. 이것은 한반도에서 보다 세련된 정치 조직들이나 체계가 제대로 이식되었음을 의미하는 것입니다. 그뿐만이 아니라 이 시기에 왕권을 구성하는 씨족이 바뀌어 중소 부족의 족장들이 권력의 중앙에 직접 참여하기도 하고, 여성 최고 사제는 폐지되었으며, 원초적인 신료집단(臣僚集團)이 형성되었고, 형벌 관련 전문 행정조직인 물부집단(物部集團)이 조직되었습니다. 이 5세기 후반의 유라쿠 천황이야말로 일본 최초의 궁정군주라고 할 수 있다고 합니다.[14]

---

14 일본의 사학계에 따르면, 바로 이 5세기 후반의 유라쿠 시대(464, 465~490년 전후?)는 일

유라쿠 시대에 이 같이 급격한 정치조직의 변화가 나타나는 문제에 대하여 생각해 봅시다. 개로왕의 도미설화와 유사한 형태의 설화가 『일본서기』 유라쿠 천황 부분에 나타나는 것으로 보아, 곤지왕이 열도로 갈 당시에는 담로제도에 기반한 부여계 통치조직의 수장은 개로왕이었을 가능성이 있습니다. (그러니까 『일본서기』에 있는 유라쿠 천황 초기의 비공식적인 기록은 개로왕의 기록이라고 보아야 한다는 말이지요.) 그리고 곤지왕이 야마토 지역에서 정권을 장악하여 그곳에 머물면서 왜왕의 역할을 하게 되면서 새로운 형태의 국가로 탈바꿈한 것일 가능성이 크다는 말입니다. 왜냐하면 이 시기에 백제가 멸망하면서 이제 열도를 중심으로 부여계의 정권을 구축하는 것이 중요한 숙제였기 때문입니다.

쉽게 말해서 이전에는 야마토가 백제(반도부여) 행정구역의 일부이었겠지만 곤지왕이 백제왕의 전권을 위임받아가면서 야마토 지역은 백제왕으로부터 좀 더 독립적이고 독자적인 정치를 할 수 있게 되었음을 의미합니다. 왕의 아들(또는 동생)이 왕의 자식과 왕비를 데리고 간 것은 강력한 자율 정치의 시작이라고 할 수 있겠습니다. 개로왕이 곤지왕에게 임신한 아내를 하사하여 열도로 보낸 것은 '부여의 나라'를 지키기 위한 최후의 수단이었습니다. 즉 백제의 멸망을 예견한 개

본 고대왕권사상 주목할 만한 획기적인 시대라고 한다. 이 시기는 ①왕권을 구성하는 씨족의 변화(중소 부족장 중심의 권력 과점체제 등장), ②여성 최고사제자의 폐지, ③중국의 남조인 송나라의 관작제(官爵制)로 권력의 서열화, ④궁정조직의 정비, ⑤물부집단(物部集團)의 설치 등이 이루어진다. 이런 관점에서 유라쿠 천황은 최초의 궁정군주라고 할 수 있다는 것이다. 여기서 모노노토모(モノノトモ), 즉 물부집단이란 무구(武具)·형벌(刑罰)과 관련된 직무라는 뜻인 듯하다. 기나이(畿內) 족장 누군가의 일족이 대왕 직속의 경찰 행형(行刑)의 전문집단이 된 것은 유라쿠 시대로 추정되고 있다. 山尾幸久, 「日本古代王權の形成と日朝關係」, 『古代の日朝關係』(塙書房: 1898).

로왕이 자신의 아들과 아내를 (담로의 하나로 추정되는) 비교적 안전한 열도로 보내면서 자신의 사후에도 부여의 국체를 유지하라는 명을 내린 것을 의미합니다. 이것은 개로왕이 곤지왕에게 자신을 대신하여 나라를 세우고 부여의 국체를 이어가라는 하나의 소명이자 유언이었습니다. 다만 그 시작은 개로왕 자신이기를 바랐을지도 모르겠군요.

그래서 백제에서 곤지는 왕자이거나 좌평이었고, 열도에서는 왕이었던 것입니다. 나아가 열도의 정치적 자율성이 백제가 멸망(475년)한 이후 더욱 강화되었을 것으로 추정되고, 그 결과물이 바로 유라쿠 시대의 정치였을 것으로 생각할 수 있습니다. 그러니까 극단으로 향하던 부여 위기의 시대가 다시 새로운 변화의 시대로 탈바꿈하게 된 중심에는 곤지왕이 있었던 것이지요.

스에마쓰 야스카즈末松保和 교수는 "연대상으로나 내용상으로나 그대로의 사실을 기재한 것으로 인정할 수 있는 것은 『일본서기』의 유라쿠 천황기(470년대)에 이르러 비로소 여기저기 보인다"[15]고 말합니다. 이 말은 유라쿠 천황부터 제대로 된 야마토 왕조의 역사가 시작된다는 의미로 해석할 수 있습니다.

히라노 구니오平野邦雄 교수는 야마토에 의한 일본 열도의 통일은 5세기 후반이며, 왕권이 강화되고 발전된 것도 5세기 말 왜왕 무, 즉 유라쿠 천황부터라고 주장하면서[16] "왜왕 무의 상표문은 간토關東 규슈九州를 평정하고 가라加羅의 군사적 정복을 강조하는 것"이라고 보았습니다. 히라노 구니오 교수는 이 유라쿠 천황의 시기에 국토의 통

---

15 末松保和, 『任那興亡史』(吉川弘文館: 1956), 22쪽.
16 平野邦雄, 『大化前代政治過程の研究』 日本史學研究叢書(吉川弘文館: 1985), 222쪽.

316

합이 획기적으로 진척된 것이 분명하다고 봅니다.[17] 즉 유라쿠 천황의 시기에 일본 열도는 야마토 왕권을 중심으로 통일작업이 크게 진척되었다는 의미입니다. 아마도 규슈에서 기나이 지역에 이르기까지 정치적 영향력을 확대하기 시작했다는 의미겠지요.

요약하자면, 유라쿠 천황 이후 일본의 변화는 일본에서 부여계 고유의 담로제가 약화되면서 새로운 왕조 건설에 박차를 가하게 되는 것을 의미할 수도 있습니다. 어떤 의미에서 새로운 왕조의 시작이라고 할 수도 있겠군요. 임신한 왕의 부인을 보낸 것도 이제는 이해할 수가 있겠군요.

그러니까 곤지왕 이전에는 열도부여의 왕, 즉 왜왕이 반도부여의 왕이었다면 이후에는 열도부여의 제왕은 왜왕 또는 천황으로서 나타나게 되는 것이지요. 따라서 찬讚, 진珍, 제濟, 흥興, 무武 등의 왜 5왕 가운데 찬, 진, 제, 흥은 모두 백제왕이었다는 말입니다.

지금까지의 분석을 토대로 본다면 곤지왕은 일본의 유라쿠 천황이며, 그는 한편으로는 멸망한 반도부여를 중흥시키고 다른 한편으로는 열도부여를 고대국가의 반열에 오를 수 있도록 많은 노력을 한 군주라는 것을 알 수 있습니다. 그러면 이제부터는 이 왜 5왕의 가족관계와 관련된 사항들을 좀 더 심층적으로 살펴봅시다.

---

17 平野邦雄, 앞의 책, 45쪽.

13장 개로왕을 위한 만사輓詞

들어가는 글 **개로왕을 위하여**

『삼국사기』「열전」에는 특이하게도 도미설화都彌說話가 실려 있습니다. 도미는 현재의 서울 부근 벽촌 평민이었는데 그 아내는 아름답고 행실이 곧아 사람들에게 칭송을 받았습니다. 개루왕이 이 이야기를 듣자 도미를 불러 "여자란 남이 보이지 않는 곳에서 유혹하면 넘어가지 않을 수 없지"라고 합니다. 그러자 도미는 자기 아내는 결코 유혹에 넘어가지 않을 것이라고 강변합니다. 왕은 신하 한 사람을 왕으로 속여 도미의 아내에게 보냅니다. 도미의 아내는 자기 대신에 몸종을 시켜 왕을 모시게 합니다. 뒤늦게 속은 사실을 안 개루왕은 화가 나서 도미의 두 눈알을 빼고 작은 배에 띄워 보냈지만 도미는 다시 아내를 만나 고구려로 피신하여 살게 된다는 이야기입니다.

그런데 이 이야기에서 나오는 폭군의 이름이 개루왕蓋婁王이라고 하니 앞뒤가 맞지 않습니다. 개루왕 시기라고 하는 2세기경에는 백제와 고

318

구려가 국경을 마주하고 있지도 않았기 때문이지요. (이 개루왕은 실존했던 왕으로 볼 수도 없지요.) 그래서 대체로 개로왕蓋鹵王(재위 455~475년)이 도미설화의 주인공이라고 합니다.

이뿐만이 아닙니다. 개로왕은 장수왕이 보낸 첩자인 승려 도림道琳의 꼬임에 빠져 바둑으로 세월을 탕진하다가, 도림의 강력한 권유로 한강(아리수)의 돌을 가져다가 선왕의 무덤을 새로이 만들고, 성곽을 새로이 수리하고 백성들의 가옥이 떠내려가지 않도록 현재의 금단산(숭산崇山)에서 풍납리(사성蛇城)에 이르는 긴 제방을 만듭니다. 이로 인해 국가재정이 고갈되고 민생은 파탄상태에 빠지게 됩니다. (이 제방이 오늘날의 풍납토성이라고 합니다.)

이에 도림은 백제를 탈출하고 장수왕이 군대를 몰고 쳐들어옵니다. 결국 7일 만에 북성이 함락되고 이내 남성도 함락되어 개로왕은 고구려의 장수에게 잡히게 됩니다. 고구려 장수는 개로왕의 얼굴에 세 번 침을 뱉고 꾸짖으면서 개로왕을 현재의 아차산성 아래로 끌고 가서 죽입니다(475년). 이로써 백제는 멸망합니다. 왕성이 함락되고 왕의 가족들이 죽임을 당했으니 나라가 망한 것이지요. 이후 백제는 열도를 중심으로 재건이 됩니다.

이상이 개로왕의 일대기입니다. 역사는 개로왕을 최악의 군주로 기록하고 있습니다. 물론 상당한 부분이 사실일 수 있습니다. 그러나 다른 한편으로는 개로왕에 대한 재평가가 필요한 시점입니다. 마지막 군주에 대해 혹독한 것은 어느 경우에나 마찬가지였습니다. 마치 의자왕의 일대기를 보는 것 같기도 합니다.

무엇보다도 백제(이른바 '한성백제') 멸망의 책임을 개로왕에게만 씌우는 것은 문제가 있습니다. 왜냐하면 개로왕이 보낸 국서에서 "끊임없이 고구려의 핍박을 받은 지가 30여 년"이라는 말이 나옵니다. 그러니까 개로왕이 등극하기 전부터 고구려의 거센 압박을 받아서 국력소모가 극심했다는 사실을 알 수 있습니다.

그뿐만이 아니라 개로왕의 실정失政으로 말하고 있는 부분도 반드시 나쁘게만 볼 까닭이 없지요. 선왕의 무덤을 새로이 만들고, 성곽을 새로이 수리하고 백성들의 가옥이 떠내려가지 않도록 긴 제방을 만든 것이 문제라고 할 수 있을까요? 물론 아무리 좋은 정책도 시기적으로 문제가 없어야 하는 것은 사실이겠지만 단지 이 사실들만 가지고 개로왕을 폭군으로 보는 것은 좀 문제가 있습니다. 더구나 도미설화는 말 그대로 설화입니다. 사실 확인을 할 수 없는 이야기지요.

그동안의 연구에 따르면, 개로왕은 백제의 가장 큰 문제인 왕권 강화 정책을 적극 시행하고 대내적으로는 부마도위 여례餘禮와 같은 왕족과 장사長史·장위張威로 대표되는 중국계 관료들을 등용하여 친위세력을 구축하고 대외적으로 강성해지는 고구려를 막기 위해 안간힘을 씁니다. 바로 이 때문에 지방의 호족들이나 귀족들과는 갈등이 있었을 수가 있습니다. 즉 날로 심화되는 국가위기 속에서 국가 동원체제를 원활히 하려면 왕권을 강화해야 하는데 이 과정에서 불가피하게 귀족들과 충돌할 수밖에 없었을 것입니다.

개로왕은 부여의 중흥을 위해 많은 외교적 노력을 기울입니다. 송나라(남조)와도 긴밀한 관계를 유지하면서 북위(북조)와도 관계를 돈독히 합니다. 날로 격화되는 고구려의 침공에 대비하기 위한 자구책으로 보입니다. 개로왕은 북위에 군사적인 지원을 강력히 요청했는데도 이에 응하지 않자, 이내 조공을 끊습니다.

개로왕에 대한 이야기들은 상당 부분이 왜곡되었을 가능성이 있습니다. 특히 도미설화에 대한 이야기나 도림의 꼬임에 빠져 국정을 망쳤다는 것은 다시 제대로 검정해볼 필요가 있습니다. 오히려 반개로왕계의 귀족들이 임의로 유포한 일종의 마타도어Matador(흑색선전)일 수도 있습니다.

지금까지 부여사를 돌아본 결과, 개로왕은 날로 심각해지는 고구려의 압박에 대비하여 열도의 강화에 많은 신경을 쓴 것으로 보입니다. 개로왕은 등극하자마자 아들인 곤지 왕자(곤지왕)를 송나라로부터 좌현왕으로 관작을 받게 한 후 '사실상 후계자'로 만들어 열도(일본)로 보냅니다. 이때가 461년입니다. 그러니까 개로왕이 등극한 지 6년쯤 된 해입니다. 따라서 개로왕은 일찌감치 모든 준비를 완료하여 자기의 분신을 일본으로 보낸 것입니다.

만약에 이 같은 판단이 없었다면 아마 백제(반도부여)는 475년으로 영원히 사라졌을 것입니다. 분명한 것은 열도에 의해 백제는 다시 소생하는데 이 열도가 강력한 백제의 배후세력이 되게 한 것이 바로 개로왕이라는 것입니다.

그뿐만이 아닙니다. 앞으로 살피겠지만, 개로왕은 현재 일본 천황가의 직접적인 조상이 되는 인물입니다. 왜냐하면 게이타이 천황繼體天皇의 할아버지가 바로 개로왕이기 때문입니다. 게이타이 천황은 현 천황가의 개조開祖가 아닙니까?

게이타이 천황은 열도 북방의 호족세력들을 제압하고 야마토 왕권을 반석 위에 올려놓은 천황으로 알려져 있습니다. 게이타이 천황의 치세로 인하여 일본의 중앙집권화가 제대로 성립되었다고 합니다. 당시만 해도 야마토는 나라奈良 주변의 일부 영역을 지배한 수준이었는데 게이타이 천황으로 인하여 야마토의 영역이 크게 확장되었다고 합니다. 그리고 『고사기』나 『일본서기』에 나타나는 게이타이 천황 이후의 기록들은 다른 사료들과 일치하는 부분들이 많고 기록의 신뢰도가 높아 게이타이 천황은 현재의 일본 천황가와의 혈연 확인이 가능한 최고最古의 천황이라고 합니다.

현 일본 천황가의 조상, 개로왕

일본 고대사의 가장 큰 쟁점 가운데 하나인 이른바 왜 5왕을 좀 다른 각도에서 분석해 봅시다. 『송서』 「왜국전」에는 찬·진·제·흥·무라는 휘(임금 이름)를 가진 다섯 사람의 왜왕이 순서대로 나오는데 이들이 누구인지를 알아봅시다. 앞에서 왜왕 무가 곤지 왕자라는 것을 알아내었는데, 그러면 곤지왕을 기점으로 하여 나머지 찬·진·제·흥 등이 구체적으로 누군지 알아봐야 합니다. 앞에서 본 대로 곤지왕과 개로왕에 대한 기록이 서로 다른 경우가 있지만 그동안의 분석 결과 곤지왕은 개로왕의 아들로 보는 것이 타당합니다.

먼저 『송서』 「왜국전」에 나타난 왜 5왕의 가족관계를 살펴보면, 왜왕 진이 찬의 아우로 나타나고 있고 흥과 무는 제의 아들로 나타나고 있습니다. 그런데 이 진과 제의 관계에 대해서는 아무런 언급이 없는데 이 같은 경우는 일단 부자관계로 보거나 아니면 다른 계보일 수도 있을 것입니다.

그런데 『양서梁書』 「왜전」에는 "정시 연간에 히미코가 사망하자 남자로 왕을 세웠지만 나라 사람들이 이에 복종하지 않고 서로 죽이는 일들이 벌어졌다. 그래서 다시 히미코 집안의 여자를 왕으로 세웠다. 그 후 다시 남자 왕을 세웠고 또한 중국의 작위를 받았다. 진나라 안제 때 왜왕 찬이 있었다. 찬이 죽자 그 아우인 미彌를 세우고, 미가 죽자 아들인 제를 세웠고, 제가 죽자 아들인 흥을 세우고, 흥이 죽자 그 아우인 무武를 세웠다"라는 기록이 있습니다.[1] 이와 같이 『양서』는

---

[1] "漢靈帝光和中, 倭國亂, 相攻伐歷年, 乃共立一女子卑彌呼爲王. 彌呼無夫壻, 挾鬼道, 能惑衆, 故國人立之. 有男弟佐治國. 自爲王, 少有見者, 以婢千人自侍, 唯使一男子出入傳教令. 所處宮室, 常有兵守衛. 至魏景初三年, 公孫淵誅後, 卑彌呼始遣使朝貢, 魏以爲親魏王, 假

『송서』와는 달리 왜왕 진 대신에 왜왕 미가 나오고 있습니다. 아마도 진을 잘못 기록한 것이거나 진이 아니라 미일 수도 있습니다. 그렇지만 이 두 사람의 관계가 부자관계로 명확히 나타나고 있습니다. 이에 대해 노중국 교수는 진과 미의 약자가 각각 珎, 弥로 매우 유사함을 들어서 같은 사람을 표기한 것으로 보고 있습니다.[2]

어쨌든 왜왕 찬을 기점으로 하여 중국과의 교류가 많아졌고 중국의 작호를 요구한 것이 분명합니다. 진나라 안제의 시기라면 5세기 초에 해당하고 백제는 아신왕(재위 392~405년)-전지왕(재위 405~420년) 시기에 해당합니다. 잘 아시는 바와 같이 이 시기는 광개토대왕의 남벌南伐이 강화되는 시기입니다. 흥미롭게도 광개토대왕의 남벌시기에 맞춰 왜왕의 국제교섭이 강화되고 중국으로부터 작위를 받아갑니다. 왜왕 작위에 관해서는 다음 장에서 상세히 살펴봅시다.

먼저 이 왜왕 제의 행적으로 판단해보면, 왜왕 제는 개로왕일 가능성이 큽니다. 왜냐하면 왜왕 무가 바로 개로왕의 아들인 곤지왕이기 때문입니다. 그렇다면 왜왕 찬·진·제·흥·무 가운데 제가 개로왕이 되면, 흥과 무는 각각 문주왕과 곤지왕이 될 수 있지요. 그런데 이 가족관계가 『송서』「왜국전」이나 『일본서기』 유라쿠雄略 천황 조와 일치한다는 것입니다. 이 점을 구체적으로 살펴봅시다.

일단 왜왕 무가 유라쿠 천황이라는 것이 열도 사학계의 대세이므

金印紫綬. 正始中, 卑彌呼死, 更立男王, 國中不服, 更相誅殺, 復立卑彌呼宗女臺與爲王. 其後復立男王, 並受中國爵命. 晉安帝時, 有倭王贊. 贊死, 立弟彌. 彌死, 立子濟. 濟死, 立子興. 興死, 立弟武. 齊建元中, 除武持節, 督倭新羅任那伽羅秦韓慕韓六國諸軍事, 鎭東大將軍. 高祖即位, 進武號征東大將軍"(『梁書』「倭傳」).

2 노중국, 「5세기의 한일관계사」, 『한일역사 공동연구보고서 1』(한일역사공동연구위원회: 2005), 204쪽.

로[3] 유라쿠 천황을 중심으로 가족관계를 살펴보면, 『일본서기』는 『송서』와 일치합니다. 그러니까 왜왕 찬은 닌토쿠 천황의 아들로 제17대 리추履中 천황, 왜왕 진은 제18대 한제이反正 천황, 왜왕 제는 제19대 인교允恭 천황, 왜왕 흥은 제20대 안코安康 천황, 왜왕 무는 유라쿠 천황이 됩니다. 이것은 에도 시대 중기의 국학자였던 마쓰시타 겐린松下見林이 지적한 이후 별 다른 이설이 없는 상태입니다.[4] 따라서 왜왕 찬과 진은 닌토쿠 천황의 아들들이고 왜왕 흥과 무는 인교 천황의 아들들로 나타나고 있습니다.[5]

여기서 중간정리를 해보면 왜왕 찬·진·제·흥·무 가운데서 제-흥-무는 개로왕-문주왕-곤지왕 등으로 나타나고 있습니다. 이들 가족관계는 『일본서기』나 『삼국사기』와 일치합니다. 즉 안코 천황은 인교 천황의 둘째 아들이고, 유라쿠 천황은 인교 천황의 다섯째 아들입니다. 그러니까 인교(아버지)-안코·유라쿠(아들들)의 관계가 개로왕(아버지)-문주왕·곤지왕자(아들들)와의 관계와 일치합니다.

---

[3] 유라쿠 천황은 오오하즈세와가다케루노미고토(大泊瀬幼武尊), 大長谷若建命·大長谷王(『古事記』)또는 히도이스메라미고토(大悪天皇, ひどいすめらみこと)·有德天皇 등으로 불린다. 열도에서는 『송서』·『양서』에 기록된 왜의 오왕 가운데 무武에게 비정되고 있다. 왜왕 무의 상표문에는 주변의 여러 소국들을 공략하여 세력을 확장하는 모습들이 나타나 있는데 이에 대하여 쿠마모토현(熊本県) 타마나군(玉名郡) 와스이쵸(和水町)의 에타 후나야마(江田船山) 고분에서 출토된 은상감철도명(銀象嵌鐵刀銘)이나 사이타마현(埼玉県) 교다시(行田市)의 이나리야마(稲荷山) 고분에서 출토된 금상감철검명(金象嵌鐵劍銘)이 와카타케루(獲加多支歯) 대왕이라고 해석되어 그 증거로 삼는 설이 유력하다. 유라쿠 천황 시기부터 조정이 비로소 조정으로서의 역할을 하게 되었고, 『일본서기』에 나타난 역법이 유라쿠 천황 이전과 이후가 다르다. 그리고 『만요슈(万葉集)』이라든가 『니혼료이키(本靈異記)』의 머리말에 유라쿠 천황이 등장하는 것으로 봐서 유라쿠 시대는 이전과는 매우 다른 시대로 인식되고 있다.

[4] 岩波書店, 『日本書紀』(上) (1967), 626~627쪽.

[5] 이에 대한 다른 견해로 나카미치요(那珂通世)는 왜왕 진(珍)을 닌토쿠 천황으로 보고 있다.

재미있게도 안코 천황도 문주왕과 마찬가지로 재위기간이 3년을 채 넘기지 못합니다. 다만 시기적으로 많은 차이는 있긴 합니다. 즉 문주왕의 서거 연도는 477년이고 안코 천황의 서거 연도는 잘 알기는 어렵지만 유라쿠 천황 기록으로부터 거꾸로 계산하면 안코 천황은 455년 서거한 것으로 나타납니다. 바로 이 서거 연도가 석연치 않습니다. 유라쿠 천황이 등극하는 시기의 기록들은 대체로 이해하기 힘든 부분이 많습니다. 여기에는 두 가지 가능성이 있습니다. 하나는 안코 천황이 문주왕이 아닐 경우 안코 천황은 개로왕의 다른 아들일 가능성이 있습니다. (경우에 따라서는 부여계의 유력한 귀족일 가능성도 있겠지요.) 다른 하나는 안코 천황이 문주왕이라면, 이 기록은 『일본서기』의 편찬 의도에 맞게 재편집되었을 가능성이 있습니다. 즉 22년 뒤의 기록을 앞당겨서 편집했을 것이라는 말입니다.

제가 보기엔 왜왕 제·흥·무의 관계는 개로왕·문주왕·곤지왕이 되는 것이 분명하지만 왜왕 찬·진·제의 관계는 일단 신중하게 판단할 필요가 있습니다. 왜냐하면 제·흥·무의 관계와 개로왕·문주왕·곤지왕의 관계가 일치하는 증거는 많으나 찬·진·제의 관계를 구이신왕·비류왕·개로왕 등으로 바로 파악하기에는 증거가 많이 부족하기 때문입니다.

앞서본 대로 이시와타라 신이치로石渡信一郎 선생은 곤지 왕자가 일본으로 건너와 일본의 시조왕이 되었으며, 5세기경부터 많은 백제인들의 열도로의 이동이 시작되었다고 합니다. 만약 그런 경우라면 『일본서기』의 가족관계는 두 가지 경우의 수가 발생할 수 있습니다.

하나는 반도부여(백제)의 왕이 열도부여(일본)의 왕을 겸했을 경우입니다. 그러면 하나의 왕이 두 부여 지역(반도, 열도)을 통치했을 것이므

326

로 사실적으로 타당할 수 있습니다. 이 경우 왜왕 찬=구이신왕, 진=
비류왕, 제=개로왕, 흥=문주왕, 무=곤지왕 등으로 파악될 수 있을 것
입니다.

　다른 하나는 유라쿠 천황과 이전의 천황들과 혈연적인 관계가 다
소 먼 경우로 유라쿠 이전의 왕계가 근초고왕 계열인데 반하여, 유라
쿠 천황은 같은 근초고왕 계열이라도 개로왕 직계후손들로 보는 경
우입니다. 이 경우 열도에는 개로왕 직계와 근초고왕 계열 또는 다른
부여계 귀족들이 대립하고 있는 상황으로 이해할 수도 있습니다. 이
것을 뒷받침하는 연구로는 도마 세이타藤間生大, 하라지마 레이지原島
禮二, 가와구치 가쓰야스川口勝康 등의 연구가 있습니다. 이들은『송서』
에 왜왕 진과 왜왕 제의 혈연관계가 분명히 기록되어 있지 않음을 주
목하여 당시의 왜 왕가에는 찬·진과 제·흥의 양대 세력이 존재했다
고 합니다. 그렇지만 찬은 왜찬倭讚으로 제는 왜제倭濟로 묘사된 것으
로 봐서 왜, 즉 야마토를 성씨로 하는 부계父系의 친족집단으로 볼 수
도 있다고 합니다.[6]

　당시의 왜 왕가에는 찬·진과 제·흥의 양대 세력이 존재했다고 한
다고 해도 결국은 개로왕(제)의 직계혈통(흥·무)이 열도부여를 제대로
건설해나갔다는 점은 변함이 없는 듯합니다. 이 두 혈통은 모두 근초
고왕·근구수왕 계열로 혈연적인 공통성은 가지고 있으나[7] 결국 개로

---

[6] 藤間生大,『倭の五王』(岩波書店: 1968); 原島禮二,『倭の五王とその前後』(塙書房: 1970); 川
　　口勝康,「五世紀の大王と王統譜を探」,『巨大古墳と倭の五王』(青木書店: 1981) 등.

[7] 이미 앞에서 본 대로 진구 황후가 근초고왕이다. 그런데『일본서기』의 기록으로 본다면,
　　진구 황후의 아들이 오진 천황이고 왜왕들은 이들의 후손이므로 이들 왜왕들은 근초고
　　왕-근구수왕 계열로 볼 수 있다. 물론 보다 사실적으로는『일본서기』에 나타나는 천황들
　　에 대한 기록이 근초고왕·근구수왕 계열 또는 부여계의 귀족 계열일 수도 있겠지만 귀족

왕계가 열도에서 곤지왕이라는 인물을 중심으로 강력한 세력을 형성했다는 사실은 달라질 것이 없습니다.

이와 관련된 이론 가운데 하나는 바로 삼왕조교체설三王朝交替說입니다. 미즈노水野祐 교수는 일본의 황실은 만세일계가 아니라 세 번째 왕조이며 현재의 천황가는 게이타이 천황에서부터 시작되었다는 이른바 삼왕조교체설을 주장합니다. 즉 645년 다이카 개신大化改新 이전에 일본의 왕조가 세 번 바뀌었다는 것입니다. 구체적으로 본다면, 실제의 초대 왕조는 200여 년경 나라奈良 분지에 터전을 잡은 스진崇神 왕조(제10대 천황)로 스진 천황은 실재하는 최고의 천황이며, 그 이전의 천황은 왕조를 늘리기 위해 만들어진 가공의 천황이라는 것이지요. 그리고 스진 왕조의 마지막 왕인 주아이仲哀 천황이 규슈九州의 구나국狗奴國을 공격하다가 전사했는데, 이 구나국이 기나이畿內로 진출하여 세운 왕조가 닌토쿠仁德 천황(제16대)을 시조로 하는 닌토쿠 왕조라는 것입니다. 그 후 에치젠越前에서 올라온 게이타이 천황이 게이타이 왕조를 수립했다는 것입니다. 그리고 이 황통이 현 천황에 이르렀다는 것이지요.[8] 쉽게 말해서 게이타이 천황은 현 일본 천황가의 시조라는 말입니다. 이것은 한일고대사 연구에 결정적인 영향을 미칠 수 있는 중요한 사항입니다.

『일본서기』의 기록은 유라쿠 천황에 대해서 매우 가혹합니다. 유라쿠 천황은 정치적 라이벌들을 하나씩 살해하고 즉위했다고 합니다. 유라쿠 천황 이후에는 세이네이淸寧 천황-겐조顯宗 천황-닌켄仁賢

일 경우 문헌적으로 고증하기는 어렵다.

[8] 김현구, 앞의 책, 194쪽.

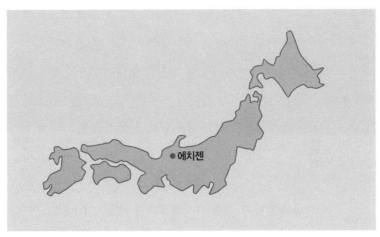

도 29 | 에치젠의 위치

천황-부레쓰武烈 천황 등으로 이어집니다. 그런데 부레쓰 천황에 대한 『일본서기』의 기록은 지나칠 정도입니다. 마치 악정을 하는 폭군과 관계되는 모든 표현을 모아둔 듯합니다.

유라쿠 천황의 왕통은 이 부레쓰 천황에서 끊어집니다. 그래서 에치젠越前 삼국三國으로부터 오진 천황의 5세손인 히코우시彦主人 왕의 아들인 게이타이繼体를 야마토로 데리고 와서 즉위시켰다는 것이지요.

문제는 바로 이 게이타이 천황입니다. 게이타이 천황의 즉위과정이 정상적이지 않고 게다가 이 시기의 『일본서기』의 기록들은 대부분 백제관계 기사로 덮여 있습니다. 도대체 왜 이런 일이 벌어졌는지 다른 각도에서 살펴볼 필요가 있습니다.

한일관계사 전문가인 김현구 교수에 따르면, 게이타이 천황은 곤지왕의 자녀나 손자들과 함께 생활했을 것이라고 합니다. 김현구 교수는 동성왕(곤지왕의 아들)과 무령왕(곤지왕의 아들)은 수십 년 간 일본에 머물렀고 일본의 황녀를 부인으로 맞았을 것으로 추정합니다. 생몰

연대로 본다면, 게이타이 천황이 시기적으로 곤지왕의 다섯 아들이나 무령왕(손자)과 함께 생활했을 가능성이 있다는 것입니다.[9] 나아가 김현구 교수는 "만약 백제계의 일본 천황이 있다면 그 가능성이 가장 높은 인물은 천황가의 계보상 게이타이 천황이고 125대의 개조인 게이타이 천황은 동성왕이나 무령왕과 함께 성장했을 뿐 아니라 동성왕이나 무령왕의 동생일 가능성을 배제할 수 없다"고 결론내리고 있습니다.[10]

만약 게이타이 천황과 무령왕이 형제라면 어떻게 됩니까? 곤지왕은 두 아들 중 한 사람은 백제의 왕으로 다른 한 사람은 천황으로 등극시킨 인물이 됩니다. 그러니까 근초고왕에 이어 새로운 개로왕계의 왕조가 출범하고 범부여제국의 새로운 터전을 구축한 이가 바로 곤지왕이라는 것입니다. (게이타이 천황이 무령왕의 동생이라는 것은 이미 충분히 알려진 사실입니다. 다음에 다시 상세히 해설합니다. 다만 그동안 곤지왕의 정체가 베일에 가려져 있었던 것이지요.)

그렇다면 유라쿠 천황의 왕통이 이 부레쓰 천황에서 끊어진다는 열도의 시각은 분명히 잘못된 것입니다. 왜냐하면 유라쿠 천황이 바로 곤지왕이고 그 혈통이 현재까지 그대로 이어지고 있기 때문입니다. 『일본서기』에는 유라쿠 천황의 혈통이 끊어지자 에치젠으로부터 게이타이 천황을 옹립했다고 합니다. 이 기록은 마치 게이타이 천황이 유라쿠 천황과는 무관한 듯이 묘사하고 있습니다. 하지만 제가 보기엔 이것은 『일본서기』가 가진 일종의 안전장치일 수 있습니다.

---

[9] 김현구, 앞의 책, 23쪽.
[10] 김현구, 앞의 책, 26쪽.

즉 '왜왕 무=유라쿠 천황=곤지왕=게이타이 천황의 아버지' 등의 일련의 관계가 밖으로 드러나는 것을 차단하기 위한 안전장치라는 것이지요. 이 등식들 가운데 하나만 밝혀져도 열도 역사의 비밀이 모두 밝혀지게 되기 때문입니다. 『일본서기』의 편찬 의도가 일본의 역사에 나타난 '백제 지우기'라는 점이 확연해지는 부분이기도 합니다.

그동안 열도에서는 게이타이 천황의 출생에 대해서는 많은 논란이 있었습니다. 즉 『일본서기』의 내용 가운데서 게이타이 천황이 기존의 천황과 구체적으로 어떤 관계인지가 제대로 설명되어 있지 않고, 특히 『일본서기』의 계도系圖 1권이 망실되었기 때문에 당시 천황가의 정확한 계보를 그릴 수가 없었기 때문이라고 합니다.[11] 그래서 오랫동안 게이타이 천황은 아마도 천황가의 먼 방계 친족의 유력왕족이 아닐까라고 생각한 것이 대체적인 견해였습니다.

그러한 가운데 미즈노 유 교수는 이른바 삼왕조교체설을 제기하여 게이타이 천황이 천황가와는 혈연이 없는 새로운 왕조의 시조라는 학설을 주장한 것입니다. 그리고 이 학설은 거의 정설이 되고 있습니다. 나아가 게이타이 천황은 황족이 신하의 신분으로 낮아져서 출생한 씨족, 즉 황별씨족皇別氏族인 오키나가우지息長氏라고 보기도 어렵고 그저 무력으로 야마토 왕권을 장악했다는 견해까지 나타나고 있는 것이 열도 사학계의 분위기였습니다.

---

11 가마쿠라 시대의 서적인 『석일본기(釋日本紀)』에 인용된 『상궁기(上宮記)』 「일문(逸文)」이라는 사료에는 게이타이 천황의 5세 조부인 오진 천황(凡牟都和希王: 호무다와케노 오오기미)을 비롯하여 아버지인 히코시 오오기미(彦主人王: 汙斯王)가 나오고 있다. 그런데 마유즈미 히로미치(黛弘道)의 연구는 이 글이 스이코(推古) 천황 조의 유문(遺文)일 가능성을 제기하여 논의가 분분한 상태이다. 黛弘道, 「繼體天皇の系譜について」, 『律令國家成立史の硏究』(吉川弘文館: 1982).

물론 천황이라는 호칭이 7세기에 등장했다는 점을 감안한다면 이당시 누가 천황의 지위를 가질 수 있었는지를 파악한다는 것은 매우 어려운 일이겠지요. 일반적으로 당시에는 '대왕大王'이라는 호칭을 사용했을 것으로 보고 있습니다. 아마도 후손들이 추존하여 천황天皇으로 승격한 것으로 보아야 할 것입니다. 그러다 보니 게이타이 이전에는 대왕이라는 지위가 특정한 혈연집단에 고정된 것이 아니라는 견해가 강하게 대두하고 있습니다. (만약 부여계가 통일했다면 대왕이라는 호칭은 아무나 사용할 수 없는 일이죠. 실제로 부여계의 열도 통일은 상당한 시간이 걸립니다.) 극단적으로 게이타이 천황은 야마토 왕조와는 혈연적 고리가 매우 약할 뿐 아니라 그저 에치젠(현재의 후쿠이福井)과 오우미近江(현재의 사가滋賀)의 부족장이었다가 20여 년 동안 군사적으로 야마토 지역을 모두 통일했다는 주장이 힘을 얻고 있습니다.

그러나 이것은 지나친 추측입니다. 개로왕의 아들인 곤지왕의 직계혈통이 부여계의 종손들인데 곤지왕의 아들인 게이타이 천황을 동북의 일개 호전적인 부족장으로 전락시키는 것 그 자체가 문제지요.

이와 같이 열도 사학계는 게이타이 천황과 이전의 천황가와는 연관성이 약한 것으로 보고 있는 것이 대세입니다만, 이것은 분명히 잘못된 견해입니다. 왜냐하면 이들은 곤지왕(아버지)-동성왕·무령왕·게이타이 천황(아들들) 등과의 관계를 제대로 파악하지 못했기 때문에 이같은 오류를 범하게 된 것이지요. 다시 말해서 곤지왕이 유라쿠 천황이라는 점을 전혀 고려하려 않았거나 설령 그것을 파악했더라도 그 내용을 인정할 수 없었기 때문에 일본의 역사가 안개 속으로 밀려들어간 것이지요. 그뿐 아니라 진구 황후, 즉 근초고왕 이후의 부여계의 역사를 무시하고 근초고왕계와 게이타이 왕계를 별개의 왕조로 파악하는 것은 커다란 오류입니다. (이런 점에서 삼왕조교체설은 비판적으로 검토해야 할 사안입니다.)

분명한 것은 게이타이 천황의 아버지인 유라쿠 천황(곤지왕) 이후의 기록들은 이전의 기록들과는 달리 상당한 신뢰성을 가지고 있다는 것입니다. 유라쿠 천황 이후 『일본서기』의 기록과 『삼국사기』를 포함한 여러 사서들의 기록들이 일치하는 현상이 나타납니다. 그러니까 유라쿠 천황 이후의 기록부터는 역사적 왜곡이 눈에 띄게 줄어들었다는 것입니다. 유라쿠 천황 이후 부여계의 역사가 제대로 진행되고 있다는 의미이기도 합니다.

예를 들면 유라쿠 천황 8년 2월(464년)에 일본군이 고구려를 격파하고, 9년 5월에는 신라에 쳐들어갔지만 장군 기노오유 미노스쿠네 紀小弓宿禰가 전사하여 도중에 패주했다고 하는데 이와 관련된 기록이 『삼국사기』에 나타나고 있습니다.[12] 그리고 유라쿠 천황 이후 『일본서기』의 다른 기록들도 다른 사서들의 기록과 많은 유기적인 관련성을 가지고 있습니다. 물론 하나의 사건을 보는 시각의 차이는 있겠지만, 근본적으로 하나의 사건들에 대해 다른 사서와 일치되는 현상이 나타나고 있다는 것입니다. 백제의 멸망과 관련하여 열도에서 유라쿠 천황이 자신의 아들을 백제왕으로 보내는 기록도 그 하나의 예가 될 수 있습니다.

이것은 유라쿠 이전의 일본의 역사가 온전히 부여계의 독립된 역사가 아니었기 때문에 나타난 현상일 수 있습니다. 즉 여러 세력들(예

---

[12] 『삼국사기』「신라본기」 '자비마립간'에 의하면 왜인이 (자비마립간 5년) 463년 5월에 신라의 활개성을 공략했고 464년 2월에도 침입했지만 최종적으로 신라가 이를 격파했다고 기록하고 있다.

컨대 토착계·가야계·고구려계·신라계 등)의 역사가 한데 어우러져서 부여계만의 체계화된 역사적 사실들을 제대로 채록하여 기록할 수가 없었겠지요. 유라쿠 천황 이후의 역사가 보다 일관성이 있고 체계적이라는 것은 부여계에 의해 열도의 통일이 제대로 시작되고 있다는 의미로 파악해야 합니다.

게이타이 천황은 무령왕의 아우

게이타이 천황과 무령왕이 친형제임을 증명하는 중요한 유물이 발견되었습니다. 그것이 바로 일본의 국보로 지정되어 있는 인물화상경人物畫像鏡(청동제)입니다. 이 인물화상경은 503년 무령왕이 아우인 게이타이 천황에게 보낸 것으로 고증되고 있습니다.

이 화상경에는 이렇게 적혀 있습니다.

> 계미년(503년) 8월 10일 대왕의 연간에 남동생인 왕을 위하여 오시사카궁忍坂宮에 있을 때 사마께서 아우님의 장수를 염원하여 보내주는 것이다. 개중비직과 예인 금주리 등 두 사람을 보내어 최고급 구리쇠 200한으로 이 거울을 만들었도다.[13]

이 화상경을 보낸 사람은 사마왕 즉 무령왕이고, 503년경의 천황은 바로 게이타이 천황이기 때문입니다. 즉 무령왕과 게이타이 천황

---

13 "癸未年八月日十 大王年 男第王 在意柴沙加宮時 斯麻 念長壽 遣開中費直穢人今州利二
人等 取白上銅二百旱 作此鏡."

도 30 | 스다하치만궁에서 발견된 인물화상경

이 친형제라는 말입니다. 여기서 개중비직이란 강력한 힘을 가진 직책이라고 합니다.

이 동경銅鏡은 와카야마현和歌山縣 스다하치만궁隅田八幡宮에서 발견된 방제경倣製鏡, 즉 한나라 때의 거울을 모방하여 만든 거울이라고 하는데 여기에 기록된 계미년을 443년은 보는 설과 503년으로 보는 설이 있기는 합니다. 두 해 사이에는 60년의 시차가 있지요. 그러나 이 부분도 문제가 되지 않습니다. 왜냐하면 이 거울을 보낸 사람이 사마왕으로 분명히 밝혔기 때문입니다. 무령왕의 재위 연도는 501년에서 523년입니다. 443년이 될 수가 없는 것이지요. 즉 이 거울을 보낸 주체가 무령왕인 사마斯麻이고 그는 이것을 일본의 왕(왜왕)에게 보냈으며 그 왜왕은 무령왕의 아우인 것만은 확실하다는 얘기지요.

그런데 『일본서기』에 따르면, 503년은 당시 천황은 부레쓰 천황이고 게이타이 천황은 507년에 등극한 것으로 되어 있지만 게이타이 천황의 재위 연대가 대체로 3년 정도의 오차가 있다는 것이 학계의 정설이라고 합니다. 더구나 이 부레쓰 천황은 유라쿠 천황과 동일인이라는 주장도 나타나고 있습니다. 즉 유라쿠의 일대기를 부레쓰 천황의 일대기에 분산시켜 놓았다는 것이지요. 이상하게도 이 두 사람의 별칭은 히도이수메라미고토, 즉 대악 천황大惡天皇입니다.

그뿐만이 아니라 게이타이 왕의 본래 휘(이름)는 오오토男大迹라고 하는데 공교롭게도 이 말이 동경에 적혀 있는 남제왕男弟에서의 발음인 오토男弟라는 발음과 닮아 있기도 합니다. 게이타이 천황은 계보상으로는 26대로 되어 있지만 새로운 왕조를 연 인물로 현 천황가의 개조開祖로 알려져 있지요.[14] 그런 천황이 무령왕의 동생이자 곤지왕의 아들이라는 사실은 열도를 크게 긴장시킨 것이 분명합니다. 그래서 아직까지도 이 부분에 대한 제대로 된 반응이 없습니다. 그래서 전혀 엉뚱한 이야기들이 오가고 있습니다. 예를 들어, 게이타이 천황을 '오토'라고 하는데 이것은 『고사기』에 나타난 왕명인 '호토袁本杼'라는 발음과 차이가 난다는 점 등을 들고 있습니다.[15] 즉 6세기 초에 있어서의 발음이 서로 다르다는 것이지요. 이 발음이 약간 차이가 있다고 위의 사실이 변할 수 있을까요? 제가 보기엔 이 정도의 내용으로 위의 사실을 부정하는 것은 무리입니다. 왜냐하면 발음은 전체적인 내용으로 보아 부차적인 문제에 불과하기 때문입니다.

위의 사실로 인하여 그 이전에는 게이타이 천황이 기나이畿內 세력의 저항에 부딪쳐, 장기에 걸쳐 나라奈良 분지에 들어갈 수 없었다는 설도 힘을 잃게 되었습니다. 즉 계미년(503년) 8월 10일 게이타이 천황이 야마토 지역의 오시사카궁에 있었다는 말이 되므로 이때는 이미 게이타이 천황이 나라 지역으로 입성을 했다는 의미가 되지요.

---

14 김현구, 앞의 책, 27쪽.

15 이와 관계된 언어적인 문제는 ハ行 전호음(轉呼音), 진음퇴화(脣音退化) 등이라고 한다.

제가 볼 때는 열도의 사학계도 불필요하게 이 사실에 대항하는 이상한 논리를 찾을 것이 아니라 두 나라의 역사를 객관적으로 볼 수 있는 토대를 만들어야 할 것입니다. 마찬가지로 반도의 사학계도 게이타이 천황과 무령왕과의 관계를 넘어 한일고대사의 새 장을 열어 쥬신의 관계사들을 체계적으로 정리해 가야 합니다.

이제는 좀 더 본질적으로 들어갑시다. 여기서 왕들 간에 서로 주고받은 것이 왜 하필이면 청동거울, 즉 동경이었을까요? 결론부터 말하면, 이 동경은 앞서본 대로 부여왕의 상징이기 때문입니다.

즉 전문가들에 따르면, 부여 사람들에게 이 청동거울은 '태양 같은 왕'을 상징하는 중요한 징표라고 합니다. 앞에서 이미 무령왕의 거울과 닌도쿠 천황의 거울이 형제처럼 닮았다는 것을 보았지요? 이제 그 거울이 다시 게이타이 천황이 가진 거울과 같습니다. 즉 닌도쿠-무령왕-게이타이 등의 왕의 상징물들이 모두 일치하고 있다는 말입니다. 그래서 제가 '한 줄기 두 연꽃'이라는 표현을 사용한 것이지요.

지금까지 한국과 일본에 나타난 고분 동경의 공통점은 중앙에 볼록한 반구체半球体가 있고 주변에 작은 돌기가 이를 에워싸고 있는 형태를 띠고 있습니다. 청동거울의 직선길이는 23.45센티미터로, 비교적 큰 것은 수대경手大鏡으로 부르기도 합니다.

1971년 한반도의 부여에서 무령왕릉이 발굴되었습니다. 무령왕릉에서는 세 개의 동경이 발견되었는데, 동경 바로 아래에서 금제 뒤꽂이 장식이 발견되었습니다. 즉 거울로 시신의 얼굴 부분을 덮었던 것으로 추정됩니다. 그뿐만이 아니라 동경의 중앙 반구체에는 가죽으로 된 끈이 붙어 있어서 이 거울을 가슴에 차고 다녔을 것으로 이 분야의 전문가들은 추정합니다. 만약 왕이 동경을 가슴에 차고 거리를 행차하게 되면 빛을 반사하는데 뛰어난 청동의 성질로 말미암아 마치 태양이 행차하는 것처럼 느껴졌을 것입니다. 백성들은 왕의 몸에서 태양 빛이 사방으로 퍼져가는 듯한 느낌을 받았을 것입니다.

무령왕릉에서 발견된 수대경은 이미 많이 부식되어 글씨들이 훼손되어 읽을 수가 없지만 의宜, 자子, 손孫 이라는 글씨가 판독되어 이를 의자손 수대경이라고 부르기도 합니다.

정리해 봅시다. 한반도의 기록으로 보면 개로왕(재위 455~475년)-곤지-동성왕(재위 479~501년)·무령왕(재위 501~523년) 등의 관계가 부자의 관계이고 게이타이 천황과 무령왕이 친형제간입니다. 그러니까 개로왕-곤지왕(유라쿠 천황)-동성왕·무령왕·게이타이 천황 등의 가족관계가 성립됩니다.

구체적으로 개로왕은 한성백제의 마지막 왕으로 장수왕의 침공으로 피살되고 그의 맏아들인 문주왕은 피신하여 웅진에서 즉위합니다. 곤지왕은 개로왕의 차남인데 국난을 피해 아들인 모대牟大 왕자와 함께 일본에서 살고 있었고, 반도에서는 문주왕의 아들인 삼근왕三斤王(재위 477~479년)이 왕위를 이었습니다. 그런데 이들이 혼란 속에서 피살당하게 되자 곤지왕은 자신의 첫째 아들인 모대 왕자를 백제로 보내 왕위를 잇게 했으니 이 분이 바로 동성왕입니다. 이후 곤지왕의 차남인 사마斯麻가 동성왕을 이어 무령왕으로 즉위했고, 곤지왕의 삼남인 오오토가 일본에서 등극하는데 그가 바로 제26대 게이타이 천황(재위 500?~531년)입니다.

그런데 『일본서기』의 기록을 보면 게이타이 천황은 오진 천황의 5세손인데 게이타이 천황의 친형이 바로 무령왕이므로 오진 천황은 분명히 무령왕에게도 5대조 할아버지가 됩니다. 따라서 개로왕-곤지-동성왕·무령왕·게이타이 천황 등의 계보가 성립되고 개로왕의 할아버지가 오진 천황일 가능성이 나타나게 됩니다. 물론『일본서기』의 기록이 잘못되었을 경우에는 고려할 필요가 없겠지요. 열도에서는 게이타이 천황이 오진 천황의 5세손이라는 사실을 신뢰하고 있지는 않습니다. 그러나 분명한 것은 곤지왕-무령왕·게이타이 천황의 관계이기 때문에 결국은 개로왕-곤지왕의 계보로 환원되는 것이지요.

『삼국사기』에는 무령왕이 동성왕의 아들로 되어 있는데 이것은 사실과 다르지요. 즉 동성왕·무령왕·게이타이 천황은 모두 곤지왕의 아들로서 이들은 모두 형제로 보는 것이 타당합니다.

베일에 싸인 천황가

지금까지 복잡하기 이를 데 없는 일본 천황가의 계보를 추적하고 있습니다. 수많은 길을 돌고돌아 이제 다시 오진 천황으로 돌아왔습니다. 그러니까 오진 천황이 개로왕의 할아버지인가 하는 문제 말입니다. 개로왕의 할아버지는 구이신왕(재위 420~427년)입니다. 그러면 오진 천황이 구이신왕일까요? 결론부터 말하면 그것은 아니라는 것입니다. 왜냐하면『일본서기』에 나타나는 오진 천황의 행적은 한 사람의 행적으로 볼 수 없기 때문입니다.

오진 천황의 서거 당시 나이가 110세 이르고 오진 천황이 근초고왕(재위 346~375년)의 아들로 묘사되어 있기 때문입니다. 즉 진구 황후의 아들이 오진 천황이라고 하는데 진구 황후의 행적은 근초고왕의 행적과 일치하므로 오진 천황은 근초고왕의 아들이거나 직계 후손이라는 말이 됩니다.

진구 황후의 서거 시의 나이가 100세, 오진 천황의 나이는 110세로 상식적이지 않습니다. 따라서 일본 천황의 계보는 개로왕까지는 정확히 추적할 수 있지만 근초고왕대에서 개로왕대에 이르는 346년에서 455년에 이르는 대략 110여 년간의 시기는 정확히 알아내기 어렵다는 말입니다. 이 시기의 일부 백제왕들의 업적을 일본에서는 진구 황후-오진 천황이 나눠가지게 된 셈입니다. 따라서 백제의 역사와 일본의 얽히고설킨 역사가 한반도 쪽에서는 비교적 상세하게 추적 가능한 형태로 존재하는데 반하여 일본에서는 진구 황후-오진 천황에 함께 뭉쳐져 있는 것입니다.

다시 말해서『일본서기』의 기록으로 본다면, 진구 황후의 기사에 등장하는 반도부여의 제왕들, 즉 백제왕은 근초고왕, 근구수왕, 침류왕, 진사왕, 아신왕 등으로 나타나고 있습니다. 그렇다면 진구 황후의 업적은 이들 제왕들의 일대기를 토대로 조합한 것으로 볼 수가 있습니다. 즉 이들의 업적을 토대로 가공의 인물인 진구 황후를 내세우고 진구 황후가 이들에게 명을 내려서 수행하는 듯이 묘사한 것이라는 말이지요.

특히『일본서기』에 나타난 오진 천황에 대한 기록은 매우 부실합니다. 오진 천황은 270년 즉위한 것으로 되어 있고, 서거 연도는 311년으로 되어 있는데 이때 나이가 110세이므로 70세에 즉위한 셈이 됩니다. 이것은 현실적으로 불가능한 것입니다. 차라리 시간 계산을 근초고왕을 기점으로 하는 것이 더욱 타당할 것으로 보입니다. 왜냐하면 오진 16년의 왕인박사의 일본 도래 기록은 아신왕-전지왕대에 해당되므로『일본서기』를 분석할 때는 백제왕을 중심으로 하는 편이 오히려 더 정확하다는 것입니다.『일본서기』는 연대가 심하게 조작되어 있지만 큰 흐름에서는 고도의 일치성이 나타나는데 이는 남부여(백제) 왕계를 기준으로 할 때만 파악할 수 있습니다.

오진 천황은 대체로 4세기 후반에서 5세기 초반의 인물로 보는 편이 타당합니다. 오진-닌도쿠대에 이르러 세계 최대의 고분이 나타나는 것은 이 시기에 강력한 권력이 등장했음을 의미하는데, 이는 근초고왕 사후 나타난 현상으로 추정됩니다.

지금까지 저는 베일에 싸인 열도의 역사를 분석하고 있습니다. 그렇지만 이제 그 베일을 걷어낼 수 있는 고리 하나를 찾은 셈입니다. 비밀이 많고 복잡한 부여의 역사에서 의외로 백제의 폭군으로 우리에게 널리 알려져 있는 개로왕과 그의 아들 곤지 왕자가 바로 이 모든 비밀을 풀어갈 열쇠를 쥐고 있다는 사실을 알 수 있었습니다.

그리고 역사상 폭군으로만 인식되었던 개로왕이 부여의 중흥을 위해 많은 외교적 노력을 기울였으며, 날로 강화되는 고구려의 침공에 대비하여 백방으로 노력한 왕이었다는 사실을 알게 되었습니다. 개로왕은 날로 심각해지는 고구려의 침략에 대비하여 열도의 강화에 많은 노력을 기울여 등극하자마자 아들인 곤지 왕자(곤지왕)를 송나라로부터 좌현왕으로 관작을 받게 한 후 '사실상 후계자'로 만들어 열도(일본)로 보냅니다. 개로왕은 일찌감치 모든 준비를 완료하여 자신의 분신을 일본으로 보낸 것입니다. 만약에 이 같은 판단이 없었다면 아마 백제(반도부여)는 475년으로 영원히 사라졌을 것입니다. 분명한 것은 열도에 의해 백제는 다시 소생하는데 이 열도가 강력한 백제의 배후세력이 되게 한 것이 바로 개로왕이라는 것입니다. 그리고 개로왕은 현재 일본 천황가의 개조開祖인 게이타이 천황의 할아버지가 된다는 사실도 확인할 수 있었습니다.

14장 안동장군 신라제군사 왜국 왕

들어가는 글 **대국 왜의 정체**

다음은『북사北史』「열전列傳」에 나오는 왜국倭國에 대한 주요 내용들입니다. 여기에는 백제와 신라가 일본을 큰 나라로 인식하고 있음을 보여주는 대목이 있습니다.

> 왜국은 백제와 신라의 동남쪽에 있다. …… 그 땅의 형세는 동쪽이 높고, 서쪽은 낮다. 야마퇴邪摩堆에서 살고 있으며 이 야마퇴를『위지魏志』에서는 야마타이邪馬臺라고 한다. …… 풍속은 문신을 하는데, 스스로 태백太伯의 후예라 한다. …… 호수는 거의 10만에 달한다. 이 나라의 풍속에서는 살인하거나 강도·강간을 범한 사람들을 모두 죽였다. …… 백성들은 편안하고 말이 없는 편이어서 다툼과 송사가 적고 도적이 적다. …… 문자는 없어 나무에 줄을 맺어 새긴다. 불법을 숭상하여 백제에서 불경을 구하니 이것이 문자의 시작이다.

점치는 것을 알아서 무당과 박수를 더욱 믿는다. …… 여자가 많은 편이고 남자가 적어 결혼은 같은 성끼리는 못 하게 한다. …… 사람이 죽으면 죽은 자는 관과 곽에 넣고 가까운 사람들은 관 가까이에서 노래하거나 춤을 춘다. …… 진귀한 구슬이 나오는데, 그 색이 청색이고 큰 것은 학의 알만하고, 밤에도 곧 빛이 있으니, 이것을 마치 물고기의 눈이라고 했다. 신라와 백제는 모두 왜를 대국이라고 생각하는데 왜에는 진귀한 물건이 많아 이것들을 중시하여 늘 사신들이 왕래하여 서로 통했다[新羅·百濟皆以倭爲大國 多珍物 仰之 恒通使往來].

한나라 광무제 때에 사신을 보내어 입조하고 스스로 대부라 칭했다. 안제 때에 또 조공을 받치고 왜노국倭奴國이라 했다. 한나라 영제 광화 중에 나라에 분란이 있어 왕이 없었다. 히미코라는 여자가 있어 귀신도로 사람들의 마음을 사로잡아 나라사람들이 그녀를 왕으로 추대했다. …… 위나라 정시 때 히미코가 죽자 남자왕이 다스렸으나 분란이 심해 히미코의 딸을 왕으로 세웠다. 그 후 다시 남자 왕들이 들어섰고, 이들은 중국에서 작위를 받았다.

안동대장군 왜국 왕

일본 고대사의 가장 큰 쟁점 가운데 하나인 왜 5왕은 『송서』「왜국전」에 나타난 찬讚, 진珍, 제濟, 흥興, 무武라는 휘(이름)를 가진 다섯 사람의 왜왕들을 말합니다. 저는 지금까지 이 왜왕에 대해서 많은 분석을 하였으며, 이제는 이 왜 5왕의 실체에 대해서 여러분들도 잘 이해하시리라 생각합니다.

그런데 이 왜왕들의 행적과 작호爵號로 인하여 한국과 일본 양국의 사학자들이 기나긴 전쟁을 하고 있습니다. 내용은 다음과 같습니다.

『송서』「왜국전」에는 왜의 5왕이 송나라 황제에게 작호를 요구하고 이에 대하여 송나라 황제는 그 작호를 승인 또는 거절하는 대목들이 나옵니다. 438년 왜왕 진珍이 '사지절·도독왜백제신라임나진한모한 6국제군사·안동대장군·왜국왕'의 작호를 송나라에 요구하자 송나라 황제는 안동장군安東將軍 왜국倭國왕만 인정해줍니다. 문제가 되는 것은 왜 왜왕倭王이 신라, 백제는 물론이고 이미 없어진 진한과 모한 등의 지배권도 요구하는가 하는 문제입니다.

그동안 이 부분에 대한 논쟁이나 연구는 충분히 있었습니다. 따라서 여기서 새삼스럽게 이 과정들을 하나씩 다 분석할 필요는 없습니다. 다만 그동안의 연구들은 한국과 일본 모두 "철저히 자국 이해의 관점"에서 논의되어왔기 때문에 이제는 좀 더 다른 각도에서 한번 살펴보아야 합니다. 그동안의 경과를 간단히 정리해봅시다.

400년: 광개토대왕 한반도 남부 침공.

413년: 장수왕 즉위.

417년: 백제(전지왕)는 동진의 안제安帝로부터 '사지절·도독백제제군사·진동장군·백제왕'으로는 작호를 받음.

420년: 백제는 송나라에 사신을 보내 '진동대장군鎭東大將軍'의 작호를 받음.

421년: 왜왕 찬讚이 송나라에 사신을 보내고 벼슬을 제수받음(히미코 이후 최초의 남자 왜왕에 대한 기록).

427년: 장수왕 평양천도.

431년: 백제는 사신을 보내 선왕(전지왕)의 작호를 받음.

433년: 나제동맹 성립.

438년: 왜왕 진珍이 '사지절·도독왜백제신라임나진한모한 6국제군사·안동대장군·왜국왕'의 작호를 송나라에 요구하자 송은 '안동장군·왜국왕'만 인정.

450년: 고구려 장군 실직(현재 삼척)에서 피살.

451년: 송나라는 왜국 왕에 대하여 '사지절·도독왜신라임나가라진한모한 6국제군사··안동장군'라는 작호를 내려줌.

461년: 곤지왕 일본으로 감.

464년: 고구려의 신라주둔군 (신라군에 의해) 100명 피살.

472년: 개로왕 북위에 국서를 보내 고구려에 대한 응징을 호소하지만 실패.

북위는 고구려에게 이를 통보. 장수왕은 공격 준비.

475년: 백제 멸망(이른바 한성백제의 멸망).

478년: 왜왕 무武가 보낸 국서에서 왜왕 무武는 '사지절·도독왜백제신라임나가라진한모한 7국제군사·안동대장군·왜국왕'으로 자칭.

이 같은 역사적 사실을 기반으로 하여 열도(일본)에서는 한반도 남부에 대한 지배권을 열도의 왜왕들이 확실히 가지고 있었다고 주장합니다.

열도 사학계의 입장을 간략히 살펴봅시다. 사카모토 요시타네坂元義種 교수는 왜왕은 4~5세기에 중국의 남조로부터 책봉을 받았으며, 신라나 백제의 인질들이 왜국으로 온 것으로 보아 왜국과 백제·신라는 상하복종관계였다고 합니다. 그리고 이 시대의 작호로 판단해 보건대 왜왕은 한반도 남부 지역을 군사적으로 압도한 것이 분명하다고 주장합니다.[1]

히라노 구니오平野邦雄 교수는 야마토의 일본 열도 통일은 5세기 후반이며, 왕권이 강화되고 발전된 것도 5세기 말로 그 이전의 남부 조선 지역에 병력을 파견하는 것은 불가능하지만[2], 왜왕 제濟의 451년의 작호는 신라와 임나·가라가 왜의 군사영역에 편입된 것을 의미한다고 주장합니다.[3]

야마오 유키하사山尾幸久 교수는 왕권은 닌도쿠 천황 시대에 시작되었고, 유라쿠 천황 시대에 확립되어[4], 5세기에 열도가 통일되었다고 하면서[5], 왜왕의 작호에 나타나는 가라, 모한 등은 한반도 남부 해당 지역에서 징병하여 전쟁에 동원할 수 있는 정도의 군사적 지배권을 의미한다고 주장합니다.[6]

1 坂元義種, 『古代東亞細亞の日本と朝鮮』(吉川弘文館: 1978), 202~203쪽, 354쪽.

2 平野邦雄, 앞의 책, 43쪽.

3 平野邦雄, 「金石文の史實と倭五王の通交」, 『岩波講座 日本歷史』(1980) 254~256쪽.

4 山尾幸久, 「日本古代王權の形成と日朝關係」, 『古代の日朝關係』(塙書房: 1898).

5 山尾幸久, 『日本國家の形成』(岩波書店: 1977) 머리말.

6 山尾幸久, 「日本古代王權の形成と日朝關係」, 『古代の日朝關係』(塙書房: 1989), 221~223쪽.

스즈키 히데오鈴木英夫 교수는 왜왕 무의 상표문(국서)을 토대로 보면, 동으로는 간토關東, 서로는 규슈, 북(海北)으로는 한반도까지 그 지배권을 가졌다고 주장합니다.[7]

가사이 와진笠井倭人 교수는 왜 5왕이 송나라에 대해 강력하게 작호를 요구한 것은 한반도 남부 지역 내의 기득권을 국제적으로 공인받으려 한 것이라고 주장합니다.[8]

반도 사학계는 이러한 주장 전체를 부정합니다. 반도 사학계는 ① 작호爵號는 대개 요청하는 측이 원하는 대로 주는 경향이 강한 점, ② 모한, 진한 등 이미 없어진 나라에 대해서 지배권을 요청한 점, ③신라는 왜의 영역과는 아무런 상관이 없고 또 신라가 왜의 지배를 받은 적도 없는데도 지배권을 요구한 점, ④작호의 책봉은 보다 정치적인 요소가 강한 점 등을 들어서 큰 의미를 두고 있지 않습니다.

특히 연민수 교수는 왜왕의 장군호인 안동대장군이 백제왕의 그 것(진동대장군)보다 서열이 낮으면서 한반도 남부를 군사적으로 지배한다는 것은 의문이라고 합니다.[9] 최재석 교수는 5세기의 왜국이라는 것은 쓰시마對馬島를 포함한 규슈 지역에 불과한 상태이기 때문에 왜왕들의 작호라는 것은 형식적인데 불과할 뿐이고 오히려 백제가 일본에 일종의 경영팀을 파견하여 일본을 다스렸다고 주장합니다.[10]

그러나 냉정하게 보자면, 작호는 그것을 요구하는 사람이 원하는 대로 해주는 것이기도 하지만 국제정치의 현실을 반영합니다. 모한·

7 鈴木英夫, 『古代の倭國と朝鮮諸國』(青木書店: 1996), 93쪽, 160쪽.

8 笠井倭人, 『古代の日朝關係と日本書紀』(吉川弘文館: 2000), 312~313쪽.

9 연민수, 『고대한일관계사연구』(혜안: 1998), 121~130쪽.

10 최재석, 「中國史書에 나타난 5세기 '왜 5왕'기사에 대하여」, 『아세아연구』 102호(1999).

진한 등도 이미 없어진 나라가 아니라 그 지역을 지칭하는 것이기도 합니다. 즉 한국인들을 통칭하여 아직도 조선, 고려라는 말을 사용하지 않습니까? 신라는 왜의 영역과는 아무런 상관이 없고 지배를 받지도 않았다는 문제도 그리 간단하게 대답할 문제는 아닙니다.

이와 같이 하나의 기록에 대하여 두 나라의 입장이 완전히 다릅니다. 그러나 그 내면을 들여다보면, 열도(일본)는 끊임없이 한반도 일부에 대한 종주권을 주장하고 있고 이것은 장기적으로 한반도를 지배하려는 의도를 포함하고 있습니다. 마치 중국이 지속적으로 한반도는 중국의 영역인 것처럼 주장하면서 동북공정을 강행하는 것이나 다름없습니다. 그뿐만이 아닙니다. 일본은 독도도 일본의 영토라고 하고 중국은 제주도 남쪽의 수중암초(이어도)까지도 중국 땅이라고 합니다.

저는 같은 쥬신의 나라이면 형제의 나라라고 생각하기 때문에 불필요한 민족주의는 가지고 있지 않습니다. 다만 현재 자신의 영역을 지켜내면서 쥬신으로서의 공통성과 정체성을 바탕으로 국제협력을 도모하여 어려운 난국에 대처하여 쥬신이 사멸하지 않도록 하는 것이 가장 중요한 것임을 역설하고 있습니다. 아무리 그래도 독도 문제나 이어도 문제는 심합니다.

지도를 보세요. 울릉도에 연해 있고 열도와는 1,000리도 더 떨어진 곳이 어떻게 일본의 영토가 될 수 있겠습니까? 또 한국이 제주도 가까이 있는 수중암초 위에 해양기지를 만들어놓으니 이제는 중국이 자기의 땅이라고 주장합니다. 이것이 국제정치 현실입니다. 그러나 적어도 같은 쥬신들만큼은 국제정치에 서로 협력해야 합니다. 그래서 여러 가지 사안들에 대해 공동대처하는 자세를 가져야 합니다. 그것만이 쥬신의 사멸을 막을 수 있는 길이기 때문입니다. 앵글로색슨들은 이 점에 있어서 하나의 이상적인 모델일 수 있습니다.

다시 본론으로 돌아갑시다. 왜 열도의 제왕들은 한반도에 대한 군사적 지배권을 가진 작호들을 요구했을까요? 이 문제들을 지금까지와는 다른 측면에서 심층적으로 분석해봅시다.

부여계 내부의 헤게모니 쟁탈전

『송서』「왜국전」에 나타난 왜왕의 작호는 마치 한반도 남부 지역이 왜왕의 지배영역인 듯 묘사되어 있습니다. 이 기록으로 살판이 난 것은 일본의 정치가들과 학자들입니다. 즉 『송서』「왜국전」에 나타난 왜왕의 작호는 왜왕이 일본 열도를 포함하여 한반도 남부 일대에 대한 지배권을 확립하고 있다는 것을 제시하는 듯 보여서 일본 쪽에서는 이것을 한반도 남부의 지배권을 보증하는 수표처럼 인식하고 있다는 말입니다. 이에 대하여 한국 측에서는 이 작호가 이미 멸망한 나라에 대한 지배권까지 포함되어 있어 인정할 수 없다는 입장입니다.

그러나 제가 보기엔 이 두 견해는 모두 틀렸습니다. 왜 왕실과 백제 왕실 자체가 밀접한 관계가 있는 상황에서 그 변화나 추이를 감안하지 못한 분석들입니다. 결론부터 말하면 왜왕 작호 문제는 부여계 내부의 권력투쟁의 과정에서 나타난 일시적인 현상이거나, 아니면 대對고구려전을 제대로 수행하기 위한 하나의 군사적 전략으로 볼 수 있습니다.

왜왕의 작호 요구는 곤지왕의 도일渡日 및 천황 즉위로 인하여 정리됩니다. 이후 그 같은 문제가 정치적 이슈가 된 일은 없습니다. 이후 일본은 이전보다 더욱 강성해지는데 만약 그러하다면 더욱 더 많은 관작을 요구해야 하나 그런 모습들은 볼 수가 없습니다. 오히려 열도는 더욱 독립적으로 움직이면서 수나라가 건국될 시기에는 중국의 황제와 대등하다는 의식을 가지게 됩니다.

저는 지금까지 열도(일본)와 반도는 부여계이며 이들이 담로제도를 바탕으로 부여계의 정체성을 유지했을 것이라고 말씀드렸습니다. 특히 담로제도는 부여계의 확장과 정체성의 유지에 매우 유리한 제도였습니다.

한 가지 분명한 사실은 대륙부여 세력이 한강 유역의 초기 부여세력과 합류했고 이들 세력이 열도부여를 건설했으며, 그 헤게모니가 개로왕의 서거(475년)를 기점으로 반도에서 열도로 서서히 이전되고 있다는 것입니다. 그 중심에는 곤지왕(유라쿠 천황)이 있습니다. 이 과정에서 열도와 반도의 부여계의 대립과 갈등이 고조되었고 그 결과로 나타난 현상들 가운데 하나가 왜왕의 작호입니다. 이 같은 사태의 근본적인 원인은 고구려의 남하에 대하여 반도부여(백제)가 제대로 대응을 하지 못했고, 갈수록 그 세력이 약화된 것 때문이라고 할 수 있습니다. 400년에 광개토대왕의 한반도 남부 침공이 있은 후, 413년 즉위한 장수왕은 한술 더 떠 평양천도(427년)를 단행합니다. 이후 4세기 중반 이후에는 고구려와 백제 사이에 대립이 격화되고 반도부여는 국력의 한계상황에 봉착합니다. 반도에서는 열도의 지원이 절대적인 상황에서 주도권 싸움이 일어날 수밖에 없었을 것입니다. 아니면 고구려의 거센 남침에 대해 무언가 근본적인 대책이 필요했을 것입니다.

이때 열도가 반도에서의 헤게모니를 장악하려했을 수 있습니다.

마치 반도부여계가 만주부여계를 떠나서 새롭게 부여로 거듭나듯이, 열도부여계들은 반도부여계의 멸망(475년)을 기점으로 하여 다시 태어난다는 입장이었을 것입니다.

다만 이 주도권(헤게모니) 싸움에는 단순히 주도권 쟁탈전이라는 것 이상으로 부여계의 정체성 유지라는 보다 숭고한 의미가 담겨 있다고 보아야 합니다. 즉 헤게모니 쟁탈전은 담로제를 기반으로 하는 부여계의 자가분열 과정에서 나타날 수밖에 없는 현상이지만, 보다 큰 의미에서 부여계의 생존을 위해 불가피한 것이기도 합니다. 나아가 천 년의 숙적이자 강적인 고구려의 남침을 효과적으로 방어하려는 부여계의 전략으로 파악할 수도 있습니다.

따라서 이제부터 왜왕 작호에 대한 분석을 두 가지 가능성을 열어 두고 살펴보도록 합시다. 하나는 부여계 내부의 헤게모니 쟁탈전이라는 관점과 또 다른 하나는 부여계 정체성 유지를 위한 대고구려전 군사전략(전시군사통수권)이라는 측면입니다.

먼저 왜왕 작호 문제가 왜 결국은 반도부여와 열도부여 사이의 헤게모니 쟁탈전이 될 수 있는지 살펴봅시다.

첫째, 5세기에는 왜왕(열도부여)과 백제왕(반도부여)이 서로 경쟁적으로 작호의 승인을 송나라에 요청을 하고 있다는 점입니다. 그 과정을 한번 살펴봅시다.

417년 백제(전지왕)는 동진의 안제安帝로부터 '사지절·도독백제제군사·진동장군·백제왕'이라는 작호를 받았고, 420년 백제는 송나라에 사신을 보내 '진동대장군鎭東大將軍'의 작호를 받습니다.[11] 그러자

---

[11] 『宋書』「武帝紀」 및 「百濟傳」.

421년 왜왕 찬讚이 송나라에 사신을 보내 벼슬을 제수받았고, 431년 백제는 사신을 보내 선왕(전지왕)의 작호를 받습니다. 438년 왜왕 진珍이 '사지절·도독왜백제신라임나진한모한 6국제군사·안동대장군·왜국왕'의 작호를 송나라에 요구하자 송은 '안동장군安東將軍·왜국 왕'만 인정해줍니다. 451년 송나라는 왜국 왕에 대하여 '사지절·도독왜신라임나가라진한모한 6국제군사·안동장군'이라는 작호를 내려줍니다.

이와 같이 5세기 초의 반도부여(백제)와 열도부여(야마토)는 마치 경쟁을 하듯이 작호의 승인을 요구합니다. 그런데 이 시기는 반도부여가 극심한 국가적 위기에 처한 상황입니다. 마치 건달(유맹流氓) 사회에서 건달의 두목이 외부의 다른 건달세력에게 크게 당하면, 이 건달세력의 내부에 극심한 동요가 일어나 새로이 두목이 되려고 하는 사람들이 나타나는 것과도 같은 이치입니다.

둘째, 왜왕은 실제적이고 노골적으로 백제의 영역에 대해 지배권을 요청하고 있습니다. 이것은 한편으로는 반도부여의 멸망을 대비한 포석인 점도 배제할 수는 없습니다.

『송서』에 따르면, 왜 5왕 가운데 왜왕 찬讚이 영초 2년(421년)에 사신을 보내어 벼슬(구체적 내용은 없음)을 제수받았고, 원가 2년(425년)에 사절을 보내어 토산물 등을 보냈습니다. 왜왕 진珍이 438년 '사지절·도독왜백제신라임나진한모한 6국제군사·안동대장군·왜국왕'의 작호를 송나라에 요구했느나 송나라 황제는 안동장군·왜국 왕만 인정해줍니다.[12] 이 같은 송나라의 행태를 보면 백제가 건재한 상태에서 왜

---

12 "讚死, 弟珍立, 遣使貢獻. 自稱使持節, 都督倭百濟新羅任那秦韓慕韓六國諸軍事, 安東大

가 백제 땅을 요구하는 것을 받아들이기 힘들었다고 보아야 합니다.

바로 이전에 『삼국사기』 「백제본기」에 따르면, 전지왕(재위 405~420년)은 417년 동진의 안제安帝로부터 '사지절·도독백제제군사·진동장군·백제왕'으로는 작호를 받았고, 또 이 작호를 비유왕(재위 427~455년)이 431년경 사신을 보내 받았다고 합니다. 바로 이런 상황에서 특이하게도 왜왕 진은 백제왕(비유왕)이 건재하고 송나라와의 관계가 긴밀한데도 백제의 군사에 대한 지배권을 요구하고 있습니다. 열도와 반도(백제)지역이 부여계라는 점을 감안해 본다면, 이것은 열도와 반도 사이의 헤게모니 문제가 대두한 것으로 보아야 할 것 같군요.

특히 이 시기는 백제의 비유왕 시기입니다. 개로왕의 국서로 판단해 보건대, 고구려와의 갈등이 극심한 상황이기도 합니다. 이 시기의 『삼국사기』의 기록은 대부분 부정적인 내용으로 가득합니다. 비유왕의 시기는 지진, 태풍, 극심한 가뭄, 이상기온, 흉년, 기근 등이 이어지다가 결국 "흑룡이 한강에 나타나 안개가 자욱하더니" 왕이 세상을 떠납니다.

여기서 또 다른 이상한 점이 발견됩니다. 왜왕 찬讚의 기간 동안 반도부여(백제)의 왕은 구이신왕(재위 420~427년)인데 『삼국사기』에는 구이신왕의 행적이 없습니다. 이것은 지금까지의 분석들을 토대로 본다면, 구이신왕의 행적을 누군가가 다른 곳, 즉 『일본서기』의 기록에 사용했을 가능성이 있습니다. 마치 『삼국사기』에서 사라진 근초고왕의 행적이 『일본서기』에 있는 것처럼 말입니다.

그런데 『송서』에는 구이신왕이 영초 원년 즉 420년에 송나라에

將軍, 倭國王. 表求除正, 詔除安東將軍, 倭國王"(『宋書』 「倭國傳」).

사신을 보내 '진동대장군鎭東大將軍'의 작호를 받았다고 합니다.[13] 이 작호는 한漢나라의 사례를 본다면 안동장군보다는 높은 지위입니다. 그리고 이 시기는 왜왕 찬讚이 송나라에 사신을 보내고 벼슬을 제수 받는 때(421년)의 바로 1년 전의 일입니다. 그리고 원가 2년(425년)부터 백제는 해마다 사신을 보내어 공물을 바쳤습니다.

결국 비유왕이 431년 선왕의 작호를 받으러 사신을 보낸 문제도 부여계 내부에서 열도와 반도 사이에 갈등이 있었기 때문으로 추정 할 수 있습니다. 즉 반도부여(백제)가 고구려의 남하로 인하여 지속적 으로 흔들리고 있기 때문에, 열도에서는 반도의 상황을 회의적으로 보면서 반도부여는 고구려의 침공을 버틸 수 없을 것으로 파악한 듯 합니다.

이상으로 왜왕의 작호 문제를 헤게모니 쟁탈이라는 측면에서 살 펴보았지만, 그래도 이해할 수 없는 부분이 많이 있습니다. 왜왕의 작 호에는 "임나진한모한" 등의 말이 있는데, 이것은 다른 작호의 경우 와는 달리 지나치게 시시콜콜하게 일일이 지역 전체를 지칭하고 있 다는 점입니다. 그리고 특히 제군사諸軍事라고 하여 군사적인 동원권 을 유난히 강조하고 있습니다. 나아가 신라에 대한 지배권도 없는 왜 왕이 나제동맹(433년) 이후에는 신라까지도 군사지배권에 포함시켜 달라고 요구합니다. 참으로 이해하기가 어렵군요.

따라서 왜왕 작호 문제는 부여의 헤게모니 쟁탈전으로만 파악하 기에는 많은 다른 문제들이 다시 나타나고 있습니다. 결론적으로 본 다면 왜왕 작호 문제를 부여계의 헤게모니 쟁탈전으로만 설명하기에

---

13 『宋書』「武帝紀」 및 「百濟傳」.

는 크게 부족합니다.

부여의 대고구려전 군사전략

이제 왜왕 작호 문제를 해명하기 위해 좀 다른 시각에서 살펴봅시다. 제가 보기엔, 왜왕의 작호 문제가 헤게모니 쟁탈전을 넘어서 만약 반도부여가 멸망할 경우 즉각 해당 지역의 맹주로서의 권한을 기득권화하고 재생시킬 수 있는 국제적인 인정과정의 하나로 볼 수도 있습니다. 즉 왜왕은 백제왕과 친족관계로 백제왕이 멸망하면 그 지역은 결국은 부여계의 땅이라는 논리로 작호를 요구한 측면도 분명히 있다는 말입니다.

생각해봅시다. 왜왕의 작호에는 특이하게도 두 가지 점이 포착됩니다. 하나는 왜왕은 백제왕보다도 높은 작호를 요구하지 않았다는 점, 또 다른 하나는 특이하게도 신라임나진한모한 등의 백제가 지배한 영역들을 포함하는데 이것은 백제왕이 요구한 작호에는 없는 내용입니다.

이것은 왜왕이 요즘으로 치면 일종의 전시戰時 부통령 개념으로 왜국을 통치했을 가능성이 있다는 것이지요. 그러니까 백제의 대통령(백제왕)이 죽게 되면 그 대통령의 통치영역을 회복하기 위해서는 일본에 있는 부통령(왜왕)이 전시군사통수권을 받아서 한반도 내에서 고구려에 대항하는 전쟁을 치러야 합니다. 그런데 일본은 섬으로 멀리 떨어져 있는 상태이므로 왜왕이 이 기득권을 확실히 요구해두지 않으면, 한반도 남부의 백제(반도부여) 지배영역은 영원히 부여[왜왕(열도)]와는 상관없는 지역이 될 가능성이 커지게 됩니다.

쉽게 말해서 그동안 백제왕은 이 지역의 맹주로서 임나진한모한 등의 지역에 대한 군사적 동원권을 가지고 있었지만, 만약 백제왕이 사거死去할 경우, 당장 왜왕은 고구려의 남하를 막는 전쟁을 치러야 하는데 임나진한모한 등의 지역의 지배자들이 왜왕의 명령을 제대로 따를 리가 없는 것이지요.

다시 말해서 백제왕이 이 지역에 대한 군사적 관할권을 요구하지 않았던 것은 이미 이 지역을 군사적으로 지배할 수 있었던 상황이므로 굳이 그 부분에 대한 지배권을 요구할 필요가 없었겠지요. 그런데 만약 백제왕이 죽게 되면, 이 지역에 대한 맹주로서의 권한을 왜왕이 제대로 이양받을 수가 없게 됩니다. 따라서 왜왕들은 이 지역에 대한 맹주권을 어떤 형태로든 간에 명시해두거나 국제적으로 승인받지 않으면 안 되었던 것입니다. 특히 나제동맹(433년)이 있은 이후에는 신라를 이에 포함합니다.

이런 관점에서 본다면, 백제와 왜의 경쟁적인 작호 요구의 과정은 부여계 내부의 헤게모니 경쟁이 아닐 가능성도 배제할 수 없습니다. 짧게는 3~4년, 길게는 5~10년을 주기로 백제왕들과 왜왕들은 작호를 받아두려 합니다. 이것은 결국 대고구려전을 보다 원활히 수행할 수 있게 하는 범부여계의 국제전략으로 보아야 할 것입니다. 그러니까 왜왕의 국서에는 고구려에 대한 극심한 분노가 표출되어 있으며, 반도부여가 재건된 이후에는 이 같은 작호 문제가 다시 발생하지 않는 것이지요.

반도에서 열도로 헤게모니의 이전

백제가 멸망(475년)하자 열도부여는 반도부여(백제)의 재건에 총력을 기울입니다. 그래서 이 시기를 전후하여 반도부여(백제)와 열도부여(왜)의 헤게모니가 서서히 교체되고 있음을 볼 수 있습니다.[14] 문제는 반도부여에서 열도부여로 헤게모니가 넘어가는 이 시점의 중심인물로 일본 천황 가운데는 왜왕 무武, 즉 유라쿠 천황이 있고 백제에서는 곤지왕이 있었습니다. 그런데 앞서본 대로 이 두 사람은 동일인입니다.

부여계의 헤게모니가 반도부여에서 열도부여로 이전된 것을 보여주는 대표적인 예가 바로 유라쿠 천황이 스스로를 고구려왕에 준하는 지위를 자칭했다는 것입니다. 이것은 고구려와 적대적인 관계에서만 나올 수 있는 조치입니다. 그뿐만이 아니라 반도부여의 몰락에 즈음하여 새로운 고구려 대항세력임을 대내외적으로 천명한 것이기도 합니다. 나아가 이것은 왜왕의 작호가 대고구려전을 효과적으로 수행하기 위한 군사적 전략이었다는 점에 대한 또 다른 증명이 됩니다. 이 점을 구체적으로 봅시다.

478년 왜왕 무武, 즉 유라쿠 천황은 송나라에 사신을 통해 보낸 국서에서 스스로 개부의동삼사開府儀同三司라고 칭합니다. 여기서 말하는 삼사三司는 태위太尉·사도司徒·사공司空 등으로 삼공三公으로 불리기

---

[14] 야마오 유키아사(山尾幸久) 교수는 5세기의 변화를 ①'왜국'을 구성하는 서일본 각지 장군들이 가야 지방에서 군사활동을 벌이고, ②고구려의 평양 천도와 대가야(大加羅, 高靈)에 대한 (신라 주둔 고구려군을 통한) 군사적 압박의 강화, ③백제왕에게 대가야 왕이 군사적 협력을 요청하고 이에 따라 야마토 왕조의 지원을 부탁하는 등 일련의 움직임이 있었으며, ④440년경부터는 야마토 왕조는 독자적으로 움직이기 시작했다고 요약하고 있다. 山尾幸久,「日本古代王權の形成と日朝關係」,『古代の日朝關係』(塙書房: 1989).

도 하는데, 이 관직은 중국에서는 황제를 제외하고는 국가의 대사를 관장하는 최고의 관직입니다. 그러니까 개부의동삼사란 이 삼공에 준하면서 부府, 즉 관청을 열 수 있는 사람이라는 뜻입니다. 사카모토 요시타네坂元義種 교수에 따르면, 송나라를 기준으로 송나라 황제가 이 개부의동삼사를 인정해준 사람은 네 명뿐이었다고 합니다.[15] 그만큼 당시의 사람들에게는 의미 있고 영향력이 있는 작호인 셈이지요.『삼국사기』장수왕 51년(463년) 조에는 고구려의 장수왕이 송나라 세조로부터 정동대장군고려왕征東大將軍高麗王이라는 작호에서 거기대장군개부의동삼사車騎大將軍開府儀同三司로 격상됩니다.

그런데 왜왕 무(곤지왕)가 이 관직을 스스로 칭했다고 하는 것은 여러 가지의 의미가 있습니다. 무엇보다도 이 말은 반도부여가 몰락했다는 것을 내포하고 있습니다. 만약 반도부여가 건재한 상황이라면 천년의 숙적에 대해 내등하게 라이벌 의식을 가진 이 용어를 사용할 수 없는 것이지요. 그러니까 개로왕의 생전에는 사실상 고구려의 남침을 저지하는 중책을 총괄하는 사람이 개로왕이었는데, 개로왕 사후에는 이 중책을 맡을 사람이 바로 유라쿠 천황(곤지왕)이었던 것입니다. 고구려의 장수왕이 개동의부삼사라는 작호를 받은 것이 463년으로 이 시기는 고구려가 본격적으로 남하하는 시기입니다. 그리고 12년 후 개로왕은 피살되고(475년) 이로부터 3년 뒤에 유라쿠 천황은 장수왕과 대등한 작호를 스스로 칭하고 있습니다.

유라쿠 천황(곤지왕)에게 '개동의부삼사'라는 작호는 국제적으로 인정을 받든 안 받든 그것은 중요한 문제가 아니었던 것입니다. 당면한

---

15 坂元義種,『ゼミナール日本古代史(下)』(光文社: 1980), 385~387쪽.

과제인 고구려의 남하에 대해 모든 수단을 동원해서라도 막아야 했던 것입니다. 그래서 부여계의 총사령관으로서 유라쿠 천황은 스스로를 '개부의동삼사'로 부른 것으로 추정됩니다. 실제로 유라쿠 천황(곤지왕)은 458년 개로왕의 주선으로 송나라로부터 정로장군征虜將軍 좌현왕左賢王에 봉해집니다. 여기서 말하는 좌현왕이라는 말은 주로 쥬신계의 호칭으로 개로왕을 이은 제2인자라는 의미입니다. 그런데 개로왕이 서거했으니 곤지왕은 개로왕의 권한과 책임 모두를 떠맡지 않으면 안 되었던 것이지요.

지금까지 우리는 왜왕들의 작호 문제를 중심으로 그 역사적 의미와 실체를 살펴보았습니다. 험난한 부여계의 역사가 어떤 경로를 통해서 열도부여로 이어지는지를 충분히 알 수 있었을 것입니다.

참고

오사카에는 아스카베飛鳥 신사가 있습니다. 927년 일본 황실이 제정한
『연희식延喜式(엔기시키)』에 따르면 현재 오사카의 아스카베 신사는 일본
황실의 사당인데 이 사당의 원래 이름은 곤지왕 신사였다고 합니다. 그
런데 일본 제국주의 시대에 곤지왕 신사는 아스카베 신사로 바뀌었습니
다. 720년경의 기록에 의하면, 곤지왕 신사의 제신은 아스카베 미야쓰코
飛鳥戶造인 백제숙이의 조상, 곧 곤지왕이라고 합니다.[16]

참고로 일본 군국주의 시대에는 이렇게 한일동족론에 관한 많은 사
실들을 숨기기에 바빴습니다. 일본은 본가, 한국은 분가分家라는 사실에
위배되는 어떤 것도 용납할 수 없었던 것입니다. 이와 관련하여 다시 몇
가지를 상기해봅니다.

앞서본 대로 14세기의 기타바타케 지카후사北畠親房(1293~1354년)는
자신의 저서인 『신황정통기新皇正統記』에서 "옛날 일본은 삼한三韓과 같
은 종족이라고 전해왔다. 그런데 그와 관련된 책들이 간무桓武 천황(재위
781~806년) 때 모두 불태워졌다"라고 합니다.

그리고 『일본후기日本後記』에 따르면, 헤이세이平城 천황 대동大同 4년
(809년)에는 일본과 삼한이 같은 종족이라는 서적을 관청에 바치라는 포
고령을 내리고 "만약 이를 감추는 자가 발견된다면, 엄벌에 처한다"라는

---

16 『延喜式』「神祇志料」(927).

칙령을 내렸다고 합니다.[17] 18세기 에도시대의 저명한 고증학자인 도데이 칸藤貞幹(1732~1797년)은 일본인들의 대부분은 백제인에 의해 조직되었다고 단정합니다.[18]

그리고 제국주의 시대 당시 1915년 6월 29일 일본정부는 치안상의 이유로 김해金海 김씨金氏의 족보 발행을 금지합니다. 당시 김해 김씨의 족보에는 김씨의 시조인 수로왕의 왕자들 가운데 7명이 구름을 타고 가야를 떠나 일본으로 간 것으로 나타나 있습니다. 앞서본 대로 일본에서는 그들의 조상신이 다카마노하라高天原에서 다카치호미네高千穗峰로 내려왔다고 믿고 있는데 이곳은 규슈 남부 지역을 말합니다. 이 지방 일대에는 일본 궁내청에서 직접 관할하는 신사들이 많습니다.[19]

---

17 『日本後記』券17 平城天皇 大同 4年 2月 5日.

18 藤貞幹, 『衝口發』.

19 朴炳植, 『韓國上古史』(教保文庫: 1994), 206쪽.

15장 우리의 이름, 왜_{Wa}

들어가는 글 광개토대왕비의 답답한 해석

광개토대왕비에는 다음과 같은 말이 있어 우리를 당혹스럽게 했습니다.

> 百殘新羅, 舊是屬民由來朝貢. 而倭以辛卯年, 來渡口破百殘口口
> 新羅以爲臣民.

이 부분은 "백제와 신라는 옛날부터 (고구려의) 속민으로서 조공을 해왔
는데 왜가 신묘년(391년)"까지는 문제가 없는데, 그 다음에는 글자가 망
실되어 많은 논란이 되었습니다. 지금까지도 제대로 해결된 것은 없습니
다. 그저 양국의 학자들이 아직도 입씨름을 하고 있지요.

그래서 "신묘년 이래 (백제와 신라가) 조공을 하지 않으므로, 백잔과 신라
를 치고 신민으로 삼았다"라거나 "왜가 신묘년에 바다를 건너와 백잔을
깨뜨리고 신라를 신민으로 삼았다" 또는 "왜가 (신라를 신민으로 삼기 위해) 신

묘년에 바다를 건너오므로 고구려가 왜를 쳐부수었다"로 해석하고 있습니다. 일단 주요 글자가 망실되어 정확한 의미를 알기는 어렵습니다. 열도(일본)에서는 주로 "왜가 391년 이후 백제를 쳐부수고 신라를 신민, 즉 부용국(식민지)로 삼았다"라고 확신하고 있습니다.

열도(일본)의 동북아 고대사, 즉 한국 고대사에 대한 기본적인 시각은 다음과 같습니다. 한반도 북부에는 고구려라는 강대국이 있고, 한반도의 남부 및 열도에는 왜(倭)라는 강국이 있으며, 한반도에는 백제·신라·가야 등의 소국들이 고구려와 왜의 부용국 또는 조공국으로서 이들 강국(고구려와 왜)의 정치적 영향권 안에 있다는 것입니다. 따라서 근본적으로 '제대로 된 역사 연구' 없이는 열도쥬신(일본인)의 생각을 고치기는 거의 불가능합니다. 반도쥬신의 사학계처럼 소중화사상에 빠져 자기 논리로만 무장하여 이를 극복하려고 해서 될 일이 아닙니다. 그러면 이 두 나라는 지금까지 1,000년 이상을 반목하여 살아온 것처럼 앞으로도 원수처럼 살아야 합니다.

열도의 이 같은 해석에 대해 반도 사학계는 다양한 대응을 해왔습니다. 그 동안 워낙 많은 논쟁과 논란이 있었기 때문에 여기에서 논할 문제는 아닌 듯합니다. 다만 분명한 것은 광개토대왕비문에 왜(倭), wa가 나타났다는 것입니다. 답답한 것은 반도 사학계는 이 왜를 열도의 왜로만 생각한다는 것입니다. 소중화小中華 의식의 발로이겠지요.

제가 보기에는 이 같은 논쟁은 큰 의미가 없고, 다만 왜가 신라를 부용국으로 삼기 위해서 대대적으로 침입한 상황으로 보입니다. 그래서 고구려 군이 신라를 도와주기 위해 내려온 것이겠지요. 다른 부분도 봅시다.

九年己亥, 百殘違誓與倭和通, 王巡下平穰. 而新羅遣使白王云, 倭人滿其國境, 潰破城池, 以奴客爲民, 歸王請命.

(영락) 9년(399년) 기해년에 부여(백잔)의 잔당들이 맹세를 어기고, 왜와 통한 뒤 한 무리가 되자, 왕이 평양 아래로 순수했다. 신라가 사신을 보내어 고하여 말하길, '왜인이 나라의 지경에 가득하여 성과 못이 부셔지고, 깨져 백성이 노비로 되어 왕께 귀부하니 저의 목숨을 구해주십시오' 했다.

눈에 띄는 것으로 백제(반도부여)와 왜가 한 무리가 되었다는 부분입니다. 특히 왜인이 나라의 지경에 가득하다는 말도 나옵니다. 이 부분에 대해서 한국의 사학계는 도무지 대응할 논리가 없지요. 겨우 말할 수 있는 부분이 백제의 지원군으로 동원된 것처럼 얘기합니다. 그런데 이상한 것은 적어도 신라에 대한 부분에 있어서는 전쟁의 주도세력이 백제가 아니고 왜로 분명히 나와 있습니다. 글쎄요. 백제는 고구려의 극심한 침공으로 꼼짝을 못하고 왜가 이를 대신하고 있는 걸까요?

"(영락) 10년 경자년에 (광개토대왕은) 보병과 기병 5만을 파견하여, 가서 신라를 구했다. 남거성에서 나아가 신라성에 이르렀는데, 왜인이 그 가운데 가득했다[十年庚子, 敎遣步騎五萬, 往救新羅. 從男居城, 至新羅城, 倭滿其中]"라고 합니다. 이 말은 신라성, 즉 경주 인근에 왜인倭人들이 가득했다는 뜻입니다.

그 다음 기록은 더 문제입니다. 즉 "(영락) 14년 갑진에 왜가 법도를 어기고, 대방의 경계에 침입했다[十四年甲辰, 而倭不軌, 侵入帶方界]"라는 말입니다. 원래 대방이라는 곳은 요동과 만주, 황해도 등 여러 지역을 부르는 말입니다. 그런데 위의 비문에 있는 말은 이후의 말들로 보아 오늘날 평안도나 황해도를 가리키는 말로 보입니다. 분명한 것은 백제가 아니라 왜가 황해도 지역까지 고구려를 공격해들어갔다는 것입니다. 이것은 바로이전에 고구려가 왜를 공격한 것에 대한 복수전의 성격이 강한 것으로 추정하는 것이 당연한 일이지요. 이것은 일본학자들의 입장이기도 합니다. 그래서 위의 기록은 한반도 남부를 원래 일본이 지배하고 있었기 때문에 당연히 고구려군의 침공에 대한 일본(왜)의 반격이라고 보고 있습니다. 그리고 이 견해는 에가미 나미오의 '왜한연합왕국설倭韓聯合王國說'의 중요한 증거가 될 수 있지요.

그런데 이 부분에 대해서 한국의 사학계는 입을 꾹 다물고 있거나 궁색한 변명만 늘어놓고 있습니다. 기껏해야 이 전쟁은 백제가 주도했을 것이며 왜군은 지원군이었을 것이라는 것입니다. 그런데 위의 비문에 왜가 백제의 지원군이라는 얘기가 어디에 있습니까? 한국사의 연구 수준이나 패러다임이 얼마나 부실한지를 보여주는 한 대목입니다. 제가 보기엔 왜wa라는 말이 한국인의 다른 이름 같습니다.

이것은 '왜=일본'이라고 생각하기 때문에 생긴 문제들입니다. 왜를 가야인 또는 규슈 지역의 가야인, 요동과 한반도에 이르는 해안 지역민을 낮추어 부르는 말로 이해하면 간단한 일입니다.

광개토대왕 시대라면 5세기 초입니다. 만약 왜가 고구려를 상대로 싸웠다고 하면 수천에서 수만의 군대가 전략적으로 신속히 동원되어야 합니다. 그런데 만약에 왜가 현재의 일본 지역 사람들이라면, 두 가지 문제가 발생합니다.

하나는 강력한 고구려군을 상대하려면 적어도 2만 이상의 군대가 동원되어야 할 것인데 이 많은 병력을 일본 열도에서 누가 조직하고 동원했으며 그 보급로는 어떻게 구성했을까 하는 점입니다. 다른 하나는 열도에서 그 많은 병력을 단기간에 동원하여 이동시킬 만한 항해술이 4세기 말에 있었는가 하는 점입니다. 그뿐만이 아니라 2만 이상의 군대를 동원하려면 동원되는 배만 해도 (사이메이 천황기의 기록과 대비한다면) 대형 선박으로 400~500여 척이 필요한데 이것을 누가 어떻게 동원했는가 하는 점입니다.

만약에 그 많은 군대와 큰 배가 동원되었다고 하면 행정조직이 고도화되어 있어야 합니다. 그런데 4세기 말의 일본에 대한 기록 자체가 없습니다. 특히 4세기에서 5세기 초까지 일본에는 어떤 기록도 없어, '신비의 4세기'라고 할 지경입니다. 그뿐만이 아니라 4세기 후반까지 일본에는 말이 없었고, 6세기까지도 제철시설이 없었습니다.[1]

---

1 지카쓰아스카(近つ飛鳥) 박물관의 시라이시 다이치로(白石太一郎) 관장은 "4세기 후반까

그동안 유라쿠 천황(곤지왕)까지의 여러 가지 분석을 통해서, 우리는 야마토에 의한 일본 열도의 정치적 통합이 거의 6세기에 이르기까지도 제대로 진행되지 못하고 당시 열도는 각종 정치세력들의 각축장이었음을 보았습니다. 쉽게 말하면 이때까지도 열도는 호족들이 난립한 상태일 텐데, 이 상태에서 무슨 군단급 해외파병이 가능한 일입니까? 더구나 항공모함이 있는 것도 아닐 텐데 말입니다.[2] 그러니까 생각을 바꾸고 사실을 '있는 그대로' 보아야 합니다.

'왜倭=일본日本'이라는 것 자체가 착각입니다. 원래 왜倭라는 말이 일본의 중심 지역인 현재의 오사카-교토 지역에 나타난 것은 최소로 잡아도 5세기 이후로 보아야 합니다. 중국의 문헌 사료에서는 266년경부터 413년까지 약 150년 간 왜에 관한 기사가 보이지 않습니다. 그 이전 기록들은 주로 만주-한반도 등지에서 나타납니다. 그러니까 왜라는 말은 한국인들을 비하하여 부르는 말의 하나입니다.

지 일본에는 말이 없었다. 백제와 국교를 맺으면서 비로소 말을 들여오게 된 것이다. 그 전 시기까지 말 유골이 발견되지 않다가 5세기에 말을 순장해 함께 묻은 무덤이 대거 발견되는데, 이는 한반도에서 건너온 말이 권력의 상징이 되었다는 것을 의미한다. …… 일본에 철이 처음 들어온 것은 1~2세기경인데 주로 한반도에서 온 것이다. 6세기까지 일본에선 제철시설이 발견되지 않는다. …… 처음엔 가야에서 완제품의 형태로 철기를 수입했다가 6세기에 들어서면서 원재료 형태로 수입해 각지로 보낸 뒤 필요한 제품으로 변형해 쓴 것이다"라고 했다(『동아일보』 2015. 7. 16.).

[2] 고대의 전쟁과정과 전쟁 물자의 이동과 관련된 사항은 김운회, 『삼국지 바로읽기』(삼인: 2006) 22장, 29장, 42장 참고.

왜, 한국인의 이름

저는 그동안 여러 차례 왜倭가 한국인을 비하하는 말이라고 강조해왔습니다. 위치로 말하자면 현재의 경상남도와 전라남도, 황해도 해안, 충청도 해안이라고까지 추정했습니다. 이 말을 가지고 욕을 하는 것은 우리 스스로 누워서 침뱉기에 불과하다는 말을 해왔습니다. 왜의 실체에 대하여 『대쥬신을 찾아서』에서 상당한 부분을 소개했습니다. 이번에는 그동안 미흡했던 부분들을 중심으로 설명하겠습니다. 그 전에 『대쥬신을 찾아서』의 내용 가운데 관련된 중요 부분들을 간단히 정리하겠습니다.

『후한서後漢書』나 『자치통감資治通鑑』 등의 기록에서, 왜인倭人들은 마치 현재의 베이징北京 인근 지역에 사는 것처럼 서술되어 있습니다. 만약에 왜인들을 일본 열도의 사람들로만 이해하고서는 해명할 수 없는 일입니다. 그뿐만이 아니라 단순히 가야인으로만 이해를 해도 곤란합니다. 일단 이 점들을 구체적으로 살펴봅시다. 다음은 『후한서』의 내용입니다.

서기 178년 겨울, 오랑캐(선비)가 다시 주천酒泉에 쳐들어와, 변방이 큰 피해를 입게 되었다. 사람들이 나날이 불어나자 들짐승을 사냥하는 것만으로 양식을 대기가 힘들었다. 이 때문에 단석괴檀石槐(?~181년)는 스스로 정복지들을 널리 돌아보다가 오후烏侯에서 진수秦水를 보았는데, 진수(호수)는 광대하고 큰물이 멈춘 채 흐르지 않았다. 그런데 그 물 속에 물고기가 있었으나 잡지를 못했다. 단석괴는 왜인倭人이 그물질을 잘 한다는 말을 들은 바 있어 이에 동으로 가서 왜인국倭人國을 공격하여 왜인들 1,000여 가를 잡아온 뒤, 그들을 진수 위로 이주시키고 난

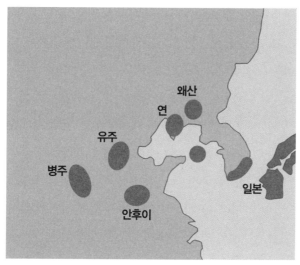

도 31 | 왜라는 말이 나타난 지역

뒤 '물고기를 잡아 먹을거리를 마련하라'고 명령했다.[3]

이 기록에 나타나는 주천酒泉은 현재의 간쑤성甘肅省 주취안酒泉인데 이곳에서 동쪽으로 가면 큰 호수가 있고 그 호수에서 다시 동쪽으로 가면 왜인倭人들이 산다는 말입니다. 그리고 『자치통감』에는 위의 기록이 있던 바로 다음 해(179년)에 단석괴가 유주幽州와 병주幷州에 침입했다는 말이 분명히 있습니다. 그런데 이 병주幷州는 현재의 산시성山西省 타이위안太原 지역이고 유주는 바로 현재의 베이징北京 지역입니다. 그러니까 여기서 말하는 왜인은 중국의 변방 특히 큰 강 유역이나 해안가에서 어업(물일)에 종사하면서 사는 사람들을 가리키는 말

<hr>

3 "光和元年冬 又寇酒泉 緣邊莫不被毒 種衆日多 田畜射獵 不足給食 檀石槐乃自徇行見烏 侯秦水 廣從數百里 水停不流 其中有魚 不能得之 聞倭人善網捕 於是東擊 倭人國 得千餘 家 徙置秦水上 令捕魚以助糧食"(『後漢書』「鮮卑傳」).

이 분명합니다. 이외에도 왜인들이 나타난 기록들을 모아서 그림으로 표시하면 〈도 31〉과 같습니다.[4] 〈도 31〉은 사서에 나타난 왜에 대한 기록들을 모아놓은 것입니다.

〈도 31〉을 보면 결국 왜인들이 거주한 지역은 현재의 베이징이나 요하 지역, 산둥반도 서부, 한반도 서해와 남해의 연안 및 도서지방 등이라고 볼 수밖에 없지요. 왜倭에 대한 기록이 매우 상세하고 후대의 기록에 큰 영향을 미친 『삼국지三國志』를 보면 왜倭가 현재의 일본日本을 가리키는 말이 아니라 한반도 서남부 해안 전체 지역을 말하는 것으로 보입니다. 『삼국지』에는 "사람이 죽으면 상주喪主는 곡哭을 하지만 다른 사람들은 술을 마시고 춤추고 노래한다"는 기록이 있는데, 이것은 2,000년 후인 지금 우리(한국)의 모습과 너무 흡사합니다. (현재 일본의 풍습은 아닌 듯합니다.) 그 후 시간이 지나 『북사北史』가 등장하는 시기엔 왜倭는 거의 일본 열도로 굳어지고 있습니다.

이제 이 왜倭에 대하여 제대로 분석해봅시다.

광개토대왕비의 왜

반도쥬신에서는 왜倭를 현재의 일본 열도라고 일반적으로 알고 있습니다. 그런데 1963년 이후 반도쥬신의 북부(북한)를 중심으로 일본사를 반도쥬신 역사의 연장선으로 보는 관점들이 나타났습니다. 예를 들면, 가야 지역이[5] 『삼국지』「위서」 동이전의 한전韓傳의 계통을 잇는

---

4 김운회, 『대쥬신을 찾아서 1』(해냄: 2006), 133~183쪽 참고.
5 일본에서는 주로 가라(加羅)라는 용어를 많이 사용하고 있다.

왜倭의 또 다른 이름은 아닐까 라는 의문들이 제기되었습니다. 물론 반도쥬신의 사서인『삼국사기』(백제본기)에 나타나는 왜倭라는 말은 가야뿐만이 아니라 열도(일본)를 가리키는 경우도 나타납니다.

그동안 이 왜倭의 존재를 일본에서는 야마토大和 정권 또는 한반도 남부 왜인으로 보았고[6], 한국에서는 북규슈의 백제계 왜국[7], 친백제 북규슈 세력[8], 중국에서는 북규슈의 해적세력[9] 등으로 보고 있습니다. 제가 보기엔 조금씩 잘못된 견해들입니다.

특히 한반도 남부의 왜인이라니 그게 무슨 말입니까? 그저 한국인 이지요. 도대체 열도에 제대로 된 국체나 국가도 없는데 그 국민만이 반도에 있다는 것이 말이 됩니까?

앞서본 대로 왜에 대한 개념은 광개토대왕비의 해석 문제와도 결부되어 있습니다. 광개토대왕비의 경우 고구려군은 왜백제연합군倭百濟聯合軍을 격파한 것으로 되어 있는데, 이 왜에 대하여 크게는 대화조정大和朝廷으로 보는 설, 북규슈北九州의 백제계 국가로 보는 설, 임나지방의 별명으로 보는 설 등이 있습니다.

광개토대왕비에 나타난 왜에 대한 문제는 1960년대부터 반도쥬신(한국)과 열도쥬신(일본) 사이의 뜨거운 감자가 되었는데, 당시에 열도의 학자들은 비문의 왜를 대화조정으로 보았습니다. 결국 이런 사고에서 열도쥬신이 한반도 남부를 지배했다는 논리로 발전했고, 이 것은 열도쥬신의 반도쥬신에 대한 식민지배를 합리화하는 구실로 인

6 井上秀雄,『任那日本府と倭』(東出版: 1973), 119쪽.

7 金錫亨,『초기조일관계연구』(사회과학원출판사: 1966), 297쪽.

8 千寬宇,「廣開土王淩碑文再論」,『全海宗博士華甲紀念史學論叢』(일조각: 1979).

9 王建群(박동석譯),『廣開土王碑硏究』(역민사: 1985), 236쪽.

용되기도 합니다.

광개토대왕비에 나오는 왜에 대한 일본의 연구에 가장 강력하게 반발한 학자는 북한의 김석형金錫亭 교수입니다. 그는 여기서 말하는 왜는 북규슈北九州 지방에 있던 백제계(백제 분국)인 왜국으로 고국인 백제를 위해 동원되어 조선에 출병한 것으로 보았습니다. 즉 1960년대 '삼한·삼국의 일본 열도 내 분국설'을 제기한 김석형 교수는 일본 열도 안에서『일본서기』의 10개 가라국을 기비吉備 지방을 중심으로 모두 찾아냈을 뿐만 아니라 몇 개 가라계열 소분국을 더 찾아내기도 했지요. 결론부터 말하면 김석형 교수의 견해는 오류입니다. 김석형 교수의 견해는 부여계와 왜를 완전히 같다고 보는데 그것은 잘못이지요. 그리고 이 시기에 고국으로 그 많은 군대를 보낸다는 자체가 동화 같은 얘기입니다.

광개토대왕비에 나오는 왜에 내하여 그것이 야마토 소성의 군대이든, 백제분국의 군대이든 모두 북규슈로 비정한 것은 타당성이 부족합니다.

첫째 지금까지 본 대로 5세기 초에 대전大戰을 수행해낼 만한 정치적인 실체가 제대로 없다는 것입니다. 하물며 도대체 규슈 지역에 어떤 강력한 국가가 있어 대고구려 전쟁을 수행한다는 말입니까?

둘째 설령 야마토 조정의 실체가 존재한다 해도 4세기 말에 야마토 조정이 한반도로 출병하여 고구려의 대군과 싸울 정도의 강대한 힘을 지니고 있었던 것도 아니기 때문입니다.

셋째 고구려와 싸운 왜가 일본 내에 있었다면 왜의 대군大軍은 전쟁이 필요한 시기에 신속하게 쓰시마對馬해협을 건너야 하는데, 그것은 당시의 조선造船기술로 보아 거의 불가능한 것으로 판단되기 때문

입니다.[10]

가장 결정적인 이유는 이미 지적한 대로 당시 야마토 조정이 군단급 병력을 동원한 기록은 고사하고 중대급 병력을 동원한 기록도 믿을 만한 사서에는 없다는 것입니다.

그렇다면 여기서 말하는 왜는 일본 열도에 있지 않았다는 말이 되는데 이에 대하여 이노우에 히데오井上秀雄 교수는 고구려와 싸운 왜군의 중핵 혹은 대부분은 바다를 건너지 않은 왜인倭人, 곧 임나 지방에 있던 왜인이었을 것이며, 『삼국사기』「신라본기」에 보이는 왜인·왜병도 육지와 이어진 곳에 살고 있던 왜인·왜병이며,[11] 신라에서는 7세기 중엽까지 신라와 접해 있던 임나 지방을 왜倭라고 불렀다고 주장했습니다.[12] 이와 관련하여 키노시타 레이진木下禮仁 교수는 『삼국사기』의 왜 관계 기사들이 「신라본기」에 집중되고 있음을 지적합니다.[13]

이 논의들도 말이 안 됩니다. 열도쥬신의 사학계의 거목조차도 보고싶은 것만 보고 있는 것입니다. 양국의 사학자들의 소중화주의적 질환이 심각한 정도입니다. 한번 봅시다. "바다를 건너지 않은 왜인倭人, 곧 임나 지방에 있던 왜인"이라는 말이 우습군요. 임나 지방에 있는 왜인이라는 표현이 말입니다. 이 말은 그저 임나 지역민, 즉 가야인이라고 하면 간단한 말이 될 터인데 표현이 이상하다는 말이지요.

---

10 井上秀雄, 『任那日本府と倭』(東出版: 1973), 116~121쪽.

11 井上秀雄, 앞의 책, 390쪽.

12 旗田巍, 「三國史記新羅本紀にあらわれた倭」, 『日本文化と朝鮮』2(朝鮮文化社: 1975).

13 木下禮仁, 「5世紀以前の倭關係記事-國史記を中心として」, 森浩一編, 『倭人傳を讀む』(中央公論: 1982).

이 시기에 일본인으로서의 정체성이나 국민의식이 제대로 있었던 것도 아닌데, 임나 지역에 있던 왜인이라는 말이 상식적이지 않지요. 그저 가야인들이라고 하면 될 일입니다. 이 점은 이미 여러 차례 지적했습니다.

어쨌든 이노우에 히데오 교수는, 일본의 대부분 사가들이 중국 사서 「왜인전」에 보이는 왜인 거주구역의 중심이 오늘날의 일본 열도라고 판단하고 있음에도 불구하고, '왜倭', '왜국倭國', '왜인倭人'이라는 어휘를 사용하는 각종 사료들을 검토한 결과 그 내용이 지금의 일본 열도와는 관계가 없는 경우가 많다고 본 것입니다. 탁견이 분명합니다.

이노우에 히데오 교수는 『산해경山海經』, 『논형論衡』, 『한서漢書』, 『후한서後漢書』, 『삼국지三國志』, 『삼국사기』 등의 왜 관계 기사를 여러 차례 검토했습니다.[14] 그 결과 그곳에 등장하는 왜인의 거주 지역이 현재 중국의 화북華北이나 화남華南, 혹은 한반도 남부에 조금씩 흩어져 있었을 가능성을 제기했습니다. 이노우에 히데오 교수는 『일본서기』와 『고사기』에 '왜倭'가 집중적으로 사용되었고, 신화 시대神話時代에는 천황과 그 가족만이 이 용어를 사용하고, 전설 시대傳說時代에는 야마토 지방의 귀족과 호족들이, 역사 시대에서는 이주민들(부여계를 말함)을 지칭하는 말로 사용되었다고 합니다. 그러니까 그동안 왜에 대한 일반적인 개념과는 다른 것이지요.

간단히 말하면, 이노우에 히데오 교수는 중국·조선 사서의 왜倭 관련 기사들을 검토하여 왜가 가야의 별칭이라는 결론을 도출해내고,

---

14 이노우에 히데오 교수는 『한서(漢書)』의 경우는 「지리지(地理志)」, 『후한서(後漢書)』는 「선비전(鮮卑傳)」, 『삼국지(三國志)』는 「동이전(東夷傳)」, 『삼국사기』는 「신라본기」 등의 기록에 주목하고 있다.

'임나일본부任那日本府'란 가야의 재지호족在地豪族으로 구성된 합의체로서, 왜 왕권뿐만이 아니라 일본 열도의 세력과는 전혀 관계가 없다고 보았습니다.

이노우에 교수의 견해는 매우 합리적이고 타당한 견해로 보입니다. 그러나 이 견해도 앞으로 보겠지만 쥬신의 전체 역사에서 고찰한 왜와는 다소 거리가 있습니다. 왜라는 개념은 단순히 일본 열도나 중국의 화중, 화남 및 한반도 남부의 사정만으로는 결코 이해하기 힘든 여러 가지의 요소들과 변수들을 가지고 있기 때문입니다.

저는 왜倭는 범쥬신Pan-Jüsin, 즉 범 한국인들의 명칭이며, 이 명칭은 단순히 한반도나 일본뿐만이 아니라 현재 중국의 산둥山東, 허베이河北, 요하遼河 등에서 포괄적으로 나타나는, 해안 지대를 중심으로 거주한 친부여계 한국인들임을 『대쥬신을 찾아서 2』에서 상세히 고증했습니다. 앞으로 여러 차례에 걸쳐 좀 더 포괄적이고 심층적으로 왜에 대한 한국과 일본의 여러 학자들의 견해들을 검토하고 그 타당성을 검정할 것입니다.

16장 왜의 뿌리를 찾아서

들어가는 글 **한족漢族의 나라, 일본?**

일본 제국주의 시대 당시 경성제국대학 교수였던 스에마쓰 야스카즈末松
保和의 대표적인 저서는 『임나흥망사任那興亡史』입니다. 그는 임나일본부
가 존재한 것은 "일본의 자랑스러운 역사(96쪽)"이며, 임나일본부가 존속
했던 기간 동안은 백제가 일본에 복속한 것이 분명한 역사적 사실(66쪽)
이라고 주장합니다. 그리하여 백제는 임나에 준하는 관계의 나라로서 일
본을 섬겼고, 당시 일본과 백제와의 관계는 말하자면 주종관계의 타성에
끌려가는 상태였다고 결론을 짓고 있습니다.[1]

그런데 이상한 점은 그가 주장하는 이 일본의 실체입니다. 그는 일본
의 역사에 기여한 수많은 도래인들이 한국인들이 아니라고 합니다. 즉
"일본에 온 귀화인들은 대부분 중국인이며 한국인이 아니다"라고 합니

---

1 末松保和, 『任那興亡史』(吉川弘文館: 1956).

다(269쪽). 도대체 뭐가 뭔지 알 수가 없군요. 그의 논리대로라면, 야마토 왕조는 중국계의 힘으로 이룩했다는 것입니까?

그의 말을 들어보니, 한족漢族들이 참 멀리도 왔습니다. 그 험난한 요동을 지나고 산을 넘고 강을 건너 왜 야마토까지 갔는지 이해가 잘 안되는군요. 당시 중국의 변방이었던 베이징 지역을 거쳐 거칠고 험한, 란하灤河-산해관-요하遼河-요동반도-압록강-청천강-대동강-한강 등을 거쳐 다시 태백산맥의 준령들을 넘고 또 넘어 낙동강을 건너 부산까지 왔다가 다시 배를 얻어 타고 험난한 대한해협(현해탄)을 건너고 규슈九州를 지나 다시 배를 타고 시코쿠四國에 갔다가 또 배를 타고 야마토 지역까지 무엇 때문에 왔을까요? 참 이해가 안 됩니다.

이 거리는 오늘날처럼 생각하면 안 되는 거리입니다. 베이징에서 한반도를 거쳐 일본으로 가는 거리는 고대에서는 울란바토르에서 양쯔강洋子江까지 가는 것보다도 훨씬 더 먼 거리로 봐야 합니다. 왜냐하면 이 길은 말을 타고도 갈 수가 없고 걸어서도 못 가는 거리입니다. 그리고 군데군데 험준한 산맥들이 가로막고 있고 이 산맥들을 지났는가 싶으면 이내 험난한 바다가 있어 배도 빌려 타야 합니다. 산맥도 그저 넘을 수 있는 게 아닙니다. 제가 낙양洛陽이나 장안長安에 사는 한족이라면 일본으로 가는 것은 아예 생각도 하지 않았을 것입니다.

그리고 그 과정에 얼마나 많은 강대한 나라들과 소국小國들이 있었겠습니까? 경상도 지역만 해도 수십 개의 소국들이 있었습니다. 이들은 아마 압록강은커녕 만리장성 아래에 있던 란하도 건너지 못하고 가지고 온 재산들을 모두 털렸을 것입니다. 일본까지 가느니 차라리 있는 그 자리에서 숨죽이고 사는 게 더 나았을 것입니다.

왜倭라는 명칭

'왜倭=일본日本'이라는 생각은 비단 한국만의 생각은 아닙니다. 일본의 경우에도 오래전부터 '왜倭=일본日本'으로 보고 있었습니다. 예를 들면 헤이안平安 중기의 서적인 『일본서기사기日本書紀私記』에서 보듯이, 왜倭=일본日本=야마토大和 정부라는 사고방식이 일본에서는 일반적이었습니다. 적어도 헤이안 중기 이후에는 왜를 일본과 같은 개념으로 이해하고 있었다는 것입니다. 참고로 헤이안 시대는 794년 간무桓武 천황이 헤이안쿄平安京(현재의 교토)로 천도한 때부터 미나모토노요리토모源賴朝가 가마쿠라 막부幕府를 개설한 1185년까지의 시기를 말합니다.

왜倭라는 이름은 송나라 이후에도 일본의 호칭으로 사용되었지만 명나라 이후에는 공식적으로 일본日本으로 불렀습니다. 물론 이후에도 왜구倭寇 등 피해를 끼치는 일본인들에 대하여서 왜倭라고 부르기도 했습니다. 그것은 지금도 마찬가지로 왜가 아직도 비칭으로 사용되고 있지요.

반도쥬신(한국)에서는 일본이라는 말보다 왜倭라는 말을 더 많이 사용합니다. 결론부터 말하지만 왜라는 말은 광범위한 쥬신을 부르는 범칭의 하나입니다. 반도쥬신이 열도쥬신에게 왜라고 비하한다면 그것은 누워서 침뱉기와 다를 바 없지요. 쉽게 말하면, 영국인들이 미국인들을 양키라고 욕하는 식입니다.

1,000년 이상이 지나는 동안에도 동아시아의 고대사 패러다임은 '왜=일본'이라는 범주에서 벗어나지 못하고 있지만, 에도江戸 시대의 일부 고증사가 가운데는 왜倭는 일본이 아니라는 견해를 밝힌 사람도 있었습니다. 그러나 이 설은 널리 인정을 받지 못하고 고립되어 이후

의 학계에 영향을 주지 못했습니다.

왜倭의 실체에 대해서는 이미 『대쥬신을 찾아서 2』에서 고증했지만 좀 더 구체적으로 일본의 고대사 연구나 방향에 어떤 문제들이 있는지를 왜倭를 중심으로 살펴봅시다. 특히 왜는 일본 열도를 가리키는 말이 아니라 한국인들의 범칭이자 비칭이라는 부분을 상세히 살펴봅시다.

먼저 『산해경山海經』에는 "개나라는 거연鉅燕에 있으며, 남왜南倭와 북왜北倭는 연나라에 속한다"라고 합니다.[2] 물론 『산해경』은 온전히 신뢰하기는 어려운 책이지만, 분명한 것은 '왜=일본 열도'로 보고 있지는 않다는 것입니다. 그런데 연나라가 현재의 베이징北京과 요동반도를 거점으로 한 나라인데 왜가 연나라에 속한다면 산둥山東반도 지역과 요하遼河 동부 지역을 지칭하고 있는 것입니다. 그래서 이 구절을 가지고 이른바 남왜북왜설南倭北倭說이 대두하기도 합니다만 이것은 잘못된 견해입니다. '일본 열도=왜'라는 전제하에서만 보려 하기 때문에 나타난 현상이지요.

그러면 도대체 왜가 처음 나타나는 "신뢰할 만한" 기록은 무엇일까요? 그것은 『한서漢書』입니다. 『한서』에 "낙랑의 바다 한가운데 왜인들이 있으며, 이들은 나누어져 100여 국이 있었다"[3]라고 합니다.

이 기록은 현재의 일본을 의미하는 왜인倭人에 대한 최초의 기사로 알려져 있습니다. 그러나 이노우에 히데오井上秀雄 교수는 이 기록을 왜인으로 보려는 것은 잘못된 것이며, 『한서』에 나타난 이 왜는 동이

---

2 "蓋國在鉅燕南倭北倭屬燕"(『山海經』第12「海內北經」).

3 "樂浪海中有倭人 分爲百餘國"(『漢書』卷28「地理志」).

족 전반에 관한 기록이라고 합니다. 즉 이 기록이 나타나고 있는『한서』의 본문을 보면, 공자孔子가 중국 내부에서 도의道義가 혼란한 것을 혐오하여 해외의 구이九夷 가운데 도의가 행해지는 곳으로 이주하고 싶다고 한 이상향을 낙랑군에서 온 보고와 결부시킬 뿐 아니라, 동이東夷 전반에도 적용된다는 예증으로 제시한 것이라는 말입니다. 그리고 여기에 나타난 "바다 한가운데"라는 표현도 섬을 나타내는 말이 아닙니다. 이런 표현들이 중요 사서에 종종 나타나는데, 이 의미는 해상교통이 잘 발달된 지역을 가리키는 말로 보는 것이 좋을 듯합니다.[4] 즉 중국에서 해로를 이용해서 가는 지역을 의미하겠지요.

조선을 설명할 때도 이 같은 표현이 나타나고 있습니다. 예컨대,『한서』에 "그 후 한나라 군사들이 조선을 정벌하고 이로써 낙랑군과 현도군이 되었다. 조선은 바다 가운데 있고 마치 남쪽 오랑캐들의 형상[越之象]을 하고 있지만 북방의 오랑캐의 지역이다"라고 합니다.[5]

여기에 특이한 표현들이 나타나는데 바로 남쪽 오랑캐들의 형상, 즉 월지상越之象이라는 말입니다. 이 말의 의미를 정확하게 파악하기는 어렵습니다. 그러나 바로 이전에 나타나는『한서』의 표현을 보면 대체로 월나라와 같이 바다 또는 장강長江으로 분리된 지역임을 추정할 수 있지요. 즉 바로 이 문장 이전의 기사는 "원봉 연간에 혜성이 하수로 향했다. 점을 보니, '남쪽은 월문을 지키고 북쪽은 호문을 지켜라'고 했다. (그리고 후에 한나라 병사는 조선을 공격해 낙랑, 현도군을 세웠다. 조선은 바

---

4 井上秀雄,「中國文獻における朝鮮·韓·倭について」,『任那日本府と倭』(東出版 寧樂社: 1978).

5 "其後漢兵擊拔朝鮮,以樂浪,玄郡,朝鮮在海中,越之象也;居北方,胡之域也"(『漢書』卷26「天文」第6).

다 가운데 있고 마치 남쪽 오랑캐의 형상을 하고 있지만 북방의 오랑캐의 지역이다.)"라고 되어 있습니다.[6]

즉 한나라 때는 남방의 군사기지를 월문越門이라고 하고 북방의 군사기지를 호문胡門이라고 하여 남북을 구분하고 있었습니다. 이 표현법에서는 "조선이 얼핏 보면, 남방 오랑캐처럼 보이지만 알고 보면, 북방인들"임을 분명히 밝히고 있는 것이지요. 아마 한족漢族의 사가史家들이 보면 매우 이상하게 느껴졌겠지만, 장강(양쯔강)에서 한반도 서남해안까지 해안선을 따라 이동과 교역이 쉬운 연안민沿岸民들의 사정을 알기는 어려웠을 것입니다. 바로 이것이 안개 속에 가려진 왜인倭人의 실체입니다.

이런 표현법은 다른 경우에도 나타납니다. 예를 들면 후한後漢 때 유학자 왕부王符가 쓴 정치론인 『잠부론潛夫論』에는 "과거 주나라 선왕 때 한후韓侯가 있어 그가 다스리던 나라는 연나라에 가까이 있었다. 그래서 예로부터 전해오는 노래에 따르면, '넓기도 하다. 저 한성이여 연나라 군사들이 완성했도다.' 그 뒤에 이 한나라의 왕성은 한씨였고 위만에게 정벌당하여 바다 가운데로 옮겨가서 살았다"는 대목이 있죠.[7]

이 부분에 대한 해석은 학자들마다 조금 다릅니다만 저는 가장 일반적인 해석방식을 따른 것입니다. 이 구절에 대하여 일부에서는 한씨조선韓氏朝鮮이라는 말을 사용하기도 하지만 지나친 확대해석입니

---

6 "元封中, 星孛于河戌. 占曰:「南戌爲越門, 北戌爲胡門.」其後漢兵擊拔朝鮮, 以爲樂浪, 玄菟郡. 朝鮮在海中, 越之象也; 居北方, 胡之域也"(『漢書』卷26「天文」第6).

7 "昔周宣王 亦有韓侯 其國也近燕 故詩云 普彼韓城 燕師所完 其後韓西亦姓韓 爲衛滿所伐 遷居海中"(『潛夫論』卷9「志」氏姓 卷35).

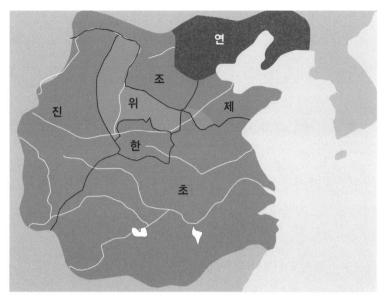

도 32 | 춘추전국 시대 연나라 위치

다. 왜냐하면 이를 뒷받침할 만한 제대로 된 기록을 찾을 수 없기 때문입니다. 문제는 그것이 아니라 "바다 가운데로 옮겨가서 살았다[遷居海中]"는 대목이지요.

결국 여기서 말하는 바다라는 것은 당시 사람들이 먼 육지를 돌아서 가기보다는 해로를 통하여 조선 지역을 왕래했음을 의미하는 것입니다. 고조선은 어떤 경우에도 섬으로 존재하지는 않았기 때문입니다. 그리고 이들은 연안민의 특성을 지닌 북방인들이었던 것이지요. 쉽게 말해서 연안沿岸 지역에 거주하는 쥬신입니다.

다시 『한서漢書』에 "낙랑의 바다 한 가운데 왜인들이 있으며, 이들은 나누어져 100여 국이 있었다"라는 말로 돌아가봅시다. 이 기록에 의하면, 낙랑의 위치에 따라서 왜인들의 위치를 알 수 있겠지요.

낙랑은 크게 두 가지 경우가 있습니다. 낙랑을 중국 대륙으로 보는 견해가 있고 현재의 황해도 평안도 지역을 의미하는 수도 있습니다. 만약 낙랑의 위치가 중국 대륙일 경우에는 자연스럽게 한반도 해안 지역의 사람들이 왜인입니다. 그리고 만약 낙랑이 현재의 평양 지역이라고 한다면, 왜인은 현재의 평안도·황해도 도서 지방이나 경기·충남 지역의 섬 사람들을 의미합니다. 왜냐하면 지도를 펼쳐놓고 보면 황해도에서는 뱃길로 가면 바로 충남 해안지대로 갈 수가 있기 때문에 지리 사정이 어두운 고대에서는 황해도에서 충남 지역을 보더라도 섬으로 생각할 수 있기 때문입니다. 그렇지 않다하더라도 충남 지역에는 많은 섬들이 있는데 이곳과 그 연안에 거주하는 사람들을 왜倭라고 보았을 것이라는 말입니다.

설령 낙랑 바다 한가운데가 평안도·황해도만을 의미한다거나 범위가 경기·충남으로 확장되는 그 어떤 경우라도 왜인이란 한국인들을 일컫는 명칭이라는 사실을 알 수 있습니다. 다만 연안에 거주하는 사람들이나 해상교역 등을 주업으로 하는 사람들임을 알 수 있지요. 이 점은 『대쥬신을 찾아서』에서 충분히 고증했습니다. 그렇다면 이제 왜의 뿌리를 규명해 봅시다.

고대 사서에 나타난 왜의 실체

고대 사회에서 한반도 지역의 연안 지역 거주자들에 대하여 왜倭라고 불렀다는 것은 여러 사서들에 의해 검증되고 있습니다. 사서들을 통하여 후한 시대(25~220년)의 왜인의 개념을 좀 더 구체적으로 살펴볼 필요가 있습니다.

먼저 『논형論衡』입니다. 『논형』은 중국 후한後漢의 사상가 왕충王充

의 저서로 현재 85편이 남아 있는데 유교의 여러 학설에 대하여 실증적이고 합리적인 비판을 가한 책입니다. 특히 한漢나라 때 유학 속에 숨어 있는 허망성虛妄性이나 미신적 사상을 배격하고 실증주의의 입장에서 오로지 '진실'을 규명하려고 한 책입니다. 이런 점에서 희귀한 책으로 볼 수 있습니다.

그런데 『논형』에서 "주나라 때 천하가 태평하여 월상越裳에서는 하얀꿩[白雉]을 헌상하고 왜인들은 활집을 특산물로 바쳤다"라고 합니다.[8] 왜인들이 특이하게도 활집을 헌상하고 있군요. 원래 활이나 활집은 숙신의 특허물이 아닙니까? 더구나 이 기록에서 왜인이 일본이면 완전히 이해가 안 되지요? 주나라의 수도가 호경鎬京으로 현재의 시안西安입니다. 일본에서 갈 수 있는 거리가 아닙니다. 그러니까 '왜=일본'은 명백히 아닙니다.

『후한서後漢書』에는 178년경에 단석괴檀石槐가 큰 호수에 물고기가 많은 것을 보았는데 고기를 잡을 줄 아는 자들이 없던 차에 왜인들이 어로에 능한 것을 알고 왜인국을 공격하여 이들을 잡아와 물에 배치했다는 기록이 있습니다.[9] 그리고 같은 책에 57년경 "중원 2년 동이 왜로국 왕이 사신을 보내어 헌상했다"고 하면서 그 주석에 "왜는 대방의 동남쪽의 큰 바다 가운데 있으며 산과 섬에 의지하여 나라를 이루었다"고 합니다.[10] 같은 책에 57년경 왜로국에서 조공하러 예방했

---

8 "周時 天下太平 越裳獻白雉 倭人貢鬯"(『論衡』第8「儒增篇」). 이것은 『論衡』의 다른 부분(「恢國篇」)에서도 나타나고 있다.

9 "光和元年冬, 又寇酒泉, 緣邊莫不被毒. 種眾日多, 田畜射獵不足給食, 檀石槐乃自徇行, 見烏侯秦水廣從數百里, 水停不流, [二]其中有魚, 不能得之. 聞倭人善網捕, 於是東擊倭人國, 得千餘家, 徙置秦水上, 令捕魚以助糧食"(『後漢書』卷80「列傳」鮮卑傳).

10 "(中元) 二年春正月 辛未, 初立北郊, 祀后土. 東夷倭奴國王遣使奉獻 [一]"의 주석 "[一]倭

다고 합니다.[11] 대방은 만주·요동 지역이거나 황해도에 나타난 지명입니다.

여기서 말하는 왜인, 왜로국 등을 오늘날 열도(일본)와 결부시키는 것이 이제는 무리라는 것을 이해하겠지요? 이제는 "바다 가운데"라는 말도 현대에서 말하는 것과는 다르다는 점도 아실 테니까 말입니다.

제가『대쥬신을 찾아서』에서 이미 지적했듯이 이들은 한반도에서 산동·요동 반도 지역에 광범위하게 거주하는 연안민들을 의미할 뿐 아니라 만주 지역에도 널리 분포하면서 유목, 수렵 또는 어로에 종사하면서 뚜렷한 정치적 실체를 가지지 못한 광범위한 범쥬신을 의미하는 것입니다. 왜倭의 발음인 '와wa'는 물길勿吉의 발음인 '와지waji', 옥저沃沮의 발음인 '오쥐' 등과 만주어인 '와지', 즉 숲의 사람(동쪽의 사람)이라는 말과 의미나 발음이 동일하기 때문이지요.

『후한서』「선비전」에 나타나는 단석괴 관련 왜인국에 대하여 일본의 후지이 시게오藤井重雄 교수는 만주 내부에 있는 예인穢人의 나라이지 현재의 일본 열도와는 관련이 없는 것으로 봅니다. 즉 왜는 현대 한국인의 직접적 선조로 알려진 예맥濊貊이라는 말입니다. 왜냐하면 당시 사서에 나타나고 있는 예穢는『삼국지』위서 등에 나타나는 예전濊傳처럼 종족으로서의 예족濊族이 아니고, 한나라 당시 동방의 제

在帶方東南大海中, 依山島為國. 淮陽王延, 趙王盱皆來朝"(『後漢書』「光武帝紀」第1 下 中元 二年).

11 "建武中元二年, 倭奴國奉貢朝賀, 使人自稱大夫, 倭國之極南界也. 光武賜以印綬. 安帝永 初元年, 倭國王帥升等獻生口百六十人, 願請見"(『後漢書』卷85「東夷列傳」卷第75).

종족에 대한 총칭으로서의 예족을 뜻하기 때문이라고 말합니다.[12]

후지이 시게오 교수의 분석은 전적으로 타당합니다. 예濊라는 것은 만주·한반도 일대의 민족을 통틀어서 일컫는다는 점뿐만이 아니라 이 시기는 부여계의 이동이 본격화되기 전의 일이라 일본 열도와는 상관이 없기 때문입니다. 쉽게 말하면 왜인이라는 개념은 북만주 일대에 광범위하게 거주하는 쥬신에 대한 욕설(비칭)로 보는 것이 가장 타당합니다.

그러면 예맥의 예濊도 욕설입니다만 왜倭는 어떨까요? 사실 예濊나 왜倭는 동쪽을 의미하는 좋은 말이지만 이것을 한자로 욕으로 표기한 것이 문제지요.

이노우에 히데오井上秀雄 교수는 고대 초기의 사서들에 나타나는 왜인이라는 말은 열도가 아니라 남방의 멀리 떨어진 종족의 이름으로, 멍청하고 둔한 종족이라는 일반적인 의미로 사용되었다고 주장합니다.[13] 이 분석은 일부 타당합니다. 현대 한국어로 말한다면 '촌놈', '물질하는 놈', '산골 놈', '핫바지' 등의 속어나 비칭에 가까운 표현으로 볼 수 있겠습니다. 이노우에 히데오 교수가 근거로 제시한 책은 100년경에 편찬된 『설문해자說文解字』입니다.

『설문해자』에는 "왜라는 것은 순종을 잘하고 멍청하고 둔한[倭遲] 종족"이라는 기록이 있습니다.[14] 송나라(960~1127년) 때 『도화견문지圖畵見聞志』에는 "왜국은 일본국이다. 본래 왜라는 말은 매우 치욕스러

---

12 藤井重雄,「倭人管見-論衡と後漢書烏桓鮮卑傳」(『新潟大學敎育學部紀要』10-1).

13 井上秀雄,「中國文獻における朝鮮·韓·倭について」,『任那日本府と倭』(東出版 寧樂社: 1978).

14 "倭 順兒 從人倭聲 詩曰 周道倭遲"(『說文解字』).

운 이름이어서 그 이름을 사용하는 것을 부끄러워했다. 또 이 나라가 동쪽의 끝에 위치하고 있어서 그들 스스로 일본이라고 부르기도 한다. 오늘날 고려의 속국이다"라고 합니다.[15] 이 가운데 고려의 속국이라는 표현은 잘못된 것이지만 왜라는 것이 비칭임을 분명히 알 수가 있습니다. 그러나 한편으로는 고려라는 것은 당시의 국명이므로 왜가 백제(반도부여)의 국가였다고 이해하면 이 기록은 틀린 기록이 아닙니다. 왜 요즘도 만주는 한국의 땅이었다라고 하지 않습니까? 만주에 있었던 것은 고구려, 금, 청이지 대한민국이 아니지요.

더욱 우리의 관심을 끄는 것은 『삼국지』에는 왜인이 한인汗人으로, 왜인국이 한국汗國으로 되어 있다는 것입니다. 이 말은 왜倭가 그대로 한국인들을 표현하는 명칭으로 사용된 것이지요. 즉 한국韓國이라는 말이나 환국桓國, 칸국汗國이라는 말은 모두 '환하다sunny, bright'의 의미로 하늘을 상징하는 말로 서로 다르지 않기 때문입니다.

그런데 『삼국지집해三國志集解』에서는 이 한汗이라는 글자는 오汗를 잘못 쓴 것으로 보고 있습니다. 왜냐하면 이 와汗라는 글자는 그대로 와[wa] 또는 오[o]로 발음이 나기 때문에 왜인倭[wa]이라는 말 대신에 같은 소리가 나는 오汗를 사용했다는 것입니다.[16] 다만 글자 자체로 왜倭는 순하다는 의미가 있지만 오汗는 더럽고 비루하다는 의미가 있습니다. 중요한 것은 그게 아닙니다. 어차피 왜倭, 오汗, 한汗은 모두 음을 빌려서 쓴 말입니다. 의미는 물론 왜倭, 오汗는 동쪽의 사람이라는 의미가 강하고 한汗은 정치적 지배자의 의미를 가지고 있겠지요.

---

15 "倭國乃日本國也. 本名倭旣恥其名. 又自以在極東因號日本也. 今則臣屬高麗也"(郭若虛,『圖畵見聞志』卷6「高麗國」).

16 이 글자는 현재는 잘 사용되지 않고 오(汚)라는 글자를 사용하고 있다.

이제 다시 광개토대왕비를 여기서 잠시 검토하고 넘어갑시다. 저는 이미 광개토 대왕비 가운데에 "(영락 14년) 왜倭가 법도를 지키지 못하고 대방계를 침입했다"라는 기록에서 여기서 말하는 왜라는 것은 일본 열도를 의미하는 것이 아니라고 지적했습니다. 이 부분에 대하여 보다 구체적으로 접근해 봅시다. 당시 열도에서 그 많은 군대를 전략에 따라 순식간에 파견할 형편이 되지 못했습니다. 그뿐만이 아니라 제철기술, 항해기술, 보급기술의 정비도 있을 리가 없지요.

특히 열도에서는 5세기 후반까지도 철을 거의 생산하지 못했습니다.[17] 철의 생산은 가야와 관련이 있습니다. 5세기 전반에 걸쳐서 한반도 남부 지역에서 많은 사람들이 바다를 건너 일본 열도로 이주하여 5세기는 '이주민의 세기'라고 할 수 있습니다.[18] 이들은 서일본의 각지에 정착하는데 이들의 주류는 신라와 고구려의 압박을 가장 강하게 받고 있었던 가야 지역의 사람들로 수공업자들 등 전문 직종을 가진 사람들의 이주가 많았던 것으로 나타나고 있습니다. 그 결과 제철산업과 농업생산력의 확대를 가져와 6세기 이후 열도부여의 발전에 크게 기여하게 됩니다. 일본 열도에서 철의 자체 생산이 가능해진 것은 6세기 중엽이라고 합니다.[19] 그런데 연민수 교수는 이 시기가 가야제국이 멸망하는 시점과 일치하고 있으며 ,이는 제철기술의 보유자인 가야인의 왜 왕권에로의 망명과 무관하지 않다고 보고 있습니다.[20]

---

17 藤尾愼一郎「彌生時代の鐵」, 穴澤義功, 「日本古代の鐵生産」, 『第5回 歷博國際シンポジウム 古代東アジアにおける倭と伽耶の交流』(國立歷史民俗博物館: 2002).

18 山尾幸久, 앞의 논문.

19 大澤正志, 「冶金學的見地からみた古代製鐵」(『古代を考える』36, 1984).

20 연민수(부산대학교), 「고대 일본의 동아시아 교류와 정보」, 『동아시아 역사상과 우리 문화의 형성-고대를 중심으로』(한국학중앙연구원 동북아고대사연구소: 2005).

이상의 사실은 그동안의 분석과 같이 가야의 제철기술이 열도로 쉽게 이전되지 않았고 열도 지역 또한 한반도 남부에 대한 지배권이 없었음을 보여줍니다. 그뿐만이 아니라 왜가 일본 열도에 국한된다면 고구려를 직접적으로 공격할 하등의 이유가 없고 또한 가야도 지역적 통합을 제대로 이루지 못한 상태였기 때문에 고구려를 공격하는 것은 불가능합니다. 한국의 보수 사학계에서는 기록을 무시한 채 백제가 이를 주도했으며 백제를 중심으로 가야·왜 연합군이 고구려를 공격했다는 식으로 분석하고 있습니다.[21] 그러다 보니 온갖 억측들이 난무합니다.

즉 한일고대사 전문가 김현구 교수에 따르면, 모쿠마치는 적어도 문주왕을 모시고 남천하여 백제를 재건하는 475년까지 백제에 머물러 있었고, 모쿠라곤시가 가야 7국을 평정하여 그의 아들인 모쿠마치가 마지막으로 한반도에서 보이는 475년까지는 가야 지역을 경영하고 있었다는 것입니다. 그러니까 404년 광개토대왕비의 기록(왜가 대방계를 침입)은 백제가 왜를 동원하여 고구려를 공격했다는 것이지요.[22] 모쿠라곤시-모쿠마치가 임나 지역의 실질적인 지배자이기 때문에 그 지역의 왜군 또는 일본에 청병請兵하여 고구려 공격에 동참시켰다는 식입니다.

그러나 문제는 이에 대한 어떠한 기록도 없다는 점이고, 설령 사실이 그러하다면 "백제가 법도를 어겨 고구려를 공격했다"고 해야 하는데 왜 하필 왜倭를 지목하고 있는가 하는 점은 여전히 의문으로 남지

21 김현구, 「6세기의 한일관계사」, 『한일역사 공동연구보고서 1』(한일역사공동연구위원회: 2005), 373쪽.

22 김현구, 『백제는 일본의 기원인가』(창비: 2007), 67쪽.

요. 광개토대왕의 비를 만드는 사람들에게 백제인들 왜인들 그것이 무슨 상관이 있다고 특히 왜를 지목합니까?

모두 틀렸습니다. 이러한 분석들은 물론 일부 타당하지만 와[倭]라는 개념을 단순히 일본 지역에 국한시키고 있고, 이것이 동이東夷와 같은 의미로 한국인들에 대한 비칭으로 사용될 수도 있다는 점과 부여계의 역할을 도외시한 분석이기 때문입니다. 왜냐하면 열도 지역-가야 지역-백제(반도부여)의 강력한 연합전선이 수립되는 과정을 제대로 파악하지 못했기 때문이지요. 이것은 오히려 부여계의 포괄적인 이동 과정을 고려하지 않으면 안 된다는 것을 보여주는 대표적인 사례이기도 합니다.

이 부분에 대하여 앞서 지적한 대로 일본 측에서는 고구려의 침공에 대한 일본(왜)의 반격이라고 보고 있습니다.[23] 나아가 이 견해는 에가미 나미오 교수의 '왜한연합왕국설倭韓聯合王國說'의 중요한 증거가 될 수 있습니다. 실제로 이 부분에 대해서 반도(한국)의 보수 사학계의 답변은 궁색할 수밖에 없지요. 대충 백제와의 공동작전이 아니겠는가라는 식으로 얼버무리는 수준입니다. 한국의 사학자들은 "광개토대왕비에 나타나는 왜는 대부분 왜를 사칭하는 가야인이고 거기에 거주하는 왜인이 약간 섞여 있을 뿐"이라는 이노우에 히데오井上秀雄의 견해를 '긴 가뭄의 단비'로 받아들이고 있습니다."[24] 한국사의 연구수준과 그 패러다임이 얼마나 부실한지를 보여주는 한 대목입니다.

결국 왜라는 말이 한국汗國과 같은 뜻으로 사용되든, 와[wa]라는 소

---

23 末松保和, 앞의 책, 75쪽.

24 김태식, 「4세기의 한일관계사」, 『한일역사 공동연구보고서 1』(한일역사공동연구위원회: 2005), 44쪽.

리가 나는 다른 한자를 사용하든 이 말은 물길勿吉을 의미하는 와지 [waji]라는 말과 깊은 관계가 있는 것으로 보입니다. 결국은 동쪽 오랑캐라는 의미입니다.

당나라 때 편찬된 『통전通典』에는 왜면토국倭面土國으로 나오고 있고, 당나라 때 편찬된 『북사北史』에는 부노국俘奴國이라는 말이 나오지만 이 말이 왜로국과는 어떤 연관성이 있는지 알기는 어렵습니다.

왜로국(왜노국)은 『후한서』·『수서隋書』·『북사北史』에도 나오고 있고 『구당서舊唐書』에서는 "왜국이라는 것은 과거의 왜로국이었다. 사면이 작은 섬들로 50여 개의 나라를 이루어 모두 부속되어 있다"[25]라고 하여 왜로국과 왜국을 같은 말로 보고 있습니다.

『삼국지』에서는 "한韓은 대방帶方의 남쪽에 있으며 동서로 바다에 의해 한정되어 있고 남으로는 왜倭에 접하고 있다"[26]라는 기록이 있는데, 이 경우도 왜가 현재의 일본 열도를 가리키는 말은 아니지요. 특히 같은 책에 "(변진) 가운데 독로국瀆盧國이 왜와 접하고 있다"는 기록은 왜가 한반도 남부 해안 지역을 이르고 있음을 알 수 있습니다.[27] 이 부분은 이미 『대쥬신을 찾아서 2』에서 상세히 고증했습니다.

일본에서는 왜에 대한 실체를 규명하기 위해 『삼국사기』에 대해 깊이 있게 연구해 오고 있습니다. 대표적인 사람으로는 미시나 아키히데三品彰英 교수로 『삼국사기』 「신라본기」에서 왜倭와 가야伽倻(加羅)

---

25 "倭國者 古倭奴國也 四面小島五十餘國 皆附屬焉"(『舊唐書』 「倭國傳」).

26 "韓 在帶方之南 東西以海爲限 南與倭接"(『三國志』 魏書 「東夷傳」 韓).

27 일부에서 말하는 것처럼 독로국의 소재지를 경상남도 거제도나 부산시 동래에 비정하고, 그것을 근거로 '접한다'라는 말을 바다 건너 일본 열도와의 관계를 나타내는 것으로 보는 학설은 잘못된 말이다.

에 관한 조항을 골라내 기사표를 작성하여 중요한 사실 몇 가지를 지적합니다.

역사적 사실의 측면에서 신라의 내물왕(356~402년) 이후의 기사를 면밀히 검토하면, 내물왕부터 지증왕智證王(500~514년)까지 4세기 중엽부터 6세기 초에 이르는 백수십 년 동안은 『삼국사기』에 왜인과의 전투기사가 높은 농도로 열거되어 있는 반면, 가야에 대한 기사가 전혀 보이지 않는다는 것이지요. 그러다가 지증왕 때인 6세기에 들어서면, 이제까지 빈번하게 보이던 왜인 관련 기사는 전혀 보이지 않게 되고, 그 대신 가야伽倻 관련 기사가 나타납니다. 이 시기는 열도의 경우에는 게이타이 천황 무렵입니다.[28]

이 부분에 대하여 일본의 학계에서는 왜의 세력이 한반도에서부터 이탈하기 시작하고 가야 제국들이 스스로 독립하기 시작했다고 보고 있습니다.[29] 그러나 이러한 분석은 단견으로 가야와 왜 관계를 지나치게 분리시킴으로써 발생한 오류입니다.

왜냐하면 신라가 관계를 가진 왜나 가야는 지역적으로 동일합니다. 그런데 6세기 초에 일순간 그 많았던 왜의 침입이 완전히 소멸되었다는 것은 이해하기가 어렵지요. 이들이 일시적으로 모두 증발해야만 가능한 일일 것입니다. 다만 가야의 세력 범위는 매우 광범위하여 가야계 내부에서도 많은 갈등들이 있었고, 특히 가야의 마이너 그룹은 바로 왜倭의 특성을 그대로 가지고 있기 때문입니다. 예를 들어, 부여가 예맥에서 분리되어 부여·예맥이 되듯이 왜에서 정치적으로

---

[28] 이하는 三品彰英, 『日本書紀朝鮮關係記事考證』上卷(天山舍: 2002) 참고.

[29] 鬼頭淸明, 「任那日本府の檢討」, 『日本古代國家の形成と東アジア』(校倉書房: 1976).

안정적인 세력이 나타나면 왜·가야로 쓸 수가 있기 때문입니다. 더구나 앞서 보았듯이 왜는 열도만을 의미하지도 않습니다.

『구당서』에서는 「왜국전倭國傳」과 「일본전日本傳」을 각각 구별하여 실었고, 일본을 과거의 왜로국倭奴國이라고도 합니다. 8~9세기의 『구당서』와 『신당서』에 나타난 한족漢族들의 일본관이 일본을 왜와 완전히 동일한 것이라고는 보고 있지 않은 점,[30] 다시 말해서 일본은 본래 왜와는 다른 세력이었다고 보고 있다는 점에서 왜가 갑자기 가야로 대체된 것을 일본 열도와 연관시킨다는 것은 명백히 오류입니다.

이와 같이 일본의 경우에는 위의 여러 기록을 토대로 고대에는 왜가 한반도 남부 지역에 거주했다가 고구려의 압박과 신라의 성장으로 인하여 열도로 퇴거했다는 식의 주장이 널리 퍼져있는데 이것은 명백히 잘못된 것입니다. 왜냐하면 왜라는 말 자체가 쥬신, 즉 한국인들의 또 다른 이름이기 때문입니다. 지금까지의 사료들로만 봐도 왜인이 열도에서 한국에 진출해 있다가 일본으로 간 것이 아니고 그저 한국인들이 일본 열도로 건너간 것입니다.

어떻든 일본 학계의 논리가 이와 같으니, 이로 인하여 임나일본부설이 반도와 열도 사이에서 '뜨거운 감자'가 되어온 것입니다. 초기에는 임나일본부에 대해 야마토 왕조에서 한반도 남부 지역에 식민지를 건설한 것으로 일반적으로 인식했다가 김석형 선생의 강력한 반론에 부딪히면서 다소 약화되었습니다. 그래서 임나일본부란, 정치적 기관이나 기구가 아니라 사자使者라는 의미이며, 실체는 왜왕권이

---

30 鬼頭淸明, 앞의 책.

파견한 관官이라는 견해[31], 6세기 전반의 게이타이 시대에 성립한 것으로 가야 제국이 독립을 유지하기 위해 가야 제국의 왕과 일본부 관인의 일종의 합의체라는 견해[32] 등이 나타납니다.

일본 사학계의 초기 논리의 문제점은 임나일본부를 왜왕권의 외교기관이나 가야 제국을 통제·지배한 기관으로만 본 것입니다. 그렇게 되면 『일본서기』의 기록도 모순입니다. 예를 들면 『일본서기』 긴메이欽明 2년, 5년 조의 이른바 '임나 부흥회의'를 보면, 백제왕이 '제왜신'과 가야 제국의 사자·대표를 소집하여 남가라·금관가야의 부흥책에 관해 협의하고 있는데, 이 회의에서 ①백제왕이 회의를 주재하고 있는 점, ②'제왜신'이 왜왕권의 외교권을 체현體現하고 있지 않은 점, ③'제왜신諸倭臣'과 '임나'의 제한기諸旱岐가 백제왕을 통해 왜왕의 의지·명령을 전달받고 있는 점 등이 위의 논리로는 해명할 수가 없지요.[33]

스즈키 히데오鈴木英夫 교수는 '임나 부흥회의'는 백제가 가야연합을 주재하는 입장, 즉 '맹주'의 지위를 계승하여 소집한 것으로 생각되고 백제왕은 531년 이후에 가야 제국 내에 군관을 파견하여 군사지배를 실현함과 동시에, 본래 가야연합의 합의 무대였던 것을 백제의 가야 지배를 위한 하나의 기구로서 존속·재편한 것이라고 보고 있습니다. 대체로 타당해 보입니다.[34]

---

31 請田正幸, 「六世紀前期の日朝關係―任那日本府を中心として」, 『朝鮮史研究會論文集』 11號.

32 大山誠一, 「所謂 '任那日本府'の成立について」, 『古代文化』260~263쪽.

33 鈴木英夫, 「伽倻·百濟と倭-'任那日本府論'」, 『朝鮮史研究會論文集』24(朝鮮史研究會: 1987).

34 鈴木英夫, 앞의 논문.

총괄하면 최근 일본 학계에서는 ①왜왕권의 가야 제국에 대한 영토적·직할지적 지배라는 존재는 부정하고, ②왜왕권의 행정기관도 아니며, ③'임나일본부'의 구성도 가야의 재지호족在地豪族으로 보는 설이나 왜왕권의 관인으로 보는 설, 혹은 그 중간적 견해로서 양자의 합의체로 보는 설 등의 차이는 남아 있지만, 모두 가야 재지세력의 주체성·자립성을 중시하려는 연구의 경향이 있으며, ④'임나일본부'의 성립시기에 대해서도 6세기 초의 가야·백제·신라와 왜왕권의 정치적 관계에서 설명하려는 경향이 있습니다.[35]

이에 대해 한국의 학계에서는 '임나일본부'는 백제가 가야 통치를 위해 설치한 기관일 가능성이 있고 이에 따라『일본서기』가 왜곡 편찬했을 것으로 보는 견해[36], '임나일본부'란 백제가 가야 지역 통치를 위해 설치한 기관인데『일본서기』가 마치 왜왕권의 기관인 양 왜곡 편찬했고, 일본부를 구성한 왜인은 백제로부터 임명된 관인官人·용병傭兵이며 모두 백제의 통제 아래 있었다는 견해[37]등이 있습니다.

그동안의 연구에 따르면, '일본부'는 6세기 당시에 실제로 사용된 말은 아닙니다.『석일본기釋日本紀』는 '일본부'에 대하여 '왜재倭宰(야마토노미코토모치ヤマトノミコトモチ)라는 주를 달고 있는데 당시의 호칭은 '재안라제왜신在安羅諸倭臣'[38]에 가까웠을 것으로 추정됩니다. 즉 안라 지역에 있는 모든 왜국 신하들이라는 의미지요. 일본부의 실체는 왜왕권에서 파견된 관료[官人]·사신[使者] 내지는 그들의 집단으로 일정한

---

35 鈴木英夫, 앞의 논문.

36 천관우,「韓國史의 潮流」,『韓』14,15,16호.

37 金鉉球,『大和政權의 對外關係研究』(吉川弘文館: 1985).

38 『日本書紀』欽明天皇 15年 12月.

군사적 기능을 지니고 있었을 것으로 보고 있습니다.[39]

531년 반도부여(백제)는 안라를 제압하고 가야의 제 지역에 대한 군사지배를 확립했는데 여기서 반도부여와 가야의 관계는 고구려·신라의 경우와 유사한 관계로 볼 수 있습니다. 즉 백제는 가야의 외교권을 흡수함과 동시에 이 지역에 병력을 파견하여 가야연합의 '맹주'로서 이들을 주재한 것으로 볼 수 있을 것입니다.[40]

이노우에 히데오井上秀雄 교수는 중국·조선 사서의 왜倭 관련 기사들을 검토하여 왜가 가야의 별칭이라는 결론을 도출해내고, '임나일본부'란 가야의 재지호족在地豪族으로 구성된 합의체로서, 왜왕권뿐 아니라 일본 열도의 세력과는 전혀 관계가 없다고 합니다.[41] 이노우에 교수의 견해는 왜에 대한 개념을 가장 정확하게 도출하고 있지만 열도와는 완전히 무관하게 보는 것도 타당한 견해는 아닙니다. 왜냐하면 열도부여와 반도부여는 하나의 연합국가 또는 부여의 분국이기 때문에 서로 무관한 듯이 이해하는 것은 잘못이지요.

이노우에 히데오 교수는 왜는 가야加羅 제국諸國의 총칭이며 "후한後漢에서 진대晉代에 이르기까지는 남조선南朝鮮의 왜가 일본 열도의 왜인보다 널리 알려져 있었다고 보는 편이 온당할 것이다"[42]라는 지적은 매우 합리적이고 타당합니다.

다만 일본 학자들은 전체 쥬신의 범주에서 왜라는 말을 고려하지

---

39 鈴木英夫, 「伽倻·百濟と倭-'任那日本府論」, 『朝鮮史研究會論文集』24(朝鮮史研究會: 1987).

40 鈴木英夫, 앞의 책.

41 井上秀雄, 『任那日本府と倭』(寧樂社: 1978).

42 井上秀雄, 앞의 논문.

못하고 있으며 일본에 관하여 지나치게 차별화된 인식의 범주에 있기 때문에 대쥬신의 실체를 보지 못한다는 점에서 문제가 있습니다. 즉 왜는 요동·만주·산둥 등지로 확장될 수 있는 개념이며 범한국인의 이름이었다는 점을 제대로 이해하고 있지 못하고 있다는 말입니다.

그러므로 왜倭는 일반적으로 동이東夷를 가리키는 여러 용어들 가운데 하나로 한국인들의 별칭이라는 것입니다. 그래서『삼국사기』에 나타나는 왜는 가야 제국의 총칭이지만『후한서』등의 중국 사서에 나타나는 것은 주로 동이東夷 가운데 해안과 관련된 사람들을 의미하고 있습니다. 이 용어는 만주 지역 한국인들과도 밀접한 관계가 있습니다. 그러나 시간이 갈수록 왜는 일본日本이라는 형태로 굳어집니다.

왜라는 말이 일본의 중심 지역인 현재의 오사카-교토 지역에 나타난 것은 최소 5세기 이후로 그 이전 기록들은 주로 만주-한반도 등지에서 나타납니다. 그러니까 왜라는 말은 한국인들을 비하하여 부르는 말이고 일본 열도는 많은 한국인들이 이동해갔음을 알 수 있습니다.

왜, 쥬신의 또 다른 이름

신라와 관련하여 나타나는 왜는 가야를 의미한다고 말했습니다. 그래서『삼국사기』에서는 가야가 멸망한 이후 신라를 괴롭혀왔던 왜가 자취를 감춘 것입니다.

구체적으로『삼국사기』에 박혁거세 이후 줄기차게 나타나 신라를 침범하던 왜가 500년을 전후로 나타나지 않다가 800년경에 나타나는데 이때는 일본국日本國이라고 나오지요. 그런데 500년 이후라면 일본은 더욱 강력해지고 있는 시기입니다. 만약 신라를 공격을 했다면 더욱 강력하게 공격을 할 수 있었을 텐데, 이 500년 이후에는 신라를 공격한 기록이 없습니다. 그동안의 연구를 보면 500년 이전의 신라를 줄기차게 공격한 왜는 일본日本이 아니라 경남과 전남 해안 지방의 가야인들이지요. 500년 이후 왜가 나타나지 않는데, 그 이유는 이 시기에 가야가 신라에 병합되었기 때문입니다.

이제 왜의 실체를 이해하셨지요? 그러면 이제부터는 왜라고 하지 말고 와[wa]라고 읽어봅시다. 일본인들은 왜倭를 '와'로 읽습니다. 왜냐하면, 왜라는 말은 어떤 민족의 고유이름을 한자로 표기한 말인데 그것을 현대 한국의 한자발음인 왜倭라고 하면 왜를 알 수가 없기 때문입니다. 그러니까 쓰기는 '倭'로 쓰더라도 '와[wa]'로 읽읍시다.

박시인 선생과 같은 고대 언어 전문가들은 '와[倭, wa]'라는 말이 '오쥐(옥저沃沮)'나 '와지(물길勿吉)'와 다르지 않다고 합니다. 즉 와라는 말은 옥저·말갈·물길 등의 다른 표현으로 쥬신을 이르는 범칭 가운데 하나라는 말이지요. 물길(와지)은 '해드는 곳'을 의미하고 와, 오쥐라는 말 역시 '해 뜨는 곳'을 의미합니다. 원래 와지, 와다라는 말은 숲을 의미합니다. 이 점을 좀 더 구체적으로 볼까요?

『한서漢書』에 "와(倭)라는 것은 나라이름이다. 몸에 문신을 사용한다는 것을 말하는 것이 아니다. 그래서 이를 일러 위倭[wa, wi 또는 we ?]라고 이른다"[43]라고 합니다. 즉 위倭라는 것의 발음이 와[wa], 위[wi], 웨[we] 등의 발음 가운데 하나라는 말입니다.

그런데 『조선왕조실록』에 "그 재는 높고 가파르지 않고 수목만이

---

[43] "倭是國名, 不謂用墨, 故謂之委也"(『漢書』 卷28下 「地理志」 第8下의 주석).

빽빽했다"라는 말이 있습니다.[44] 여기서 "수목만이 빽빽한"이라는 말인 울지鬱地는 만주어로 우디[wudi]인데 삼림森林을 뜻하는 말입니다.[45] 이 말은 방언方言으로 만주 지역에서 웨지[weji], 와지[waji] 등으로 나타나고 있습니다. 이 말은 '물길勿吉'의 음인 와지[waji] 또는 웨지[weji], 오늘날 일본을 의미하는 위倭의 실제 음인 와[wa], 그리고 옥저沃沮의 실제 음인 오쥐[woji] 등과도 같은 것으로 추정됩니다. 이 의미는 숲[森林] 또는 동쪽(해가 숲에서 뜨는 모양) 등으로 아사타라, 아사달의 한역어漢譯語인 '쥬신[朝鮮]'의 朝를 의미하는 것입니다. 그런데 반도쥬신(한국)의 사가들은 이들 가운데 오직 옥저만이 반도쥬신과 하나의 핏줄이라고 믿고 있습니다.

따라서 와(倭)라는 말은 일본 열도를 의미하는 것이 아니라 한반도·만주에 광범위하게 거주하는 쥬신을 말한다는 것이지요. 대체로 와倭는 한국인들 가운데 해안이나 연안 지역에 거주하면서 수렵이나 어로, 농경을 하던 사람들을 부르는 말일 가능성이 큽니다. 이들 지역은 남방계의 이동로에 있어서 남방계와 광범위한 혼합이 이루어졌으며 천손족의 남하로 인하여 피지배계층으로 된 경우가 많았을 것입니다. 언어학자 강길운은 가야는 드라비다계의 언어를 후기 신라는 터키계 언어를, 고구려는 몽골계의 언어를 각각 사용했으며 백제는 지배층과 피지배층의 말이 서로 달랐지만(『주서周書』), 지배층은 역시 고구려를, 말기에는 드라비다어와 동계인 가야의 지배층어를 썼음

---

44 『朝鮮王朝實錄』 燕山 028 03/10/07(乙亥) 1619年.

45 김주원·이동은, 「朝鮮王朝實錄에 나타난 女眞語 滿洲퉁구스語」, 『알타이학보』 제14호 2001, 52쪽.

이 분명하다고 합니다.[46] 이 점은 왜의 사정을 알려주는 하나의 단서가 되기도 하겠지요.

그러니까 와(倭)류의 언어들(倭類語: 와, 오쿼, 와지, 와디, 와지)은 쥬신류어(肅愼類語: 珠申, 朝鮮, 肅愼, 諸申, 息愼 등)나 까오리류어(高麗類語: 高麗, 忽里, 高句麗, 句麗 등) 등과 대동소이한 의미로 해뜨는 곳의 사람들, 즉 한자로 쓰면 동이東夷 또는 '일본日本'입니다.

일본(해뜨는 곳)이라는 말은 일본에서 할 수 있는 말이 아니지요? 왜냐하면 일본에서 해뜨는 곳은 바로 태평양 바다가 아닙니까? 따라서 일본이라는 말은 한반도에서나 할 수 있는 말이지요. 그 말은 많은 반도쥬신(한국인)들이 열도로 건너가 일본을 건설했다는 말입니다.

『삼국지』에는 2세기 말 이래 많은 사람들이 낙랑군에서 한반도 방면으로 유입된 사실을 기록하고 있습니다. 요동과 만주 지역의 많은 사람들의 이동은 쥬신의 뿌리인 요하 문명이 본격적으로 한반도로 이식되는 중요한 계기가 되었을 것입니다. 또 이들의 지속적인 남하가 있었으므로 부여계의 대대적인 이동이 가능했을 것입니다. 일본의 연구자들은 한반도에 늦어도 3세기에는 왜인이 이미 살고 있었으며, 이들은 진한辰韓에서 나오는 철 원료 획득을 둘러싸고 한인韓人과의 교섭도 활발히 했을 것으로 보고 있습니다.[47] 이것은 와(倭)라고 불리는 범쥬신의 일부가 한반도 남부로 지속적으로 이주한 것을 현대 일본인들의 관점에서 표현한 말에 지나지 않습니다.

일본의 경우 일본 자체에 대한 연구는 8세기의 『고사기』와 『일본

---

[46] 강길운, 『고대사의 비교언어학적 연구』(새문사: 1990), 153쪽.

[47] 山尾幸久, 「魏志倭人傳の史料批判」, 『古代の日本と朝鮮』 上田正昭·井上秀雄 編(學生社: 1974).

서기』에서 비롯되었습니다. 이 두 사서의 편찬 시기에 해당하는 7세기 말엽부터 8세기 초에 걸친 시기는 일본의 고대국가가 이미 천황제天皇制 율령국가律令國家라는 중앙집권체제를 확립한 때입니다.[48]

현재까지 나타난 연구 방향이나 성과들로 본다면, 일본의 와(倭) 또는 일본 고대사에 대한 연구는 여러 가지 점에서 문제가 있습니다.

첫째, 쥬신 관계사적인 인식이 결여되었다는 점입니다. 일본 고대국가의 성립은 쥬신의 이동에서 비롯된 것인데, 쥬신의 종합적인 이해가 없이 일본 자체에 대한 분석만으로는 열도쥬신의 실체를 제대로 알기는 어렵기 때문입니다. 일본의 연구는 전체 쥬신사나 범부여계의 역사를 도외시한 채 분석을 하고 있다는 것입니다. 이 점은 한국의 사학계에서 더욱 심합니다.

물론 일본의 연구는 동시대의 중국이나 반도쥬신의 역사서를 참고로 할 수밖에 없는 환경이기 때문에 종합적인 인식 자체가 결여되었다고 하기만은 어렵겠지요. 그러나 쥬신의 실체나 뿌리에 대한 이해 없이 막연히 "일본은 부여계의 이동의 결과"라는 식으로 보기는 곤란한 측면이 있습니다. 그뿐만이 아니라 일본에서 말하는 부여계의 이동과정도 정확하다고 하기는 어렵습니다.

둘째, 반도쥬신(한국)과 마찬가지로 열도쥬신(일본)은 지나치게 민족주의적 시각에 경도되어 역사적 실체에 대해 침묵하는 경향이 강합니다. 이 점은 반도쥬신과 마찬가지로 역사 연구를 매우 어렵게 합니다. 원래 부여계는 반고구려적反高句麗的, 친한족적親漢族的 성향이 매우 강한 쥬신으로 소중화주의적 경향이 매우 강하게 나타나고 있습니

---

[48] 井上秀雄, 앞의 논문.

다. 일본의 지명부터 마치 중국의 지명을 옮겨놓은 듯한 인상을 줄 뿐 아니라 열도의 원주민에 대한 시각도 중국의 화이관념華夷觀念에 바탕을 두고 있기 때문입니다.

셋째, 메이지明治 시대 이후 천황제에 대한 지나친 집착과 제국주의적 침략의 결과 고대사의 열도쥬신(일본)의 국가성립의 방향이 왜곡되거나 역전된 경우가 많습니다. 예를 들어, 일본에서는 오랫동안 4세기 후반 남조선에 임나일본부任那日本府가 설치되었다는 설이 대세를 이루기도 했고, 이 설은 아직도 대다수 열도쥬신들이 믿고 있는 형편입니다.

임나일본부에 대한 기록은 『일본서기』에만 나오는데 이 부분은 쓰다 소기치津田左右吉에 의해 위서설僞書說이 제기된 이후 반도쥬신의 사학계는 주로 이 견해를 계승하고 있습니다. 그러나 임나와 백제, 가야 등에 대한 포괄적이고 종합적인 이해가 필요한데 임나 그 자체에만 집착하여 분석했다는 점에서 문제가 있습니다. (이 부분, 즉 임나일본부에 대해서는 제19장에서 다시 한 번 다룰 것입니다.)

넷째, 일본의 고대사 연구의 특징은 '왜=일본'이라는 결론을 염두에 두고 사실들을 추적해나가는 방식이기 때문에 역사적 실체를 파악하기가 거의 불가능합니다. 앞에서 본 대로 고대의 사서들에 나타나는 왜라는 명칭이 현재의 일본과는 아무런 상관이 없는 경우가 대부분임에도 불구하고, 일본의 연구는 왜 또는 왜로국 등의 명칭이 나오면 이에 대하여 지나치게 열도와의 관계를 찾아내려고 부산을 떨면서 위치를 비정하고 있는데, 이것은 역사적 사실을 더욱 미궁에 빠뜨리게 되지요.

이상의 긴 논의를 통하여 왜倭라는 개념이 궁극적으로 의미하는

바를 파악할 수 있을 것으로 봅니다. 와는 바로 쥬신이지요. 일본인도
쥬신인 것처럼 말입니다.

17장 야마토 다마시

들어가는 글 **한국과 일본, 갈 수 없는 나라**

한국과 일본 양국의 사학계는 『일본서기』 진구 황후 49년 조의 기사문제, 임나일본부, 칠지도, 왜 5왕의 군호문제, 광개토대왕비의 해석과 그것에 보이는 왜 등에 대하여 각각의 입장에서 기나긴 역사전쟁을 하고 있습니다.

2005년 '한일역사공동연구위원회'가 구성되어서 한일의 관계사들을 정리하려는 시도가 있었지만 역시 양국 사학계의 대립은 지속되어왔습니다.[1] 무엇보다 한국의 사학자들은 백제는 일본에 선진문물을 제공하고 일본은 백제에 대하여 군사원조를 제공한 특수한 용병관계라는 기

---

[1] 한국과 일본 양국의 역사학자들로 구성된 한일역사공동연구위원회는 2001년 일본의 역사교과서 왜곡사태를 계기로 양국 정상 간 합의에 따라 2002년 출범, 2005년 5월까지 제1기 활동을 전개한데 이어 2007년 6월부터 제2기 활동을 시작하여 2009년 12월까지 활동할 예정이다. 『연합뉴스』(2008. 11. 30.).

존의 입장을 고수함으로써 양국 사학계는 한 발짝의 진전도 보지 못합니다.[2]

하지만 보다 진일보한 역사인식으로 평가할 만한 견해도 나타납니다. 예를 들면 6세기 일본의 한반도 남부 지배에 관해서 "백제의 요청에 대해 일본 열도에서는 이를 지원하는 사람들이 있었고, 그 대가는 『일본서기』에 보이는 것처럼 선진문물을 제공하는 것이 기본적이었고, 그런 관계 속에서 양국 왕실 간의 혈연적인 교류가 있었다"라고 하는 김현구 교수의 견해나 "백제, 가야제국, 왜국은 지역적인 협력관계로 그 배후에는 신라 혹은 고구려와의 대립이 있었고, 그 밖에는 넓게 중국의 남북조, 5호16국의 틀 속에서 백제, 가야제국, 왜국의 지역적인 협력관계, 그러한 것이 고대사회"라는 하마다 고사쿠濱田耕策 교수의 발언입니다.[3]

하마다 교수의 발언은 편협한 국수주의적인 발상에서 한걸음 나아간 것이지만, 보다 근본적인 역사적 사실에 대한 해명은 아니지요. 왜냐하면 수백 년에 걸친 왜·백제와의 관계를 단순히 지역적인 협력관계로만 파악하기는 어렵기 때문입니다. 국운을 걸고 백제를 지원하는 야마토 정부의 입장이 단순히 '지역협력'의 수준으로 이해할 수는 없는 일입니다. 물론 이 지역협력의 강도나 응집도에 따라 범부여USB라는 의미와 연결

---

[2] 김현구, 앞의 책, 31쪽.

[3] 『한일역사 공동연구보고서 1』(한일역사공동연구위원회: 2005), 501쪽, 491쪽.

시킬 수는 있을 것입니다.

　김현구 교수의 지적 또한 지나치게 막연한 표현에 불과합니다.[4] 즉 백제가 요청한 것에 대해 이를 지원한 사람이 있었다는 식은 부여계의 역사에 대한 종합적인 인식이 결여되어 있다고 할 수 있습니다.

---

[4] 김현구 교수의 지론은 백제는 선진문물을 제공하고 일본은 군사적 지원을 했는데 그 과정에서 왕실의 혈연적인 교류가 있었고, 이 같은 왕실의 혈연적인 관계는 필연적으로 매우 친밀한 관계로 발전했다는 것이다. 김현구 교수에 따르면, 초기에는 많은 왕녀들의 이동이 있었고 후반에는 왕자들의 이동이 많았다고 한다(김현구, 앞의 책 참고). 그러나 종합적으로 볼 때 이 같은 인식은 부여계 전체적인 역사의식이 결여된 분석이다.

기마민족국가와 범부여 연합

일본의 역사는 야마토 왕조에서부터 시작된다고 보는 것이 합리적일 것입니다. 결론부터 말하면 일본은 왜라는 범쥬신을 기본 토대로 하여 역시 쥬신의 일파인 부여계의 이동에 의해 성립됩니다. 물론 열도에는 많은 선주민이 살고 있었지만 부여계는 이들 선주민들을 매우 폭력적이고 잔혹한 방식으로 정복해 나갔습니다. 그래서 저는 일본인들의 정신적 기저에는 외부 세력에 대한 막연한 공포가 내재해 있음을 『대쥬신을 찾아서 2』에서 제기한 바 있습니다.

일본 고대사의 비밀을 체계적으로 밝힌 대표적인 사학자는 에가미 나미오江上波夫 선생입니다. 에가미 나미오 선생의 견해는 일부의 비판에도 불구하고 일본의 역사를 규명하는 데는 가장 적절하고 합리적이라고 볼 수 있습니다. 다만 에가미 나미오 선생의 분석들은 전체 쥬신사를 총괄적으로 보기에는 미흡한 점이 있기 때문에 여기에서는 에가미 나미오 선생의 견해를 종합적으로 고찰하면서 전체 쥬신사와의 관련성을 규명하는 데 초점을 맞추겠습니다. 에가미 나미오 선생의 견해를 종합적으로 요약해 봅시다.

일본 고대사는 조몬문화(수렵과 채집)-야요이문화(미작문화)-고분 전기(야요이의 변형 발전)-고분 후기 등으로 발전해갑니다. 조몬문화繩文文化는 벼농사 생활을 기반으로 한 야요이문화彌生文化로 급변하는데 그것은 비한족非漢族 계열의 벼농사 민족이 산둥山東과 양쯔강 일대로부터 서일본西日本으로 이주하여 농경생활을 하다가 급속히 동일본東日本 일대로 나아가서는 먼 동북東北 지방의 남부까지 전파된 것으로 추정됩니다. 이 벼농사 문화가 조몬문화와 융합하여 야요이문화가 성립되는데, 이 문화의 성격은 벼농사에 의존한 소박한 농민문화로

서 평화적이고 비군사적이며 주술적인 특성을 지니는 제사문화祭祀
文化입니다. 이 문화는 동남아시아 제민족 특히 현재 중국의 중남부
지역의 원주민의 문화와 매우 유사한 특성을 가지고 있습니다. 그
런데 이 야요이 시대를 이은 시대를 고분 시대古墳時代라고 하는데 이
시대는 이전의 야요이 시대와는 확연히 다른 특성들을 보여주고 있
습니다.

에가미 나미오 선생에 따르면, 고분 시대는 크게 전기와 후기로 나
뉘지는데 그 가운데 고분문화 전기를 주도한 세력은 야요이문화와
동일 계통으로 보이고 그 문화 담당자는 대부분 야요이문화의 내적
발전의 결과 계승된 것으로 보입니다. 이 전기 고분문화를 가진 이들
이 바로 왜인倭人이라고 합니다.[5]

그러나 에가미 나미오 선생의 견해는 많은 문제가 있습니다. 첫째
왜가 중국에서 오래 전에 일본으로 밀려들어온 중국 계통의 사람이
라는 말이고, 둘째 현재의 일본인들은 일부를 제외하고는 마치 한반
도를 거치지 않고 중국에서 바로 일본으로 향한 것처럼 이야기하고
있다는 점입니다.

그리고 이 논리는 토착화된 왜인이 다시 한반도로 유입되었고 가
야와 같은 식민지를 건설했다는 식으로 확장되고 있습니다. (임나 정도
는 아무 것도 아니지요.) 달리 말하면 가야인=일본인(왜인)이라는 말입니다.
한마디로 동화 같은 이야기입니다.

---

[5] 江上波夫, 「韓日古代史-騎馬氏族を 中心として」 제4차 삼한 학술발표회(1995. 10.23 서울 롯
데호텔); 삼한역사문화연구회, 『삼한의 역사와 문화』(자유지성사: 1997), 221~223쪽. 이 자
료는 국내 자료 가운데 생전의 에가미 나미오 선생의 생각을 가장 잘 파악할 수 있는 자료
로 추정된다.

먼저 왜인倭人 개념을 봅시다. 지금까지 살펴본 대로 왜인은 동이족의 비칭卑稱일 뿐 아니라 산둥·요동·만주 지역 연안 등에 광범위하게 흩어져 살고 있는 쥬신의 일부입니다. 그런데 에가미 나미오 선생은 왜인은 쥬신과는 아무런 연관이 없고 양쯔강 일대의 사람이 일본으로 와서 왜인이 되었다고 합니다. 쉽게 말해서 일본에 토착화한 한족漢族이라는 것이지요. 에가미 선생 역시 '새끼 중국인' 근성이 얼마나 심각한지를 알 수 있는 대목입니다.

무엇보다도 고대의 시기에 양쯔강 일대의 사람들을 왜인으로 부른 예는 신뢰할 만한 사서에는 나타나지 않습니다. 왜인이라는 말이 집중적으로 나타나는 것은 주로 『한서漢書』 이후이면서 주로 만주와 한반도 지역입니다.

다음은 항로의 문제입니다. 지도를 펴놓고 동지나해를 살펴봅시다. 지금부터 2,000년 전에 수많은 사람들이 과연 한반도를 거치지 않고 양쯔강에서 일본으로 바로 갈 수 있었을까요? 이런 믿을 수 없는 긴 항로로 대규모 인구이동을 했다는 것을 증명할 방법도 없지요.

설령 양쯔강에서 일본으로 직행했다고 하더라도 그들은 극히 일부이지 다수라고 보기는 어렵지요. 통상적으로 일본에 전래된 벼농사는 화남 경로, 화중 경로, 화북 경로 등으로 보고 있는데 그 가운데 화중 경로나 화북경로는 한반도를 거치지 않고는 갈 수가 없지요.

이 부분에 대해서는 요시노 마코토吉野誠 교수의 말을 직접 들어보는 게 좋겠군요.

야요이 초기의 유적에서 보이는 특징 가운데 하나로 고도로 발달된 논과 함께 고인돌을 들 수 있습니다. 고인돌은 한반도에서 널리 볼 수 있

는 유적으로, 북방식과 남방식 두 가지 유형이 있습니다. 그 가운데 남
방식의 고인돌이 야요이 초기, 즉 벼농사를 짓기 시작한 시기에 규슈
서북부에서 왕성하게 만들어졌습니다. 벼농사 기술을 가지고 도래했
던 사람들이 만든 것으로 판단됩니다. 이것은 벼농사의 전파 경로가
직접 한반도를 경유했다는 사실을 잘 보여줍니다.[6]

여러 연구들을 종합해 보면, 일본에 벼농사가 전파되는 경로는 산
둥반도에서 북상해 요동반도를 거쳐 한반도 북부로 전해져 계속 남
하했다는 주장과, 한반도 남부로 직접 전래되었다는 주장 등 두 가지
견해로 나뉩니다.[7] 어느 경우라도 한반도를 거치지 않고 바로 일본
으로 전래된 경우는 없는 것이지요. 그래서 요시노 마코토 교수는 "일
본 열도의 벼농사 문화가 한국의 무늬 없는 토기 문화와 밀접한 관련
이 있다는 점은 의심의 여지가 없다. 한반도에서 벼농사 기술과 고인
돌, 청동기 등을 포함해 고도로 발전한 문화가 유입됐으며, 상당히 많
은 사람이 바다를 건너왔다고 볼 수 있다"라고 결론을 내리고 있습니
다.[8]

이 문제는 이 정도로 하고 다시 계속해서 에가미 나미오 선생의 견
해를 봅시다. 에가미 나미오 선생에 따르면, 고분 후기에 들어서면 이

---

[6] 요시노 마코토, 『동아시아 속의 한일천년사』(책과함께: 2005), 25쪽.

[7] "어느 주장이든 송국리 유적의 돌칼이나 돌도끼, 동검 그리고 벼의 종류는 야요이문화 초
기에 해당하는 가라쓰시(唐津市)의 나바타케(菜畑) 유적 등과 비슷하다"(요시노 마코토, 앞
의 책, 26~27쪽).

[8] 그 하나의 예가 한반도 남단의 김해시 예안리 유적에서 발굴된 인골이 일본 야마구치현
의 도이가하마 유적에서 나온 인골과 매우 비슷한 특징을 보이는 것이다. 요시노 마코토
吉野誠, 앞의 책.

전과는 달리 금·은으로 만든 관冠 귀걸이·검·대금구帶金具·허리띠 등 금으로 찬란하게 장식한 대륙 왕후의 복식품服飾品이 출토되었을 뿐 아니라 만주 지역에서나 볼 수 있는 기마전騎馬戰에 적합한 대륙제의 패갑挂甲이나 기마전용 철제화살촉 등이 나타나고 있다고 합니다.

구체적으로 본다면 이 고분문화는 선비나 흉노, 부여, 고구려에서 쉽게 볼 수 있는 것인데 지리적으로 가장 가까운 반도부여로부터 일본 열도로 건너갔다고 보는 것이 가장 합리적입니다. 또 지금까지 살펴본 대로 수많은 사료들이 이를 증명하고 있습니다.

이 부분은 고분 시대 후기와 그 이전과는 완전히 다른 형태의 왕조가 수립되었음을 의미하는 것입니다. 이것을 에가미 나미오 선생은 "고분문화의 전기와 후기 사이에 단절과 비약이 있었다"고 표현하고 있습니다.[9]

에가미 나미오 선생은 부여 또는 고구려계로 추정되는 기마민족 계열이 신예 무기와 말을 가지고 한반도를 경유하여 북규슈北九州나 혼슈本州 서단에서 침입한 것으로 봅니다. 그리하여 4세기경에는 기나이畿內, 즉 야마토 지역에 진출하여 그곳을 정복하고 강력한 야마토大和 왕조를 수립하여 일본 통일국가를 건설했다고 보고 있습니다.

여기서 짚고 넘어갈 것은 야마토 왕조의 실체를 부여 또는 고구려라고 보고 있지만 제가 연구한 바에 따르면 당시 고구려는 한반도 남부 지역으로 남하할 하등의 이유가 없습니다. 당시 고구려는 위나라와의 전쟁 후유증으로 인하여 일시적인 쇠퇴기에 접어들고 있었고 근초고왕의 공격을 받아 국왕이 전사하는 등 여러 가지 혼란한 상황

---

9 江上波夫, 앞의 발표문.

이 나타나고 있었습니다. 따라서 고구려는 한반도 남부에 세력기반이 없었기 때문에 열도로 옮겨올 만한 세력은 반도부여가 유일했던 것입니다. 종합적인 연구결과 부여계의 남하가 가장 타당합니다. 이 부분은 이미 앞에서 충분히 고증했습니다.

일본의 신화에는 국신國神과 천신天神이라는 개념이 나타나고 있습니다. 에가미 나미오 선생을 비롯한 많은 연구자들은 국신은 열도의 선주민 특히 왜인倭人들과 관련이 있는 것으로 보고 있고 천신은 요동·만주 지역의 기마씨족으로 천손족天孫系 또는 천황계天皇系를 의미하는 것으로 보고 있습니다.

저는 이와 같이 왜인과 부여계를 완전히 구분하는 방식에는 문제가 있다고 보고 있습니다. 왜냐하면 계열상으로 본다면, 왜倭라는 개념과 부여계가 완전히 다른 민족으로 파악하기는 어렵기 때문입니다. 물론 시간의 선후는 있겠지요.

그리고 에가미 나미오 선생과 연구자들은 왜가 한반도 남부의 가야 세력과 연합하여 현재의 규슈의 후쿠오카로 침입하여 한반도의 가야 지역과 규슈의 쓰쿠시築紫(현재 규슈의 후쿠오카) 지역에 왜한 연합왕국倭韓連合王國이 성립되었으며, 왜왕倭王은 우선 쓰쿠시에 수도를 두었다고 보고 있습니다. 이것은 4세기 초의 일로 보이는데 이 왕국이 점점 융성하여 4세기 중엽에는 한반도 남부에서 백제와 견줄 만한 세력이 되었다고 보고 있습니다.[10]

---

10 "니니기노미고도 천손강림(天孫降臨)이라는 것은 한반도에 남하한 북방계 기마민족에 속하는 임나(任那) 왕이 남한의 가라(加羅)를 작전기지로 그곳의 왜인과 협력하여 쓰쿠시(築紫)에 침입한 것의 신화적 표현으로 실제 임나의 왕은 '하쓰구니시라스스메라미고도', 즉 스진(崇神) 천황이었다. 임나의 어근(語根)은 '미마'이며 '나'는 토지를 가리키는 것에 대해 스진 천황의 이름인 '미마기이리히코'의 미마는 임나의 '미마'를, '기'는 성(城)을 나

여기서 말하는 이 왜한 연합왕국에 대해서 저는 분명히 범부여연합국가USB라고 명시한 바 있습니다. 왜냐하면 이 왜한 연합왕국이라는 것은 실체가 없기 때문입니다. 유구한 부여계의 역사는 수많은 사서에 기록되어 있어 우리가 관심을 기울인다면, 그 계통성을 충분히 추적할 수 있는데 반하여 왜한 연합왕국은 실체성을 찾을 수 없습니다. 에가미 나미오 선생은 이 범부여 연합국가의 모습을 일본을 중심으로 파악하여 왜한 연합왕국으로 표현한 것에 지나지 않습니다.

에가미 나미오 선생은 4세기 말에서 5세기 초에 걸친 오진 천황 시대에는 야마토 조정이 한반도 남부의 제국과 고구려에 대한 각종 국제적인 갈등의 주도자가 되었다고 합니다. (그런데 안타깝게도 이것을 증명할 기록은 『일본서기』밖에는 없군요.) 야마토 조정은 대고구려 연합전선의 주도와 더불어 기나이 지역의 정복을 강력하게 추진함으로써 안으로는 나라 배후를 튼튼히 하고 일본을 건국하여 수도를 동쪽으로 이전했고, 이를 토대로 밖으로는 대고구려에 대한 투쟁을 효과적으로 전개하려 했다고 보고 있습니다. 에가미 나미오 선생은 일본의 한반도에 대한 전략을 '한반도 작전'이라는 재미있는 표현을 사용하고 있습니다.[11]

마치 진구 황후의 한반도 정벌이 있었던 것처럼 '신화의 현실화'를 하려는 듯이 보이기도 합니다. 아니면 태평양전쟁 당시와 같이 야마

타내고 있는데, 그것은 '미마기이리히코'가 바로 '임나의 왕'이기 때문이다. 이것이 바로 일본 건국이다. 따라서 그것이 성공하여 우선 임나와 쓰쿠시(현재 규슈의 후쿠오카)로 왜한 연합왕국(倭韓連合王國)이 성립하고 왜왕은 우선 쓰쿠시에 수도를 두었다. 이것은 4세기 초엽의 일로 보이는데 이 왕국이 점점 융성하여 4세기 중엽에는 한반도 남부에서 백제와 견줄만 한 대세력이 되었다" (江上波夫, 앞의 발표문).

[11] 江上波夫, 앞의 발표문.

토 지역에는 대본영大本營이 있고 이 대본영에서 고구려와의 전쟁을 주도적으로 수행한 듯이 보이는 군요. 마치 노회한 정치가의 발언 같기도 합니다.

4세기 말에서 5세기 초까지 한반도 남부 제국에서 열도쥬신(일본)을 대고구려 작전의 주도자로 보기에는 분명히 무리가 있습니다. 이 시기까지 대고구려 작전을 주도한 세력은 반도부여(흔히 말하는 백제)세력으로 보아야 하기 때문입니다. 이 점 또한 이제까지 충분히 검토했다고 봅니다.

에가미 나미오 선생이 말하는 '한반도 작전'의 주체가 야마토 조정일 수는 있겠지만, 여기서 말하는 이 야마토 조정은 근초고왕·근구수왕이었고, 이후 주도자들은 개로왕·곤지왕이었다는 사실입니다.

이와 같이 고대일본의 국가 건국은 한반도의 쥬신세력(부여계)이 직접적으로 관여했기 때문에 가능했고, 이들은 요동과 만주 지역의 기마민족이라는 동일한 혈통을 지녔으며, 이들 기마민족이 열도(일본)를 정복하여 일본 최초의 왕국인 야마토국大和國을 세웠고, 이 야마토 왕가의 혈통이 오늘날 일본 천황가로 그 맥이 이어져 온 것입니다.[12] 이런 까닭에 현대 일본인들은 일본문화와 일본의 정체성의 시작을 야마토 왕조로 보고 있습니다. 일본이 자랑하는 무사도武士道

---

[12] 에가미 나미오 선생은 생전에 한국에서 행한 강연에서 "한마디로 말하자면 여러분들은 일본 사람을 미워해서는 안 됩니다. 위로부터 따지고 보면 결과론적으로 일본 천황은 백제계입니다. 정월 초하루 아침에 천황이 제사 지낼 때 밥그릇, 수저 그리고 마늘이 올라갑니다. 또한 입고 있는 복장이 백제식 복장입니다. 천황 다시 말해서 일본민족은 백제의 후예인 것입니다. 그런 의미에서 한국과 일본은 본디 한 뿌리입니다. 그러니 한국 사람인 여러분은 일본 사람을 미워해서는 안 됩니다"라고 밝힌 적이 있다. 그의 이론은 여러 가지 모순된 논리가 숨겨져 있음이 분명하지만, 야마토의 건설자들은 부여계임을 인정한 발언이라고 할 수 있다.

정신도 대부분의 내용은 일본정신, 즉 야마토 다마시[日本魂 또는 大和魂]에 바탕을 두고 있습니다. 즉 일본의 시작은 야마토 시대라는 것입니다.[13]

그렇다면 여기서 이 야마토大和라는 말에 대해 분석할 필요가 있습니다.

일본의 시작, 야마토의 실체

열도쥬신들은 대화大和 또는 대왜大倭라고 쓰고 똑같이 야마토yamato라고 읽습니다. 그러나 서로 다른 글씨를 왜 이 같은 형식으로 읽는지에 대해서는 아는 사람들은 드물지요.

『후한서』에서는 "왜국은 한의 동남의 큰 바다 가운데 있습니다. 산섬에 의지하여 나라를 세웠고 대개 100여 국이 된다. …… 그 가운데 세력이 큰 왜왕은 야마태국에 거주했다[其大倭王居邪馬臺國]"고 하는데 그 주석에 "이제는 '야마'로 이름을 짓고 그것을 '와訛'로 읽는다"[14]라고 합니다. 이 말은 일반적인 열도쥬신을 가리키는 와(倭)라는 말이지요.

『후한서』에 나타나는 야마태邪馬臺는 고대 쥬신들이 사용하던 말을 차용하여 소리나는 대로 적은 글자일 것입니다. 이 말에서 '야마토日本'라는 말이 생겼을 것으로 생각됩니다. 일본어는 기본적으로 고대 한국인들이 즐겨 사용한 이두식 표현이 언어로 정착되고 문법적으로

---

13 『고사기』와 『일본서기』는, 야마토 왕국이 수립된 직후에, 한반도에서 사람들(백제인: 반도 부여인)이 야마토 지역(나라현에 속하는 야마토분지로 추정됨)으로 대량 이주해 온 사실에 대해 비교적 소상히 기록하고 있고 이 때문에 한국인의 체격이 세토나이카이 해안과 혼슈우와 긴키 지방의 일본인들 사이에 매우 뚜렷이 나타나고 있다고도 한다.

14 "今名邪摩(惟)[堆], 音之訛也"(『後漢書』卷85 「東夷列傳」第75).

정비된 말이기 때문에 현재에도 열도쥬신들은 일본日本으로 쓰고 야마토Yamato로 읽기도 합니다. 그러니까 다음의 관계가 성립하는군요.

대화大和＝대왜大倭＝일본＝야마토yamato

일본의 연구자들은 야마태邪馬臺가 고대 일본어의 '야마토'라는 음을 옮겨 쓴 것이라고 보고 있습니다. 일본에서는 기본적으로 야마태邪馬台, 즉 '야마토'는 원래 기나이 지역에서 독자적으로 생겨난 지명으로 보고 있습니다. 즉 한반도와는 아무런 상관이 없다는 것입니다.

'대와大倭' '대와大和' 등의 글자는 후세에 생겨난 것이지만 '야마토'라는 지명은 3세기에는 확실히 존재하여, 그것이 한족漢族의 사가들에 의해 '야마태邪馬臺'로 옮겨졌다는 것입니다. 7, 8세기에는 음표문자인 만엽음萬葉音 가나에 '야마퇴yamatö'로 표기되고 있기도 합니다. 그래서 야마토는 지형을 나타내는 '산山'에 접미어 '토と'를 붙인 합성어라는 것입니다.[15] 그리고 그 의미로는 산의 입구 또는 산기슭으로 보고 있습니다. 그러니까 고구려에서 '골' '홀忽'이 산의 골짜기나 마을을 의미하다가 나라로 발전한 것과 다르지 않는 말입니다. 즉 고대에는 주로 방어 등을 목적으로 산의 입구 지역에 마을이 만들어지고 이를 토대로 나라가 만들어지죠.

일본 학계에서는 야마태(야마퇴yamatö)와 야마토yamato가 다소 차이가 있는 것으로 보고 있습니다. 야마오 유키하사山尾幸久 교수는 야마태邪馬台는 곧 산적山跡·산처山處의 땅의 음역이지 산 입구[山門·山戶]의

---

15 坂本太郎,「魏志倭人傳雜考」,『日本古代史の基礎的研究』, 494~495쪽.

땅의 음역은 아니라고 보고 있습니다.[16] 그러나 큰 범주에서 보면 이 말에 대한 차이는 없습니다. 야마오 유키하사 교수는 그 증거로『후한서』「왜전」,『수서』의「왜국전」,『통전』등을 들고 있습니다.[17]

그러나 '야마태'이든 '야마토'이든 이 명칭에 대한 이 같은 견해들은 중요한 문제의 본질을 벗어난 것입니다. 여기에는 세 가지의 문제가 있습니다.

첫째, 야마토라는 말이 일본 열도에서 자생했다는 견해인데 이것은 잘못입니다. 왜냐하면 앞서 살펴본 대로 열도로 이주해간 사람들은 열도에서 오래전부터 있었던 사람이 아니라 요동과 만주에서 옮겨간 사람들인데 그들의 주체가 열도의 선주민이 사용한 말을 그대로 사용할 까닭이 없기 때문입니다.

둘째, 야마라는 말을 현대 일본어에서 산mountain이라는 뜻으로 사용하는 야마やま라는 말과 그대로 동일시하는 것인데 이것도 잘못입니다. 하나의 민족의 가장 고귀한 이름을 만드는데 성산聖山, holy mountain도 아닌 일반적인 산으로 부른다는 것은 지나치게 단순한 분석입니다.

셋째, 고대어는 어원을 거슬러 올라가면 매우 복합적인 의미로 나타나는데, 야마라는 말을 산山으로만 해석하는 것은 어원의 변화 방향을 거꾸로 파악했다는 것입니다. 즉 하나의 말이 A→B→C→D 등

---

16 山尾幸久, 「魏志倭人傳の史料批判」,『古代の日本と朝鮮』上田正昭·井上秀雄 編(學生社: 1974).

17 야마오 유키하사 교수는 ①당나라 장회(章懷) 태자 이현(李賢)이『후한서』「왜전」에 주를 달아 "按 今名邪摩堆 音之訛也" 라고 한 것, ②당나라 위징(魏徵)이 지은『수서』「왜국전」에서도 "邪靡(摩인듯)堆 則魏志所謂邪馬臺者也"라고 한 것, ③『통전(通典)』의 주에도 '邪摩堆'라고 적고 있는 것 등을 들고 있다. 山尾幸久, 앞의 논문.

으로 바뀌어갔다고 할 때, 이 방향이 D→C→B→A 로 바뀌어갔다는 분석이 타당할 수는 없는 것입니다. 즉 야마토라는 말은 요동이나 만주 지역의 말과도 무관하지는 않을 것인데 그것을 도외시한 발상이라는 것입니다.

예를 들어 『후한서』에는 "왜는 한반도의 동남 대해 가운데 있으며 산섬[山島]에 의지하고 살았다.[18] …… 나라들은 모두 왕을 칭했고 대대로 계속 이어졌다. 그 가운데 큰 나라는 왜왕이 살았고 야마태국으로 불렀다"라고 되어 있는데 그 주석에 "야마태는 와訛라고 읽는다"라고 되어 있습니다.[19] 다시 말하면 야마토 또는 야마태는 와[wa(倭)]라고 읽을 수도 있다는 것입니다.

앞서 말씀드린 대로 만주쥬신을 의미하는 와지(물길勿吉) 또는 모허(말갈靺鞨)의 어원 가운데 만주어로 밀림 또는 삼림의 뜻인 '웨지(窩集)[Weji] 또는 '와지[waji]'에서 나왔을 가능성이 크므로 이 와지의 '와[wa]'라는 말과 긴 세월 동안 일본을 비칭卑稱하던 '와(倭)'와는 직접적인 관계가 있습니다. 만주 지역에서는 '산골 사람' 또는 '숲의 사람'이라는 의미로 '와지'라는 말을 사용해왔는데 그것을 중국인들이 한자로 받아 적을 때 같은 발음으로 '기분 나쁜 놈(勿吉[와지])'이라는 욕설로 쓴 것입니다. '와지'라는 말은 삼림이라는 의미 외에도 동쪽, 즉 '해뜨는 곳(日本)'을 의미하기도 합니다. 곧 동쪽 오랑캐라는 말이지요. 그러니까 지금까지 보듯이 와(倭)를 동이東夷와 동일시하는 기록들이 나타나는 것이지요.

---

[18] 여기서 말하는 섬은 육지가 침강하여 생긴 섬, 주로 다도해로 추정된다.

[19] "倭在韓東南大海中, 依山島為居, 凡百餘國. 自武帝滅朝鮮, 使驛通於漢者三十許國, 國皆稱王, 世世傳統. 其大倭王居邪馬臺國.[一] 樂浪郡徼, 去其國萬二千里, 去其西北界拘邪韓國七千餘里. 其地大較在會稽東冶之東, 與朱崖, 儋耳相近, 故其法俗多同"의 주석에 "[一]案 : 今名邪摩(惟)[堆], 音之訛也"으로 되어 있다(『後漢書』 卷85 「東夷列傳」 第75 倭).

정리하면, 일본日本=야마토(야마태: 邪馬臺)=와訛=와(倭) 등의 관계가 성립된다는 것입니다. 즉 열도쥬신을 부를 때, 일본이나 야마토, 와(倭) 등의 말 가운데 아무것으로나 읽어도 된다는 것입니다. 그런데 앞서 살펴본 대로 왜倭[wa]=물길勿吉[waji]=옥저沃沮[ojü] 등의 관계가 성립되고, 물길勿吉=말갈靺鞨인데다 이 말들은 만주 지역 언어이므로 종합적으로 정리하면 다음과 같이 쓸 수 있을 것입니다.

와지(窩集: 숲, 동쪽, 해뜨는 곳)=와(倭[wa])=오쥐(옥저(沃沮[ojü])

=물길勿吉[waji]=말갈靺鞨=와訛=야마토(야마태: 邪馬臺)

=일본日本=대화大和

여기서 숙신肅愼=물길勿吉[Waji(와지)]=말갈靺鞨[Mohe(모허)]=여진女眞이라는 관계에서 제가 말씀드린 대로 말갈[Mohe]은 예맥濊貊[허모/쉬모:Hemo/Huimò]을 거꾸로 표현한 말인 맥예濊貊[Mohe(모허/모쉬)]와 같은 것으로 추정되므로, 만주-한국-일본은 겹겹이 동질성이 나타나게 됩니다. 그러니까 『삼국사기』 백제에는 말갈이 자주 나타나고 신라는 왜(와)의 침략을 자주 받는 기록들이 등장하는 것이지요. 쉽게 말해서 같은 쥬신 가운데 국체가 다르거나 국체의 유무에 따라서 왜도 되고 말갈도 되는 것이지요.

따라서 야마토라는 말은 쥬신의 이동경로로 봐서 요동과 만주 또는 한반도에서 사용된 언어에서부터 비롯되었을 것으로 보는 것이 합리적입니다. 특히 열도쥬신이 실질적으로 관계했던 고대 가야 지역이나 반도쥬신 지역의 언어와도 밀접한 관련이 있었을 것으로 추정됩니다.

이제 와(倭)가 한반도 남부의 가야 지역과는 어떤 관련이 있는지를
살펴봅시다.

먼저 '야마'라는 말은 반도쥬신(한국) 고대어로 '하늘', '산', 또는 '신
성한 마을'을 의미하고 '토'는 터 또는 밑이라는 말로 추정되는데 결
국 '야마토'라는 말은 '해뜨는 하늘 밑 마을'이라는 의미가 됩니다.[20]
현재 한반도 남부의 고령 지역의 우가야右伽倻의 다른 이름이 미오야
마彌烏邪馬인데 이것은 신성한 하늘 마을이라는 의미라고 합니다. 이
말은 결국 '해뜨는 터'를 의미하는 일본日本이라는 말과 같은 의미가
됩니다. 쉽게 말하면 일본은 한자식으로 읽은 것이고 '야마토'는 한국
식으로 읽은 것이 됩니다. 즉 '天'을 '하늘 천'이라고 읽듯이 '日本'의
경우는 '야마토(해뜨는 터) 일본'이라는 식이 될 것입니다.

앞에서 보았듯이 『동국여지승람東國與地勝覽』에는 대가야, 즉 고령高
靈의 또 다른 이름을 미오야마彌烏邪馬라고 하고, 그 왕의 이름을 이진
아기伊珍阿鼓라고 합니다.[21] 즉 아마테라스가 이룩한 나라나 일본 최초
의 여왕으로 기록된 히미코卑弥呼의 야마대국邪馬臺國의 이름과 아마테
라스의 조상이 바로 여기에서 나오고 있다는 것을 알 수가 있습니다.
『일본서기』에 나오는 태양신 아마테라스의 아버지인 이자나기伊弉諾
尊는 이진아기伊珍阿鼓와 같은 존재로 음을 빌려서 쓴 말로 추정되므로
같은 말로 봐도 큰 무리는 없을 것입니다. (이런 면에서 본다면 아마테라스는 오
히려 대가야 쪽의 맹주라고 볼 수도 있습니다.) 따라서 야마토라는 말은 일본에서
독자적으로 생성된 말이 아니라 가야 계열의 말에서 만들어졌고 부

---

20 부지영, 『일본, 또 하나의 한국』(한송: 1997), 105~110쪽.

21 『東國與地勝覽』「高靈縣」.

여계가 이를 수용한 것으로 보아야 합니다.

저는 『대쥬신을 찾아서』에서 아사달이나 조선이나 쥬신 등의 말들이 산山을 의미하지만 이 산은 단순한 산이 아니라 아침 해가 떠오르는 산(태양을 품은 산으로 쥬신의 성산: 알타이산, 백두산(장백산, 기린산))을 의미한다는 점을 누차 지적했습니다. 마찬가지로 야마토 역시 단순히 산이라는 의미가 아니라 태양과 동일시된다는 점에서 일본이라는 말과 아사달 또는 조선 또는 아사다계(朝山)와도 다르지 않다는 점을 알 수 있습니다. 그리고 태양을 품고 있는 곳, 그래서 태양이 아침마다 떠오르는 곳에 사는 사람이 바로 태양족인 쥬신의 실체입니다.

이렇게 분석해 보면 야마토라는 말이 쥬신의 큰 흐름에서 벗어난 말이 아니라는 것을 알 수 있고, 야마토는 결국 알타이산, 붉은 산(해 뜨는 산), 아사달, 조선朝鮮이라는 말과도 다르지 않다는 사실을 알 수 있습니다. 야마토의 어원을 찾아가다 보면 결국 현재의 한국과 일본은 같은 뿌리에서 나왔음을 쉽게 알 수 있습니다.

18장 백제 성왕이 긴메이 천황?

들어가는 글 "사실 우리 조상은 백제인입니다"

1985년 한국의 대통령이 일본을 방문한 자리에서 당시 히로히토裕仁 천황은 "사실은 우리 조상도 백제인입니다"라고 했다고 합니다. 이 이야기를 전한 사람은 일본의 간다 히데카즈神田秀— 교수입니다.[1]

2001년 한일 공동 월드컵 개최를 앞두고 일본의 아키히토明仁 천황은 "나 자신으로 말하면 간무桓武 천황의 생모가 백제 무령왕의 자손으로 『속일본기續日本記』에 쓰여 있기 때문에 한국과의 혈연을 느끼고 있습니다"[2]라고 말했습니다. 이 발언은 일본의 천황이 한국과의 관계를 처음으로 공식적으로 언급한 것이기 때문에 한국의 신문이나 방송에서는 대대적으로 보도했습니다. 그리고 이 발언이 상당한 파문을 낳아서 한국

---

1 홍윤기, 『일본 속의 백제 구다라』(한누리미디어: 2008) 446쪽.

2 『朝日新聞』(2001. 12. 23.).

에서는 여러 공중파에서 이것을 추적하는 프로그램을 만드는 등 부산을 떨었습니다.

그런데 희한하게도 일본에서는 이 내용이 『아사히신문朝日新聞』에서만 언급했을 뿐 별다른 반응을 보이지 않았습니다. 일본의 특성과 한국의 특성이 상당히 차이가 나는 것을 볼 수 있었던 대목입니다. 일본 천황의 발언은 무언가 의도성이 있는 듯한 반면, 한국은 "백제가 일본을 만들었어"라는 식으로 떠들었습니다. 제가 보기엔 일본은 한족漢族처럼 냉정한 반면, 한국은 흉노계 유목민의 특성이 많은 듯합니다. 이른바 '냄비근성'입니다.

일본 천황이 한국과 일본과의 황실에 있어서 혈연적 고리를 처음으로 공식적으로 언급한 이후 2004년 여름, 아키히토 천황의 당숙인 아사카노 마사히코朝香誠彦(당시 62세) 왕자가 충남 공주에 있는 무령왕릉을 참배했습니다. 그는 일본에서 가져온 술과 과자, 향 등을 놓고 참배했는데, 당시 오영희 공주시장에게 향로와 향을 기증했다고 합니다. 그가 기증한 향은 1,300여 년 묵은 침향목沈香木으로 만든 최고급품이었습니다. 이 일은 비공식적으로 진행된 것이지만 아사카노 왕자는 아키히토 천황의 윤허를 받고 온 것이며 천황에게 상세히 보고하겠다고 밝혔습니다.[3]

---

3 『中央日報』(2004. 8. 5.).

성왕, 두 얼굴의 대왕

반도부여, 즉 백제의 대표적인 성군으로 성왕聖王이 있습니다. 백제의
제26대 왕(재위 523~554년)으로 웅진에서 사비성으로 천도하고, 국호를
남부여로 고쳐서 백제가 부여의 나라임을 분명히 하고, 만주를 주름
잡던 부여의 영광을 다시 재현하려고 온힘을 기울인 임금입니다.

성왕은 무령왕의 둘째 부인의 소생으로 그 어머니는 황족이 아니
라 호족의 딸이었던 것으로 추정됩니다. 왜냐하면 성왕의 모후는 '황
후(또는 왕후)'로 불린 것이 아니라 '대부인'으로 불렸기 때문입니다. 부
인의 죽음을 '수종壽終'이라 했는데 기록상으로는 황제나 황후의 죽음
을 의미하는 붕崩, 왕과 왕비의 죽음을 의미하는 훙薨, 대신이나 고위
관직자들의 죽음을 의미하는 졸卒, 일반인들의 죽음을 의미하는 사死
어느 것도 해당되지 않습니다. 제 22대 세이네이清寧 천황의 어머니
도 황태 부인으로 불렸습니다.

제가 앞서 말씀드린 대로 곤지왕, 즉 유라쿠 천황에게는 왕이 된
세 아들이 있는데 동성왕, 무령왕, 게이타이 천황 등입니다. 그런데
성왕이 무령왕의 아들이고 긴메이 천황은 게이타이 천황의 아들이므
로 이 두 사람은 사촌관계입니다.

성왕은 지방 통치조직 및 정치체제를 개편하여 왕권을 강화하고
대외적으로는 양나라와의 외교에 공을 들입니다. 그런데 성왕은 『일
본서기』에 성명왕聖明王이라고도 기록되어 있습니다. 성명왕이라는
말은 마치 동명성왕東明聖王을 본뜬 묘호廟號로도 들립니다. 묘호에도
개국시조에게나 사용될 만한 성스러울 '성聖'을 쓰고 있습니다.

열도(일본)에서는 성명왕을 천지의 이치에 통달한 영명한 군주로
보고 있습니다. 성왕의 휘諱는 명농明禯이며 무령왕武寧王의 아들입니

다. 성왕은 아버지인 무령왕과 함께 부여의 대표적인 성군으로 알려져 있습니다. 그러나 반도에서는 성왕을 그리 대단한 인물로 생각하지 않습니다.

성왕은 523년 패수淇水에 침입한 고구려군을 장군 지충知忠으로 하여금 물리치게 했고, 그 다음해에 양梁나라 고조高祖로부터 '지절도독백제제군사수동장군백제왕持節都督百濟諸軍事綏東將軍百濟王'이라는 칭호를 받기도 했습니다.

529년 고구려의 침입을 받아 큰 피해를 입은 후 고구려의 침공에 대한 공동대처를 위해 신라와 동맹을 맺었고 538년 협소한 웅진熊津(현재 충남 공주)에서 넓은 사비성泗沘城(현재 충남 부여)으로 천도하고 국호를 '남부여南扶餘'로 고쳤습니다. 아마 이때 지방 통치조직들을 정비한 듯합니다. 그리고 성왕은 일본에 불경을 전하여 일본이 세계적인 불교의 나라가 되는 직접적인 계기가 됩니다. 이것은 성왕의 업적 가운데 가장 중요한 것이기도 합니다.

551년 신라와 함께 고구려가 차지하고 있던 한강 유역을 공격하여 점령합니다. 이 사건은 매우 중요한 사건이지요. 한강 유역은 76년간이나 고구려에 빼앗겼던 군郡이었기 때문입니다. 그러나 553년 한강 유역을 신라가 차지하자 이에 왕자 여창餘昌(제27대 위덕왕)과 함께 친히 군사를 동원하여 신라 공격에 나섰지만 대패하고 관산성管山城에서 신라의 복병伏兵에 의해 전사합니다(554년).

이상이 우리가 알고 있는 성왕에 대한 행적입니다. 사실 저는 오랫동안 성왕의 행적에 대해서 별 다른 의심 없이 받아들였습니다. 그러나 고바야시 야스코小林惠子 교수는 자신의 저서 『두 얼굴의 대왕二つの顔の大王』에서 긴메이 천황이 바로 백제의 성왕이라고 주장합니다. 고

바야시 교수는 황실 자료 등을 열람할 기회를 얻었을 뿐 아니라 동아시아 제국에 전해지는 자료를 두루두루 검토해 본 결과,『일본서기』나『고사기』에 기록된 일본 열도의 역사가 실은 동아시아 역사의 일환이며, 정권 담당자, 즉 천황이 한반도 제국의 왕을 겸임한 경우가 많았다는 점을 강하게 주장합니다.

한반도의 경우, 백제 성왕은 540년 고구려의 우산성을 공격하다가 패한 후 곧장 왜국으로 망명했으며, 그때부터 가나사시노미야궁 金刺宮에다 새로운 거처를 정하고 왜국 왕이 되었다고 주장합니다. 센카宣化 천황이 사망한 연대는 공교롭게도 540년으로 백제 성왕의 우산성 공격시기와 일치합니다.[4] 그러니까 성왕은 553년 관산성에서 전사한 것이 아니라 그 이전에 일본으로 가서 긴메이 천황이 되었다는 말입니다. 어떤 의미에서 보면 이미 왜 5왕의 경우에서 보았듯이 왜국왕=백제왕이라는 것은 새삼스러운 일이 아닐 수도 있습니다. 그러나 한국과 일본에서는 펄쩍 뛸 일들입니다. 물론 일본왕이 백제왕을 겸하여 지배했다고 하면 일본 학자들은 환영할 일이고, 반대로 백제왕이 일본왕을 겸했다고 하면 한국에서 반길 일일 것입니다. 제가 보기엔 반도부여와 열도부여는 그저 범부여 연합국가입니다.

고바야시 야스코 교수의 견해에 대하여 일본 사학계는 매우 냉담합니다. 고바야시 야스코 교수의 다른 저서에 대해서도 일본 사학계는 주목하지 않고 있는 형편입니다. 고바야시 야스코 교수의 견해는 대체로 작위적이고 비약적이며 지나친 경우가 많습니다. 일부 비판자들은 그녀의 견해를 '말장난'으로 치부하기도 합니다. 그러나 고바

---

[4] 小林惠子, 『二つの顔の大王』(文藝春秋: 1991).

야시 야스코 교수가 제기하고 있는 문제는 한일고대사에서 비켜갈 수 없는 문제입니다. 일단 성왕-긴메이 천황에 대한 몇 가지 의문점들을 분석해봅시다.

먼저『일본서기』를 봅시다.『일본서기』에는 긴메이 천황 15년 12월 조에 백제 성명왕(성왕)이 하부한솔下部扞率 문사간로汶斯干奴, Munsa Ganno를 일본에 파견했다는 기록이 있습니다. 긴메이 천황의 재위 연도는 대체로 539년~571년으로 보고 있기 때문에 긴메이 15년이라면 이 해는 기록상으로 성왕이 전사한 해입니다.[5] 왜냐하면『삼국사기』에 따르면, 성왕이 554년 7월에 전사했다고 하는데 어떻게 같은 해 12월에 사신을 보낼 수가 있겠습니까? 더욱이 이상한 것은 백제가 표를 올렸다고 하는데 그 내용이 긴급히 군사적인 지원을 요청하는 내용으로 성왕의 서거에 대한 아무런 언급이 없습니다. 왕의 죽음보다 더 중요한 사안이 없을 터인데 아무래도 이상합니다.

그동안 일본 천황가를 오랫동안 연구해온 홍윤기 교수는 긴메이 천황이 바로 성왕이라는 점을 누누이 지적해왔습니다. 홍윤기 교수는『대초자袋草子』(1158년)의 기록뿐 아니라 권위 있는 일본역사학연구회日本歷史學研究會가 편찬한『일본사연표日本史年表』(1968년)에 의거하여 이 같은 논의를 전개합니다. 구체적으로 홍윤기 교수의 견해를 한번 봅시다.

첫째 긴메이 천황의 즉위년이 532년이고 불교가 일본에 전해진 것이 538년인데 이때가 반도에서는 성왕의 치세라는 점, 둘째『신찬성

---

[5] 『日本書紀』에는 긴메이 천황 15년에 백제 성왕이 전사한 것으로 나타나고 있다. 성왕의 전사는『삼국사기』에 따르면, 554년이므로 긴메이 천황은 사실상 539에 즉위한 것이 더욱 타당할 것이다.

씨록』에 긴메이 천황의 아들인 비다쓰 천황이 백제 왕족이라는 근거를 들어 그의 아버지인 긴메이 천황 역시 백제 왕족이라는 점, 셋째 『신찬성씨록』에 비다쓰 천황의 성姓이 '진인眞人'인데, 이 성은 덴무 천황 13년(686년)에 제정된 팔색八色의 성 가운데 제1위의 성씨로 황족에게만 주어진 성姓라는 점(결국 백제 왕족=일본 황족), 넷째 야마토 시대 당시 가장 강력한 저항세력인 동북의 아이누(에조 또는 에미시)의 저항을 진압한 명장들이 대부분 백제 왕족이었다는 점, 다섯째 비다쓰 천황의 손자인 조메이舒明 천황이 백제 대정궁大井宮 백제 대사大寺를 건립하는 등 유난히 백제 관련 토목사업을 많이 했고 백제궁에서 서거한 후 백제대빈百濟大殯(백제의 3년상 장례의식)으로 안장했다는 점, 여섯째 성왕의 존칭인 성명왕聖明王과 긴메이欽明 천황의 호칭에서 '明' 자를 공유하고 있는 점 등을 들어서 홍윤기 교수는 긴메이 천황=성명왕으로 결론짓고 있습니다.

나아가 홍윤기 교수는 『일본서기』에 "비다쓰敏達 천황은 긴메이 천황의 둘째 아들이다"라고 하는데 그 첫째 아들이 누구인지에 대해서는 일체의 기사가 없는 점에 주목하여, 바로 이 점이 긴메이 천황=성왕이라는 증거가 될 수 있다고 봅니다. 즉 긴메이 천황의 첫째 아들이 역사의 문헌에 나타나지 않는 것은 성왕의 첫째 아들인 여창餘昌이 백제의 위덕왕으로 등극했기 때문이라는 것입니다. 그러니 일본의 문헌에서는 긴메이 천황의 첫째 아들을 찾을 수가 없다는 것이지요.[6]

그런데 『일본서기』에는 이상한 기록도 있습니다. 긴메이 15년(554

---

6 홍윤기, 「日本古代史 問題點의 새로운 규명-平野神의 文獻的 考察을 중심으로」, 『日本學』第24輯.

년)에 성왕이 서거했다고 기록되어 있는데, 백제왕 여창(후일 위덕왕)은 556년에 왜국으로 동생인 혜惠 왕자를 파견하고 성왕 서거 후 4년이 지나서야 비로소 왕위에 등극합니다(557년). 위덕왕은 4년간 등극을 미루어놓았고 그동안 남부여(백제: 반도부여)에는 왕이 없었던 것이지요. 납득하기가 어려운 일입니다.

홍윤기 교수는 "556년 1월 혜 왕자가 백제로 귀국을 하는데 아배신阿倍臣 등 조신朝臣들이 거느리는 1,000여 명의 군사가 호위하여 백제로 돌아가게 했다"는『일본서기』의 대목도 성왕이 긴메이 천황인 증거 중의 하나라고 합니다. 실제로 고대의 역사에서 호위병 1,000여 명은 예사로운 규모가 아닙니다. 단순히 동맹국이라면 이런 예우를 하기는 어렵기 때문입니다. 지금도 해외에 군대를 파견하는 일이 얼마나 어렵습니까? 사람이 여행하듯이 가면 될 일이 아니지요. 해외 파병에는 엄청나게 긴 보급로가 필요합니다. 그러니까 아버지 성왕이 아들을 보내면서 많은 군대를 보낸 것으로 보는 것이 타당하다는 말입니다. 이 혜 왕자는 후일 혜왕惠王(즉위 598~599년)으로 등극합니다.

그러나 위에서 지적하는 내용들로 성왕과 긴메이 천황을 같은 인물로 보기에는 증거들이 아직 많이 부족한 상태입니다. 의문스러운 일들이 한두 가지가 아니지요. 이제부터는 좀 더 다른 증거들을 살펴봅시다.

성왕, 성명왕, 긴메이 천황

지금까지 우리는 긴메이 천황이 백제의 성왕과 동일인이라는 것을 고바야시 교수와 홍윤기 교수의 견해를 중심으로 살펴보았습니다. 그렇지만 고바야시 교수나 홍윤기 교수의 견해에 대해서 일본 사학계가 수용하기에는 많은 문제들이 있습니다. 즉 전체적인 정황은 납득할 수 있다고 해도 그 사이사이의 수수께끼를 이어줄 수 있는 증거들이 부족한 상태이기 때문입니다. 그러나 이 견해가 일부 타당한 만큼 충분히 검토를 하지 않으면 안 됩니다.

먼저 성왕이 긴메이 천황이라는 이유들을 시각을 바꿔 다시 한 번 살펴봅시다.

첫째, 『일본서기』에 나타난 긴메이 천황기는 긴메이 천황 자체의 기록보다는 성왕의 기록이나 백제 관련 기록들이 주류를 이루고 있다는 것입니다. 그러니까 긴메이 천황기의 기록은 백제를 중심으로 한 한반도의 역사가 기록되어 있다는 말입니다. 그리고 여기에 인용된 자료도 대부분이 정체를 알 수 없는 『백제본기百濟本記』라는 책입니다. 무려 14회나 인용이 되고 있습니다. 그런데 이상한 것은 이 『백제본기』는 게이타이(곤지왕의 아들) 천황기부터 나타나고 긴메이 천황기 이후에는 사라진다는 것입니다. 게이타이 천황기에는 『백제본기』를 5회에 걸쳐 인용하고 있습니다(게이타이 3년, 7년, 8년, 9년, 25년). 그러니까 긴메이 천황기는 『백제본기』를 기반으로 쓰였으며 대부분이 한반도와 관련된 내용입니다.

이것은 열도인(일본인)들도 이해하기 어려운 부분입니다. 즉 『일본서기』 긴메이 천황기를 보면 일본 측 사료에 의한 것은 없고 『백제본기』에 의존하고 있다는 점, 긴메이 천황이 임나의 부흥에 지나칠 정도로 강력한 의지를 가진 점, 임나일본부가 천황이 파견한 기관이라면서도 직접 일본 정부가 천황의 칙령을 전하지 않고 성왕을 통해 간접 지배한 점 등은 열도인들도 불가사의하다고 보는 경우가 많습니다. 특히 긴메이 천황기에는 일본부가 스스로 군사력을 행사하거나 행정적인 권력을 행사한 기록도 없습니다. 사실 임나일본부任那日本府라는 말도 이 시대에는 없었습니다. 일본은 반도부여(백제)의 멸망기에 나타난 용어입니다. (이 부분은 다시 상세히 해설합니다.)

『일본서기』긴메이 천황기에는 성왕, 즉 성명왕은 11회나 나타납니다. 이 가운데 성왕의 연설문을 매우 길게 인용한 것은 4회에 걸쳐 나타나는데 긴메이 천황이 행한 연설은 없습니다. 긴메이 천황의 조서만 나올 뿐입니다. 아무래도 이상합니다. 물론 성왕의 기록에는 성왕이 천황의 뜻을 받들어 말을 하는 것처럼 되어 있지만 긴메이 천황의 실체가 불분명합니다. 당시 천황이라는 개념이 없었던 시대를 감안한다면 성왕이 천황의 뜻을 받들 이유도 없는 것이고 부여계의 서열성으로 봐도 성왕이 긴메이 천황보다 높을 가능성이 크므로 긴메이 천황은 성왕일 수밖에 없는 듯합니다.

구체적으로『일본서기』긴메이 천황기를 보면 천황의 생생한 모습이 나타나는 경우는 불교가 전래되는 시기에 국한됩니다. 나머지 시기는 마치 '그림자 천황'이라고 해야 할 정도로 실체가 나타나지 않는 '얼굴 없는 천황'입니다. 그러면서도 엉뚱하게 고구려를 직접 공격하고 있습니다. 열도(일본)가 왜 고구려를 직접 공격할 수 있는지 이해가 안 되지요. 그러나 성왕과 그의 아들인 위덕왕에 대해서는 낱낱이 밝히고 있습니다.『일본서기』긴메이 천황기는 마치 성왕과 위덕왕의 생생한 전기를 보는 듯합니다. 희한한 말이지만 위덕왕이 출가하여 승려가 되려 한 것도『삼국사기』에는 없고『일본서기』에만 나오는 기록입니다.

둘째, 긴메이 천황의 즉위와 관련된 문제입니다. 즉 즉위 연도도 문제이지만 긴메이 천황 이전의 천황들의 즉위 및 재위 그리고 그들의 죽음도 의문투성이입니다. 무엇보다도 게이타이 천황과 그의 직계자제들이 몰살당한 것으로 나타나고 있는데 만약 게이타이 천황의 직계가 몰살되었다면 가장 유력한 천황 후보는 사촌인 성왕이 됩니다. 긴메이 이전의 천황은 안칸安閑·센카宣化 천황인데 이들은 『일본서기』에서는 정상적으로 등극한 듯이 묘사하고 있지만 이들의 죽음들은 전사나 암살로 보는 것이 대세입니다. 안칸 천황은 즉위 후 2년이 채 못 되어 죽고 센카 천황도 4년 만에 죽는데 이들의 죽음은 다른 천황과는 달리 유언도 없으며 죽음에 대한 어떤 묘사도 없이 짧게 "천황이 서거했다[天皇 崩]"라고만 되어 있습니다. 핵심이 되는 기록은 바로 『일본서기』입니다. 중요한 내용이니 모두 인용해보겠습니다.

> 『백제본기』에 이르기를 태세太歲 3월 군사가 안라安羅에 가서 걸모성乞毛城에 주둔했다. 이달에 고려(고구려)가 그 왕을 시해했다. 또 들으니 일본의 천황과 태자, 황자들이 모두 다 죽었다고 했다.[7]

여기서 고구려왕은 안장왕(재위 519~531년)인 듯합니다. 문제는 게이타이 일족이 모두 사망했다는 것입니다. 그러면 왕위계승 서열로 친다면 자연스럽게 성왕계로 넘어가게 됩니다. 이 기록을 토대로 본다

---

[7] "取百濟本記爲文. 其文云. 大歲辛亥三月. 師進至于安羅營乞. 是月. 高麗弑其王安. 又聞. 日本天皇及太子皇子俱崩薨. 由此而. 辛亥之歲當廿五年矣. 後勘校者知之也"(『日本書紀』 繼體天皇 25年).

면 안칸·센카 천황은 게이타이 천황과 함께 사망한 것이 됩니다. 문제는 다시 두 가지로 압축됩니다. 하나는 이들을 죽인 사람이 누군인가 하는 점이고, 다른 하나는 긴메이와 게이타이의 관계는 어떤 것인가 하는 점입니다.

『일본서기』에 따르면, 긴메이 천황은 배다른 형인 센카 천황이 죽은 후 즉위했다고 하나 『일본서기』의 기년에는 몇 가지의 문제점이 나타납니다. 이에 대해 열도에서는 많은 견해들과 극심한 논란이 있습니다.

히라코 다쿠레이平子鐸嶺는 게이타이 천황의 사망 연도를 『고사기古事記』의 527년(丁未年 4월 9일)으로 하여 그로부터 각각 2년씩 사이를 두고 안칸 천황과 센카 천황이 등극했고 531년에 긴메이 천황이 즉위했다고 주장합니다. 즉 게이타이 천황이 527년에 서거했다는 말이지요. 이에 대하여 기타 사다키치喜田貞吉는 긴메이 천황이 531년에 즉위한 것은 맞지만 긴메이 천황의 즉위에 반대하는 세력들이 534년에 안칸과 센카를 옹립하는 등 긴메이 천황의 조정과 안칸·센카 천황의 조정이 동시에 존재하는 이른바 병립왕조 시대(두 개의 왕조가 동시에 존재)가 있었다고 합니다. 하지만 센카가 죽음으로써 긴메이 천황의 시대가 시작되었다고 주장합니다.

하야시야 진사부로林屋辰三郎는 기타 사다키치의 견해에 동의하지만, 게이타이는 암살되었다고 주장했고 미즈노 유水野祐는 게이타이 천황이 527년에 죽었지만 센카는 가공의 인물일 뿐이고 안칸이 8년간을 재위하여 535년에 긴메이 천황이 즉위했다고 주장하고 있습니다. 이에 대해 시라사키 쇼이치로우白崎昭一郎는 안칸의 재위는 4년이고 그 다음 4년 동안은 센카·긴메이 두 조정이 병립했다고 보았습니다. 참고로 유명 역사 소설가인 구로이와 주코는 『일본서기』 게이타이 천황 조의 기록을 토대로 천황 및 태자, 황태자가 동시에 죽었고 안칸이나 센카는 즉위도 못 하고 연금·암살되었다고 주장하고 있습니다.

저는 『일본서기』의 연대를 판별하는 것은 일단 분명한 사건을 중심으로 다른 나라들의 사서에 나타나는 연대와 비교하는 방법이 가장 타당하다고 봅니다. 따라서 긴메이 천황의 등극도 긴메이 조에 나타나는 가장 구체적인 사건을 중심으로 선별하고 이것을 다른 사서와 비교한다는 말입니다. 『일본서기』에는 긴메이 천황 15년에 백제 성왕이 전사한 것으로 나타나고 있습니다. 바로 이것이 고리입니다. 성왕의 전사는 다른 사서, 즉 『삼국사기』에서는 554년이므로 긴메이 천황은 사실상 539년에 즉위한 것이라고 보아야 할 것입니다. 그러니까 열도(일본)에서는 게이타이 천황이 서거한 이후 거의 10여 년을 정치적 혼란 상태에 있었다는 말이 됩니다. 그 과정에서 게이타이 천황의 직계 가족들이 모두 전멸한 것입니다.

다음으로 게이타이 황족들을 몰살한 사람들이 누구인가 하는 문제를 간단하게 한번 짚어보고 넘어갑시다. 결과만으로 본다면 긴메이 천황이 정권을 장악했으니 황족들을 시해한 자들은 긴메이 천황 계열의 사람들일 수도 있겠지요. 그러나 긴메이欽明라는 시호諡號를 보면 긴메이 천황이 이들을 몰살한 것으로 보기는 어려울 듯 합니다. 즉 긴메이라는 말 자체가 '매사에 공경하고 도리를 밝게 한다'는 의미입니다. 만약 긴메이 천황이 게이타이 계열을 몰살했다면 이런 시호를 받을 수 있었을까요? 그리고 이상한 것은 안칸 천황에서 안칸安閑의 의미도 '편안하고 안정되었다'는 의미이고 센카宣化도 '덕이 있는

代	중국식 시호	일본식 시호		휘(『일본서기』)
		『고사기古事記』	『일본서기』	
27	안칸安閑	廣國押建金日	廣國押武金日	勾大兄皇子
28	센카宣化	建小廣國押楯	武小廣國押盾	檜隈高田皇子
29	긴메이欽明	天國押波流岐庭	天國排開廣庭	?
30	비다쓰敏達	沼名倉太玉敷	淳中倉太珠敷	?
31	요메이用明	橘豊日	橘豊日	大兄皇子
32	스슌崇峻	長谷部若雀	泊瀨部	泊瀨部皇子

긴메이 천황 시기 일본 천황들의 시호

정치로 백성을 교화한다'는 의미인데 3년도 못 채우고 몰살당한 왕들에게 올리는 시호로는 적합하지 않지요. 그렇다면 이 안칸 천황이나 센카 천황은 가공의 천황으로 이름만 나오는 천황일 수 있습니다. 그렇다면 게이타이 천황이 서거한 때부터 대략 10여 년 간은 극심한 정치적인 혼란기였거나 후사가 없어서 누군가 다른 사람에 의해 통치되었을 가능성이 있는 것이지요.

이 많은 주장들에 대하여 명쾌하게 밝혀줄 만한 역사적 증거는 없습니다. 그러나 게이타이 천황의 직계자손들이 거의 전멸한 것은 분명해 보입니다. 만약 안칸 천황이나 센카 천황이 실존인물이 아니라면 게이타이 천황은 후사 없이 서거한 것이 됩니다. 그렇다면 개로왕-곤지왕(유라쿠 천황)의 직계혈손들은 무령왕-성왕 계열밖에는 없는 것이지요. 당시 생존하고 있는 부여계의 가장 큰 어른이 바로 성왕이라는 말입니다.

그러니까 전체 부여계의 운명을 결정할 사람은 성왕이었고 성왕이 양국의 제왕이었을 가능성이 큽니다. 설령 긴메이 천황이 성왕이 아니라고 하더라도 성왕과 깊은 관계를 가진 친족일 가능성이 크다고 할 수 있습니다.

셋째, 성왕 당시 일본 출신 관료들에 관한 문제입니다.[8] 성왕 때는 무려 13여 년 간 백제에 있던 일본출신 관료들을 관례적으로 일본에 파견해왔는데 성왕의 서거 시점을 기점으로 중단된다는 것입니다. 만약 일본에 일본 출신의 관료들을 보내는 것이 관례라면 성왕의 서거 후에도 이 일은 지속될 터인데, 그것이 성왕 서거의 기점에서 즉각 중단되는 것도 이상합니다.

가사이 와진笠井倭人 교수의 연구에 따르면, 성왕 때에는 일본계 백제 관료들이 대거 일본으로 파견되었다는 기록이 『일본서기』에 나타납니다. 구체적으로는 긴메이 2년 7월(성왕 19년)에 시작하여 긴메이 15년 554년에 끝이 납니다.[9] 이 과정에서 백제는 모두 20여 건의

---

[8] 여기서 말하는 일본계 백제 관료는 주로 6세기에 일본의 성과 이름을 가진 사람들이 적지 않게 백제에 와서 벼슬을 했다는 것을 말하는데 기(紀)씨, 모노노베(物部)씨, 시나노(科野)씨, 고세(許勢)씨, 아시키다(葦北)씨, 호즈미(穗積)씨 등의 씨족들을 말한다. 이들에 대해서는 한반도를 정벌하러 왔던 사람들의 자손이 백제에 귀화했다는 설이 지배적이라고 한다. 이 부분, 즉 열도부여계 반도부여(백제) 관료라는 말은 매우 난해하지만 이것은 열도부여를 일본으로, 반도부여를 백제로 굳이 나눠서 생긴 문제일 뿐이다. 하나의 부여연맹으로 본다면 간단히 해석될 일을 일본에서는 굳이 일본계 백제 관료라는 표현을 사용하고 있다.

[9] 참고로 가사이 와진(笠井倭人) 교수에 따르면, 541년에서 554년까지 20여 차례에 걸쳐 반도부여의 많은 관료들이 일본에 파견되었는데, 그 가운데 11건은 열도로 파견되는 형식이었고 이 11건 가운데 10건까지가 정치·걸사외교였다. 즉 정치적 목적 또는 군대 파견을 위한 목적으로 일계 백제 관료들을 보낸 것이다. 특히 '정치'외교는 긴메이 6년(545년) 5월로 끝이 나고 긴메이 8년(547년) 4월부터는 걸사외교(乞師外交), 즉 군대 파병을 목적으로 외교력을 집중하고 있다. 이 이듬해(548년) 바로 반도부여(백제)는 독산성(獨山城)에서 고구려의 공격을 받았는데 이 지역이 『일본서기』에 기록된 마진성(馬津城)으로, 오늘날 한국 충청남도 예산 지역이다. 예산은 사비의 북쪽 15리에 불과하여 반도부여(백제)는 국가 존망의 위기가 밀어닥친 상태였던 것이다. 긴메이 8년(547년)에 시작되어 15년(554년)에 끝난 반도부여의 원군 요청은 550년부터 시작된 신라의 침략에 초점이 맞추어져 있다. 즉 552년부터 554년까지 겨우 3간의 '걸사'외교단 파견 건수가 6건이나 되어, 모두 8년 동안 있었던 원군 요청의 60퍼센트 정도를 차지하고 있다. 笠井倭人,「欽明朝における百濟の對倭外交—特に日系百濟官僚を中心として」,『古代の日本と朝鮮』上田正昭·井上秀雄 編 (學生社, 1974) 참고.

외교단을 파견하는데 그 가운데 11건은 일본계 백제 관료 또는 일본 출신 사람들이 포함된 것으로 전체의 60퍼센트에 가깝습니다.[10] 이 부분도 의심스럽지요? 즉 아무리 성왕이 서거했다고 해도 13여 년간 지속되어온 일이 갑자기 중단될까요? 만약 관례적으로 많은 일본계 백제 관료들이 일본으로 갔다고 하면 성왕의 서거로 인하여 중단될 사안이 아닐 것입니다.

그러나 시각을 달리 해봅시다. 고바야시 야스코小林惠子 교수의 지적과 같이 성왕이 서거하지 않고 일본으로 갔다면 더 이상 일본계 백제 관료가 올 이유가 없을 수도 있기 때문입니다. 만약 고바야시 야스코 교수의 견해가 옳다면, 성왕은 일본의 안정을 위해 심복(성왕 직속 친위세력)들을 지속적으로 파견했을 것이고 본인이 직접 일본을 가게 되었을 경우 더 이상 일본계 백제 관료를 파견할 이유가 없었을 것이기 때문입니다.

넷째, 야마토와 고구려의 대외교섭 상황입니다. 고구려와 부여계는 오랜 숙적관계였는데 나제동맹羅濟同盟이 결렬되고 한강 유역을 다시 신라에게 상실함으로써 야마토 정부는 고구려와 교섭을 시작합니다. 구체적으로 보면 고구려와 왜 왕권의 공적인 교섭이 시작된 것은 570년경입니다. 『일본서기』에는 긴메이 천황 31년(570년), 비다쓰 천황 2년(573년), 3년(574년)에는 3차에 걸친 고구려 사신의 왜국 파견 기록들이 나타납니다.[11] 이전 시기에도 일부 고구려인들의 열도 방문기

10 笠井倭人,「欽明朝百濟の對倭外交 日系百濟官僚をとして」,『古代の日本と朝鮮』(學生社, 1974).

11 李弘稙,「日本書紀所載 高句麗關係 記事考」,『韓國古代史의 硏究』(신구문화사: 1971); 山尾幸久,「大化前代の東アジアの情勢と日本の政局」,『日本歷史』229(1967); 栗原朋信,「上代

록이 없지는 않지만 570년경의 일본 열도에는 왜-고구려의 공적 교류적인 성격이 강하게 나타납니다.

그리고 이 시기는 고구려에도 국내외적으로 큰 정치 불안이 있었던 시기입니다. 고구려 안강왕安原王(재위 531~545년)의 사후 왕위계승을 둘러싼 대란이 있었고, 이 과정에서 왕의 작은 왕후 측 사람 2,000명이 살해당했다고 합니다. 이어 즉위한 양원왕陽原王 13년(557년)에는 모반사건이 일어납니다.[12]

그런데 문제는 일본 열도와 고구려의 공식적인 교섭이 이루어지는 시기가 긴메이 천황의 서거를 전후로 한 때라는 것이지요. 만약 야마토 왕조가 성왕과 무관하다면 고구려와의 교섭은 훨씬 이전에 진행되었을 것입니다. 그런데 왜 이렇게 긴 시간을 기다려서 고구려와 교섭했는가 하는 점입니다. 이해가 안 되지요. 그러나 만약 긴메이 천황과 성왕이 동일인이라면 쉽게 이해할 수 있는 일입니다.

즉 성왕은 부여세력의 중흥을 위해 신라와 연합하여 고구려를 공격했는데, 당시 성왕은 고구려에 대해 매우 큰 적대감을 가지고 있었습니다. 고구려의 공격으로 백제가 위기에 처한 일도 많았습니다. 만약 성왕이 신라병에 의해 554년 서거했다고 하면, 야마토 왕조가 고구려와의 교섭을 미룰 이유가 없을 것입니다. 그럼에도 불구하고 570년경에 고구려와 대외적인 협력을 강화하려고 시도한 것은 성왕이 가진 특별한 이유 때문일 것으로 보면 이해가 쉽게 됩니다. 즉 고구려에 대한 적대감으로 신라와 연합하여 원래의 부여 지역을 회복

の對外關係」, 『對外關係史』(山川出版社: 1978); 李成市, 「高句麗と日隋外交」, 『古代東アジアの民族と歷史』(岩波書店: 1998).

[12] 『日本書紀』 欽明天皇 6年, 7年條와 그 分註의 「百濟本記」 참조.

했으나 신라의 공격으로 또 한 번 큰 상처를 입은 상태에서 신라와의 교류는 말할 것도 없고 고구려와의 협력도 불가능한 상태였을 것이기 때문입니다. 사실 심리적 공황상태라고 해야겠죠?

이제는 역으로 일본측에서 긴메이 천황과 부여 성왕의 연관성을 추적해봅시다.

첫째, 긴메이 천황이 부여계(백제계)라는 분명한 기록이 있습니다. 즉 긴메이 천황의 아들인 비다쓰 천황이 부여계라는 것입니다. 그러니 자연히 그 아버지도 부여계가 되는 것이지요. 구체적으로 보면, 비다쓰 천황에 대해서『신찬성씨록』은 분명히 백제인으로 설명하고 있습니다. 그러니 긴메이 천황은 반도부여계(백제계)인 것이지요. 이 점은 홍윤기 교수도 지적한 부분입니다.

둘째, 긴메이 천황이 납득할 만한 이유 없이 고구려를 정벌합니다. 『일본서기』에서는 일본의 대장군이 고구려를 공격하여 많은 전리품을 긴메이 천황에게 보냈다는 기록이 있습니다. 이 부분도 이해하기 어렵습니다. 무엇 때문에 일본이 고구려를 공격합니까? 이 부분을 구체적으로 살펴봅시다.

『일본서기』에 의하면, 긴메이 천황 23년 8월 초에 천황이 대장군을 보내 고구려를 칩니다. 이때 고구려왕은 담장을 넘어 도망가고 야마토의 대장군은 고구려 궁중을 점령해 왕의 침실 장막 7개, 철옥鐵屋(지붕 위에 얹는 철제 장식물) 1개, 미녀 원媛과 시녀 오전자吾田子를 빼앗아 와서 긴메이 천황에게 바쳤다는 기록이 있습니다. 열도의 군대가 고구려의 왕도를 점령했다니 상식적으로 이해가 안 되지요?

열도의 야마토 정부가 고구려를 침공하기 위해서는 상당한 준비가 필요합니다. 그리고 대병력을 바다 건너 이동시키고 가야와 신라를 지나고 험준한 태백산맥을 넘어야 하는 등 열도가 고구려를 침공하기는 매우 어려운 일입니다. 고구려의 국력을 감안해본다면, 일본이 국력을 총동원해야 할 정도의 병력과 장비를 운송하지 않으면 안 됩니다.

그러기 위해서는 일본에서 고구려 정벌이 국민적인 관심사가 되거나 그 만큼 고구려에 대한 적대감을 가져야만 합니다. 그런데 그런 징후는 어디에도 없습니다. 따라서 고구려 공격 주체가 사실상 백제(반도부여, 남부여)의 왕이 아니면 안 될 것입니다. 위에서 말하는 야마토의 대장군도 백제장군이 아니면 납득하기 어렵지요. 그러나 긴메이 천황이 반도부여왕을 겸임하거나 성왕과 동일인이면 이러한 논리적 모순은 없어집니다.

문제는 『삼국사기』에 따르면, 긴메이 23년, 즉 562년을 전후로 하여 고구려에는 어떠한 왜군의 공격도 없다는 것입니다. 심지어 백제의 공격도 없었습니다. 이 시기의 『삼국사기』를 그대로 인용해 봅시다.

1) 「고구려 본기」의 경우 "평원왕 2년(560년) 왕이 졸본에서 돌아오는 길에 사형수를 제외하고는 모두 사면했다. 3년(561년) 4월 이상하게 생긴 새가 궁정에 날아들었고 6월에는 큰물이 있었다. 4년(562년) 2월 진陳나라의 문제가 왕에게 영동장군의 벼슬을 주었다"(『삼국사기』 「고구려 본기」 양원왕).

2) 「신라 본기」의 경우 "진흥왕 19년(558년) 귀족의 자제들과 6부의 부호들을 국원에 이주하게 했다. 23년(562년) 백제가 신라 국경의 민호를 침략하므로 왕이 이를 막아 1,000여 명을 잡아죽였다"(『삼국사기』

「신라 본기」진흥왕).

3) 「백제 본기」의 경우 "위덕왕 6년(559년) 일식이 있었다. 8년(561년) 군
　사를 보내어 신라의 변경을 침략했는데 신라병이 출격히여 패하니
　죽은 자가 1,000여 명을 헤아렸다"(『삼국사기』「백제 본기」위덕왕).

　어느 경우를 보더라도 왜병이 고구려를 침공한 사실은 없습니다.
더구나 백제군이 신라나 고구려를 성공적으로 공격하지도 못했습니
다. 따라서 긴메이 23년의 기록은 사실이 아니지요. 만약 사실이라면
562년의 사건이 아니라 그 이전이나 이후의 사건이었겠지요.

　만약 이 시기를 전후로 하여 위의 사건과 비교적 비슷한 사건을 꼽
으라면 성왕 28년의 기록입니다. 시기적으로 본다면 백제가 고구려
를 압박하는 기간은 성왕 26년(548년)에서 성왕 28년(550년) 동안의 기
간입니다. 따라서 긴메이 천황이 고구려를 공격한 것은 이 시기에 해
당한다고 보면 다소 과장되기는 했지만 유사한 상황이 나타날 수 있
습니다. 그러니까 긴메이 천황의 기록을 이 시기로 소급해 보면, 이
비밀은 『삼국사기』의 기록으로 쉽게 해소될 수도 있다는 말입니다.
당시 고구려 공격의 주체는 반도부여(남부여, 백제)가 분명하기 때문입
니다.

　이 시기(성왕 26~28년)는 고구려의 양원왕(재위 545~559년)에 해당하는
데 양원왕 대에서는 고구려가 백제에 상당히 밀리는 것으로 나타나
고 있습니다. 즉 『삼국사기』에는 양원왕 4년(548년) 봄 정월, 예의 군사
6,000명으로 백제의 독산성을 공격했으나 승리하지 못하고 퇴각했
고 6년(550년) 봄 정월, 백제가 침입하여 도살성을 함락시켰으며, 10년
(554년) 겨울, 백제의 웅천성을 공격했으나 승리하지 못했다는 기록이

남아 있습니다. 따라서 긴메이 23년 조의 기록은 아마도 550년 백제의 성왕이 고구려의 도살성을 함락한 것을 과장한 것이 아닌가 생각됩니다.

여기서 사족蛇足을 하나 달면서 『일본서기』의 편집과정을 짐작해 보는 것은 어떨까요? 이상하게도 만약 우리가 『고사기』의 기록에 따라 긴메이 천황이 528년(또는 527년) 즉위했다고 가정하면, 긴메이 23년이 바로 양원왕 6년경에 해당하므로 『일본서기』의 기록과 『삼국사기』가 일치하게 됩니다. 그뿐만이 아닙니다. 긴메이 천황의 재위기간은 32년인데 성왕의 재위기간도 정확히 32년입니다. 마치 『일본서기』의 편찬자들이 '정치적 압력 속에서도' 무엇인가 흔적을 남기려고 한 듯도 합니다. 이것이 사실이라고 한다면 『일본서기』의 기록은 사건들을 일관되게 기록한 것이 아니라 필요에 따라 짜깁기한 것이라고 볼 수 있습니다. 즉 『일본서기』는 시간의 순서에 따라 편년체로 정확하게 기록한 것이 아니라 중간 중간 정치적 의도에 따라 적당하게 편집한 것인데 그런 편집의 과정에서도 그 흔적들은 남기고 있다는 것이지요.

따라서 긴메이 천황이 고구려를 공격한 것이 사실이 아니지만 만약 이 사건이 분명히 실재했다면 그 주체는 백제라는 것입니다. 나아가 이 사건은 양원왕 6년 사건(551년)일 가능성이 크다는 말이지요. 결국 이 사건은 성왕이 긴메이 천황과 동일인이라면 상당한 일관성을 가지게 됩니다. 어떻습니까? 성왕이 긴메이 천황과 동일인이라는 생각이 드십니까?

지금까지 우리는 긴메이 천황과 백제의 성왕이 동일인물인가 하는 점을 여러 가지 자료를 동원하여 살펴보고 있습니다. 이 견해는 고바야시 야스코 교수에 의해 제기된 것이지만, 홍윤기 교수의 견해뿐만 아니라 저의 분석으로도 아직은 증거가 많이 부족합니다. 다시 다른 각도에서 긴메이 천황과 백제 성왕과의 관계를 살펴봅시다.

19장 성왕과 가야(임나) 삼총사

들어가는 글 **미소라 히바리의 꿈**

川の流れのように(강물의 흐름처럼)

知らず知らず 歩いて來た 細く長い この道
(모르고 모르고 걸어왔네 좁고도 긴 이 길을)

振り返れば 遙か遠く 故郷が見える
(뒤돌아보면 저만치 멀리 고향이 눈에 보이네)

でこぼこ道や 曲がりくねった道 地圖さえない それも また 人生
(울퉁불퉁한 길, 굽어진 길, 지도에도 없지만 그것 또한 인생)

ああ 川の流れのように ゆるやかに いくつも 時代は過ぎて
(아~ 흐르는 강물처럼 잔잔히 어느새 세월은 흘러)

ああ 川の流れのように とめどなく 空が黄昏に 染まるだけ
(아~ 흐르는 강물처럼 끝도 없이 그저 하늘이 황혼에 물드는 것일 뿐)

生きることは 旅すること 終りのない この道
(산다는 것은 길을 떠나는 것, 끝도 없는 이 길)

愛する人 そばに連れて 夢探しながら 雨に降られて ぬかるんだ道でも
(사랑하는 이와 함께 꿈을 찾으며 비가 내려 질퍽거리는 길이라도)

いつかは また 晴れる 日が 來るから
(언젠가는 다시 비 갠 날이 올 테니까)

ああ 川の流れのように おだやかに この身を まかせていたい
(아~ 흐르는 강물처럼 온화하게 이 몸을 맡기고 싶어)

ああ 川の流れのように 移りゆく 季節 雪どけを 待ちながら
(아~ 흐르는 강물처럼 바뀌어가는 계절, 눈 녹기를 기다리며)

ああ 川の流れのように おだやかに この身を まかせていたい
(아~ 흐르는 강물처럼 온화하게 이 몸을 맡기고 싶어)

ああ 川の流れのように いつまでも 青いせせらぎを 聞きながら
(아~ 흐르는 강물처럼 언제까지라도 푸른 시냇물 흐르는 소리 들으며)

　열도쥬신을 대표하는 가수인 미소라 히바리美空ひばり의「강물의 흐름처럼」은 열도쥬신이 가장 애창하는 노래라고 합니다. 일본인다운 체념과 관조가 담겨 있으면서도 인생에 대한 회한과 꿈을 노래합니다. 마치 여러 사서들에 나오는 것처럼 열도의 그 백성은 온순하고 세상에 순응하기 위해 많은 노력을 하는 인생철학을 보여주고 있습니

다. 『북사北史』「열전列傳」에 나오는 왜국倭國의 내용 가운데 "왜국의 백성들은 편안하고 말이 없는 편이어서 다툼과 송사가 적고 도적이 적다"라는 기록과 『설문해자』의 "왜라는 것은 순종을 잘하고 둔한 사람들"이라는 기록이 자꾸 눈에 들어오는군요.[1]

미소라 히바리는 1937년 5월 29일 한국계(김해 출신) 일본인 아버지(加藤增吉)와 일본인 어머니(加藤喜美枝) 사이에 태어나 1946년 일본 가요계에 데뷔해서 1989년 53세의 젊은 나이로 세상을 뜰 때까지 1,500여 곡의 노래를 부르면서 '일본을 대표하는 최고의 가수'로 불려졌습니다.

미소라 히바리는 죽기 전까지도 한국을 그리워하고 한국에서 공연하기를 바랐다고 합니다. 패전의 잿더미 속에서 오늘날 일본을 건설하는 데 큰 힘이 되었던 인물로 평가되기도 합니다. 그런 사람이 한국을 그리워했던 것이지요. 아버지의 고향이 바로 김해입니다. 옛날에는 그곳에 금관가야가 있었고 임나 땅이라고 불리기도 했습니다.

이제 다음 노래를 보시지요.

---

1 "倭 順兒 從人倭聲 詩曰 周道倭遲"(『說文解字』).

いい日旅立ち(좋은 날 떠나는 여행)

1.

雪解け 眞近の 北の空に向い

(눈녹는 바로 그 무렵 북쪽 하늘을 보며)

過ぎ去りし日びの 夢を叫ぶとき

(지나간 날의 꿈을 부를 때)

歸らぬ人達 熱い胸をよぎる

(돌아오지 않는 사람들 뜨거운 가슴을 스쳐 지나는)

せめて今日から一人きり旅に出る

(어떻게든 이제부터 나 혼자 여행을 떠난다)

ああ 日本のどこかに

(아~ 일본 그 어느 곳에)

私を待ってる人がいる

(날 기다릴 사람이 있어)

いい日旅立ち 夕燒けをさがしに

(좋은 날 떠나는 여행 저녁놀을 찾아서)

母の背中で聞いた歌を 道連れに

(엄마 등에 업혀 들었던 노래, 길동무 삼아)

2.

岬のはずれに 少年は魚つり
(곶에서 조금 떨어진, 소년은 낚시하고)

青いすすきの小徑を 歸るのか
(파란 억새풀 길, 돌아가고 있을까)

私は今から 想い出を創るため
(나 이제 추억을 만들기 위해)

砂に枯木で書くつもり "さよなら" と
(모래에 마른 나무에 쓸 것이다 "안녕"이라고)

ああ 日本のどこかに
(아~ 일본 그 어느 곳에)

私を待ってる人がいる
(날 기다릴 사람이 있어)

いい日旅立ち 羊雲をさがしに(
(좋은 날 떠나는 여행, 양털구름을 찾아서)

父が教えてくれた歌を 道連れに
(아빠가 가르쳐준 노래, 길동무 삼아)

ああ 日本のどこかに
(아~ 일본, 그 어느 곳에)

私を待ってる人がいる

(날 기다릴 사람이 있어)

いい日旅立ち 幸せをさがしに
(좋은 날 떠나는 여행, 행복을 찾아서)

子供の頃に歌った歌を 道連れに
(어린 시절 불렀던 노래, 길동무 삼아)

「좋은 날 떠나는 여행」은 열도쥬신(일본인)이 두 번째로 애창하는 노래라고 합니다. 이 노래를 부른 사람은 야마구치 모모에山口百惠입니다. 야마구치 모모에는 1959년 도쿄에서 태어났고 1970년대 동북아시아의 대표적인 아이돌 스타였습니다. 그런데 야마구치 모모에의 아버지가 바로 한국인이었습니다. 안타깝게도 그는 일찍 집을 떠나서 야마구치 모모에는 어머니(야마구치 마사코)의 성을 따랐다고 합니다. 풍문에 따르면 연예기획사에서는 한국계인 것을 철저히 비밀로 부치는 조건으로 연예계 활동을 보장받았다는 말도 있습니다.

어떤가요? 열도쥬신이 가장 애창하는 노래들이 반도쥬신과 깊은 관련이 있는 가수들에 의해 불리고 있다는 사실이 말입니다. 이 노래들은 인터넷으로도 쉽게 들을 수 있습니다. 실제로 한번 들어보면 반도쥬신의 정서와 매우 가까운 노래라는 것을 알 수 있습니다. (이 점은 몽골의 노래도 마찬가지입니다.) 특히 클라이맥스가 되는 강렬한 후렴구가 없는 한족漢族의 노래들과는 많이 다르다는 것을 느낄 수 있습니다.

임나 3총사: 성왕-소가씨-긴메이 천황

백제의 역사에는 목라근자木羅斤資(?~?)라는 인물이 나옵니다. 구체적인 생몰연대는 알 수 없지만 근초고왕·근구수왕 때의 장군이라고 합니다. 그런데 그에 관한 기록이 한국 쪽에서는 거의 없고 주로 『일본서기』에 나옵니다. 일본에서는 '모쿠라곤시Mokurakonshi'라고 부르고 있습니다. 아마 이 말이 당시의 말에 더 가까울 것입니다. 따라서 저는 가급적 이 말들을 사용할 예정입니다. 그는 현재의 창녕·경산·함안·합천·고령 등의 가야와 신라 지역을 공략한 사람으로 알려져 있습니다. 또한 신라의 여인을 맞아 모쿠마치(목만치木滿致 또는 목리만치)를 낳습니다. 모쿠마치木滿致는 구이신왕에서 문주왕의 시기에 활약한 백제의 유명한 대신입니다.

일본의 역사를 공부하다보면 소가씨蘇我氏가 나옵니다. 천황보다 더 큰 권력을 100여 년 간 장악했던 집안입니다. 그런데 이 소가씨가 바로 이 모쿠마치의 후예로 알려져 있지요. 모쿠마치는 개로왕의 조신朝臣으로 국란을 당하자 피신하여 문주왕(재위 475~477년)을 등극시켰던 사람입니다.

『일본서기』에 따르면, 일본 천황이 모쿠마치를 일본으로 불러들였다고 하는데 그 후 백제에서는 그에 관한 기록이 없고 『일본서기』에는 소가노마치(소아만지蘇我滿智)라는 인물이 등장하여 일본 조정에서 매우 중요한 역할을 하고 있습니다. 이 두 인물은 성씨에 차이가 있지만 이름이 같고 활약한 시기가 같은데다가 한반도에서 활약한 이후 일본으로 갔고 이후에는 일본에서만 기록이 나타나는 점으로 미루어 대체로 동일인으로 간주하는 것이 대세입니다. 물론 소가노마치가 백제에서 일본으로 건너간 사실을 명확히 입증할 수 있는 자료는 어디에도 없습니다. 그러나 소가노마치의 행태를 보면 그는 모쿠마치가 분명해 보입니다.

그러니까 모쿠라곤시(목라근자木羅斤資)의 아들이 모쿠마치(목만치木滿致)이고 이 사람이 바로 『일본서기』의 소가노마치蘇我滿智라는 것입니다. 그런데 그의 아들들의 이름들이 모쿠마치의 출신을 짐작하게 합니다. 먼저 소가노마치의 가계를 보시지요.

소가노마치蘇我滿智-소가노가라코蘇我韓子-소가노코마蘇我高麗(소가고려)-소가노이나메蘇我稻目-소가노우마코蘇我馬子-소가노젠도쿠蘇我善德(소가선덕)-소가노이루카蘇我入鹿

이들 소가씨 가문은 6세기 후반에서 7세기 후반까지 약 100여 년간 일본의 실질적 지배자였습니다. 재미있는 것은 이들의 이름이 한국인을 의미하는 한자韓子(한국 아이), 고려高麗 등이 나타나고 있고, 특히 소가노이루카蘇我入鹿의 정식이름은 소아대랑임신안작蘇我大郎林臣鞍作인데[2] 여기서 안작鞍作이라는 이름은 백제계의 씨족명과 같고 씨에 해당하는 임씨林氏는 『신찬성씨록』에 따르면, "백제인 목귀木貴의 후예"라고 합니다.

그런데 모쿠마치는 475년까지는 가야 지역에 남아 그 지역의 실질적인 권한을 행사했을 가능성이 있습니다.[3] 그렇다면 모쿠마치,

---

[2] 참고로 고대의 일본에서는 만주쥬신들에게서 보이는 것처럼 씨와 성을 따로 사용한다. 예를 들면 아시키다군 일라(葦北君日羅)라고 하면 아시키다(葦北)는 지명에서 따온 씨이고 군(君)은 수장에서 전환된 성이고 일라(日羅)가 이름이다. 김현구, 앞의 책, 90쪽.

[3] 김현구, 앞의 책, 67쪽.

즉 소가노마치는 가야 지역이 바로 자신의 영역이니 이 지역에 대한 집착이 유난히 강했을 가능성도 있겠지요. 그러나 이에 대한 기록은 찾기가 어렵습니다.

그런데 이상한 일은 『일본서기』를 보면 백제의 성왕과 일본의 긴메이 천황이 유난히 이 가야 지역에 대해 강한 집착을 보인다는 것입니다. 다른 천황의 기록에서는 보기 어려운 대목입니다. 즉 가야 지역을 구체적으로 보면 임나 지역(금관가야: 현재의 김해 지역)에 대한 긴메이 천황과 성왕의 집착은 마치 동일인처럼 느껴집니다. 실제로 일본의 천황이 가야 지역에 대해 이만큼 집착한 예는 잘 찾아보기 어렵습니다. 그러니까 일부(일본)에서는 긴메이 천황이 임나 출신의 왕자가 아닌가 하는 말이 돌고 있는 형편입니다. 그렇다면 긴메이 천황이 소가씨의 혈통과 어떤 관계가 있을 수도 있겠군요.

6세기 당시의 가야 지역은 여러 세력의 각축장이었습니다. 신라가 강성해지기 시작하자 정치관계가 더욱 복잡하게 된 것입니다. 4~5세기의 가야는 철 생산이 풍부하여 여러 정치세력들에 철을 공급한 것으로 알려져 있습니다. 예를 들어, 『삼국지』「변진弁辰」조에는 가야의 철이 한韓, 예穢, 낙랑樂浪, 대방帶方 등으로까지 공급되었다는 기록이 있습니다. 이것은 한편으로는 고구려, 신라, 부여(반도부여 및 열도부여) 등의 공격 대상이 될 수밖에 없음을 의미하기도 합니다. 이 과정에서 가야는 근초고왕의 정벌 이후 전통적으로 부여계(백제, 야마토)와의 긴밀한 관계를 유지했지만 5세기경 고구려가 신라를 강력하게 지원함에 따라 큰 타격을 받게 되었고, 6세기경에는 신라의 세력이 강성해짐에 따라 친신라계와 친부여계로 분열되어 가야 자체의 결속력이 매우 약화된 것으로 추정됩니다. 결국 532년 법흥왕이 본가야本伽倻

(金官國)를 병합하여 금관군金官郡을 설치하여 낙동강 유역을 확보하고 561년 신라 장군 이사부異斯夫가 대가야大伽倻를 평정함으로써 가야는 사실상 역사에서 사라집니다.

그리고 이와 맞물려 6세기 이후『삼국사기』에 줄기차게 나타나 신라를 괴롭히던 왜倭가 사라집니다. 즉『삼국사기』에는 500년 이후 왜가 더 이상 나타나지 않는데, 그 이유는 이 시기에 가야가 신라에 병합되었기 때문입니다. 한창 신라의 침공으로 정신이 없는데 어떻게 침략을 하겠습니까? 532년 금관가야가 신라에 병합되고, 554년 백제·가야 연합군이 관산성에서 신라에 대패한 이후 대부분 가야의 소국들은 신라에 투항합니다. 6세기 중반 대가야도 신라에 멸망당합니다(562년). 즉 전기 가야연맹의 수장이었던 금관가야(현 김해 지역)는 532년에 멸망하고 후기 가야연맹의 맹주였던 대가야는 562년 멸망한 것이지요.

앞서 말씀드렸지만 500년 이전의 신라를 줄기차게 공격한 왜倭는 일본日本이 아니라 경남 해안 지방의 가야인들입니다. 그러니 우리가 통상 말하는 이 시대의 왜구倭寇는 일본이 아니라 한반도 남해안 지방에 광범위하게 거주하던 가야인들이라는 말입니다.

이러한 국제정세의 변화, 즉 가야의 멸망에 가장 큰 타격을 입은 세력은 반도부여계입니다. 당시의 국제정세나 성왕의 심경을 알 수 있는 기록이 있습니다.

『일본서기』에서 성왕은 다음과 같이 말합니다.

예로부터 신라는 무도했고 식언食言을 하고 신의를 위반하여 탁순卓淳을 멸망시켰다. 옛날에는 (신라가) 우리에게 둘도 없는 충직한 나라

[股肱之國]였으나 이제는 사이좋게 지내려 해도 오히려 후회하게 될 뿐이다.[4]

당시 반도부여(백제)는 매우 어려운 상황이었습니다. 한편으로는 고구려의 남하를 저지하고 잃었던 한강 유역을 회복해야 할 뿐만 아니라 다른 한편으로는 가야 지역(임나)을 반도부여의 영역으로 확실히 해두어야 하는 상태였습니다. 그런데 가야 지역은 신라와 각축을 해야 했고 한강 유역의 회복은 신라와 힘을 합치지 않으면 안 되는 매우 어려운 처지였던 것이지요. 이 상황에서 반도부여는 결국 두 지역을 모두 신라에 빼앗기게 되는 상황으로 몰리게 됩니다.

성왕의 숙부인 게이타이 천황은 527년(게이타이 21년) 오미노게누노오미近江毛野臣를 대장으로 삼아 가야를 구원하기 위해 군대를 파병했지만 신라의 사주를 받은 이와이磐井의 반란으로 실패로 끝납니다. 이 시기에 반도와 열도의 역사에는 매우 중요한 두 가지 사건이 일어납니다. 하나는 게이타이 및 그의 직계자손들이 멸족을 당했으며, 다른 하나는 금관가야(이른바 임나)의 김구해왕이 532년에 왕자 두 명을 데리고 신라에 항복한 것입니다(금관가야의 멸망). 일부에서는 소가씨가 이 금관가야의 왕자 가운데 한 사람을 일본의 천황으로 옹립했다고 주장하기도 합니다.

그러나 이것은 지나친 말입니다. 왜냐하면 부여계의 직계혈통이 아닌 사람으로 천황을 옹립했을 경우 정통성의 시비는 물론이고 당시 소가씨가 이런 정치적 상황을 무시하면서까지 천황을 옹립할 정

---

[4] 『日本書紀』欽明天皇 5年 冬10月.

도로 권력을 독점하지 못했던 상황입니다. 오히려 긴메이 천황과의 연합을 통해서 권력을 장악해가는 과정이 소가씨의 역사입니다. 그래서 소가씨는 긴메이 천황가와 겹겹이 혼인을 함으로써 '소가씨의 시대'를 열어갑니다. 다시 말해, 열도의 강력한 호족인 소가씨는 반도 부여 왕가와 결혼동맹을 통해 열도 지배를 착실히 다져가고 있었던 것입니다. 제가 보기엔 긴메이 천황은 친소가씨親蘇我氏 계열인 것은 분명합니다. 그런데 긴메이 천황이 과연 성왕인가 하는 문제는 더 많은 분석을 필요로 합니다.

게이타이 천황의 직계혈족들이 몰살당했고 이후 소가씨와 긴메이의 연합세력이 정권을 장악한 것이 분명하기 때문에 소가씨(임나)와 긴메이(야마토)를 이어주는 사람으로 성왕을 고려하지 않을 수가 없겠군요. 따라서 설령 긴메이 천황이 성왕이 아니라고 할지라도 적어도 이 두 사람의 정치적 이데올로기나 지지기반은 서로 다르지 않다는 점을 알 수 있습니다.

한 가지 분명한 사실은 이 세 사람, 즉 성왕-소가씨-긴메이 천황을 연결하는 고리는 임나, 즉 가야라는 사실입니다. 그래서 이들은 마치 임나 삼총사와 같이 행동하고 있다는 것을 알 수 있습니다.

이상의 분석을 토대로 다시 홍윤기 교수와 고바야시 야스코 교수가 제기한 '성왕=긴메이 천황'이라는 문제로 다시 돌아갑시다. 우리는 이 분석을 통해 '성왕=긴메이 천황'이라는 가설을 밝힐 수 없을지는 몰라도 열도부여의 역사를 보다 심도 있게 이해하는 계기는 될 수 있을 것입니다.

앞서 본 대로 임나일본부任那日本府는 성왕과 깊이 관련되어 있고, 이것이 성왕과 긴메이 천황이 동일하다는 하나의 증거가 될 수 있습니다. 이제 이 부분을 살펴봅시다.

　임나일본부와 관련하여 특이한 점은『일본서기』에서는 긴메이 천황 조에 이른바 임나일본부 관련 기사들이 집중적으로 나온다는 것입니다. 임나일본부는 일본이 한일병탄을 앞두고 강조하게 된 대표적인 정치적 사안이기도 합니다.『일본서기』에 따르면, 4세기 후반에서 6세기 후반까지 약 200여 년 동안 일본이 한반도 남부를 지배했으며 그 지배기구로서 임나일본부라는 것을 두었다는 것이 골자인데, 이것을 요약·정리한 사람은 서울의 경성제국대학 교수였던 스에마쓰 야스카즈末松保和였지요.

　우케다 마사유키請田正幸 교수의 분석에 따르면, 일본부는 유라쿠 천황 조에 한 건이 있기는 하지만 설화적 요소가 강하여 조작으로 의심이 되고, 나머지는 긴메이 천황 조에 집중되어 있다고 합니다. 우케다 마사유키 교수는 제25대 부레쓰 천황 이전에 나타나는 임나 관련 기사들은 신뢰하기 어렵다고 선언했습니다.[5]

　그렇다면 긴메이 천황, 한반도로 말하면 성왕 때에 임나일본부가 설치되었고 성왕 이후에는 임나일본부가 없어졌다는 것입니다. 기록상으로 임나문제에 관해 야마토 정권이 임나일본부에 직접적인 의사를 전달한 예는 전혀 발견되지 않고 다만 백제를 통해서 의사를 표시한 예는 4회나 확인이 됩니다.『일본서기』긴메이 천황 4년 4월, 11월, 5년 2월, 11월 등입니다.[6] 즉 임나일본부는 야마토의 직속기관이

5　請田正幸,「6世紀前期の日韓關-任那日本府を中心として」,『朝鮮史研究會論文集 11』, 40쪽.

6　김현구,「6세기의 한일관계사」,『한일역사 공동연구보고서 1』(한일역사공동연구위원회: 2005), 387쪽.

아니라 백제의 직속기관이라는 말입니다. 또 이것은 성왕이 열도에 대해 많은 일본계 관료들을 보낸 문제와도 깊은 관련이 있는 듯합니다. 즉 이 시기에 백제-가야-열도의 효율적인 커뮤니케이션체제가 제대로 구축되었다는 말입니다. 이 과정에서 많은 관료들이 반도와 열도로 교환근무를 했을 것입니다.

『일본서기』에 임나일본부 문제가 가장 많이 나타나는 시기는 게이타이 천황-긴메이 천황의 시기의 대략 50여 년입니다. 그리고 이 기간 동안 일본은 중국과 사신을 교환한 흔적이 전혀 없으며 고구려와 신라에서 일본에 사신을 보내왔지만 일본은 전혀 반응을 하지 않았습니다.[7] 즉 백제-가야-열도의 통치구조를 제대로 구축하려고 한 시기이기 때문에 대외적인 관심을 가질 여유가 있었을 리가 없습니다. 아마 성왕의 꿈은 백제-가야-일본을 연결하는 범부여제국의 건설이었을 것입니다. 그것이 바로 남부여였던 것이지요. 만약 가야가 신라나 고구려에 넘어가게 되면 남부여는 허리가 잘리는 형국입니다. 만약 백제와 야마토가 아무런 관련이 없다고 하면 임나의 상실이 일본의 국가적인 과제가 될 수는 없는 일이지요.

그렇지만 신라의 입장에서도 성왕의 이러한 정치적 책동에 대하여 방치할 수는 없었을 것입니다. 궁극적으로 가야-왜 지역이 백제와 강하게 결합된다면 신라는 북으로는 고구려라는 강력한 세력에 의해 큰 압력을 받아야 하고 남으로는 범부여제국이라는 강력한 세력에 의해 식민지로 전락하는 운명만이 남아 있었기 때문입니다. 이에 신라는 두 가지의 국가전략을 수립한 듯합니다. 신라의 한반도 남

---

7 김현구, 『백제는 일본의 기원인가』(창비: 2007), 55쪽.

부전략은 가야의 소국들을 멸망시켜 백제의 허리를 자르는 것이고, 한반도 북부전략은 당과 연합하여 고구려를 견제하는 방향으로 틀을 잡았던 것입니다. 그리고 이러한 국가전략의 한 가운데 김유신金庾信 과 김춘추金春秋라는 인물이 있었던 것이지요.

『일본서기』 긴메이 천황 23년(562년) 조에 "신라는 임나의 관가를 쳐 없앴다"라는 기록이 있는데, 바로 이 해가 신라가 대가야를 병합한 해입니다. 그런데 이상한 기록이 또 있습니다. 신라가 가야를 빼앗았다는 『삼국사기』의 기록과는 달리 『송서宋書』에서는 신라가 백제로부터 가야를 빼앗았다고 되어 있습니다.[8] 다시 말하면 가야는 남부여(백제, 반도부여)가 지배하는 영역이라는 것입니다. 그러니까 임나나 임나일본부나 결국은 백제의 지배영역에 속하는 기구라는 것을 알수 있습니다.

그동안의 연구에 따르면, 임나일본부가 외교 교섭창구의 역할로 굳어지고 있습니다. (이미 앞에서 지적한 사항입니다.) 요시노 마코토吉野誠 교수에 따르면, 임나일본부에 관한 기록은 『일본서기』 이외에 없으며, 8세기 초에 완성된 『일본서기』는 천황 통치의 정통화를 목적으로 한 책인데, 이 목적과 관련해서, 한반도 국가들이 원래 번국蕃國이었던 만큼 일본에 복속돼야 한다는 점, 천황이 한반도 국가들을 조공국으로 거느리는 존재라는 점 등을 보여주는 것이 주요한 주제였다는 것입니다.[9] 다시 말해서 요시노 마코토 교수의 분석은 이 같은 천황국이라는 정치적 목적을 위해 많은 역사적 사실들이 이에 맞추어

---

8 김현구, 앞의 책, 76쪽.

9 요시노 마코토, 『동아시아 속의 한일 2천년사』(책과함께: 2005).

변조되었고 임나일본부도 그 하나의 예라는 주장인데 타당한 분석입니다.

이와 같이 그동안 논란이 극심했던 임나일본부 역시 만약 성왕이 긴메이 천황과 동일인이거나 천황과 백제 왕계가 같은 계보라면, 상당한 일관성이 있게 됩니다. 즉 임나일본부는 백제의 직속기관이었으며 가야 역시 백제의 지배영역(또는 백제가 가야연합세력의 맹주 역할)에 속하는 지역이었고, 성왕과 긴메이 천황은 하나같이 임나일본부와의 관계가 부자나 형제 같은데, 긴메이 천황이 실존인물인지 의심스럽기 때문에 긴메이 천황과 성왕이 동일인일 가능성이 높지요. 쉽게 말해서 백제의 성왕 또는 긴메이 천황이 동일인이면, 이 사람은 백제(반도부여 또는 남부여)-가야(임나일본부)-왜(열도부여)를 제대로 통치한 것이며, 백제-가야-열도의 효율적인 커뮤니케이션체제를 제대로 구축한 임금이 되는 것이지요.

무엇보다도 임나에 대한 심정적인 태도 면에서 성왕과 긴메이 천황은 유사하다는 점을 지적해야 합니다. 긴메이 천황은 죽는 날까지 임나의 부흥을 꿈꾸었다고 합니다. 긴메이 천황 32년에 천황은 황태자의 손을 잡으며 "그대는 신라를 쳐서 임나를 세워라. 옛날처럼 두 나라가 친하면 죽어서도 한이 없을 것이다"라는 유언을 남기고 서거합니다. 그런데 이 말투가 성왕이 임나에 대해 말하는 부분과 거의 흡사합니다. 임나에 대한 성왕의 많은 연설들이 『일본서기』에 기록되어 있습니다. 몇 가지를 보시지요.

과거 우리의 선조 근초고왕, 근구수왕께서 가야에 계신 여러분들과 처음으로 서로 사신을 보내고 이후 많은 답례들이 오고가 관계가 친밀해

져서 마치 부자나 형제와 같은 관계를 맺었습니다.[10]

우리는 마치 형제처럼 가까우니 우리는 그대들을 아들이나 아우로 생
각하니 그대들도 우리를 아버지나 형처럼 대하세요.[11]

『일본서기』에는 긴메이 천황의 조서詔書를 가지고 성왕이 연설을
하는 장면들이 많이 연출됩니다만 이것은 오히려 조작된 사료라는
느낌을 줍니다. 왜냐하면 긴메이 천황이 『일본서기』의 기록대로 게
이타이 천황의 아들이라면 이들은 사촌간이고 서열상으로도 대등하
고, 무령왕과 게이타이 천황의 관계를 본다면 오히려 성왕이 긴메이
천황보다도 서열이 더 높을 텐데 마치 성왕이 황제의 명을 받은 신하
처럼 행동하는 것으로 묘사되어 있습니다. 이것은 요시노 마코토 교
수의 지적처럼 『일본서기』가 정치적 목적으로 내용들을 많이 조작했
다는 증거가 되는 부분입니다. 하나의 예를 들어봅시다.

성왕이 임나일본부에게 말했다. '천황(긴메이 천황 - 필자 주)이 조서를 내
려 말씀하시기를 만일 임나가 멸망하면 그대(성왕 - 필자 주)는 거점이 없
어질 것이고 임나가 흥하면 그대는 구원을 얻을 것이다. 지금 임나를
재건하여 옛날과 같게 하여 그대를 도우며, 백성을 어루만지고 기르게
하라'고 하셨다. 나는(성왕 - 필자 주) 삼가 천황의 조칙詔勅을 받들어 송구

---

10 긴메이 천황 2년에 성왕이 가야 사람들에게 한 말. 원문은 "欽明 二年 夏四月 百濟聖明王
謂任那旱岐等言⋯⋯昔我先祖速古王貴首王之世 安羅加羅卓淳旱岐等 初遣使相 通厚結
親好 以爲子弟"(『日本書紀』欽明天皇 2年 여름).
11 "昔我先祖速古王貴首王與故旱岐等始約和親 式爲兄弟 於是 我以汝爲子弟 汝以我爲父
兄"(『日本書紀』欽明天皇 2年 가을).

한 마음으로 가슴이 벅차 정성을 다할 것을 맹세하고 임나가 융성하게 할 것을 기원했다. 나는 옛날처럼 오래 천황을 섬길 것이다.[12]

앞의 말은 실은 성왕이 한 말로 추정됩니다. 왜 그럴까요? 무엇보다도 천황이라는 말이 이 시대에는 없었고 따라서 조서나 조칙이라는 게 있을 리가 없지요. 『일본서기』에 헤아릴 수도 없이 나타나는 백제왕이 천황에게 올리는 표表라는 것도 있을 수가 없는 일이지요. 무령왕과 게이타이 천황과의 관계를 참고해보더라도, 백제 성왕의 서열과 긴메이 천황의 서열이 대등했거나 오히려 부여계 전체로 본다면 성왕의 서열이 더 높은 상태라고 할 수 있습니다. 그러니까 "옛날처럼 오래 천황을 섬길 것이다"라는 말도 앞뒤가 맞지 않지요. 지금까지 살펴본 대로 야마토를 실질적으로 개척한 사람은 근초고왕·근구수왕이고, 유라쿠 천황이 곤지왕인데 언제 누가 어떤 천황을 섬긴다는 말입니까? 또 이때까지도 열도의 통일도 제대로 되지 못했는데 누가 누구에게 이래라저래라 하겠습니까?

앞에서 인용된 문장은 『일본서기』의 편찬자들의 작문 실력을 보여주는 많은 예들 가운데 하나입니다. 이것이 어떻게 역사가 됩니까? 그리고 왜 이런 사실을 고칠 생각도 하지 않고 국민들이 모두 믿게 만드는가 하는 것입니다. 지금이라도 이런 태도를 고쳐야 합니다. 반도 쥬신(한국)은 소중화주의 근성에 빠져 역사를 왜곡·날조한다면, 열도 쥬신은 소중화주의뿐 아니라 유아독존식 사관으로 역사를 날조하고 있는 것이지요. 이들의 행태는 쥬신의 미래를 한없이 어둡게 하고 있

---

12 『日本書紀』欽明天皇 2年.

습니다. 소중화주의의 늪에서 허우적거리며 반도(한국)는 자기비하에 빠져 있고, 열도(일본)는 과대망상에 빠져 있습니다.

『일본서기』에 나타나는 성왕의 그 많은 말들은 그저 남부여제국으로서 백제(반도부여)-가야(임나)-일본(열도부여) 등이 하나의 공동운명체였다는 것을 보여주는 실제 기록들로 보면 타당합니다. 그리고 이 가야 지역이 매우 위기에 처해 있다는 것을 극명하게 보여주는 것이지요. 그래서 어떻게 해서든지 신라가 가야를 점령하지 못하게 하려는 성왕의 노력을 보여주는 살아 있는 기록입니다.

『일본서기』긴메이 천황 조에 있는 임나에 대한 수많은 연설들은 사실상 한 사람이 한 말로 추정됩니다. 만약 긴메이 천황과 성왕이 다른 인물이었다면 굳이 성왕의 입을 통해서 긴메이 천황의 말이 나올 이유가 없지요. 그저 사신이나 신하를 통해서 전달하거나 조정에서 있었던 이야기를 그대로 기록하면 될 일입니다. 그러니까 긴메이 천황이 성왕과 같은 사람일 가능성이 매우 크다는 말입니다.

모쿠마치의 후예, 천황 위에 군림하다

한국의 충남 부여에 가면 일본의 민간단체가 세운 불교전래사은비佛教傳來謝恩碑(1972년)가 있습니다. 그 비문에는 한국어와 일본어로 다음과 같은 글이 새겨져 있습니다.

일본 불교는 일본국 흠명조(552년)에 백제26대 성왕이 전한 데에서 시작된다. 그 후부터 발전을 거듭하여 일본문화의 정화精華를 이룩했다. 일본 불교도는 그 은덕恩德을 천추千秋에 잊을 수 없어 정성어린 감사의 뜻을 표하고자 한국 불교도의 협찬을 얻어서 성왕의 옛 도읍지인 이곳에 사은비를 건립하고 한일 양국민의 영원한 친선의 표로 삼음과 아울러 세계평화의 상징이 되기를 염원하는 바이다.[13]

열도인들은 불교문화가 바로 일본 문화의 정수라고 생각하고 있습니다. 과거 일본 메이지 시대의 불교계 지도자였던 다나카 지가쿠田中智學는 "백제 성명왕의 은의는 천년에 잊어서는 안 된다[百濟聖明王の恩誼は千載に忘れてはならない]"라고 하면서 "일본은 우선 옛날의 불교 전래의 큰 은혜에 대해, 깊게 감사의 뜻을 나타내는 것을 가지고, 양국 교류의 기초로 해야 한다"라고 했습니다.[14] 물론 이 발언은 한일병탄을 위한 또 다른 문화적 포석일 수도 있습니다.

그러나 일본 불교계는 한일 국교정상화(1965년) 이후 바로 한국에 친선사절을 파견하고 '불교 전래 사은비' 건립을 추진했습니다. 위의 '불교전래사은비'가 그 결과물입니다. 이 비석은 일본의 불교 종파를 초월한 시설물이라고 합니다. 그리하여 한일 국교정상화 이후 지속적으로 한일 간의 불교문화 교류는 이어져 2008년에는 제29차 한일 불교문화교류대회가 열리기도 했습니다.

여기서 말하고자 하는 것은 열도의 불교계의 정치성을 거론하는 것이 아니라, 성왕이나 불교가 가진 국가적 이데올로기로서의 비중

---

13 "日本の仏教は 日本國欽明朝(西曆552)に 百濟國聖明王により始めて伝來され 爾來発展を重ねて日本文化の精華となった.日本の仏教徒はその恩義を千載に忘れることが出來ない.よってここに感謝の誠を現わすため韓國仏教徒の御好意のもと聖明王の旧都であるこの地に謝恩碑を建立しもって日韓両國民の永遠にわたる親善の証とし延いて世界平和の象徴たらしめたいと念願するものである"(이 비문의 일본어 내용).

14 http://www.kokuchukai.or.jp/about/main4.htm 日本 國住會 자료.

입니다.

일본은 태국, 스리랑카와 함께 대표적인 불교국가입니다. 한마디로 불교의 나라지요. 일본의 거리를 가다보면 어디를 가나 불교 용품들을 파는 상점들이 늘어서 있습니다. 잘 아시는 바와 같이 일본의 불교는 백제의 성왕이 전해준 것입니다. 그런데 일본이 불교를 수용하는 과정에서도 성왕이 긴메이 천황이 아니면 곤란한 사실들이 다수 나타납니다.

성왕은 일본에 불교를 전파한 임금입니다. 기존의 일본 사학계에서는 백제 성왕이 고구려와 신라의 압박에 대항하기 위해 왜와의 접근을 시도하는 가운데 불교 전파(긴메이 천황 13년)를 무기로 삼았다고 보고 있습니다.[15] 불교는 일본 열도에 가장 큰 영향을 미친 사상적 조류이며, 신불습합神佛褶合의 대표적인 나라가 일본입니다. 즉 일본은 불교를 수용하는 과정에서 많은 갈등이 있었고, 이 불교의 수용이야말로 새로운 일본의 구심점이 되었기 때문에 성왕은 매우 중요한 의미를 지니게 됩니다. 만약 '성왕=긴메이 천황'이라는 등식이 성립된다면, 새로운 불교적 이상국가 일본의 건설자가 바로 성왕이 되는 것입니다.

만약 성왕이 일본에서 천황의 역할을 동시에 했다면, 성왕은 일본의 정신적인 지주가 될 것입니다. 그리하여 일본의 고문헌에서 말하는 바와 같이 간무 천황의 직계조상으로 신사에 모셔져 있다면 그것은 당연한 귀결이기도 합니다. (앞으로 상세히 분석할 것입니다.)

---

15 佐藤信, 「6세기의 왜와 한반도 제국」 『한일역사 공동연구보고서 1』(한일역사공동연구위원회: 2005), 408쪽.

당시 불교의 주도세력은 임나 삼총사의 하나인 백제계의 소가노 우마코蘇我馬子(?~626년)입니다. 소가노 우마코가 토착 종교세력을 물리치고 불교전쟁(587년)에서 승리함으로써 열도에는 불교문화 국가가 성립됩니다. 소가노우마코는 5세기에 일본으로 온 백제의 고위 대신이었던 모쿠마치(목만치木滿致 또는 목리만치)의 후예로 알려져 있지요. 모쿠마치는 개로왕의 조신으로 국란을 당하자 피신하여 문주왕을 등극시켰던 사람입니다.

고대 일본의 유력 호족들은 조상의 명복을 비는 씨족의 절을 가지고 있었는데 이 소가씨 씨족의 절이 바로 일본 최고最古의 아스카테라, 즉 아스카사飛鳥寺입니다.[16] 특히 이 절의 기둥을 세우는 날에 소가노 우마코 대신과 100여 명이 모두 백제의 옷을 입고 있었고, 이를 보는 자들이 모두 기뻐했다는 기록이『부상략기扶桑略記』에 보입니다.

소가노 우마코는 야마토노 아야우지東漢氏 등의 도래계 씨족들을 끌어들여 결속하고 왕권의 재정을 담당하면서 세력을 신장시켜온 씨족입니다.[17] 소가노 우마코는 불교 반대파인 유력한 중앙 호족인 모노노베 모리야物部守屋 등을 멸망시키고(蘇我·物部戰爭), 588년 스슌崇峻(587~592년) 원년에 아스카테라飛鳥寺(法興寺)를 조영하여 596년 11월에 완성합니다. 이 사찰은 열도에서 처음으로 조영된 것으로 열도 불교의 본산이 되었으며 찬란한 아스카 시대를 열게 된 계기가 되었습니다.

그런데 긴메이 천황 시기에 가장 큰 쟁점들 중 하나인 불교의 수용 과정을 보면, 긴메이 천황과 성왕은 동일인이거나 아니면 친족 이상

---

16 김현구, 앞의 책, 64쪽.

17 佐藤信,「6세기의 왜와 한반도 제국」,『한일역사 공동연구보고서 1』(한일역사공동연구위원회: 2005), 409쪽.

의 관계가 아니면 이해하기 어려운 점이 있습니다.

불교는 잘 알려진 대로 백제가 일본에 전해 주었다고 합니다. 일본에서는 이를 '불교공전仏敎公伝'이라고 합니다. 그런데 여기에는 이상한 점이 한두 가지가 아닙니다. 현재까지도 큰 쟁점이 되고 있는 부분은 전래시기(538년설, 552년설)에 관한 문제와 전래의 원인과 호족 간의 갈등 문제입니다.

무엇보다 먼저 불교는 일본의 간절한 요구가 있었던 것이 아니라 백제의 성왕이 일방적으로 사자를 보내어 불상이나 경전을 보냈다는 점입니다. 그런데 이 일로 일본 조정은 격랑에 휩쓸립니다. 이 불교의 공전公伝으로 인하여 일본에는 '사실상' 반도부여(백제)의 직계로 알려져 있는 소가씨가 권력을 독점하는 발판을 마련합니다. 현재까지 일본의 연구로는 불교는 매우 정치적인 사안으로 불교를 매개로 하여 유력 호족인 당시 모노노베物部氏씨와 소가씨가 심각하게 대립한 것으로 보고 있습니다.

이상한 일은 불교공전을 전하는 사료가 두 종류가 있다는 것입니다. 즉『일본서기』에는 552년(긴메이 13년) 10월에 백제의 성왕이 불교를 전해준 것으로 되어 있는 반면,『원흥사 연기元興寺緣起』나 쇼토쿠聖德 태자의 전기를 다룬『우에노미야 마사노리 석가 여래제설上宮聖德法王帝說』에서는 538년에 불교가 전래된 것으로 말하고 있고, 이것을 보강하는 것이『부상략기』입니다.[18] 이 문제는 지금도 해결되지 않고

---

[18]『上宮聖德法王帝說』은 쇼토쿠(聖德) 태자의 전기로서『日本書紀』의 기사와 거의 동시대의 기록으로 볼 수 있는 일본 최고(最古)의 문헌 가운데 하나다. 긴메이 천황으로부터 스이코(推古) 천황에 이르는 시기를 쇼토쿠 태자를 중심으로 5代의 사이에 황실의 계보, 재위 연수, 생몰년, 능의 소재와 쇼토쿠 태자의 생몰년, 묘의 소재 등의 기록과 소가노 우마코(蘇我馬子)의 사적 등을 기록하고 있는 사료다.

있지만 대체로 538년설을 타당한 것으로 보고 있습니다.[19]

일본에서 불교의 전래가 문제가 되는 것은 긴메이 천황의 즉위 연도와 바로 관련된 사건일 수도 있고, 한국에서는 성왕과 긴메이 천황이 밀접한 관계가 있을 수 있기 때문입니다.

이런 점에서 보면 『일본서기』는 분명히 문제가 있습니다. 이 시기 『일본서기』의 기록을 보면, 긴메이 12년 성왕이 백제·임나·신라의 병들을 거느리고 고구려를 쳐 한성을 되찾았고, 긴메이 13년 겨울에 노리사치계를 보내어 불교를 전했으며 14년에 신라가 백제의 동북변을 취하여 나제동맹이 깨지고 백제와 신라의 긴장이 고조되더니[20] 긴메이 15년 성왕이 전사합니다. 불교의 전래가 엄청난 파문을 일으키는 정치적인 사안인 것치고는 불교가 너무 급하게 백제에서 일본으로 이식되는 느낌이 듭니다.

그뿐만이 아닙니다. 불교의 수용시기에 관한 논쟁 이전에 중요한 문제는 불교의 수용과 더불어 거대 호족들, 즉 소가씨蘇我氏와 모노노베씨物部氏 간의 전쟁이 시작되어 거의 40여 년 동안 계속된다는 사실입니다. 어떤 의미에서 불교는 하나의 구실로 보이기도 합니다.[21]

소가씨와 모노노베씨의 대립의 본질은, 정계의 주도권을 둘러싼 권력투쟁에 있습니다. 소가씨는 반도부여와 직접적인 관련이 있는

---

[19] 불교의 전래 그 자체에 관해서는, 『上宮聖德法王帝説』(「志癸島天皇御世 戊午年十月十二日」)『元興寺伽藍縁起』(天國案春岐廣庭天皇七年歳戊午十二月)가 주요한 판단기준이 된다. 여기서 말하는 무오년(538년)이 가장 유력하다. 이 이후 긴메이 천황 치세인 540년에서 571년까지는 무오(戊午)라는 간지가 존재하지 않는다.

[20] 『三國史記』「百濟本紀」 성왕, 「新羅本紀」 진흥왕.

[21] 모노노베(物氏)씨의 본거지인 가와치노쿠니(河內國) 시부카와(渋川)군 시부카와 폐사(廢寺, 현재 동오사카 야오시)에서 아스카 시대 초기의 헌구와(軒九瓦)가 출토되고 있어 모노노베씨는 소가씨와 같이 불교를 받아들이고 있었다고 하는 설도 있다.

것으로 보이는데 이 소가씨는 철저히 긴메이를 지지하고 있습니다. 소가씨는 개로왕의 총신寵臣인 모쿠마치(목만치木滿致)의 후손입니다. 긴메이 천황은 소가씨와 얽히고 설킨 결혼관계를 맺습니다. 소가노 우마코의 두 딸 모두 긴메이 천황의 황후였습니다. 큰딸이 기다시히메堅鹽媛, 둘째 딸은 오아네노키미小姉君인데 이로부터 세 명의 천황이 탄생합니다. 즉 긴메이-비다쓰-요메이-스이코에 이르는 천황가의 계보에서 반도부여(백제)계의 아버지와 반도부여(백제)계의 어머니 사이에서 태어난 사람들이 열도의 지배자들이었지요. 이들을 흔히 소가계蘇我系 황족으로 부르기도 합니다.[22]

아무래도 이상하지요? 그러니까 불교라는 구실로 무령왕의 직계가 열도를 장악해가는 과정이 바로 긴메이 천황의 즉위과정이 아닌가 생각할 수도 있다는 말입니다. 그 주도세력이 바로 소가씨라는 말이지요.

소가씨는 반도부여인과 깊은 관계를 가져, 조정의 재정면을 담당하는 신흥 씨족이면서 보다 체계적이고 행정적인 지배체제를 목표로 한 것으로 추정됩니다. 그러니까 이 생각이 바로 성왕의 정치적 이데올로기와 일치하는 것이지요. 당시로 보면 성왕은 보다 시스템적으로 행정구조나 국가조직을 운영하려 했습니다. 상당히 개혁적이고 혁신적이며 국가체제를 한 단계 업그레이드시킨 인물이라고 할 수 있습니다.

이에 비하여 모노노베씨는 군사·경찰·제사를 담당하면서 보다 토착적이고 외래문화의 수용에 다소 비판적인 씨족이었다고 할 수 있

---

22 遠山美都男, 『謎にみちた古代史上最大の雄族』(1987).

습니다. 소가씨가 불교라는 세련된 철학과 종교체계로 무장하여 모노노베씨를 제압하려 한 것은 어떤 의미에서 성왕이 백제 호족들을 제압하려 한 정치적·종교적 이데올로기와 일치하는 것이지요.

결국 성왕의 일방적인 불교의 공전으로 시작(538년)된 이들의 전쟁은 587년에 모리야가 히가시오사카東大阪市 키즈리衣揩에서 사살되고, 같은 해 8월에 스슌崇峻 천황(하쓰세베 황자泊瀬部皇子)이 즉위하면서 막을 내리게 됩니다. 이렇게 하여 권력을 장악한 소가씨는 긴메이 천황이 서거한 이후 조정에서는 절대권력을 장악하게 되고 이후 60여 년 간을 권력을 독점하게 됩니다. 덴지 천황이 이들을 제거(645년)할 때까지 아무도 이들을 제어하지 못합니다. 소가씨는 천황의 생명도 좌우하는 '사실상'의 '천황 위의 제왕'으로 군림하게 됩니다. 당시에는 천황이라는 말이 없었으니 실제적으로 말하면, 왕으로 칭하는 호족들 가운데서도 대왕大王급의 세력이 된 것이지요.

다시 백제의 성왕이 일방적으로 사자를 보내어 불교를 전래했다는 문제로 돌아갑시다. 지금까지 분석해보니 이 부분이 분명히 이상하죠? 성왕이 열도에 불교를 전해주었다는 부분도 납득하기 어렵습니다. 왜 그럴까요?

첫째, 대개의 경우 불교는 승려들이 주도하여 전파하는 것인데 이때는 성왕이 주도합니다. 둘째, 백제와 일본이 직접적인 혈연관계가 아니라면 불교 수용을 위해 그 많은 갈등과 피비린내 나는 전쟁을 했을까 하는 점입니다. 특이한 수용과정임에는 분명합니다. 물론 토착종교와의 갈등은 있을 수가 있지만 열도에서 나타나는 현상은 지나치게 과격합니다. 셋째 불교가 전래되었을 때 긴메이 천황의 태도도 이상합니다. 이 부분을 좀 더 구체적으로 봅시다.

이전에도 신라나 고구려로부터 일본에 불교가 전해진 적이 있습니다. 그러나 성왕이 불경과 불상 등을 보내자 긴메이 천황은 "너무 기뻐 춤을 덩실덩실 추면서, '짐이 지금까지 이렇게 미묘한 법을 들은 바가 없다'라고 하면서 신하들의 의중을 물었다"라는 기록이 『일본서기』에 있습니다. 이 말이 있은 후 소가씨는 "대부분의 나라에서 불교를 숭상하는데 우리라고 예외일 수가 있겠습니까?"라고 바로 호응합니다.[23] 임나 삼총사의 역할을 충분히 하고 있지요? 그러니까 설령 긴메이 천황은 성왕과 동일인물이 아니라 할지라도 그 이데올로기적 성향은 완전히 일치하고 있다는 점을 다시 한 번 확인할 수 있습니다.

참고로 고대 열도쥬신의 터전이었던 오사카 지역에는 구다라역百濟驛(백제역), 구다라사지百濟寺趾(백제사지) 등이 있고 현재 오사카평야와 히라노강平野江은 과거에는 각각 백제평야百濟平野, 백제강百濟江이었다고 합니다. 일본이 세계에 자랑하는 대표적인 국보 불상은 구다라관음百濟觀音(백제관음)인데, 이 불상은 녹나무[樟木]로 제작된 것으로 7세기 초에 반도부여(백제)가 나라奈良에 있는 열도부여(왜) 왕실에 보낸 것이라고 합니다. 이 구다라관음과 쌍벽을 이루는 것으로 백제의 위덕왕(성명왕의 제1왕자)이 왜에 보낸 구세관음상이 있습니다.

호류지法隆寺의 고문서인 『성예초聖譽抄』(1394~1427년)의 기록에 위덕왕은 아버지(성왕)를 그리며 이 구세관음상을 만들었으며, 성명왕이 서거한 뒤 다시 태어난 분이 바로 일본의 쇼토쿠聖德 태자라고 합니다.[24] 이 전생에 관한 내용의 사실성보다도 쇼토쿠 태자를 성명왕(성

---

23 『日本書紀』欽命天皇 13年 冬10月.

24 홍윤기, 『일본 속의 백제 구다라』(한누리미디어: 2008), 309쪽.

왕)의 후신이라는 생각이 널리 퍼져 있었다는 것이 고려할 만합니다. 즉 쇼토쿠 태자는 관세음보살의 화신으로 인식되고 있으며 일본에서 가장 존경받는 위인 가운데 한 사람인데 이 사람이 전생에 바로 성왕이었다는 것입니다. 그저 "쇼토쿠 태자가 (조상) 할아버지(성왕)를 쏙 빼닮았다"는 말로 이해하시면 됩니다. 그러면 성왕이 일본의 역사에서 어떤 위치와 역할을 하고 있는지 짐작이 가시지요?

사족으로 한 가지만 더 이야기합시다. 여러분들이 잘 아시는 도요타豊田씨**25**의 선조가 바로 오우치 가문이고, 이 오우치 가문의 시조가 바로 성명왕(성왕)의 셋째 아들 린쇼琳聖 태자라고 합니다. 물론 이 부분은 역사적으로 고증하기는 어렵기 때문에 후에 만들어진 전설이라고도 합니다만, 설령 그렇다고 하더라도 왜 성왕의 후예임을 굳이 가져다 붙이는가 하는 점은 고려할 부분이지요.

야마구치현山口縣에 전해오는 전설에 따르면 오우치 가문의 선조들이 본래 임나任那에서 야마구치현으로 건너와서 본래 다다라씨多多羅氏를 사용하다가 오우치씨大內氏로 바꾸었다고 합니다. 이 오우치씨의 가문은 이 지역의 유력 가문으로 찬란한 오우치문화를 꽃피웠고, 16세기경에는 열도에서 가장 유력한 호족이었습니다. 이 지역 사람들은 성왕이 자기의 핏줄을 보존하기 위해서 셋째 아들을 열도로 보낸 것이라고 합니다. 이 가문의 대표적이자 마지막 인물은 16세기의 오우치 요시타카大內義隆(1507~1551년)입니다. 그는 '마음의 달'을 보았

---

25 참고로 도요타 그룹의 창시자인 도요타 사키치(豊田佐吉) 사장의 좌우명은 '百忍鍛事逢 숲'로 알려져 있다. 그는 평소에 "어떤 사람도 성공의 그늘엔 많은 눈물이 있다. 편안히 사는 사람에게는 보이지 않을 뿐이다. 모두가 백 번을 참고 천 번을 단련하여 업무를 완수해야 한다. 즐기면서 성공하는 길은 없다"라고 했다.

던 독실한 불교도였을 뿐 아니라 일본의 대표적인 문화인文化人으로 난세에 적응하기 힘들었던 인물입니다. 그가 남긴 말 가운데 유명한 명구를 소개합니다.

> 죽는 사람도 죽이려는 사람도 모두 이슬과 같고 또한 번개 같구나. 그 대로 보고 갈 밖에[討つ人も討たるる人も諸ともに如露亦如電應作如是觀]**26**

지금까지 살펴본 대로 여러 정황 조건으로 보면 '긴메이 천황=성 왕'이라는 것을 추정해볼 수 있습니다. 그러나 아직도 이 문제를 완전 하게 입증하기에는 다소 부족한 듯합니다. 아무리 정황이 비슷하다 고 해도 동일인이라고 판정하려면 그 이상의 증거가 필요하지 않을 까요?

---

26 이 시는 오우치 요시타카(大內義隆)가 총애했던 부하 스에타카 후사(陶隆房)의 배반으로 결국 고립무원의 지경이 되어 자결할 때에 남겼다고 전해지는 마지막 글이다. 끝 부분의 응작여시관(應作如是觀)은 「금강반야경(金剛般若經)」에서 유래한다. 이 시에서는 오우치 요시타카의 인생에 대한 회한을 넘어선 관조가 느껴진다. 자신의 신하가 배신하여 한쪽 은 토벌군, 다른 한쪽은 반란군이 된 현실에서 끝없는 인생유전을 바라보면서 그를 원망 하지도 않고 오히려 인생의 더 큰 본질로 나아가는 관조(觀照)의 정신을 볼 수 있다. 응작 여시관이란 세상의 이치가 바로 끝없는 유전(流轉)의 과정이며 부처가 세상을 구하러 이 세상에 오는 것도 이와 다르지 않다는 점을 말하고 있다. 즉 스에타카 후사가 자신을 죽 이는 것도 결국은 부처가 이 세상에 와서 자신의 몸을 여러 가지로 바꾸어 나타나 중생 (자신)으로 하여금 '색즉시공(色卽是空) 공즉시색(空卽是色)'을 깨닫게 하려는 것과 다르지 않다는 것이다. 그리하여 이 진리를 깨달아 누구를 원망할 일도 아니니 "있는 그대로" 보 고 자기를 버리고 이승을 떠나는 자신을 관조하고 있는 것이다.

20장 천황가의 조상신, 성왕 이마키오오가미

들어가는 글 비다쓰 천황의 비밀

지금까지 일본 천황가에 대해 여러 가지 이야기들을 해왔습니다. 일단 그동안의 논의들을 간략하게 한번 모아봅시다.

천황가의 내력을 분석하는 데는 중요한 고리들이 있습니다. 예를 들면 진구 황후, 오진 천황, 유라쿠 천황(곤지왕), 긴메이 천황, 비다쓰 천황, 덴지 천황, 간무 천황 등이 있습니다. 그 가운데서 주목해야 할 사람은 비다쓰 천황입니다. 즉 비다쓰 천황이 백제 왕족이 확실하다면 그의 가계는 모두 백제인이 되는 것입니다. "콩 심은 데 콩나고 팥 심은 데 팥이 나는 것"은 당연한 이치지요. 『신찬성씨록新撰姓氏錄』에 "오하라 마히토大原眞人, 그들은 백제왕의 후손으로 시호가 비다쓰인 분으로부터 나왔다. 이것은 『속일본기續日本記』(797년)의 내용과도 일치한다"라는 기록이 있어[1] 비

---

1 "大原眞人 出自謚敏達孫百濟王 續日本記合"(『新撰姓氏錄』).

다쓰 천황이 반도부여(백제)의 왕손이라는 것을 알 수 있습니다. 그러면 그의 아버지, 형제들(요메이 천황, 스이코 천황)은 자동적으로 백제계 왕손임을 알 수 있습니다. 『신찬성씨록』에 비다쓰 천황 성姓이 '진인眞人'인데, 이 성은 덴무 천황 13년(686년)에 제정된 팔색八色의 성 가운데 제1위의 성씨로 황족에게만 주어진 성이라고 합니다. 그러면 결국 '백제 왕족=일본 황족'이 됩니다. 그리고 야마토 시대 당시 가장 강력한 저항세력인 동북의 아이누(에조 또는 에미시)의 저항을 진압한 장군들이 대부분 백제 왕족이었다는 점도 백제 왕족이 일본 황족이었기에 가능한 일로 보입니다. 특히 『일본서기』에 따르면, 비다쓰 천황의 손자인 조메이舒明 천황이 백제 대정궁大井宮 백제 대사大寺를 건립하는 등 유난히 백제 관련 토목사업을 많이 했습니다. 그리고 조메이 천황은 백제궁에서 서거한 후 백제대빈百濟大殯(백제의 3년상 장례의식)으로 안장되었습니다.

지금까지 나타난 내용들을 하나의 도표로 만들어봅시다.

『일본서기』를 역추적해 근초고왕을 기점으로 열도부여가 개척되었음을 알 수 있었습니다. 또한 진구 황후나 오진 천황은 여러 왕들의 업적을 한 사람의 업적으로 하여 만들어낸 인물이었던 점도 파악했습니다. 분명한 것은 오진 천황이 진구 황후의 아들이고, 진구 황후라는 가상의 인물은 '히미코+사이메이+근초고왕' 등이 혼합된 인물인데, 이 가운데 시기적으로 일치하는 인물은 근초고왕뿐이었습니다. 그래서 자동적으로 오진 천황은 근구수왕을 주축으로 하는 근초고왕의 직계후손이라는

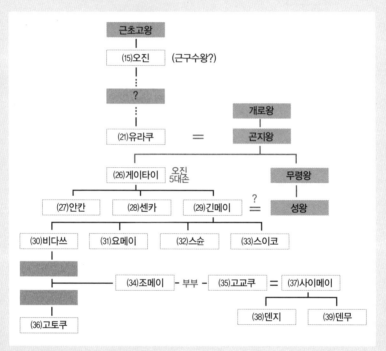

천황가의 계보와 백제(번호는 천황의 순번임)

사실도 파악할 수 있습니다.

다만 오진 천황 이후 반도부여와 열도부여의 관계를 파악하기는 쉽지 않습니다. 그래서 저는 왜 5왕에 대한 분석을 시도했고, 그 결과 유라쿠 천황과 곤지왕이 동일인임을 여러 각도에서 밝혀냈습니다. 그리고 유라쿠 천황과 곤지왕이 동일인이라는 점은 부여 역사를 전체적으로 이해하는 데 매우 중요한 고리임을 수차례 강조했습니다. 나아가 긴메이 천황과 반도부여(백제)의 성왕이 동일인일 가능성을 여러 가지 연구결과나 사례를 들어 분석했습니다.

결국 개로왕-곤지왕-동성왕·무령왕·게이타이 천황-성왕(긴메이 천황)을 중심으로 반도부여와 열도부여가 경영되었음을 알 수 있습니다.

참고로 『신찬성씨록』에 대해 간단히 살펴보고 넘어갑시다. 『신찬성씨록』은 815년 일본의 기나이畿內 지역에 본적을 둔 1,182개의 성씨들에 대하여 그 계보와 유래를 기술한 책입니다. 이 책은 필사본으로 매우 귀한 사료에 속합니다.

성씨록은 크게 ①천황天皇과 그 황자皇子의 자손인 황별皇別 335씨, ②천신지기天神地祇의 자손인 신별神別 404씨, ③한국·중국의 자손인 제번諸蕃 117씨 등의 세 가지 계보로 나뉘어 편찬되어 있습니다.[2]

이 가운데 가장 서열이 높은 성씨는 황별이고[3] 그 가운데서도 가장 높은 성씨가 바로 마히토眞人(진인)인데 그 전체는 48개입니다. 이들의 본적은 다시 좌경황별左京皇別 30개, 우경황별右京皇別 11개, 산성국황별山城國皇

---

[2] 첫째, 황별(皇別)은 左京皇別, 左京皇別上, 左京皇別下, 右京皇別上, 右京皇別下, 山城國皇別, 大和國皇別, 攝津國皇別, 河內國皇別, 和泉國皇別 등으로 나뉘어 있다. 둘째, 신별(神別)은 左京神別上, 左京神別中, 左京神別下, 右京神別上, 右京神別下, 山城國神別, 大和國神別, 攝津國神別, 河內國神別, 和泉國神別 등으로 나뉘어 있다. 셋째, 제번(諸蕃)은 左京諸蕃上, 左京諸蕃下, 右京諸蕃上, 右京諸蕃下, 山城國諸蕃, 大和國諸蕃, 攝津國諸蕃, 河內國諸蕃, 和泉國諸蕃, 未定雜姓 등으로 나뉜다.

[3] 황별씨족(皇別氏族)이란 황족(皇族)이 신하의 신분으로 낮아져서 출생한 씨족을 말한다.

진인계 분류	진인의 이름	「신찬성씨록」에 나타난 내용 해설
좌경황별	스미나가 마히토 息長眞人	⑧ 오진 천황의 황자의 자손
	山道眞人 阪田主人眞人	⑧ 스미나가 마히토와 동조同祖
	入多眞人	⑧ 오진 천황의 황자의 자손
	三國眞人	⑧ 게이타이 황자의 자손
	路眞人	비다쓰의 황자의 자손
	守山(수산)眞人 甘南備眞人 飛多(비다)眞人 英多(영다)眞人 大宅(대택)眞人	비다쓰의 황자의 자손
	오하라 마히토 大原眞人	비다쓰 천황의 손자인 백제왕의 후손
	島根(도근)眞人 豊國(풍국)眞人 山於(산어)眞人 吉野(길야)眞人 桑田(상전)眞人 池上(지상)眞人 海上(해상)眞人	오하라 마히토와 동조同祖
	淸原(청원)眞人	백제친왕百濟親王의 후손
	香山(향산)眞人	비다쓰 황자의 자손
	登美(등미)眞人 蜷淵(권연)眞人	요메이 황자의 자손
	三島(삼도)眞人	조메이 천황의 자손
	이하 생략	

「신찬성씨록」에 나타난 황족들의 계보(최재석, 「백제의 대화왜와 일본화 과정」 중 123쪽 재구성)
*⑧은 「신찬성씨록」이 아니라 「일본서기」의 기록임

478

別 1개, 대화국황별大和國皇別 1개, 섭진국황별攝津國皇別 1개 등이고 나머지 서너 개 정도의 그 본적을 알 수 없는 성씨도 있습니다.

마히토는 주로 천황과 그의 자손을 가리킵니다. 이것을 알 수 있게 하는 기록은 『일본서기』인데, 『일본서기』의 덴무 천황 조를 보면, 덴무 천황을 진인 천황眞人天皇이라고 합니다. 그러면 이 진인眞人의 계보를 가장 큰 범주인 좌경황별과 우경황별을 중심으로 더 구체적으로 살펴봅시다. 먼저 좌경황별의 주요 내용을 살펴봅시다.

좌경황별을 이해하는 가장 중요한 포인트는 오하라 마히토大原眞人입니다. 오하라 마히토는 비다쓰 천황의 손자인 백제왕의 후손이라고 합니다. 그러니 그 조상인 비다쓰 천황도 당연히 백제 왕족이 되겠지요? 따라서 시마네 마히토島根眞人, 요시노 마히토吉野眞人, 토요쿠니 마히토豊國眞人, 이케가미 마히토池上眞人 등도 모두 "비다쓰의 손자인 백제왕의 후손"이 되는 것이지요.

이런 사정에 대해 일본의 학자들은 별로 달가워하지 않는 눈치입니다. 아마도 『신찬성씨록』에 나타난 백제라는 말이 아직도 살아남아서 한국과의 연계를 끝없이 가지게 되는 것이 마치 '업보'처럼 느껴지기도 하겠지요.

다음은 우경황별右京皇別의 주요 내용을 살펴봅시다.

『신찬성씨록』과 관련하여 야마토 왕조에 대해 오랫동안 분석해온 최재석 교수에 따르면, 48개의 마히토(진인) 성씨 가운데 21개의 성씨가 백

진인계 분류	진인의 이름	『신찬성씨록』에 나타난 내용 해설
우경황별	山道眞人 息長丹生眞人	비다쓰의 황자의 자손 ⓑ 스미나가 마히토와 동조(同祖)
	三國眞人 坂田眞人	비다쓰의 황자의 자손 ⓑ 게이타이 황자의 자손
	多治眞人 爲名眞人 春日眞人 高額眞人 當麻眞人 文室眞人 豊野眞人	비다쓰의 황자의 자손

『신찬성씨록』에 나타난 황족들의 계보(최재석, 『백제의 대화왜와 일본화 과정』 중 123쪽 재구성)
*ⓑ은 『신찬성씨록』이 아니라 『일본서기』의 기록임

제인이라고 합니다. 그리고 그 나머지 27개의 성씨도 비교분석하여 추적하면 모두 백제계(부여계)라는 것입니다.[4]

그러니까 『신찬성씨록』과 관련하여 나타난 황족들은 모두 부여인(백제계)이라는 말이지요.

---

4 최재석, 『백제의 대화왜와 일본화 과정』(일지사: 1990), 119~124쪽.

백제 성왕, 천황가의 조상신

교토京都에는 아름다운 벚꽃으로 유명한 히라노 신사平野神社가 있습니다. 해마다 4월이면 벚꽃의 바다로 출렁이는 이곳은 이미 천 년을 내려온 벚꽃의 명소입니다. 이 히라노 신사에서 모시고 있는 신이 바로 이마키 신, 즉 이마키노카미今木神, いまきのかみ입니다.

교토의 한 관광회사의 안내자료에는 교토를 대표하는 신사인 히라노 신사의 주신인 이마키노카미에 대하여 "백제계의 도래씨족인 야마토씨和氏, やまとじ의 먼 조상인 백제의 성명왕으로 여겨진다"라고 소개하고 있습니다.[5] 대개의 안내자료는 이와 비슷합니다. 그렇지 않으면 이마키 신은 간무 천황의 생모인 백제계의 다카노노 니가사高野新笠의 조신祖神으로 원래 야마토국 타카이치高市에 있던 것을 나가오카長岡 천도 때 옮겼고 그 다음에 헤이안경平安京(교토) 천도 후 다시 히라노 신사에 모셨다고 되어 있습니다. 그러나 히라노 신사 측의 공식적인 반응은 전혀 다릅니다. 히라노 신사 측은 이마키 신이 백제왕이었다는 것은 근거 없는 소리라고 일축합니다.

일본 내에서 성왕의 행적을 알기 위해 히라노 신사와 이 신사를 조성한 간무桓武 천황(재위 781~806년)에 대해 먼저 알아보겠습니다. 간무 천황은 일본의 고대국가의 틀을 바로잡고 한반도의 여러 정치세력으로부터 단절하면서 '명실공히' 새로운 일본을 건설한 중심인물이라고 할 수 있습니다. 간무 천황의 어머니는 무령왕의 직계후손이고 아버지는 시라카베白壁 왕자인데 그는 663년 백제 부흥군을 지원하기 위해 전 국력을 동원했다가 패퇴한 덴지 천황의 손자였습니다.

---

5 2008 京都觀光タクシ─(同友会観光案内資料).

간무 천황은 다소 혼란했던 부여계의 황통을 온갖 어려움 속에서 견고히 세우면서 자신이 부여계(백제계)와 깊이 연관된 것을 공식화하고 자랑스러워했습니다. 간무 천황의 생모는 무령왕의 후손인 다카노노 니가사高野新笠이고, 간무 천황의 비빈妃嬪도 의자왕의 아들인 부여선광夫餘禪廣의 후손인 백제왕씨百濟王氏(구다라 고니키시)에서 맞아들입니다.[6] 간무 천황 이후에는 부여계(백제계) 혈족과 천황가 혈족의 결합이 더욱 강화됩니다. 간무 천황은 자신의 후궁 중 적어도 아홉 명 이상의 부여계(백제계) 여인을 두고 있었다고 합니다.[7] 이러한 상황을 『속일본기』는 790년 간무 천황이 "백제왕 등은 짐의 외척이다"라고 친히 고하는 장면을 통해 기록하고 있습니다. 간무 천황은 어머니의 조카를 재상급으로 등용하기도 하고 주변의 여관女官도 부여계로 채웁니다.

이 때문에 당시 열도(일본)에서는 부여계(백제계)와 한 방울이라도 피가 섞인 증거를 찾는 것이 출세의 지름길처럼 여겨지기도 했다고 합니다. 그래서 조정에서는 민간에서 엉터리 족보나 계보도들이 유행하는 것을 강력하게 통제하는 법령을 반포합니다.[8] 이것이 열도의 귀

---

6 백제왕(百濟王)씨, 즉 구다라 고니키시(くだらこにきし)씨는 의자왕의 아들인 부여선광(夫餘禪廣)을 시조로 하고 있다. 부여선광은 구다라 고니키시 요시미츠(百濟王善光)라고 불리기도 하는데 제41대 지토(持統) 천황이 하사한 성이라고 한다. 구다라 고니키시씨의 사람들은 일본의 귀족으로서 우대되었다. 이들의 근거지는 대체로 구다라왕 신사가 있던 가와치노쿠니 카타노군(河內國交野郡) 부근으로 추정된다.

7 간무 천황의 친백제정책은 김현구, 앞의 책, 147~160쪽 참고.

8 "대동 4년(809년) 2월 고하여 알린다. 倭漢惣歷帝譜圖는 天御中主尊을 세워 시조로 하고 있어, 이로부터 魯王, 吳王, 高麗王, 漢高祖 등에 이른다. 그러한 귀인의 후예에 스스로의 씨족의 계보를 잇고 있다. 그런데 왜인과 한인(漢人)의 계보가 뒤섞여 감히 천신의 자손들을 더럽히고 있다. 어리석은 백성들이 헤매어 집착하고, 이 흐트러진 계보를 진실하다고 착각하고 있다. 제사 관리들은, 자신의 집에 소장하는 그러한 잘못되게 돌아다니고 있는

족 가계나 족보를 정리하는 작업으로 나아가게 된 원인이라고도 합니다. 결국 이후에 『신찬성씨록新撰姓氏録』(815년)이 편찬됩니다.

부여계의 역사를 종합적으로 잘 알지 못하는 현대의 열도인(일본인)들도 간무 천황의 부여계(백제)에 대한 지나친 사랑에 대해 매우 의아해하기도 하고, 또 이 시기를 일본 역사의 특이한 시기라고 보기도 합니다. 열도인들은 간무 천황이 자신의 어머니가 매우 미천한 가문 출신이기 때문에[9](이 같은 콤플렉스 때문에) 더욱 모계에 대해 미화하고 족보(『화씨보和氏譜』)도 새로 만들었으며, 어머니가 모시는 신인 이마키 신今木神도 격상시켰다고 합니다.[10]

간무 천황은 그 어머니와 의자왕의 후손들과 견고하게 결합된 부여계와, 덴지 천황 직계의 도움을 받아 극히 어려운 정치상황들을 극복한 것으로 보입니다. 간무 천황은 어떤 의미에서 보면 혼란한 정치상황 속에서 부여계를 다시 견고하게 열도에 안착시키는 데 가장 큰 역할을 했고 그러면서도 이미 멸망한 반도부여(백제)와 단절하여 새로운 일본을 건설하는 데 국가정책의 초점을 맞춘 천황입니다. 아이러

계보를 모두 제출하라. 만약 이런저런 핑계를 대어 이를 숨겨 명령을 거역해 제출하지 않는 사람이 있으면, 발각된 날에는 반드시 중죄에 처할 것이다." 원문은 "辛亥. 勅. 倭漢惣歷帝譜圖. 天御中主尊標爲始祖. 至如魯王. 吳王. 高麗王. 漢高祖命ロ. 接其後裔. 倭漢雜糅. 敢垢天宗. 愚民迷執. 輒謂實錄. ロ諸司官人ロ所藏皆進. 若有挾情隱匿. 乖旨不進者. 事覺之日. 必處重科"(『日本後紀』平城天皇 大同 4年).

9 간무 천황의 생모는 화씨(和氏) 부인인데 그 아버지는 일반적으로 왜 왕실에서 백제조신(百濟朝臣)이라는 벼슬을 지낸 화을계(和乙繼)로 백제 무령왕의 직계후손으로 알려져 있다. 789년 1월 14일 다카노노 니가사(高野新笠) 황태후가 서거한 기사와 관련하여 『속일본기』에는 연력 8년 화을계가 조정벼슬 정1위이고 그 부인인 오에조신 마이모(眞妹)도 정1위라고 기록되어 있다. 그러나 화을계 또는 고야을계(高野乙繼)에 대한 이 벼슬의 기록에 대해서는 의문이 있어 열도(일본)에서는 미천한 가문으로 보는 경우가 많다.

10 예를 들면 『神道大辭典』이나 『百二十五代の天皇と皇后』(秋田書店)에 나타난 坂元義種 교수 등의 해설 등을 보면 알 수 있다.

니한 말이지만 간무 천황은 내적으로는 덴지 천황의 부여계 황통을 견고히 하면서도 대외적으로는 반도부여와는 전혀 다른 방향의 '새로운 일본'으로 나아가는 비전을 제시한 천황이라고 할 수 있습니다.

달리 말하면 간무 천황은 백제, 즉 남부여(반도부여)와 일본을 분리시켜 부여계의 흔적을 지우려고 온갖 노력을 다한 천황입니다. 구체적으로 14세기 일본 남조의 유력한 정치지도자였던 기타바타케 지카후사北畠親房(1293~1354년)는 자신의 저서인 『신황정통기新皇正統記』에서 "옛날 일본은 삼한三韓과 같은 종족이라고 전해왔다. 그런데 그와 관련된 책들이 간무 천황 때 모두 불태워졌다"라고 합니다. 이 같은 일은 열도의 안정, 즉 부여계의 안정을 보장하려는 정치적인 목적의 조치로 추정됩니다.

간무 천황의 행적을 가장 쉽게 찾을 수 있는 곳은 교토입니다. 교토의 중심부에는 거대한 궁궐이 있는데, 바로 이곳이 8세기부터 일본의 수도였던 헤이안경平安京입니다. 간무 천황은 794년 수도를 교토로 천도하고 찬란한 헤이안 시대를 열었습니다. 이후 교토는 거의 1,000여 년 동안 일본의 수도였으며 일본의 중심이었습니다. 헤이안경은 중국의 장안성을 모방하여 건설한 계획도시라고 합니다. 그래서 간무 천황은 교토를 상징하는 인물로 일본인들의 존경과 사랑을 한 몸에 받고 있습니다.

간무 천황은 수도를 교토로 옮긴 뒤 궁궐 내에 조상신을 모시는 신사를 세웠는데 그것이 바로 히라노 신사平野神社입니다. 신사의 안내문에는 신사에서 모시는 네 분의 일본 천황가의 조상이 나옵니다.

이상의 네 분의 신이 히라노 신사에서 모시는 신인데 주신은 바로 이마키 신입니다. 이노우에 미쓰오井上滿郎 교수는 일본 황실 사당에서

第一	今木神 (이마키노카미)
第二	久度神 (구도노카미)
第三	古開神 (후루아키노카미)
第四	比賣神 (히메노카미)

교토 오쓰시에 있는 히라노 신사의 신들

제신祭神으로 모시고 있는 분들은 백제왕과 왕족 등 5위이며, 간무 천황이 도래인(반도부여인)들을 조정에 중용한 것은 그 스스로가 도래인의 핏줄을 타고 났기 때문이라고 설명합니다. 그리고 히라노 신사에서 가장 위에 있는 히라노 신사의 주신인 이마키노카미今木神란 "지금 오신 신(いまきのかみ)"이라는 의미라고 해설합니다.[11] 이 표현은 쉽게 말하면 이두식 표현입니다. 그러니까 여기서 사용된 '今'은 '이제'라는 의미로 읽은 것이고, '木'은 '키'라는 소리를 빌린 말이라는 것입니다.

그런데 이 부분에 대해 저는 생각이 조금 다릅니다. 간단히 말씀드리면, 저는 '今木'이라는 말이 단순히 "지금 온(いまき)"이라는 의미뿐 아니라 하늘과 땅을 연결하는 것은 곧고 길게 뻗은 큰 나무라는 쥬신의 고유신앙과도 관계가 있을 것으로 생각합니다. 이 말의 의미는 결국은 하늘의 메신저이며 샤먼인 단군檀君의 의미와도 크게 다르지 않을 것으로 추정합니다. 만약 "지금 왔다"는 점이 강조될 경우라면 '이마키今來, いまき'라는 말을 사용해야 하지 않을까요? 굳이 나무 목木을 사용할 필요가 없지요. 어쨌든 앞으로 연구를 해보아야 될 부

---

11 井上滿郎, 『平安京の風景』(文英堂: 1994).

분입니다.

히라노 신사의 신들은 이마키 신今木神, 구도 신久度神, 후루아키 신古
開神, 아이도노의 히메신比賣神 등의 순서로 되어 있습니다. 그래서 9세
기경에 편찬된 『정간의식貞觀儀式』(871년)에 따르면, "이마키 신으로부
터 제사가 시작되어 구도 신, 후루아키 신 그 다음이 아이도노의 히메
신이다"라고 합니다. 10세기 초 일본 고대 왕실 편찬문서인 『연희식
신명장延喜式神名帳』에서도 "히라노에서 모시고 있는 신은 네 분이며 이
마키 신, 구도 신, 후루아키 신, 아이도노[12]의 히메신이다"라고 합니다.

이제 본론으로 들어갑시다. 히라노 신사의 이마키 신이 중요한 이
유는 성왕(성명왕)과 긴메이 천황을 연결할 수 있는 고리이기 때문입니
다. 즉 만약 '성왕=이마키 신'이고 '이마키 신=긴메이 천황'이면 자동
적으로 성왕=긴메이 천황이 됩니다. 우리는 앞에서 이미 긴메이 천
황의 아들인 비다쓰 천황이 부여계(백제계)라는 사실을 여러 차례 확인
했습니다. 그러니 자연히 그 아버지도 부여계가 되는 것이지요. 구체
적으로 보면, 비다쓰 천황에 대해서 『신찬성씨록』은 분명히 백제인
으로 설명하고 있습니다. 그러니까 설령 긴메이 천황이 성왕이 아니
라고 해도 긴메이 천황이 부여계인 것에는 변함이 없습니다.

일본 황실의 가계를 오랫동안 연구해온 홍윤기 교수는 『대초자袋
草子』(1158년)를 인용하여 백제의 성왕이 바로 긴메이 천황이라고 간주
합니다. 『대초자』는 고대 일본 왕실과 귀족들이 즐겨 노래한 일본 정
형시가인 '단가'를 모은 것으로 일본 시가 연구의 중요한 고전으로
평가되는 자료입니다.

---

12 相殿, 즉 두 명 이상의 신주를 합사하여 함께 모시는 경우를 말함.

후지와라노 기요스케藤原淸輔(1104~1177년)의 저서인 『대초자』에는 「히라노미카平野御哥」라는 와카和歌가 있는데, 그 내용이 "しらかべの みこのみおやのほちこそひらののかみのひひこなりけれ"입니다.[13] 이것을 홍윤기 교수는 "白壁の御子の御祖の祖父こそ平野の神の曾 孫なりけれ"로 다시 쓰고 이를 "고닌 천황의 아들(간무 천황)의 할아버 지의 할아버지의 아버지야말로 히라노 신의 증손자이니라"라고 해 석합니다. 즉 제49대 고닌光仁 천황(재위 770~781년)은 제50대 간무 천 황의 아버지이고 간무 천황의 5대조가 히라노 신이라는 것입니다. 그뿐만이 아니라 1684년 필사본에는 「히라노미카」의 해설문이 있 는데 여기에는 "지금 생각건대 시라카베白壁는 고닌 천황이며, 그 증 조부는 조메이舒明 천황이고 그의 증조부는 긴메이欽明 천황이다. 이 것을 히라노平野의 명신明神이라고 말하는 바를 깨달아라"[14]라고 적고 있습니다. 즉 긴메이 천황이 바로 히라노 신이라는 말입니다.[15]

그런데 에도 시대 후기의 국학자인 대학자 반노부토모伴信友(1775~ 1846년) 선생은 "이마키 신은 백제의 성명왕(성왕)"이라고 했고[16] 교토

---

13 참고로 후지와라(藤原) 가문은 1,000년 이상을 내려오는 가장 전통 있는 가문으로 조정 의 요직을 독점해왔다. 후지와라 가문의 조상은 나가토미노 가마타리(中臣鎌足)로 645 년 소가(蘇我)씨를 타도하고 고도쿠 천황을 옹립하여 개신정치를 시작한 공로로 하사받 은 성씨이다. 이 당시 소가씨의 외손자였던 황자가 "한인(韓人)이 이루키를 죽였다"라고 한탄했는데 그 한인이 바로 나가토미노 가마타리였다. 나가토미노 가마타리의 조상신 이 신라계였다는 이야기가 있고 나가토미노 가마타리가 성장한 곳이 현재의 오사카부의 동북부인 미시마(三島)로 신라인의 집단 이주지로 유명한 곳이다. 김현구, 앞의 책, 17쪽, 117쪽.

14 "今案白壁ハ光仁天皇也其曾祖父ハ舒明天皇其曾祖父ハ欽明天皇也是平野明神云了."

15 홍윤기, 「日本古代史 問題點의 새로운 규명－平野神의 文獻的 考察을 중심으로」, 『日本 學』第24輯.

16 伴信友, 「蕃神考」, 『神社私考』(1924) 또는 『伴信友全集 5』(1909).

대학의 대표적인 동양사학자이자 만선사학滿鮮史學의 대부 나이토 고
난內藤湖南(1866~1934년) 교수는 이마키 신은 외국에서 건너온 신, 구도
신은 성명왕의 선조인 구태왕仇台王, 후루아키 신에서 후루古는 비류
왕, 아키開는 초고왕肖古王이라고 했습니다.[17] 교토 동양학의 창시자인
나이토 고난 교수가 이마키 신은 도래인이고 구도 신은 성명왕의 선
조라고 밝힘으로써 간접적으로 이마키 신이 성명왕(성왕)이라는 점을
지적한 것으로 볼 수도 있습니다. 그러니까 당대의 대가들이 '이마키
신=성명왕'으로 간주하고 있다는 것입니다.

현대의 고대 사가인 나카가와 도노요시中川友義 선생은 히라노 신
전에 모신 신들에 관하여 "이 사당의 제1 신전에 모시고 있는 이마
키 신은 백제의 성명왕이며, 제2 신전에 모시고 있는 구도왕은 성명
왕의 선조의 선조인 온조왕이다. 제3 신전의 고개신古開神은 두 분으
로 나누어서 고신古神은 비류왕이며, 개신開神은 초고왕이다. 어느 누
구고 간에 모두 조선朝鮮의 왕이다"라고 합니다.[18] 일본의 권위 있는
『역사 사전』에는 히라노 신사는 "교토시 북구에 있는 신사, 제신祭神
은 백제계의 이마키·구도·후루아키·히메의 네 신. 794년(연력 13년) 이
마키 신을 다른 세 신과 함께 간무 천황이 나라에서 현재의 장소로 옮
겼고 후에 타이라씨의 씨족신이 되었다. 예제例祭를 '히라노마쓰리'로
부른다. 중요 문화재"라고 하여 이마키 신, 즉 히라노의 주신이 백제
계임을 분명히 하고 있습니다.[19]

히라노 신사에 모셔진 신들을 활동시기별로 분류하면 구도 신-후

---

[17] 內藤湖南, 『近畿地方にける神社』(1930).

[18] 中川友義, 『渡來した神神』(1973).

[19] 홍윤기, 『일본 속의 백제 구다라』(한누리미디어: 2008) 433쪽.

루아키 신-이마키 신-히메 신 등으로 되겠지요. 그런데 히라노 신사에서는 이마키 신을 주신으로 제사를 지내고 있습니다.

다시 봅시다. 고개신, 즉 후루아키 신은 일반적으로 오진 천황의 아들[應神天皇の子]이라고 하면서 초고왕과 비류왕을 지적하고 있습니다. 앞서 본 대로 오진 천황은 여러 사람들의 행적을 하나로 합쳐 만든 인물로 보이기 때문에 그저 부여계의 시조라는 측면을 강조한 것으로 보면 될 것입니다. 다만 이들의 지적에는 구태왕을 온조나 비류로 혼동하거나 초고왕을 실존 여부가 불투명한 제5대 백제왕으로 보는 등의 문제가 있습니다. 이것은 초기 부여사가 베일에 싸여 있어서 그렇습니다. 제가『대쥬신을 찾아서 2』에서 이미 지적했듯이 구태는 부여왕 울구태이며, 초고왕은 근초고왕으로 보아야 합니다. 왜냐하면 여기서 모시고 있는 신들은 대부분 부여계 개국시조에 가까운 분들이기 때문입니다.

부여의 개국시조에 해당하는 신들은 크게 동명성왕(전설적인 부여의 개조)-부여왕 울구태(반도부여 개국시조)-근초고왕(반도부여 중흥 및 열도부여 개척시조)-성명왕(부여 중흥의 개조로 남부여 시조, 열도부여의 정신적 지주) 등으로 나타납니다.

간무 천황이 모시는 선조들이 모두 부여계의 개국시조 또는 중흥시조였다는 점이 매우 흥미롭습니다. 그러니까 간무 천황은 열도 내에서 부여의 흔적을 모두 지우면서도 그 조상들을 모시지 않을 수가 없었던 것이지요. 그러면서도 이 분들의 실체와 행적을 철저히 비밀에 부치고 있습니다. 간무 천황의 고뇌가 느껴집니다.

이 같은 역사적 사실, 즉 열도쥬신 야마토 왕가의 으뜸 조상신인 이마키 신이 성왕이라는 사실을 한국인들에게 가장 널리 알린 사람은 바로 홍윤기 교수입니다. 홍윤기 교수는 수십 년 간 일본의 황가에 대한 연구를 해왔습니다. 다만 홍윤기 교수의 연구가 백제를 실체로 인정하고 열도의 역사를 마치 한반도 역사의 일부분으로 간주한 부분은 열도에서는 받아들이기 힘들 것입니다. 야마토의 역사는 백제 역사의 연장선상에 있는 것이 아니라 부여사의 일부로 인식할 때만이 정확히 이해할 수가 있는 것입니다.

야마오 유키히사山尾幸久 교수는 일본 야마토 왕조에서 왕의 혈통이 부계로 제대로 전승되는 시기는 긴메이 천황 때부터라고 보고 있습니다. 즉 이전의 천황의 경우에는 왕위계승의 혈통원칙에 일관성이 없다는 것이지요. 그래서 아마 후대의 천황들이 가장 분명하고 확실한 자신의 직계조상인 긴메이 천황을 제사의 가장 중요한 대상으로 모신 것으로 보입니다.

긴메이 천황이 활약한 6세기에 야마토(열도부여)와 백제(반도부여)의 정치관계가 가져온 최대의 결과는 야마토 국가의 형성이라고 합니다. 야마토 국가는 530년대부터 제대로 시작되었고 6세기 중반에서 후반에 걸쳐 국가적인 정비사업을 벌입니다. 구체적으로 혈통세습제 집단의 형성, 중앙 지배집단의 형성, 지방지배의 진전, 장례의식 등 각종 의례의 정비, 왕권의 신기神祇제도에 관한 정비 등 괄목할 만한 변화가 이 시기에 일어납니다.[20] 이 중심에 바로 긴메이 천황이 있습니다. 긴메이 천황이 국가체제를 정비하는 솜씨가 백제 성왕의 솜씨와 매우 흡사합니다.

이제 다시 히라노 신사로 돌아갑시다. 결론은 반노부토모 선생의

---

20 山尾幸久,「日本古代王權の形成と日朝關係」,『古代の日朝關係』(塙書房: 1898).

지적과 같이 일본 천황가의 대표적인 신사인 교토의 히라노 신사의 주신主神은 바로 백제(반도부여)의 성왕(성명왕, 재위 523~554년)이라는 것입니다. 즉 남부여(백제)의 성군 성왕이 바로 이마키 신이며, 이 분이 일본 고대황실 최고의 신위로 모셔졌다는 것입니다. 다시 말해서 간무 천황의 선조로 나라에서 가장 큰 신으로 모시는 분이 바로 백제의 성왕이라는 것입니다.

정리해 봅시다. 처음에 긴메이 천황이 바로 이마키 신(히라노 신)이라고 지적했지요? 그런데 이 히라노 신이 바로 성명왕(성왕)이라고 하고 있습니다. 결국 긴메이 천황=이마키 신=성명왕의 관계가 성립이 되는 것이지요. 따라서 긴메이 천황과 성왕은 동일인이라는 말입니다.

수십 년간 일본 황가에 대한 연구를 해온 홍윤기 교수에 따르면, 일본에서는 오오미카미大神, 즉 나라의 큰신은 단 두 분이라고 합니다. 한 분은 전설상의 '아마테라스오오미카미', 즉 천조대신天照大神이고 다른 한 분은 히라노 신사의 주신인 '이마키오오미카미今木大神'라고 합니다.[21] 여기서 말하는 천조대신이란 한국의 단군에 해당하는 말인데 전설상의 인물이자 개인이 아니라 종족 전체 또는 민족을 이르는 개념으로 보아야 합니다. 따라서 역사상 실존하는 인물로서는 이 큰신(오오미카미)의 지위에 오른 분은 성명왕이 유일합니다. 다시 말해서 일본의 정신적인 지주이자 개국신은 바로 성왕이라고 할 수 있지요. 이 분은 현 일본 천황가의 조상신이자, 일본을 신불습합神佛習合의 불교국가로 새로이 탄생하게 했으며 각종 제도를 정비하여 부계 중심의 왕위계승을 확립한 성군입니다.

---

[21] 홍윤기, 앞의 논문.

부여계의 성지, 히라노 신사

앞의 내용을 토대로 교토를 대표하는 아름다운 벚꽃의 신사인 히라노 신사가 바로 성왕을 모시는 사당이라는 점을 알 수 있습니다. 물론 일본 사학계가 공식적으로 인정하고 있지는 않습니다만 민간에서는 백제의 성왕과 관련된 신사라는 것이 일반적인 인식입니다.

일본 황실 법도집인 『연희식延喜式』에 의하면[22], 히라노 신사는 일본에서 유일하게 황태자皇太子의 친제親祭가 정해진 신사라고 알려져 있습니다. 즉 히라노 신사는 '스메오오미카미すめおおみかみ', 즉 '황대어신皇大御神'이라고 칭해져 궁중신宮中神과 같이 모시고 있습니다. 그러니까 이마키 신에 대하여 이마키스메 오오미카미いまきすめおおみかみ: 今木皇大神라고 높여 부르기도 합니다.

『연희식』에 의하면 '스메오오미카미', 즉 '황대어신'이라고 불리는 신은 아마테라스오오미카미, 카스가노카미春日神와 이마키 신 등의 세 분뿐이라고 합니다.[23] 이 부분을 좀 더 살펴봅시다. 아마테라스오오미카미는 사실상 실존인물로 보기는 어렵고 대체로 금관가야계 민족들을 총칭하는 것으로 볼 수 있습니다. 카스가노카미는 후지와라씨藤原氏 · 나카토미씨中臣氏의 씨족신의 총칭입니다.[24] 그러니까 한 사

---

22 『연희식』은 황실 법도에 대한 율령 시행을 위한 세부 규정으로 헤이안 시대 초기의 연희(延喜) 연간에 착수되어 연장(延長) 5년(927년)에 완성된 모두 50여 권에 달하는 방대한 책이다.

23 『歷史讀本』2003年 10月號.

24 카스가노카미(春日神: かすがのかみ)는 카스가노묘진(春日明神) 또는 카스가곤겐(春日権現)이라고도 칭해진다. 카스가다이샤(春日大社)로부터 권청을 받은 신으로 신사의 제신을 나타낼 때 주제신(主祭神)이라고도 하고 카스가노다이진(春日大神) 등이라고 쓰여진다. 카스가노카미(春日神)를 모시는 신사는 일본 전국에 약 1천여 개의 신사가 있다. 카스가노카미는 후지와라씨(藤原氏)·나카토미씨(中臣氏)의 씨족신인데 카스가 다이샤(春日大

람이 아닌 것이지요. 후지와라나 나카토미는 일본을 대표하는 가문들 가운데 하나입니다. 그런데 이마키 신은 한 분의 분명한 실존인물입니다. 그러니까 일본의 수많은 신들 가운데 이마키 신의 위치를 짐작할 수 있겠지요?

『몬도쿠 천황실록文德天皇実録』에는 칙사를 히라노 신사에 보내고 있습니다.[25] 황성을 보호하는 신사[皇城鎮護 神社]로 22개 사가 지정되었는데 히라노 신사는 5위 안에 들었다고 합니다. 히라노 신사는 메이지 4년에 관폐대사官幣大社로 지정되었다고 합니다. 여기서 말하는 관폐官幣란 국가가 재정이나 운영을 맡는 것을 의미합니다.[26] 이런 까닭으로 히라노 신사는 기둥에 「히라노스메오오미카미平野皇大神」의 편액을 내걸 수 있고 히라노마쓰리平野祭에 황태자가 봉폐奉幣하는 규정이 있을 뿐 아니라, 역대 천황의 행차도 20여 차례 이상 되는 등 천황가의 숭경崇敬도 두터웠습니다. 그리고 이 신사의 신들이 일본의 주요 가문인 겐씨源氏(미나모토씨), 헤이씨平氏(타이라씨), 오에씨大江氏, 스가와라씨菅原氏 등의 공가公家(문신)의 씨족신입니다.

이마키 신이 헤이안궁平安宮 왕실에서 가장 높은 위계인 정1위正一位를 차지했는데 이 과정을 간략히 살펴봅시다. 『몬도쿠 천황실록』에 따르면 이마키 신은 종2위, 구도 신과 후루아키 신 등은 종4위 등으로 모셔졌다가[27] 그 후 신의 서열神階이 올라가, 조간貞觀 원년(859년)

社)에 모시기 시작한 것은 768년의 일로, 그 이전에는 카스가씨(春日氏)의 씨족신을 모신 것으로 추정된다.

25 『文德天皇実録』仁寿元年(851년).

26 『延喜式』의 제1편 「神妙」에는 교토 헤이안 북쪽에 위치한 "히라노 신사는 왕실 법도에 의해서 왕궁에서 직접 관할하고 있는 중대한 사당"이라고 명기되어 있다.

27 『文德天皇実録』仁寿元年(851년).

에 조정은 이마키 신에 대하여 최고위의 정1위正一位의 신계를 하사합
니다.『연희식신명장延喜式神名帳』에는 히라노 신사가 "야마시로노쿠니
카즈노군山城國葛野郡 히라노 제신 4사"라고 기재되어 명신대사名神大社
로 분류됩니다.[28]

그래서 국학자인 니시쓰노 마사요시西角井正慶 교수는 히라노 신사
는 고래로 일본 황실에서 매우 높이 받드는 곳이며 메이지明治 시대
이후에는 황실의 칙사가 참여하여 봉폐의식을 거행했다고 합니다.
히라노마쓰리平野祭, 즉 히라노 신사의 제사의식이 있던 4월 10일에
는 천황이 목욕재계하고 칙사는 참례하여 봉폐의식을 지냈다고 합니
다.[29]

좀 더 구체적으로 살펴보면, 히라노 신사는 981년 3월 엔유圓融 천
황(재위 969~984년)이 직접 참배한 이후 역대의 천황들이 참배했다는 기
록이 히라노 신사에서 간행한 서적에 적혀 있습니다.[30] 히라노마쓰리
는 해마다 4월 2일 거행되며 예로부터 황실이 이 신사를 매우 중요하
게 여겨 천황이 친히 목욕재계를 하고 황실의 칙사가 파견되어 봉폐
의식을 거행했다고 합니다.[31]

일본 왕실에서 제정된 법령인『정관식貞觀式』(871년)에는 대대로 천
황들은 고대의 천신인 백제신 두 분과 신라신 한 분에 대해 제사를 지
냈다고 전해집니다. 이 의식은 927년경에 제정된『연희식』에 다시

---

28 신사 앞 기둥문의 편액에는 '히라노 타이샤(平野大社)'라고 명기되어 있고 제신에 대해
'平野大神' '皇大御神'이라는 칭호도 사용되고 있다.

29 西角井正慶,『年中行事辭典』(東京堂: 1958).

30 『平野神社由緖略記』.

31 西角井正慶, 앞의 책.

명문화되었습니다.

　『연희식』에 기록된 일본 황실의 제사를 살펴보면 황실의 안녕을 위해 달마다 지내는 제사가 월차제月次祭이고, 신상제新嘗祭(니나메노마쓰리)는 1년에 한 번 11월 23일 밤에 올리는 황실의 가장 큰 제사라고 합니다. 그런데 간무 천황 당시에 헤이안궁 경내 북쪽에는 가라카미노야시로韓神社, 즉 백제신들을 모신 사당을 세우고, 남쪽에는 소노카미노야시로園神社, 즉 신라신을 모시는 신사를 세웠다고 합니다.[32] 여기서 말하는 가라카미韓神는 백제신을 의미하고 소노카미園神는 신라신을 의미합니다.

　좀 더 구체적으로 살펴봅시다. 9세기에 편찬된 일본 천황가의 의례집인 『정관식』에는 "일본 천황이 신상제에서 제사를 드리는 신은 신라신新羅神인 원신園神 1좌와 백제신百濟神인 한신韓神 2좌이다. 즉 모두 세 분의 한국 신을 모시고 가구라神樂라고 부르는 제례무악祭禮舞樂을 연주하면서 천황궁의 신전에서 제사를 지냈다"고 하는데[33] 이 기록은 이후에도 여러 서적들에서 무수히 나오고 있습니다. 여기서 말하는 신라신은 스사노오 노미고토須佐之男命, 즉 스사노오이고, 백제신은 오진 천황과 성명왕(성왕)으로 추정됩니다.

　그리고 『연희식』 제1권은 황실의 조상님께 드리는 제사를 중심으로 시작하고 있는데, 서두의 '신기神祇' 편에서는 일본 황실과 관계가 있는 신들은 모두 285위라고 합니다. 이 많은 신들 가운데서 가장 높은 신으로 왕궁 안에 모시고 있는 신이 스사노오(가야계), 오진(근초고왕·

---

[32] "宮內省坐神三坐 月次祭 新嘗祭 園神社 韓神社 二坐 "(『延喜式』「神祇」第一).

[33] 『貞觀儀式』「園幷韓神祭」.

근구수왕계), 성명왕(개로왕·곤지왕계)일 것으로 추측됩니다. 현재에도 일본 황실의 경내에는 신전이 있고 이 세 분의 신을 시작으로 하여 285위의 신들이 봉안되어 있으며, 황실의 실체라고 하는 세 가지 신령스러운 황실 징표, 즉 삼신기三神器(거울··옥·검) 가운데 거울만을 모셔놓고 있다고 합니다.

성명왕의 후예들

이제 교토의 히라노 신사로 다시 돌아갑시다. 히라노 신사에서 모시는 신들은 천황가의 조상신들로 이들은 이마키 신, 구도 신, 후루아키 신, 아이도노의 히메 신 등의 순서로 모셔져 있습니다.

다카야나기 미쓰토시高柳光壽 교수 등이 저술한 『일본사 사전日本史辭典』에서는 히라노 신사는 교토시 기타구北區에 있는 신사로, 이 신사의 제신은 백제계인 이마키·구도·후루아티·히메 등 네 분의 신이며 794년 이마키 신을 다른 세 분의 신과 함께 간무 천황이 몸소 나라奈良 땅에서 현재의 터전으로 옮겨왔다고 합니다. 여기서 이마키 신을 백제계로 보는데, 앞서 보았듯이 당시의 사정을 비교적 소상하게 알 만한 사람이었던 후지와라노 기요스케藤原淸輔는 긴메이 천황=히라노의 명신明神이라고 말하고 있습니다. 그러면 결국 긴메이 천황과 히라노 신은 백제사람이라는 말이 됩니다.

에도 시대의 책으로 오늘날 교토의 명소 안내서 격인 『교하부다에京羽二重』(1685년)에는 히라노 신사의 제신을 다음과 같이 말하고 있습니다.

순번	천황이름	재위기간	간무 가족관계	비고
51	헤이세이平城	806 ~ 809	아들	
52	사가嵯峨	809 ~ 823	아들	
53	준나淳和	823 ~ 833	아들	
54	닌묘仁明	833 ~ 850	손자	사가 천황의 아들
55	몬도쿠文德	850 ~ 858	증손자	닌묘 천황의 아들
56	세이와清和	858 ~ 876	고손자	몬도쿠 천황의 아들

간무 천황의 직계후손 천황과 가족관계

今木神 = ヤマトタケル　　源氏の神[겐(미나모토)씨 가문의 신]

久度神 = 仲哀天皇　　　　平氏の神[헤이(타이라)씨 가문의 신]

古関神 = 仁徳天皇　　　　高階氏の神

比壳大神 = 天照大神　　　大江氏の神

縣の神 = 天穂日命　　　　菅原氏, 中原氏, 清原氏, 秋篠氏の御神也

위에서 보면 이마키 신이 겐源(미나모토)씨 가문의 신이고 구도 신이 헤이平(타이라)씨 가문의 신이라고 합니다. 이 두 가문은 고대 일본의 대표적인 귀족 가문입니다. 그리고 메노카미, 즉 히메 신은 간무 천황의 어머니인 야마토노니카사和新笠(?~789년)인데 오에大江씨 가문의 신이라고 합니다. 오에씨 가문은 겐씨, 헤이씨 등과 더불어 고대부터 근세의 대표적인 일본 귀족 가문입니다.[34] (야마토노니카사는 무령왕의 직계후

---

[34] 오에(大江)씨의 원류는 고대의 씨족인 하지씨(土師氏)로 추정된다. 간무 천황이 즉위 10년(791년)에 친척관계에 있는 하지제상(土師諸上) 등에 오에다(大枝)의 성을 주었는데 866년경 성을 바꾸어 오에(大江)가 되었다. 오에씨(大江氏) 가문에는 뛰어난 와카(和歌) 작가나 학자가 많아 조정에 중용되었다. 1184년 가와치 겐씨(河内源氏)의 미나모토노 요리토모(源頼朝)를 받들었던 오에노 히로모토(大江廣元)는 가마쿠라 바쿠후(鎌倉幕府)의 핵심인

손으로 일본 고대사에서 매우 중요한 사람 가운데 한 사람입니다. 앞으로 다시 분석할 것입니다).[35]

이마키 신-덴지 천황-고닌 천황·야마토노니카사-간무 천황 등에 이르는 복잡한 후손들의 파생과정을 살펴보기에 앞서 간무 천황의 가족관계와 그 후속 천황들을 개괄적으로 보고 넘어갑시다.

먼저 구도 신을 모시는 헤이씨平氏 또는 타이라우지たぃらうじ를 살펴봅시다. 헤이(타이라)씨의 성姓의 어원은 헤이안경의 '헤이平'와도 관련이 있다고 합니다.[36] 지금까지의 분석을 토대로 본다면 헤이씨, 즉 간무헤이씨桓武平氏는 모두 백제 무령왕·성왕의 후손이라는 말이 됩니다. 제50대 간무 천황으로부터 파생한 간무헤이씨는 사성賜姓입니다. 즉 황족이 신하로 격이 떨어지게 될 때 받는 성입니다. 일본의 동부 지역에 황손들이 부임지로 가서 영주화領主化(自領化)되어간 것으로 보입니다. 후일 이런 영주세력들이 무사세력들로 성장해갑니다. 이렇게 황족이 신하로 격이 떨어지면서 새로운 성을 하사받아가는 것은 여러 가지 원인이 있는데, 주로 황실의 재정형편 때문이라고 보는 것이 타당할 것입니다. (황태자가 될 가능성이 없는 황족들의 경우도 이렇게 일찌감치 나가는 경우도 있겠지요.)

대표적인 예로 타이라노 기요모리平淸盛를 들 수 있습니다. 타이라노 기요모리는 12세기 중반 간무 천황의 후손으로 칭하면서 최초의 무가정권인 타이라平氏 정권(헤이씨 정권)을 열었습니다. 그 결과 기나긴

사가 되었다. 이 가문으로부터 유명 무가(武家)인 모리(毛利)씨가 나왔다.

35 高柳光壽, 竹內理三, 『日本史辭典』(角川書店: 1976).

36 간무 천황과 그의 夫人인 多治比眞宗(769~813년: 多治比長野의 딸) 사이에서 태어난 葛原親王(786~853년)이 바로 간무헤이씨(桓武平氏)의 시조라고 한다.

무가통치武家統治의 '바쿠후幕府 시대'가 열리게 됩니다.[37]

다음으로 이마키 신을 모시고 있는 겐씨源氏(미나모토) 가문을 봅시다.

간무 천황의 직계후손들은 이후 제51대 헤이세이平城 천황, 제52대 사가嵯峨 천황 등으로 이어지는데, 이 황족들 가운데 사가 천황 때 사성을 받아나간 가문이 바로 겐씨 가문입니다. 사가 천황 이후에는 천황의 명을 따서 겐씨를 하사하는 경우가 있어서 사가겐지嵯峨源氏, 닌묘겐지仁明源氏, 몬도쿠겐지文德源氏, 세이와겐지清和源氏, 요제이겐지陽成源氏 등으로 지속적으로 나타납니다. 이들 가문들은 바로 무령왕·성왕의 직계후손들입니다. 이들 겐씨 가문 가운데는 특히 세이와 천황(간무 천황의 고손자)의 직계후손인 세이와겐지清和源氏, 즉 미나모토 요리토모源賴朝(1147~1199년) 집안이 유명합니다.

세이와겐지의 후예인 미나모토 요리토모는 가마쿠라 바쿠후鎌倉幕府를 세운 장군입니다. 가마쿠라 바쿠후를 무너뜨리고 무로마치 바쿠후室町幕府(1136~1573년)를 세운 아시카가 다카우지足利尊氏(1305~1358년)나 에도 바쿠후江戶幕府(1603~1867년)를 세운 도쿠가와 이에야스德川家康 역시 세이와겐지 가문이라고 합니다.[38]

앞서 말씀드린 타이라 정권은 일본의 독특한 바쿠후幕府 체제를 시작한 정권입니다. 호겐의 난保元の亂(1156년)에서 겐씨源氏를 제압하고 성립한 타이라(헤이)씨 정권 역시 간무의 후손입니다.[39] 호겐의 난과

---

[37] 일본의 무가정치는 호겐(保元)의 난(1156년)으로 시작되는데 천황가의 권력쟁탈 과정에서 천황과 귀족(宮家)의 취약성을 정확히 간파한 타이라노 기요모리(平清盛)가 천황을 허수아비로 만들고 권력을 장악함에 따라 시작되었다고 볼 수 있다. 이 점에서 보면 타이라씨는 바쿠후체제의 틀을 잡은 가문이기도 했다.

[38] 홍윤기, 앞의 책, 333쪽.

[39] 타이라노 기요모리는 최고의 관직인 태정대신에 오르는 한편 기나이(畿內), 사이고쿠(西

헤이지平治의 난(1159년)으로 중앙정부의 권력이 약화되면서 야마토 왕조의 고대사회는 종말을 고했습니다. 이때 권력을 장악한 타이라노 기요모리의 권력 전횡에 다시 겐씨源氏가 반기를 들었고, 겐씨 무사단과 타이라씨 무사단은 5년간 내전(1180~1185년)에 들어갔는데, 이를 겐페이전쟁源平合戰이라고 합니다. 이 전쟁에서 결국 겐씨 무사단이 승리하여 타이라 일족은 멸망합니다. 이 전쟁은 마치 와신상담臥薪嘗膽의 고사故事를 방불케 하는 두 가문(겐씨와 타이라씨)의 기나긴 전쟁이었습니다. 간무의 후손들이 천하를 두고 쟁패를 벌린 것이지요. 즉 권력에서 멀어져갔던 천황의 먼 친족들이 다시 권력을 장악한 것입니다.

그런데 이 타이라 가문의 시조신을 모신 곳도 히라노 신사라고 합니다. 즉 성왕으로 알려진 이마키 신이 일본 무가의 양대 축을 이루는 미나모토 가문과 타이라 가문의 시조라는 것입니다.[40] 이를 보면 무령왕·성왕-간무 천황의 후손들이 1,000여 년 이상 열도쥬신을 이끌어왔음을 알 수 있습니다.

國) 등의 무사들과 주종관계를 맺었다.

40 김현구, 앞의 책, 177쪽 참고.

21장 미녀와 영웅

들어가는 글 아지매, 오세요

교토京都에서 가장 오래된 신사는 야사카 신사인데 이 신사의 신이 바로 스사노오 노미고토素盞鳴尊, 즉 스사노오입니다. 스사노오의 다른 이름은 고즈텐노牛頭天王라고 합니다. 이 신사는 2006년 현재 일본 전역에 7만 8,965개의 지역 신사를 거느리고 있는데[1] 교토에서 매년 7월 17일부터 일주일간 야사카 신사에서 열리는 기온마쓰리祇園祭는 다른 마쓰리[2]와는 비교할 수 없는 일본 최대의 제사축제입니다.

기온마쓰리는 일본의 토신土神에 대한 제사로 야마토 왕조가 일본에 먼저 자리잡은 가야계 왕조를 위로하는 의미가 강한 제사의식으로 추정됩니다. 여기서 말하는 마쓰리는 한국어의 '맞으리', 즉 하늘의 신을 땅에

---

[1] 홍윤기, 『역사기행』 27 신라신 제사터 교토 야사카 신사(『세계일보』, 2006).
[2] 마쓰리가 최초로 시작된 때는 749년이라고 알려져 있다.

서 맞는다는 의미로 해석됩니다. 이 과정에서 "가마꾼들이 '왔소이, 왔소이'라고 큰 소리로 외치면서 거리를 활보하는데 이 의미는 '신이 오셨다 お出になった'는 뜻의 한국어"라고 합니다.[3]

일선동조론日鮮同祖論으로 유명한 가나자와 쇼사부로金澤庄三郎 교수에 따르면, 제21대 유라쿠雄略 천황(재위 456~478년)은 백제의 건국신에게 제사를 드렸다고 합니다.[4]

홍윤기 교수에 따르면, 6세기경의 고대 역사기록인 『구사기舊事記』의 「천손본기天孫本紀」에는 신라 신도 제사를 담당해온 '모노노베物部' 가문에 대한 상세한 계보가 밝혀져 있는데, 이 제사 때 외우는 강신降神의 축문이 반도어라고 합니다. 즉 '아지매 여신女神'을 반도로부터 천황가 제사 자리에 오라고 부르는 초혼가招魂歌라고 합니다. 내용을 볼까요?

阿知女, 於介, 於, 於, 於, 於, 於介
(아지매 오게, 오, 오, 오, 오, 오게)

여기서 포인트는 '阿知女'입니다. 이 말이 왜 '아지매'인가 하는 점인데 이것은 많은 사람들에 의해 이미 검증된 말로 볼 수 있습니다. 그것을

---

3 重金碩之, 『風習事典』(啓明書房: 1981).

4 金澤庄三郎, 『日鮮同祖論』(刀江書院: 1929).

뒷받침할 만한 증거는 『일본서기』의 태초의 개국신開國神인 '이자나기 노미고토'가 최초의 처녀 여신 '이자나미 노미고토'에게 '여자'라는 말을 쓸 때 '오미나'라고 부른 것이 있습니다. 그런데 "오미나女, をみな는 온나おんな이며 또한 매め라고도 부르고, 여신을 '오미나가미をみながみ'로도 부른다"(오미나=여女, 가미=신神)라는 것입니다.[5]

그러니 위의 말은 "아지매, 아, 아, 아지매 어서 오십시오"라는 의미입니다. 이 '아지매'라는 말은 누구나 다 알 수 있는 말입니다. 아지매는 '아주머니(아줌마)'라는 뜻이지요. 그러니까 지금 우리가 결혼한 여성에 대한 일반 호칭으로 사용하는 '아주머니(아줌마)'라는 말은 고대에서는 훨씬 더 고상한 말이었던 것 같습니다. 홍윤기 교수에 따르면, '아주머니(아지매)'는 고대 신라에서 신분이 고귀한 여성, 신성한 여성, 즉 '여신'을 존칭하던 대명사로 추정된다고 합니다.

사실 '아지매'라는 말은 한반도의 경상도 사람이면 금방 알지요. 왜냐하면 경상도 지역은 고어가 워낙 많이 남아 있고 '아지매'라는 말은 지금도 사용하고 있는 말이기 때문입니다. 참고로 이 말에 대한 방언들은 아짐 또는 아지미(전라), 아주매(충남), 아주마이(경남·황해·함경), 아주머이(강원·경기·경남) 등을 들 수 있습니다.

---

5 金澤庄三郎, 『廣辭林』(三省堂: 1925).

아스카 문화의 스이코 천황에서 사이메이 천황까지

5~7세기에 걸친 일본 황실의 계보를 보고 상세한 내용을 검토해 봅시다.

제29대 긴메이欽明(재위 539~571년)

제30대 비다쓰敏達(재위 572~585년)

제31대 요메이用明(재위 585~587년)

제32대 스슌崇峻(재위 587~592년)

제33대 스이코推古(재위 592~628년)

제34대 조메이舒明(재위 629~641년)

제35대 고교쿠皇極(재위 642~645년)

제36대 고토쿠孝德(재위 645~654년)

제37대 사이메이齊明(재위 655~661년)

제38대 덴지天智(재위 661~672년)

제38대 고분弘文(재위 672년)

제39대 덴무天武(재위 672~686년)

제40대 지토持統(재위 686~697년)

긴메이 천황이 부여계(백제계)라는 분명한 기록이 있었지요? 즉 긴메이 천황의 아들인 비다쓰 천황에 대해서『신찬성씨록新撰姓氏錄』은 분명히 백제인으로 설명하고 있으니 긴메이 천황은 반도부여계(백제계)인 것이지요. 따라서 그 형제들인 요메이 천황, 스이코 천황 등도 백제 왕족, 즉 부여계인 것을 확인할 수 있습니다.

『신찬성씨록』에 "대원진인大原眞人, 그들은 백제왕의 후손으로 시호

504

가 비다쓰인 분으로부터 나왔다. 이것은『속일본기續日本記』(797년)의 내용과도 일치한다"라는 기록이 있는 것으로 보아[6] 비다쓰도 백제 왕손이며 그의 형과 동생은 자동적으로 백제계 왕손들임을 알 수 있습니다. 이『신찬성씨록』은 현재 원본은 남아 있지 않고 필사본만 남아 있습니다.

긴메이 천황의 자녀들인 비다쓰敏達·스이코推古·요메이用明 가운데 스이코·요메이는 어머니가 같고, 비다쓰와 스이코는 부부입니다. 그러니까 스이코와 비다쓰는 이복남매인데 결혼한 것입니다. 이는 고대 왕실에서 흔히 있는 일입니다.

일본의 고대 통사로 13세기경의 왕조 불교사를 기록한 책인『부상략기扶桑略記』(13세기)에는 비다쓰 천황이 왕궁으로 지은 것이 구다라 대정궁(백제대정궁百濟大井宮)이라고 합니다. 구다라, 즉 백제라는 말이 나오고 있지요?

스이코推古 천황은 비다쓰 천황의 이복동생이자 황후였습니다. 비다쓰 천황이 서거한 후 이복동생이자 처남인 요메이 천황(2년간 재위), 스슌 천황(5년간 재위)을 거쳐 스이코 천황이 등극했습니다.

『일본서기』는 이례적으로 스이코 천황의 용모에 관하여 "단아하면서도 아름다우며 예의가 바르고 절도가 있는 분[姿色端麗 進止軌制]"으로 묘사하고 있습니다. 그는 군신이 즉위하기를 세 번 청하자 그때서야 할 수 없이 천황위를 수락했다고 합니다.

스이코 천황은 등극 후 친오빠인 요메이用明 천황의 아들을 태자로 책봉했는데 그가 바로 저 유명한 쇼토쿠 태자聖德太子입니다. 그러나

---

6 "大原眞人 出自諡敏達孫百濟王 續日本記合"(『新撰姓氏錄』).

쇼토쿠 태자는 스이코 천황 29년에 서거합니다. 쇼토쿠 태자는 열도에서는 화폐에 나올 정도로 중요한 인물이자 존경받는 인물입니다. 물론 일부에서는 쇼토쿠 태자가 지나치게 미화된 인물로 그려져 있다고 비판하기도 합니다. 특히 『일본서기』가 쇼토쿠 태자를 과장했다는 것입니다. 『성예초』의 기록에 의하면, 백제의 성명왕이 서거한 후 왜 왕실의 쇼토쿠 태자로 환생했다고 합니다.

스이코 천황은 긴메이 천황의 둘째 딸로 어머니는 당시 반도부여 조정의 최고 대신이었던 소가노 이나메蘇我稻目(?~570년)의 딸인 기다시 히메堅鹽媛입니다. 즉 스이코 천황의 모계이자, 긴메이 천황(성왕으로 추정됨)의 황후인 기다시 히메가 소가씨蘇我氏의 혈족이라는 것입니다.

일본 고대를 대표하는 아스카 문화飛鳥文化(592~645년)는 스이코 천황에 의해 주도되었습니다. 일본 최초의 절이 아스카데라飛鳥寺인데 이 부분에 대해서는 이미 상세히 다루었습니다. 일본에서 기와와 주춧돌을 놓은 건물이 등장한 것은 6세기 후반의 일이라고 합니다. 시미즈 마사지志水正司 교수는 아스카 절터 발굴(1956~1957년) 당시, 창건할 때의 것으로 추정되는 두 종류의 기와가 출토되었는데, 이것은 부여의 여러 사찰 터에서 출토된 수키와(圓瓦)와 동일한 계통의 것으로 백제의 기와가 일본으로 건너온 것임을 보여주는 것이라고 주장했습니다.[7] 『부상략기』에는 "스이코 여왕 원년(593년) 아스카데라 찰주를 세우는 법요식에 만조백관이 백제 옷을 입고 나왔고 구경하던 사람들이 기뻐했다"는 기록이 있습니다.

아스카 문화는 고대 일본의 대표적인 불교문화로 소가노 우마코蘇

---

7 志水正司, 『古代寺院の成立』(六興出版: 1985).

我馬子(?~626년)가 불교전쟁(587년)에서 토착종교세력을 물리치고 이룩한 것입니다. 소가노 마치는 제21대 유라쿠雄略 천황(재위 456~478년) 당시에 중용되어 뛰어난 수완을 발휘했습니다.[8] 미즈노 유水野祐 교수나 가도와키 데이지門脇禎二 교수 등도 소가씨 가문이 백제계라고 단정합니다.[9]

소가씨 가문이 천황가의 황위쟁탈전에 본격적으로 개입하게 된 것은 소가노 이나메 때부터라고 합니다. 소가노 우마코의 두 딸은 모두 긴메이 천황의 황후였습니다. 큰딸이 기다시 히메蘇我堅鹽媛, 둘째 딸이 오아네노키미小姉君(蘇我小姉君)인데 이로부터 세 명의 천황이 탄생합니다. 즉 긴메이-비다쓰-요메이-스이코에 이르는 천황가의 계보에서 반도부여(백제)계 아버지와 반도부여(백제)계 어머니 사이에서 태어난 이들이 열도의 지배자들이었지요. 이들을 흔히 소가계蘇我系 왕족으로 부르기도 합니다.[10]

참고로 요메이 천황 서거 후, 소가노 우마코는 누나인 오아네노키미 황후(긴메이 6황후의 한 사람)의 아들인 스슌崇峻 천황을 등극시킵니다. 그러니까 긴메이 천황 때부터 스이코 천황에 이르기까지 소가씨의

---

8 門脇禎二,『飛鳥』(1995). 목만치(목리만치)는 개로왕의 조신으로 문주왕을 등극시켰던 사람이다. 고구려 장수왕의 침공으로 백제가 '사실상' 멸망하자, 이때 개로왕의 아들인 문주왕(475~478년)이 남으로 피신하여 웅진(현재의 공주)을 왕도로 삼아 등극했고, 이 일을 이끌었던 목리만치 대신이 일본으로 건너가서 새로운 성씨를 만든 것이 소가(蘇我)씨라고 한다. 즉 목만치의 새로운 이름은 소가노 마치(蘇我滿智)였다고 추정된다. 앞서 본 대로, 소가노 마치가 부여계라는 것과 그가 한반도에서 건너간 사실은 그의 자손들 이름에도 잘 나타나 있다. 소가노 마치의 아들은 소가노 가라코(蘇我韓子)로 '한국의 아이'라는 의미이고, 소가노 가라코의 아들은 소가노 고마(蘇我高麗)로 역시 같은 의미이다. 소가노 고마의 아들은 소가노 이나메(蘇我稻目)이고 그 손자는 소가노 우마코(蘇我馬子)이다.

9 水野祐,『天皇家の秘密』(山手書房: 1978); 門脇禎二,『古代を考える飛鳥』(1995).

10 遠山美都男,『謎にみちた古代史上最大の雄族』(1987).

혈족이 열도를 다스리게 됩니다.

메이지 유신(1868년) 이후 일본 정부는 한반도와의 연계성을 없애기 위해 많은 지명들에서 백제百濟라는 이름을 제거했는데, 그 한 예로 구다라가와百濟川를 소가가와蘇我川로 바꾸었습니다. 이 당시만 해도 소가씨가 백제계라는 분석을 자유롭게 하지 못했던 시기입니다. 그러나 소가씨의 역사는 반도부여의 역사와 열도부여의 역사를 잇는 중요한 고리의 하나입니다.

『일본서기』에 따르면, 비다쓰 천황의 친손자인 조메이舒明 천황은 7세기 초에 나라 지역에 있는 구다라강百濟江 옆에 구다라궁百濟宮과 구다라데라百濟寺를 지었고, 구다라궁에서 생활하다가 서거(641년)했을 때 구다라대빈百濟大殯으로 장례를 치렀다고 합니다. 여기서 말하는 구다라대빈은 백제식의 3년상을 말하는 것입니다. 이 같은 연유로 인하여 사에키 아리카요佐伯有淸 교수는 조메이 천황이 당대에는 구다라대왕百濟大王으로 불렸을 것으로 추정합니다.[11] 구다라데라는 현재는 사라졌지만 3만 평방미터의 규모로 당시에는 최대의 사찰이었습니다. 조메이 천황은 구다라데라에 9층탑을 조성했는데 그 탑의 높이가 무려 80여 미터에 달했다고 합니다.

앞서 본 대로 조메이 천황 7년 조에는 다음과 같은 말이 있습니다. "백제에서 온 손님들을 조정에서 대접했다. 상서로운 연꽃이 검지劍池에서 피어났다. 한 개의 줄기에 피어 있는 두 송이의 연꽃."[12]

이 기록은 조메이 천황 당시에 백제의 사신들이 일본을 방문했을

---

11 佐伯有淸, 『新撰姓氏錄の研究』(1970).

12 『日本書紀』舒明天皇 7年.

때 그들을 접대하는 과정에서 상서로운 연꽃이 피어오르는 것을 보고 기록한 것입니다. 백제와 일본을 하나의 줄기로 보고 있다는 암시라고 할 수 있습니다.

조메이 천황은 비다쓰 천황의 증손녀(보황녀)와 결혼합니다. 이 보황녀가 바로 우리가 흔히 말하는 사이메이齊明 천황입니다. 보황녀는 고교쿠皇極 천황으로도 등극합니다. 사연인즉 조메이 천황이 서거하자 그 아내(황후)가 등극을 하는데 그가 바로 고교쿠 천황입니다. 고교쿠 천황은 3년 정도 나라를 다스리다가 고토쿠孝德 천황에게 선양합니다. 그런데 이 고토쿠 천황이 등극한 지 9년 만에 서거하자, 다시 천황에 오르게 되는데 이때의 묘호가 바로 사이메이 천황입니다. 그러니까 '조메이舒明 천황비(비다쓰 천황의 증손녀, 즉 보황녀)=고교쿠 천황(재위 642~645년)=사이메이 천황(재위 655~661년)'이 됩니다.

이와 같이 사이메이 천황은 두 번이나 천황에 등극한 매우 특이한 인물입니다. 이것을 일본에서는 '중조重祚'라고 합니다. 그러니까 사이메이 천황은 열도의 역사에서 최초로 중조를 한 인물입니다. 사이메이 천황 즉위를 전후한 7세기 중반의 일본 국내 상황은 정치적으로 다소 혼란하고 긴박하게 돌아가고 있었습니다.

백제 구원의 여신, 사이메이 천황

일본 고대사를 이해하기 위해서는 사이메이 천황에 대해 먼저 이해해야 합니다. (그런데 이 부분은 일본 고대사의 상당히 전문적인 분야라서 한국인들이 이해하기가 쉽지 않습니다. 그래서 최대한 알기 쉽게 요약하고 정리하겠습니다.) 일본을 건설한 주역이 덴지 천황-덴무 천황-간무 천황이라고 할 때 이들의 정점에 있는 사람이 바로 덴지와 덴무의 어머니 사이메이 천황입니다. 그리고 이들 세 천황과 사이메이는 유난히도 부여(백제)와의 관계와 왕가의 혈통을 중시했습니다. 특히 사이메이 천황과 덴지 천황은 백제의 부흥을 위해 전 일본의 국력을 동원하기도 했습니다. 백제 부흥 운동이 실패한 후 쿠데타를 통해 등극한 덴무 천황은 외부적으로는 부여계(백제)와 다소 소원한 듯 보이지만 내부적으로는 자신의 혈통이 부여계라는 것을 지속적으로 다져나갑니다. 그래서『일본서기』를 편찬하게 하면서 자신이 사이메이 천황과 백제 마니아 조메이 천황의 아들임을 분명히 했다는 주장도 있는데 타당한 이야기입니다. (덴무 천황에 대해서는 다음 장에서 상세히 분석합니다.)

덴지와 덴무의 관계나 당시의 사정을 이해하려면 먼저 사이메이 천황에 대해 알아야 합니다. 의문투성이인 일본 고대사의 수많은 수수께끼들 가운데 이 시대의 일들이 가장 복잡하고 논란이 많습니다. 저는 그 복잡한 논쟁에 말려든다거나 간섭할 생각은 없습니다. 다만 그들의 원류인 부여계가 어떻게 열도에 뿌리를 내리고 있는가 하는 점에 대해 집중적으로 다룰 것입니다. (아마 수없이 많은 일본 고대사의 논객들이 보지 못한 부분을 제가 볼 수도 있고, 반대로 그들에게는 일상적인 얘기들을 제가 모를 수도 있습니다.)

사이메이 천황은 역사의 정점에서 살아간 시대의 여걸이며, 친정인 소가씨와 아들 덴지와의 갈등 속에서 때로는 친정에 의존하기도 했지만 결국 시대의 영웅이었던 아들 덴지의 손을 들어주어 천황가가 제대로 서는 데 결정적인 기여를 합니다. 이제 사이메이 천황의 일대기를 간단히 요약해봅시다.

스이코推古 천황(재위 592~628년)에서 쇼토쿠稱德 천황(재위 764~770년)에 이르기까지 거의 200여 년 간 특이하게도 여제女帝들이 나타나 '여제의 시대'라고 하기도 합니다. (쇼토쿠 천황과 쇼토쿠聖德 태자는 전혀 다른 사람입니다). 이제 『일본서기』와 관련 자료들을 통해 사이메이 천황의 일대기를 봅시다. 이 과정에 나타난 일본 고대사의 주요 쟁점들을 '쟁점'으로 표시하겠습니다. 이 부분들은 아직도 제대로 해명되지 않은 것들입니다. 아마 영원히 미해결 과제로 남을 수도 있겠지요.

사이메이 천황(보황녀)은 스이코 천황과 비교하면 천황의 직계혈통이 다소 약한 것으로 평가됩니다. 보황녀는 다카무코高向王 왕과 결혼하여 아야漢 황자를 낳습니다. 그런데 이상하게도 다카무코 왕이나 아야 황자가 구체적으로 어떤 사람인지에 대한 기록이 없어 지금까지 논란이 되고 있습니다. 즉 이 다카무코는 누구이며 아야 황자가 덴지인지 덴무인지 아니면 제3의 인물인지에 대해 논란 중입니다(쟁점①). 이 부분은 다음 장에서 상세히 다룰 것입니다.

보황녀가 역사의 무대에 등장한 것은 조메이 천황과 재혼을 하면서 부터입니다. 스이코 천황이 서거하자 비다쓰 천황의 손자이자 히코히토彦人 황자의 아들인 타무라田村 황자와 쇼토쿠聖德 태자의 아들인 야마시로山背 황자가 각축을 벌이다가 타무라 황자가 등극하여 조메이 천황이 됩니다. 조메이 천황은 즉위 후에 보황녀를 황후로 영입합니다. 보황녀는 이 때문에 유명해지면서 역사의 무대에 등장합니다. 여기서 짚고 넘어갈 문제는 왜 이미 결혼한 유부녀가 황후가 되었는가 하는 것입니다. 여기에는 두 가지 가능성이 있습니다. 조메이 천황이 강권으로 아내를 취했을 가능성이 있지요. 아니면 남편과 사별했거나 첫 번째 결혼을 숨겼을 수도 있는데 결코 쉬운 일은 아니었을 것입니다(쟁점②). 이 결혼을 준비한 것은 당대의 실력자인 소가노 이루카蘇我入鹿로 알려져 있습니다. 이 점에서 본다면, 어느 경우라도 사이메이 천황이 뛰어난 미인이었을 가능성이 큽니다.

백제 마니아였던 조메이 천황이 서거하자 보황녀가 고교쿠 천황(재위 642~645년)으로 등극합니다(보황녀=고교쿠 천황). 이에 대한 야마시로 황자의 불만과 움직임을 주시하던 당시 실권자인 소가노 이루카가 선수를 쳐서 야마시로 황자를 비롯한 쇼토쿠 태자의 자손이 사는 우에노미야上宮를 공격하여 일족을 전멸시킵니다. 이에 대해서 소가노 이루카의 아버지는 한탄했다고 합니다. 자기 아들이 지나치다는 것이지요.

아마 이 사건은 매우 충격적이었던 같습니다. 천황가를 무참히 제거하고 부여계 전체를 위협하는 소가씨의 전횡을 그대로 둘 수 없었던 것이지요. 고교쿠 천황의 아들 나카노 오에中大兄 황자는 이를 심각하게 바라본 듯합니다. 아마 자신도 야마시로의 전철을 따를 수밖에 없다고 느꼈을 수도 있지요. 나카노 오에는 외삼촌인 가루輕 황자와, 불교 중심의 소가씨와 적대적인 나카토미노 가마타리中臣鎌足 등과 의기투합하여 소가노 이루카를 제거하기로 결의합니다.

결국 천황의 어전에서 나카노 오에와 그의 부하들이 소가노 이루카를 참살합니다. 이 부분에 대해『일본서기』에 매우 상세히 묘사되어 있습니다. 이로써 일본을 지배하던 '사실상의 제왕'이었던 소가씨의 본가本家가 멸문이 되는데, 이것이 유명한 '잇시의 변乙巳の變'입니다.

고교쿠 천황은 자신의 눈앞에서 벌어진 친정가와 아들 간의 참극에 큰 충격을 받았던 것 같습니다. 그래서 자신이 곧바로 퇴위하여 아들인 나카노 오에에게 천황위를 물려줍니다. 그러나 나카노 오에는 자신이 즉위하지 않고, 외삼촌인 가루 황자에게 황위를 양보하여 가루 황자가 고토쿠孝德 천황(재위 645~654년)이 됩니다. 그리고 자신은 황태자가 되어 실질적인 개혁업무를 총괄지휘하게 됩니다. 이 시대가 바로 유명한 다이카 개신大化改新의 시대입니다. 그런데 여기에는 두 가지의 쟁점이 있습니다. 하나는 왜 나카노 오에가 등극을 하지 않았는가 이고(쟁점 ③), 다른 하나는 '다이카 개신이 과연 이 신정부에 의해 주도되었던 것일까?' 하는 것(쟁점 ④)입니다. 왜냐하면 역사학계는 다이카 개신의 기본적인 방침은 쇼토쿠 태자·소가노 에미시蘇我蝦夷·소가노 이루카 등이 이미 마련한 것이라고 보고 있기 때문입니다.

나카노 오에는 황태자로서 실권을 장악하면서 자신의 라이벌인 후루히토古人 황자와 '잇시의 변'의 동료였던 이시카와 마려石川麻呂를 제거합니다. 개신정권이 들어선 후 8년, 고토쿠 천황과 나카노 오에 황태자 사이에 큰 불화가 일어납니다. 나카노 오에가 왕도를 나니와難波津에서 아스카로 천도할 것을 제의했으나 고토쿠가 이를 거절하자 나카노 오에는 왕족과 귀족, 관료들을 데리고 아스카로 떠납니다. 여기에 전前 천황이었던 고교쿠는 말할 것도 없고 고토쿠의 황후인 하시히토間人까지 포함되어 있어 충격에 빠진 고토쿠는 이듬해에 서거합니다. 그런데 당시 나이가 29세였던 황태자 나카노 오에는 이번에도 또 즉위를 하지 않고 이전의 천황이었던 자기 어머니 고교쿠를 다시 천황으로 등극시켜 사이메이 천황이 되게 합니다.

이렇게 나카노 오에 황자는 고토쿠 천황을 허수아비로 만들고[13] 도

---

13 참고로 네즈 마사시(禰津正志)는 자신의 저서 『천황의 역사』에서 "태자의 정치는 천황가에는 유리한 것이었지만, 태자는 천황을 무시했을 뿐 아니라 독단적인 인물로 호족의 반항을 불러일으켰고 마침내 천황과의 사이에 대립이 일어났다"라고 지적한다. 禰津正志, 『天皇の歷史』(三一書房: 1976).

읍을 옮기고 난 뒤 고토쿠 천황이 서거하자 이상하게도 다시 어머니 보황녀를 황위에 모셔 사이메이 천황이 되게 하고 자신은 다시 그녀의 황태자가 됩니다(보황녀=고교쿠 천황=사이메이 천황). 그러면서 고토쿠 천황의 남은 자식인 아리마有間 황자도 살해합니다. 왜 이때도 자신이 등극하지 않고 어머니를 다시 천황에 앉힌 것일까요? 의문이지요(쟁점 ⑤).

이때가 바로 반도부여(백제)의 멸망기입니다. 사이메이 천황은 믿음직한 아들인 나카노 오에와 함께 군대를 모아 규슈에 옵니다. 백제 구원군을 편성하여 백제를 부흥시키려고 했던 것이지요. 그러나 이때 사이메이 천황이 이상하게 급서急逝하는데, 이에 대해 항간에는 소가씨의 저주가 내렸다고 합니다. 그런데 이때도 나카노 오에 황자는 바로 등극을 하지 않습니다(쟁점 ⑥). 나카노 오에는 어머니 사이메이 천황의 유해를 수도로 보낸 다음 군대를 지휘하여 한반도에 군을 보내지만 백강白江(백촌강)싸움에서 대패합니다. 반도부여(백제)도 영원히 역사 속으로 사라진 것이지요.

『일본서기』의 사이메이 천황기에 다음과 같은 유명한 기록이 있습니다.

"(사이메이) 천황이 아사쿠라산朝倉山의 나무를 베어 궁궐을 지었기 때문에 신이 노하여 대전을 무너뜨렸다. 또 궁전에는 귀신불(鬼火)이 보였다. 이 때문에 대사인 및 여러 근시중 가운데 병들어 죽은 사람들이 많았다."[14]

"황태자(나카노 오에)는 천황(사이메이)의 상喪을 옮겨서 이와세궁盤瀨宮으

---

[14] "亦見宮中鬼火. 由是, 大舍人及諸近侍, 病死者衆."(『日本書紀』斉明天皇 7年 5月).

로 돌아왔다. 그날 밤 아사쿠라산 위에 귀신이 있어 큰 갓을 쓰고 장례
의식을 엿보고 있었다. 사람들이 모두 이상하게 여겼다.ᐟ**15**

다소 황당하기도 하지만 이 기록은 『부상략기』나 『제왕편년기帝王
編年記』 등에도 나타나고 있습니다.**16** 사람들은 이 귀신을 원령怨靈 소
가노 에미시로 봅니다. 이 말은 다른 의미에서 사이메이 천황을 옹립
한 인물이 소가노 에미시와 소가노 이루카인데 그들을 참살한 것은
일종의 배신이라고 생각하는 것이겠지요. 그러니까 실제로 소가씨를
제거한 것은 사이메이 천황이 아닌가 하는 의문이 들기도 합니다(쟁점
⑦). 또 소가노 이루카가 사이메이 천황의 애인이라는 주장도 나옵니
다. 아니면 백제원정의 실패로 피폐해진 국정을 비판하기 위한 하나
의 방편으로 『일본서기』의 편찬자가 기록한 것일 수도 있습니다.

여기서 제기된 수많은 쟁점들에 대해 수많은 학자와 논객들이 나
름의 주장을 펼치고 있습니다. 저는 이 길고 끝없는 논쟁에 참여할 생
각은 없습니다. 다만 부여계의 중심축들이 어떻게 형성되는지를 중
심으로 살펴보고 필요하다면 이 쟁점에 관해 분석하겠습니다.

영웅의 등장, 덴지 천황

일본의 역사에는 중요한 분기점들이 있습니다. 그것은 어느 나라나
마찬가지일 것입니다. 그러나 일본사에서는 중요한 사건들이 베일에

---

15 "是夕於朝倉山上, 有鬼, 着大笠, 臨視喪儀, 衆皆嗟怪"(『日本書紀』 齊明天皇 7年 8月).

16 "元年乙卯五月 …… 西向馳去. 時人言, 蘇我豊浦大臣之靈也. 七年辛酉夏. 郡臣卒爾多
死, 時人云, 豊浦大臣靈魂之所爲也"(『扶桑略記』 第4 齊明天皇).

가려져 있는 경우가 많습니다. 그 가운데 하나가 바로 잇시의 변(645년)과 진신의 난壬申の亂(672년)입니다. 잇시의 변은 다이카 개신을 가져왔습니다. 이 사건은 메이지 유신, 도요토미 히데요시의 전쟁 등과 더불어 일본 역사의 3대 사건 가운데 하나라고 합니다.

앞서 간략하게나마 다이카 개신에 대해 살펴보았습니다만 다시 한 번 봅시다. 일반적으로 다이카 개신은 중국의 유학생과 유학승들의 지원을 받은 궁중세력이 정변을 일으켜 천황중심의 율령국가체제를 확립하여 당의 행정조직과 제도를 본받아 유교적 중앙집권제를 확립하려는 것으로 알려져 있습니다.[17]

잇시의 변이 초래한 중요한 사건 중 하나는 소가씨의 본종가가 멸문되었다는 것입니다. 물론 소가씨 전체가 전멸했다는 의미는 아닙니다. 소가씨는 수백 년 간 사실상 일본의 천황보다도 더 큰 권세를 가진 귀족이었습니다. 국가의 안정적인 발전을 위해서는 지나치게 강대해진 권신을 제거하는 것이 필요합니다. 그런데 거의 백여 년 간 권력을 장악하고 있는 권신을 제거하기란 말처럼 쉬운 일이 아닙니다.

당시로 보면 소가씨는 마치 '나는 새도 떨어뜨릴 정도'의 권력을

---

17 우에다 마사아키(上田正昭)는 이러한 권력항쟁의 배경으로 '귀화인'의 동향을 빼고는 생각할 수 없다고 주장한다. "견수사가 608(推古 16)년에 파견되었지만, 그때의 유학생 중에는 東漢直福因, 高向玄理, 新漢人大國 등이 있었다. 유학승려로는 新漢人日文(旻), 南淵漢人請安, 滋賀漢人惠恩, 新漢人廣濟 등이 있었다. …… 그 대부분이 도래인(漢人)이며, 다카무코노 구로마로(高向玄理), 미나부치노 쇼안(南淵請安) 등은 무려 33년간이나 중국에 체류하여 수나라가 멸망하고 당나라가 들어서는 624년에는 신율령이, 637년에는 율령격식이 각각 시행된 것을 견문하고 난 뒤 귀국했다. 미나부치노 쇼안의 집이 개신파의 아지트가 되었고, …… 다카무코노 구로마로나 旻 등이 개신 정부의 나라박사가 된 것도 당연한 이치이다. 일찍이 소가씨는 新來의 도래인(漢人)에 접근하여 정계를 제패하려고 했지만, 이번은 반대로 新來의 漢人의 흐름을 유학생이나 유학승려를 개신파가 장악함으로써 소가씨가 타도된 것이었다." 上田正昭, 『歸化人』(中公新書: 昭和 51年).

가지고 있었습니다. 라이벌이 없었던 것이지요. 『일본서기』에는 "황후가 천황(교고쿠 천황)에 즉위했다. (외형적으로 보면) 소가노 에미시蘇我蝦夷가 대신으로 (정권을 담당하는 것은) 동일했지만 (실제로는) 그의 아들 소가노 이루카蘇我入鹿가 스스로 국정을 잡아서 그 위엄이 아버지보다 더욱 강했다. 이 때문에 도적도 그의 위세를 두려워하여 길에 떨어진 물건도 줍지 못했다"라고 기록되어 있습니다.[18] 그뿐만이 아니라 소가노 에미시는 자신의 조상들을 모신 사당을 카쓰라기葛城의 고궁高宮에 세우고 팔일무八佾舞를 추게 했고 온 나라 백성을 동원하여 이 두 부자의 능을 미리 만들었다고 합니다.[19] 팔일무란 나라의 큰 제사 때 추는 춤으로 악생 64인을 정렬시켜 아악雅樂에 맞추어 추게 하는 문무文舞나 무무武舞로 규모가 매우 큽니다. 오직 천자天子만이 할 수 있는 것이라고 합니다.

신하의 세력이 이처럼 지나치게 강대하니 이를 제거를 해야 하겠는데 그것이 마치 '고양이 목에 방울달기'와 같이 어려운 일이었습니다. 그런데 이 일을 해치운 사람이 바로 나카노 오에입니다. 나카노 오에는 다이카 개신의 주역이자 무소불위의 백제계 신권세력인 소가씨 본종가를 멸문시킨 영웅으로 존경받습니다.

당시에는 수나라나 당나라에 건너간 유학생들이 많았는데 이들은 국제적이며 개혁적인 성향이 강했습니다. 그런데 당시의 일본은 매우 국수적이었습니다. 나카노 오에는 이들 유학생들을 결집하여 세력을 형성했고, 기회를 엿보던 중 외국 사신을 맞이하는 태극전에서

---

18 『日本書紀』皇極天皇 元年 正月.
19 『日本書紀』皇極天皇 元年 12月.

소가노 이루카를 주살하고 그 일족을 모두 참살합니다.

　그런데 앞서 말씀드린 대로 '소가노 이루카의 암살=소가씨 본종가의 몰락=다이카 개신'에 대해서는 많은 의문점이 있습니다. 무엇보다도 오늘날 일반적으로 열도의 학교에서 가르치는 교과서는,「다이카 개신」으로 가르치고 있지만,『일본서기』에는 '다이카 개신'이라는 용어는 한마디도 사용되지 않습니다. 나아가 다이카 개신이 얼마나 실질적이었는지에 대해서는 회의적인 시각들이 많이 있습니다. 즉 653년에 나카노 오에 황자는 나니와쿄難波京(현재의 오사카)의 고토쿠 천황을 도와주지 않은 채 아스카로 돌아갔고, 그러자 이내 고토쿠 천황이 서거(653년)했으며 4년 뒤에 그의 아들 아리마有間 황자도 숙청되었기 때문입니다. 아리마 황자의 숙청과정은 매우 비극적인 것으로 마치 셰익스피어의 비극을 보는 듯합니다.[20] 어쨌든 이와 같이 나카

20　사이메이 4년 11월, 사이메이 천황이 와카야마의 시라하마 온천에 간 사이 소가노 아카에(蘇我赤兄)가 아리마(有馬) 왕자를 부추겨서 역모를 도모하려 하였으나, 책상 다리가 부러지자 아리마는 불길하다하여 중지했다. 그런데 오히려 소가노 아카에가 장정들을 이끌고 아리마 황자의 저택을 포위하고 아리마 황자를 포박하여 사이메이 천황에게 끌고 가 문초한 후 교수형에 처했다. 이에 대해 가도와키 데이지(門脇禎二)는 "당시 아스카에서 멀리 떨어진 이코마(生駒)의 집에 혼자 살고 있던 아리마 황자는 아버지 고토쿠 천황 사후, 유년임에도 불구하고 신중하게 몸을 대처해 왔다. 그러나 나카노 오에와 오치노 이라쓰메(遠智娘: 蘇我石川麻呂의 딸) 사이에 태어난 아들이 벙어리였던 탓인지 대왕 보황녀(사이메이 천황)가 특히 이 손자를 사랑했는데 이 왕자(建王子)가 죽으면서 아리마 왕자는 나카노 오에·오사마(大海人) 이외에 가장 대왕 위에 가장 가까운 왕자로서 갑자기 주목받기 시작했다. 이것을 고려해서인지 아리마 왕자는 광인을 가장할 정도로까지 긴장된 분위기였다. 그럼에도 불구하고, 이 19세의 청년에게 소가노 아카에(蘇我赤兄)는 사람들이 '천황의 세 가지 실정'을 비난하고 있다는 점을 들어 (아리마 왕자에게) 궐기를 일으킬 것을 끊임없이 종용했던 것이다"[門脇禎二,『飛鳥』(NHKブックス: 昭和 55年)]. 결국 아리마의 처형 사건은 아리마가 소가노 아카에의 위계에 빠졌던 것으로 추정되지만 그보다는 사이메이 천황과 나카노 오에의 생각에 따른 것으로 보는 것이 더욱 타당할 것이다. 가타야마 시게오(北山茂夫)는 "아카에(赤兄)가 황태자의 라이벌로 이목을 받고 있는 아리마를 함정에 빠뜨리고 나카노 오에와의 관계를 한층 더 깊게 하려고 짠 연극이 이 사건의 본론이 아니었을까? 어린 왕자(아리마)가 감쪽같이 아카에의 모략에 걸려 버렸다"고 주장하고

노 오에는 을미정변 이후 자신의 정책에 반항하거나 방해가 되는 라이벌들을 차례차례 말살하여 한 걸음 한 걸음 정권을 굳혀갑니다.

더구나 『일본서기』에 나타난 개신의 여러 가지 법제가 오히려 그 시대의 것이 아닌 다른 시대의 것들을 옮겨놓았다는 견해도 있습니다. 그러니까 『일본서기』의 편찬자가 의도적으로 다이카 개신을 과장해서 지어냈다는 말이지요. 가타야마 시게오北山茂夫 교수는 "『일본서기』가 (다이카) 개신의 조라고 일괄하여 설명하고 있는 제법령은 명확하게 이 당시의 제도나 법령이 아니고 후대의 법제 자료를 차용하고 있다"라고 주장합니다.[21] 이것은 대부분의 전문가들도 인정하는 부분이기도 합니다. 그러니까 잇시의 변으로 국가의 흐름이 크게 변한 것은 없다는 것입니다.

흔히 다이카 개신 정부가 친신라·친당정책을 수행했다는 문제도 그렇습니다. 사이메이 천황이나 나카노 오에 황자의 성향으로 봐서는 추진하기 어려운 정책들입니다. 물론 초기에는 분명히 그럴 만한 요소가 있습니다. 고토쿠 천황 정부는 당나라 유학생 출신인 다카무코노 구로마로高向玄理를 신라에 파견(646년)하는데, 이것은 야마토 정부 내에서 반당나라 외교노선에 대한 우려가 있었음을 보여주는 것입니다. 즉 지나친 반도부여(백제) 일변도의 정책에 대한 반작용입니다. 당나라와 신라는 관계가 친밀한 데 반해 백제는 반당나라세력으로 지목되었고 이것은 일본으로서는 큰 부담이었습니다. 왜냐하면 당시의

결국 "이 사건은 아카에의 단독 계략이 아니고, 미리 나카노 오에 황태자와 숙의 해 결으로는 마치 소가노 아카에 그 자신의 행동처럼 보이게 하고 있었다"라고 지적한다. 北山茂夫, 『大化改新』(岩波新書: 1979).

21 北山茂夫, 앞의 책.

당나라는 주변 나라들이 감당하기 힘든 정도의 초강대국이었습니다.

이듬해인 647년, 신라의 김춘추가 일본에 와 양국 관계개선을 위한 일련의 시도를 했던 것으로 보이지만 반도부여(백제)를 무시한 이같은 외교가 성공적으로 진전되기는 어려웠습니다. 즉 친당·친신라 외교를 추진하는 고토쿠 천황 정부에 대한 반발이 상당했음을 보여주는 기록들이 나타나고 있습니다. 655년 나카노 오에 황자가 사이메이 천황을 옹립한 후 야마토 정부는 다시 더욱 강렬하게 친반도부여(친백제)정책을 펍니다.

다무라 엔조田村圓澄 교수는 "소가씨 본종가의 타도와 개신정책의 실시는 일단 별개의 일이다"라고 주장합니다. 이 두 사건은 시간적으로는 연속적으로 일어난 듯해도 그 내용을 보면 별로 관계가 없는 일이라고 합니다. 그러니까 나카노 오에 황자가 소가씨를 제거한 직접적인 원인은, 왕권을 확실히 장악하려고 했던 것이고 개신정책은 정변 후에 급조된 것이라고 합니다.[22] 이러한 주장은 타당성이 있습니다. 이제부터 생각을 바꾸어 이 시기를 좀 더 포괄적으로 바라볼 필요가 있습니다.

일본 고대사의 여명기에 야요이 시대로부터 고분 시대로 이행하는 과정에서 점차적으로 왕권이 형성되었지만, 국가로서의 체제가 확립하기까지는 상당한 시간이 소요됩니다. 열도 지역에는 오래 전에 이미 정착하여 토착화된 사람들도 있었고, 이들 중에는 호족이 된 경우도 있었으며, 한반도로부터 지속적으로 이주해온 사람들 중에도 특정 지역에서 뿌리를 내려 강대화된 호족도 있었을 것입니다. 여기

---

22 田村圓澄,「大化改新覚書」,『九州史學15』(昭和35年 3月号).

에 부여계가 집중적으로 남하하여 열도로 이주함으로써 새로운 세력으로 등장했을 것입니다. 그뿐만이 아니라 정치세력들도 고구려계·신라계·부여계·토착계·가야계·아이누계 등으로 복잡했을 것이고 열도 호족들의 정치성향도 복잡했을 것입니다.

이들 복잡한 정치세력들은 서로 정치적 우위를 차지하기 위해 끝없는 투쟁을 전개합니다. 긴메이 천황 당시에 소가씨와 모노노베씨의 투쟁은 이주민 호족과 토착화된 호족 간 대립의 전형적인 예로 볼 수 있습니다. 소가씨는 반도부여인과 깊은 관계를 가지면서 조정의 재정면을 담당한 신흥 씨족으로 보다 세련되고 국제적이었던 반면, 모노노베씨는 군사·경찰·제사를 담당하면서 보다 토착적이고 국수적이었다고 할 수 있습니다.

그런데 소가씨와 모노노베씨 간의 권력투쟁에서 승리한 소가씨가 야마토를 넘어 지방에까지 세력을 확대시키면서 권력투쟁은 더 복잡한 양상을 띱니다. 수많은 정치세력들이 본격적으로 이합집산을 하면서 거대한 투쟁을 전개하는데, 그 시기가 아마도 6세기 말에서 7세기부터인 듯합니다. 즉 6세기 후반부터 7세기 전반에 이르는 시기는 기나이 지역에 권력투쟁이 극대화되고 있었다는 점을 먼저 살펴볼 필요가 있습니다. 그 정점에 바로 소가씨가 있었습니다. 다시 말해서 이 시기에 기나이에서는 대왕권을 둘러싼 투쟁이 격렬해지고 이에 따른 각 부족과 호족들 사이의 이합집산도 그 도를 더해 갔습니다. 특히 7세기 전반에 소가씨의 세력이 정점에 달합니다.

그러니까 바로 이 시기에 여러 정치세력들은 서로 견제하고 이합집산을 하면서 보다 견고한 중앙집권체제를 구축하려 했고, 그러한 움직임이 거대한 파도처럼 몰려오고 있었던 것입니다. 『일본서기』에 따르면, 실권을 장악한 소가씨는 소가노 이나메와 소가노 우마코 대에 이르러 자신의 딸이나 친족의 여자들을 대왕가로 보내 권력층을 두텁게 해나갑니다. 그런 과정에서 야마시로 황자의 가계를 전멸시킵니다. 이에 천황가(부여계 왕가)의 위기라고 판단한 나카노 오에와 다카무코노 구로마로中臣鎌足가 645년 6월, 위계를 이용하여 소가노 이루카를 극적으로 제거합니다.

그러나 이 사건(잇시의 변)을 정변으로 보기보다는 오히려 호족들 간의 대립항쟁이 극대화된 것으로 보는 것이 더 타당합니다. 즉 이 시기의 야마토 지역은 부여계의 황권이 약한 상태에서 여러 호족들이 대립하는 상황이었습니다. 마치 화산이 폭발하기 직전의 상황이라고 할까요? 그러니까 가도와키 데이지門脇禎二 교수는 잇시의 변이 단순히 나카노 오에와 소가노 이루카의 대립이 아니라고 합니다.

가도와키 데이지 교수는 7세기 일본의 문제는 이들의 대립이 아니라 과거로부터 내려온 지배체제의 기초를 무너뜨리면서 촌락의 지도권을 잡기 시작한 가부장층家父長層과 호족의 대립이 나타나고 있었으며, 나카노 오에도 소가씨도 결국은 호족이며 이들이 지배권을 두고 쟁패를 벌인 것이라고 합니다. 이 시기에는 쇼토쿠 태자의 후손인 야마시로 황자, 소가노 이루카, 가루 황자, 후루히토 황자 등이 강력한 세력을 가졌다고 합니다. 그러니까 마치 춘추전국처럼 세력들이 서로 경합하는 상황이었지요. 이 와중에 소가노 이루카가 야마시로 황자를 제거하자 나카노 오에가 이때부터 본격적으로 권력투쟁의 소용돌이 속으로 들어온 것입니다.[23] 아마도 나카노 오에는 어머니의 권

---

23 『古代專制國家: 体系日本史』(日本評論社: 昭和 49年).

력을 적절히 이용하여 이들 세력들과 연합하여 소가노 이루카의 제거에 성공한 듯합니다.

한편 이때까지는 사이메이 천황의 세력이 강건하지 못했던 것으로 보입니다. 사이메이 천황-나카노 오에(덴지 천황)는 소가씨의 힘으로 대왕위大王位(후일의 개념으로는 천황위)를 차지하지만 아직까지는 허수아비에 불과했던 것이지요. 그렇지만 이 모자母子는 이를 바탕으로 권력을 장악하기 시작했고 결국 소가씨를 제거합니다. 그러나 이때까지도 사이메이-나카노 오에의 권력이 강대했다고 보기는 어렵습니다. 그런 연유로 당시의 실력자인 가루 황자에게 황위를 일단 양보한 것으로 보입니다.

즉 사이메이 천황은 분명히 자신의 아들을 천황의 자리에 앉히려고 했을 것입니다. 양위讓位라는 것은 전례 없는 일이었지요. 그러나 이들 모자가 이때까지도 기나이 지역을 통일적으로 지배하기는 어려웠을 것입니다. 일단 나카노 오에는 작전상 후퇴를 한 것으로 보입니다. 이 점에 대해 다케미쓰 마코토武光誠 교수는 "고토쿠의 즉위는, 결코 나카노 오에나 나카토미의 책략이라기보다는 고토쿠 천황 자신의 의사와 그것을 지지한 이시카와 마려石川麻呂 등의 의견에 의해서 실현된 것으로 추정된다"고 주장합니다.[24]

---

24 "통설에는, 을사정변의 주도자인 나카노 오에와 나카토미가 그 후의 정국도 주도했다고 하지만, 그러면 어떤 이유로 여제가 양위하여 고토쿠 천황이 즉위했을까? 양위라고 하는 것은 그때까지는 예가 없는 것이어서 나카노 오에가 선례를 파괴하면서까지 어머니인 여제를 퇴위시킬 필요는 어디에도 없었을 것이다. 양위가 여제 스스로의 의사였다고 해도, 그것은 나카노 오에로의 양위였을 것이다. 고토쿠의 즉위는, 나카노 오에나 나카토미의 책략이라기보다 고토쿠 자신의 의사와 그것을 지지한 이시카와 마려(石川麻呂) 등의 의견에 의해서 실현된 것으로 추정된다"[武光誠, 『古代女帝のすべて』(新人物往來社: 1991)].

결국 열도에서의 길고 지루했던 용들의 전쟁은 나카노 오에에 의해 수습됩니다. 부여계인 나카노 오에 황자를 중심으로 한 세력들이 각처의 용들을 누르고 강력한 고대국가를 성립시킵니다. 이들 용들은 잇시의 변에서 대회전을 치르고 진신의 난에서 대미를 장식한 것이지요. 대회전의 승리자는 나카노 오에 황자(덴지 천황)였고, 대미를 장식한 사람은 덴무 천황이었습니다. 나카노 오에 황자는 부여계의 황통이 야마토 조정에서 출발하여 일본으로 성장하게 한 군주라고 할 수 있습니다.

나카노 오에는 소가씨 본종가를 멸문시킨 후 주변의 라이벌들을 하나씩 제거하고 기나이 전역을 강력하게 지배합니다. 그러니까 반도부여 부흥군(백제 구원군)의 소집은 이들 권력을 시험하는 하나의 무대였을 것입니다. 호족들이 난립한 상태에서는 불가능한 일이지요. 바로 이 시기에 강력한 천황권이 성립되고 있음이 감지됩니다. 이런 의미에서 덴지 천황은 최초의 천황이라고 볼 수 있습니다. 이른바 영웅의 탄생이지요.

참고로 천황이라는 호칭과 일본의 등장은 덴지 천황 시대 직후, 즉 덴무 시대에 나타납니다. 천황이라는 군주에 대한 호칭은 비조정어원령飛鳥淨御原令(681~685년)의 공식령에서 처음으로 공식적으로 사용되었으며 사료상으로 보면 대체로 682년경인 것으로 보고 있습니다. 천황에 대한 가장 오래된 기록은 나라현 장곡사長谷寺에서 소장하고 있는 법화설상도法華說相圖에 있는 문구로 알려져 있습니다.[25]

일본日本이라는 명칭은 대체로 반도부여(백제)가 멸망한 이후 7세기

---

25 "奉爲飛鳥淸御原大宮天下天皇敬造."

말에 본격적으로 사용된 것으로 보입니다. 이것을 추정할 수 있는 근거는 『삼국사기』로 구체적으로는 671년에서 698년 사이에 성립된 것으로 추정됩니다. 즉 671년 신라의 문무왕이 당나라 장군 설인귀薛仁貴에게 보낸 편지에는 '왜국倭國'이라는 용어가 보이지만 698년 효소왕 당시에는 "일본국 사신"이라는 말이 나타납니다.

이와 같이 '천황'과 '일본'이라는 말이 본격적으로 나타난 시기는 덴무 천황(재위 672~686년) 시대입니다. 그래서 덴지 천황을 최초의 천황이라고 하는 것에 대해 지나친 표현이라고 비판할 수도 있습니다. 그러나 냉정히 보면 이 모든 환경을 조성한 사람은 바로 덴지 천황(재위 661~672년)입니다. 이런 의미에서 나카노 오에 황자(덴지 천황)가 최초의 천황인 것이지요. 그러니까 우리가 지금까지 알고 있던 덴지 천황과 덴무 천황 이전의 모든 천황들은 그저 대왕大王, 왕王, 대군大君 등으로 불렸고 극단적으로 말하면 그저 호족 가운데 유력자라는 식으로 볼 수도 있습니다.

예를 들어, 소가노 우마코는 스이코 천황에게 술잔을 올리며 "쉬고 계시는 우리 대군大君이 숨어 계시는 광대한 궁전"이라고 노래를 부르고 있습니다.[26] 실제로 '천황'이라는 황위계승이 '다이조사이大嘗祭'라고 하는 즉위의례에 의해서 제도화되는 것은 덴무·지토 천황 이후라고 볼 수 있습니다. 나아가 『고사기』나 『일본서기』에 나타난 천황들이 야마토 지역만의 대군이나 유력 호족이라고 보기도 어렵습니다. 극단적으로 보면 소가씨와 덴지 천황의 싸움도 대왕과 대왕의 싸움이나 호족들 간의 투쟁으로 볼 수도 있다는 얘기지요(물론 부여왕계의 권

---

26 『日本書紀』推古天皇 20年 正月.

위가 매우 컸을 것은 분명합니다).

이런 의미에서 덴지 천황이 실질적인 천황 권력의 토대를 닦았다는 말입니다. 교토의 센유사泉涌寺는 13세기에 시조四条 천황을 모신 후 천황가의 보리사菩提寺로서 계속 이어져오고 있습니다. 그런데 이 절에서 모시는 천황은 덴지 천황 이후의 덴지계 천황뿐입니다. 이곳에는 덴지 천황 이전의 천황도, 덴무 천황으로부터 쇼토쿠称徳 천황에 이르는 덴무계 천황도 모시지 않습니다.[27] 다시 말해서 천황가의 시조를 덴지 천황으로 하고 있다는 말입니다.

또 다른 의미에서 덴지 천황은 반도부여(백제)가 멸망한 뒤 많은 망명인을 받아들여 오오미近江에 배치하는 등 반도부여를 적극적으로 포용함으로써 명실공히 전체 부여계의 맹주가 될 수 있었던 것입니다. 『일본서기』에는 덴지 천황이 백제인(반도부여인)들을 특별히 대우하고 지원한 사실들이 상세히 나옵니다. 그래서 열도에서는 덴지 천황을 마치 '백제 마니아'인 양 비아냥거리기도 합니다.

덴지 천황은 부여계의 새로운 맹주로서 반도부여의 멸망과정을 수습하고 중앙집권을 강화하여 천황권을 확립합니다. 이제 단순히 왜왕倭王이 아니라 전체 부여계를 아우르는 새로운 일본의 천황, 즉 야마토노스메라미고토やまとのすめらみこと로서 즉위한 것입니다. 이로부터 천황의 신성이 더욱 강화됩니다. 그래서 이 시기를 지나면 천황은 바로 '살아 있는 신[現人神]'이 되는 것이지요. 이 새로운 왕조는 덴지 천황 사후 진신의 난으로 일시적으로는 부여계 직계가 후퇴하니

---

27 天皇家의 菩提寺 泉涌寺에는 天武系天皇은 모시지 않는다. 泉涌寺에 놓여 있는 위폐를 보면, 天智天皇의 다음이 바로 光仁天皇이다. 天武王朝天武, 持統, 文武, 元明, 元正, 聖武, 孝謙, 淳仁, 称徳 8인의 위폐는 없다.

다. 하지만 덴지 천황의 딸인 지토持統 천황(재위 686~697년) 등을 거치고 나라 시대 후반 덴지 천황 손자인 고닌光仁이 천황으로 추대되고 이어 간무 천황이 그를 계승함으로써 덴지 천황계는 일본의 황실로서 완성됩니다.

지금까지 우리는 영웅의 탄생에 관해 이야기를 하고 있습니다. 덴지 천황은 온갖 역경을 극복하고 호족들을 하나씩 제압하면서 천황권을 확립해갑니다. 덴지 천황은 수많은 라이벌들을 숙청했지만 그것은 새로운 일본의 건설이라는 방향으로 나아가고 있습니다. 그런데 이 덴지 천황과 그의 어머니 사이메이 천황은 강력한 중앙집권적 왕권을 구축하는 데 모든 힘을 기울였으며, 그 집중된 힘을 총동원하여 반도부여(백제)를 구원하고자 했고, 또 이로 인해 정치적 역풍을 맞습니다.

덴지 천황이 서거한 후 반부여적인 정서들이 많이 나타납니다. 이제 부여계는 다시 위기를 맞이하게 됩니다. 이 같은 흐름은 간무 천황이 등장할 때까지 계속됩니다. 반부여계의 역풍의 진원지는 아이러니하게도 덴지 천황의 친동생으로 알려진 덴무입니다. 도대체 무슨 말인지 이해하기가 어려울 것입니다. 이 부분을 다음 장에서 살펴봅시다.

22장 덴지 천황과 덴무 천황

들어가는 글 **진신의 쿠데타**

덴지天智 천황(재위 661~672년)은 등극한 후 잦은 병치레를 합니다. 덴지 천황 사후에 황위계승전쟁으로 일어난 것이 바로 '진신의 난王申の亂', 즉 '진신의 쿠데타'입니다. 이것은 덴지 천황의 아들과 덴무天武 천황이 천황 정권을 두고 다툰 유명한 전쟁입니다. 이 사건은 덴지 천황의 동생이 조카를 죽이고 등극한 사건으로 한국의 역사에서는 세조의 왕위찬탈과 유사하다고 보면 됩니다.

더 구체적으로 살펴보면, 진신의 난은 백제 구원을 총지휘했던 덴지 천황의 동생인 오샤마大海人 황자와 맏아들인 오토모大友 황자가 황위를 두고 내전을 벌였는데, 오샤마가 오토모大友를 제압하고 덴무 천황으로 등극(673년)한 사건입니다.

이 사건은 다이카 개신大化改新과 같은 궁중 쿠데타와는 달리 두 진영이 정면으로 무력 충돌한 내전이었고, 오샤마 황자가 실력으로 오토모를 제압하고 즉위합니다.

이 사건은 쿠데타인데도 특이하게 『일본서기』에 그 전말이 상세히 기록되어 있습니다. 『일본서기』에 나타난 기록을 따라 사건의 전개과정을 간략히 보고 넘어갑시다.[1]

덴지 천황은 후계 문제를 고민하던 중 오토모를 태정대신에 임명하여 사실상 아들을 후계자로 지명하고 난 뒤, 병상에서 오샤마를 부릅니다. 오샤마가 천황을 배알하기 위해 들어서는데 평소 오샤마와 가까이 지내던 소가노오미야스마로蘇賀臣安麻侶가 오샤마에게 (음모나 함정일지 모르니) 주의하라고 일러줍니다.

덴지 천황은 오샤마에게 "짐이 병이 깊어서 후사를 그대에게 맡긴다"라고 합니다. 그러자 오샤마는 "신은 불행하게도 원래 병이 많습니다. 어찌 제가 사직을 보존할 수 있겠습니까? 원컨대 황후나 오토모 황자를 태자로 하십시오. 저는 오늘로 출가하여 폐하를 위해 공덕을 쌓을 것입니다"라고 하자 천황이 허락하고 오샤마는 그날로 법복法服을 입었습니다.

만약 덴지 천황이 황위를 물려준다고 덥석 받았더라면 오샤마는 죽음을 면치 못했겠지요. 오샤마는 부하들과 같이 중이 되어 요시노吉野로 들어가 은거하며 힘을 기르는데, 이 당시 사람들은 오샤마를 일컬어 "범

---

1 『日本書紀』天智天皇 10年, 天武天皇 元年.

에게 날개를 달아놓아주었다"라고 말했습니다.[2] 덴지 천황은 오샤마가 떠난 지 두 달 만에 서거합니다.

덴지 천황 사후에 오샤마는 오토모를 옹립한 오미近江 조정에 대항하여 비밀리에 이가伊賀, 이세伊勢, 미노美濃(오샤마의 고향) 등지에서 군사를 모으고 오미로 진군하여 오토모를 제압했습니다. 결국 오토모는 자살했고, 오샤마는 오미조의 중신들, 즉 오토모 측에 가담한 자들을 철저히 숙청했습니다. 많은 중신들이 참살당하거나 유배를 갑니다.

이상이 진신의 난(진신의 쿠데타)의 대체적인 내용입니다. 이 사건에 대해서는 오랜 세월 동안 많은 연구가 이루어졌으나 여전히 많은 수수께끼들이 남아 있습니다. 하지만 저는 전체 열도부여의 역사에서 부여계의 흐름과 관련된 부분을 중심으로 고찰하겠습니다.

먼저 덴지 천황의 아들인 오토모에 대해 살펴봅시다. 이 '오토모大友'라는 이름은 반도부여(백제)계 도래씨족과 깊은 관련이 있는 말로 보입니다. 후에 오토모고大友鄕로 불리는 지역에 오토모수쿠리大友村主와 오토모노후비토大友史: おおとものふひと라는 백제계 도래씨족이 있었다고 합니다. 그들은 덴지 천황의 아들인 오토모 황자가 지원하는 씨족이었을 가능성이 있습니다.

다음으로 특기할 만한 일은 거의 알몸으로 도망치듯 빠져나온 오샤마

2 『日本書紀』 天武天皇 元年.

황자가 어떻게 강력한 조정의 군대를 쉽게 궤멸시켰는가 하는 점입니다. 여기에는 소가씨蘇我氏와 오와리씨尾張氏 두 가문의 활약이 컸다고 합니다.

덴지 천황에 의해서 본종가 멸문의 화를 당했던 소가씨가 진신의 쿠데타에서 덴무 천황을 강력히 지원합니다. 당연한 일이겠지요. 오토모 정부군의 주력이 오샤마의 군대와 충돌하기 직전에 오미의 대장을 그 부장인 소가씨가 살해합니다. 정부군은 제대로 싸우지도 못하고 공중분해됩니다. 그리고 오샤마가 동국東國으로 피신갔을 때 동국의 유력 호족인 오와리씨가 오샤마를 강력히 지원합니다. 오와리씨는 오샤마를 위해 행궁도 짓고 군자금을 모으는 등 오샤마가 등극하는 데 많은 힘을 기울입니다. 그뿐만이 아니라 오샤마가 동국으로 탈출했다는 소식이 전해지자 많은 병사들이 무기를 버리고 탈영하기도 합니다. 오토모 조정에 대한 반감일 가능성이 크지요. 이것은 아마도 백제부흥운동의 패전과 덴지 천황의 집권과정에서 너무 많은 사람들이 죽었기 때문이 아닌가 생각됩니다.

이와 같이 진신의 쿠데타는 사건 그 자체가 매우 드라마틱합니다. 그래서 일본에서는 자주 사람들의 입에 오르내립니다. 무엇보다도 진신의 쿠데타는 천황권이 더욱 강대해지는 계기가 되었습니다. 그래서 일본의 고대 시가집인 『만요슈萬葉集』에는 "천황은 살아 있는 신이다"라고 노래하는 구절도 있습니다.[3] 그리고 일본 사람들은 『일본서기』가 바로 이 덴

---

3 이 책은 일본에서 가장 오래된(630년대~760년대) 가집(歌集)이다. 신라 시대의 향가집과

무 천황을 위해 쓰였다고 믿을 정도입니다. 그 말은 『일본서기』가 덴무 천황에게 유리하게 찬술되었을 것이라는 말이지요. 실제로 『일본서기』를 만들라고 지시한 사람은 덴무 천황이고 이 같은 유지는 그의 아내이자 다음 천황인 지토持統 천황으로 이어졌고, 덴무의 아들인 도네리 친왕舍人親王에 의해 완성됩니다.

여기서 한 가지 점을 지적하고 넘어가야 합니다. 진신의 쿠데타에 관하여 이상하게도 『일본서기』에서는 오와리씨의 활약에 대해 철저히 침묵합니다. 다만 『속일본기』에 이들이 포상을 받은 기록이 있습니다. 덴무 천황이 서거했을 당시 어린 시절의 덴무 천황의 모습을 말하면서 기리는 대목이 있는데, 이 부분의 만장輓狀을 읽은 사람이 바로 오와리씨의 동족인 오샤마노수쿠네아라카마大海宿禰蒲라고 합니다.[4] 이것은 오와리씨가 어린 시절 덴무 천황을 비밀리에 양육했을 가능성이 있다는 말입니다.

그러니까 황궁이 어린 시절의 덴무가 정상적으로 자라기 힘든 어떤 환경이었을 수 있겠지요. 만약 덴무가 기록대로 조메이 천황의 아들이었는데도 비밀리에 양육되었다면 그 어머니가 미천하거나 아니면 부여계의 황실에 반하는 어떤 요소(신라계라든가 하는)가 있었을 수 있다는 말입

유사하다고 보면 된다. 약 130여 년 간에 걸친 노래들을 수록한 것으로 이 시대를 만요슈 시대로 보기도 한다.
[4] 關裕二, 앞의 책, 206쪽.

니다. 그래서 『일본서기』에서 오와리씨의 지원 사실을 더욱 숨겼을 수도 있습니다. (이 부분은 다시 상세히 분석합니다).

덴무 천황은 자신을 도와준 소가씨도 소외시키고 철저히 황족만으로 정치를 하는 이른바 황친정치皇親政治의 시대를 엽니다. 강력한 중앙집권을 위한 덴무 천황의 선택이었겠지요. 이미 많이 알려진 대로 한고조 유방劉邦의 흉내 내기를 즐겨했던 덴무 천황이 자신을 지원한 세력을 철저히 토사구팽兎死狗烹한 것이겠지요. 덴무 천황이 편찬을 지시한 『일본서기』에서는 진신의 쿠데타를 매우 이례적으로 상세히 묘사하고 있습니다. 마치 자기의 무용담을 가득 실어놓은 형국입니다.

도대체 덴무 천황은 어떤 사람이고 그가 숨기려고 했던 비밀은 과연 무엇이었을까요?

덴지 천황, 백강전투를 위해 태어난 사람

7세기 중반 당나라의 고구려 정벌로 인하여 동북아시아의 긴장이 크게 고조되고 있었습니다. 645년경 당나라가 고구려를 침공할 당시 일본에서는 다이카 개신大化改新이 있었습니다. 다이카 개신은 왕권강화의 일환으로 나카노 오에中大兄 황자를 중심으로 당대 최고의 권력 가문인 소가蘇我씨를 멸문한 후 대대적인 개혁을 단행한 사건입니다. 소가노 이루카蘇我入鹿가 암살되고, 그의 아버지 소가노 에미시蘇我蝦夷가 자살함으로써 소가씨 본종가는 멸문을 당합니다. 이로써 한 시대를 풍미했던 반도부여계의 대표적인 가문이 사라집니다.

이와 같이 잇시의 변乙巳の變은 야마토의 최고 실력자로 군림해오던 소가씨의 본종가를 멸문시킨 사건입니다. 잇시의 변의 주역은 나카노 오에 황자, 즉 후일 덴지 천황입니다.

나카노 오에 황자는 앞서 본 대로 어머니인 사이메이 천황을 도와 반도부여(백제)의 구원에 신명을 다합니다. 전체 부여계의 역사를 모르는 현재 열도쥬신(일본인)들은 도저히 이해하지 못할 정도의 정열과 신념을 가지고 전 국력을 총동원하다시피하여 반도부여를 지원합니다. 그래서 열도에서는 덴지 천황을 가리켜 '백제 마니아'니 '백강전투를 위해 태어난 사람'이니 하면서 비아냥거리기도 합니다.

반도부여(백제)를 구원하기 위해 규슈로 간 사이메이 천황이 급서急逝하는데 이때에도 나카노 오에는 등극하지 않고 반도부여의 구원에만 전력을 다하고 반도부여의 멸망 후 뒷수습을 합니다. 또 당나라나 신라의 연합군이 일본 열도로 침공해올지도 모른다는 위기감이 팽배하자 각종 방어용 토목공사를 시행합니다. (아마도 나라의 경제가 말이 아니었겠지요.) 그래서 사람들은 나카노 오에 황자(덴지 천황)에 대하여 "소가노

534

이루카의 암살과 백강전투(663년)를 위해 태어난 사람"이라고 비아냥거리기도 했다는 말입니다.[5] 여기서 말하는 백강전투는 일본이 백제를 부흥하기 위해 파견한 군대가 백제의 백강에서 처참하게 패배한 전투를 말합니다. 『삼국사기』에는 "왜의 군함 400척이 전쟁에서 패해하여 백강 하구에서 불태워졌는데 그 연기와 불꽃으로 하늘과 바다가 모두 붉게 물들었다"고 전합니다.[6] 여기서 말하는 백강은 금강 하구 부근의 기벌포伎伐浦라고 합니다.

사실 나카노 오에 황자(덴지 천황)는 반도부여(백제)의 구원을 위해 태어난 사람처럼 살았습니다. 반도부여에 대한 실질적인 지원은 물론 반도부여의 망국민들을 모두 포용했습니다. 그래서 앞서 본 대로 덴지 천황 10년 조에 다음과 같은 노래가 나옵니다.

귤은 저마다 가지가지에 달려 있지만
[多致播那播 於能我曳多曳多 那例例騰母]

구슬을 꿴다면 하나의 끈으로 묶을 수 있지
[陀瓱爾農矩騰岐 於野兒弘儞農倶]

이 동요는 반도부여(백제)와 열도부여(일본)가 서로 다르지 않음을 의미하는 중요한 노래이기도 합니다.[7]

일본에서는 반도부여를 구원하는 데 실패하자 이내 당나라·신라 연합군이 열도로 침공해올 수도 있다는 위기감이 팽배해집니다. 실

---

5 關裕二, 『古代史』(관정교육재단: 2008), 197쪽.

6 『三國史記』 「百濟本紀」.

7 이에 대한 상세한 분석은 김운회, 『대쥬신을 찾아서 2』(해냄: 2006), 116~118쪽 참고.

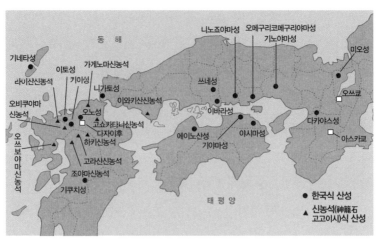

동 해

기네타성
라니산신농석
이토성
가게노마신농석
오비쿠야마
신농석
기아성
니가토성
니노죠야마성
오메구리코메구리야마성
기노야마성
미오성
오쓰쿄
이와키산신농석
쓰네성
다카야스성
오성
고소카타나신농석
다자이후
하키신농석
에이노산성
고라산신농석
조야마신농석
기야마성
야시마성
이바라성
아스카쿄
오쓰보야마신농석
기쿠치성

태 평 양

● 한국식 산성
▲ 신농석(神籠石
고고이시)식 산성

도 33 | 일본에 있는 한국식 성의 분포도[舍野誠(2004),16쪽]

제로 당나라라는 초강대국이 등장하자 덴지 천황은 반도부여 문제로
상당히 고심을 한 것으로 보입니다. (다이카 개신에서 일시적으로나마 나타났던
친당정책도 이와 관련이 있겠지요.) 경제적으로 피폐한 가운데서도 덴지 천황
은 당나라·신라 연합군을 막기 위해 도처에 산성을 축조합니다. 그리
고 왕도를 아스카에서 오미近江(현재의 시가현滋賀縣)로 옮깁니다. 아스카
가 소가씨의 본거지인 점도 한 원인이었을 것입니다.

참고로 당시의 산성들을 살펴보고 넘어갑시다. 백강전투의 패배
후, 쓰시마·이키·쓰쿠시 등의 변방지구에는 병력들과 봉화대가 배치
되었고 각지에 많은 성들이 축조됩니다. 667년 나카노 오에 황자는
오미오쓰쿄大津京로 도읍을 옮겼고, 이듬해인 668년 정식으로 즉위해
제38대 덴지 천황이 됩니다. 이 시기의 산성들은 이른바 백제식 산성
들로 그 흔적이 지금도 남아 있습니다.

이와 같이 덴지 천황은 마치 부여의 중흥을 위해 삶을 살아온 듯이
느껴집니다. 그러니까 일부에서는 덴지 천황을 의자왕의 아들인 부

여풍大餘豊이라고 보기도 합니다.(『일본서기』에서는 부여풍을 여풍장余豊璋이라고 합니다.)[8] 사실 부여계의 전체 역사를 모르면 덴지 천황의 이 같은 행적이 이해가 되지 않지요. 참고로 의자왕이 당나라에서 서거한 후 백제 왕족 가운데 한 사람인 복신(『일본서기』에서는 귀실복신)을 중심으로 백제부흥운동이 일어나는데, 이때 복신은 왜국에 있던 여풍장에게 귀국할 것을 요구하여 백제왕으로 옹립합니다.

덴지와 덴무, 난형난제難兄難弟

열도쥬신(일본)의 고대 역사상 가장 유명한 형제 천황은 덴지 천황과 덴무 천황입니다. 덴지 천황은 다이카 개신의 중심인물로서 덴무 천황은 중앙집권체제 확립에 주력하여 고대국가와 천황제天皇制의 기초를 견고하게 한 천황으로 유명합니다. 잘 아시다시피 덴지 천황은 각종 호족세력들을 제압하여 강력한 왕권을 구축하고 그것을 기반으로 전 국력을 동원하여 백제를 구원했고, 덴무 천황은 덴지 천황이 구축한 왕권을 제도적으로 더욱 견고하게 구축하여 천황권을 체계화시킨 사람입니다. 그러나 아이러니하게도 이 두 천황의 출생과 죽음에 관한 수수께끼가 너무 많아서 오늘날까지도 온갖 의문이 끊이지 않고 각종 학설과 이론, 억측들이 난무합니다.

먼저 덴지와 덴무의 출생에 관한 의혹은 ①형제설(『일본서기』), ②이복형제설(아버지는 같고 어머니가 다름), ③형제교체설(형과 아우의 순서가 바뀜: 『일

---

[8] 예를 들면 林青梧는 덴무를 신라인 김다수라고 하고 덴지를 百濟王 여풍장余豊璋으로 보았다. 林青梧, 「天智·天武天皇の正体」, 『別冊歷史讀本』 1990年 6月号(新人物往來社: 1990).

본서기』의 일부 기록), ④비형제설(이 둘은 형제가 아님) 등으로 요약할 수 있습니다. 출자 문제에 있어서 ①조메이 천황의 부여계 적통이 누구인가 하는 점, ②외교정책 면에서 친백제계인 덴지와 친신라세인 덴부의 대립과정 등의 문제가 있습니다. 일본의 역사 교과서에는 물론 덴지 천황과 덴무 천황은 친형제라고 명기되어 있습니다.

『일본서기』에서는 덴무 천황이 덴지 천황의 친동생이며 그 어머니는 사이메이 천황임을 분명히 하고 있습니다. 그런데 가마쿠라鎌倉 시대 이후에 쓰인 『황년대약기皇年代略記』 등의 여러 책들에 하필이면 남동생인 덴무 천황이 형인 덴지 천황보다 3~4세 나이가 많은 것으로 되어 있습니다. 덴무 천황이 서거했을 당시 나이가 73세, 65세, 56세 등의 여러 가지 설이 있습니다. 만약 이 가운데서 평균을 잡아 65세라고 해도 덴무 천황의 태어난 해가 621년이 되어 덴지 천황보다도 나이가 많습니다. 그런데 이상하게도 덴지 천황이 무수한 활약을 펼치던 시기에 덴무 천황은 나오지 않습니다.

덴무 천황, 즉 오샤마 황자는 덴지 천황이 중병이 들어 서거하기 직전에 그의 손을 잡고 후사를 부탁하는 장면에 처음 나옵니다.[9] 그 시기의 덴무는 최소한 40대는 되었을 나이지요. 만약 덴무 천황이 덴지 천황의 친동생이라고 한다면 형이 하는 일에 너무 무관심했던 것이고, 덴무 천황이 덴지 천황과 아버지가 다른 형제라고 한다면 덴무가 권력을 장악하는 과정이 수수께끼일 수밖에 없지요.

이 나이 모순의 문제를 본격적으로 제기한 사람은 사자 고쿠메이 佐佐克明로 그는 여기서 한걸음 더 나아가 신라의 왕족인 김다수金多遂

---

9 『日本書紀』 天智天皇 10年.

야말로 덴무 천황이라고 주장합니다.[10] 이 논쟁에 봇물처럼 많은 학자나 논자들이 참여합니다.

문제의 핵심 가운데 하나는 "보황녀宝皇女는 다카무코 왕高向王이라는 사람과 결혼하여 아야漢 황자를 낳았다"는 『일본서기』의 기록입니다. 만일 이 아야 황자가 덴무라면 덴무는 덴지의 이부형異父兄이 됩니다. 만약 그렇다면 그는 분명히 조메이 천황의 직계가 아니니 아무런 주목을 받지 못한 것이 당연하지요. 아야 황자가 덴무라는 견해에 대한 역사적 증거는 물론 없습니다. 이 견해를 지지하는 논자로는 오와이 와오大和岩雄, 도요다 아리쓰네豊田有恒 등이 있습니다.[11]

오와이 와오는 다른 사서들의 기록을 종합하여 연령의 순서를 제시하고 있습니다.[12]

『일본서기』에는 덴지 천황이 조메이 천황 13년(642년)에 16세로 기

---

10 사자 고쿠메이(佐佐克明)에 따르면, 『일본서기』를 근거로 할 때 덴지의 생년은 626년임을 알 수 있고 『一代要記』에는 덴무의 생년이 622년으로 되어 있어 거의 네 살의 나이차이가 난다. 『本朝皇胤紹運錄』에는 덴무의 생년이 623년이고, 서거한 연령이 65세로 되어 있어, 덴무의 몰년(沒年)인 686년으로부터 계산해보면 1년의 차이가 있다. 사자 고쿠메이는 이외에도 『上宮聖德法王帝說』의 기록 "乙巳年六月十一日, 近江天皇〈生廿一年〉殺於林太郎□□以明日其父豊浦大臣子孫等皆滅之"(□는 欠字)도 제시하고 있다. 佐佐克明, 「天智·天武は兄弟だったか」, 『諸君』 昭和 49年 8月号(文藝春秋社: 1974). 사자 고쿠메이는 이 같은 연령모순 문제에서 한 발 더 나아가 덴무를 신라인 김다수로 파악하고 있다. 佐佐克明, 「天武天皇と金多遂」, 『東アジアの古代文化』 18号(大和書房: 1979).

11 大和와 豊田도 이 견해를 지지하고 있지만, 아야(漢) 황자의 아버지인 다카무코(高向) 왕에 대한 견해는 나뉜다. 高向王에 있어서 小林은 遣隋使로 隋나라에 갔다가 隋의 滅亡 후에도 中國에 머물러 있었던 高向漢人玄理로 보고 있고, 大和는 『日本書紀』를 통해 用明天皇의 孫이 되는 것으로 보고[大和岩雄, 『天武天皇出生の謎』(六興出版: 1987)], 豊田은 『常陸國風土記』에 등장하는 東國惣領의 高向臣(이름은 不明)으로 하고 있다. 豊田有恒, 『英雄·天武天皇』(祥伝社: 1990).

12 大和岩雄, 「天智·天武非兄弟說と異父兄弟說」, 『東アジアの古代文化』 67号(大和書房: 1991) 재구성.

주요 사서	조메이舒明	사이메이齊明	덴지天智	덴무天武
日本書紀			626	
一代要記	593	504	019	622
皇代記	594	594	614	
仁壽鏡	593		614	614
神皇正統記	593	594	614	614
神皇正統錄	593	594	614	622
皇年代略記	593	594	614	
本朝皇胤紹錄	593	594	614	622

덴지와 덴무의 연령관계(출생 연도)

록되어 있습니다. 그래서 출생 연도가 626년이 되는 것이지요. (서거한 해는 672년입니다.) 다만 『일본서기』에는 천황의 구체적인 나이에 대한 기록이 없는 경우가 많다는 점은 알아둡시다. 긴메이 천황 이후에는 나이가 거의 표시되어 있지 않습니다. 이상한 점은 오히려 센카宣化 천황 이전에는 나이가 분명히 기록된 경우가 많다는 것입니다. 즉 센카·긴메이 천황을 기점으로 무엇인가 숨길 것이 많았다는 말이 되겠지요.

다음으로 미즈노 유水野祐 교수는 덴지와 덴무가 오히려 아버지가 같고 어머니가 다른 형제라고 추정합니다.[13] 다만 미즈노 유 교수는 이 논쟁에 직접적으로 뛰어들지는 않았기 때문에 구체적으로 덴무의 어머니가 누군지에 대해서는 침묵했습니다.

나아가 덴지와 덴무가 전혀 상관 없는 사람이라는 견해도 있습니

---

13 水野祐,「天智·天武『年齡矛盾說』について」,『東アジアの古代文化』6号(大和書房: 1975).

다. 이 흐름은 크게 두 부류가 있는데 한 흐름은 신라계 도래인으로 보는 경우이고[14] 다른 흐름은 다소 엉뚱하지만 연개소문을 덴무 천황으로 보는 경우도 있습니다.[15] 또 다른 견해로는 덴무가 사이메이 천황이 조메이 천황과 결혼하기 전에 소가씨蘇我氏 계열로 추정되는 황족과 관계를 맺어 얻은 자식이라는 견해도 있습니다.[16] 참고로『일본서기』에 의하면 덴지 천황에게 불려가서 황위를 받으라는 일종의 협박으로부터 덴무 천황을 구했던 사람도 소가노오미야스마로蘇賀臣安麻侶로 소가씨였습니다.

만에 하나라도 덴무 천황이 조메이 천황~사이메이 천황의 자손이 아니라면 부여계 황통은 크게 흔들리는 셈입니다. 먼 후일 덴지 천황의 손자로 제49대 천황인 고닌光仁 천황(재위 770~781년)이 등극하면서 다시 원위치로 돌아가는 셈이 됩니다. 고닌 천황의 황후가 바로 야마토노 니카사和新笠이고 이들 사이에 간무桓武 천황(재위 781~806년)이 태어납니다.

야마토노 니카사는 무령왕의 왕자인 순타純陀 태자의 직계후손인 야마토노 오토쓰구和乙繼의 딸입니다. 야마토노 니카사 황후에 대해

---

[14] 井沢元彦도 처음에는 덴무를 신라 도래인과 가까운 유력 씨족의 長으로 보았지만[井沢元彦,『隱された帝』(祥伝社: 1990) 追記(2000. 9. 10.)], 후에 오히려 덴무를 덴지의 異母兄으로 하고 덴무의 아버지는 新羅人이 아닐까 추정했다. 井沢元彦,『逆說の日本史 2 古代怨靈編』(小學館: 1994).

[15] 小林惠子는 처음에는 덴무를 아야(漢) 황자와 동일인물로 보았다가[小林惠子,「天武の年齡と出自について」,『東アジアの古代文化』16号(大和書房: 1978)], 후에 덴무를 高句麗의 高官인 泉蓋蘇文으로 보았다[小林惠子,『白村江の戰いと壬申の亂』(現代思潮社: 1986); 小林惠子,「天武は高句麗から來た」,『別冊文藝春秋』1990年 夏号(文藝春秋社: 1990)]. 李寧熙도 마찬가지로 덴무를 泉蓋蘇文으로 보았다. 李寧熙,『天武と持統』(文藝春秋社: 1990).

[16] 關裕二,『古代史』(관정교육재단: 2008), 217쪽.

『속일본기』에서는 일본 조정은 '천고지일지자희존天高知日之子姬尊'이라는 극존의 시호를 바치면서 "백제의 옛 조상인 도모왕都慕王(동명왕)은 하백河伯(물의 신)의 딸이 태양의 정精을 받아서 대어났다. 황태후는 그 후손이다"라고 이례적으로 상세하게 소개하고 있습니다.

2001년 아키히토明仁 천황은 "나 자신으로 말하면 간무 천황의 생모가 백제 무령왕의 자손이라고 『속일본기』에 쓰여 있기 때문에 한국과의 혈연을 느끼고 있습니다"[17]라며 한국과 일본 황실과의 혈연적 고리를 처음으로 공식적으로 언급하여 큰 파문을 낳았습니다. 간무 천황은 현재의 교토 땅을 고대 일본의 새로운 도읍지인 헤이안쿄平安京로 개창(794년)하고 헤이안 문화 시대(794~1192년)를 꽃피게 한 제왕이었습니다.

다시 본론으로 돌아갑시다. 위에서 보는 바와 같이 이렇게 복잡한 출생문제에 관한 논쟁이 지금도 지루하게 계속되고 있습니다. 제가 종합적으로 판단해 볼 때, 덴지 천황과 덴무 천황은 '아버지는 동일하더라도 어머니가 다르다'는 미즈노 유 교수의 견해가 가장 타당할 것이라고 봅니다. (이 부분을 앞으로 충분히 설명할 것입니다.) 이제 위에서 제기한 문제들을 검증해봅시다.

"보황녀宝皇女는 다카무코高向 왕이라는 사람과 결혼하여 아야漢 황자를 낳았다"는 『일본서기』의 기록으로만 본다면 아야 황자의 아버지인 다카무코 왕이 누구냐가 문제의 핵심인데, 고바야시 야스코 교수를 비롯한 여러 사람들이 다카무코 왕을 나라박사인 다카무코노 구로마로라고 합니다. 그러나 기록에 나타난 그의 이력을 보면 보황

---

[17] 『朝日新聞』(2001. 12. 23.).

녀가 그를 만나는 것은 불가능합니다.

왜냐하면 다카무코노 구로마로는 유학생으로 견수사遣隋使를 수행 (608년)했다가 640년 귀국했고, 나라박사에 취임(645년)했습니다. 그러니까 다카무코노 구로마로가 수나라로 떠날 당시에 보황녀는 겨우 열네 살이고 설령 이 당시에 결혼하여 아기를 낳았다 해도 그 아이의 나이가 덴지나 덴무보다는 거의 스무 살 정도 많기 때문에 불가능한 일입니다. 그러니까 적어도 기록상으로는 다카무코노 구로마로는 덴지나 덴무의 아버지가 될 수 없습니다. 아마도 다카무코 왕은 다카무코 지역의 족장이나 호족으로 판단됩니다.[18]

『일본서기』의 기록만으로는 다카무코 왕이 어떤 사람인지 추적하기란 거의 불가능해 보입니다. 이제 시각을 달리해서 다시 추적해 봅시다.

덴무 천황의 행적을 보면 친신라정책을 시행한 점이 분명히 나타납니다. 그러다 보니 덴지 천황의 아들인 오토모大友 황자의 정권을 찬탈한 덴무의 쿠데타(진신의 난)를 두고 친신라계와 친백제계의 전쟁으로 규정하기도 합니다. 물론 기록상으로는 신라계 도래인들이 덴무를 직접적으로 지원한 흔적이 나타나지는 않습니다. 덴무 천황의 친신라정책은 외교적인 행태를 통해서 찾아보아야 합니다.

『일본서기』를 분석하면, 덴지 천황 시기(662~671년)에 당唐에서 일본을 방문한 사신단은 5회, 신라로부터 온 사신단은 4회입니다. 그런

---

18 '다카무코(高向)'라는 곳은『지명사전』에 따르면, 河內國錦部郡長野村(高向村)에 있고 이곳에는 '다카무코 왕'의 묘도 있다고 한다. 가와치(河內)의 이시카와(石川) 상류의 좌측이라고 한다. 그런데 일부 기록들에 이와 유사한 것이 나타나기도 한다. 즉『일본서기』에 "高向臣宇摩"(『欽明即位前紀』), "高向臣國押"(『皇極天皇』 2年 11月), "高向朝臣麻呂"(『天武天皇』 10年 12月), "難波朝廷刑部尚書大花上國忍"(『續紀』 和銅元年閏 8月) 등을 들 수 있다.

데 덴무 천황 시기(672~686년)에는 당나라에서 온 사신단은 없고 신라로부터 온 사신단은 무려 15회나 됩니다.[19] 그러니까 덴무 천황 시기에 반당反唐·친신라정책이 눈에 띄는 것은 분명합니다. 이 당시 신라는 당나라와 일전을 치르고 있었기 때문입니다. 즉 덴무 천황의 정책과 신라의 정치적 이데올로기가 일치하고 있다는 말입니다. 공교롭게도 당나라의 대군을 몰아내려는 신라와 덴지 세력을 물리치려는 덴무 천황의 입장이 같은 처지였을 수 있다는 말입니다.

먼저 덴지 천황은 권력을 장악하는 과정에서 많은 호족들을 살해했기 때문에 많은 세력들이 한편으로는 그를 두려워했지만 다른 한편으로는 그를 증오했습니다. 덴지 천황은 대표적인 반신라·친백제 계입니다. 그래서 전 국력을 동원하여 반도부여(백제)를 지원합니다. 이 지원이 참패로 끝나자 국내에서 불만들이 나타납니다. (상세한 내용은 『일본서기』에 있습니다.) 그래서 일단 천황의 등극도 미룬 것으로 보입니다. 만약 덴무가 덴지 천황의 분명한 라이벌로 부각되었다면, 덴무는 고토쿠 천황의 남은 자식인 아리마有間 황자의 운명처럼 살아남지 못했을 것입니다. 적어도 덴지 천황이 서거할 때까지 덴무는 철저히 복지부동의 자세를 유지하다가 덴지 천황 사후에 바로 행동을 개시한 것이지요.

덴무 천황의 입장에서는 부여계 가운데서도 반덴지反天智 계열과 신라계 도래인들과의 관계를 지속적으로 돈독히 했을 것입니다. 그것만이 자신의 생존을 보장할 수 있었기 때문입니다. 그러나 덴지 천

---

19 『일본서기』에 따르면, 당唐에서 온 사신단은 664·665·667·669·671년의 5회, 신라에서 온 사신단은 668, 669, 671(2회) 등 4회이다.

황에게는 친반도부여(친백제)나 친신라는 중요한 문제가 아니었습니다. 단지 자신의 절대권력의 형성에 방해되는 그 누구도 살려두지 않았을 것이기 때문입니다. 그러니까 단순히 '덴지 천황=친백제계, 덴무 천황=친신라계'라고 보는 것은 덴지 천황에 대한 이해가 부족한 것이지요. 덴무를 지원한 세력들은 그저 반덴지계였다고 보면 타당할 것입니다. 따라서 덴무는 단지 신라와 신라계 도래인, 나아가 각종 부여계 등을 이용했을 뿐입니다. (주요 부여계 호족들은 이미 덴지 천황에 의해 궤멸된 상태였기 때문입니다.)

이러한 덴무계의 움직임에 대해 신라는 적극 호응할 수밖에 없었습니다. 왜냐하면 바로 이 시점에 신라는 대당전쟁對唐戰爭을 이겨야 하는데 일본은 신라에게 주요한 배후세력이 될 수 있기 때문입니다. 당나라의 입장에서는 일본이 배후에 있을 경우 전쟁이 장기화될 수 있는데 이 점이 큰 골칫거리일 가능성이 있습니다. 당나라의 대군이 한반도에 장기적으로 묶여 있으면 위구르나 티베트 방면의 방어가 곤란하기 때문입니다.[20] 결국 매소성대전(676년)과 기벌포해전(676년)에서 신라는 당나라를 격파하고 당군을 한반도에서 몰아내는 데 성공합니다. 신라의 입장에서 보면 덴지 천황은 매우 성가신 존재가 분명해 보입니다. 그런데 때마침 덴지가 서거(672년)한 것입니다. (그래서 일부에서는 덴지 천황 암살설도 나오고 있습니다.)

이와 같이 덴무 천황 측과 신라의 입장이 맞아떨어지게 된 것은 당연하지만, 바로 이 때문에 덴무를 신라계 인사의 아들이라고 보거나 아야 황자를 덴무로 보면서 다카무코 왕을 신라계 왕족이라고 보는

---

20 堀敏一, 『中國と古代東アジア世界』(岩波書店: 1993).

것은 잘못입니다. 여기에는 몇 가지의 이유가 있습니다. 만약 덴무가 조메이 천황과 완전히 무관하다면 천황이 되는 것은 불가능했고, 단기간에 그 많은 지원세력들을 확보할 수 없었을 것입니다. 그렇다면 덴지 천황과 덴무 천황은 도대체 어떤 관계였을까요? 이제부터 그 비밀을 풀어봅시다.

덴무 천황의 비밀

저는 지금까지 덴무 천황의 실체에 대해 여러 가지 분석을 소개했습니다. 물론 명쾌하게 결론이 나지는 않았지요. 본격적으로 덴무 천황의 비밀을 추적하기 위해 좀 더 은밀한 부분까지 접근해야 합니다.

덴무 천황의 정체를 찾아가는 데는 중요한 고리들이 있습니다. 즉 ①덴지 천황의 네 딸이 덴무 천황과 결혼한 점, ②덴무가 유난히 '한고조 유방劉邦 따라 하기'에 몰두했다는 점, ③천황가의 보리사에서는 덴무 계열의 천황을 모시지 않는 점, ④덴무 천황이 『일본서기』를 편찬하게 한 점, ⑤덴무를 지원한 오와리尾張 씨족에 대한 문제, ⑥간무 천황이 헤이안으로 천도한 문제 등을 들 수 있습니다. 하나씩 상세히 살펴봅시다.

첫째, 덴지 천황의 네 명의 딸이 덴무에게 시집을 갑니다. 만약 덴무와 덴지가 친형제간이라면 네 명의 친조카를 황후로 맞을 이유가 없겠지요. 이 같은 덴무의 행태를 보면 덴지와 덴무의 어머니가 다를 가능성이 큽니다. 만약 덴지와 덴무가 친형제라고 하면 이 결혼은 이해하기 어렵습니다. 덴무의 이 같은 행동에는 자신의 혈통이 천황가의 혈통으로는 미약했기 때문일 것으로 추정됩니다. 그러니까 황통을 더욱 강화하기 위해 덴무는 덴지의 딸들이 필요했던 것으로 보입니다.

물론 고대의 천황가에서는 삼촌과 조카가 결혼하는 경우를 비정상이라고 말할 수 는 없습니다. 고대 왕실에서 흔한 일입니다. 문제는 왜 네 명이나 되는 조카딸들이 삼촌에게 시집을 가는가 하는 점입니다. 여기에는 크게 황통을 보호하거나 덴지와 덴무 사이의 관계를 돈독히 하여 새로이 형성되고 있는 천황권력에 대한 도전을 용납하지 않겠다는 포석일 수도 있겠지요. 덴지 천황은 호족들을 누르고 자신의 정적들을 대부분 숙청하고 권좌를 스스로 만들어간 사람인 점을 고려하면 더욱 그렇습니다. 그러나 네 명의 딸들이 한 사람에게 결혼을 할 만큼 절실할 수는 없는 일이지요. 바로 이 점에서 덴지와 덴무는 어머니가 다를 수밖에 없다는 것입니다.

고대 왕실에서는 심각한 왕족의 단절이 아닌 경우에 바로 친남매 간에 결혼하는 경우는 거의 없었습니다. 그러나 그 어머니가 다를 경우에는 쉽게 혼인했습니다. 따라서 만약 덴지와 덴무가 친형제라고 했다면 덴지 천황의 네 딸이 덴무에게 혼인했을 가능성은 희박합니다. 그러나 어머니가 다를 경우이면 전혀 문제가 없는 것이지요.

둘째, 덴무 스스로 출신이 천하다고 강조하고 있습니다. 특히 자신을 한고조 유방劉邦에 비유하는 일이 많았고 '유방 따라하기'에 몰두한 듯합니다.[21] 그리고 주위에서도 이것을 인정합니다. 그러니까 덴무의 어머니 신분이 천했다는 말이지요. 따라서 보황녀, 즉 사이메이

---

21 이 부분에 대해서는 小林惠子,『天武天皇의 秘密』(고려원: 1990); 小林惠子,『白虎と青龍』(文藝春秋社: 1993) 참고.

천황이 덴무의 어머니가 아니라는 말입니다. 만약 어머니도 천하고 아버지가 조메이 천황이 아니라면 천황가에서 버틸 수가 없기 때문에 아버지는 조메이 천황이라도 그 어머니는 신라계의 한미한 도래인 집안의 규수였을 가능성이 큽니다.

아마도 조메이 천황이 순시를 다니다가 만난 신라계 처녀였을 가능성도 있지요. 그리고 바로 신라계였기 때문에 신라계 인사들과 접촉하기도 쉬웠을 겁니다. 덴무의 외가가 한미한 가문이었다면, 나카노 오에 황자가 크게 관심을 기울이지 않았을 것이고 오히려 그 때문에 덴무는 목숨을 부지하기가 쉬웠을 것입니다. (다만 이 경우에는 덴무가 덴지 천황 사후 그렇게 신속하게 정국의 주도권과 무력을 장악한 것을 해명하기는 어렵습니다. 진신의 쿠데타의 전개과정을 보면, 덴무의 세력도 상당했음을 보여줍니다.)

고바야시 야스코 교수는 덴무 천황이 유방과 자신을 동일시했다는 것을 여러 차례 지적합니다. 에도 시대 후기의 국학자인 대학자 반노부토모伴信友(1775~1846년)는 『장등산풍長登山風』에서 덴무가 진신의 난 당시에 유방을 상징하는 적기赤旗를 사용했다고 주장했습니다.[22] 나오키 고지로直木孝次郎 교수는 "일본인이 원래부터 붉은색을 좋아하는 듯하지만 붉은색을 상서로운 색으로 생각한 것은 덴무 이후"라고 하고 있습니다.[23]

이노우에 미치야스井上通泰 선생은 『만요슈』에 있는 다케치高市 황자의 만가挽歌로부터 덴무가 '유방 따라하기'를 했다고 보고 있습니

---

22 이 부분에 대한 상세한 내용은 小林惠子, 『天武天皇의 秘密』(고려원: 1990), 182~187쪽 참조.

23 直木孝次郎, 『日本の歷史二·古代國家の成立』(中央公論社: 1965).

다.[24] 니시지마 사다오西嶋定生 교수는 "진한 시대의 작제와 덴무 천황 때의 관위제도가 그 내용이 완전히 다른데도 불구하고 한나라 대의 사작賜爵 기사를 빌려 관위의 수여가 표현되어 있다"는 점과 유방의 참사검斬蛇劍(뱀을 죽인 검)에 관한 『한서漢書』의 기록이 『일본서기』에 나타난 스사노오의 구사나기검草薙劍의 기록과 유사한 점을 들어서 덴무와 유방의 관계를 주장하기도 했습니다.[25] 이 외에도 유방의 고향이 패沛인데 이를 탕목읍湯沐邑이라고 했듯이 덴무도 자기의 고향인 미노美濃를 탕목읍이라고 불렀다고 합니다.[26]

여러 사람들이 지적하는 대로 덴무가 '유방 흉내 내기'를 한 것은 틀림없는 듯합니다. 다만 한고조 유방은 실제에 있어서 한족漢族의 개조開祖라고 할 수 있기 때문에 개인적인 약점에도 불구하고 한족漢族에게는 절대적인 숭모의 대상이 된다는 점에서 당시 '유방 따라하기'는 동아시아 군주들에게 그리 특별하지는 않았을 것이라고 생각되기도 합니다.

셋째, 황실의 제사에 있어서 덴무계天武系의 천황들은 제외되어 있습니다. 즉 앞서본 대로 교토의 센유사泉涌寺는 13세기에 시조四条 천황을 모신 후 천황가의 보리사菩提寺로서 계속 이어져오고 있습니다.[27] 그런데 이 절에서 모시는 천황은 덴지 천황 이후의 덴지계 천

---

24 井上通泰,「天武天皇紀闌幽」,『歷史地理』(1929), 53~54쪽.

25 西嶋定生,「草薙劍と斬蛇劍」,『江上波夫古希記念論集·歷史編』(山川出版社: 1973).

26 前川明久,「壬申の亂と湯沐邑」,『日本歷史』(吉川弘文館: 1972), 230쪽.

27 센유사(泉涌寺)의 안내책자에는 "시조 천황은 대사의 전생이라고 칭해져 인치(仁治) 3년(1242년) 정월 천황이 붕어했을 때, 산릉(山陵)도 당시에 축조가 되었고, 역대의 많은 산릉들이 토우야마(当山) 경내에 설치되어 황실의 향화원(香華院)으로서 700여 년 간 특별한 숭경과 대우를 받는다"라고 되어 있다. 그뿐만이 아니라 "헤이안쿄의 초대 천황인 간무

황뿐입니다. 이곳에는 덴지 천황 이전의 천황도, 덴무 천황으로부터 쇼토쿠稱德 천황에 이르는 덴무계 천황도 모시지 않습니다.[28] 다시 말해서 덴지 천황 다음에 껑충 뛰어서 고닌光仁 천황이 모셔져 있는 것이지요. 이것은 덴무 천황이 천황가의 혈통이 아니거나 그 혈통이 매우 옅다는 의미이겠지요. 물론 이 부분을 고닌 천황 이전의 천황에 대해서는 모시지 않았고 다만 덴지 천황만이 추가된 형태로 생각한다면 또 다른 해석이 가능할 수도 있습니다.

산릉山陵을 조성하여 받들어 모시는 경우도 간무桓武-고닌光仁-덴지天智를 거쳐 천황으로 즉위하지 못한 고닌의 아버지이자 덴지 천황의 아들인 시키노施基 황자까지 봉폐奉幣의 대상이 된다는 점에서 덴지-시키노 황자-고닌-간무로 이어지는 것이 천황가의 적통이라는 간무 천황의 생각이 그대로 반영된 것으로 보입니다.

이런 점에서 보면 덴무 천황은 분명히 정통 부여계의 혈통이 아니라는 것을 알 수가 있습니다. 그런데 아버지는 조메이라고 추정되므로 어머니는 신라계일 가능성이 큰 것이지요.

넷째, 덴무 천황은 『일본서기』를 편찬하게 하는데 이때 편찬된 『일본서기』는 여러 분야에 걸쳐서 많은 왜곡이 있는 것은 물론이고 덴무 개인과 관련하여 납득하기 힘든 부분이 나타납니다. 단적인 예로, 자

천황, 그 아버지 고닌 천황, 그 직계의 조상인 덴지 천황, 이 세 분의 천황이 영명전(靈明殿)에 특별히 오래전부터 모셔져 있으며 역대 천황들도 모셔져 있다. 메이지 4년(1871년) 9월, 궁중에 종묘가 축조되고, 대궐의 불상이나, 제절의 존패가 모두 센유사 영명전에 이안(移安)되었다"라고 설명하고 있다.

[28] 고바야시 야스코(小林惠子)는 『속일본기(續日本紀)』에 의거하여 덴무 천황 이후 산릉(山陵)의 봉폐(奉幣)는 덴지 천황에서 시작하여 나머지는 건너뛰어 바로 고닌 천황이 되어 있어 덴무계(天武系)의 모든 천황의 봉폐는 헤이안 시대 이후에는 확인이 불가능하다고 한다.

신의 등극과 관련하여 진신의 난(진신의 쿠데타)을 다른 천황의 기紀보다도 더 길게 설명하고 있습니다. 무엇보다도 자신의 쿠데타를 정당화시키려는 목적이 강하게 느껴집니다. 그리고 유난히 자신은 덴지 천황의 친동생이며 자기의 부모는 조메이 천황·사이메이 천황이라는 점을 강조하려는 듯이 보입니다. 이것은 거꾸로 말하면 자신의 가문이 조메이 천황가의 일원이라 할지라도 그 혈통이 매우 한미했음을 방증하는 것이라고 볼 수 있습니다. (『일본서기』의 구체적인 의미는 다음 장에서 상세히 다룰 것입니다.)

이 점과 관련해서 좀 더 확장된 시각에서 본다면, 조메이 천황과 교혼한 신라계 여성이 낳은 자식에 대해 항간에 조메이 천황의 아들이 아니라는 설이 유포되었을 가능성이 있습니다. 더구나 덴무는 어린 시절을 오와리尾張 집안에서 보냈습니다. 이 과정에서 덴무의 부계 혈통에 대한 의심이 천황가나 항간에서 많았을 수 있습니다. 그러니까 덴무는 끊임없이 자기는 조메이 천황의 아들임을 강조한 것이지요.

다섯째, 덴무를 지원한 오와리씨에 대한 문제입니다. 오와리씨는 덴무의 가장 강력한 후원세력이었습니다. 그러나 앞서본 대로 덴무 천황이 편찬한 『일본서기』는 철저히 그들의 도움을 은폐하는 데 주력하고 있습니다. 이 오와리씨의 계보가 아무래도 신라계에 가까울 가능성이 있습니다. 물론 이제와서 그 근거를 찾기란 매우 어려운 일입니다. 오와리씨의 시조와 출자出自에 대해서는 아직도 많은 논쟁이 있습니다. 일단 오와리씨에 대해 간략히 알아보고 넘어갑시다.

오와리씨尾張氏는 고대의 지방호족으로『일본서기』에 따르면 아메노호아카리노미고토天火明命를 조신祖神으로 하여 아메노오시히토노미고토天忍人命로부터 시작되었다고 합니다.[29] 본관지本貫地에 대해서는 여러 가지 설이 있어 정하기 어려운 형편입니다. 초기에는 미노美濃(현재 나고야 인근 북쪽)·히다飛騨 등에 살다가 후에 오와리 구니조尾張國造로 되었다고 합니다. 유라쿠倭武 시대에는 아츠타熱田(나고야 남부 지역)의 남쪽으로 거점을 옮겼다고 합니다. 잘 아시다시피 미노는 바로 덴무 천황의 고향입니다.

1992년 교토의 한 신사에서 공개된 씨족계보도에 따르면[30], 모노노베씨物部氏와 오와리씨尾張氏는 천손족으로 아메노호아카리노미고토 또는 니기하야비노미고토饒速日命를 시조로 하는 집안으로 되어 있습니다.[31] 이 모노노베씨가 바로 소가씨와 불교를 사이에 두고 일전을 벌인 바로 그 씨족입니다. 그런데 돗토리鳥取현의 한 신사에 남아 있는 고계도에 따르면 니기하야비노미고토(아메노호아카리노미고토)가 이즈모계出雲系의 오나무치노미고토大己貴神의 자손이라고 명기되어 있다고 합니다.[32] 바로 이 이즈모계가 신라계를 의미할 수가 있습니다. 이

---

29 『日本書紀』 卷第2의 一書(第6 第8).

30 1992년 교토부 미야즈시(宮津市)에 있던 고모(籠) 신사에 전해오는 「籠名神神社祝部氏系図」와 「籠名神宮祝部丹波國造海部直等之氏系図」 등이 국보로 지정되었고 이 전문이 공개되었다.

31 『고사기』나 『일본서기』의 기록에는 아메노호아카리노미고토(天火明命)와 니기하야비노미고토(饒速日命)를 같은 인물로 보고 있지 않다. 다만 『일본서기』에는 "天照國照彦天火明櫛玉饒速火尊"이라고 하여 이름은 보인다. 즉 아메노호아카리노미고토는 "天照國照彦火明命"이라고 기록되어 있다. 그런데 헤이안 시대 초기에 『신찬성씨록』에서 모노노베씨를 천손족(天孫族)이 아니고 보통의 천신족(天神族: 토착화된 호족)으로 기술하자 모노노베씨가 이에 크게 반발하여 『先代旧事本紀』를 편찬하여 아메노호아카리노미고토와 니기하야비노미고토는 동일인이고 이로부터의 후손들인 오와리씨와 모노노베씨는 동족이라고 주장했다. 현재는 대체로 이 견해들을 받아들이고 있다고 한다. 이에 대한 구체적인 내용은 安本美典, 『古代物部氏と先代旧事本紀の謎』(勉誠出版: 2000) 참고.

32 돗토리현(鳥取県) 이나바이치노미야우배(因幡一宮宇倍) 신사에 「因幡伊福部臣吉志」라고

552

즈모 지역은 앞서본 대로 스사노오(가야계)가 일본으로 건너온 곳이기도 하고 항로를 따라가면 신라계가 가장 먼저 닿을 수 있는 곳이기도 합니다.

더구나 앞서본 대로 6세기경의 고대 역사 기록인 『구사기舊事記』의 「천손본기天孫本紀」에는 '모노노베物部' 가문에 대한 상세한 계보가 밝혀져 있는데, 이 가문이 바로 신라 신도 제사를 담당해온 씨족입니다.

이상을 보면 어린 덴무를 키우고 후일 성년이 된 덴무를 도와 정권 창출의 가장 큰 도우미역할을 했던 오와리씨는 아무래도 신라계 호족이거나 아니면 신라계와 밀접한 관련이 있었을 가능성이 분명히 있다는 것을 알 수가 있지요.

여섯째, 간무 천황은 나라奈良에서 헤이안平安으로 천도를 합니다. 이것은 한편으로는 덴무 천황에 의해 혼탁해진 천황가를 일신하려는 시도로 보입니다. 이 부분을 좀 더 살펴봅시다.

보귀원년寶亀元年(770년)에 쇼토쿠 천황이 붕어합니다. 이 독신의 여제女帝에게는 후사가 없었고 거듭되는 정변으로 인한 숙청으로 덴무 천황의 자손인 황족마저 없어집니다. 그래서 덴지 천황의 손자인 시라카베白壁 왕이 천황으로 추대됩니다. 당시 시라카베 왕의 부인은 이노우에井上 내친왕內親王이고 이들 사이에 아들인 오사베他戸 왕이 있었습니다. 이 두 사람은 각각 황후와 황태자로 책봉되었다가 772년 천황을 저주한 대역죄로 모두 폐위되었고 775년 모두 변사합니다. 이로써 덴무 천황의 황통은 완전히 끊어지게 됩니다.

이 사건은 모종의 정치적인 음모에서 비롯되었습니다. 즉 시라카

___

하는 고계도가 남아 있다.

베 천황이 추대된 것은 오히려 덴무의 직계인 이노우에 내친왕과 오사베 왕 때문이라고도 볼 수 있는데, 이 두 사람이 전격적으로 제거되어버린 것입니다. 시라카베 왕, 즉 고닌 천황은 다른 부인인 야마토노 니카사和新笠와의 관계가 더욱 깊었던 것 같습니다. 그래서 이 둘 사이에서 태어난 유능한 맏아들인 야마베山部 왕을 옹립하려는 시도가 이미 이전에 있었습니다.[33] 야마베 왕은 처음에는 황태자로 책봉될 것이라는 생각은 꿈에도 하지 못하고 그저 관료로서 출세하기 위해 시종侍従·대학두大學頭·중무경中務卿 등을 두루 거칩니다. 바로 이 사람이 간무桓武 천황(재위 781~806년)입니다.

어떤 의미에서 덴지 천황계인 고닌 천황을 정점으로 덴무계(친신라계)인 이노우에 황후와 백제계(부여계)인 야마토노 니카사 비妃가 대립하고 있었던 것이지요. 이 시점에서 고닌 천황은 야마토노 니카사를 선택한 것으로 볼 수 있습니다. 덴무계의 조정에서 시라카베 왕을 천황으로 추대한 것은 모계라고 해도 덴무 천황의 혈통을 받은 마지막 황족인 오사베 왕으로 하여금 천황위를 계승케 하기 위한 것이었습니다. 즉 시라카베 왕은 그저 중간 다리 역할만 하면 되는 것이었지요. 그런데 이 기회를 놓치지 않고 정통 부여계가 천황가를 확실히 장악해버린 것입니다. 이것이 고닌 천황·간무 천황의 주요한 역할이었던 것입니다.

지금까지 우리는 덴지 천황과 덴무 천황의 수수께끼들을 살펴보았습니다. 다만 이 부분들은 아직까지도 많은 부분이 베일에 싸여 있

---

33 이전에 이미 시라카베(白壁) 왕의 옹립을 결의한 동지들인 후지와라노 요시쓰구(藤原良継)·모모가와(百川) 형제는 고닌 덴노의 서장자로 자질이 영매한 야마베(山部) 왕을 황태자로 세울 것을 요구했다.

기 때문에 제가 한 분석들이 반드시 타당하다고만 볼 수는 없을 것입니다. 말씀드린 대로 저는 부여계의 흐름을 중심으로 고찰하면서 그 의문점들을 살펴본 수준에 불과합니다. 다만 이 부분들은 일본사의 전문적인 영역이므로 한국의 일반 독자가 헤아려 알기에는 상당히 어려운 부분이었습니다.

23장 덴무, 세상을 속이다

들어가는 글 "폐하, 논어論語라도"

열도 역사의 대표적인 화두는 바로 천황天皇입니다. 일본 천황은 실권도 없는 명목상의 통치자이지만 일본을 상징합니다. 오히려 실권이 없었기 때문에 1,000년 이상을 유지할 수 있었던 것이 또한 천황제입니다. 그러나 일본의 역사적 분기점에서 천황은 매우 중요한 역할을 수행하기도 합니다.

7세기 중엽에 이르자 야마토 정권은 왕권강화를 위해 당나라의 율령제를 모방하여 정치개혁인 다이카 개신大化改新(646년)을 시작합니다. 그후 율령제의 기초가 무너지고 귀족세력이 대두하면서 다시 천황권이 약화되었고, 이 과정에서 지방의 무사세력이 강대해집니다. 이들이 독립하면서 강력한 무사집단으로 변모했으며 이들이 통치권을 행사하게 된 것이 바쿠후체제幕府體制입니다. 바쿠후체제는 무사계급이 군사력을 바탕으로 독자적인 권력과 조직을 가지고 통치한 정치형태입니다. 1185년 가마쿠라 바쿠후 수립 이후, 일본의 역사는 아시카라足利 바쿠후-전국 시대戰國時代-오다 노부나가織田信長·도요토미 히데요시豊臣秀吉-도쿠가 와德川 바쿠후(에도 바쿠후)로 전개됩니다.

천황의 본질을 파악하기란 여러모로 어려운 일입니다. 요즘도 천황에 대한 보도가 많지 않기 때문에 일반인들은 천황의 존재를 느끼기도 어렵습니다. 그런데 일본 왕실에 경조사가 있을 때는 매우 다른 양상을 보이게 됩니다. 대부분의 국민이 마치 자기 일처럼 기뻐하기도 하고 슬퍼하기도 합니다. 어떤 의미에서 천황 가족의 출생은 일본의 영속성이 유지된다는 의미로 파악됩니다.

지나간 역사를 돌이켜보면, 천황은 정치적 실권이 없는 상태로 있다가 정치적 변혁기에는 실제로 권력을 장악하기도 합니다. 그러다가 좀 시간이 지나면 또 그 권력이 약화되어 원래대로 돌아갑니다. 그래서 천황은 힘이 있다고 보기도 어렵고 또 없다고 보기도 어렵습니다.

재미있는 것은 천황에 대한 정치권의 태도입니다. 1930년대 일본이 군국주의로 치달아 대동아 공영권을 꿈꾸던 당시 천황은 개인적으로 생물학에 대한 연구에 몰두하고 있었다고 합니다. 그러니까 천황은 정치문제에 별로 관심이 없었고, 대부분의 일들은 군부가 처리하고 있었던 것이지요. 제가 보기엔, 어차피 천황이 관여한다고 해서 군부의 동향을 통제할 수 있는 상황도 아니었습니다.

그런데 당시 군부는 천황에 대해 크게 우려합니다. 그래서 천황을 알

현하여 "폐하, 폐하께서는 이 비상시국에 생물학 연구나 하고 계시다니 될 법이나 한 일입니까?"라고 힐난합니다. 그리고 천황은 시종으로부터 "폐하께서 너무 자연과학에 기울어지시는 것보다는 하다못해 논어論語라든지 뭐든지 한문선생이라도 부르셔서 들으시면 어떻겠습니까?"하고 주의를 받았다고 합니다. 이 이야기는 『하라다 구마오 일기原田熊男日記』에 나오는 내용입니다. 천황이 마치 엄한 부모나 과외선생을 만나서 닦달을 당하는 것처럼 보이기도 합니다.

그래서 유명한 정치학자 이시다 다케시石田雄 교수는 "천황이 무력화된 것이 오히려 천황을 더욱 신비화·절대화하는 아이러니를 낳고 있다"고 말하고 있습니다.[1]

일본 군국주의는 태평양전쟁을 통해서 절정에 달합니다. 당시 일본의 군부는 천황, 즉 대원수가 직접 통수하는 '천황의 군대'임을 자랑했습니다. 군부는 천황의 권위를 절대시하고 "상관의 명을 받드는 것을 곧 짐의 명령을 받듯이 하라"(『군인칙유軍人勅諭』)고 함으로써 일본 군대는 엄격한 계급 구별과 상급자에 대한 절대복종으로 다져져 있었습니다. 그런데 이 시기의 천황은 앞서본 대로 실권이 거의 없는 존재였습니다.

---

[1] 이시다 다케시, 「이데올로기로서의 천황제」, 차기벽·박충석 편, 『일본현대사의 구조』(한길사: 1980), 100쪽. 이시다 다케시 교수는 마루야마 마사오와 더불어 태평양전쟁 전기 일본의 천황제가 파시즘적 지배를 가능하게 한 사회적 기반을 찾고자 노력해온 학자로 『근대일본정치구조의 연구』(1958)에서 천황제를 이데올로기로서 파악하고 있다.

1,000만 명에 달하는 일본제국의 군인들은 실제로는 군부나 이와 관련된 일부 재벌과 같은 특정 권력에 몸을 바치는 상황인데도, 제국주의 시대 일본 군부는 전쟁을 마치 일본을 대표하는 신적인 존재, 즉 천황을 위해 죽는 성전聖戰의 형태를 띠게 만들었습니다. 그러니까 군부나 특정 정치·경제세력들로서는 약간의 양보로부터 엄청난 열매를 거두고 있습니다. 남아도 많이 남는 장사지요.

천황의 탄생

유구한 부여계의 역사에서 부여계로서의 일본의 역할이 강조되는 시기는 6세기 이후라고 할 수 있습니다. 6세기부터 반도부여는 상대적으로 약화되고, 신라가 강력한 세력으로 성장함에 따라 반도부여의 고뇌가 깊어집니다. 따라서 부여의 숙적인 고구려와의 관계에 있어서 헤게모니가 반도부여에서 열도부여로 넘어갑니다.

6세기 열도와 반도의 관계를 기록상에 나타난 부분만으로 살펴봅시다. 김현구 교수는 당시 열도부여와 반도부여의 관계를 다음과 같이 요약합니다.[2]

1) 열도(야마토 정부)는 임나에 3회에 걸쳐 사자를 파견.
2) 임나는 열도에 5회에 걸쳐 사자를 파견.
3) 열도는 15회에 걸쳐 반도에 사신을 파견하거나 군사적 지원을 제공.
4) 반도는 24회에 걸쳐 선진문물을 제공하거나 사자를 파견.

당시 열도부여(야마토)에서는 고구려나 신라에 대해 사신을 파견하지 않았지만 고구려나 신라는 열도부여에 대해 각각 2회에 걸쳐서 사신을 파견한 것으로 나타나고 있습니다. 당시의 세력판도나 정세가 급변한 것이 원인으로 추정됩니다. 반도부여의 군사지원 요청에 대해 열도부여는 10회에 걸쳐 말, 배, 화살, 군량 등의 군수물자를 제공하고 있습니다. 이는 열도부여가 신라와 고구려에 대해 냉담한 반

---

2 김현구, 「6세기의 한일관계사」, 『한일역사 공동연구보고서 1』(한일역사공동연구위원회: 2005), 391쪽.

응을 보이는 것과는 매우 대조적인 것으로, 열도부여와 반도부여 사이의 유기적 연관성을 설명하는 중요 자료입니다. 또한 반도부여가 관산성전투(554년)를 전후로 열도에 독촉사를 5회 이상 파견했다는 점도 특기할 사항입니다.

사토 쓰구노부佐藤信 교수에 따르면, 6세기 왜의 대왕은 후일 일본 율령국가와 같은 일원적인 중앙집권체제를 확립하지 못했다고 합니다. 일본 학계에서는 엄밀한 의미에서 고대국가가 형성되는 것은 6세기 이후라는 견해가 지배적입니다. 사이타마埼玉 고분군, 이나리야마稲荷山 고분군에서 출토된 철제 검에 새겨진 명문에 의하면 와카 다케루 대왕(유라쿠 천황: 곤지왕으로 추정됨) 시대인 5세기 후반 열도에서는 연합정권적 성격에서 중앙집권적 성격으로 일련의 변화가 나타나고 있습니다.[3]

즉 6세기까지 열도에서는 야마토 정부와 지방호족들 사이에 많은 갈등이 있었고, 이 반란의 시대가 끝난 뒤인 7세기경에 지방제도가 점차 정비되고 있습니다. 야마토의 대왕大王과 중앙호족과 지방호족과의 관계는 아직은 대왕大王(오키미)과 왕王·군君(기미)이라는 규모의 대소관계에 머물러 있기는 하지만 오키미가 막강한 권위와 권력을 확립하여 스메라미코토天皇가 된 것은 7세기 후반이었습니다. 즉 일본의 국가원수를 의미하는 천황이라는 칭호도 이 시기, 즉 덴지天智 천황의 기간 중이나 『일본서기』의 편찬기인 7세기 후반을 즈음해서 나타났다는 것이 통설입니다.

---

[3] 佐藤信, 「6세기의 왜와 한반도 제국」, 『한일역사 공동연구보고서 1』(한일역사공동연구위원회: 2005), 397쪽.

종합적으로 고찰해볼 때 호족들의 복잡한 세력관계를 종식시킨 대왕은 덴지 천황이고, 이 시기 이후부터 '명실공히' 열도의 주요 지역들을 통일하여 중국과 유사한 중앙집권적 고대국가가 형성되었던 것으로 보입니다. 그렇기 때문에 전 행정력과 전 국력을 동원하여 반도부여(백제) 부흥군의 해외파병이 가능했던 것입니다. 그리고 이 중앙집권적 고대국가가 제대로 뿌리를 내리게 한 것이 덴무·지토 천황의 시기였습니다. 덴지-덴무를 거치면서 이제 천황권력은 신적인 단계에 진입합니다.

천황이라는 말은 어떤 의미가 있을까요? 먼저 다른 쥬신의 경우들을 살펴봅시다. 쥬신 천하기(5호16국 시대)에서 이 16국의 군주들은 황제, 왕, 공, 대선우 등으로 다양하게 불렸습니다. 물론 16국 전부가 군주를 황제로 일컬었던 것은 아니지요. 칭제稱帝(군주를 황제로 부름)한 나라는 성한成漢·전조前趙·염위冉魏·전연前燕·전량前涼·전진前秦·서연西燕·남연南燕·후진後秦·하夏·북위北魏 등 13개국인데 이들 나라 군주 대부분은 초기에는 왕王 또는 천왕天王이라 일컫다가 뒤에 황제로 등극합니다. 여기에는 천왕의 칭호가 다수 사용되고 있는데, 천왕은 주周왕조의 왕을 나타내는 말로『춘추春秋』와『순자荀子』등에 보이고『사기』와『삼국지』에서는 황제의 의미로 사용되었습니다. 이 쥬신 천하기에는 천왕이 바로 황제에 준하는 의미로 사용되었습니다.[4]

그런데 천황이라는 호칭은 고대 중국이나 한국의 사료에서는 나타나지 않습니다. 천황은 어떤 의미에서 유목민인 천손족天孫族의 전통과 농경민인 황제의 정치적 전통이 결합한 것으로 볼 수 있습니다.

---

[4] 三崎良章,『五胡十六國』(景仁文化社: 2007), 157쪽.

거시적으로 본다면 농업과 유목을 겸했던 원부여계의 역사를 상징적으로 나타낸 것으로도 볼 수 있습니다. 또 다른 면에서는 천황이라는 호칭은 천손족이 열도로 진출하여 토착민들을 다스리는 과정에서 나타난 열도 고유의 군주개념으로, 여기에 '중화의식'이 결합하여 생성된 것으로 볼 수도 있습니다.

천황은 일본의 고유음으로는 '스메라미코토すめらみこと'라고 읽고 한자음으로는 덴노天皇로 읽습니다. 천황은 제사장의 의미인 천자天子와 현세의 군주인 황제를 합한 개념으로 단군왕검과 거의 같은 개념입니다. 이 점에서 일본은 쥬신의 전통을 가장 오래 간직하고 있다고 볼 수 있습니다. 천황은 천손이기 때문에 원칙적으로 천황의 자매나 딸과만 결혼할 수 있습니다. 이른바 신들의 결혼인 셈인데, 이것이 근친혼의 원인이기도 합니다. 그러나 쇼무聖武 천황이나 현재의 아키히토明仁 천황은 민간인과 결혼했습니다.

좀 더 깊이 들어가 보면, 엄밀한 의미에서 천황이란 황제가 가진 순 인간적인 개념도 아니고 단군왕검이 가진 반신반인半神半人의 개념과도 차이가 있습니다. 즉 단군왕검은 토착민과의 결합(융합)이 강조된 반신반인의 개념입니다. 그러나 열도에서 사용하는 천황의 개념은 문자 그대로 아라히토가미現人神나 아키즈가미現神(살아 있는 신), 즉 '하늘의 황제'라는 개념입니다. 천손족天孫族의 원형이 오히려 더욱 강화된 형태로 나타납니다. 이 같은 개념이 나타난 것에는 두 가지의 가능성이 있습니다. 하나는 천손족들인 유목민들이 이리저리 옮겨다니면서 오히려 민족 정체성을 더욱 강화한 형태일 수도 있고,[5] 다른 하

---

5   상세한 설명은 김운회, 『대쥬신을 찾아서 1』(해냄: 2006), 4장 참조.

나는 문화나 무력의 격차가 토착민에 비하여 월등한 경우 '정벌자'의 입장에서 자신의 정체성을 파악한 개념으로 볼 수 있습니다.

천황의 호칭은 비조정어원령飛鳥淨御原令(681~685년)의 공식령公式令에서 처음으로 공식적으로 사용되었으며, 사료상으로는 대체로 682년경으로 보고 있습니다. 천황에 대한 가장 오래된 기록은 나라현 하세데라長谷寺에서 소장하고 있는 법화설상도法華說相法圖에 있는 문구(奉爲飛鳥淸御原大宮天下天皇敬造)로 알려져 있습니다.

우리는 여기서 보다 심각하고 중요한 사실을 지적할 수 있습니다. 천황이라는 말이 대체로 7세기 이후 구체적으로는 백제(반도부여)의 멸망기에 구체화되고 있다는 것입니다. 반도부여의 몰락으로 부여계는 심각하게 위축되고 있는데 왜 다른 한편에서는 천황이라는 개념이 나타났을까요?

일단 열도부여는 반도부여라는 형제국가가 소멸되는 아픔은 있었지만 다른 한편으로는 정치적 부담이 없어지기도 했습니다. 반도부여의 제왕이 존재할 때에는 천황이라는 호칭을 공식적으로 사용할 수 없었을 것입니다. 그래서 반도부여의 멸망은 천황의 지위를 정립하는 하나의 계기가 되었을 것입니다. 이것은 열도부여가 부여계의 맹주 지위를 갖게 되면서 나타난 자연스러운 현상으로 볼 수 있습니다.

『일본서기』에 따르면, 덴지 천황은 백제부흥군을 파병하면서 왜에 머물러 있던 의자왕의 아들인 여풍장余豊璋을 백제왕으로 봉합니다. 이 행위는 천황이 주변의 나라에 대해 소중화주의적인 지배체제를 구축하려는 시도를 공식화했음을 의미하기도 합니다. 그리하여 7세기 후반에 열도에서는 천황에 대한 존칭으로 아라히토가미나 아키즈가미(살아 있는 신)라는 말이 등장하는데, 이 말은 진신壬申의 쿠데타 (672년)를 전후로 천황권력이 더욱 강화되면서 나타난 말이라고 합니다. 당시 역사가 편찬되면서 천황가는 아마테라스의 적손이라는 것을 강조하기 위해 스메미마노미코토皇孫尊, 히노미코日御子라는 호칭이 일반화되기 시작했다고 합니다.[6] 물론 실제에 있어서 아마테라스나 스사노오는 가야계이고 야마토 왕조는 부여계이기 때문에 서로 동일계열은 아니지요. 다만 이것은 보다 정치적인 목적이 강한 것입니다.

즉 열도에서는 아마테라스가 태양신으로 널리 인식되고 있으니, 그 명에 따라서 일본을 통치함으로써 정치적 정통성과 정당성을 가질 수 있다는 생각으로 신화와 역사를 한데 묶은 것입니다. 이런 점들을 보면 부여계는 이리저리 모으고 통합하여 하나로 만드는 데 놀라운 재능을 가진 듯합니다. 하여튼 열도 군주의 지위가 대왕大王에서 천황으로 변화해갔으며 열도는 율령국가의 형성으로 나아갔습니다.[7] 이 점은 『수서隋書』에서도 확인됩니다.[8]

그러나 다른 한편에서 본다면, 덴지 천황이 『일본서기』를 편찬했다면 전혀 다른 형태가 되었을 것입니다. 부여계 천손을 중심으로 편찬을 했을 것이라는 말입니다. 만약 그렇게 했다면, 오늘날과 같이 일

---

6 김현구, 『백제는 일본의 기원인가』(창비: 2007), 187쪽.

7 佐藤信, 「6세기의 왜와 한반도 제국」, 『한일역사 공동연구보고서 1』(한일역사공동연구위원회: 2005), 405쪽.

8 "有軍尼一百二十人, 猶中國牧宰. 八十戶置一伊尼翼, 如今里長也. 十伊尼翼屬一軍尼. 其服飾, 男子衣裙, 其袖微小; 履如 形, 漆其上, 繫之脚. 人庶多跣足, 不得用金銀爲飾. 故時, 衣横幅, 結束相連而無縫, 頭亦無冠, 但垂髮於兩耳上. 至隋, 其王始制冠, 以錦綵爲之, 以金銀鏤花爲飾"(『隋書』「東夷傳」倭國).

본 고대사가 '비밀의 커튼' 속에 감춰지지도 않았을 것입니다. 아마 덴무는 자신의 출생과 진신의 쿠데타에 대한 많은 의혹이 있었으므로 초기의 가야계 신들도 포용하고 후기의 부여계 천손족들의 역사가 이들을 계승한 형태로 편찬함으로써 자신에 대한 많은 의혹들을 불식시키려 했던 것으로 보입니다. 이런 의미에서 덴무는 역사왜곡의 원흉이자 부여계 역사 전체를 혼란에 빠트린 천황이라고 할 수 있습니다. 쥬신의 역사에서도 매우 불행한 사태가 발생한 것입니다.

지금까지 보아온 대로 『일본서기』는 너무 많은 일들을 짜깁기하고 새로 만들어 쓰기도 했습니다. 그러다 보니 다른 일반적인 사서들과는 달리 『일본서기』는 암호해독을 하듯이 읽어야 할 지경이 되었습니다.

근대 일본의 대표적 사가인 쓰다 소기치津田左右吉는 『일본서기』가 편찬자의 천황 중심제의 시각에서 전체적으로 개작되었다고 했고,[9] 미시나 아키히데三品彰英는 『일본서기』의 내용은 '백제삼서百濟三書'를 그대로 전제한 것이라고 지적하기도 했습니다.[10] 그런데 천황의 개념이 반도부여의 멸망 이후 성립된 것으로 본다면 반도부여(백제 또는 남부여)의 역사는 극도의 왜곡을 거치지 않으면 안 되었겠지요?

이노우에 히데오井上秀雄 교수는 6세기 이전의 문헌사료들은 불확실하다고 지적했고[11], 야마오 유키하사山尾幸久 교수는 일본으로 망명한 백제인 또는 백제 왕족들의 후손들이 자기들이 가지고 있던 자료 가운데서 백제가 일본에게 협력한 부분들을 조작·재편집하여 『일

---

9 津田左右吉, 『古事記及日本書紀の硏究』(岩波書店: 1924).

10 三品彰英, 『日本書紀朝鮮關係記事考證 上』(吉川弘文館: 1962).

11 井上秀雄, 『任那日本府と倭』(東出版: 1973), 28~29쪽.

본서기』의 편찬자들에게 제출한 것으로 보고 있습니다.[12] 따라서 백제의 역사를 기록한 책들이 있었는데 그 가운데 중요한 것이 이른바 '백제삼서百濟三書'였고, 이 기록들이 일본 조정에 제출되어 천황을 중심으로 다시 서술 개작된 것이 바로 『일본서기』라고 할 수 있습니다. 편찬이 40여 년에 걸쳐 이루어졌기 때문에 상당히 오랜 기간을 조직적으로 작업했음을 알 수 있습니다.

사람들은 어떤 경우라도 초기의 역사를 신화화하는 것까지 비난하지 않습니다. 세상 사람들이 그것을 수용한다기보다는 건국과 관련한 영웅들의 일대기를 찬양하는 것까지도 수용할 정도의 넉넉함을 가지고 있다는 말입니다. 그러나 『일본서기』는 이런 정도의 단계를 훨씬 뛰어넘어 복합적인 열도의 역사 전체를 하나의 패러다임 속으로 몰아넣어 세상을 속이려 한 것입니다. 그 시작은 덴무 자신의 출생과 관련된 비밀을 은폐하기 위한 것이지요. 그러니까 거짓말은 그것을 감추기 위해 다른 거짓말을 낳고, 또 그 거짓말은 또 다른 거짓말을 낳는 법입니다.

『일본서기』는 '권력을 통한 역사의 지배'라는 좋지 않은 선례를 남긴 대표적인 사례입니다. 대부분의 군주들은 이 같은 유혹에 빠질 수밖에 없습니다. 덴무는 이 유혹을 이겨내지 못했고, 결국 『일본서기』는 그 유혹의 결과물이 되었습니다. 그러다 보니 『일본서기』에 과장되거나 날조된 기록들이 후일 다른 구실로 악용되는 일들이 나타나게 됩니다. 예를 들어, 근초고왕이 한반도 남부와 열도로 진출한 것이 거꾸로 영문을 알 수도 없는 진구 황후의 이야기로 둔갑하여 피를 나

12　山尾幸久,「百濟三書と日本書紀」,『古代の日韓關係』(塙書房: 1989).

눈 형제국가인 한반도를 침략하는 구실이 되는 어이없는 일들이 벌어집니다.

어쨌든 백제의 멸망은 강력한 천황 개념의 성립과 더불어 유구했던 부여계의 역사가 전혀 다른 방향에서 새로 쓰이는 계기가 됩니다. 즉 반도부여(백제)와 고구려가 멸망한(668년) 뒤 제40대 덴무 천황(재위 672~686년) 때에 부여계의 역사를 모두 열도부여를 중심으로 편찬하게 되는데, 이 책이 바로『일본서기』입니다.

그동안『일본서기』에 대한 학문적인 연구는 반도나 열도에서 헤아릴 수도 없을 정도로 많습니다. 그 많은 연구들을 제가 다 아는 바도 아닙니다. 그래서 저는『일본서기』에 대해 기존의 학문적인 연구를 답습하는 것이 아니라 대체적인 내용을 소개하면서 유구한 부여의 역사에서 나타나는 의미를 중심으로 살펴보고 있습니다.

우지노카미와 무쿤다

『일본서기』에 대한 구체적인 논의에 앞서 야마토 지역 호족들의 성씨제도를 먼저 살펴볼 필요가 있습니다. 야마토 정권이 수립되어갈 당시 야마토 지역에는 여러 호족들이 있었습니다. 이들 호족들은 각자 우지氏(씨)라는 고유한 명칭을 가지고 있어 자신의 정체성을 유지했다고 합니다. 우지 가운데서 그 우두머리가 되는 호족을 우지노카미氏上(씨족의 장)라고 하고 그 휘하의 사람들은 우지비토氏人(씨족인들)라고 했습니다.

그런데 우지노카미와 우지비토들은 자신이 하고 있는 일에 따라서 각자의 성姓을 하사받았는데 이를 가바네姓라고 합니다. 그러니까 야마토 조정이 정치적 또는 사회적인 신분을 나타내기 위해 붙인 것으로도 볼 수 있습니다. 이와 같이 우지의 조직을 기반으로 하여 가바네에 의해 서열화된 열도의 신분질서를 씨성제도라고 합니다. 예를 들어, 중앙정치는 오미大臣씨, 오무라시大連씨 호족이, 군사는 오토모大伴씨, 모노노베物部씨 등이 담당했다고 합니다. 여기서 말하는 오미라든가 오무라시 등의 장관급의 높은 계급들의 우지는 세습적으로 사용됩니다.

이러한 성씨제도는 중국의 성씨제도가 정착된 반도와는 많이 다르게 보일 것입니다. 그러나 이 제도는 만주쥬신(만주족)과는 매우 유사한 특성들이 나타납니다. 만주에서 시베리아 연해주 일대까지 광범위하게 거주하는 사람들의 씨족 시스템을 한번 살펴봅시다.

북만주의 오로촌족에는 부계씨족공동체가 있는데, 이 공동체의 이름은 무쿤Mukun 또는 Mokun으로 씨족 내부의 모든 일은 씨족장에 해당하는 무쿤다穆昆達가 총괄하고 있습니다. 오로촌족은 족보를 바로잡기 위해 3년에 한 번 정기적으로 무쿤대회를 열며, 무쿤다를 뽑기 위해 10년에 한 번 무쿤대회를 연다고 합니다.

여기서 말하는 무쿤은 만주쥬신(만주족)의 경우와 거의 동일합니다. 원래 무쿤은 만주족의 씨족집단을 가리키는 말이었는데, 만주족이 반도(Korea)와 열도(Japan)를 제외한 전체 쥬신 지역을 평정함으로써 이 무쿤이 일반적인 통구스 씨족집단을 가리키는 말로 사용된 것입니다. 무쿤 대신 로드Rod라는 용어를 사용하기도 합니다.[13] 이를 좀

---

13 임봉길, 「동북시베리아지역 통구스(Tungus)족의 민족정체성(Ethnic Identity)의 형성과 변화」, 『지역연구』3권 4호(1994 겨울), 146쪽.

더 구체적으로 봅시다.

만주족의 성씨는 하라Hala, 哈拉와 무쿤Mukun 또는 Mokun, 穆昆으로 나뉘지는데, 하라는 큰 혈연집단이고 무쿤은 씨氏에 해당한다고 합니다. 쉽게 말해서 하라가 김씨라면, 무쿤은 경주 (김씨), 안동 (김씨), 부안 (김씨), 전주 (김씨) 등을 말하게 됩니다. 청나라 때 편찬된 『만주어 사전』에는 하라는 성姓, 무쿤은 족族으로 번역합니다. 이를 토대로 족내혼族內婚을 금했습니다. 그러니까 무쿤은 한국식으로 말하면 본관本貫인 셈이지요.

예를 들어, 청나라 황제의 성씨인 아이신조뤄愛新覺羅는 하라인 조뤄覺羅와 무쿤인 아이신愛新을 붙여 쓴 것입니다. 반도에서 "경주 김씨"라고 말하는 식입니다. 즉 조뤄에 속하는 하라(부족)들 가운데 아이신Aisin, 愛新이라는 무쿤에 속하는 사람이라는 뜻입니다. 따라서 청태조 아이신조뤄 누루하치는 조뤄gioro, 覺羅라고 하는 하라Hala 내에서 아이신(황금이라는 의미)이라는 무쿤에 속하는 씨족이라는 의미지요. 누루하치는 이 사람의 휘諱입니다.

고대 일본에서도 사람들의 이름을 부를 때 반드시 '○○ 집안의 ○○'라는 식으로 사용했습니다. 지금까지 많이 보셨겠지만 예를 들어 '蘇我入鹿'이라고 쓰고 읽을 때는 소가노 이루카蘇我の入鹿, '中臣鎌足'이라고 쓰고 나카토미노 가마타리中臣の鎌足로 읽습니다. 즉 소가 집안의 이루카, 나카토미 집안의 가마타리라는 의미지요. 그러니까 소가蘇我씨라는 등의 일본의 성에는 반도에서 사용하는 김씨나 박씨, 이씨 등의 개념보다는 훨씬 더 구체적이면서 씨족적인 개념을 포함하고 있습니다. 이 개념은 반도에서 '김해 김씨'에 가까운 말입니다.

당연한 말이겠지만, 하나의 하라 안에는 여러 개의 무쿤이 있을

수 있습니다. 예를 들면 청나라 때 공신들에게도 성을 내렸는데 주
로 하라까지만 내렸다고 합니다. 만약 청나라 황제인 아이신조뤄 누
루하치가 자신의 공신에게 시린조뤄西林覺羅라는 성을 하사했다고 하
면, 청 황제는 그를 같은 성씨를 가진 사람으로 인정하고 받아들이
지만 황족까지는 인정한 것은 아니라는 뜻입니다(예를 들어 김씨 성은 하
사하지만, 경주 김씨까지는 주지 않는다는 식입니다). 만약 절대적으로 신임하여
그에게 아이신조뤄까지 성을 하사했다고 하면 그는 황족皇族이 되는
것이지요. 여기서 시린西林은 조뤄에 속하는 또 다른 무쿤이 되는 것
입니다.

어떤가요? 약간의 차이가 없는 것은 아니지만 대체로 쥬신의 씨족
들이 어떻게 구성되고 분화되어갔는지를 알 수가 있지요?

『일본서기』의 역사적 의미

반도부여(백제)의 멸망 이후 열도는 당시의 현실을 국가적인 위기상
황으로 받아들이고 본격적인 체제정비에 나선 것으로 보입니다. 이
와 관련된 기록은 덴지 천황 9년 조로 670년을 전후하여 나타납니
다. 열도의 조정은 작위를 세분화하고 정기적인 승진제도를 갖추었
으며, 상급 관인을 배출할 수 있는 씨氏를 특별히 정하여 특정한 씨족
들과 관위에 대해 일정한 질서를 정하여 여러 씨족들을 효과적으로
통제할 수 있게 되었습니다. 나아가 씨의 위계를 세우면서 그 족보를
국가가 관리합니다.

이 같은 체제의 정비는 개별적으로 존재하던 씨족들을 하나의 국
가 지배체제의 통제하에 둠으로써 천황과 신료의 관계를 보다 명확

하게 하는 계기가 되었습니다.[14] 또 다른 한편으로는 호적을 작성하여 국민에 대한 효과적인 지배체제를 구축했고 국가적인 토지소유제를 지향하게 됩니다.

684년 덴무 천황은 8색의 성을 제정하여 정비합니다. 『일본서기』에 따르면, "모든 씨족들의 성을 고쳐서 팔색八色의 성을 만들어 천하의 모든 성들을 합했다. 그 순서는 진인眞人, 조신朝臣, 숙이宿禰, 기촌忌村, 도사道師, 신臣, 연連, 도치稻置이다.[15] 같은 날 수산공守山公, 로공路公, 고교공高橋公, 삼국공三國公, 당마공當麻公, 자성공茨城公, 단비공丹比公, 저명공猪名公, 판전공坂田公, 우전공羽田公, 식장공息長公, 주인공酒人公, 산도공山道公 등의 13씨에게 성을 하사하여 진인이라고 했다"라고 기록하고 있습니다.[16]

이러한 조치는 많은 성씨들을 분류하는 한편, 상위 네 개의 가바네姓인 진인·조신·숙이·기촌 등을 특별히 분류하여 중앙귀족과 지방호족 간의 차별을 명시한 것입니다.

685년에는 작위를 재정비하여 제신諸臣의 작위爵位를 48등급으로 세분화합니다. 이와 더불어 지방을 국國·군郡·리里·호戶 등으로 편성합니다. 열도에서는 7세기 말부터 도성들이 본격적으로 건설되기 시작했는데, 후지와라쿄藤原京(현재의 나라현 남부), 헤이세이쿄平城京(현재의 나라시), 헤이안쿄平安京(현재의 교토시) 등이 그 예입니다. 이 도성은 권력을

---

14 山尾幸久, 「甲子の宣の基礎的な考察」「律令國家への轉換と東アジア」, 『日本史論叢3』; 熊谷公男, 「天武政權の律令官人化政策」, 『日本古代史研究』(吉川弘文館: 1980).

15 이 가운데 조신(朝臣), 즉 아손은 제2위로 황별씨족(皇別氏族)의 유력자들에게 주어진 성이라고 한다. 그러다가 후에는 유력한 인사들이 전부 아손을 칭하게 되었다고 한다. 김현구, 앞의 책, 154쪽.

16 『日本書紀』天武天皇 13年.

대외적으로 표출하는 하나의 공간으로서의 상징적인 의미도 함께 지녔습니다.

이와 같이 덴지 천황을 이어 즉위한 덴무 천황은 각종 체제들을 정비합니다. 그리하여 왕권을 강화시키고, 관리의 위계와 승진제도를 정하는 등 국가체제를 일신합니다. 일본의 율령은 당나라의 선진적인 제도와 일본의 실정에 맞추어 형성됩니다. 즉 일본은 덴무 천황과 그의 아내인 지토持統 천황(재위 686~697년) 시기에 율령체제가 구축되었으며 이 시기에 '일본'이란 국명이 비로소 사용되었다고 합니다.

구체적으로 보면 일본日本이라는 명칭은 대체로 반도부여(백제)가 멸망한 이후 7세기 말에 본격적으로 사용된 것으로 보입니다. 이것을 추정할 수 있는 근거는 『삼국사기』로 구체적으로는 671년에서 698년 사이에 성립된 것으로 추정됩니다. 즉 671년 신라의 문무왕이 당나라 장군이었던 설인귀薛仁貴에게 보낸 편지에서는 '왜국倭國'이라는 용어가 보이지만 698년 효소왕 당시에는 '일본국 사신'이라는 말이 나타납니다.

684년 덴무天武 천황은 8계급의 세습칭호八色之姓를 제정했으며, 최고의 성인 마히토眞人는 전적으로 그 기원을 오진應神 천황, 게이타이繼體 천황, 센카宣化 천황, 비따쓰敏達 천황, 요메이用明 천황 등으로 더듬어 올라갈 수 있는 황족들에게만 주어졌다고 합니다.[17] 『신찬성씨록』의 서문에서는 마히토는 황족들 가운데서도 가장 높은 성씨이므로[18] 수도 지역의 마히토 씨족을 제1권에 수록했고 황별皇別의 첫머

---

[17] Miller, Richard J., "Ancestors and Nobility in ancient Japan," *Asian Studies*, 115, 1976, 163~176쪽.

[18] "眞人是皇別之上氏也"(『新撰姓錄』).

리에 실었다고 합니다.

여기에서의 문제는 마히토의 시조인 오진이 바로 근초고왕·근구수왕계의 역사를 모은 것이라는 데 있습니다. 그런데 일본 황실에 대한 연구를 해온 일부의 연구자들은 오진의 성을 진眞씨라고 보고 있는데,[19] 이 진씨는 백제 왕실의 외척 가운데 주요 성씨의 하나이고 대고구려 강경파의 대표적 세력이었던 것으로 알려져 있습니다. 이기백 교수는 근초고왕의 직계후계자들은 배우자를 이 진씨 집안에서만 선택하여 이른바 진씨 왕후 시대가 열렸다고 말합니다.[20] 그렇다면 오진은 근초고왕의 처남일 가능성도 있습니다.

그러나 앞서본 대로 『일본서기』의 기록에 나타난 여러 가지 정황들과 근초고왕의 업적을 면밀히 보면, 오진은 근초고왕의 직계일 가능성이 훨씬 더 큽니다. 최근의 연구들은 진인眞人을 진씨眞氏라고 보는 것은 큰 오류라고 합니다. 그래서 한일고대사 전문가인 연민수 교수는 "『신찬성씨록』에 근초고왕을 선조로 하는 씨족이 압도적으로 많은 것도 일본 지배층들이 근초고왕을 백제의 시조적인 인물로 인식했기 때문"이라고 합니다.[21] 이러한 까닭에 야마토 왕조의 성립 초기에는 열도부여와 반도부여의 정체성의 차이가 거의 없었을 것으로 추정됩니다.

덴무 천황은 일본을 중심으로 한 역사 편찬 사업도 실시합니다. 그것이 바로 『일본서기』입니다. 일반적으로 『일본서기』는 덴무 천황의 명으로 도네리 친왕舍人親王이 중심이 되어 680년경 착수, 720년에 완

---

19 김성호, 『비류백제와 일본의 국가기원』(지문사: 1982), 204쪽.

20 이기백·이기동, 『韓國史講座 I : 古代篇 』(일조각: 1983), 37쪽.

21 연민수, 『고대한일교류사』(혜안: 2003), 140쪽.

성된 것으로 추정됩니다. 덴무-지토 천황기에 시작되어 8세기에 『일본서기』가 편찬되었습니다. 즉 한반도에서 부여계가 사라진 뒤 20년 만에 편찬된 책입니다.

『일본서기』의 편찬 목적에 대해서는 대체로 다음과 같이 말합니다. 첫째, 율령국가의 지배의 정당성, 곧 율령국가를 인격적으로 체현한 천황의 신성적神性的 권위權威의 근원을 역사적으로 설명하는 것, 둘째, 율령국가에 조직·편성된 씨족들이 역사적으로 천황에게 봉사하여 온 사실을 계보적으로 주장하는 것, 셋째, 제번諸蕃·이족夷族에 대한 우위성, 곧 중화적 관념의 근거를 역사적으로 증명하는 것 등입니다.[22] 물론 지금까지 본 대로 진신의 쿠데타(672년)를 기점으로 한 정치적 변혁에 대한 정당화 작업도 중요했을 것이고 덴무 천황 자신의 출생에 대한 문제도 충분히 고려된 것이기도 합니다.

무엇보다도 『일본서기』는 율령국가로서의 의식이 높아지면서 대외적인 위신을 고려하여 편찬되었는데, 중국을 의식한 것이 두드러집니다. 심지어 일본 스스로를 '중국中國'이라고 칭하고 있습니다. 예를 들어, 『일본서기』에 보면, "신라는 아직까지 중국을 섬기지 않고 있다[新羅不事中國]"라는 말이 나오는데[23], 여기서 사용된 중국이라는 말은 야마토 조정을 말하는 것입니다. 그러니까 이 말은 유라쿠 천황 당시의 말이 아니라 덴무 천황기에 새로 쓴 기록이겠지요?

그래서 일본 열도 내에서 선주민인 에조蝦夷(주로 일본의 동북 지방인) 또는 하야토隼人(규슈 남부인)들을 이적夷狄이라고 하고, 한반도 국가들을

---

[22] 鈴木英夫,「伽倻·百濟と倭-'任那日本府論」,『朝鮮史研究會論文集』24(朝鮮史研究會, 1987).

[23] 『日本書紀』雄略天皇 7年.

조공국으로 설정하고 당나라를 '이웃 나라'로 칭함으로써 일본은 스스로를 당나라와 대등한 국가로 간주합니다. 그리고 한반도의 신라나 만주 지역의 발해는 '번국(제후국)'이라고 부르기 시작합니다. 그뿐만이 아니라 반도 지역에 대해서도 같은 입장을 가져, 4세기 말의 아화왕阿化王, 직지왕直支王, 5세기의 동성왕, 7세기 말의 의자왕의 아들인 여풍장余豊璋 등이 천황에 의해서 책립되었다고 주장합니다.

일본은 중국 황제가 내리는 조서詔書와 똑같은 형식의 문서를[24] 신라와 발해에 발급했으며 신라와 발해에서 온 사자에게는 상표문의 지참을 요구했는데, 이러한 경향은 『일본서기』의 편찬시기에 특히 두드러집니다. 그러나 이러한 일본의 요구는 신라나 발해와 정치적 갈등으로 나타났고, 그 과정에서 일본은 신라정벌계획(759~762년)을 시도하기도 하여 8세기 후반에 신라와의 관계가 악화됩니다. 남들이 인정하든말든 어쨌든 일본식 중화주의가 정착되고 있었던 것이지요. 야마오 유키하사山尾幸久 교수는 7세기에 천황이 출현하면서 소위 일본식 화이사상華夷思想이 등장하게 되었다고 보고 있습니다.[25] 이 점을 구체적으로 살펴봅시다.

6세기 이후 열도부여(야마토) 왕조의 중요한 특징은 중국에 대한 외교적인 단절현상이 나타난다는 점입니다. 즉 478년 이후 야마토 왕조는 그동안 심혈을 기울여오던 남조에 대한 견사조공遣使朝貢을 중단하고 일본을 중심으로 하는 천하사상을 발전시키기 시작합니다.

열도부여가 서서히 부여계 전체의 헤게모니를 장악해감에 따라

---

24 '天皇敬問新羅王'·'天皇敬問渤海王'으로 시작하는 문서 형식.

25 山尾幸久,「日本古代王權の形成と日朝關係」,『古代の日朝關係』(塙書房: 1989).

열도부여는 자신의 위상에 걸맞는 왕의 호칭이 필요했던 것입니다. 이를 위해서 열도부여가 왕의 위치를 '치천하대왕治天下大王'으로까지 상승시킴과 동시에, 그 세계관과 모순되는 중국 왕조에 대한 견사조공을 폐지한 것은 당연한 일이었습니다. 이제 '치천하대왕'은 왜왕의 칭호가 되고, 그것은 다시 '치천하천황治天下天皇'으로 발전하며, 거기에서 '천황天皇'이라는 호칭이 성립한 것입니다.[26]

그리하여 중국의 왕조에 보내는 국서에도 "동쪽의 천황이 서쪽의 황제에게 말합니다"라고 하여 조공이 아니라 중원의 왕조들과 대등하다는 의식을 드러냅니다. 즉 열도쥬신은 열도쥬신만이 천하라는 생각을 합니다. 물론 중원의 왕조들이 이것을 제대로 수용할 리는 만무했습니다. 그리하여 수나라의 양제煬帝가 "오랑캐[蠻夷]의 글이 무례하다. 다시는 내게 올리지 말라"고 하기도 합니다.[27]

일본식 소중화주의의 결정체인 『일본서기』는 총 30권으로 구성되었고 계도系圖도 한 권이 있었다고 하나 전해지지 않습니다. 이 책은 일본 6국사六國史 중의 첫째로 꼽히는 정사正史로 알려져 있고, 특히 이 책에서는 '백제삼서百濟三書'라고 불리는 『백제기百濟記』, 『백제본기百濟本記』, 『백제신찬百濟新撰』 등이 많이 인용되고 있습니다. 이 책은 어떤 역사적 사실이 기록된 것은 분명하지만 여러 부분에서 왜곡이 많이 나타납니다. 특히 연대年代는 백제의 기년紀年과는 약 120년의 차이가 있어, 이주갑인상二周甲引上, 즉 일본서기의 편집자들이 일본의 역사를 앞당기기 위해 역사 기록을 120년(2갑자) 앞당겼다는 가설이 사실로

---

26 西嶋定生, 「四-六世紀の東アジアと倭國」, 『日本歷史の國際環境』(東京大學出版部: 1985).

27 "日出處, 天子致書, 日沒處, 天子無恙云云. 帝覽之不悅, 謂鴻臚曰: 蠻書有無禮者, 勿復以聞"(『隋書』 「倭國傳」).

드러나기도 했습니다.

지금까지 본 대로 『일본서기』의 사료 왜곡은 복잡한 정치적 계산의 결과라고 할 수 있습니다. 부여계가 일본에 고립되자 반도부여와의 지나친 연계는 문제가 있고 현실적으로 열도를 통치해야 하는 어려움에 직면하여 부여계의 모든 역사를 일본 열도를 중심으로 새로이 편찬하게 되었다는 점들이 부여계의 역사를 안개 속으로 몰고 간 배경이 되었습니다.

또 다른 각도에서 보면 『일본서기』는 열도 내의 수많은 호족들의 이합집산과 각축을 부여계를 중심으로 재정리했다고 보면 틀림없을 것입니다. 앞서 말씀드린 대로 천황제라는 정치적 질서가 정착한 것은 덴무·지토 천황 때라고 볼 때, 그 이전의 상황은 여러 복잡한 호족들의 대립과 투쟁의 과정이라고 보아야 합니다. 그런데 덴지 천황이 이 많은 세력들을 정치적으로 통합함으로써 복잡한 열도의 역사를 부여계를 중심으로 편찬할 수 있는 계기가 된 것이지요.

마지막으로 『일본서기』와 관련하여 지적해야 할 사안은 『일본서기』의 편찬 시기를 즈음하여 많은 사료들이 소실되었다는 것입니다. 진신의 쿠데타로 정부의 기록들이 많이 소실되어 진신의 난 이전의 『일본서기』와 진신의 난 이후의 기록에 차이가 있다고 합니다. 그래서 진신의 난 이후에는 거의 실록 수준으로 보아도 좋은 반면, 그 이전의 기록들은 다소 부족한 면이 많은 편이지요. 덴무 천황의 출생과 관련하여 제기되고 있는 여러 가지 의문들에 대해서도 아직까지도 납득할 만한 설명이 없는 형편입니다. 아마도 덴무 조정에서 정통성을 의심하게 하는 각종 사료들과 『일본서기』의 내용에 반하는 많은 사료들을 의도적으로 소각했을 것으로 추정합니다. 이로부터 한국과 일본의 역사는 심각하게 왜곡되기 시작했고 이후 기나긴 역사전쟁의 도화선이 된 것입니다. 덴무는 자신의 문제를 은폐하기 위해 이 엄청난 역사왜곡과 사료 은폐를 시도한 것이라 볼 수 있습니다.

그리하여 『일본서기』는 천황 통치를 정통화하기 위한 것으로, 부여계의 역사가 본질적으로 왜곡되는 원인이 되었습니다. 열도의 모든 역사가 열도에서 시작하는 것으로 만드는 데 총력을 다한 것이지요. 그뿐만이 아니라 반도 침략의 중요한 근거를 제공하기도 합니다. 예를 들어, 진구 황후 설화나 임나일본부에 대한 기록들은 제국주의 시대에 천황 중심의 황국사관을 합리화하기 위한 정치적 방편이기도 했으며 정한론의 중요한 근거가 되기도 했지요.

글을 마치며

허상虛像은 자아自我에 달라붙으려 한다.

다만 자아는 허상의 유일한 안식처이기 때문에.

1.

이제 길고도 길었던 부여의 역사도 마무리할 때가 되었습니다. 유달리 다사다난했던 2016년 말을 보내고 또 2017년을 맞으면서 세계경제위기 속에서도 많은 성원이 있었던 점 감사드립니다.

지금까지 우리는 열도쥬신의 역사를, 쟁점이 되는 부분들을 중심으로 살펴보았습니다. 그동안 세기를 넘어 끝없이 계속되었던 반도(한국)와 열도(일본) 간의 논쟁과 설전들의 대상이 되었던 문제들에 대해서는 대부분 해명되었을 것으로 봅니다. 만약 해명이 안 되었다고 보시는 해당 분야의 한·중·일 제도권 내의 전문 연구자들이 있다면, 저는 언제든지 공식적인 토론에 응할 용의가 있습니다. 물론 제가 덴지·덴무 관계 등 일본 자체만의 쟁점인 부분을 해명했다는 말은 아닙니다.

한일고대사를 연구한다는 것은 어떤 의미에서는 지루한 '자기와의 싸움'입니다. 수많은 기록들이 있어도 해독하기가 어렵고 수수께끼와 같은 부분에서는 전혀 기록이 없습니다. 그리고 한일의 역사는 한국과 일본의 역사만으로는 실체를 파악하기가 불가능합니다. 어떤 의미에서는 평생을 걸고 연구를 해도 다하지 못하는 분야이기도 합니다. 더욱이 논문들이나 서적들, 심지어 원사료들조차도 '동굴우상'과 '종족우상'에 깊이 빠져 있기 때문에 그 내용을 채로 걸러내는 일은 힘든 작업이 아닐 수 없었습니다.

반도쥬신(한국)이 소중화주의 근성에 빠져 역사를 왜곡·날조한다면, 열도쥬신은 소중화주의뿐 아니라 유아독존식 사관으로 역사를 날조하고 있는 것이지요. 이들의 행태는 쥬신의 미래를 한없이 어둡게 하고 있습니다. 소중화주의의 늪에서 허우적거리며 반도(한국)는 자기비하에 빠져 있고, 열도(일본)는 과대망상에 빠져 있습니다. 이 점을 서로 고치지 않고서는 쥬신의 미래는 없습니다. 소중화주의 근성을 버리는 것이 쥬신의 역사의 출발점이라는 점을 우리는 인식해야 합니다.

2.
지난 세월 동안 반도와 열도는 쌍방에게 큰 스트레스가 되고 있습니다. 열도에서는 반도에 대한 기억을 애써 지우려하고 반도에서는 영문도 모르고 열도를 비하하는 것이 무슨 교양처럼 되어 있습니다. 그리고 반도에서는 열도의 역사를 기록에도 없는 온조의 백제가 건설해 준 것으로 생각하는 것을 당연한 것으로 여깁니다. 그러다 보니 왜가 치른 전쟁도 백제가 한 것이고, 일본의 고급문물은 모두 백제가 전해주었고, 한반도를 지원한 왜의 군대는 모두 용병이고, 필리핀도 백제의 식민지였고 나아가 불가리아도 한국계이고 연개소문도 일본의 천황이며, 고조선은 수많은 제후국을 거느린 대제국이라는 식으로 발전하기도 합니다. 이런 식의 글들이 한국을 대표하는 신문에 실리기도 합니다. 그러면서도 중국에 대해서는 또 한없이 저자세로 눈치를 봅니다. 공한증恐漢症이 도가 지나칠 정도입니다.

반도쥬신와 열도쥬신의 끝없는 반목 속에서 어디로 가는지도 모르고 어두움 속을 헤매고 있습니다. 약간이라도 잘못하면 '마녀사냥'에 걸려들기가 십상이기 때문입니다. 아는 사람들은 침묵하는 것, 이것이 열도에서는 이른바 '중세의 지혜'라고 합니다. 열도에서 나온 학술 서적들은 대체로 이 중세의 지혜를 잘 지키고 있습니다. 그래서 무슨 말을 하고 있는지를 도무지 알 수가 없지요.

이에 비해 반도에서는 제대로 연구도 안 하고 열도에 대해 무조건 비난부터 하고 보는 식입니다. 그래서 스스로도 설득해내지 못하고 있으니 어찌 열도 학계를 설득해낼 수 있겠습니까? 제가 보기에 역사 연구의 수준은 반도의 사학계가 훨씬 더 뒤떨어집니다. 반도 사학계는 『일본서기』를 위서僞書라고 비난하면서도 『삼국사기』의 문제에 대해서는 애써 침묵합니다. 제가 보기엔 이 두 서적 모두 문제가 있어 오십보백보입니다.

왜 우리는 냉정하게 역사를 있는 그대로 보려 하지 않았을까요? 사학계에 발을 담근 적도 없는 제가 보아도 금방 보이는 것들을 왜 그 수많은 사학자들이 보지 못했는지 알 수가 없군요.

반도와 한강 중심의 잘못된 패러다임은 버리면 될 일입니다. 그것을 깁고 또 기워서 너덜거려 이제는 입을 수조차 없는 걸레조각을 가지고 옷이라고 우기기만 한다고 될 일이 아닙니다. 그리고 역사는 과거와 현재와의 대화일 뿐 아니라 관련된 제민족, 제국가와의 대화이기도 합니다. 그래서 그들의 관계를 제대로 추적하는 것이 역사연구의 중요한 토대가 되어야 할 시점입니다.

3.

고등학교 시절 이후 저는 "왜 우리는 사실을 있는 그대로 보지 못하는가?"라는 의문을 항상 가지고 있었습니다. 답답해서 유난히 길었던 학창시절을 생각해보면 어떤 관념이 우리를 사로잡아 헤어나지 못하게 한다는 생각을 늘 했던 것 같습니다.

가까운 친구들이 충고했습니다.

"대학을 가면 나아질 거야. 대학 가서 네가 해봐."

답답했던 공부를 겨우 마치고 대학에 들어와서 큰 기대를 했는데 대학도 역시 마찬가지였습니다. 정신의 해방을 위해 긴 세월을 카를 마르크스Karl Marx에 침잠하게 되었습니다. 그러나 마르크스 역시 닫힌 세계에 갇힌 사람이라는 것을 깨닫게 되었습니다. 어디를 가나 이론은 항상 현실을 벗어나 있다는 느낌을 가지게 되어 답답했습니다.

누군가 계속 우리의 실체를 이야기하고 설명하는데도 그것은 우리가 아니었습니다. 이제 '우리 정신의 고향'을 찾아서 가야 할 때라고 생각했지만 그 길은 요원했습니다.

그러면서도 끝없이 닫힌 세계를 강요하는 유학儒學이라는 낡은 정신을 '우리의 것'으로 미화하고 있는 것이 제게는 견딜 수 없는 고독이었습니다. 이것이 우리 전통의 학문이고 우리 자신의 본질이라면 우리에게 고향은 없는 셈이었습니다. 철저히 인간의 존재와 사고를 유린하고 가부장적인 질서와 닫힌 세계를 강요하는 것을 더는 두고 볼 수 없었지만 찾아갈 '마음의 고향' 또한 없었던 것입니다.

차라리 "여보게, 모든 이론은 회색이고, 영원한 것은 저 푸른 생명의 나무라네"라는 메피스토펠레스의 말이 잠시나마도 위안이 되었습니다. 그렇지만 그 '생명의 나무'는 어디에도 없었습니다. 그러나 한 가지 확실한 사실, 그것은 지금 우리가 배우는 우리의 이야기는 우리의 이야기가 아니라는 것이었습니다. 그러면서도 끝없이 우리는 어디론가 가고 있었습니다.

> 내 사랑했다고 믿었던 그 모두는
> 수만 나비의 시간이었으니
> 어디로 가는가 구름들이여
> 어디로 가는가 구름들이여.
>
> —노태맹 시집 『푸른 염소를 부르다』(2008) 중

정말 우리는 어디로 가고 있을까요? 현실적인 생존이 목표 때문이라고 해도 '적어도 우리가 누군지는 알아야겠다'라는 것이 바로 제가 도달한 결론이었습니다. 그리고 또 긴 세월이 흘러 다시는 가고 싶어도 '갈 수 없는 나라'가 되는 한이 있더라도 지금 우리 자신에 대한 뿌리는 찾아야겠다는 생각에 깊이 사로잡혔습니다.

그 후로는 제 개인적인 문제는 더 이상 중요한 일이 되지 않았습니다. 개인적인 학문적 고립이나 전공의 문제는 더 이상 질곡이 될 수는 없는 일이지요. 그러기 위해서는 모든 사물의 진실에 대하여 좀 더 즉자적卽自的이고 실존적인 접근이 필요해졌습니다. 대상을 있는 그대로 보고 분석해야 한다는 것입니다. 분석 대상이 되는 주제를 모두 분석하고 해명하기보다는 수수께끼들의 고리를 찾아 그 고리를 중심으로 풀어나가는 방법을 선택했습니다. 따라서 제가 한 분석은 모든 사건들이 가진 인과성 전체를 분석하는 것이 아니라는 것입니다. 그럴 경우 그것은 소설이 될 수밖에 없기 때문입니다.

쉽게 말씀드리면 한일고대사라는 큰 적을 만나서 선적線的으로 방어해서 격퇴하는 것이 아니라 주요 거점을 선정하고 그 거점을 중심으로 적을 공략하는 방법을 선택했다는 것입니다. 그래서 저는 모든 사건에 대한 인과적이고 통일적이며 일관된 해석방식은 분명히 거부합니다. 인간의 역사는 잘 짜인 소설은 아니기 때문입니다.

4.
깨달음을 얻은 분들은 "마음이 있으니 그에 따른 형상과 법이 생기는 법[心生卽種種法生]"이라고 합니다. 그러니 허상虛像에 마음을 빼앗기지 말라는 것입니다. 우리가 보는 모든 것은 모두 형상形相이고 그것은 또한 허상입니다. 깨달음이란 무색무취하고, 깨달은 자는 결국 이 모든 형상에서 자유로운 사람을 말합니다.

사물을 바라볼 때 이런 자세가 필요합니다. 있는 그대로 보면 될 것을 이것은 이 관점에서 보면 안 되고 그것은 저 관점에 맞지 않아서 안 되고 하다보면 남는 것은 아무 것도 없게 됩니다. 그러니까 허상을 자아로 생각하는 것입니다.

> 허상虛像은 자아自我에 달라붙으려 한다.
> 다만 자아는 허상의 유일한 안식처이기 때문에.

이제 더 이상 우리에게 소중화小中華라는 자아自我는 없습니다. 이 자아를 없앨 때만이 새로운 쥬신의 아트만Atman(眞自我)을 만날 수 있게 됩니다. 열도쥬신이나 반도쥬신이나 소중화라는 가짜 자아[假我]를 없애지 않고 진정한 우리의 모습을 찾을 수는 없는 것입니다. 그 시도가 바로 『대쥬신을 찾아서』였습니다.

『우리가 배운 백제는 가짜다』는 부여사의 연장으로서의 백제와 일본(열노쥬신)의 역사에 대한 연구로 『대쥬신을 찾아서』(2006년)의 각론의 한 부분이라고 할 수 있습니다. 구체적인 각론들을 보면, 『고조선은 가짜다』(2012년)는 고대 만주 지역의 한국인(만주쥬신)들의 역사를 다룬 것이고, 『몽골은 왜 고려를 멸망시키지 않았나?』(2015년)는 몽골 지역의 한국인(몽골쥬신)들의 역사를 다룬 것입니다. 이로써 총론에 이은 각 지역의 각론들이 전체적으로 윤곽이 잡히면서 하나의 완성된 '대쥬신의 역사(관계사)'의 범주를 형성할 수 있게 되었습니다. 이 모든 작업들은 여러분들의 따뜻한 관심과 성원이 있었기에 가능한 일이었습니다. 이 자리를 빌려 다시 한 번 감사드립니다.

5.

저는 『우리가 배운 백제는 가짜다』를 통하여 그동안 한일 양국간의 문제가 되었던 대부분의 사안들에 대해 해명하였습니다. 제가 고증하고 분석한 주요 사안에 대하여 오류가 있다고 공식적으로 제기하는 경우에는 언제든지 이에 응하도록 하겠습니다. 다시 말해서 저는 앞으로 제가 해명한 한일고대사와 관련하여 한국·중국·일본 등 어느 나라의 사학자들과도 공식적으로 제기되는 문제들에 대해서는 공개 토론을 할 용의가 있습니다.

그리고 앞으로 제가 연구한 사안들이 한국과 일본 양국의 교과서에 반영되어 쥬신의 관계사가 양국에 공통과목으로 가르쳐지는 날까지 제가 해온 일들을 계속할 것입니다. 그리고 끊임없이 소중화의 늪에 빠진 사람들과의 투쟁도 소홀히 하지 않을 것입니다.

586

언제나처럼『우리가 백운 백제는 가짜다』를 위해 아내인 웹디자이너 김현주는 그래픽 작업과 동시에 원고 검토에 많은 시간을 할애했습니다. (물론 시원찮은 그림들은 제 작품임을 분명히 밝혀둡니다.) 특히 아내는 실타래처럼 얽혀 있는 덴무 천황의 비밀을 추적하는 데 도움을 주었습니다. (물론 덴무 천황의 비밀이 이 글을 통해 다 파헤쳐졌다는 말은 아닙니다.) 조교를 두지 않는 제게 아내는 긴 세월 동안 조교와 개인 비서 역할을 해왔습니다. 늘 바쁜 저를 위해 제 홈페이지(www.ebiz114.net)를 관리하고 유지해 왔습니다.

말이 길었습니다. 그동안『우리가 백운 백제는 가짜다』를 읽어주신 독자 여러분께 감사드립니다. 또 제게 용기를 북돋워주신 많은 분들께 고마운 말씀을 전합니다. 그리고 제 글에 대하여 매서운 질정叱正을 해주신 분들에게도 감사의 말씀을 전합니다.

언젠가 연구가 되는 대로 금나라와 청나라의 이야기로 다시 여러분을 뵙도록 하겠습니다. 항상 건강하시고 하시는 일마다 성공하시기를 바라마지 않습니다. 그리고 쥬신의 앞날에 영광이 있기를 바라마지 않습니다.

2017년 3월
쥬신 연구가 김운회

우리가 배운 백제는 가짜다

부여사로 읽는 한일고대사

초판 1쇄 인쇄 2017년 3월 23일   초판 1쇄 발행 2017년 3월 30일

지은이 김운회   펴낸이 연준혁

출판1본부 본부장 김은주
출판4분사 분사장 김남철

펴낸곳 (주)위즈덤하우스 출판등록 2000년 5월 23일 제13-1071호
주소 (410-380) 경기도 고양시 일산동구 정발산로 43-20 센트럴프라자 6층
전화 031) 936-4000 팩스 031) 903-3893
전자우편 yedam1@wisdomhouse.co.kr 홈페이지 www.wisdomhouse.co.kr

값 22,000원 ⓒ김운회, 2017
ISBN 979-11-87493-09-9 03910

국립 중앙도서관 출판사도서목록(CIP)

우리가 배운 백제는 가짜다: 부여사로 읽는 한일고대사 /
지은이: 김운회. ― 고양 : 위즈덤하우스, 2017
p. ;   cm

역사의아침은 위즈덤하우스의 역사 전문 브랜드임
ISBN 979-11-87493-09-9 03910 : ₩22000

부여사[夫餘史]

911.024-KDC6
951.901-DDC23   CIP2017006827